U0314235

NEV

TECHNICAL MANUAL
FOR
NEW ENERGY VEHICLES

NEV 新能源汽车技术手册

TECHNICAL MANUAL FOR NEW ENERGY VEHICLES

曾小华　主编

化学工业出版社
·北京·

内容简介

《新能源汽车技术手册》分 11 篇共 45 章，依次介绍新能源汽车的技术基础、构型设计、控制策略、系统设计与开发、仿真技术、动力系统实验设计、电池及电源管理、驱动电机技术、热管理技术、节能技术和智能能量管理。其中，第 1～6 篇系统梳理了新能源汽车的产业法规及政策导向、构型方案、整车控制策略、系统设计与开发和车辆仿真与实验技术等核心内容；第 7 篇和第 8 篇围绕新能源汽车"三电"的核心组成——动力电池和驱动电机相关内容展开讨论，详细介绍了各型动力电池及其对应的电池管理技术、驱动电机系统的关键技术和发展趋势。第 9～11 篇围绕如何实现挖掘车辆的节能潜力展开介绍，系统探索了热管理技术和能量管理的内在联系、解析了新能源汽车的节能机理和关键技术，以及基于车辆网联信息的能量管理优化控制。

本手册内容系统、先进、实用，适合从事新能源汽车研究、开发、使用、维护及管理等工作的工程技术人员使用，也可作为高等院校汽车相关专业师生组织日常教学、课程设计、毕业设计等的参考工具书。

图书在版编目（CIP）数据

新能源汽车技术手册 / 曾小华主编. -- 北京：化学工业出版社，2025. 2. -- ISBN 978-7-122-46609-9

Ⅰ. U469.7-62

中国国家版本馆 CIP 数据核字第 20241J94F0 号

责任编辑：黄　滢　　　　　　　装帧设计：王晓宇
责任校对：宋　玮

出版发行：化学工业出版社
　　　　　（北京市东城区青年湖南街 13 号　邮政编码 100011）
印　　装：三河市航远印刷有限公司
787mm×1092mm　1/16　印张 34　字数 851 千字
2025 年 4 月北京第 1 版第 1 次印刷

购书咨询：010-64518888　　　　售后服务：010-64518899
网　　址：http://www.cip.com.cn
凡购买本书，如有缺损质量问题，本社销售中心负责调换。

定　　价：298.00 元　　　　　　版权所有　违者必究

汽车产业的快速发展，给人们提供便捷、舒适的同时，也滋生了许多消极的影响，比如化石等能源的过度消耗，尾气排放等环境污染问题。世界范围内的各国家、各地区相继通过政策导向和产业落地等形式来支持新能源汽车的发展，将其作为解决能源消耗、环境污染问题的有效途径及措施。我国最新发布的《新能源汽车产业发展规划 2021—2035》明确规定：未来十五年里重点在于提升我国新能源汽车制造水平、构建新型产业生态、推动上游产业协同发展等。可见，节能与新能源汽车产业在我国呈现出快速上升的趋势，在可预见的未来将进一步发展，已然成为汽车工业新的发展方向。

基于以上背景，本手册结合作者及其团队自 1999 年以来承担及参与的国家"十五"、"十一五"、"十二五"、"863"计划项目、系列的国家自然科学基金项目，以及从事新能源汽车，特别是混合动力汽车关键技术的教学和研究积累撰写而成。

在"节能减排"和"智能网联"的大背景下，《新能源汽车技术手册》首先围绕新能源汽车的产业法规及政策导向、新能源汽车的构型方案、整车控制策略、系统设计与开发和车辆仿真与实验等核心技术方面展开详细叙述和说明。其次，围绕新能源汽车的"三电"核心组成——"电池"和"电机"等内容展开讨论，详细介绍了新能源汽车领域常用的各型动力电池及其对应的电池管理技术，讨论了车用驱动电机的基础理论及驱动电机系统的关键技术和发展趋势。最后，从节能的角度出发，以混合动力商用车为例，围绕如何挖掘车辆的节能潜力展开介绍，系统探索了新能源汽车热管理技术和能量管理的内在联系，解析了新能源汽车的节能关键技术和基于车辆网联信息的能量管理优化控制等内容。

本手册系统全面地梳理了新能源汽车的核心内容和关键技术，内容由浅入深，既介绍新能源汽车领域的相关理论和基本方法，又针对该领域内的关键技术做进一步的深入探讨。同时，本手册大量采用作者团队学术科研和工程项目案例，并针对这些典型案例进行深入分析和详细阐述，充分考虑了新能源汽车关键技术的实际工程应用。全书力求做到文字准确、精炼，插图清晰、正确，内容系统、全面，是一本专门为企业工程师、技术人员、高校师生以及所有对新能源汽车行业感兴趣的读者准备的指南，旨在为读者提供一本适合于当前新能源汽车技术发展水平的，且全面、深入、实用的参考书籍。

本手册由吉林大学汽车底盘集成与仿生全国重点实验室混合动力课题组组织，汽车底盘集成与仿生全国重点实验室曾小华教授担任主编，吉林大学李静静博士研究生担任副主编。全书由曾小华、李静静、黄钰峰、向荣辉、牛晨浩共同编写。在编写的过程中得到了吉林大学车辆工程专业博士研究生姜效望、段朝胜、武庆涛、张轩铭、钱琦峰，硕士研究生王云叶、李凯旋的鼎力支持与协助。此外，还参考了业界许多同仁的相关文献，在此，一并表示衷心感谢与敬意。

由于本手册涉及内容广泛，编者时间和水平有限，书中不妥和疏漏之处在所难免，竭诚期望广大读者批评指正。

目 录
CONTENTS

NEV New Energy Vehicles

第1篇　新能源汽车技术基础 — 001

第1章　新能源汽车概述 ················ 002

1.1　新能源汽车的基本概念 ········ 002

1.2　发展新能源汽车的现实意义 ······ 002

　　1.2.1　汽车与能源及环境的关系 ··· 002

　　1.2.2　汽车在社会发展中的地位 ··· 003

1.3　新能源汽车的现状与发展路线 ··· 005

　　1.3.1　全球新能源汽车现状 ······· 005

　　1.3.2　我国新能源汽车现状 ······· 008

　　1.3.3　新能源汽车的发展路线 ····· 008

第2章　新能源汽车的通用关键技术 ········ 012

2.1　新能源汽车的主要技术类型 ······ 012

　　2.1.1　混合动力汽车技术 ········· 012

　　2.1.2　纯电动汽车技术 ··········· 014

　　2.1.3　燃料电池汽车技术 ········· 015

　　2.1.4　氢动力汽车技术 ··········· 017

　　2.1.5　醇、醚和生物燃料汽车

　　　　　技术 ················· 018

2.2　新能源汽车的驱动理论 ·········· 018

2.3　新能源汽车的控制策略 ·········· 020

　　2.3.1　稳态控制策略 ··········· 021

　　2.3.2　动态控制策略 ··········· 022

2.4　新能源汽车的仿真与实验技术 ······ 022

第3章　新能源汽车的产业政策与法规 ······· 026

3.1　新能源汽车的产业政策及成效 ······ 026

　　3.1.1　碳达峰、碳中和相关政策 ··· 026

　　3.1.2　智能网联汽车政策 ········· 027

　　3.1.3　新能源汽车产业帮扶政策 ··· 027

　　3.1.4　新能源汽车产业政策成效 ··· 027

3.2　新能源汽车产业法规 ·········· 028

　　3.2.1　整车及车架系统专项要求 ··· 028

　　3.2.2　动力系统专项要求 ········· 029

　　3.2.3　传动系统专项要求 ········· 031

　　3.2.4　电气系统专项要求 ········· 031

　　3.2.5　整车附件系统专项要求 ····· 031

　　3.2.6　法规符合性控制 ··········· 031

第2篇　新能源汽车的构型设计 — 033

第4章　纯电动汽车构型 ··············· 034

4.1　机械驱动布置方式 ·············· 035

4.2　电动机-驱动桥组合式 ············· 036

4.3　电动机-驱动桥整体式 ············· 037

4.4　轮毂电机分散式 ················ 038

第5章　燃料电池汽车构型 ············· 040

5.1　燃料电池-蓄电池车辆构型 ········ 040

5.2　燃料电池-超级电容器车辆

　　构型 ···················· 041

5.3　燃料电池-蓄电池-超级电容器车辆

　　构型 ···················· 041

第6章　插电式混合动力汽车构型 ········· 043

6.1　混合动力汽车构型方案与特点 ······ 043

　　6.1.1　串联式构型 ··········· 044

　　6.1.2　并联式构型 ··········· 046

　　6.1.3　混联式构型 ··········· 048

6.2　插电式混合动力汽车构型方案与

　　控制策略 ················· 048

第7章　典型新能源汽车构型示例 ········· 052

7.1 典型纯电动汽车构型——Tesla
　　 model S ·················· 052

　　7.1.1 传动系统工作原理 ········ 052

　　7.1.2 电机 ················· 052

　　7.1.3 电机控制器 ··········· 053

　　7.1.4 电池模组 ············· 053

　　7.1.5 单级减速箱和差速器 ····· 054

7.2 典型插电式混合动力汽车构型 ····· 054

　　7.2.1 典型串联式插电混合动力汽车

构型 ·················· 054

　　7.2.2 典型并联式插电混合动力汽车
　　　　　构型 ·················· 055

　　7.2.3 典型混联式插电混合动力
　　　　　汽车构型 ·············· 056

7.3 典型燃料电池汽车构型 ·········· 058

　　7.3.1 整车参数 ············· 058

　　7.3.2 动力系统构型方案 ······· 059

　　7.3.3 动力系统运行分析 ······· 059

第3篇　新能源汽车的控制策略 — 061

第8章　稳态能量管理策略 ·············· 062

8.1 基于逻辑门限的控制策略 ········ 062

　　8.1.1 恒温器+功率跟随型控制
　　　　　策略 ·················· 062

　　8.1.2 电机助力型控制策略 ······ 067

8.2 模糊控制策略 ················ 069

　　8.2.1 模糊控制原理 ·········· 070

　　8.2.2 模糊控制策略的应用 ······ 072

8.3 全局最优控制策略 ············· 079

　　8.3.1 动态规划优化控制算法 ···· 079

　　8.3.2 动态规划优化控制算法的
　　　　　应用 ·················· 081

8.4 ECMS最优化控制策略 ·········· 082

　　8.4.1 ECMS实时优化控制策略的
　　　　　基本原理 ·············· 083

　　8.4.2 实时优化算法与逻辑门限值相结
　　　　　合的自适应控制策略 ······ 083

8.5 模型预测控制策略 ············· 086

　　8.5.1 模型预测控制理论基本
　　　　　原理 ·················· 086

　　8.5.2 基于模型预测控制的能量

管理 ·················· 087

8.6 基于AI的智能能量管理 ·········· 092

　　8.6.1 基于DQN的智能能量管理
　　　　　方法 ·················· 094

　　8.6.2 基于DDPG的智能能量管理
　　　　　方法 ·················· 096

第9章　动态协调控制策略 ·············· 100

9.1 动态品质评价指标 ············· 101

9.2 系统动力学模型分析 ··········· 101

　　9.2.1 前行星排动力学分析 ······ 101

　　9.2.2 后行星排动力学分析 ······ 102

　　9.2.3 系统输出 ············· 102

　　9.2.4 系统冲击度分析 ········· 103

9.3 动态协调控制 ················ 105

　　9.3.1 发动机转矩估计 ········· 105

　　9.3.2 电机MG1的转矩协调控制
　　　　　策略 ·················· 105

　　9.3.3 电机MG2的转矩协调控制
　　　　　策略 ·················· 106

9.4 动态协调控制策略的仿真与
　　验证 ······················ 108

第4篇　新能源汽车系统设计与开发 — 113

第10章　新能源汽车的性能指标 ········· 114

10.1 动力性能指标 ··············· 114

　　10.1.1 最高车速 ············· 115

　　10.1.2 最大爬坡度 ··········· 116

　　10.1.3 加速时间 ············· 117

10.2 经济性能指标 …………… 118

10.3 平顺性能指标 …………… 119

10.4 排放性能指标 …………… 121

第11章 新能源汽车的参数匹配及优化 …… 123

11.1 动力性参数匹配基本原则 ……… 123

11.2 经济性参数匹配基本原则 ……… 125

    11.2.1 发动机高效区匹配原则 … 125

    11.2.2 电机高效区匹配原则 …… 127

11.3 参数匹配方案性能验证 …………… 128

第12章 新能源汽车整车控制器定义 …… 131

12.1 整车控制器的功能定义 ………… 132

12.2 整车控制器的硬件设计和接口
定义 …………… 135

    12.2.1 系统功能定义和离线
仿真 …………… 135

    12.2.2 快速控制器原型和硬件详细
设计 …………… 136

    12.2.3 硬件系统测试及 HIL 仿真
验证 …………… 139

第13章 新能源汽车的工作模式设计 …… 141

13.1 纯电动汽车工作模式设计基本
原则 …………… 141

13.2 燃料电池电动汽车工作模式设计基本
原则 …………… 144

13.3 插电式混合动力电动汽车工作模式
设计基本原则 …………… 145

**第14章 新能源汽车整车综合控制系统现代
开发方法** …………… 149

14.1 基于 V 流程的整车综合控制系统
开发 …………… 149

14.2 基于 SIL 的整车综合控制系统
开发 …………… 151

    14.2.1 SIL 在车用 ECU 开发过程中的
应用 …………… 151

    14.2.2 MIL/SIL 开发实例 ……… 152

14.3 基于 HIL 的整车综合控制系统
开发 …………… 154

    14.3.1 硬件在环仿真技术简介 … 154

    14.3.2 基于 HIL 的整车综合控制系统
开发实例 …………… 155

14.4 基于 Simulator 的整车综合控制
系统协同开发 …………… 157

    14.4.1 车辆模拟器研究现状 …… 157

    14.4.2 模拟器在 V 流程开发过程中
的应用 …………… 158

    14.4.3 基于模拟器的整车综合控制
系统协同开发过程 ……… 159

**第15章 基于 CCP 协议的整车控制器
标定** …………… 160

15.1 混合动力汽车 HCU 测标流程 …… 160

15.2 基于 CCP 的在线测标系统
开发 …………… 161

    15.2.1 标定协议 …………… 161

    15.2.2 标定系统软硬件设计 …… 162

    15.2.3 基于 CCP 的在线测标系统
开发实例 …………… 165

第5篇 新能源汽车仿真技术 — 169

第16章 仿真技术概述 …………… 170

16.1 仿真的基本概念 …………… 170

16.2 逆向仿真模型与正向仿真模型 … 170

第17章 新能源汽车整车仿真建模 ……… 172

17.1 整车动力学模型 …………… 172

17.2 车轮动力学模型 …………… 173

17.3 变速器模型 …………… 175

17.4　电机/控制器模型 ………… 175

17.5　能量存储系统模型 ………… 177

第18章　离线仿真技术 ………… 178

18.1　基于 Advisor 仿真平台的新能源汽车动力系统开发 ………… 180

18.2　基于 AVL Cruise 仿真平台的新能源汽车动力系统开发 ………… 186

18.3　基于 Matlab 工具箱的新能源汽车动力系统开发 ………… 193

18.4　基于 AMESim 仿真平台的新能源汽车动力系统开发 ………… 195

第19章　硬件在环仿真技术 ………… 206

19.1　技术方案概述 ………… 206

19.2　新能源汽车整车被控对象模型 … 206

19.3　能量管理控制策略及模型 ……… 208

　　19.3.1　能量管理策略 ………… 208

　　19.3.2　Simulink 模型 ………… 211

19.4　硬件在环试验台 ………… 214

19.5　实验结果分析 ………… 216

第6篇　新能源汽车动力系统实验设计 — 219

第20章　新能源汽车实验台架概述 ……… 220

20.1　台架测试平台的发展 ………… 220

20.2　混合动力实验台架 ………… 223

第21章　动力系统实验关键技术 ………… 225

21.1　动力总成控制技术 ………… 225

　　21.1.1　动力控制技术 ………… 225

　　21.1.2　负载调节与动态控制技术 ………… 228

21.2　CAN 通信技术 ………… 230

　　21.2.1　CAN 技术简介 ………… 230

　　21.2.2　混合动力汽车 CAN 总线的应用 ………… 231

21.3　实验台架监控技术 ………… 234

　　21.3.1　dSPACE 实时仿真技术 …… 234

　　21.3.2　监控测试技术 ………… 235

第22章　实验台架设计与开发 ………… 238

22.1　实验台架功能分析 ………… 238

　　22.1.1　元件实验及标定功能 ……… 239

　　22.1.2　整车台架实验功能 ……… 241

22.2　实验台架功能模块设计 ……… 243

　　22.2.1　按部件划分方案 ……… 243

　　22.2.2　按功能划分方案 ……… 245

22.3　实验台架设计与测试 ……… 249

　　22.3.1　CAN 通信的台架实验 …… 249

　　22.3.2　主要部件典型实验 ……… 251

第23章　动力系统测试技术 ………… 253

第7篇　新能源汽车电池及电源管理 — 257

第24章　对动力电池的要求及评价 ……… 258

24.1　动力电池的性能指标 ………… 258

24.2　新能源汽车对动力电池的要求 … 262

24.3　动力电池的性能测试与评价 …… 263

第25章　铅酸动力电池 ………… 266

25.1　铅酸蓄电池的工作原理 ……… 266

25.2　铅酸蓄电池的构成 ………… 267

25.3　铅酸蓄电池的特点 ………… 269

第26章　碱性动力电池 ·············· 270

26.1　镍镉电池 ··············· 270

  26.1.1　镍镉电池的分类及特点 ··· 270

  26.1.2　镍镉电池的结构及工作
　　　　原理 ··············· 271

  26.1.3　镍镉电池的基本性能 ···· 272

26.2　镍氢电池 ··············· 273

  26.2.1　镍氢电池的特点 ········ 273

  26.2.2　镍氢电池的结构和工作
　　　　原理 ··············· 273

  26.2.3　镍氢电池的使用性能 ···· 274

第27章　锂离子动力电池 ·········· 278

27.1　锂离子电池的构成 ········· 278

  27.1.1　锂离子电池正极材料 ···· 278

  27.1.2　锂离子电池负极材料 ···· 279

  27.1.3　锂离子电池电解液 ······ 282

  27.1.4　锂离子电池的隔膜 ······ 284

  27.1.5　锂离子电池外壳 ········ 285

27.2　锂离子电池的特点 ········· 285

27.3　锂离子电池的分类 ········· 286

27.4　锂离子电池的工作原理 ····· 288

27.5　锂离子电池行业发展趋势 ··· 289

第28章　燃料电池 ················ 291

28.1　燃料电池概述 ············· 291

28.2　燃料电池的分类 ··········· 291

28.3　燃料电池的基本组成和工作
　　　原理 ··················· 294

28.4　燃料电池的特点 ··········· 296

28.5　燃料电池发电系统结构原理 ··· 298

第29章　其他电池 ················ 302

29.1　飞轮电池 ··············· 302

  29.1.1　飞轮电池的储能原理 ···· 302

  29.1.2　飞轮电池的结构 ········ 303

  29.1.3　飞轮电池的优势与不足 ··· 304

29.2　超级电容器 ············· 305

  29.2.1　超级电容器的工作原理 ··· 305

  29.2.2　超级电容器的结构与
　　　　分类 ··············· 306

  29.2.3　超级电容器的优势与
　　　　不足 ··············· 307

29.3　锌空气电池 ············· 309

  29.3.1　锌空气电池的工作原理 ··· 309

  29.3.2　锌空气电池的结构与
　　　　分类 ··············· 309

  29.3.3　锌空气电池的优势与
　　　　不足 ··············· 310

第30章　动力电池管理系统 ········ 312

30.1　电池管理系统的基本构成和
　　　功能 ··················· 312

30.2　数据采集方法 ············· 314

  30.2.1　单体电压检测方法 ······ 314

  30.2.2　动力电池温度采集方法 ··· 316

  30.2.3　动力电池系统电流检测
　　　　方法 ··············· 317

30.3　电量管理系统 ············· 317

  30.3.1　准确估算蓄电池 SOC 的
　　　　作用 ··············· 317

  30.3.2　电池 SOC 估算精度的影响
　　　　因素 ··············· 318

  30.3.3　SOC 估计算法 ········· 319

30.4　均衡管理系统 ············· 320

  30.4.1　动力电池均衡控制方法 ··· 320

  30.4.2　均衡方案典型实例 ······ 322

30.5　热管理系统 ············· 324

  30.5.1　动力电池内部的热传递
　　　　方式 ··············· 324

  30.5.2　动力电池的热管理策略 ··· 324

  30.5.3　典型的热管理实现方案 ··· 327

30.6　电池热安全管理 ··········· 329

30.7　电安全管理系统 ··········· 331

30.8　数据通信系统 ············· 333

30.9 电池组的峰值功率预测 ············ 334

30.10 BMS 控制策略 ················· 336

   30.10.1 整车上下电策略 ······· 336

   30.10.2 快慢充电策略 ········· 337

   30.10.3 热管理策略 ··········· 338

   30.10.4 高压互锁功能检测 ····· 338

30.11 BMS 系统可靠性设计 ········· 338

   30.11.1 电源电路可靠性设计 ····· 339

   30.11.2 CAN 通信电路可靠性

      设计 ················· 339

   30.11.3 绝缘电阻检测电路可靠性

      设计 ················· 340

第31章 新能源汽车的充电管理 ··········· 342

31.1 新能源汽车的充电类型 ·········· 342

31.2 直流充电系统的结构与充电

   原理 ······················· 344

31.3 交流充电系统的结构与充电

   原理 ······················· 346

31.4 新能源汽车的充电装置 ·········· 349

   31.4.1 充电机 ············· 349

   31.4.2 充电桩 ············· 351

   31.4.3 充电站 ············· 353

   31.4.4 充电技术发展趋势 ····· 354

第8篇　新能源汽车驱动电机技术 — 355

第32章 电机学基本定律与驱动电机 ····· 356

32.1 电机学基本定律 ·············· 356

32.2 驱动电机 ················· 357

   32.2.1 直流电机 ··········· 357

   32.2.2 交流感应电动机 ······· 364

   32.2.3 永磁同步电机 ········· 368

   32.2.4 开关磁阻电机 ········· 369

   32.2.5 新能源汽车用驱动电机的基本

      要求与参数对比 ········ 371

第33章 驱动电机系统构型与关键技术 ····· 373

33.1 驱动电机系统的研究现状和发展

   趋势 ······················ 373

33.2 混合动力系统用驱动电机系统

   构型 ······················· 376

33.3 集中式驱动和分布式驱动 ······· 377

33.4 中央集成桥 ················ 381

33.5 一体化驱动传动 ·············· 383

33.6 驱动电机系统关键技术 ········· 385

   33.6.1 驱动控制器关键技术 ····· 385

   33.6.2 驱动电机关键技术 ····· 386

第34章 驱动电机的性能检测 ············· 388

34.1 驱动电机性能参数 ············ 388

34.2 驱动电机性能测试 ············ 388

34.3 驱动电机性能优化手段及技术 ··· 389

第9篇　新能源汽车热管理技术 — 391

第35章 新能源汽车热管理技术概述 ······ 392

第36章 新能源汽车热管理系统设计

   与建模 ················· 397

36.1 动力系统构型与工作模式 ········ 397

36.2 热管理系统方案设计 ············ 398

36.3 动力系统产热模型 ············ 401

   36.3.1 发动机模型 ··········· 401

   36.3.2 动力电池模型 ········· 402

   36.3.3 驱动电机模型 ········· 403

36.4　热管理系统模型 ●●●●●●●●●　403
　36.4.1　动态传热模型　●●●●●●●●　404
　36.4.2　散热器模型 ●●●●●●●●●●　405
　36.4.3　系统能耗模型 ●●●●●●●●　405

**第37章　新能源汽车热管理系统设计与
　　　　　仿真** ●●●●●●●●●●　407

37.1　控制策略设计与开发 ●●●●●●　407
　37.1.1　模式切换规则设计 ●●●●●●●　407
　37.1.2　控制策略搭建　●●●●●●●●●　407

37.2　热管理系统仿真验证 ●●●●●●●　409

**第38章　计及热特性的整车能量管理
　　　　　策略** ●●●●●●●●●●●　412

38.1　CD-CS能量管理策略●●●●●●●●　412

38.2　融合系统热特性的自适应等效油耗
　　　最小策略　●●●●●●●●●●●●　413

38.3　离线仿真测试 ●●●●●●●●●●●　416

38.4　策略对比分析 ●●●●●●●●●●●　419

第10篇　新能源汽车的节能技术 — 421

**第39章　混合动力汽车的功率需求与
　　　　　能耗计算** ●●●●●●●●●●　422

39.1　需求功率的计算方法 ●●●●●●●　422

39.2　能量消耗分析模型 ●●●●●●●●●　426

39.3　基于工况的油耗分析方法 ●●●●●　431

第40章　基于传统汽车的能耗分析 ●●●　432

40.1　典型循环工况的分析 ●●●●●●●●　433

40.2　整车传动系统工作效率 ●●●●●●　436

40.3　能量消耗特点及混合动力节能
　　　途径 ●●●●●●●●●●●●●●●　437

第41章　新能源汽车的节能机理 ●●●●●●　438

41.1　再生制动能量回收的节能
　　　贡献 ●●●●●●●●●●●●●●●　438

41.2　消除怠速的节能贡献 ●●●●●●●●　441

41.3　减小发动机排量的节能贡献 ●●●●●　442

41.4　发动机工作区域控制的节能
　　　贡献 ●●●●●●●●●●●●●●●　444

41.5　新能源汽车的节能潜力分析 ●●●●●　444

第11篇　新能源汽车的智能能量管理 — 447

第42章　基于车联网信息行驶工况处理 ●●●●●　448

42.1　车联网信息下汽车行驶工况数据
　　　获取 ●●●●●●●●●●●●●●●　448
　42.1.1　新能源汽车车联网平台
　　　　　介绍 ●●●●●●●●●●●●●　448
　42.1.2　基于车联网的行驶工况数据
　　　　　获取 ●●●●●●●●●●●●●　451
　42.1.3　车联网平台下行驶工况数据
　　　　　质量问题 ●●●●●●●●●●●　452

42.2　车联网平台下行驶工况数据缺失与
　　　数据噪声处理 ●●●●●●●●●●●　454
　42.2.1　基于插补与神经网络的缺失
　　　　　数据估计方法 ●●●●●●●●●　455
　42.2.2　基于小波变换的噪声数据
　　　　　滤波方法 ●●●●●●●●●●●　455
　42.2.3　行驶工况噪声数据清洗
　　　　　方法 ●●●●●●●●●●●●●　456

42.3　行驶工况数据处理的评价方法 ●●●　458
　42.3.1　行驶工况数据误差评价
　　　　　指标 ●●●●●●●●●●●●●　458

42.3.2 行驶工况特征参数评价
指标 …………………… 458

第43章 基于车联网信息行驶工况数据
挖掘 …………………………… 460

43.1 数据挖掘理论在行驶工况数据中的
应用 ……………………………… 460

43.2 基于能耗特性的公交线路行驶工况特征
参数分析 ………………………… 461

43.2.1 公交线路特征统计分析 … 462

43.2.2 基于公交客车线路特点的行驶
工况特征参数集 ………… 463

43.2.3 车辆能耗特性与工况特征关系
分析 …………………… 465

43.2.4 基于能耗回归分析模型的工况
特征参数筛选 ………… 468

43.3 基于能耗特征与线路特征参数的固定
线路行驶工况合成 …………… 470

43.3.1 基于 K-means 算法的工况聚类
分析 …………………… 470

43.3.2 马尔科夫链状态转移
矩阵 …………………… 472

43.3.3 公交线路行驶工况合成结果
分析 …………………… 472

43.4 基于能耗特征与线路特征参数的
未来行驶工况智能预测 ……… 473

43.4.1 基于 LS-SVM 和 BP-NN 的智能
预测模型 ……………… 474

43.4.2 未来工况智能预测模型
对比 …………………… 476

43.4.3 未来工况预测精度影响因素
分析 …………………… 478

43.4.4 未来工况预测模型的鲁棒性
分析 …………………… 481

第44章 基于行驶工况信息的分层优化自
适应能量管理策略 ………… 483

44.1 行星式混合动力公交客车功率分流特性

及其能量管理 ………………… 483

44.1.1 双行星排功率分流式混合动力
系统构型 ……………… 483

44.1.2 双行星排式混合动力系统功率
分流状态分析 ………… 485

44.1.3 双行星排式混合动力系统能量
管理策略 ……………… 488

44.2 分层优化自适应智能能量管理策略
概述 …………………………… 490

44.2.1 分层优化自适应能量管理策略
研究内容 ……………… 491

44.2.2 分层优化自适应智能能量管理
策略架构 ……………… 491

44.3 基于固定线路合成工况的近似全局最优
控制 …………………………… 493

44.3.1 考虑终止约束的全局优化 SOC
轨迹求解 ……………… 493

44.3.2 基于近似全局最优的模式切换
规则提取 ……………… 495

44.3.3 基于近似全局最优的 SOC 轨迹
规划模型 ……………… 497

44.4 基于未来工况预测的 A-ECMS 自
适应控制 ……………………… 498

44.4.1 基于 PMP 的等效燃油消耗最小
策略 …………………… 499

44.4.2 基于未来工况预测信息的自
适应规律 ……………… 502

44.4.3 基于 LQR 控制器的 SOC 跟随
策略 …………………… 503

44.5 分层优化自适应智能能量管理策略
验证与分析 …………………… 504

44.5.1 分层优化自适应智能能量管理
策略最优性 …………… 504

44.5.2 分层优化自适应智能能量管理
策略适应性 …………… 508

第45章　基于固定线路全局优化的深度
　　　　强化学习能量管理 …………… 510

45.1 学习型智能能量管理控制策略
　　　概述 …………………………… 510

　　45.1.1 学习型智能能量管理策略研究
　　　　　　进展 …………………… 510

　　45.1.2 学习型智能能量管理的控制
　　　　　　问题 …………………… 512

45.2 基于固定线路全局优化的深度强化学习
　　　能量管理策略 ………………… 513

　　45.2.1 Deep Q-Learning 深度强化学习
　　　　　　算法 …………………… 514

　　45.2.2 基于固定线路行驶信息的深度
　　　　　　强化学习策略架构 …… 515

　　45.2.3 Deep Q-Learning 能量管理策

略算法设计 ………………… 516

45.3 基于固定线路全局优化的深度强化
　　　学习能量管理策略验证 ……… 516

　　45.3.1 F-DQL-EMS 智能能量管理
　　　　　　策略的最优性 ………… 517

　　45.3.2 F-DQL-EMS 智能能量管理策略
　　　　　　的工况适应性 ………… 519

45.4 两种智能能量管理策略对比
　　　分析 …………………………… 520

　　45.4.1 智能能量管理策略的最
　　　　　　优性 ………………… 520

　　45.4.2 智能能量管理策略的工况
　　　　　　适应性 ……………… 521

　　45.4.3 智能能量管理策略的总结
　　　　　　分析 ………………… 522

参考文献 — 523

名词索引 — 531

新能源汽车技术基础

随着全球能源结构的变革和环境保护意识的增强，新能源汽车如同一股清新之风，在汽车工业的广阔天地里迅速刮起。它们不仅代表着先进的技术创新，更是人类追求可持续发展和绿色出行理念的体现。《新能源汽车技术手册》是一本专门为工程师、技术人员、学生以及所有对新能源汽车行业感兴趣的读者准备的指南和参考书籍。在本手册中，我们将深入探讨新能源汽车的各个方面，从基础原理到最新技术，从市场动态到未来趋势，旨在为读者提供一个全面、深入、实用的学习和参考资源。

新能源汽车不仅仅是一种新型交通工具，它们的发展涉及广泛的技术领域，包括但不限于电动机技术、电池技术、充电设施、能源管理系统以及智能网联技术等。这些技术的进步和融合，使得新能源汽车在性能上越来越能满足日常出行需求，在经济性和环境友好性上也逐渐超越传统燃油汽车。然而，新能源汽车工程不仅仅是技术的挑战，它还涉及政策、经济、社会等多方面的因素，需要跨学科的知识和协作。

下面我们将从新能源汽车的历史发展讲起，介绍它们的分类、工作原理以及与传统汽车的区别。接着，我们将探讨新能源汽车目前面临的主要技术挑战和发展瓶颈，以及科研人员和工程师们是如何努力克服这些问题的。此外，我们也将展望未来新能源汽车的发展方向，包括技术创新、市场趋势以及政策环境的变化。

汽车工业作为国民经济的支柱性产业，已成为现代社会必不可少的组成部分。传统汽车工业以化石能源为燃料，在为人们提供快捷、舒适的交通工具的同时，也增加了国民经济对化石能源的高度依赖，加深了能源生产与消费之间的激烈矛盾，因此，随着资源与环境双重压力的持续增大，新能源汽车已成为未来汽车工业发展的方向。本章围绕新能源汽车的基本概念、发展新能源汽车的重要性，以及当前新能源汽车发展的现状和规划的发展路线等内容展开介绍，突出新能源汽车在当今汽车工业发展战略中的重要性。

1.1 新能源汽车的基本概念

区别于使用常规燃料（汽油或柴油）的传统汽车，新能源汽车是指采用非传统用燃料作能源，或者采用传统用燃料、但同时配备新型车载动力装置的新型汽车。

1.2 发展新能源汽车的现实意义

汽车在国民生产、生活及交通中扮演着极其重要的角色，汽车工业已成为国民经济的重要支柱产业。但是，汽车在给人们提供便捷、舒适的同时也带来了很多负面影响，如能源危机、环境污染等。为缓解资源与环境的双重压力，各国相继出台了一系列政策来支持新能源汽车的发展。新能源汽车已成为当今汽车工业发展的热点和重要方向，是解决能源危机、环境污染以及实现碳达峰、碳中和的重要途径。

1.2.1 汽车与能源及环境的关系

英国工业革命开启了现代文明的帷幕，汽车的诞生对人类文明史产生了深远影响。自1886年世界上第一辆汽车诞生以来的100多年里，汽车不仅成为人类的交通工具，更改变了人类的生产、生活方式。据统计目前世界汽车保有量为14.46亿辆，预计到2050年世界汽车保有量将达25亿辆，其中主要增幅来自发展中国家。国际能源署（IEA）的统计数据显示，2001年交通领域消耗了全球57%的石油资源，而到2020年这一数据占比达到了近70%。现阶段我国已经面临着石油供给日益紧张的局面，推行交通能源转型势在必行。因此，推动新能源汽车发展被视为推进我国交通能源转型和建设生态文明的重要战略，对社会发展和环境保护均具有重要意义。

近年来，在投资和消费的拉动下，我国汽车工业已步入快速发展阶段。2005年，我国汽车产销量均超过570万辆，分别居世界第三位和第二位。2009年中国首次超过美国，成为世界汽车产销第一大国，并已连续13年稳居全球汽车产销量首位。由此可见，我国市场是最具发展潜力的汽车市场。

汽车的大量使用带来了两大突出问题：能源危机和环境恶化。其中，能源危机已经在国际上引发了多起战争；而汽车在运行时排放的大量的一氧化碳、氮氧化物、碳氢化合物、二氧化硫等有害气体以及温室气体二氧化碳，会给人类的生存环境带来消极影响。由图 1-1 可知，我国已经成为世界上最大的二氧化碳排放大国。

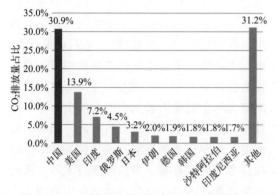

图 1-1　2020 年世界主要国家的 CO_2 排放情况

因此，在汽车产业快速发展的同时，随之而来的能源危机和环境污染等问题也不容忽视。它们对人们生活，甚至国际环境都产生了重大影响。为了确保我国经济的可持续发展，必须加快交通能源转型的步伐，以实现经济发展和环境保护双赢的局面。

1.2.2　汽车在社会发展中的地位

虽然汽车工业发展面临着能源危机和环境污染两大主要问题，但汽车在社会发展中的地位仍无法被撼动。汽车是"改变世界的机器"，是推动社会进步的车轮，汽车早已成为人们日常生活中不可或缺的重要组成部分。汽车的普遍使用，改变了经济社会的结构，形成了一整套新的经济、文化、生活体系，更提高了人们的生活质量，推动了社会进步，促进了经济发展。在我国新型工业化进程中，汽车工业日益成为全民经济的重要推动力和国家战略产业，其国民经济支柱产业的地位日益凸显。汽车工业的发展将大力推进高新技术的进步和创新。

（1）汽车在人们现实生活中的作用

① 汽车逐渐成为生活必需品　汽车从可望而不可即的奢侈品，变成了一件交付一定首付即可获取的日常商品。人们的生活方式、生活观念和生活质量发生了巨大改变，使很多人对时间的概念不再局限于公共交通的时刻表。汽车已经成为自由的象征，人们购买汽车更多是为了改变一种生活模式。

② 汽车增加了劳动就业率　汽车工业的发展能够给社会创造大量的就业岗位。2019 年国务院发展研究中心指出：汽车工业产业链长、辐射面广、上下游产业极多。其上游产业涉及钢铁、机械、橡胶、石化等行业，下游产业涉及保险、金融、销售、维修等行业。汽车工业每多提供 1 个工作岗位，就能够带动上下游增加 7 个工作岗位。目前从事汽车以及相关行业的从业人数已经突破 5000 万。因此，汽车工业的发展创造了大量的就业机会，极大地促进了社会稳定。

③ 汽车加快了公路网和城市化发展进程　第二次世界大战后，各国快速投入到基础设施建设中，高速公路也迎来了快速发展阶段。高速公路网的迅速建立，为汽车产业的快速发展提供了条件。截至 2020 年底，我国公路里程为 582 万千米，高速公路里程 16.1 万千米，对 20 万以上人口城市覆盖率超过 98%。高速公路优等路率达到 91.5%，普通国、省干线优良路率达到 84%。汽车在联系城市、城镇中发挥着巨大作用，已成为公路中最常见的交通工具。大量汽车的使用促进了公路的建设，而公路网的延伸又进一步增大了汽车的需求量。

④ 汽车开拓了汽车服务贸易市场　汽车工业的每个环节，从市场、研发、采购、生产、销售、服务直至后勤，都已经超出了国家范围，由此而产生的贸易、法律、环保及产业经济影响已经远远超过了汽车工业本身。同时，与汽车产业发展密切相关的汽车服务贸易市场迅速发展，在发达国家已发展

形成成熟的二手车置换、保险、信贷、维修、保养、租赁、物流、贸易和回收利用等业务。

⑤ 汽车产生了一系列新生事物　汽车产业的发展创造了多种衍生新事物，如汽车购置阶段的车贷业务、汽车使用阶段的车险业务，以及汽车租赁、汽车维修企业和二手车市场等。汽车展会、汽车艺术及汽车旅馆更是成为发达国家人们日常生活中的一部分，改变了人们的生活和思维方式。另外，汽车交通的便捷性也改变了城市结构，淡化了人们的区域观念。

（2）汽车在当代社会经济中的作用和地位

① 汽车工业在国民经济中的地位　汽车既是高价值的产品，又是批量大的产品，因而它能够创造巨大的产值。2019 年，我国汽车工业总产值达 80846.7 亿元，销售总产值为 39389 亿元。2021 年，我国汽车工业总产值已达到 81560 亿元，约占全国 GDP 总量的 8%。

② 汽车工业在工业化进程中的作用与地位　在工业化进程中，汽车工业作为龙头产业，不仅极大地促进了其上游产业的发展，如钢铁、有色金属和橡胶等产业，也对其下游产业起到了极大的促进作用，如汽车维修、销售、道路、运输、金融和保险等行业。

③ 汽车工业对国家综合经济实力的影响　汽车工业的繁荣是一个国家工业整体实力提升的综合体现，同时也是国家综合经济实力增长的重要表现。自新中国成立以来，我国的汽车工业经历了从无到有、从小到大的发展过程。随着我国经济的不断发展，汽车制造水平不断提高，汽车产业的市场占有率也在不断攀升。作为一个新兴的汽车大国，我国拥有全球第一大汽车市场。汽车工业的发展对于国民经济的增长具有重要意义，对于增强我国的国际核心竞争力也具有重要作用。在当前实现社会主义现代化的时代背景下，大力发展

汽车工业已成为推动国家综合实力增长的重要途径。

（3）汽车在当代社会工业崛起中的作用

自 1886 年世界上第一辆汽车诞生至今，汽车的发展已有 100 多年的历史。在经济全球化的今天，汽车制造业已经成为全球化的产业。人们的生活越来越依赖汽车，没有汽车，我们也许"寸步难行"。毫不夸张地说，汽车工业实际上就是现代工业的缩影。汽车作为各种高新技术集成的"艺术品"，其发展实际上就是人类工业的发展史。每一次技术的进步，每一次生产的革新，都极大地促进了汽车行业的发展。现代信息技术、数控技术、纳米技术、涡轮增压技术等一系列现代高新技术已经在汽车制造业中得到了广泛的应用。通过合理运用这些高新技术，现代汽车在动力性、经济性、操纵稳定性等方面得到了极大的进步与提升。比如，运用电子技术研究发展的汽车防抱死控制系统（ABS）、驱动力控制系统（TCS）以及稳定性控制系统（VSC）等车辆控制系统，大大提高了汽车安全性与舒适性。在当前能源紧张与环境污染的背景下，节能减排是当今汽车技术发展创新的潮流。图 1-2 展示了一些国家和地区的汽车 CO_2 减排目标。从图 1-2 中可以看出，随着国际社会对于环境保护意识的提高，碳排放法规日益严苛，只有通过新技术的运用，才能使汽车的燃油经济性和排放达到标准的要求。

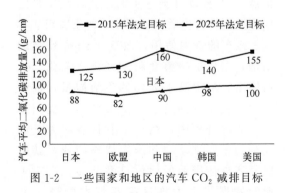

图 1-2　一些国家和地区的汽车 CO_2 减排目标

汽车作为各种高新技术结合的产物，其

发展与进步带动了当前工业发展水平的提高。一个国家的汽车发展水平在一定程度上反映了国家的工业发展水平，一定程度上代表了其核心科学技术的竞争力。当前世界各国在汽车领域内的竞争，实际上就是各国核心科技的竞争。通过新技术、新工艺、新能源、新材料的综合运用，不断抢占科技创新的制高点，开发各种新车型，已经成为我国汽车工业迅速崛起的重要途径之一。

我国作为世界上最大的发展中国家，人口众多，对于汽车产品的需求量大。市场需求作为汽车产业发展的强劲动力，也不断刺激推动汽车产业的发展。同时汽车产业的不断发展也为新技术的发展拓宽了空间。新技术的发展与汽车的生产规模有密不可分的联系，不具备一定的生产规模，就没有开发新技术的可能。国内外的经验表明，不到年产30万辆规模，开发车身就可能得不偿失；没有年产50万辆的规模，也满足不了开发底盘件的成本支出。作为汽车消费的需求大国，从我国的汽车产量变化便可以了解到市场的前景：用39年的时间实现汽车生产的第一个百万辆；用8年的时间完成第二个百万辆；用2年的时间完成了第三个百万辆。这种增长速度充分体现了我国汽车产业发展的广阔前景。充分利用日益增长的市场需求，利用已具规模的生产方式，采用新的技术，降低开发成本，提升产品的性能，并以新产品的优良品质和高的性价比刺激新的消费需求，使我国汽车工业健康、良性发展，是当务之急。

1.3 新能源汽车的现状与发展路线

随着全球能源和环境问题的不断突显，汽车作为石油消耗和二氧化碳排放的"大户"，需要进行革命性的变革，发展新能源汽车已经成为世界各国的共识，我国更是将其列入七大战略性新兴产业之一。中央政府对其陆续出台了各种扶持和培育政策，为新能源汽车的发展营造良好的政策环境。目前，我国新能源汽车市场规模正在不断扩大，新能源汽车凭借其在节能与环保方面的优势，逐渐成为各大车企研究与开发的热点。

1.3.1 全球新能源汽车现状

世界上主要汽车生产国在新能源汽车发展战略上均有不同的发展方向。

欧盟的新能源汽车发展战略核心是清洁柴油车，但是近年来，柴油车在欧洲的销量及其占有的市场份额却呈现减少趋势，如图1-3和图1-4所示。这主要是因为随着欧洲汽车尾气排放法规的日渐严格，欧洲主要车企开始试水混合动力汽车市场。2023年全球新能源汽车销量达到1465.3万辆，同比增长35.4%，其中中国新能源汽车销量达到949.5万辆，占全球销量的64.8%。截至2023年底，中国新能源汽车保有量达2041万辆。美国和欧洲2023年全年新能源汽车销量分别为294.8万辆和146.8万辆，同比增速分别为18.3%和48.0%。

美国作为全球最大的汽车市场之一，也是极力鼓励发展电动汽车的国家之一。世界上主要国家和地区2021年纯电动汽车销量数据如图1-5所示，其中，美国纯电动汽车销量为48.8万辆，位居全球第一。美国也是全球混合动力汽车最成熟和最大的市场之一。为了降低对石油的依赖、确保能源安全，2021年美国宣布要实现到2030年美国零排放汽车销量占新车总销量40%～50%的目标，包括纯电动汽车、插电混合动力汽车和燃料电池汽车等。此外，美国政府还出台了一系列扶持和激励政策：在个人消费领域，美国联邦政府可为购买电动汽车的消费者减免 7500 美元的税款，同时地方政府也都有配套的免税措施，如加利福尼亚州政府在联邦政府的基础上再补贴 5000 美元。这样，一辆电动汽车的售价实际上并没有比同型号的传统汽车高很多，而车辆的使用成本又比传统汽车低很多。从车企规划上来看，美国三大传统车企已全面转型：福特汽车在 2021 年 5 月份宣布 2025 年之前在电动化业务上投资 300 亿美元，计划 2030 年时纯电动汽车占其全球销量的 40%；通用汽车在 2021 年 1 月宣布计划到 2035 年只生产电动汽车，同年 6 月宣布在 2025 年前电动化、智能化的投入将提高 30%，达到 350 亿美元；Stellantis 2021 年 7 月宣布在 2025 年前将在电动智能化领域投资 300 亿欧元，2030 年在美国市场的新能源车渗透率达到 40%。

图 1-3　欧洲柴油车/乘用车销量

图 1-4　欧洲柴油车销量份额

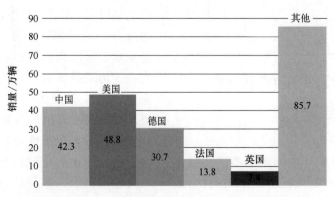

图 1-5　世界上主要国家和地区 2021 年纯电动汽车销量

美国还是全球混合动力商业化最早的市场之一：2001年，丰田普锐斯混合动力汽车第一代开始在美国销售；2010年，普锐斯车型在美国销量达到14万辆，占当年该混合动力汽车车型销量总量（27万辆）的一半以上；2011年7月，普锐斯混合动力汽车在美国累计销售103万辆，超过所有混合动力汽车总销量的一半；2013年，美国最畅销的混合动力车依然是丰田普锐斯系列，销量为218508辆。丰田汽车公司旗下的其他混合动力车型也在美国实现畅销，譬如雷克萨斯混合动力汽车，累计在美国销售5款车型，其中，雷克萨斯RX400h车型于2005年开始在美国销售。2021年，普锐斯Prime和丰田RAV4 Prime进入北美市场，其中Prime的销量占据整个北美普锐斯家族的55%。2022年，丰田北美总公司宣布要在北美市场推出一款插电式混动汽车，同年5月27日，丰田雷克萨斯Night Shade开始在美国销售。从趋势上看，混合动力雷克萨斯车型向低端方向发展。混合动力版凯美瑞2006年开始在美国销售，2007年销量达到5.4万辆，

截至2017年底，混合动力版凯美瑞在美国总计销售突破200万辆，2020年，凯美瑞成为美国轿车销量第一的汽车品牌，全年累计销售33.7万辆。

日本的新能源汽车发展战略核心是混合动力汽车，其在锂电池和混合动力汽车领域，无论从技术还是产量方面，都是全球的领导者。将汽车和锂电池结合起来，一直是日本企业的努力方向。据有关数据统计，截至2020年底，丰田汽车公司占据全球混合动力汽车市场中近90%的份额。2021年12月，丰田汽车公司公布全年销售数据，新能源汽车在全球累计销售262.1万辆，其中混合动力汽车销售248.2万辆，相较2020年同期增加3.2%。丰田汽车公司2016—2023年混合动力汽车销量如图1-6所示。此外，日本本田汽车公司也拥有非常丰富的混动汽车生产经验与资历。1997年本田首套混动系统亮相，并先后推出了IMA、i-DCD、i-MMD、SH-AWD等多套混动系统；经过20多年的技术沉淀和市场验证，本田i-MMD混动系统在全球65个国家和地区共销售超400万套。

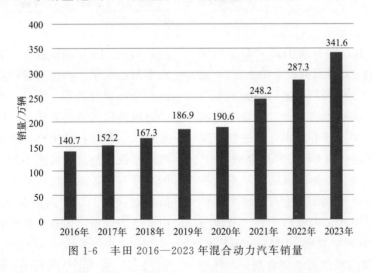

图1-6　丰田2016—2023年混合动力汽车销量

从全球范围来看，近年来日系车介市场份额不断增加，日本在混合动力技术领域处于领先地位；美国则是混合动力与燃料电池技术并重，但是由于燃料电池成本过高，目

前各厂商正纷纷倾向于开发混合动力汽车。对于欧洲各车企，由于柴油机技术水平较高，一直以来偏重采取清洁柴油技术及柴油混合动力技术；但其在将清洁燃油战略推广到全球时

遭遇阻力，效果不甚理想，虽然在燃料电池领域的技术积累丰富，但同样受制于高昂成本，短期内燃料电池汽车量产可能性不大。

1.3.2　我国新能源汽车现状

我国新能源汽车起步于21世纪初。"十五"至"十四五"期间，国家先后制定了多项新能源汽车发展规划。事实上，早在2001年，我国便已经启动"863"电动汽车重大专项计划，新能源汽车的研发投入大大增加；并且科技部在"十五"期间投资9.5亿元人民币，组织实施国家"863"电动汽车专项计划，还包括国家科技攻关计划"清洁汽车关键技术研究与示范应用"专项。根据"十一五"节能与新能源汽车总体研发布局，国家"863"计划涉及的电动汽车包括3类：纯电动汽车、混合动力汽车以及燃料电池电动汽车，这三类电动汽车统称为"三纵"；而电池（燃料电池和动力蓄电池）和超级电容器技术、动力总成控制（驱动电机、电机传动和发动机）和共性基础技术（新材料、新部件、共性技术和基础设施相关技术）则被称为"三横"，形成"三纵三横"的研发布局（图1-7）。

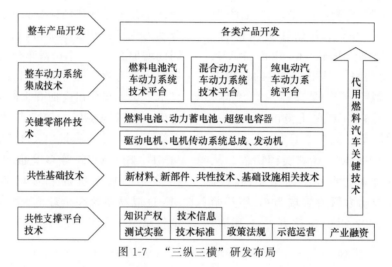

图1-7　"三纵三横"研发布局

2010年10月，国务院正式发布了《关于加快培育发展战略性新兴产业的决定》，重点培育发展战略性新兴产业之一的新能源汽车产业，将重点突破动力电池、驱动电机和电子控制领域的关键核心技术，推进新能源汽车（如插电式混合动力汽车和纯电动汽车）的推广应用和产业化。而国家的此项重大决定标志着发展新能源汽车已上升到国家战略层次。此后，中国汽车工业协会在《节能与新能源汽车规划》中提出：2011—2015年，是节能与新能源汽车产业的培育期；2016—2020年为发展期，我国节能与新能源汽车整体技术达到国际先进水平，产业规模位居世界前列。2020年国务院联合工信部等部门发布《新能源汽车产业发展规划2021—2035》，这15年的重点在于提升我国新能源汽车制造水平、构建新型产业生态、推动上游产业协同发展等。可见，在国家产业政策及财政补贴政策的鼓励下，同时伴随"十城千辆"示范项目的实施，节能与新能源汽车产业在我国呈现出快速上升的态势。为响应国家号召，各地均出台地方性新能源汽车产能规划（表1-1）。国内各大车企也相继提出其产能规划，如表1-2所示。

1.3.3　新能源汽车的发展路线

汽车产业的迅猛发展，使得世界范围内的汽车保有量迅速增加。汽车数量的增加又加剧了汽车尾气排放对大气层产生的污染问题。据统计，汽车排放的尾气是当今空气污染的重要源头，而且庞大的汽车数量，每天所消耗的石油量也是一个惊人的数额。汽车发展引发的环境问题和能源危机，使得人们对于新能源汽车技术的关注日益增加。从图 1-8 新能源汽车的技术选择中可看出，新能源汽车的研发技术已经成为解决当前能源及环境问题的关键技术。

表 1-1　地方新能源汽车产能规划

上海	根据《上海市加快新能源汽车产业发展实施计划（2021—2025 年）》，到 2025 年，上海要实现产业规模国内领先，本地新能源汽车产量超过 120 万辆，产值突破 3500 亿元，占全市汽车制造业的 35％以上。公共交通、党政机关等公务车辆、巡游出租车等领域新能源汽车占比要超过 80％，新建加氢站 70 余座
北京	根据《北京市"十四五"时期能源发展规划》，2025 年全市新能源汽车累计保有量力争达到 200 万辆，建成各类充电桩 70 万个，开展新能源汽车换电模式试点工作。制定私家车"油换电"奖励政策，推进京津冀燃料电池货运示范专线，力争到 2025 年氢燃料电池牵引车和载货车替换 4400 辆传统燃油汽车
重庆	根据《重庆市汽车产业高质量发展"十四五"规划（2021—2025 年）》，到 2025 年全市新能源汽车产量将达到 100 万辆，占汽车产量的 40％以上，新建充电站 6500 座以上，换电站达到 200 座，公共充电桩 6 万个，自用充电桩 18 万个以上，公共充电设施实时在线率不低于 95％，氢燃料电池汽车力争在 2025 年达到 1500 辆，建设加氢站 30 座
武汉	根据《湖北省汽车工业"十四五"发展规划》，到 2025 年，引进 1～2 家造车新势力的头部企业，建设自主可控、完成系统的新能源汽车产业链；建设 1～2 家国际先进水平的氢燃料电池产业研发创新平台，推动科技创新与产业化落地的深度融合，保持汽车产业集群全国领先的地位。到 2025 年，全省充电桩达到 50 万个以上
广州	根据《广州市智能与新能源创新发展"十四五"规划》，到 2025 年，全市汽车产能突破 500 万辆，规模以上汽车制造业产值力争达到 1 万亿元，新能源汽车产能超 200 万辆，进入全国城市前三名，新能源汽车市场渗透率超过 50％，保有量提升至 80 万辆，占总保有量的比重超过 20％
深圳	根据《深圳市新能源汽车推广应用工作方案（2021—2015 年）》，"十四五"期间，全市新增注册汽车中新能源汽车比重达到 60％左右，2025 年全市新能源汽车保有量达到 100 万辆，累计建成公共和专用网络快速充电桩 4.3 万个，基础网络慢速充电桩 79 万个左右
长春	根据《长春国际汽车城"十四五"发展规划》，到"十四五"末期，以一汽新能源整车为龙头，重点围绕纯电动汽车、插电式混动汽车、氢燃料汽车三条技术路线，打造"整车、动力电池、电控系统、驱动电机"4 大模块的全产业链，支持奥迪新能源、红旗新能源等整车厂引进核心零部件企业，到 2025 年，建成中国北方新能源汽车研发制造基地，新能源汽车产能 110 万辆，占汽车总销量的 20％以上

表 1-2　国内各大车企产能规划

国内主要车企	新能源汽车产能规划
一汽	2021 年，一汽提出"十四五"战略目标是营收过万亿元，新能源汽车销量超过 100 万辆，投放 50 款以上新能源车型，其中自主品牌 30 款以上，提出 Ecolin5 未来型绿色智慧城市汽车生态系统，以新能源汽车产业链为核心，融合新型消费链、绿色出行链等。红旗将以电气化为主要方向，已于 2023 年将品牌所有车型电驱化，并计划于 2025 年推出 15 款电动车型

国内主要车企	新能源汽车产能规划
上汽	在 2020 年世界新能源汽车大会上,上汽集团表示,上汽将坚持在纯电动、插电混动、燃料电池三条技术路线上持续投入,计划在 2025 年前投放近百款新能源产品,其中包括近 60 款自主新能源车型。"十四五"期间,上汽新能源汽车销量和经营结构力争持续优化,2025 年新能源汽车在上汽的销量比重超过 35%,突破 300 万辆
东风	2021 年,东风汽车集团有限公司正式发布"十四五"规划,规划指出:到 2025 年,东风新能源汽车销量达到 100 万辆;商用车业务方面,将构建中重卡、轻卡、VAN 车、皮卡 4 个电动化平台;乘用车领域,将重点打造 DSMA 节能汽车平台,及 S1、S2、S3 和 MORV 4 个纯电动平台,全新电动车品牌岚图汽车产销目标由此前的 15 万辆提升至 20 万辆;在科技业务板块,要着力提升科技创新水平,包括打造"龙擎""马赫"绿色低碳动力品牌,加快掌控新能源核心技术和资源,重点布局新能源整车共享平台、电子架构以及氢能产品等
长安	未来 5 年,长安汽车将坚持将每年不低于 5% 的收入投入到研发领域。5 年内,推出 20 余款全新智能电动汽车,计划到 2025 年,长安品牌销量达到 300 万辆,新能源占比达到 35%;2030 年,打造成为世界级品牌,销量将达到 450 万辆,新能源占比到 60%,海外销量占比达到 30%
北汽	在"十四五"期间,面向大众化车型、差异化场景进行渗透,加强氢燃料电池方面的研究投产,北汽福田力争到 2025 年累计推广氢燃料商用车 1.5 万辆,到 2030 年累计推广 20 万辆。2022 年,北汽已经在北京、厦门、广州等 19 个城市投放 2.55 万辆换电车辆,累计建成配套换电站 255 座;在电池回收方面,借助工信部动力电池梯次利用项目试点重要契机,打造动力电池循环经济标杆
奇瑞	2030 奇瑞能源战略分两个阶段:第一阶段,要全面提升燃油动力能效,推进混合动力等新能源技术快速应用;第二阶段,将新能源汽车销量占比超过 40%,并完成氢动力市场开发以及商业应用。同时,奇瑞企业单位生产总值二氧化碳排放相比 2005 年下降 68%
吉利	2021 年 10 月,吉利汽车集团发布"十四五"规划:2025 年,实现集团总销量 365 万辆,新能源销量占比超过 40%,将推出 25 款以上全新智能新能源(EV 和 PHEV)产品,结合雷神智擎混动技术,实现全面电动化;至 2025 年碳排放全链减少 25%,到 2045 年实现碳中和。2022 年,吉利推出"雷神智擎甲醇混动"车型,吉利还将陆续推出全新的科技新能源换电出行品牌,基于专属架构平台,到 2025 年陆续推出 5 款可换电的智能纯电产品,为用户提供智能出行服务
江淮	根据江淮汽车 2019 年对外发布的新能源汽车战略规划,到 2025 年,江淮新能源汽车总产销量要占江淮汽车总产销量的 30% 以上,形成节能汽车、新能源汽车、智能网联汽车共同发展的新格局。"十四五"期间,江淮汽车计划推出 10 款以上新能源乘用车,力争 2025 年实现年销售 20 万辆的发展目标
比亚迪	2022 年 4 月,比亚迪公司在港交所公告中宣布,从 2022 年 3 月开始,公司停止燃油汽车整车生产的业务项目,计划推出新能源高端品牌。比亚迪刀片电池已获现代汽车集团定点,并已成立现代项目组,2023 年开始向海外供货。2025 年,比亚迪新能源市场战略目标整体计划实现万亿元营收规模

现在大多数的汽车厂家以及汽车技术研究中心已经开始或者规划开发新能源汽车。其实早在"十五"期间，我国便已经将发展新能源汽车列入国家战略规划，其后在"十一五"至"十四五"期间，国家也从不同层面对新能源汽车发展进行了规划和政策支持。

以能源的多元化为核心，新能源技术开发主要有以下三大趋势。

（1）发展生物燃料

基于可再生能源的生物燃料适用于各种车辆，且具有良好的环保性，已成为各国共同推广的新型燃料。

（2）发展混合动力技术

混合动力汽车的驱动能源除燃油发动机外，还包括电能、液压能等新能源。混合动力系统效率很高，可以通过小排量发动机配合电机使用达到良好的动力性，减少尾气排放，节约能源。而且混合动力汽车在电池的需求上要求比较低，能避免由电池引起的诸多问题。混合动力汽车已成为新型动力汽车产业化的里程碑。

（3）发展燃料电池技术

燃料电池是一种新兴的能量转换装置，目前技术尚未成熟，存在成本较高以及储存、运输困难等问题，所以燃料电池汽车的应用很少，但是作为汽车能源动力系统的远期解决方案，仍然被人们所看好。

新能源汽车的发展路线主要包括纯电动汽车技术、混合动力汽车技术、插电式混合动力汽车技术、燃料电池汽车技术、太阳能汽车技术等。

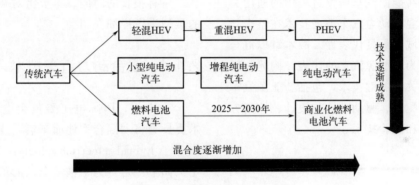

图 1-8　新能源汽车的技术路线

扫一扫

本章小结

近年来，混合动力汽车以其低油耗、低排放、续驶里程长和生产成本较低等综合优势，成为新能源汽车的研究热点。混合动力汽车融合了纯电动汽车和传统内燃机汽车的优点，是目前技术条件下最具发展潜力和产业化前景最广的新能源汽车之一。由于混合动力汽车结构复杂，开发混合动力汽车所涉及的构型分析、参数匹配、节能分析、电池技术、电控技术等关键技术，基本上涵盖了大多数其他新能源汽车研发过程中的通用关键技术。故混合动力汽车关键技术在整个新能源汽车领域中最具代表性。故本章以混合动力汽车作为新能源汽车的代表，阐述与新能源汽车相关的关键技术，包括新能源汽车的主要技术类型、驱动理论与设计、控制方法以及仿真和试验技术。

2.1 新能源汽车的主要技术类型

区别于使用常规燃料（汽油或柴油）的传统汽车，新能源汽车是指采用非常规车用燃料为能源，或者使用常规车用燃料，同时采用新型车载动力装置的新型汽车。新能源汽车主要包括纯电动汽车、混合动力汽车、氢能源动力汽车、燃料电池汽车、太阳能汽车以及其他一些类型汽车。其中，纯电动汽车、混合动力汽车和燃料电池汽车又归类为电动汽车。纯电动汽车技术处于逐渐发展的过程，其对电池要求高，所使用的电池组有一定局限性，即成本高、续驶里程短，充电

时间长，且存在电池电解液污染等问题；燃料电池的成本高、氢的储存和运输存在技术问题；混合动力汽车技术相对成熟，不受上述问题的限制。因此，混合动力技术成为世界范围内一个研究热点和方向。以丰田普锐斯（Prius）为代表，混合动力汽车已经在北美、日本和欧洲成功实现了商业化。其他类型新能源汽车，譬如太阳能汽车、氢能源动力汽车等，尚处于实验阶段，距离商业化生产还有很长的时间。本节将对新能源汽车的类型进行详细介绍。

2.1.1 混合动力汽车技术

2003 年，国际电工委员会电动汽车技术委员会将"混合型地面车辆［或混合动力汽车（hybrid electric vehicle，HEV）］"定义如下：是"为了推动车辆的革新，至少拥有两个能量变换器和两个能量储存系统（车载状态）"的车辆。当前研发的混合动力汽车，多采用电机作为主要动力或者作为辅助动力单元（auxiliary power unit，APU），必要时给汽车提供一定的动力。混合动力汽车也可理解为有多于一种的能量转换器提供驱动力的混合型电动汽车，或使用蓄电池和副能量单元的电动汽车。副能量单元指的就是以某种燃料作为能源的原动机或者电机组，燃料主要包括柴油、汽油或者液化石油气、天然气、酒精等。原动机主要是内燃机及其他热机。通过混合动力系统实现汽车在动力性、经济性、排放等方面性能指标的显著提升。

混合动力汽车是在传统汽车的基础上发

展起来的产物，不但拥有传统内燃机汽车的特点，同时还具备其他一些优点。与传统汽车相比，经济性良好是其突出的优点，混合动力汽车可以在传统汽车的基础上实现30%~50%的节油。这些优势使得混合动力汽车在当前环境与能源问题的背景下具有相当大的优势。混合动力系统的性能与整车的性能息息相关。混合动力系统经过多年的发展，已经逐渐由原来的离散化结构向集成化方向发展。根据其传动系统的拓扑结构或者动力总成配置和组合方式的不同，混合动力汽车可以分成串联式、并联式以及混联式三种类型，各类构型的特点将在本手册后续章节详细介绍。

如图 2-1 所示为世界上第一款混合动力汽车，是 1997 年丰田汽车公司推出的普锐斯车型。该车型属于混联式构型，采用了 THS（toyota hybrid system）系统，通过行星齿轮装置的作用，可以实现功率分流与无级变速的功能。普锐斯采用 1.5L 汽油发动机，可以实现 28km/L 的燃油目标；排放方面，相比于传统汽车，CO_2 排放量减少50%，而 CO 和氮氧化物的排放量仅为传统汽车的 10%。近年来，通用等各大汽车公司也开始研发混合动力汽车，一些车型已经实现商业化。此外，国内市场已涌现出大量混合动力汽车产品，获得广大司乘消费者的青睐。对于乘用车，于 2022 年 3 月上市的吉利星越 L 雷神 Hi·X 混动汽车，搭载1.5TD-3DHT 雷神智擎混合动力系统，发动机最大功率 150hp❶，峰值转矩 225N·m，综合转矩 545N·m，最大续驶里程可达1300km，0~100km/h 加速时间仅需 6.9s，亏电油耗仅为 3.8L/100km；长城推出的拿铁 DHT 混动汽车，搭载 1.5T+电动机混动系统，并匹配两挡 DHT 变速箱，综合功率达 246hp，最大转矩 532N·m。对于商用车，一汽解放推出了 P2 并联构型的混合动力悍 V 牵引车，其动力由锡柴 350hp 国五柴油发动机搭配额定功率/峰值功率为

75kW/150kW 的永磁同步电机提供，搭载锂离子动力电池；绿控推出了 P2 并联构型的 PHD29000 混合动力变速器，其最大输出转矩达到 29000N·m，实车油耗在城建工地工况最高可节油 38%，高速工况可节油10%，省道工况可节油 15%~25%。

图 2-1　丰田 Prius

目前，插电式混合动力汽车（plug-in hybrid electric vehicle，PHEV），或称可外接充电式混合动力电动汽车，成为了 HEV 的一个发展方向。自 20 世纪 90 年代以来，国外一些大学等机构一直在进行插电式混合动力汽车的研究。1990 年，Andy Frank 教授开始研制插电式混合动力汽车原型车。2001 年，美国能源部（department of energy，DOE）成立了插电式混合动力汽车国家工程中心。2007 年 1 月，美国通用公司（GM）展示了插电式混合动力汽车原型样车雪佛兰 Volt，如图 2-2 所示。2008 年，DOE 又宣布了一项插电式混合动力汽车技术的研发与示范计划，在不同地区开展车辆道路运行实验。2009 年，美国总统奥巴马宣布投入 24 亿美元支持插电式混合动力汽车的研发与产业化。PHEV 已经作为美国联邦政府新一代汽车合作计划（partnership for a new generation of vehicles，PNGV）中实现车辆节能减排的重要技术途径之一。在我国，各大车企也都对插电式混合动力汽车进行了原型样车的开发和技术储备，国家也推出政策大力支持 PHEV 的发展。2020 年，国务院印发《新能源汽车产业发展规划

❶　1hp＝745.7W，下同。

（2021—2035年）》，其将插电式混合动力（含增程式）汽车纳为"三纵"之一，产业发展方向明确，即大力发展插电式混合动力汽车。

图 2-2　雪佛兰 Volt

插电式混合动力汽车是指可以使用电网对动力电池进行充电的混合动力电动汽车，是在传统混合动力汽车基础上开发出来的一种新型新能源汽车。由于可外接充电式混合动力汽车能够更多地依赖动力电池驱动汽车，因此可以认为是一种由混合动力汽车向纯电动汽车发展的过渡性产品。相比于传统的内燃机汽车和常规混合动力汽车，PHEV的燃油经济性得到进一步提高，二氧化碳和氮氧化物排放也更少。同时，小功率内燃机的配备，使PHEV在电池电量低时可以使用内燃机继续行驶，这样就克服了纯电动汽车续驶里程不足的难题。所以，在纯电动汽车车载动力电池技术未取得突破性进展前，PHEV是一种良好的过渡方案。

PHEV的特点如下。

① 低噪声、低排放。

② 介于纯电动和常规混合动力电动汽车之间，里程短时采用纯电动模式，里程长时采用以内燃机为主的混合动力模式。

③ 可在晚间用电低谷时使用外部电网对车载动力电池进行充电，不仅可以改善电厂发电机组的效率问题，而且可以大大降低对石油的依赖；同时用电比燃油便宜，可以降低使用成本。

④ 动力电池荷电状态（state of charge, SOC）必须在很大的范围内波动，属于深度充电、深度放电，因此循环工作寿命比较短。

总的来说，PHEV属于一种有较好发展前景的混合动力电动汽车，也是向最终的清洁能源汽车过渡的最佳方案之一。目前各大汽车厂商已相继推出插电式混合动力汽车车型或研发计划，PHEV已成为当前行业开发热点。

2.1.2　纯电动汽车技术

纯电动汽车（battery electric vehicle, BEV）的定义：以车载电源为动力，用电机驱动车轮行驶，符合道路交通安全法规各项要求的车辆。与传统燃油汽车相比，纯电动汽车对环境的影响较小；与混合动力汽车相比，纯电动汽车以电力作为能源，通过电机与动力电池组成动力系统，驱动整车行驶，而不使用传统的内燃机提供动力，这是其与混合动力汽车的最大不同。动力电池和电机作为纯电动汽车的关键部件，虽然当前电池技术尚未发展成熟，但纯电动汽车完美的排放特性使得它的前景被广泛看好。图 2-3 展现的是日产（Nissan）LEAF 车型，自从 2010 年被推出以来，其凭借出色的性能表现，被誉为"全球最受欢迎的电动汽车"，截至 2019 年底，该车型在全球的销量已经超过 47 万辆，并于 2020 年底累计销量突破 50 万辆，成为全球首个销量最先突破 50 万辆大关的电动汽车。

图 2-3　日产 LEAF

纯电动汽车的优点如下。

① 污染小，噪声低。纯电动汽车以清洁的电能作为能源，不会产生有害气体，也不会产生 CO_2 等温室气体，也就是说，其基本可以实现"零排放"，电机在工作过程中产生的噪声也远小于传统汽车内燃机的噪声。

② 纯电动汽车更能适应城市工况，能源效率较高。在城市工况下，汽车行驶的平均速度较低，时常处于走走停停的状态，对于传统内燃机汽车来说，这种工况下发动机效率不高，燃油消耗较大，而纯电动汽车对这种情况的适应性好，同时，电能的来源广泛，纯电动汽车对能源的利用效率也较高。

③ 纯电动汽车可以通过制动能量回收，回收部分能量。

④ 纯电动汽车相比于内燃机汽车，结构简单，运转和传动部件少，使用维修方便，并且维修保养工作量小。

从纯电动汽车的特点来看，其具有的诸多优势使得纯电动汽车具有广阔的应用前景。但是目前纯电动汽车技术并不十分成熟，主要问题在于动力电池技术尚不完善。此外，由于纯电动汽车完全以电能作为能源，其对动力电池的要求远远高于混合动力汽车，因此要使纯电动汽车的生产形成一定的规模，必须开发更为先进的动力电池。但是当前的动力电池成本较高，并且寿命较短，无法使纯电动汽车达到理想的续驶里程。另外，其充电时间长、低温特性衰减大以及安全性不高等诸多问题也导致了纯电动

汽车的应用并未真正实现大规模商业化，但纯电动汽车作为新能源汽车的一种，其发展潜能巨大，未来具有很大的发展空间。

2.1.3 燃料电池汽车技术

燃料电池汽车（fuel cell vehicle，FCV），顾名思义，是使用燃料电池作为能源的汽车。燃料电池的概念是 1839 年 G. R. Grove 提出的，它是将燃料和氧化剂的化学能直接转化为电能的发电装置。现代燃料电池技术的发展，应追溯到 20 世纪 60 年代的燃料电池——质子交换膜燃料电池的出现，该电池是由美国宇航局与 GE 公司合作开发的第一个现代意义上的燃料电池。燃料电池汽车就是利用燃料电池，将化学能转化为电能，通过电机进行驱动的汽车。燃料电池汽车最大的特点就是不经过燃烧过程，而是直接通过燃料电池将化学能转化为电能。燃料电池所使用的燃料主要有氢、甲醇和汽油等。由于氢燃料电池零排放的特点，因此，当前研究的重点主要是氢燃料电池。

燃料电池按电解质的不同可划分为质子交换膜燃料电池（proton exchange membrane fuel cell，PEMFC）、碱性燃料电池（alkaline fuel cell，AFC）、磷酸燃料电池（phosphoric acid fuel cell，PAFC）、固体氧化物燃料电池（solid oxide fuel cell，SOFC）、熔融碳酸盐燃料电池（molten carbonate fuel cell，MCFC）。各类型燃料电池的特性如表 2-1 所示。

表 2-1 各类型燃料电池的特性

电池种类	质子交换膜燃料电池	碱性燃料电池	磷酸燃料电池	固体氧化物燃料电池	熔融碳酸盐燃料电池
电解质	PEM	KOH	H_3PO_4	Y_2O_3-ZrO_2	$LiCO_3$-K_2CO_3
燃料	氢气	氢气	天然气、甲醇	天然气、甲醇、石油	天然气、甲醇、汽油
导电离子	H^+	OH^-	H^+	O^{2-}	CO_3^{2-}
操作温度/℃	室温～90	65～220	180～220	800～1000	650～700

电池种类	质子交换膜燃料电池	碱性燃料电池	磷酸燃料电池	固体氧化物燃料电池	熔融碳酸盐燃料电池
质量比功率 /(W/kg)	300~1000	35~105	100~220	15~20	30~40
寿命/h	5000	10000	15000	7000	15000

与传统内燃机汽车和混合动力汽车相比，燃料电池汽车具有以下一系列优点。

① 无污染　燃料电池汽车用氢能作为能量来源，整个生命周期都几乎不产生 CO_2 等温室气体。同时，燃料电池汽车还能够有效地减少传统内燃机汽车排放的 SO_x、NO_x 等有害气体。如图 2-4 所示为燃料电池汽车与其他类型汽车温室气体排放比较。

② 效率高　传统内燃机汽车通过燃烧将化学能转化为热能，最后转化为机械能。而燃料电池汽车直接将氢的化学能转化为电能，中间不经过燃烧过程，因而具有较高的能量转化效率。目前，火力发电和核电的效率一般为 30%～40%，而燃料电池系统的燃料-电能转换效率一般为 45%～60%。

③ 低噪声　与传统的内燃机汽车相比，在运行过程中燃料电池比发动机产生的噪声低，燃料电池汽车具有突出的低噪声的特点。

④ 燃料来源多样　燃料电池除了可以采用氢作为能源外，还可以采用甲醇、天然气等常见的燃料。

燃料电池汽车也存在一系列的缺点。

① 对安全性要求高　氢作为燃料电池的主要燃料，其生产、储存、保管、运输和灌装都比较复杂，对安全性要求很高。

② 对密封性要求高　在多个单体燃料电池组合成为燃料电池组时，为了防止氢气泄漏，单体电池间的电极连接必须要有严格的密封。而密封方面的严格要求，使得燃料电池组的制造工艺与维修变得复杂。

③ 造价高　目前最有发展前途的质子

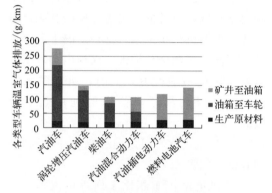

图 2-4　燃料电池汽车与其他类型
汽车温室气体排放比较

交换膜燃料电池，需要用贵金属铂作为催化剂。另外，燃料电池的质子交换膜、空压机和高压储氢罐等关键设备大多需要进口，造价很高。

④ 需要配备辅助电池系统　燃料电池可以持续发电，但不能充电，也不能进行制动能量回收。因此，通常需要加装辅助电池来进行充电和回收制动时产生的能量。

目前，虽然燃料电池汽车仍处于研究阶段，但是世界各大车企均已开始在市场逐渐投产燃料电池汽车，截至 2022 年底，全球燃料电池汽车市场保有量达 67488 辆，欧洲、美国、日本、韩国和中国为前五大主要市场。国际大型整机厂也纷纷开始燃料电池汽车的研究。其中具有代表性的厂商包括通用汽车、福特汽车、奔驰汽车、丰田汽车、本田汽车、现代汽车等。通用汽车开发的雪佛兰 Equinox 燃料电池汽车，使用压缩氢作为燃料，最高车速可达 160km/h，续驶里程达 320km，其性能已经和普通内燃机汽车相差无几。通用汽车开发的另一款氢燃料电池汽车 Sequel，续驶里程高达 482km，0~96.5km/h 的加速时间仅为 10s。如图 2-5 所示为丰田开发的一款燃料电池汽车 Mirai，新一代 Mirai 最高车速可达 178km/h，NEDC 工况下最大续驶能力在 650km 以上。2020 年，现代公司推出二代氢燃料电池汽车 NEXO，整车充氢加注只需要不到 5min，最大功率 163hp，在 CLTC 工况下的续驶里程可以达到 596km。2022 年 4 月 21 日，长安汽车发布了中国首款量产氢燃料电池汽车——长安深蓝 C385，续驶里程可达 730km，馈电氢耗可低至 0.65kg/100km，能够实现 3min 超快补能。

图 2-5　丰田燃料电池汽车 Mirai

2.1.4　氢动力汽车技术

氢动力汽车就是对现有的发动机加以改造，通过氢气（或其他辅助燃料）和空气的混合燃烧产生能量，为汽车提供动力。与氢燃料电池汽车不同的是，氢动力汽车使用的是内燃机，而氢燃料电池汽车使用的是电动机，没有氢的燃烧过程。

由欧盟委员会发起并推广的氢燃料内燃机项目（HyICE），历经 3 年时间，于 2007 年取得了一定的成功。其研发的氢燃料发动机的性能已经可以和传统内燃机相媲美。然而，由于氢燃料加注基础设施的限制，现阶段的氢动力汽车一般也设计为可以同时使用

汽油。2005 年 1 月，宝马汽车公司首次向北美洲推出概念跑车 H2R，该跑车采用液氢燃料，0~96km/h 的加速时间仅需 6s，其续驶里程高达 350km。国内方面，2007 年，长安汽车开发了国内第一台高效零排放的氢内燃机，并在 2008 年北京车展上展出了自主研发的中国首款氢动力概念跑车"氢程"。2022 年 6 月，中国重汽、潍柴动力联合发布全国首台商业化氢内燃机重卡，该车搭载了潍柴动力自主开发的 13L 氢内燃机，采用精准氢气喷射控制技术，实现氢燃料灵活准确供给，使有效热效率达到 41.8%，实现 10kg 氢续驶达 100km。可以预见，氢动力汽车未来将有着更加广阔的发展空间。

氢动力汽车除了具备氢燃料电池汽车无污染、低排放等优点外，还具有以下优势。

① 氢燃烧性能好　氢的热值是现阶段除了核燃料外所有燃料中最高的，其热值为 142.351kJ/kg，大约为汽油热值的 3 倍。另外，氢还具有点燃快、燃烧性能好、与空气混合具有可燃范围广等突出优点。

② 对氢气纯度要求较低　氢动力汽车对氢气纯度要求较低，甚至还可以兼容汽油、柴油等燃料。而现阶段的氢燃料电池汽车一般要达到 99.9% 以上的氢气纯度。

③ 技术相对成熟　氢动力汽车中采用的内燃机基于传统汽车内燃机而开发。由于内燃机的发展已经具有超过 100 年的历史，目前其相关的技术已相对成熟，具有良好的稳定性和较长的寿命。

但是，氢动力汽车仍然存在以下缺点。

① 能量转化效率相对较低　虽然氢动力汽车的能量转化效率要高于传统内燃机汽车，但是，氢动力汽车仍然是通过燃烧产生的热能转化为机械能，与燃料电池直接将化学能转化为电能相比，其能量转化效率相对较低。

② 具有传统内燃机汽车的缺点　氢动力汽车是基于传统内燃机汽车开发的，因此也存在传统内燃机汽车动力系统复杂、噪声大等缺点。同时，与采用电机驱动的车辆相比，其操控性能也相对较差。

2.1.5　醇、醚和生物燃料汽车技术

除了上述新能源汽车外，目前还有以醇、醚和生物燃料为代表的其他有机燃料作为能量来源的新型汽车。

醇类燃料泛指甲醇（CH_3OH）和乙醇（C_2H_5OH），都属于含氧燃料。醇类燃料既可以直接作为发动机燃料，也可以与汽油或柴油配制形成混合燃料。与汽油相比，醇类燃料具有较高的输出效率，能耗量折合油耗量较低，排放有害气体少，属清洁能源。甲醇主要从煤和石油中提炼，规模化生产后可降低成本。其缺点在于：产量偏低，成本偏高；具有毒性，泄漏后危害较大；有较强的腐蚀性，对管线的损伤较大。乙醇多由发酵法生产，成本较低。目前国外较多使用醇类与汽/柴油掺混组成的复合燃料，掺混比例控制在 5%～15% 时，可以避免对发动机结构的改造，这种比例的燃料在市场上已经推广，更大比例掺混燃料目前仍处于研究探索阶段。当汽油价格较高时，燃料乙醇具有明显的成本优势。然而，大规模使用燃料乙醇会导致玉米、甘蔗等农作物供不应求、价格上升。随着技术的进步，醇类燃料将有很大的发展使用空间。

使用醚类作为能源的汽车主要指采用二甲醚发动机的汽车。二甲醚又称甲醚（DME），其分子式为 CH_3OCH_3。二甲醚是一种惰性非腐蚀性有机物，是优良的冷冻剂和燃料的替代品，在常温、常压下为无色易燃气体。较高的十六烷值让二甲醚有与柴油相当的性能和热效率。其能量密度大，不会占用过多的体积，使用和存储较为方便。在发动机内燃烧时不会产生炭烟，但如果要复原柴油机的动力，则需改造燃油供给系统，且其生产工艺不适合大规模生产，成本偏高。

生物柴油是指利用植物油和动物脂肪等可再生资源与甲醇进行酯交换而形成的长链脂肪酸甲酯混合物。目前使用的"清洁柴油"是生物柴油与普通（石油）柴油按不同比例混合的燃料。通常采用生物柴油的体积百分数 Bx 来标称这两种物质的比例，目前主要采用的是 B20 混合柴油（即 20% 的生物柴油＋80% 的普通柴油）。生物柴油作为汽车燃料具有可再生性、环境友好性和优良的可替代性等突出优势。但是生物柴油也有一系列的缺点：a. 挥发性低，易造成燃烧不完全、冷车不易启动、点火延迟等问题；b. 燃烧残留物呈微酸性，对气缸有一定的腐蚀作用；c. 安定性差，含双键的生物柴油在空气中容易氧化变质；d. 对橡胶零件有害，含有微量甲醇与甘油的生物柴油会降解与它接触的橡胶零件。

2.2　新能源汽车的驱动理论

新能源汽车种类繁多，不同类型新能源汽车的驱动形式与设计方法存在很大差别。下面主要介绍与混合动力汽车相关的驱动理论与设计关键技术。

混合动力汽车的优点是可以发挥两种或多种动力源的优势，采用高功率的储能装置（动力电池、超级电容器和飞轮）向汽车提供瞬间大功率，由此可减小发动机尺寸、提高发动机效率、降低排放。如表 2-2 所示，混合动力汽车根据其传动系统的拓扑结构或者连接关系的不同，可以分为三种基本结构类型：串联式、并联式和混联式。其中，串联式混合动力汽车的发动机与车轮之间没有直接的机械连接，发动机和发电机组相对容

易控制，但由于工作过程中存在二次能量转换，故传动效率较低；与串联式相比，并联式混合动力汽车发动机功率通过机械路径直接传递到车轮，传动效率高，但是由于不能实现发动机与路载之间的解耦，发动机受路载变化的影响较大，发动机不易控制；而混联式混合动力汽车则综合了串联式与并联式的优点，在实现发动机最优控制的同时可以达到较高的传动效率，但是其控制复杂。此外，按混合度（混合度是指驱动电机的输出功率在整个系统输出功率中的占比）分类则可将混合动力汽车分为弱混、中混、强混和插电混合动力四种，如表2-3所示。表2-4则对各种形式的混合动力电动汽车在整车布置、适用条件和开发成本方面进行了比较。

表2-2　混合动力汽车按连接方式分类

(1)串联式	内燃机-发电机-电池-驱动电机-车辆
(2)并联式	内燃机系统和电驱动系统可单独工作，也可同时协调工作
(3)混联式	内燃机系统和电驱动系统通过复杂的机械结构相互连接，实现内燃机和电动机的转速、转矩关系调节

表2-3　混合动力汽车按混合度分类（以常用的乘用车，功率60~100kW的A级普通车为例）

分类	用途	典型代表车型
(1)弱混：电机输出占比小于20％，BSG皮带驱动，控制发动机启动/发电功能，电机功率在10kW以下	消除发动机怠速	奇瑞A5
(2)中混：电机功率占30％左右，采用高压电机的ISG系统，加速、大负荷时，电动机辅助驱动车辆，电机功率为15kW左右	消除发动机怠速，助力，能量回收	本田Insight
(3)强混：一般采用双电机驱动，可实现电动无级变速EVT，电机功率一般在30kW以上	消除发动机怠速，助力，能量回收和纯电动行驶	丰田Prius
(4)插电混合动力：一般电机和电池更大，消耗较多电能，有更长的电动行驶里程	消除发动机怠速，助力，能量回收和较长的纯电动行驶	比亚迪秦Plus DM-i

表2-4　各形式混合动力汽车综合对比

结构模式		串联式	并联式	混联式
动力总成		发动机、发电机、驱动电机三大部件	发动机、电动机（可发电）两大部件	发动机、电动机/发电机、驱动电机三大部件
发动机	选择范围	发动机的选择有多种形式	发动机一般为传统内燃机	发动机的选择有多种形式
	功率	发动机功率较大	发动机功率较小	发动机功率较小
	排放	发动机工作稳定、排放较好	发动机工况变化大、排放较差	发动机排放介于串联与并联之间

结构模式		串联式	并联式	混联式
传动系统	驱动模式	电动机是唯一的驱动动力	发动机、电动机都是驱动动力	发动机、电动机都是驱动动力
	传动效率	能量转换效率低	发动机可直驱,传动效率高	发动机传动系统传动效率较高
	制动能量回收	能够实现制动能量回收	按结构不同,其中有个别不能回收制动能量	能够实现制动能量回收
整车总布置		三大部件总成之间没有机械连接装置,结构布置的自由度大,但为保证整车动力性要求,各总成功率较大,质量较大	发动机驱动系统保持机械式传动系统,发动机和电动机两大动力总成之间被不同的机械装置连接起来,结构复杂,使布置受到一定限制	三大动力总成之间采用机械式传动系统,三大动力总成的质量、尺寸都较小,能够在小型车辆上布置,但结构更加复杂,要求布置更加紧凑
适用条件		适用于大型客车或货车,更加适合在路况较复杂的城市道路和普通公路上行驶	适用于小型汽车或长途运输重型商用车,适合在城市道路和高速公路上行驶	适用于各种类型的汽车,适合在各种道路上行驶
成本造价		三大动力总成的功率较大,质量较大,因此制造成本较高	只有两大动力总成,功率均较小,质量小,电动/发电机具有双重功能,还可以通过普通内燃机汽车改造而成,制造成本较低	虽然有三大动力总成,但三大动力总成的功率较小,质量较小,需要采用复杂的控制系统,制造成本较高

混合动力汽车的驱动理论与设计关键技术,主要涉及构型设计与节能分析两方面内容。在当前混合动力汽车构型繁多的情况下,如何设计出满足性能要求的最优构型,以及如何根据所设计构型的系统特性合理选配各关键部件,运用混合动力汽车的节能机理进行系统能耗分析,从而提高整车的性能,是混合动力系统驱动理论与设计所研究的关键问题之一。关于混合动力汽车的驱动理论与设计的具体内容,本手册的后续章节将会有具体阐述。

2.3 新能源汽车的控制策略

由于引入了电机等驱动子系统,新能源汽车结构的复杂程度增加,也导致了其控制方法变得更加复杂。鉴于混合动力汽车的控制较复杂且极具代表性,下面将以新能源汽车典型代表的混合动力汽车为对象,对新能源汽车的控制方法和控制策略进行简单介绍，主要分为稳态控制策略和动态控制策略两部分。

2.3.1 稳态控制策略

稳态能量管理策略是混合动力系统控制算法中被研究最多的内容之一。其核心问题是如何合理分配发动机和电动机之间的动力，既要满足驾驶员对整车驱动力的需求，又要优化发动机、电动机、动力电池以及整车的效率。同时，稳态控制策略还考虑动力分配过程中发动机最高转速、电动机最高转速、发动机最大功率、电动机最大功率、电动机最小功率（发电机最大功率）等条件的限制。因此，它同时也属于受约束的优化问题。混合动力汽车稳态控制策略主要包括基于逻辑门限的稳态能量管理策略、基于模糊规则的智能型能量管理策略和基于优化算法的能量管理策略。

（1）基于逻辑门限的稳态能量管理策略

基于逻辑门限的稳态能量管理策略主要依据工程经验，具体而言即根据部件的稳态效率 Map 图，来确定如何进行发动机和电动机之间的动力分配。图 2-6 表示了发动机 Map 图的划分规则。

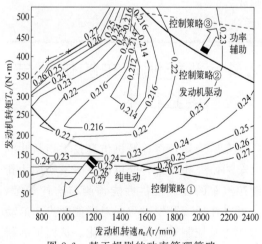

图 2-6　基于规则的功率管理策略
中发动机功率 Map 图划分

常用的逻辑门限控制策略主要有下面

几种。

① "恒温器" 控制策略　当动力电池 SOC 降到设定的低门限时发动机启动，在最低油耗（或排放点）时按恒功率输出，一部分功率用于驱动车轮，另一部分给动力电池充电。而当 SOC 上升到高门限时，发动机关闭，以纯电动模式行驶，汽车为零排放，这与温室的温度控制类似。在这种模式中，驱动电机所需的电能只能从动力电池获得，这样动力电池就必须满足所有瞬时功率的需要，其放电电流的波动会很大，经常出现大电流放电的情况，对电池放电效率和使用寿命均有不利影响；另外，动力电池要满足所有瞬时功率的需求，电池充放电循环引起的功率损失可能会减少发动机优化所带来的好处，这种模式对发动机有利，而对电池不利。

② 发动机功率跟随控制策略　发动机的功率紧紧跟随车轮驱动功率的需求，这与传统的汽车运行相类似。采用这种控制策略，动力电池的工作循环强度大大降低，与充放电有关的功率损失被减少到最低限度。但发动机必须在从低到高的整个负荷区内运行，而且发动机的功率快速动态变化，对发动机的效率和排放性能（尤其在低负荷区）影响很大。解决措施之一是采用自动无级变速器（continuously variable transmission，CVT），通过调节 CVT 速比，控制发动机按最小油耗曲线运行，同时也减少了碳氢化合物和 CO 的排放量。上述模式可结合起来使用，其目的是充分利用发动机和电池的高效区，使其达到整体效率最高。

③ 电机助力型控制策略　电机助力型控制策略在并联混合动力汽车控制中较为常见。其主要思想是将发动机作为主要的驱动动力源，而电机驱动系统作为辅助动力源，电机对发动机输出转矩起到 "削峰填谷" 的作用，同时将动力电池的 SOC 值控制在一定范围内。

（2）基于模糊规则的智能能量管理策略

模糊控制（fuzzy logic）是典型的智能型能量管理策略之一。模糊控制策略是人类语言通过计算机实现模糊表达的控制规则，是体现人的控制经验的一种控制方法。该控制策略以模糊控制原理为基础，设计模糊逻辑控制器，将车速、需求功率、发动机转速及转矩、动力电池SOC等输入量模糊化后作为模糊控制器的输入，同时将"专家"知识与经验以规则的形式输入到模糊控制器中形成模糊推理机制，以此判断汽车的工作模式和功率分配，并将输出量逆模糊化后输出，实现混合动力系统的合理控制。

模糊控制策略基于模糊推理，模仿人类的思维方式，对难以建立精确数学模型的对象实现模糊控制。该控制方法的鲁棒性强，对于一些非线性、时变的系统具有较好的控制效果。同时，对于控制较为复杂的混合动力系统也有较好的适用性。

（3）基于优化算法的能量管理策略

基于优化算法的能量管理策略中，通常以给定循环工况中车辆燃油经济性最优为目标函数，建立包括传动系统速比、电机效率等在内的优化计算模型，利用动态规划优化技术对发动机、电动机（发电机）所分配的转矩和传动系速比做全局优化计算，以确定电机和发动机的工作点，从而达到最佳的燃油经济性。由于实际车辆控制的复杂性，这种优化方法只适用于特定的驾驶循环工况，不能用于实际的车辆控制。另外，也有些优化控制策略以燃油经济性为目标将发动机和电机控制在高效区工作，从而达到瞬时最佳的燃油经济性。这种方法可用于汽车的实时控制，但是没有考虑汽车驾驶循环工况的影响及发动机的排放问题。

2.3.2　动态控制策略

在混合动力汽车进行模式和动力切换时，有可能造成发动机和电动机转矩的突变。所谓动态协调控制问题是指当发动机和电动机目标转矩发生大幅度变化或者突变时，在发动机和电动机达到各自目标转矩之前，如何使发动机和电动机协调工作，从而保证发动机和电动机输出的转矩之和不产生较大波动，并符合驾驶员对驱动转矩的需求，是一个从动力性和驾驶舒适性角度出发的控制问题。

如果发动机和电动机具有相同的动态特性，即发动机和电动机从当前的转矩变化到目标转矩的规律是相同的，则不需要进行动态协调控制，发动机和电动机只需要按照各自的目标转矩进行控制即可。然而，正是由于发动机和电动机的动态特性不同，才使得当发动机和电动机目标转矩发生大幅度变化或者突变时，必须进行动态协调控制。

在混合动力汽车进行模式切换时，对其进行协调控制是为了避免在模式切换时出现动力间断、动力不足或者动力突变等现象。这时通过动态控制使动力源输出的动力更加平稳，从而保证整车在模式切换时具有良好的动力性、耐久性以及舒适性。

关于混合动力汽车稳态与动态控制策略的具体介绍，在本手册后续章节将会有具体阐述。

2.4　新能源汽车的仿真与实验技术

众所周知，将计算机仿真技术与新能源汽车的研究相结合，既可以在研发初期为新能源汽车的设计提供性能预测与迭代参考，又可以在后续开发过程中对新能源汽车的动力性能及控制策略等进行优化，从而提高新能源汽车设计研究的前瞻性，降低研究成本。下面将简要介绍新能源汽车的仿真与实验技术。

（1）新能源汽车的仿真技术

早在 20 世纪 70 年代，国外就已经开始了混合动力汽车匹配与仿真技术的研究，并以此为基础进行了仿真软件研发。虽然经过长时间的验证，早期大部分的仿真模型与软件已经不能满足目前的研究需求，但其大量的实验积累与软件开发经验为以后的新能源汽车仿真研究奠定了基础。

20 世纪 90 年代中期，新能源汽车仿真技术的研究取得了较大进展，其中以美国的大学与研究机构开发出的多个仿真软件为代表。如爱达荷（Idaho）国家工程实验室基于 DOS 平台开发的仿真软件 SIMPLEV 3.0 可以通过定义模型部件参数与道路循环参数进行仿真，并以图表形式显示结果，但其控制方法需要在源代码中修改，操作较为困难。科罗拉多（Colorado）矿业学校开发的基于 Matlab/Simulink 的仿真软件 CSM HEV 加入了仿真参数分析功能，且操作界面友好，但其仿真效果较差。德克萨斯农工大学（teaxs A&M）开发的仿真软件 VElph 具有可视化模型、易于改变车辆配置与控制方法的优点，但其使用仍比较复杂。此阶段开发出的仿真软件虽然普遍具有操作方法复杂、功能单一、仿真效果不理想等弱点，但大量仿真软件的研发仍为新能源汽车仿真技术的发展带来了巨大的飞跃，特别是基于 Matlab/Simulink 平台建模方法的提出，大大加快了新能源汽车的研发进程。

20 世纪初期至今，随着各国对于新能源汽车研发重视程度的加大，在之前仿真建模研究的基础上涌现出了一批仿真效果较好，且具有一定的开放性与可扩展性的仿真软件，其中以美国可再生能源实验室开发的 Advisor、美国阿贡国家实验室开发的 PSAT 和奥地利 AVL 内燃机及测试设备公司开发的商用仿真软件 Cruise、法国 IMAGINE 公司开发的 AMESim 为代表。这四款新能源汽车仿真软件均具有模型较为完善、功能较多、操作友好等特点，是目前新能源汽车仿真研究中应用最多的四款软件。

① Advisor　Advisor 是由美国可再生能源实验室 NREL 在 Matlab 和 Simulink 软件环境下开发的高级车辆仿真软件。它采用模块化的设计思想，可建立包括发动机、离合器、变速器、主减速器、车轮和车轴等部件的仿真模型。用户可以在现有模型的基础上根据需要对一些模块进行修改，然后重新组装需要的汽车模型，这样会大大节省建模时间，提高建模效率。并且仿真模型和源代码全部开放，可以在网站上免费下载。用户可以方便地研究 Advisor 的仿真模型及其工作原理，在此基础上根据需要修改或重建部分仿真模型，调整或重新设计控制策略，使之更接近实际情形，得出的仿真结果也会更合理。此外 Advisor 采用了以后向仿真为主、前向仿真为辅的混合仿真方法，这样便较好地集成了两种方法的优点，既使仿真计算量较小，运算速度较快，又保证了仿真结果的精度。总体来说，由于其广泛的适用性与开源性，Advisor 是目前发展较为成熟的一款基础性仿真软件。

② PSAT　PSAT 仿真软件采用的仿真方法是前向仿真，这一仿真方式使模型更加接近实车系统，因此仿真精度更高，仿真动态性能好，适用于新能源汽车硬件在环系统的开发，其主要缺点是计算量大，建模难度较高。PSAT 提供了丰富的部件模型库，用户可以选择不同级别的部件模型进行仿真，例如发动机模型有简单模型（仅需用户设置 ON/OFF 参数来运行发动机模型），也有详细模型（需要用户设置燃料流量和空气流量等参数来满足计算发动机转矩的需要）。最新版本 PSAT5.1 增加了伴侣原型软件（companion prototyping software）PSAT-PRO，它能在实验台上控制任何结构的混合动力电动汽车的动力系统。PSAT-PRO 不仅能使用 PSAT 中的模型以实时方式来控制原型（prototypes，或者称为样车），

而且能校正 PSAT 中的模型。这种测试方法建立在分析仿真数据与实验数据差异的基础上。因为 PSAT 与 PSAT-PRO 的真正集成，用户能方便地集成到 PSAT 中去修改模型，直到仿真数据与实验数据一致。PSAT-PRO 提供了控制一台测功机（dynamometer）仿真车辆的功能，这样用户可以在原型中，以相同结构和工况下测试 HEV 中的某个单一部件，整个过程就像在真实车辆上进行测试一样。与 Advisor 相比，PSAT 更适用于进行精确的部件实时仿真研究。

③ AVL Cruise AVL Cruise 是奥地利李斯特内燃机及测试设备公司（AVL LIST Gmbll）开发的研究汽车动力性、燃油经济性、排放性能及制动性能的仿真分析软件。它采用模块化的设计方法，可以对任意结构形式的汽车（包括新能源汽车）传动系统进行建模和仿真。AVL Cruise 可用于汽车开发过程中的动力系统的匹配、汽车性能预测和整车仿真计算；可以进行发动机、变速器、轮胎的选型及它们与车辆的匹配优化；还可以用于混合动力汽车和电动汽车的动力系统、传动系统及控制系统的开发与优化。

④ AMESim AMESim 全称为 advanced modeling environment for performing simulations of engineering systems（高级工程系统建模环境），是由法国 IMAGINE 公司自 1995 年开发的一款新型的高级建模和仿真软件。该软件提供了一个系统工程设计的完整平台，使得用户可以建立复杂的多学科领域系统的模型，并进行仿真计算和深入的分析。AMESim 采用物理模型的图形化建模方式，软件中提供了丰富的应用元件库，用户可以采用基本元素法，按照实际物理系统来构建自定义模块或仿真模型，从而使用户从烦琐的数学建模中解放出来，而将更多的精力投入到实际物理模型本身的研究。AMESim 主要应用于航空航天、车辆、船舶、重工制造业，其应用领域包括：燃料喷射系统、悬挂系统、车辆动力学、制动系统、润滑系统、动力操纵系统、冷却系统、传动系统、变量阀压力脉动、液压元件、阀/管路/升降机、系统控制、液压回路、机械系统等。

另外，新能源汽车的仿真技术还包括硬件在环仿真（hardware in the loop，HIL）。硬件在环仿真系统是一套实时性要求较高的软硬件系统，它的发展依赖于微电子技术和计算机技术的发展。硬件在环仿真的研究和开发也是随着近几年电子技术和计算机技术的发展而发展起来的。

硬件在环仿真系统是由处理器模板与外围 I/O 板通过 ISA 总线构成的多处理器系统。处理器之间的数据传输速率高达 1Gb/s 以上。I/O 板和处理器之间可通过共享内存/光纤接口进行数据交换。用户可以根据自己的需要扩展处理器模板，以构建合适的实时仿真系统。在软件方面，采用 Mathworks 公司的 Simulink/Stateflow 进行算法的开发和系统建模；利用实时接口（RTI）作为连接 dSPACE 实时系统与软件开发工具 Matlab/Simulink 之间的纽带；通过实时工作间（RTW）实现从 Simulink 模型到 dSPACE 实时运行硬件代码的无缝自动下载。另外，dSPACE 还提供了综合试验环境 Control Desk，可以对实验过程进行综合管理。它是一个基于 VME 总线的分布式处理器仿真系统，由高速计算机和高速 I/O 系统组成，而且可以连接成局域网。仿真系统中的通信处理器在运行中就像 VME 总线的主模板一样，为总线上的所有处理器之间的通信服务。在软件方面，DARTS 可为 ADI 公司自己开发的仿真语言提供支持。ADsim 不仅具有很高的执行速度，而且具有在线人机对话功能，可以在不重新编译的情况下改变参数或积分算法、选择变量进行绘图和显示等。通过采用硬件在环仿真系统，可大大缩短开发周期，节约人员、设备及资金的投入。

国外企业及研究院所在这方面的研究起步较早，目前取得了一些实用性的成果，比较有代表性的主要有 dSPACE 公司、ADI 公司等。

（2）新能源汽车的实验技术

新能源汽车研发实验方式主要有计算机软件仿真实验、台架与转鼓实验和实车道路实验三种。计算机仿真具有适应性强、开发周期短、费用低等优点，但与实际情况差别较大，仿真结果必须通过其他途径来检验。室外实车道路虽然能够提供真实环境，但实验成本高、测试和调解难度大。而室内台架实验平台不受自然环境限制，零部件布置可以脱离整车的限制，实验台的模块化开发还可以为不同类型的动力电池、驱动电机和整车控制器提供所需的实验环境。由于受整车总布置和车上各总成型号的限制，实车实验平台上只能进行特定总成和整车的实验。根据实验方案和动力总成控制技术可以在实验场地完成总成实验和整车动力性实验，但排放性能实验则需要在转鼓实验台架上来完成。经济性实验可以在转鼓实验台上通过运行循环工况来完成，也可以在实验场进行实验，再经过对实验数据的后处理完成。

目前，我国对新能源汽车的研究尚处于起步和发展阶段，新能源汽车技术尚需要不断开发完善并逐渐走向成熟，建立一套具有高水平完整的新能源汽车实验台系统，无论是对新能源汽车技术的理论研究，还是新能源汽车技术成果的推广都具有重要意义。

扫一扫

本章小结

党的二十大报告指出，推动经济社会发展绿色化、低碳化是实现高质量发展的关键环节。作为我国"十四五"规划中重要的战略性新兴产业，新能源汽车产业既是符合绿色发展理念，又有助于经济社会绿色发展转型，更是汽车产业高质量发展的必然选择。新能源汽车产业政策与法规一直是促进我国新能源汽车产业高速发展的重要驱动力和保障，不仅矫正了我国新能源汽车产业发展过程中由于市场势力、信息不对称和外部性等原因造成的市场失灵问题，维护了整个新能源汽车产业的生态健康发展，更逐步促进了我国新能源汽车产业发展模式的转型，使我国新能源汽车产业逐步走向了依靠创新驱动发展、走具有中国特色自主创新之路的发展模式。但我国新能源汽车产业政策在促进新能源汽车产业发展过程中也面临理论研究有待加强、顶层设计需要完善、政策机制亟需畅通等问题。下面分别对新能源汽车产业法规和产业政策进行介绍。

3.1 新能源汽车的产业政策及成效

2021年以来，我国新能源汽车产业内外部发展环境发生了较大变化。一方面，市场高速增长、新技术新模式层出不穷、跨界融合持续深入；另一方面，国际竞争持续加剧、原材料价格上涨、芯片短缺、网络安全与数据安全等问题日益凸显。我国新能源汽车在内外部环境约束下，在市场准入和"双积分"政策的规制下，产业竞争环境趋于公平开放。总体来看，我国新能源汽车产业已进入快速普及应用和市场化快速发展新阶段。

3.1.1 碳达峰、碳中和相关政策

碳达峰、碳中和目标影响新能源汽车政策体系和产业发展。2020年9月22日，在第75届联合国大会上，习近平主席首次宣布碳达峰、碳中和目标，即2030年"碳达峰"与2060年"碳中和"目标。2020年11月发布的《中共中央关于制定国民经济和社会发展第十四个五年规划和二〇三五年远景目标的建议》提出要加快推动绿色低碳发展，支持有条件地区制定碳达峰行动方案。随后《关于完整准确全面贯彻新发展理念做好碳达峰碳中和工作的意见》和《2030年前碳达峰行动方案》陆续发布，聚焦"十四五"和"十五五"两个碳达峰关键期，对碳达峰、碳中和工作进行系统谋划和总体部署，并从加快构建清洁低碳安全高效能源体系、加快推进低碳交通运输体系建设等10个方面提出31项重点任务，均提出要大力推广新能源汽车。《2030年前碳达峰行动方案》明确提出在新车产销和汽车保有量方面要逐步减少传统燃油车，持续大力推广新能源汽车并扩大在城市公共服务领域的市场占有率，设定到2030年当年新增新能源、清洁能源动力的交通工具比例达到40%左右的目标，要求进一步加快汽车行业电动化转型进程。2021年12月，中央经济工作会议将"做好碳达峰、碳中和工作"作为八大重

点任务之一，这对我国新能源汽车市场化和产业化发展提出了更高的要求，必须要加快普及进程。

3.1.2 智能网联汽车政策

随着新能源汽车智能化属性逐步加深，网络安全和数据安全受到政策聚焦。2021年以来，新能源汽车整车企业加快产品智能化功能的发展和应用，但部分智能驾驶、远程控制等功能失控，引起国家对智能驾驶汽车网络安全和数据安全问题的关注。为了规范智能网联汽车产业发展，加强网络安全、数据安全、软件升级等管理，2021年3月智能网联汽车推进组成立，目的是打通产学研用各环节，下设6个专项小组，加快占领未来汽车产业发展的战略制高点，加速技术演进迭代和产业布局，全面增强我国新能源汽车的市场竞争力。2021年7月发布的《智能网联汽车道路测试与示范应用管理规范（试行）》标志着智能网联汽车开始进入应用阶段；随后国家层面陆续发布《车联网（智能网联汽车）网络安全标准体系建设指南（征求意见稿）》（2021年6月）、《关于加强智能网联汽车生产企业及产品准入管理的意见》（2021年8月）、《汽车数据安全管理若干规定（试行）》（2021年8月）、《关于加强车联网网络安全和数据安全工作的通知》（2021年9月）、《车联网网络安全和数据安全标准体系建设指南》（2022年3月）、《关于试行汽车安全沙盒监管制度的通告》（2022年4月）、《关于开展汽车软件在线升级备案的通知》（2022年4月）等政策标准法规和监管文件。

3.1.3 新能源汽车产业帮扶政策

政策体系不断完善，产业服务功能凸显。在财政补贴方面，2021年12月，《关于2022年新能源汽车推广应用财政补贴政策的通知》印发出台，国家层面延续了购置补贴政策适用期至2022年12月31日；在保险服务方面，2021年12月，《新能源汽车商业保险专属条款（试行）》出台，此条款专门为新能源汽车设置，包括3个主险和13个附加险，更加符合新能源汽车产业发展需求；在基础设施建设方面，2022年1月，《关于进一步提升电动汽车充电基础设施服务保障能力的实施意见》出台，明确指出到"十四五"末我国能够满足超过2000万辆电动汽车的充电需求；在行业管理方面，2022年4月，《关于进一步加强新能源汽车企业安全体系建设的指导意见》印发，从产品设计、供应商管理、生产质量管控、动力电池安全等方面，全方位明确了新能源汽车企业责任；在换电试点推广方面，2021年11月，工信部启动新能源汽车换电模式应用试点工作，北京等11个城市获批，并将试点城市划分为8个综合应用类城市和3个重卡特色类城市。2023年2月，《关于组织开展公共领域车辆全面电动化先行区试点工作的通知》明确提出加快推进公共领域车辆实现全面电动化，支持新能源汽车换电、融资租赁、车电分离等商业模式创新等，并提出三个目标：一是城市公共领域新能源汽车覆盖率力争达到80%；二是对基础设施超前建设，公共领域新增车辆充电桩按照1∶1完善，高速服务区电位占比最低10%；三是建立智慧交通，实现车辆与新技术新模式的融合。

3.1.4 新能源汽车产业政策成效

我国新能源汽车产业发展进入新阶段，并成为推动全球汽车产业电动化转型的重要力量，从以电动化为核心的发展阶段向以智能化融合发展为核心的阶段转移，产业竞争的重点主要集中在电动化、智能化、网联化领域，先进电子元器件架构、车载操作系统等相关核心技术和产品成为新能源汽车产业发展关注的重点，也是现今阶段研发和创新的方向。在国家经济高质量发展的背景下，宏观政策导向上将更加侧重技术创新和产业融合，在加强技术创新和标准体系建设、促进产业升级和提高竞争力的同时培育产业的发展动能，力争未来在关键领域实现超越和引领。在"碳达峰、碳中和"目标引领下，我国新能源汽车自主品牌可与跨国企业同场竞技，智能辅助驾驶功能加速普及，开始参与到全球竞争中。2021—2023 年我国新能源汽车实现大幅增长，呈现出市场规模、发展质量双提升的良好局面，分别实现新能源汽车销售352.1 万辆、688.7 万辆、949.5 万辆，渗透率达到 13.4%、25.6%、34.7%，2023年新能源汽车渗透率超过 30%，预计 2025年能达到 40%，市场化效应初步形成，产业发展迈上了规模化的快车道。同时，2022年 12 月 31 日，我国新能源汽车财政补贴政策正式取消，双积分政策将作为主要政策驱动因素，配合相关配套政策继续在产业的研发、生产、销售、使用、基础设施建设等方面给予支持，帮助产业顺利进入"补贴政策退出、市场化为主导"的产业发展新阶段。

3.2 新能源汽车产业法规

随着尾气排放、污染环境、高能耗等一系列负效应，汽车工业面临日益严峻的挑战，环境保护、低碳经济、降低能耗的理念逐渐为人们所重视。相对传统的燃油汽车，新能源汽车能够有效降低汽车排放废气污染，成为目前缓解能源和环境压力、加快汽车产业转型升级、培育新的经济增长点和提升国际竞争优势的有效战略举措。

在政策和市场的双重支持下，我国新能源汽车产业进入快速增长阶段。因此切实规范和加强新能源汽车生产企业的管理，提高产品法规符合性，向消费者提供高质量、安全、可靠的产品，是当前新能源汽车发展的基本要求。

随着我国新能源汽车技术水平的不断提升，标准制修订工作加快推进，结合工信部、认监委、交通运输部等国家监管部门先后出台的《车辆产品〈公告〉技术审查规范性要求汽车部分》《道路运输车辆技术管理规定》等多项法规要求，目前已发布新能源汽车及充电基础设施的现行有效标准 100 多项，建立了较为完善的标准体系，有力地支撑了新能源汽车产业的健康发展。由于现行标准较多，且内容多有交叉，故本手册重点介绍新能源汽车专项法规标准要求，以便为新能源汽车在产品生产、开发过程中提供较为系统、全面的法规依据及约束。

3.2.1 整车及车架系统专项要求

（1）安全要求

① 电动汽车操作安全要求应满足 GB/T 18384—2020《电动汽车安全要求》中的各项要求。

② 燃料电池电动汽车的安全要求应满足 GB/T 24549—2020《燃料电池电动汽车安全要求》的各项要求。

（2）能耗及续驶里程

① 电动汽车能量消耗率和续驶里程试验方法应满足 GB/T 18386.1—2021 和 GB/T 18386.2—2022 中的各项要求。

② 重型混合动力电动汽车应满足 GB/T 19754—2021 中的各项要求。

③ 插电式混合动力汽车的纯电动续驶里程应大于等于 50km。

（3）电磁干扰

电动车辆电磁场发射强度的限值和测量方法应满足 GB/T 18387—2017 的各项要求。

（4）碰撞安全

采用 B 级电压的燃料电池电动汽车，碰撞后安全要求应满足 GB/T 31498—2021 的各项要求。

（5）定型试验

产品定型试验见表 3-1。

表 3-1　产品定型试验

车型	试验名称	依据标准	备注
电动汽车	定型试验规程	GB/T 18388—2005	1. 第 4.1.2、4.1.3 条电动车除霜除雾结合 GB/T 24552—2009 标准的方法和要求考核 2. 第 4.3 条可靠性行驶对于纯电动乘用车按照 GB/T 28382—2012 标准（4.9 可靠性）要求考核
	动力性能试验方法	GB/T 18385—2005	
混合动力电动汽车	定型试验规程	GB/T 19752—2005	第 9.7 条混合动力模式下的 30min 最高车速暂不执行
	动力性能试验方法	GB/T 19752—2005	
燃料电池电动汽车	最高车速试验方法	GB/T 26991—2023	
超级电容电动城市客车	定型试验规程	QC/T 925—2013	

3.2.2　动力系统专项要求

（1）驱动电机

① 驱动电机系统的技术条件应满足 GB/T 18488.1—2015 中的各项要求，其中第 5.6.7 条电磁兼容性结合 GB/T 18387—2017 电磁兼容考核，第 5.7 条可靠性试验结合整车可靠性进行考核，附录 A 不执行。

电动汽车用驱动电机系统的试验方法应满足 GB/T 18488.2—2015 中的各项要求，其中第 10 条可靠性试验、第 9.7 条电磁兼容性暂不执行。

② 燃料电池发动机性能试验方法应满足 GB/T 24554—2022 的要求。

③ 纯电动汽车、插电式混合动力汽车、燃料电池汽车应在驱动电机壳体上打刻电机型号和编号。对除轮边电机、轮毂电机外的其他驱动电机，如打刻的电机型号和编号被覆盖，应留出观察口，或在覆盖件上增加能永久保持的电机型号和编号的标识；增加的标识应易见，且非经破坏性操作不能被完整取下。

④ 纯电动汽车的电机系统应运转平稳。

（2）动力电路

纯电动汽车、插电式混合动力汽车应具有能切断动力电路的功能。

（3）储能系统

① 车辆驱动系统的车载可充电储能系统（REESS）可以通过车辆外电源充电的纯电动汽车、插电式混合动力汽车，当车辆被物理连接到外部电源时，应不能通过自身

的驱动系统移动。

② 纯电动汽车、插电式混合动力汽车B级电压电路中的可充电储能系统（REESS）应用符合规定的警告标记予以标识；当人员能接近REESS的高压部分时，还应清晰可见地注明REESS的种类（例如，超级电容器、铅酸电池、镍氢电池、锂离子电池等）。当移开遮栏或外壳可以露出B级电压带电部分时，遮栏和外壳上也应有同样清晰可见的警告标记。

③ 对没有嵌入在一个完整的电路里的REESS（可充电储能系统），其绝缘电阻 R 除以最大工作电压的REESS阻值：

a. 若在整个寿命期内没有交流电路，或交流电路有附加防护，应大于等于 $100\Omega/V$；若包括交流电路且没有附加防护，应大于等于 $500\Omega/V$。若REESS集成在一个完整电路里，则REESS阻值应大于等于 $500\Omega/V$ 或制造厂家规定的更高阻值。

b. 若REESS自身没有防短路功能，则应有一个REESS过电流断开装置能在车辆制造厂商规定的条件下断开REESS电路，以防止对人员、车辆和环境造成危害。

c. 当纯电动汽车、插电式混合动力汽车的绝缘电阻值低于GB 7258—2017第12.13.6条规定的数值（或车辆制造厂家规定的更高阻值）时，应通过一个明显的信号装置（例如：声或光信号）提示驾驶员。

d. 新能源汽车的储能装置、车载可充电储能系统（REESS）、电动汽车传导充电用连接装置等应符合的技术要求及试验方法见表3-2。

表3-2 储能装置、车载可充电储能系统及传导充电用连接装置等应符合的技术要求及试验方法

项目	标准名称	标准号	依据
储能装置	电动汽车用锌空气电池	GB/T 18333.2—2015	《新能源汽车生产企业及产品准入管理规定》
	车用超级电容器	QC/T 741—2014	
	电动道路车辆用铅酸蓄电池	GB/T 32620.1—2016	CNCA-C11-01：2014
	电动汽车用金属氢化物镍蓄电池	QC/T 744—2006	
	电动汽车用动力蓄电池循环寿命要求及试验方法	GB/T 31484—2015	
	电动汽车用动力蓄电池安全要求	GB/T 38031—2020	
	电动汽车用动力蓄电池电性能要求及试验方法	GB/T 31486—2015	《新能源汽车生产企业及产品准入管理规定》
车载氢系统	燃料电池电动汽车加氢口	GB/T 26779—2021	
	燃料电池电动汽车 车载氢系统技术条件	GB/T 26990—2023	
电动汽车传导充电系统	电动汽车传导充电用连接装置	GB/T 20234—2023	
	电动车辆传导充电系统 第1部分：通用要求	GB/T 18487.1—2023	CNCA-C11-01：2014

3.2.3 传动系统专项要求

如果纯电动汽车和插电式混合动力汽车是通过改变电机旋转方向来实现前进和倒车两个行驶方向转换的，应满足以下要求，以防止当车辆行驶时意外转换到反向行驶：

① 前进和倒车两个行驶方向的转换，应通过驾驶员不同方向的两个动作来完成；

② 如果仅通过驾驶员的一个操作动作来完成，应使用一个安全设备使模式转换为只有在车辆静止或低速时才能够完成。

3.2.4 电气系统专项要求

（1）图形标志

新能源汽车应按照 GB/T 4094.2—2017 的规定设置操纵件、指示器及信号装置的专项图形标志。

（2）仪表

① 电动汽车用仪表应满足 GB/T 19836—2019 的各项要求，其中第 4.2 条电磁兼容试验结合 GB/T 18387—2017 标准的方法和要求进行。

② 纯电动汽车、插电式混合动力汽车应装有可充电储能系统 REESS 电量显示装置（燃料电池汽车为氢气量显示装置），并能显示水温或水温报警信息、机油压力或油压报警信息、电流、电压或充电指示信息、车速、里程等信息；采用气压制动的机动车，还应能显示气压。

（3）低速行驶提示

纯电动汽车、插电式混合动力汽车在车辆起步且车速低于 20km/h 时，应能给车外人员发出适当的提示性声响。

（4）B级电压安全防护

纯电动汽车、插电式混合动力汽车 B级电压电气设备的外露可导电部分，包括外露可导电的遮栏和外壳，应当按照要求连接到电平台以保持电位均衡。

（5）可行驶模式提示

当驾驶员离开纯电动汽车、插电式混合动力汽车时，若车辆驱动系统仍处于"可行驶模式"，则应通过一个明显的信号装置（例如声或光信号）提示驾驶员。切断电源后，纯电动汽车应不能产生由自身电驱动系统造成的不期望的行驶。

（6）除霜除雾系统

电动汽车风窗玻璃除霜除雾系统的性能要求及试验方法应满足 GB/T 24552—2009 的各项要求，其中第 5.1.1 条除霜试验环境温度对于燃料电池电动汽车为－10℃。

（7）通信协议

电动汽车非车载传导式充电机与电池管理系统之间的通信协议应满足 GB/T 27930—2023 的各项要求。

（8）远程服务

电动汽车远程服务与管理系统技术规范应满足 GB/T 32960.2—2016、GB/T 32960.3—2016 的各项要求。

3.2.5 整车附件系统专项要求

（1）产品标牌

新能源产品标牌应补充标明的项目：纯电动汽车、插电式混合动力汽车、燃料电池汽车还应标明驱动电机型号和峰值功率、动力电池系统额定电压和额定容量（安时数），燃料电池汽车的储氢容器型式、容积、工作压力；纯电动汽车不标发动机相关信息。

（2）随车文件

纯电动汽车、燃料电池汽车、混合动力汽车的产品说明书中，应注明操作安全和故障防护特殊要求。

3.2.6 法规符合性控制

新产品开发过程中，需要在确定产品方

案后,结合开发方案的产品特点,通过收集识别国家、行业、地方及企业最新相关法规标准,为产品开发提供应贯彻执行的法规标准要求(即"标准化综合要求"),作为产品开发的指导依据;产品设计完成及产品试制完成后,均应由法规一致性控制部门进行法规符合性评估,出具法规符合性审查报告,对不满足法规要求的各项技术状态向设计部门提出整改要求。产品开发过程中法规符合性控制流程如图 3-1 所示。

新能源汽车作为汽车工业中的新兴板块,随着产品技术的发展、市场要求的变化,国内外相应的法规标准也在不断更新和完善中。2018 年 3 月,工信部装备工业司发布了《2018 年新能源汽车标准化工作要点》,提出优化新能源汽车标准体系建设、抓好重点标准领域和关键标准项目等近期新能源汽车标准化的工作重点。关注法规动态、做好法规符合性工作,是促进新能源汽车产业健康发展、增强核心竞争力、实现高质量发展的基本前提。

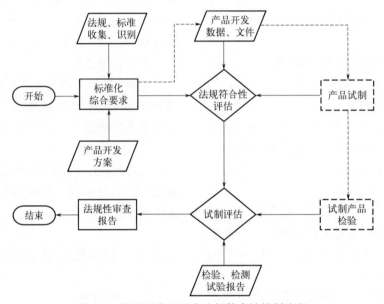

图 3-1 产品开发过程中法规符合性控制流程

扫一扫

本章小结

第2篇

新能源汽车的构型设计

　　发展新能源汽车是实现我国能源安全和环境保护的必然趋势，也是保证中国汽车工业健康可持续发展的必然要求。当前，对新能源汽车的研究主要集中在纯电动汽车、插电式混合动力汽车以及燃料电池汽车。其中，纯电动汽车是真正的零排放汽车，其结构布置较为灵活。纯电动汽车的基本构型可分为机械驱动布置方式、电动机-驱动桥组合式、电动机-驱动桥整体式以及轮毂电机分散式。然而，由于目前电池能量密度较低、价格偏高、寿命较短、充电不便且基础投资高等问题还有待进一步解决，因此现阶段纯电动汽车还未真正得到广泛的普及。

　　广义的混合动力汽车将电机、内燃机、动力电池、燃料电池等有机地组合起来，进而形成以燃料电池汽车为代表的电电混合动力，和以插电式混合动力汽车为代表的油电混合动力等多种汽车构型方案，其较纯电动汽车具有明显的优势。其中，油电混合动力汽车构型方案最为常见，其可通过合理的匹配与设计、控制策略制定及优化协调，使混合动力汽车既能发挥传统内燃机汽车行驶里程远的特点，又具有纯电动汽车高效、清洁的优势，同时还避免了两种汽车的缺点，是目前极具实际发展意义且应用最广泛的新能源汽车。但是，由于常规油电混合动力汽车中动力电池的主要能量补充来源仍是燃油，所以在经济性和排放性能的改善优势较其他新能源汽车差；而插电式混合动力汽车可通过外接充电装置进行充电，储能装置的电能主要来自公共电网，对燃油的依赖性大大减少，在经济性和排放性能上相对于常规混合动力汽车都有明显提升。凭借其显著优势，插电式混合动力汽车是目前的研究热点。除电电混合动力（氢电混合的燃料电池汽车）、油电混合动力汽车外，本篇还介绍一种油液混合动力汽车，也被称为液驱混合动力汽车。液驱混合动力汽车使用液压蓄能器和液压泵/马达作为储能及能量转换元件，利用液压系统功率密度大、安全可靠、成本低等优点，能够更大程度回收车辆的制动能量，并具有短时间内释放大功率的优势。液驱混合动力技术在频繁启停等场景下的大型车辆中得到了应用，如重型卡车、运输车以及城市公交车等。

　　不同类型汽车因特点各异，故而有不同的可选构型方案，每种方案都有其优缺点和适宜的应用范围。本篇以纯电动汽车、燃料电池汽车和插电式混合动力汽车的构型方案及其特点为内容展开详细介绍。

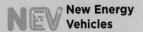

相比于其他类型的新能源汽车，纯电动汽车完全依靠存储在动力电池中的电能驱动行驶，不会产生传统汽车排放的 CO、HC 以及 NO_x 等污染物，是公认的未来理想的交通工具。纯电动汽车的基本结构包括三个子系统，即电力驱动子系统、能源子系统和辅助子系统，如图 4-1 所示。

电力驱动子系统的功能是：通过控制器电路与制动踏板和加速踏板相连，将制动踏板和加速踏板的信号输入到控制器，以获得驾驶员的驾驶意图；通过控制电动机驱动车辆并且进行制动能量回收。

能源子系统的功能是：对驱动系统及辅助子系统供能，保证汽车上各元件有稳定的能量来源；当动力电池能量不足时，能够对动力电池进行充电，以及时补充车辆的能量。

同传统汽车一样，电动汽车也配备有助力转向、空调、音响等系统，不同的是这些系统完全利用存储在动力电池中的电能，辅助子系统的作用就是完成助力转向、车内空调温度调节及夜间照明等功能。

不同子系统又可分为不同的部分，就驱动子系统而言，又可分为电气和机械两大系统。其中电气系统包括电动机、功率变换器和电子控制器等子系统；机械系统主要包括变速装置和车轮等。电力驱动子系统的电气与机械系统有着多种组合方式，其基本布置方式通常可分为：机械驱动布置方式、电动机-驱动桥组合布置方式、电动机-驱动桥整体布置方式和轮毂电机驱动布置方式四种。

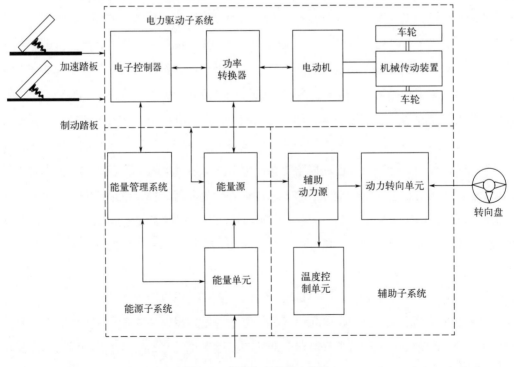

图 4-1　电动汽车的基本结构

纯电动汽车的结构形式对能量的传动效率和整车布置的合理性会产生直接影响。为使纯电动汽车具有良好的运行特性，其布置形式需满足以下几点要求。

① 驱动电机应具有合适的转矩和转速变化范围，以满足纯电动汽车在各种循环工况行驶时的牵引力需要；此外，传动系统各部件的安装要紧凑、协调，以减少传动系统占用空间，并降低车辆行驶时传动系统的振动和噪声。

② 能够满足某些特殊工况下的行驶需求，例如能实现倒退行驶，两侧驱动轮可以实现差速行驶以满足汽车转弯要求，以及必要时能够中断动力传递等。

③ 系统的传递效率要尽可能高，通过传动装置传递给驱动车轮的能量损失少，从而尽可能地提高纯电动续驶里程。

④ 具有足够的可靠性，当汽车遭遇到外界干扰或发生故障时，车辆应能保证行驶安全。

⑤ 具有一定的舒适性，汽车在保证以上各种要求的同时应能达到良好的乘坐舒适性。

以下对当前纯电动汽车常用的布置方式结构特点及应用情况予以介绍。

4.1 机械驱动布置方式

机械驱动布置方式是指在纯电动汽车中，电机通过机械方式驱动汽车行驶。这一布置方式是在保持传统汽车传动系统基本结构不变的基础上，用电机替换传统汽车的内燃机，其驱动系统的整体结构与传统燃油汽车的区别很小。图 4-2 是这种布置方式的基本原理图。电动机输出转矩经过离合器传递到变速器，利用变速器进行减速增扭后，经传动轴传递到主减速器，再经过差速器的差

速作用，由半轴将动力传输至驱动轮驱动汽车行驶。机械驱动布置形式的工作原理类似于传统汽车：离合器用来接通，或在必要时切断驱动电动机到车轮之间的动力传递；变速器是一套能够提供不同速比的齿轮机构，驾驶员按照驾驶需要来选择不同的挡位而达到不同的减速增扭作用，使得车辆在低速时获得大转矩，而高速时获得小转矩；驱动桥内的机械式差速器可以实现汽车转弯时左右车轮以不同的转速行驶，这一点与传统汽车相同。这种构型的纯电动汽车变速器可相应简化，挡位数一般有两个便已足够满足其性能要求，不需要像传统汽车上变速器一样设置多个挡位，并且无需设置倒挡，而是利用驱动电动机的反转实现倒退行驶，因此其变速器结构相对简单。这种构型保留了传统汽车的变速器、传动轴、后桥和半轴等传动部件，省去了较多的设计工作，控制也相对容易，适于在原有传统汽车上进行改造。然而，由于电动机至驱动轮之间的传动链较长，所以它的传动效率也相对较低，这也就削弱了电机效率高的优势，但其也有利于研发人员集中精力进行电机及其控制系统的开发，所以早期的纯电动汽车开发常采用这种布置方式。

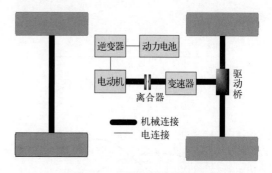

图 4-2　机械驱动布置方式

这种构型的纯电动汽车与传统汽车结构之间，最大的差异就是汽车的动力源不同：传统汽车由内燃机消耗燃油产生动力驱动汽车，汽车行驶所需的全部能量及附件消耗的能量都来自内燃机内部所消耗燃料的化学

能；而这种构型的纯电动汽车所消耗的能量是存储在动力电池内的电能。在设计机械驱动布置构型的纯电动汽车时，主要的工作就是电动机的选择和控制系统的研发。在传统汽车研发中，一般以汽车的预期最高车速、最大爬坡度以及汽车的比功率来确定动力源的最大功率，这种方法在此仍然适用。在设计中需要注意的就是电动机特性和发动机特性的不同，所以，在此有必要对二者进行对比分析。

理想车辆动力装置的运行特性，应满足在全车速范围内为恒功率输出，转矩随车速为双曲线形变化；另外，为了满足汽车加速、爬坡等场合的动力要求，要求低速时提供大的牵引力，如图 4-3 所示。图 4-4 为某发动机的实际运行特性。可以看出，随着转速 n 的增加，发动机的输出转矩 T_{tq} 会先增加后减少，发动机输出转矩在中间转速附近达到最大，此时的燃油消耗率 b_e 也比较小；在某一高转速下，发动机的输出功率 P_e 会

达到最大值，若转速进一步增加，由于转矩的迅速减少导致了输出功率也减少。与理想车辆动力装置特性曲线相比，发动机的运行特性曲线与之相差较大。因此，为了改善其特性，传统汽车中需要通过变速器变换挡位使得车辆的牵引特性接近理想的运行特性。对驱动电机而言，转速从零到基速过程中，输出转矩为常值，当转速超过基速后，输出功率为常值。由图 4-5 可以看出，电机的运行特性和车辆理想驱动装置的运行特性比较接近（图中 v_a 表示电动汽车起步加速后达到的某一车速，v_b 表示与电动机基速对应的车速），所以可以采用单挡或者两挡传动装置，甚至可以不用变速器。

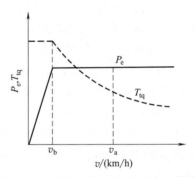

图 4-5　电动汽车驱动力-行驶车速曲线

4.2　电动机-驱动桥组合式

在机械驱动布置方式的结构基础之上进一步简化，可以得到电动机-驱动桥组合布置式构型，如图 4-6 所示。与机械驱动布置方式相比，这种构型省掉了离合器和变速器，采用一个固定速比的减速器，使传动系统更加简化，传动效率得到提高。同时使整车机械系统的质量和体积得到缩小，有利于整车布置。另外，减速器的使用还能够改善车辆行驶时电动机工作点的分布，从而提高电动机的利用效率。这种驱动系统布置形式

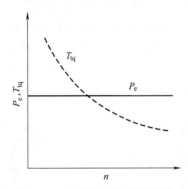

图 4-3　理想车辆动力装置特性

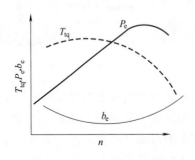

图 4-4　某发动机的实际运行特性

即在驱动电动机端盖的输出轴处加装主减速器和差速器等，电动机、固定速比减速器、差速器一起组合成一个驱动整体，通过固定速比的减速作用来放大驱动电动机的输出转矩，其传动部分比较紧凑，效率较高，而且便于安装。

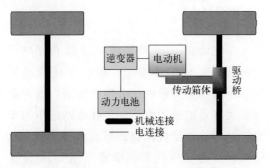

图 4-6　电动机-驱动桥组合布置方式

　　纯电动汽车的驱动元件——电动机具有比较宽的调速范围。此外，由 4.1 节中的内容可知，电动机的输出特性曲线与车辆行驶时所要求的理想驱动特性曲线比较接近，电动机-驱动桥组合驱动布置方式能够充分利用驱动电机的这一优点。这种构型的传动系统采用固定速比的减速器、差速器和半轴等较少的机械传动零部件来传递电动机的驱动转矩，使动力传动系统得到简化，因此能够有效地扩大汽车动力电池的布置空间和汽车的乘坐空间。除此之外，此构型还具有良好的通用性和互换性，便于在传统汽车底盘上安装使用，维修也较方便。但这种布置形式对驱动电动机的调速要求比较高，与机械驱动布置方式相比，此构型要求电动机在较窄速度范围内能够提供较大转矩。按照传统汽车的驱动模式，可以有驱动电动机前置前驱（FF）或驱动电动机后置后驱（RR）两种方式。

4.3　电动机-驱动桥整体式

　　同电动机-驱动桥组合式相比，整体式

驱动系统更进一步减少了动力传动系统的机械传动元件数量，因而使整个动力传动系统的传动效率进一步提高，同时可以节省很多的空间，其结构原理如图 4-7 所示。电动机-驱动桥整体式构型，已不再是在传统汽车驱动系统上进行改动，其结构与传统汽车存在很大差异，已形成电动汽车所独有的驱动系统布置形式。这种构型便于采用电子集中控制，使汽车网络化和自动化控制的逐步实现成为可能。

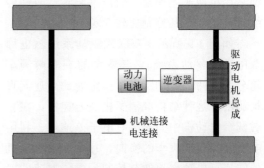

图 4-7　电动机-驱动桥整体布置方式

　　电动机-驱动桥整体式把电动机、固定速比减速器和差速器集成为一个整体，通过两根半轴驱动车轮，和发动机横向前置-前轮驱动的传统内燃机汽车的布置方式类似。根据电动机同驱动半轴的连接方式不同，电动机-驱动桥整体式驱动系统布置形式有同轴式和双联式两种，分别如图 4-8 和图 4-9 所示。

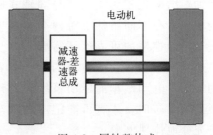

图 4-8　同轴整体式

　　如图 4-8 所示，同轴式驱动系统的电动机轴是一种经过特殊制造的空心轴，在电动机一端输出轴处装置有减速机构和差速器。半轴直接由差速器带动，一根半轴穿过电动

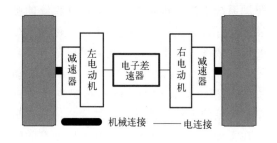

图 4-9　双联整体式

机的空心轴驱动另一端的车轮。由于这种构型采用机械式差速器，所以汽车转弯时和传统汽车类似，其控制比较简单。

如图 4-9 所示，双联式驱动系统（也称双电动机驱动系统），其构型的左右两侧车轮分别由两台电动机通过固定速比减速器直接驱动。这种结构取消了机械差速器，在左右两台电动机中间安装有电子差速器，利用电子差速实现汽车的换向，每个驱动电动机的转速可以独立地调节控制。电子差速的一大突出优点是能使电动汽车得到更好的灵活性，而且可以方便地引入 ASR（acceleration slip regulation）控制，通过控制车轮的驱动转矩或驱动轮主动制动等措施提高汽车的通过性和在复杂路况上的动力性。另外，电子差速器还具有体积小、重量轻的优点，在汽车转弯时可以通过精确的电子控制来提高纯电动汽车的性能。由于增加了驱动电动机和功率转换器，使初始成本增加，结构也较为复杂。与同轴式驱动系统相比，在不同条件下对两个驱动电动机进行精确控制的可靠性还需要进一步提高。这样的布置形式与前面的几种有着很大的不同，电动汽车的驱动系统布置形式发展到这一步时，才有可能把电动汽车的优势充分地体现出来。

同样，电动机-驱动桥整体式驱动系统在汽车上的布局也有电动机前置前驱（FF）和电动机后置后驱（RR）两种形式。整体式驱动系统具有结构紧凑、传动效率高、重量轻、体积小、安装方便等优点，并具有良好的通用性和互换性，已在小型电动汽车上得到了应用。

4.4　轮毂电机分散式

在电动机-驱动桥整体式基础上更进一步地简化机械驱动系统、减少机械传动零件，便可得到轮毂电机分散式构型。这种驱动方式就是把驱动电机安装在电动汽车的车轮轮毂中，电动机输出转矩直接带动驱动轮旋转，从而实现汽车的驱动。图 4-10 是这种布置方式的结构原理图。通过和前面的几种构型对比可以看出，这种布置方式把电动机-驱动桥整体驱动布置方式中的半轴也取消掉了，其结构更为简洁、紧凑，整车重量更轻。与传统汽车相比，轮毂电机分散式纯电动汽车，把传统汽车的机械动力传动系统所占空间完全释放出来，使动力电池、后备厢等有足够的布置空间。同时，它还可以对每个驱动电机进行独立控制，有利于提高车辆的转向灵活性和主动安全性，可以充分利用路面的附着力，便于引进电子控制技术。这种布置方式比上面介绍的各布置方式更能体现出电动汽车的优势。采用轮毂电机分散式的动力系统必须要解决的问题就是如何保证车辆行驶的方向稳定性，同时，动力系统的驱动电机及其减速装置，必须能够布置在有限的车轮空间内，要求该驱动电机体积较

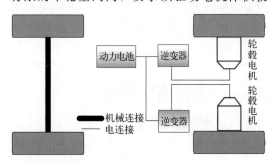

图 4-10　轮毂电机分散布置方式

小。关于轮毂电机的结构，将在后续章节进行详细介绍，在此不再赘述。

轮毂电机分散式纯电动汽车是当前的一大研究热点，但是这种构型并不是近年才出现的。早在1900年，保时捷公司就研制了名为洛纳德的前轮驱动双座电动车，该车的两个前轮就装备有轮毂电机。后来由于内燃机汽车在续驶里程、动力性等方面都明显优于纯电动汽车，所以内燃机汽车成为主流，而电动汽车则在很大程度上放缓了发展的脚步，轮毂电机电动汽车也因此没有继续研发下去，没有走向产业化。

目前，国内外的众多汽车生产厂商、高校、研究院等，对轮毂电机分散式纯电动汽车做了大量的研究。香港中文大学开发了四轮驱动/四轮转向的多方向运动车，通过控制四个车轮的驱动和转向实现了原地转向和横向移动，重点研究了利用电机效率图优化四轮驱动力矩分配的控制策略以达到节能的目的，并取得了良好的效果。

吉林大学对四轮独立驱动电动汽车做了大量的研究，也取得了一定的成果。吉林大学仿真与控制国家重点实验室，开发了全线控四轮轮毂电机独立转向/独立驱动电动汽车，研究了线控四轮独立驱动电动汽车集成控制方法。上海交通大学、哈尔滨工业大学、武汉理工大学等高校在轮毂电机和电驱动轮开发与产品化方面也做了大量研究工作。目前，日产公司的FEV，福特公司的Ecostar都采用了轮毂电机分散式布置方式，通用公司也称将在它的电动汽车和混合动力汽车上采用这样的布置方式。轮毂电机分散式是未来纯电动汽车驱动系统布置方式的发展趋势。

扫一扫

本章小结

尽管纯电动汽车是理想的交通工具，但是纯电动汽车的能量源——电池，具有质量大、价格高的缺点。电池的成本、寿命和质量限制了电动汽车的发展。车载动力电池用量依续驶里程而定。然而，电池的质量会导致汽车整车质量增加，汽车自重增大又需要增加电池用量，而电池过重又会造成电动汽车性价比低的恶性循环。因此，现阶段，基于蓄电池单一能量源的纯电动汽车的应用普及尚有较大可提升空间。

对于以电能为唯一能量来源的汽车，燃料电池、蓄电池、超级电容器均是当前应用较为广泛的车载能量源。相比于蓄电池功率密度低、大电流充放电时温升明显、寿命短等特点，超级电容器具有功率密度高、能量密度低的特点，但其体积较大，存储能量有限，难以满足长续驶里程的需要。燃料电池作为一种新兴车载能量源，以氢气作为燃料，工作效率高且环保，但是燃料电池动态响应较差、输出特性疲软，难以适应复杂多变行驶工况的功率需求。换言之，单一能量源难以满足整车行驶的工作要求，而广义的混合动力形式正是当下解决纯电动汽车单一能量源构型不足的适用方案。

作为电电混合动力汽车构型的燃料电池汽车，可将燃料电池、蓄电池、超级电容器等多种不同的能量源进行优化组合，通过合理控制各个能量源的功率输出，实现不同能量源优势互补，克服自身的功能限制，进而达到"扬长避短"的目的。本章介绍燃料电池汽车的构型方案，主要包括三种：燃料电池-蓄电池式、燃料电池-超级电容器式和燃料电池-蓄电池-超级电容器式。

5.1　燃料电池-蓄电池车辆构型

燃料电池-蓄电池双动力源构型，将燃料电池与蓄电池组合到一起，构成燃料电池-蓄电池系统，如图 5-1 所示。该方案以燃料电池作为车辆主能量源，维持相对稳定的输出功率，蓄电池作为辅助能量源，可为燃料电池进行必要的功率补充以实现"削峰填谷"，同时也可以进行制动能量回收。

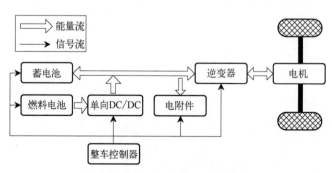

图 5-1　燃料电池-蓄电池车辆构型

该构型中蓄电池受自身输出特性影响，调节能力有限，在大强度制动能量回收过程中，仍存在蓄电池大电流充电情况；同时，蓄电池单独驱动模式仅能够满足较小的功率需求，较大的功率需求则需要燃料电池-蓄电池联合驱动，而对于城市用车，在城市道路下启停频繁，功率需求波动较大，进而引起燃料电池启停频繁。

5.2 燃料电池-超级 电容器车辆构型

燃料电池-超级电容器双动力源构型，将燃料电池与超级电容器组合到一起，构成燃料电池-超级电容器系统，如图 5-2 所示。

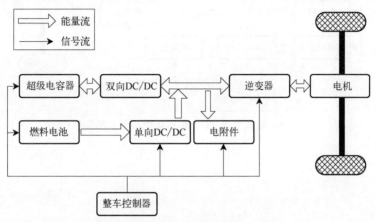

图 5-2　燃料电池-超级电容器车辆构型

该方案燃料电池作为车辆主能量源，维持相对稳定的输出功率，超级电容器作为辅助能量源，进行必要的能量补充并进行制动能量回收。

该构型中超级电容器存储能量十分有限，若车辆处于爬坡等需长时间助力工况中，势必会造成超级电容器严重亏电，进而使得车辆动力输出疲软；同时，超级电容器存储能量较少，工作过程中自身 SOC 变化较大，也会引起燃料电池开关机频繁。

5.3 燃料电池-蓄电池-超 级电容器车辆构型

燃料电池-蓄电池-超级电容器三动力源构型，燃料电池与单向 DC/DC 串联，

作为车辆的主能量源；超级电容器与双向 DC/DC 串联，再与蓄电池并联组成复合电源系统，作为车辆的副能量源，如图 5-3 所示。在驱动情况下，复合电源系统与燃料电池共同为车辆提供驱动能量；在制动情况下，复合电源系统用于回收制动能量。

该构型具有以下诸多优势。

① 燃料电池能够高效实现化学能到电能的转化，使车辆续驶里程不完全受限于复合电源存储的电能，从而提高车辆续驶里程。

② 燃料电池能够及时补充蓄电池与超级电容器的电能损失，因此设计匹配时可以采用尺寸较小的蓄电池与超级电容器，从而降低蓄电池与超级电容器的装车成本。

③ 蓄电池能量密度高，复合电源系统能够存储较多电能，从而避免燃料电池开关

机频繁。

④ 超级电容器能够对蓄电池起到"削峰填谷"的作用,减小大电流对蓄电池的冲击,从而提高蓄电池的使用寿命。

但该构型也存在系统复杂、安装空间受限、成本高等缺点。

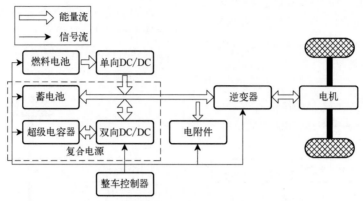

图 5-3 燃料电池-蓄电池-超级电容器车辆构型

扫一扫

本章小结

作为当下最实用的新能源汽车形式之一，插电式混合动力汽车可以从外部电网对动力电池进行充电，具有较长的纯电动续驶里程。当插电式混合动力汽车以纯电动驱动模式运行时，能够大大降低燃油消耗和有害气体及温室气体的排放；同时，插电式混合动力汽车也可以在混合动力模式下工作，其本质仍可以被看作是一种混合动力汽车。插电式混合动力构型的实现克服了纯电动构型车辆续驶里程不够长的难题，同时，提供同样行驶里程所耗费的成本要远低于传统汽车，所以插电式混合动力汽车具有很好的经济性，因此成为各汽车制造厂商竞相开发的重点对象。

因插电式混合动力汽车具有传统混合动力构型的基本属性，故本章在对插电式混合动力汽车构型方案和特点进行介绍之前，首先对混合动力汽车构型的方案与特点进行介绍。

6.1　混合动力汽车构型方案与特点

混合动力汽车（HEV）是一种结合了传统内燃机（ICE）和电动机（EV）技术的汽车，旨在提高燃油效率并减少排放。其核心构型通常包括一个内燃机，至少一个电动机，一个电池组以及一个能量管理系统。内燃机和电动机可以单独或同时工作，为车辆提供动力。电池组储存电能，不仅可以通过内燃机或车辆制动过程中的再生制动系统

充电，也可以在某些混合动力车型中通过外部电源充电。混合动力汽车在构型上通常被分为串联式、并联式、混联式三类，本节将针对这三种构型进行详细介绍。

传统油电混合动力汽车所具有的特点可以总结为以下几点。

① 能量转换效率高　与传统内燃机汽车相比，由于具有多种动力源，混合动力汽车的能量转换效率明显优于传统汽车。例如新型的混合动力电动汽车 Prius 在动力性上完全能够和同级别汽油机轿车相媲美的情况下，百公里油耗要比同类车低一半。

② 噪声低　由于混合动力汽车在某些情况下可以使用储存的电能作为动力来源，此时汽车如纯电动汽车一样运行，避免了发动机与部分机械传动噪声；汽车运行平稳，振动小，更加安静。在启动发动机的过程中，通过合理的控制策略能够实现发动机的平稳开启。

③ 动力源功率要求低　由于混合动力汽车具有多个动力源，各动力源能够同时驱动汽车，所以在同等动力性要求下，混合动力汽车各动力源的功率要求要小于传统汽车。其明显优势就是能够减小发动机尺寸、提高发动机运行时的负荷率。

④ 有利于减少"热岛效应"　"热岛效应"是指一个地区的气温高于周围地区的现象。内燃机中燃烧后释放的气体温度要远远高于周围大气的温度，排出废气散发的热量将使周围大气温度升高，从而加剧了大中城市的"热岛效应"；而混合动力汽车的热效率较传统内燃机车要高许多，排放少，因此有利于降低城市中的"热岛效应"，提高

城市环境质量。

⑤ 有助于环境保护 由于混合动力汽车有多种动力源，在市区内可以仅使用储存的电能实现零排放，即便使用汽油或柴油等燃油，其有害物质排放也要比传统内燃机汽车低。因此，对环境保护起到一定的积极作用。

⑥ 可回收部分制动能量 对混合动力汽车来说，可通过控制策略利用再生工作模式收集汽车在减速、下坡或制动时的动能，将其存储起来，并在必要的时候用来驱动汽车，从而增加汽车的续驶里程、提高经济性。

⑦ 有效改善汽车依赖能源的单一性混合动力汽车可以使用两种或两种以上的能源，并且可通过再生制动回收汽车的惯性能，改善了能量来源结构。

传统油电混合动力汽车有不同的分类方法，按照电能与传统能量在运行过程中所占比例，可以分为弱混合、中混合和重混合动力；而从整车动力系统的结构不同进行分类，又可分为串联式、并联式、混联式混合动力汽车。

6.1.1　串联式构型

串联混合方式是混合动力汽车的一种基本构型，其驱动系统之间是通过能量源联合，而非机械动能的联合，其特点可描述为：

① 驱动轮只由电动机驱动，发动机与驱动轮之间无直接的机械连接；

② 是一种能量源的混合；

③ 汽车上具有两个或两个以上的能量源。

串联式混合动力汽车由发动机、发电机和电动机三大主要部件组成。这三个动力源通过串联的方式连接在一起，其结构原理如图6-1所示。发动机仅用于驱动发电机发电，并不直接驱动汽车。发电机所发出的电能供给电动机来驱动整车行驶或者存储于动力电池中。驱动系统中只有一种能量传输路线。

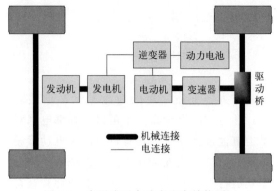

图6-1　串联式混合动力汽车结构原理

发动机和发电机组成一个能量转化系统，将化学能转化为电动机需要的电能。当发动机输出的功率超过汽车行驶所需要的功率时，多余的能量被用来向动力电池充电。必要的时候使用动力电池向电动机供电，驱动汽车行驶。在串联式混合动力汽车中，只有电动机直接与驱动轴机械连接，而发动机与驱动轴之间无直接的机械相连，电动机直接驱动是唯一的驱动模式。这就使发动机从路面负荷中解耦出来，能够在很大程度上减少发动机工作区间的变换频率，使控制发动机的工作状态变得相对容易，发动机可以经常保持在稳定、高效、低污染的工作区间。但是，发动机输出的机械能由发电机转化为电能，再由电动机将电能转化为机械能用以驱动汽车，经过两次能量转换，中间伴随着能量的损失，其能量利用率偏低。

由于断开了主动力源与驱动系统的机械连接，主动力源的工作状态与整车的速度和加速度之间已无直接的关系。这带来的结果有：首先，热机不再仅仅局限于采用传统的往复活塞式内燃机，在这里可以选择燃气轮机或斯特林发动机（热气机）等；其次，热气机的工作范围可以自由选定，而不再需要考虑提供宽广的工作区。串联式混合动力汽车适用于市内常见的频繁起步、加速、怠速和低速运行工况。但它的三个动力总成（发动机、发电机、电动机）会使系统总体布置困难并令成本增加。因此，一般只有在两种情况下才会选用串联式混合动力传动系统布置方案：a. 用于驱动汽车的能量绝大部分来源于动力电池，发动机仅用于增加电动车辆的续驶里程；b. 发电机和电动机的综合效率达到或超过传统车辆动力传动系统的水平。

串联式系统各动力源的功率较大、外形大、质量也很大，不太适合在中小型汽车上使用，主要用于城市大客车或 SUV 车型。

串联式混合动力汽车的结构特点，决定了此种构型驱动系统具有以下几种驱动模式。

（1）纯电动模式

这里所说的纯电动模式是指发动机不启动。在车辆负荷较小、电池电量充足的情况下，动力电池单独向电动机供电以驱动车辆行驶，此时实现了零排放。其能量流动如图 6-2 所示。

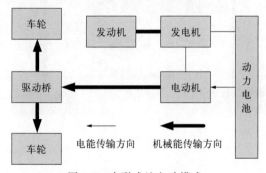

图 6-2　串联式纯电动模式

（2）发动机单独驱动模式

车辆负荷较大，但是车辆所需的驱动功率又不超过发动机的最大功率，此时由发动机带动发电机发电，将电能提供给电动机驱动车辆。由于发电机产生的电能直接流向电动机，所以这种传递路径的效率要高于经过电池再输入到电动机的效率。这种工作模式下的能量流动如图 6-3 所示。

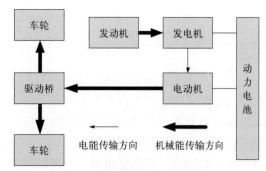

图 6-3　串联式发动机单独驱动模式

（3）联合驱动模式

车辆在加速、爬坡、大负荷运行等工况下，发动机带动发电机产生的电能直接流向电动机，不经动力电池，同时动力电池也向电动机供电。此时，混合动力汽车的动力性达到最大。其能量流动如图 6-4 所示。

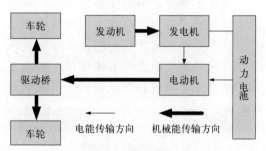

图 6-4　串联式联合驱动模式

（4）制动能量回收模式

当汽车以较低车速减速或者制动时，汽车工作于制动能量回收模式。此时电动机工作于发电机模式，将汽车的动能转化为电能存储在动力电池中，以在必要的时候释放出来驱动汽车行驶。此种工作模式下的能量流动如图 6-5 所示。

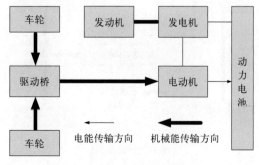

图 6-5　串联式制动能量回收模式

6.1.2　并联式构型

并联式也是混合动力汽车的一种基本结构。与串联式混合动力汽车不同的是，串联式是基于能量源的联合，而并联驱动系统是基于汽车传动系统的联合，即动力源之间通过机械方式联合，可以使用单一或者同时使用各动力源驱动汽车行驶。这一构型具有以下特点：

① 是基于动力传动系统的混合；

② 整车可以由两个或者更多的动力源共同驱动；

③ 每个传动系统必须至少有一个动力源，并可以单独驱动汽车行驶。

并联式混合动力驱动系统中，发动机和电动机通过动力耦合装置同时与驱动轴连接。按照动力源之间的连接关系不同分类，并联式混合动力汽车构型可以分为驱动力结合式、单轴转矩结合式、双轴转矩

结合式和转速结合式等几种，这几种构型的结构原理如图 6-6 所示。发动机与电动机相互独立，车辆既可以单独由一种动力源驱动行驶，也可以由两者共同驱动行驶。并联式混合动力系统中的电动机是用来平衡发动机所受载荷，以使其工作于高效率区间，系统中采用的发动机和电动机的功率一般比较小。当汽车需求的驱动转矩较小，如低速低负荷行驶时，如果启动发动机，其负荷率较低、燃油经济性会比较差，此时即可以关闭发动机，只使用电动机来驱动汽车行驶；或者电动机作为发电机工作，以提高发动机负荷率，使发动机工作在高效率区间，同时给动力电池充电以备后用。并联式混合动力汽车的发动机直接与驱动轴相连，能量利用效率较高。但是，当汽车行驶工况复杂时，发动机就会较多地运行在不良工况下，燃油经济性和排放性能便会下降。

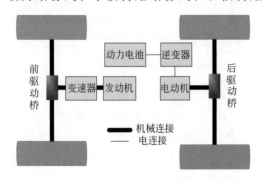

(a) 驱动力结合式

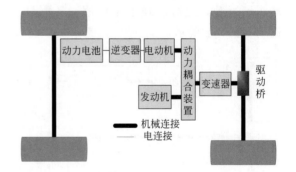

(c) 双轴转矩结合式

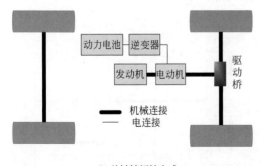

(b) 单轴转矩结合式

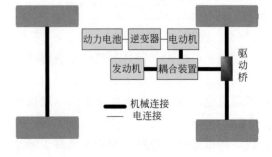

(d) 转速结合式

图 6-6　并联式混合动力汽车结构原理

并联式结构具有以下明显优点：

① 电池组容量相对较低，动力电池的质量和成本也就相应比较低；

② 通过优化控制策略，可使内燃机以机械方式直接驱动车辆，这种传递路径减少了能量多次转换所造成的损失，使整车效率得到提高；

③ 当车辆所需功率较大，内燃机工作状况恶化时，由动力电池及电动机通过向车辆提供瞬时大功率来避免发动机工作区域的大幅变化，使发动机稳定工作于经济区域。

与串联式相比，在并联式结构中发动机的工况变化较大，所以并联式的排放较串联式要差。与串联式混合动力汽车不同，并联式混合动力汽车具有两套驱动系统，二者既可以分别单独驱动车辆，又可以联合驱动车辆。车辆由不同的系统驱动时，具有不同的工作效率区间。并联式混合动力汽车的工作模式及能量流动有多种不同形式，其工作模式可以分为以下几种。

（1）纯电动模式

当车辆起步或者低速行驶时关闭发动机，此时用动态特性好的电动机单独驱动汽车，能够使发动机避开低效、高排放的工作区，因而可使整车燃油经济性得到提高并降低排放。纯电动工作模式下能量流动如图6-7所示。

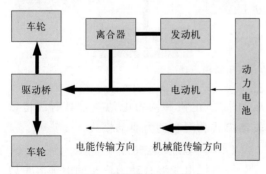

图6-7　并联式纯电动模式

（2）发动机单独驱动模式

当车辆以高速平稳运行时，或者行驶在城市郊区等排放要求不高的地方，可由发动

机单独工作驱动车辆。在这种工作模式下，发动机工作在高效区，燃油经济性好，发动机直接驱动汽车行驶，传动效率高。此时的能量流动如图6-8所示。

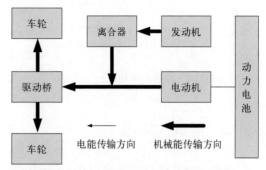

图6-8　并联式发动机单独驱动模式

（3）联合驱动模式

车辆急加速或者爬坡时对动力性要求较高，此时发动机和电动机均处于工作状态，电动机作为辅助动力源协助发动机，提供车辆急加速或者爬坡时的需求功率。这种情况下，汽车的动力性处于最佳状态。此时的能量流动如图6-9所示。

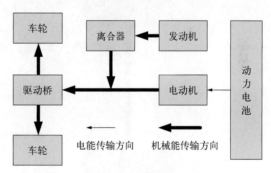

图6-9　并联式联合驱动模式

（4）制动能量回收模式

当汽车减速或者制动时，利用电动机反拖作用不仅可以有效地辅助制动，而且可以使电动机以发电机模式工作发电，然后给动力电池充电，将回收的制动能量存储在动力电池中，在必要时释放出，驱动汽车行驶，使能量利用率提高、整车燃油经济性提高、排放降低。此种工作模式下的能量流动如图6-10所示。

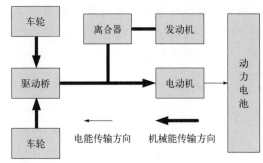

图 6-10　并联式制动能量回收模式

6.1.3　混联式构型

混联式混合动力汽车可以在不同的负荷条件下以串联式、并联式或者两者相结合的形式工作，它可以同时利用这两种驱动形式的优点。混联式混合动力汽车由于具备最大限度地提高汽车的燃油经济性的潜能，而成为目前的研究热点。

混联式混合动力汽车综合了串联式与并联式两种驱动形式的优点，其三个动力源之间具有更多的动力匹配方式，车辆具有多种工作模式，从而保证了混合动力系统在复杂工况下仍能实现最佳动力匹配，进而达到最大限度节能减排的目的。混联式混合动力汽车一般是通过行星齿轮组结构进行多动力源耦合，其结构如图 6-11 所示。三个动力源分别连接在行星齿轮组的太阳轮、行星架和齿圈上。这种结构比较复杂，控制难度较大，但是这种构型可以充分发挥各动力源的长处，扬长避短，从而达到比较好的控制效果。

混联式混合动力汽车同时具有串联式混合动力结构工作平稳和并联式混合动力结构各动力源功率需求小的优点。与串联式相比，混联式增加了机械路径的传递路线；与并联式相比，它增加了电能的传递路径。混联式混合动力总成结构利用行星齿轮组作为动力耦合结构，对控制策略的要求比较苛刻，解决此难题后，混联式混合动力汽车将比其他两种动力耦合形式更有实用价值。

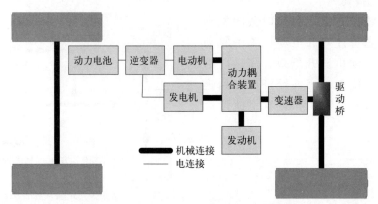

图 6-11　混联式混合动力汽车结构原理

6.2　插电式混合动力汽车构型方案与控制策略

插电式混合动力汽车本质上是一种可从外部电网对动力电池进行充电的混合动力汽车，因此插电式混合动力汽车的动力系统结构和常规混合动力汽车相似，包括发动机、电动机/发电机和动力电池等，具有纯电动驱动模式和混合动力驱动模式。

（1）构型方案与特点

一般插电式混合动力汽车的电池容量较常规混合动力汽车更大，便于实现从外部电网对动力电池进行充电，所以插电式混合动力汽车的纯电动续驶里程较长，同时，插电式混合动力汽车也可以像常规混合动力汽车一样工作。

插电式混合动力汽车可分为牵引力组合式、转矩组合式和转速组合式，结构原理分别如图 6-12(a)～(c) 所示。

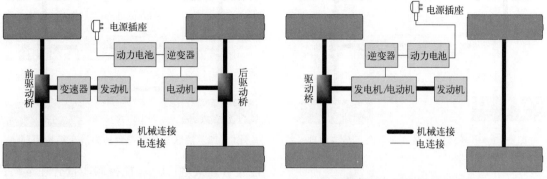

(a) 牵引力组合式插电混合动力汽车　　(b) 转矩组合式插电混合动力汽车

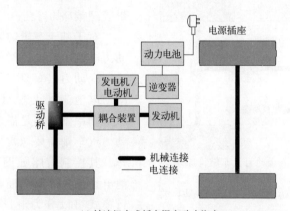

(c) 转速组合式插电混合动力汽车

图 6-12　插电式混合动力汽车结构原理

根据主要动力源功率分流与合成方式不同，插电式混合动力汽车又可分为三种基本类型，即串联式、并联式和混联式。其结构特点是在传统混合动力汽车上加装或改装可外接充电的动力电池。因此，不同类型的常规混合动力汽车所具备的特点在相应类型的插电式混合动力汽车上依然存在，不同的是插电式混合动力汽车的动力电池和电机功率相比普通混合动力汽车要大许多，而发动机功率一般相比普通混合动力汽车要小。

串联式插电混合动力汽车的特点是：由动力电池的电能提供驱动力，当动力电池中的电量消耗到一定程度，发动机带动发电机发电，电能直接由发电机输送给电动机，发动机不直接驱动汽车，而由电动机产生的动力驱动汽车；发电机与驱动桥之间通过电能实现动力传递；由于发动机与车轮之间无机械连接，可以使发动机一直工作在最佳工况点附近，类似于普通串联式油电混合动力汽车；它避免了发动机的怠速和低速运转的工况，从而提高了发动机的效率，减少了废气排放。其结构原理如图 6-13 所示。

并联式插电混合动力汽车的特点类似于并联式常规混合动力汽车，可以采用发动机和电动机单独驱动或者二者联合驱动汽车，发动机和后面的变速器有机械连接，由动力电池-电动机所提供的动力在原驱动系统的某一处和发动机动力汇合。发动机和电机系统是相互独立的，不仅可以实现纯电动行驶，还可实现发动机单独驱动行驶。在功率需求比较大时可以由发动机和电动机联合驱动行驶，其结构原理如图 6-14 所示。

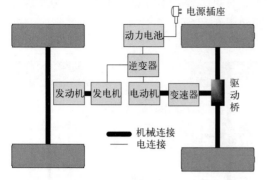

图 6-13　串联式插电混合动力汽车结构原理

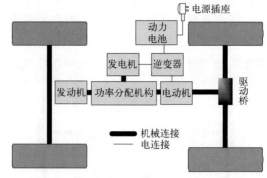

图 6-15　混联式插电混合动力汽车结构原理

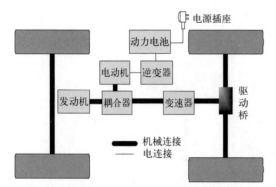

图 6-14　并联式插电混合动力汽车结构原理

能量管理策略；b. 智能控制能量管理策略；c. 瞬时最优能量管理策略；d. 全局最优能量管理策略。

对于基于逻辑门限的能量管理策略，在动力电池电量充足时的短距离行驶中，插电式混合动力汽车只工作于纯电动模式；而当动力电池荷电状态 SOC 下降到一定程度或电机功率不能满足需求功率时，插电式混合动力汽车则需要像常规混合动力汽车一样工作。其控制策略如图 6-16 所示，从动力电池电量的角度看，插电式混合动力汽车的运行模式可以分为电量消耗模式（charge-depleting mode，CDM）和电量维持模式（charge-sustaining mode，CSM）两种；从驱动功率源的角度看，插电式混合动力汽车可以工作在纯电动驱动模式、电机为主的驱动模式和发动机为主的驱动模式三种模式下。

混联式插电混合动力汽车的特点是：在结构上综合了并联式和串联式混合动力汽车的特点，发动机发出的一部分功率可以通过机械方式传递到驱动桥，另一部分则驱动发电机发电，发电机发出的电能输送给电动机或动力电池，电动机产生的驱动力矩通过动力耦合装置传送给驱动桥。混联构型充分发挥了串联式和并联式的优点，能够使发动机、发电机、电动机等部件实现更好的优化匹配。停车时，通过车载电源对动力电池外接充电，低速行驶时，驱动系统主要以串联方式工作，高速行驶时则以并联方式工作。其缺点是结构复杂，可靠性较差。其结构原理如图 6-15 所示。

（2）控制策略

近些年，国内外学者对插电式混合动力汽车的控制策略做了大量研究，并针对不同的动力系统构型提出了多种能量管理策略。基本分为以下几种：a. 基于逻辑门限值的

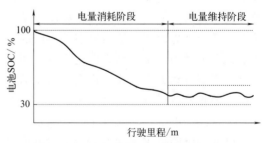

图 6-16　插电式混合动力汽车控制策略

① 纯电动驱动模式　在纯电动驱动模式下，驱动车辆的动力全部来自电驱动系统，即消耗动力电池内部的电能来驱动汽车

行驶，直到电池荷电状态下降到设定的阈值，电量消耗阶段结束。为了实现纯电动驱动模式，电驱动系统应至少能够满足循环工况的最大转矩需求，否则汽车的动力性将无法满足需求。因此在设计时必须选择大功率的驱动电机和大容量的动力电池，然而，这样一来就会导致电机与电池的尺寸增加，电驱动系统的成本升高。纯电动驱动模式的优点是它不涉及动力源的切换，在这种模式下汽车像纯电动汽车一样运行，车辆行驶平顺性好，而且在电量消耗阶段能够实现零排放、零污染。

② 电机为主的驱动模式　电机为主的驱动模式与纯电动驱动模式相似，不同之处在于当驾驶员需求功率较大时，发动机也参与驱动，而不是由电机单独驱动。车辆行驶时，如果需求转矩较小，且在驱动电机的驱动能力范围内，那么电机单独驱动就能够满足驾驶需求；如果需求转矩上升到一定值，超过了驱动电机的驱动能力范围，电机单独驱动已不能满足驾驶需求，此时就会启动发动机进行助力，补偿超出电机驱动能力的那部分需求转矩。由于发动机输出的补偿转矩较小，整体输出能量较小，因此即使发动机不能工作在高效区，整车燃油消耗仍然相对较小。但是此时发动机的排放性能较差，如果选择这种驱动模式，需要着重对其排放进行处理。

③ 发动机为主的驱动模式　在发动机为主驱动模式下，发动机作为主动力源，电机是辅助动力源驱动车辆。车辆行驶过程中，可能先由电机单独驱动，也有可能在整个电量消耗阶段都是由电机来驱动。但是如果需求转矩超过了电机驱动能力范围，或者发动机能够工作在高效区，则启动发动机。发动机启动后，驱动电机则作为辅助动力源工作，补偿超过发动机高效区的那部分需求转矩，尽量使发动机工作在高效区内。由于发动机参与工作的机会较多，燃油消耗量较多，因而动力电池电量消耗较小。

三种驱动模式各有利弊。纯电动驱动模式在电量消耗阶段能够实现零排放、零污染，但是与另外两种模式相比，动力性相对较差。另外，如果电池与驱动电机选择不当，甚至会出现电驱动系统输出能力不能满足循环工况需求的问题。而且这种模式下电池SOC消耗最快，纯电动续驶里程最短。电机为主的驱动模式下电池电量消耗较慢，纯电动续驶里程较长，而且发动机可以输出补偿力矩，不存在动力系统输出能力不满足循环工况需求的问题。但是由于发动机在低效率区工作产生的排放问题，需要特别注意。发动机为主的驱动模式下，电池电量消耗最慢，同样不存在动力系统输出能力不满足循环工况需求的问题，但是发动机工作机会多、时间长，使整车燃油消耗量较大，废气排放较多。

扫一扫

本章小结

第7章 典型新能源汽车构型示例

NEV New Energy Vehicles

上述各章节分别对纯电动汽车、燃料电池汽车、混合动力汽车的构型原理进行了介绍，为使读者更容易理解和区分新能源汽车的构型，下面分别挑选市面上的三款新能源汽车进行举例分析。

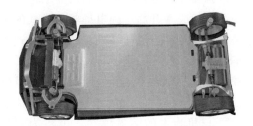

图 7-1 Tesla model S 传动系统拓扑图

7.1 典型纯电动汽车构型——Tesla model S

Tesla model S 作为电动汽车行业的一大标杆，其纯电动传动系统的工作原理和构成部件引起了学者们广泛的关注和研究。这款车以其令人印象深刻的加速性能（0～60mile[1] 仅需 2.28s）和长达 400km 的带载续驶能力而闻名。model S 的不同型号在电机布置上有所区别，例如 model S 60 采用后置后驱，model S 85 采用前置后驱，而 model S 60D 和 model S 85D 则采用双电机四驱系统。

7.1.1 传动系统工作原理

如图 7-1 所示，Tesla model S 的传动系统包含了电机及电机控制器、电池包、主轴、单级减速箱和差速器等关键部件。动力来源于电池包，通过电机控制器转换成适合电机驱动需要的高频交流电。电机的转动经过减速箱齿轮转动，传递至差速器，最后通过主轴驱动轮胎转动，实现电力驱动下的汽车运动。

7.1.2 电机

Tesla model S 采用的是性能稳定的交流异步感应电机。如图 7-2 所示，电机主要由定子和转子两部分组成。

图 7-2 电机组成

如图 7-3 所示，电能以三相电的形式输入电机，通过调节输入定子的励磁电流交变频率来控制电机转速，调速范围宽广（0～18000r/min），运行稳定。

图 7-3 电机三相电输入

---

[1] 1mile＝1.609km。

电动机的输出特性与发动机相比，具备先天的优越性，如图 7-4 所示。内燃机转速与转矩的关系是自然形成的，转矩先跟随转速一起增加，到达两者最高点以后，转速的增加则会带来转矩的降低；而电动机则不同，通过转矩输出控制，基本可以实现低转速大转矩，高转速范围内恒功率运行，这样的特性与车辆行驶过程中的实际需求恰好吻合。

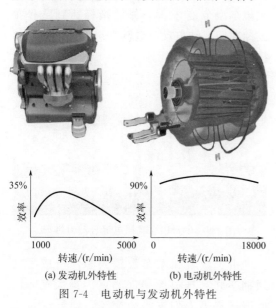

图 7-4　电动机与发动机外特性

7.1.3　电机控制器

如图 7-5 所示，电机控制器负责将动力电池提供的直流电转换成交流电，以驱动交流异步感应电机。根据整车控制器发送的转矩需求信号，电机控制器从电池包获取相应功率的能量，进行逆变后控制电机的输出转速和转矩。

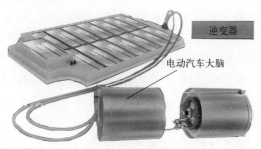

图 7-5　能量传递示意

7.1.4　电池模组

如图 7-6 所示，以 85 度电的电池模组为例，其模组为"6 串 75 并"，容量为 232.5A·h，额定电压 22V，模组中的电芯平铺成一层，间隔 75 只调整一次正负极放置方向，以便于模组内的串并联连接。电池单体之间，每两排设置一层水冷散热器，使得每一只电芯均有一个侧面与散热器接触。图 7-6 中标示出了水冷液体的流动方向。优质的冷却系统，能够保证各个电芯在均匀一致的温度环境中工作，进而获得更好的使用性能、更为一致的老化速度和更长的使用寿命。

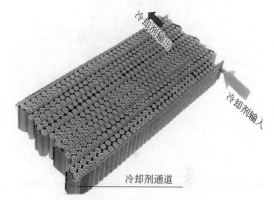

图 7-6　电池模组

如图 7-7 所示，冷却系统将热量从电芯处携带至电池包外部，通过外部换热器，将热量散发掉。

图 7-7　散热示意

7.1.5 单级减速箱和差速器

如图 7-8 所示，电机输出的转动通过单级减速箱传递至汽车主轴。由于电动汽车电机具有宽广的调速性能，减速箱主要起到传递运动的作用。差速器则用于断开主轴，允许两节主轴通过差速器配合运动，实现车辆过弯时内外侧轮胎的不同转速。Tesla 特别采用了智能控制的差速器，以实现更为准确高效的运动传递，实现驾驶者的操控意图。

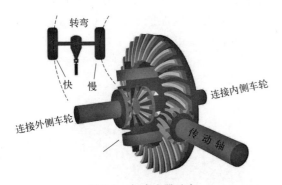

图 7-8　主减速器示意

7.2 典型插电式混合动力汽车构型

7.2.1 典型串联式插电混合动力汽车构型

串联混合动力客车的特点在于发动机可以稳定地工作在某一理想区域，在动力性上与传统汽车相当，但在燃油经济性和排放性能方面则具有明显改善。2006 年，由福田汽车与美国伊顿公司合作开发的串联混合动力客车产品，在北京城市车辆展示会上亮相，该车能够满足欧 V 排放标准，获得了

"混合动力推荐车型奖"。由天津清源电动车辆有限责任公司研发的混合动力客车，采用串联全混合驱动方式，系统中的辅助动力单元采用了双变量可控主动控制负荷输出方式，有效避免了系统动力部件启动和负载变化过程中的动力冲击。图 7-9 为中通客车公司研发的串联混合动力客车，该车是"十五"期间国家"863"计划取得的成果，比常规车型节能 30%，排放指标达到欧 Ⅳ 排放标准，在纯电动行驶的情况下，能达到零排放。

图 7-9　中通串联式插电混合动力客车

由于城市私家车数量太多，造成了交通拥堵并且排放的尾气严重污染大气，因此普遍提倡人们乘坐公交车，倡导绿色出行。而大型客车、公交车排量较大，排放的尾气较多，也可能严重污染城市空气，所以世界各国政府都致力于严格限制客车排放，努力发展新型客车。国外对混合动力公交客车的研究已经有很长的时间，国外众多汽车厂商已经积累了很多成功经验。由柴油发动机、发电机、镍氢电池组和交流感应电机组成的串联混合动力系统，是目前串联混合动力城市客车普遍采取的方案。最为典型的是在纽约投入示范运行的 Orion Bus Ⅶ 客车、Nova Bus 客车和 AVS Hybrid Bus 客车。

其中，图 7-10 所示为 LMCS（lockheed martin control systems）公司和 OBI（orion bus industry）公司联合开发的 Orion-LMCSBusⅦ型低地板混合动力客车，该样车已在纽约地区完成示范运行。

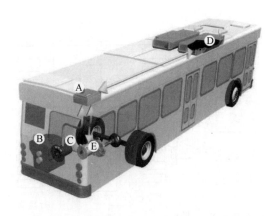

图 7-10　Orion-LMCSBusⅥ串联式插电混合动力客车

A—控制系统（PCS），采集驾驶员输入和混合动力部件的数据，控制各部件的功率输出；B—发动机，在 PCS 控制下以几乎恒定的转速工作，驱动发电机；C—发电机，在 PCS 控制下对电池组和电机提供电能；D—电池组，在 PCS 控制下接收储存发电机产生的和再生制动回收的电能，并在加速或爬坡时将电能供给电动机；E—电动机，在 PCS 控制下输出转矩驱动车辆行驶，再生制动时作为发电机回收减速能量并对电池组进行充电

7.2.2　典型并联式插电混合动力汽车构型

由国家"863"计划电动汽车重大专项资助，联合吉林大学、哈尔滨工业大学以及春兰研究所等单位的一汽集团项目"解放牌混合动力城市客车研究开发"完成了混合动力客车 CA6110HEV 的研发，其结构如图 7-11 所示。这是一种比较典型的双轴并联类型，其结构的主要特点是只有一个位于发动机之后的离合器，电机位于变速器之前。这种结构方案的优点是各总成集成难度较小，适合于早期的混合动力汽车研发。

清华汽车工程开发研究院在沈阳金杯客车制造有限公司原 SY6480 客车的基础上开发研制了 SY6480 并联式插电混合动力客车，其结构示意如图 7-12 所示。该混合动力汽车采用的是并联式单轴结构，即在原车的基础上，加上一套电气设备。该电气设备包括一个电机和动力电池。SY6480 并联混合动力客车的百公里排放等价物达到欧Ⅱ标准的当量限制要求，在保证整车动力性能指标不低于原 SY6480 车水平的情况下，该并联混合动力客车在城市工况下的油耗比改装前的原 SY6480 客车降低 30%、在城际工况下降低 15%，在排放方面也取得了良好效果。

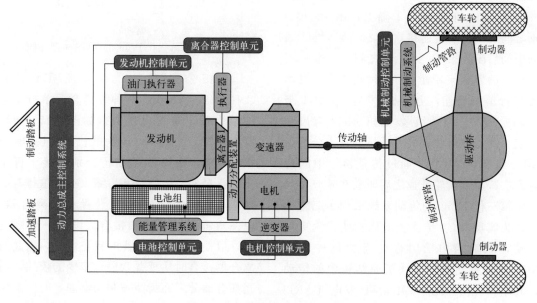

图 7-11　解放混合动力客车结构

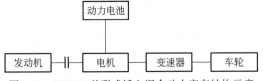

图 7-12　SY6480 并联式插电混合动力客车结构示意

7.2.3　典型混联式插电混合动力汽车构型

丰田公司于 2000 年 10 月 17 日获得了发明专利"Power output apparatus and method of controlling the same"的授权，公开了第一、第二代的 Prius 所使用的 THS 构型，其结构如图 7-13 所示。丰田公司于 1999 年发表了题为"HYBRID VEHI-CLE DRIVE SYSTEM HAVING TWO MOTOR/GENERATOR UNITS AND EN-GINE STARTING MEANS"的专利，提出了 THS 结构，其结构如图 7-14 所示。此构型是 Prius 第三代的构型，与第一、第二代的不同之处在于齿圈和驱动桥的连接方式。第一代和第二代 Prius 的传动系统采用的是四轴结构，发动机、扭转减振器、动力分流装置、电动机/发电机 MG1 和电动机/发电机 MG2 布置在第 1 轴上，第 1、第 2 轴之间通过传动链连接，第 2、第 3 轴之间为中间齿轮，第 3、第 4 轴之间为主减速器齿轮。动力分流装置为行星齿轮机构。发动机与行星架相连，电动机/发电机 MG1 与太阳轮相连，电动机/发电机 MG2 与齿圈相连。动力分流装置将发动机的动力分配给 MG1 和 MG2。MG2 通过传动链、中间齿轮和主减速器齿轮减速之后驱动车轮。

第三代 Prius 的传动系统采用了三轴结构。为实现 MG2 小型轻量化和使系统更加紧凑，三轴结构采用行星齿轮机构作为 MG2 的减速机构，取代了原结构中的传动链和中间齿轮，提升了电动机/发电机 MG2 的转矩输出能力。

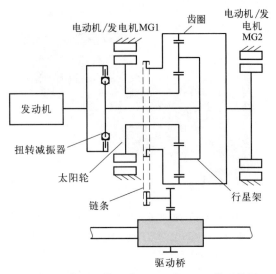

图 7-13　第一、第二代 Prius 的 THS 构型简图

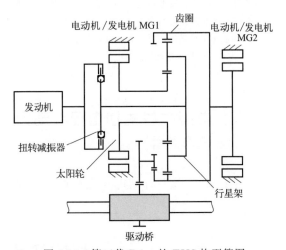

图 7-14　第三代 Prius 的 THS 构型简图

丰田公司于 2000 年又发明了专利 CN1336879A，提出一种带离合器单行星排的动力输出装置，其构型如图 7-15 所示。其中发动机、电动机/发电机 MG1、电动机/发电机 MG2 和驱动桥分别连接于行星排的行星架、太阳轮和齿圈。在行星排与电动机/发电机 MG2 之间设置一个离合器，以便两者可以分离和接合。设置一个制动器，以便当离合器分离时锁止齿圈，借此当离合器接合时实现并联混合车辆的模式，而当离合器分离而齿圈被制动器固定时实现串联混合车辆的模式，而且根据车辆的行驶状

态来切换这些方式，可以发挥每种方式的优点行驶。该种构型和上一个构型非常类似，都是单行星排双电机结构，区别之处只是该构型的驱动电机和行星排之间增加了一个离合器，这样就可以实现两种模式，比上一种构型多了一种模式。

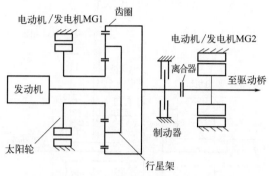

图 7-15　带离合器单行星排构型简图

2001 年丰田公司在 THS 的基础上又推出了 THS-C 系统。所谓 THS-C，就是将丰田混合动力系统（THS）与无级变速器（CVT）组合而成的混合动力驱动系统。其构型如图 7-16 所示。

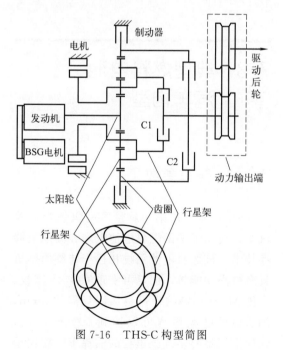

图 7-16　THS-C 构型简图

此处的 THS-C 构型方式已与 Prius 里的 THS 构型有所不同，发动机是与太阳轮

相连，发电机与行星架相连，齿圈处接有一个制动器，齿圈和行星架分别通过离合器 C2、C1 与 CVT 相连，CVT 将动力输出给驱动桥。并且，此处的行星轮为复合式的，它们共用一个行星架。

THS-C 系统主要应用于 Estima（大霸王）和 Alphard（埃尔法）这两款轻型车上，其中 Estima 已经于 2001 年 6 月下线，2003 年秋丰田公司又在 Estima 基础上推出了 Alphard。两者的动力总成基本相同，主要改进之处体现在控制和安全系统上。在 Estima 和 Alphard 车上，THS-C 系统应用于前驱动单元，后驱动单元由一个单独的后电机来提供动力。其动力系统的总体构成如图 7-17 所示。

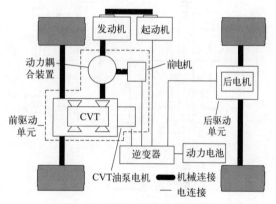

图 7-17　THS-C 动力系统结构

但是，THS-C 系统存在诸多缺陷。一方面，该系统多数时候相当于并联构型，由前轴的 THS-C 系统与后轴的驱动电机一起驱动车辆，这样很难保证动力电池的 SOC 平衡，存在动力电池充电不足时便无法使用后电机驱动的问题。另一方面，THS-C 系统既有 THS 系统，又有 CVT，成本高昂，这是限制其广泛应用的关键因素。另外，CVT 的加入导致系统中需要一个电机来驱动 CVT 的液压泵，这些因素都造成系统结构十分繁杂，THS-C 的整体效果并不非常理想。因此，在 2006 年 1 月，Estima 混合动力版重新改型，不再采用 THS-C 系统，而是直接采用 THS Ⅱ 结构。在 THS Ⅱ 中，

由于电动机与发电动机各自独立，因此在行驶过程中随时可以使用电动机提供驱动力，如果动力电池电力不足，发电机可立即进行充电，提高了燃油经济性。实验表明，采用 THS II 结构的 Estima 在 10-15（日本标准）工况下的油耗为 5L/100km，而采用 THS-C 系统的 Estima 的油耗为 5.38L/100km，新版油耗降低了 7.6％。

丰田公司于 2005 年发明了专利 CN1819934A，描述了一种混合动力车辆用动力输出装置，该装置是一种双行星排的构型，如图 7-18 所示。其后行星排行星架锁止，驱动电机与后行星排太阳轮连接，后行星排在此提供一个减速比。

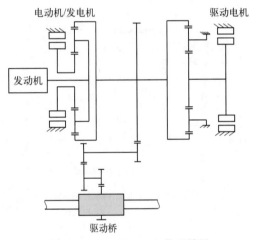

图 7-18　CN1819934A 构型简图

丰田公司于 2007 年推出的 Lexus GS450h 车型，其动力耦合机构使用了一种特殊的双行星排构型，属于丰田混合动力系统的第二代 THS II 系统，又称为输入分配增扭型结构，其构型如图 7-19 所示。

从图 7-19 中可以看出，该构型前排是一个普通的行星排机构，而后排采用了拉维娜式的行星排机构。这种行星齿轮机构又被称为复合式行星齿轮机构，它可视为由两个普通的行星齿轮结合作为单排式的动力耦合装置。该行星排中包含两个太阳轮，即前太阳轮和后太阳轮，还包含一个公共的复合式行星架，此复合行星架由两个半径不同的

行星架组合而成，这两组行星架上的行星轮都能够绕行星架独立旋转，但只有一个固定速比，小行星架的内行星轮与前太阳轮相啮合，也只有一个固定速比。齿圈也同样与大行星架的外行星齿轮相啮合。显然，这种复合式的行星齿轮机构，能够看成共用一个行星架和一个齿圈的双行星齿轮。

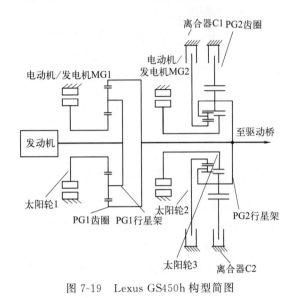

图 7-19　Lexus GS450h 构型简图

7.3　典型燃料电池汽车构型

7.3.1　整车参数

Mirai 是丰田第一款量产的氢燃料电池汽车，运用了丰田燃料电池电堆和高压氢储存技术。该燃料电池系统相比于传统内燃机具有更高的能效，而且可实现 CO_2 零排放。丰田 Mirai 车辆的氢燃料加注只需约 3min，加满后的续驶里程可以达到 500km 以上，在保证了足够多续驶里程的前提下，相比于传统的燃油车又具有更好的便利性，因此该款车辆一经上市便受到了广泛的关注。

Mirai 燃料电池汽车外形如图 7-20 所示，其整车相关参数如表 7-1 所示。

图 7-20　Mirai 燃料电池汽车外形

表 7-1　整车参数表

项目		单位	数值
整车 参数	整备质量	kg	1850
	长×宽×高	mm×mm ×mm	4890×1815 ×1535
	轴距	mm	2780
	轮距(前/后)	mm	1535/1545
性能 指标	续驶里程	km	502
	最高车速	km/h	175
	百公里加速时间	s	9.6
驱动 电机	最大功率	kW	113
	最大转矩	N·m	335
动力 电池	电量	kW/h	1.6
燃料 电池	能量密度	kW/L	3.1
	最大功率	kW	114
储氢 系统	数量	个	2
	额定压力	MPa	70
	氢存储量	kg	5

7.3.2　动力系统构型方案

Mirai 车辆采用了燃料电池和动力电池两种能量来源相结合的组合方式，属于电-电混合的动力系统构型，如图 7-21 所示。丰田将这套系统称为 TFCS（toyota FC stack），即丰田燃料电池堆栈。它是以燃料电池堆栈为主要核心组件的动力系统，燃料电池通过转换器与电路总线相连接，动力电池与燃料电池之间经过逆变器转化后将电能输送给驱动电机。

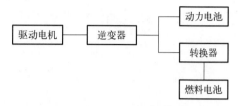

图 7-21　Mirai 动力系统基本构型

7.3.3　动力系统运行分析

Mirai 车辆通过燃料电池总成输送电能给驱动电机，其驱动方式是通过氢气与氧气在燃料电池堆内发生反应，利用化学反应产生出的电能来带动驱动电机，最终驱动车辆行驶，同时反应产生的其他剩余电能可以存入储能动力电池组内。

Mirai 车辆的动力系统能量流向路径如图 7-22 所示，具体步骤如下：

① 氧气从车辆前进气格栅进入燃料电池内，将与氢气发生反应；

② 储氢罐中的氢气进入燃料电池内，将与氧气发生反应；

③ 氧气和氧气在燃料电池中发生化学反应，生成水和电能；

④ 生成的电能供给驱动电机使用；

⑤ 驱动电机利用电能驱动车辆；

⑥ 最后，燃料电池内反应产生的水排出车辆外，整个过程实现了无污染零排放。

Mirai 燃料电池汽车动力系统关键总成包括驱动电机、燃料电池堆栈、燃料电池升压器、高压储氢罐、动力电池和动力控制单元，各总成在车辆上的分布如图 7-23 所示。

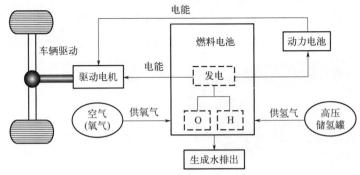

图 7-22　动力系统能量流路径

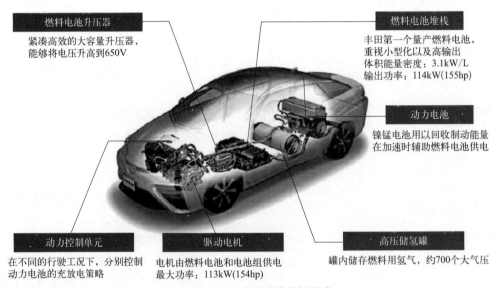

燃料电池升压器
紧凑高效的大容量升压器，能够将电压升高到650V

燃料电池堆栈
丰田第一个量产燃料电池，重视小型化以及高输出
体积能量密度：3.1kW/L
输出功率：114kW(155hp)

动力电池
镍锰电池用以回收制动能量
在加速时辅助燃料电池供电

动力控制单元
在不同的行驶工况下，分别控制动力电池的充放电策略

驱动电机
电机由燃料电池和电池组供电
最大功率：113kW(154hp)

高压储氢罐
罐内储存燃料用氢气，约700个大气压

图 7-23　Mirai 动力系统关键总成

扫一扫

本章小结

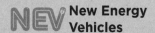

第3篇

新能源汽车的控制策略

根据第2篇所述，同理可知，对纯电动汽车、燃料电池汽车和插电式混合动力汽车等新能源汽车实施优化控制，可以归纳为对纯电动汽车和对多动力源形式混合的混合动力汽车各动力源间能量优化管理与动力协调分配的控制过程。因此本篇先对新能源汽车节能原理进行剖析，再以具有典型性的插电式混合动力汽车为例，主要介绍混合动力系统的控制策略，对其他各类型新能源汽车的控制方法设计同样具有指导和借鉴意义。

对于混合动力汽车，其将发动机、电机和能量储存装置（动力电池等）组合在一起，通过良好的匹配和优化控制，可以充分发挥传统内燃机汽车和纯电动汽车的优点。混合动力汽车开发与传统汽车开发的主要不同在于整车控制系统的开发，这也是混合动力汽车开发的核心内容和技术难点。混合动力汽车的控制系统应该在满足整车动力性指标的前提下，通过各总成的协调控制，实现提高燃油经济性和降低排放的目标。

混合动力汽车的控制策略通过协调各部件间的能量流动，使整车效率达到最高，可以使整车获得较好的燃油经济性、较低的排放及较好的动态平顺性，控制策略对整车的燃油经济性影响很大。作为混合动力汽车技术开发的核心，控制策略的制定直接影响着能量在车辆内部的流动及整车的性能，因此，混合动力汽车的控制策略研究至关重要，是混合动力汽车设计与研发的核心内容之一。

近年来，由于混合动力汽车的快速发展，越来越多的研究人员投入到混合动力汽车控制研究中来，不断提出新的控制方法，使得混合动力汽车控制策略的种类变得纷繁复杂，但总体上可以归纳成两类：稳态能量管理策略和动态协调控制策略。稳态能量管理策略又可大体分为基于逻辑门限的控制策略、模糊逻辑控制策略以及基于优化的控制策略。

混合动力汽车稳态能量管理控制策略的作用，是在车辆的行驶过程中，在满足车辆的动力性和其他基本性能要求的前提下，根据动力总成及各部件的性能特征，控制和调节动力总成及各部件工作，使整车达到燃油经济性和排放等方面的目标性能。能量管理策略是混合动力系统控制算法中研究最多的内容之一，如何合理分配发动机和电动机之间的动力，使其既能满足驾驶员对整车驱动力的需求，又能实现发动机、电动机、动力电池以及整车效率的优化，是能量管理策略的核心问题。本章将从基于规则以及基于优化的角度详细介绍能量管理策略的原理及其在实车上的调试与应用。

8.1　基于逻辑门限的控制策略

基于逻辑门限的控制策略属于基于规则的控制策略的一种，其基本思想是优先保证发动机在较高效率区间内工作，在该区间以外（当发动机转矩或转速较小时）利用动力电池提供能量驱动电机工作。而动力电池的能量来源主要分为两部分：a. 制动能量回收；b. 发动机带动电机发电。其工作原理示意如图 8-1 所示，当电池组荷电状态 SOC 高于门限值时，发动机转速较低或者输出转矩较小时，控制器都会控制发动机关闭，由电机驱动车辆，从而避免发动机在低效率区工作，只有当车辆行驶需求的功率较大时，发动机才开始工作；而当 SOC 低于门限值

时，发动机工作，其输出功率一部分用于驱动车辆，其余部分用于给动力电池充电。

基于逻辑门限的控制策略是一种简单易行、应用广泛的混合动力汽车控制策略。下面分别具体介绍恒温器型与功率跟随型控制策略相结合的控制策略和电机助力型控制策略的原理与应用。

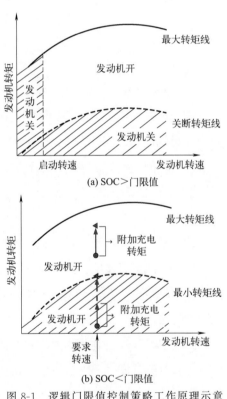

图 8-1　逻辑门限值控制策略工作原理示意

8.1.1　恒温器 + 功率跟随型控制策略

恒温器型控制策略和功率跟随型控制策略都属于基于简单规则的控制形式，其控制

原理较为简单，发展较为成熟。恒温器型控制策略对发动机的工作较为有利，而对动力电池的要求较高；功率跟随型控制策略对于蓄电池组的损失减少，但发动机会在从低到高的整个负荷区间运行，影响了发动机的性能。综合恒温器型控制策略与功率跟随型控制策略的优缺点来看，单一的控制均存在较明显的不足，而二者结合后形成的新的控制策略可以充分发挥两种控制策略的长处。因此，本小节着重描述一种将二者有机结合起来的恒温器＋功率跟随型控制策略的原理及其在实车上的应用。

（1）恒温器＋功率跟随型控制策略原理

关于恒温器＋功率跟随型控制策略的原理，本小节首先分别介绍恒温型控制策略与功率跟随型控制策略的原理，然后介绍二者结合的控制原理。

① 恒温器型控制策略原理　恒温器型控制策略主要应用于串联式混合动力汽车。串联式混合动力汽车的发动机与驱动车轮之间没有机械连接，发动机能够相对独立于车轮的运动工作，因此控制策略的主要目标，是使发动机在最佳油耗区和排放区工作并驱动发电系统发电。

如图 8-2 所示，在恒温器型控制模式下，当动力电池荷电状态 SOC 降到设定的低门限值时，发动机启动，在最低油耗点（或最佳排放点）按恒功率输出，一部分功率用于满足车轮驱动功率要求，另一部分向动力电池充电；当电池组 SOC 上升到所设定的高门限值时，由电动机驱动车轮，发动机关闭，此时汽车处于零排放、纯电动行驶状态。这种控制形式类似于温室的温度控制。在这种模式中，动力电池要满足所有瞬时功率的要求，其放电电流的波动会很大，经常出现大电流放电的情况，对动力电池的放电效率和使用寿命均有不利影响，而动力电池的过度循环所引起的损失，可能会减少发动机工作区间优化所带来的好处。因此，这种模式对发动机比较有利而对动力电池不利。

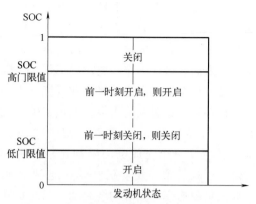

图 8-2　恒温器型控制策略发动机启停逻辑

② 功率跟随型控制策略原理　在功率跟随型控制模式下，发动机的功率紧紧跟随车轮功率的变化，与传统汽车的运行相似，发动机总保持运转，仅当纯电动模式运行时才停机，由动力电池提供电能。这种模式的控制策略仅针对发动机的油耗进行最优控制，调节发动机在某一最优工作曲线上工作，强迫发动机的输出功率随着车辆需求功率的波动而动态响应，进行自适应调整；而动力电池作为功率均衡装置来满足具体的汽车行驶功率要求，其频繁的充放电循环将消失，与充放电有关的动力电池损失也被减少到最低程度。与恒温器型控制策略相比，采用这种控制策略对动力电池的损失减少，但发动机会在从低到高的整个负荷区间运行，而且发动机的功率会频繁地变化，这会损害发动机的效率和排放性能，特别是在低负荷区。上述问题也可以通过采用无级自动变速器 CVT 解决，通过调节 CVT 速比，控制发动机沿最小油耗曲线运行。此控制策略目前应用较多，但整车成本较高。

综合恒温器型控制策略与功率跟随型控制策略的优缺点来看，如果将两种控制模式结合起来，便可以充分利用发动机和动力电池工作的高效率区间，使其整体效率发挥更好。这种综合控制模式被称为恒温器＋功率跟随型控制策略。该控制策略是以发动机功率跟随控制模式为主，并结合恒温器控制模式的控制策略。

恒温器＋功率跟随型控制策略的具体实现方案如图8-3所示。发动机-发电机组的功率输出跟随整车的功率需求而变化，但把发动机限制在最优工作曲线附近工作，并限制发动机功率瞬时变化的速度和幅度（因为发动机功率的迅速变化将极大地损害发动机的效率和排放性能）。同时，把动力电池SOC限制在一个充放电内阻都比较低的区间内。也就是说，发动机在动力电池SOC较低或负载功率较大时均会启动，只在负载功率较小且SOC高于预设的高门限值时发动机被关闭，其余时刻均保持发动机状态，这样便可以避免发动机的频繁启停。在这种综合控制模式下，发动机一旦启动便在相对经济的区域内，对电动机的负载功率进行跟踪，当负载功率大于或小于发动机经济区域所能输出的功率时，可以通过动力电池的充放电对该功率差进行缓冲或补偿。采用该控制策略可以减少电能的循环损耗，避免电池大电流放电和发动机的频繁启停，降低了油耗，提高了排放性能。

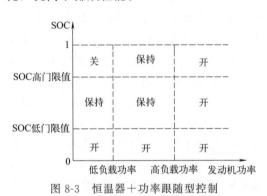

图 8-3　恒温器＋功率跟随型控制
策略发动机启停逻辑

（2）恒温器＋功率跟随型控制策略应用

这里介绍一种基于发动机最优工作区域的恒温器＋功率跟随型的控制策略在串联式混合动力客车上的应用。该串联式混合动力客车的结构布局如图8-4所示：发动机和发电机之间通过机械连接构成辅助动力单元系统（APU），为整车提供能量；发电机、动力电池和电动机通过电连接与电机控制器相连，电动机和变速器之间通过机械连接将动力传到驱动轮。

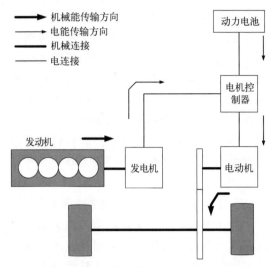

图 8-4　串联式混合动力客车的基本结构

① 控制策略　在该控制策略中，发动机的工作不再像前面内容描述的模式中那样，沿着发动机最优工作曲线工作，而是划定发动机优化的工作区域，并使发动机的转速保持在一个较小的波动范围，同时限制发动机的工作转矩，将该转速下油耗较高、功率较小的区域剔除。如图8-5所示，矩形框内的区域就是该控制策略所选择的优化区域。表面上看，它不如发动机的最优工作曲线燃油经济性好，但是在发动机的工作中避免了过于频繁的转速变化，而且 1800～3000r/min 一般是发电机的转速高效区域，发动机增加的油耗，因发电机效率的提高得到了补偿。

该控制策略中的能量分配如下所述。

a. APU 系统单独驱动并维持动力电池的 SOC 值。在该客车运行过程中，当动力电池 SOC 处于设定的低门限值与高门限值之间，发动机开启且车辆需求功率低于APU 所能输出的最大功率时，也就是当行驶工况及 APU、电池组的 SOC 满足式(8-1)中全部条件时，由 APU 系统单独驱动并维持动力电池的 SOC 值。

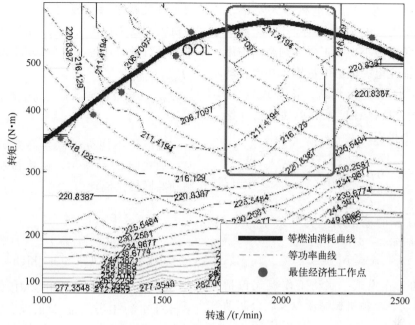

图 8-5　发动机最优工作区域的示意

此时电机的输入功率 P_{mc} 以及 APU 的输出功率如式(8-2) 所示。

$$\begin{cases} P_{mc}=L_{acc}T_{max}\dfrac{n}{9550\eta} \\ P_f=P_{mc}+P_b \end{cases} \quad (8\text{-}2)$$

式中，P_b 为动力电池的输出功率；P_f 为 APU 的输出功率；L_{acc} 为加速踏板开度；$f_{c\_on}=1$ 表示发动机开，$f_{c\_on}=0$ 表示发动机关。

b. APU 系统和电池组联合驱动模式。根据电机输入功率、动力电池的 SOC 值进行判断。当动力电池 SOC 在低门限值之上且需求功率超过了 APU 所能输出的最大功率，即符合式（8-3）全部条件时，进入 APU 系统和动力电池联合驱动模式。

$$\begin{cases} v>0 \\ P>P_{fmax} \\ SOC>SOC\_low \\ f_{c\_on}=1 \end{cases} \quad (8\text{-}3)$$

此时，主电机的功率如式(8-4) 所示。

$$P_{mc}=P_f+P_b \qquad (8\text{-}4)$$

APU 的功率为最大输出功率，如式(8-5) 所示。

$$\begin{cases} P_f=P_{fmax} \\ P_b=\Delta SOC P_{b\_chg} \end{cases} \quad (8\text{-}5)$$

式中，ΔSOC 为动力电池 SOC 的变化量；P_{b_chg} 为控制策略要求给动力电池的充电功率。

c. APU 系统单独驱动模式。当汽车行驶和动力电池都需要 APU 系统输出功率时，汽车的动力性能优先于动力电池的需求。根据电机输入功率、动力电池 SOC 值进行判断，符合式(8-6) 全部条件时，进入 APU 系统单独驱动模式。

$$\begin{cases} v>0 \\ P>P_{fmax} \\ SOC<SOC\_low \\ f_{c\_on}=1 \end{cases} \quad (8\text{-}6)$$

此时，动力电池不再输出功率。APU 系统的输出功率跟随主电机的功率，并为其提供足够的能量。

d. 最小功率模式。当电机输入功率小于 APU 系统规定的最小值时，APU 系统不关闭，而是以最小功率工作，剩余功率用于给动力电池充电。根据电机输入功率、动力电池的 SOC 值进行判断，符合式（8-7）全部条件时，进入 APU 系统单独驱动并给动力电池充电模式。

$$\begin{cases} v>0 \\ P<P_{\mathrm{fmin}} \\ f_{\mathrm{c\_on}}=1 \end{cases} \quad (8-7)$$

此时 APU 的输出功率为其最小功率，如式（8-8）所示

$$P_{\mathrm{f}}=P_{\mathrm{fmin}} \quad (8-8)$$

e. 制动工作模式。制动工作模式包括单独再生制动、单独机械制动以及联合制动三种模式。

单独再生制动主要指滑行再生制动和制动强度不大情况下的制动。如式（8-9）所示条件，当动力电池 SOC 低于设定的高门限值，同时行驶车速超过设定的最低再生制动车速，且车辆制动需求的制动转矩可以全部由电机提供时，单独由电机工作于发电状态，为车辆提供制动力。

$$\begin{cases} v>v_{\mathrm{reg}} \\ 0<T_{\mathrm{b}}<T_{\mathrm{gmax}} \\ SOC<SOC\_high \\ Reverse=0 \end{cases} \quad (8-9)$$

式中，v_{reg} 表示根据电机实际控制特性确定的最低再生制动车速；Reverse＝0 表示前进行驶，Reverse＝1 表示倒车。

当行驶车速低于设定的最低再生制动车速或者动力电池 SOC 在高门限值之下，即汽车行驶状态满足式（8-10）条件时，单独由机械制动来提供所需的全部制动力。当汽车倒退行驶时，也进入单独机械制动模式。

$$\begin{cases} T_{\mathrm{b}}>0 \\ v<v_{\mathrm{reg}} \text{ 或 } SOC>SOC\_high \text{ 或 } Reverse=1 \end{cases} \quad (8-10)$$

当电机不能提供汽车需要的制动力矩时，如式（8-11）所示，由机械制动和再生制动共同提供制动力。

$$\begin{cases} v>v_{\mathrm{reg}} \\ T_{\mathrm{b}}>T_{\mathrm{gmax}} \\ SOC<SOC\_high \end{cases} \quad (8-11)$$

② 仿真分析　利用 AVL Cruise 仿真平台对纽约工况、北京工况、上海工况、长春工况和国家标准工况进行仿真检验，并和传统客车、并联混合动力客车的燃油经济性比较，同时与在 Advisor 仿真软件下应用功率跟随型控制策略的串联混合动力客车进行综合比较，仿真结果如表 8-1 所示。其中，Advisor 和 AVL Cruise 都是汽车系统高级建模和仿真平台软件，相关内容将在后续章节进行详细介绍。从表 8-1 可以看出，基于发动机最优工作区域的恒温器＋功率跟随型控制策略在一些工况下优势明显，尤其是纽约工况和上海工况下的油耗，比原串联混合动力客车的控制策略有了较大的提高。

上述控制策略在典型工况下以不同载荷运行时的油耗分析如表 8-2 所示。整车动力性的仿真结果如表 8-3 所示。仿真结果表明，该控制策略是可行的。

表 8-1　四种客车不同工况下燃油经济性比较

项目	国标工况 /(L/100km)	北京工况 /(L/100km)	纽约工况 /(L/100km)	长春工况 /(L/100km)	上海工况 /(L/100km)
传统车（满载）	61.5	40.2	120.5	61.3	70.6
串联混合动力客车（Advisor）	—	29.0	80.1	34.4	45.9

项目	国标工况 /(L/100km)	北京工况 /(L/100km)	纽约工况 /(L/100km)	长春工况 /(L/100km)	上海工况 /(L/100km)
并联混合动力客车	29.27	23.40	52.55	29.10	24.86
本手册串联混合动 力客车(Cruise满载)	36.46	29.20	65.90	34.73	37.26
相比传统车节油/%	40.47	27.36	45.36	43.34	47.22

表 8-2　串联混合动力客车在不同载荷时的油耗

载荷情况	国标工况 /(L/100km)	北京工况 /(L/100km)	纽约工况 /(L/100km)	长春工况 /(L/100km)	上海工况 /(L/100km)
轻载	34.63	27.20	59.33	32.84	34.77
半载	35.05	28.55	62.34	33.02	36.09
满载	36.46	29.20	65.90	34.73	37.26

表 8-3　串联混合动力客车整车动力性能仿真结果

项目	最高车速/(km/h)	0~60km/h 加速时间/s	最大爬坡度/%	40km/h 爬坡度/%
仿真结果	94	24	25	6.2

8.1.2　电机助力型控制策略

电机助力型控制策略是并联混合动力汽车普遍采用的一种控制策略。它实际上是一种固定的门限值控制，也属于逻辑门限值控制策略的一种。本小节主要介绍电机助力型控制策略的基本原理及其应用。

（1）电机助力型控制策略原理

电机助力型控制策略的主要思想是：将发动机作为汽车的主动力源，电力驱动系统作为辅助动力源，电机对发动机的输出转矩起"削峰填谷"的作用，同时将动力电池SOC值控制在一定范围内。电机助力型控制策略目标简明，代码转化率高，将发动机限制于优化工作区域，同时保证动力电池SOC值，比较好地考虑了充电的效率和力度，充电转矩随荷电状态值变化。但由于这种控制策略的门限值事先已经设定好并且是固定值，控制较为粗略，因此，它对工况及

参数漂移的适应能力较差，并且这种控制策略只能保证发动机工作于相对比较理想的区域，不能达到最优，其控制目标也没有充分考虑排放问题。

（2）电机助力型控制策略应用

这里以国内开发的某混合动力客车控制系统的设计为例，介绍电机助力型控制策略的应用。该控制系统采用电机助力型控制策略，基于符合德国汽车电子类开放系统和对应接口标准 OSEK（open systems and the corresponding interfaces for automotive electronics）的实时多任务操作系统，在保证整车动力性的前提下，以实现最佳的燃油经济性为控制目标。具体采用门限值控制方法，对发动机工作区间进行限制。

① 整车参数及系统主要控制参数　该混合动力客车结构是典型的双轴并联形式，相关内容已经在前述章节详细介绍。这种形式总成集成难度较小，适合于混合动力客车的初期研发阶段。整车及各总成的主要参数

见表 8-4。

表 8-4 整车及各总成主要参数

参数	数值
整车质量/kg	15000
迎风面积/m^2	7.3
发动机最大功率/kW	140
发动机最大转矩/(N·m)	560
发动机最高转速/(r/min)	2500
电机额定功率/kW	30
电机额定转矩/(N·m)	200
电机最高转速/(r/min)	5000
动力电池容量/(A·h)	40
动力电池单节电压/V	12
动力电池节数	25
变速器挡位数	6
主减速器速比	6.333
转矩合成装置速比	2.0

在该控制策略中，系统主要控制参数如下。

a. 电池 SOC 控制下限：若 SOC 低于该值，则表明电池电量不足，需要充电。

b. 电池 SOC 控制上限：若 SOC 高于该值，则表明电池电量饱满，不再对电池充电。

c. 纯电动车速上限：电池 SOC 高于下限值时，汽车起步后，达到该车速之前，由电机单独驱动。

d. 发动机关闭转矩：电池 SOC 高于下限值时，在该转矩值以下，关闭发动机。

e. 发动机最小转矩：电池 SOC 低于下限值时，发动机最小工作转矩不低于该值。

f. 电机最大制动转矩：电机能够产生的最大制动转矩。

② 控制策略 根据不同工况，采取如下控制策略。

a. 起步或小负荷行驶工况。若动力电池 SOC 大于下限值，并且汽车处于车速小于纯电动车速上限值的起步阶段，或者需要的发动机转矩小于发动机关闭转矩值，则关闭发动机，由动力电池提供功率驱动汽车行驶，以避免发动机在低效区工作；若动力电池 SOC 小于下限值，则发动机工作，其提供的功率在供给汽车行驶的同时，带动电机发电，向动力电池充电，此时，为避免发动机在低效区工作，当需求转矩过小时，强制拉升发动机转矩至设定的最小工作转矩值。

b. 中速行驶工况。汽车行驶所需的功率由发动机单独提供。当动力电池 SOC 小于下限值时，发动机还提供一部分额外功率驱动电机，给动力电池充电。

c. 加速或高速行驶工况。如果此时发动机输出的最大转矩不能满足车辆行驶需求，在电池 SOC 大于下限值的情况下，电机提供额外的转矩弥补发动机转矩的不足。

d. 减速制动工况。根据电池 SOC 和制动踏板反馈出的制动转矩要求，电机再生制动系统和机械制动系统，两者可以单独工作也可以同时工作。当动力电池 SOC 小于控制上限值而且制动转矩小于电机最大制动转矩值时，电机再生制动单独工作；当动力电池 SOC 小于上限值而且制动转矩要求大于电机最大制动转矩值时，电机再生制动和机械制动系统同时工作；当动力电池 SOC 不小于上限值，不论制动转矩要求大小，均由机械制动系统单独工作。

③ 控制策略试验结果分析 图 8-6 是该混合动力客车采用电机助力控制策略的整车转鼓试验数据曲线。从图 8-6 中可以看出，控制策略能够根据加速踏板的输入要求，合理分配发动机和电机的转矩，使实际车速与 GB/T 12545—2008（汽车燃料消耗量试验方法标准）中要求的车速基本吻合。两条车速曲线开始阶段差距较大，其原因是机械式自动变速器换挡时间较长，导致整车起步加速缓慢。从电机转矩曲线图中可以看到，当整车速度要求下降时，电机能够进行

能量回收（87～126s）；加速时，电机能够助力，只是由于目前各总成的实际情况尚不理想，所以，作为初步的控制策略，在换挡时要求电机关闭，而恰恰加速时又在连续换挡，并且换挡时间又比较长，使得电机助力不断被打断。因此，图8-6中显示的电机助力作用比较微弱，仅残留若干脉冲（第35s附近）。电机转矩曲线图中开始段的大转矩脉冲是电机启动发动机的过程。

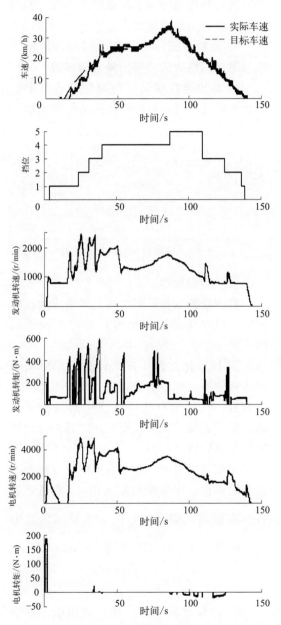

图 8-6　电机助力控制策略整车转鼓试验数据曲线

该混合动力客车是国内早期开发的车型，其各项性能指标较为落后，但是根据其试验数据的对比，也能充分说明电机助力型控制策略在混合动力汽车上应用的可行性。在整车转鼓试验中，对传统驱动模式（即发动机单独驱动模式）和混合驱动模式的动力性、经济性进行了对比，发现电机参加驱动后，最高车速从 90km/h 提高到 94km/h，0～60km/h 加速时间由 43s 缩短到 36s，油耗由 35.5L/100km 减少到 31.3L/100km（节油 11.8％）。试验证明，采用电机助力型控制策略的控制器实现了对混合动力客车多能源总成的控制意图，提高了整车动力性和燃油经济性。

8.2　模糊控制策略

模糊控制理论产生自 20 世纪 60 年代，目前已经广泛应用于军事科学、工业过程控制和航天航空等领域。模糊逻辑是经典数理逻辑与模糊数学相结合的产物。在处理复杂、非线性和不确定系统的控制问题中得到了广泛应用。

特别是在计算机技术出现以后，模糊技术与计算机结合形成的模糊控制系统，为计算机模拟人脑实现复杂控制提供了一条更加有效的途径。模糊控制的基本特征是利用人的经验、知识和推理技术及控制系统提供的状态条件信息，而不依赖物理过程的精确数学模型，因此简化了复杂的控制问题。由于模糊逻辑控制具有很高的自由度和非线性，因此理论上可以逼近任何的非线性系统。

模糊逻辑控制策略与传统逻辑门限控制策略的控制思路大致相同，规则集也基本类似，二者之间的主要区别在于各种门限值的表示方式。从本质上说，模糊逻辑控制策略也是一种基于规则的控制策略，但模糊逻辑控制不依赖于系统的精确数学模型，而是主要根据工程经验来制定控制规则。模糊推理算法在计算上也不是特别复杂，具有良好的控制品质。因此，模糊逻辑控制策略在混合动力汽车领域的应用日益受到人们的重视，近年来人们对该控制的研究成果较多，显示出了良好的应用前景。

美国俄亥俄州立大学和新西兰奥克兰大学在新一代汽车合作伙伴计划 PNGV 资助下，率先开展了混合动力模糊控制策略的研究，显示了模糊逻辑在控制混合动力系统这一复杂、强非线性和不确定性系统上具有的潜力。俄亥俄州立大学的方法是利用模糊控制器的输出，直接修正加速踏板输入的发动机喷油量，从而实现控制发动机工作点的目的；奥克兰大学的方法则基于功率分配，利用模糊控制器调节电机的发电功率，从而实现需求功率在发动机和电机间的最佳分配。

本节首先讲述模糊控制原理，包括模糊控制器的工作原理以及模糊推理过程，然后介绍模糊控制策略在国内某混合动力客车上的实际应用。

8.2.1　模糊控制原理

模糊控制是基于模糊推理过程，模仿人类思维方式，通过计算机构造模糊控制器，对难以建立精确数学模型的对象，实现人类语言表达的比较模糊的控制规则。

（1）模糊控制器的工作原理

如图 8-7 所示，模糊控制器由规则库、模糊逻辑推理机制、模糊化接口和逆模糊化接口四个部分组成。模糊控制器是模糊控制系统的核心，通常由软件编程实现。其控制算法的简繁直接影响到控制器的实时性。模糊控制器的工作过程就是运用模糊逻辑，进行从输入量到输出量映射的过程，一般来说包括以下五个步骤。

① 输入量模糊化　根据对应的隶属函数，确定输入量的隶属程度。输入量是论域

内的数值，输入量的模糊化可以通过查表或函数计算等方法实现。

② 模糊逻辑运算　当模糊推理规则的前件含有几个部分时，就需要对几个输入量进行模糊逻辑运算，以得到模糊逻辑推理所需的单一前件。

③ 模糊蕴涵　根据总结归纳的模糊规则，由前件蕴涵出后件。在模糊蕴涵进行过程中，各条规则的权重可取不同值。蕴涵结果由前件和输出量隶属函数得出，为一系列隶属函数表示的模糊集合。

④ 模糊合成　将各条规则蕴涵出的一系列隶属函数合成为输出量隶属函数。

⑤ 输出逆模糊化　将模糊合成的隶属函数数值化，得出模糊系统的清晰输出量。

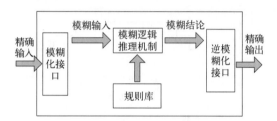

图 8-7　模糊控制器的组成示意

（2）模糊推理

模糊推理（或近似推理）就是应用模糊逻辑，对模糊值进行推理运算并产生模糊结论。

① 模糊化过程　模糊化过程即将精确输入量转换成模糊值的过程。模糊值又称为语言值，它是用自然语言描述的模糊变量值，如"太低（TL）""低（L）""适中（M）"等都是模糊值。

在控制应用中，常用的模糊化方法为单元集模糊化，即将精确输入值 u_i 模糊化为一个模糊单元集 $\widetilde{A} = \left\{ \dfrac{1}{u_i} \right\}$，其隶属函数为一条竖线，如式（8-12）所示。

$$\mu_{\widetilde{A}}(x) = \begin{cases} 1, x = u_i \\ 0, x \neq u_i \end{cases} \qquad (8\text{-}12)$$

② 模糊逻辑运算　实际应用中，基于规则的逻辑门限值控制策略，能量管理算法

被表示成"IF…THEN…"形式的控制规则。在模糊控制的"IF…THEN…"规则中，THEN 前面的部分称为前件，THEN 后面的部分称为后件，根据 IF-THEN 规则得到的计算结果称为模糊结论（该结论是个模糊集）或简称为结论。事实上，前件往往由多个条件（模糊原子命题）组成，条件之间有逻辑运算操作，如非（∼）、与（∧）、或（∨）等，这些运算符在模糊逻辑中定义。

模糊逻辑是模糊推理的理论基础，经典逻辑学中，逻辑变量、逻辑函数的取值为 $\{0,1\}$，通常称为二值逻辑。逻辑运算符的运算规则遵循布尔代数运算规则。在模糊逻辑中，逻辑变量、逻辑函数的取值为 $[0,1]$ 闭区间，是一种特殊的多值逻辑。逻辑运算符的运算规则遵循模糊数学的运算规则。

譬如，我们设 U 为所有命题构成的论域，u 为 U 中的元素，T 为命题的真值函数。

对于经典二值逻辑，T 为 u 到二元值 $\{0,1\}$ 的一个映射，如式(8-13)所示。

$$T: u \in U \rightarrow \{0,1\} \qquad (8-13)$$

对于模糊多值逻辑，T 为 u 到闭区间 $[0,1]$ 的一个映射，如式(8-14)所示。

$$T: u \in U \rightarrow [0,1] \qquad (8-14)$$

模糊命题的一般形式是"$\widetilde{P}: x$ is $\widetilde{A}$"，命题真值 $T(\widetilde{P})$ 由模糊集合 $\widetilde{A}$ 的隶属函数 $\mu_{\widetilde{A}}(x)$ 给出，如式(8-15)所示。

$$T(\widetilde{P}) = \mu_{\widetilde{A}}(x) \qquad (8-15)$$

模糊逻辑运算符的常见定义见式(8-16)～式(8-21)。

非（∼）运算：

$$T(\sim \widetilde{P}) = 1 - T(\widetilde{P}) \qquad (8-16)$$

与（∧）运算，常见的有取小和代数积，如式(8-17)和式(8-18)所示。

取小：

$$T(\widetilde{P} \wedge \widetilde{Q}) = \min[T(\widetilde{P}), T(\widetilde{Q})] \qquad (8-17)$$

代数积：

$$T(\widetilde{P} \wedge \widetilde{Q}) = T(\widetilde{P}) T(\widetilde{Q}) \qquad (8-18)$$

或（∨）运算，常见的有取大、代数和与有界和，如式(8-19)～式(8-21)所示。

取大：

$$T(\widetilde{P} \vee \widetilde{Q}) = \max[T(\widetilde{P}), T(\widetilde{Q})] \qquad (8-19)$$

代数和：

$$T(\widetilde{P} \vee \widetilde{Q}) = T(\widetilde{P}) + T(\widetilde{Q}) - T(\widetilde{P}) T(\widetilde{Q}) \qquad (8-20)$$

有界和：

$$T(\widetilde{P} \vee \widetilde{Q}) = \min\{1, [T(\widetilde{P}) + T(\widetilde{Q})]\} \qquad (8-21)$$

由此可见，模糊命题的逻辑运算是相应的隶属函数的运算。

③ 模糊蕴涵方法 "IF $\widetilde{P}$ THEN $\widetilde{Q}$" 的语义规则等价于蕴涵式：

$$\widetilde{R} = \widetilde{P} \rightarrow \widetilde{Q} \qquad (8-22)$$

这是一个二元模糊关系，其隶属函数的求法有多种，其中两种是在模糊控制中最常用的蕴涵运算，即 Mamdani 最小蕴涵和 Larsen 积蕴涵，如式(8-23)和式(8-24)所示。

Mamdani 最小蕴涵：

$$\mu_{\widetilde{R}}(x,y) = \min[\mu_{\widetilde{P}}(x), \mu_{\widetilde{Q}}(y)] \qquad (8-23)$$

Larsen 积蕴涵：

$$\mu_{\widetilde{R}}(x,y) = \mu_{\widetilde{P}}(x) \mu_{\widetilde{Q}}(y) \qquad (8-24)$$

④ 模糊推理过程 为不失一般性，以多输入单输出控制器规则库中的第 k 条规则："IF u_1 is $\widetilde{A}_{k1}$ AND u_2 is $\widetilde{A}_{k2}$ AND … u_{kn} is $\widetilde{A}_{kn}$ THEN y is $\widetilde{B}_k$"为例，设总共有 m 条规则，模糊推理过程总结如下。

a. 先求前件的满足度 ρ_k，这一步也称为规则匹配，如式(8-25)所示。

$$\rho_k = \overset{n}{\underset{i=1}{\wedge}} \mu_{\widetilde{A}_{ki}}(u_i) \qquad (8-25)$$

b. 根据蕴涵运算的定义，求单条规则的结论（以 Larsen 积蕴涵为例），如式(8-26)所示。

$$\mu^{c}_{\tilde{B}_{k}}(y)=\rho_{k}\mu_{\tilde{B}_{k}}(y) \qquad (8\text{-}26)$$

c. 对 m 条规则的结论进行合成，并逆模糊化为最终的精确量输出。结论的合成和逆模糊化有两种方法：方法一是先对单条规则结论逆模糊化，然后合成为单一结果；方法二是先进行结论合成，然后对合成结论进行逆模糊化。结论的合成方法有累加法、取最大值法、代数和法、有界和法等。逆模糊化方法有重心法（COG）、最大隶属值法、最大平均值法等。以累加法结论合成和重心法逆模糊化为例，这一步的计算过程如式(8-27) 和式(8-28) 所示。

结论合成：
$$\mu^{c}_{\tilde{B}_{k}}(y) = \sum_{k=1}^{m} \mu_{\tilde{B}_{k}}(y) \qquad (8\text{-}27)$$

重心法逆模糊化：
$$y = \frac{\int y\mu_{\tilde{B}}(y)\mathrm{d}y}{\int \mu_{\tilde{B}}(y)\mathrm{d}y} = \frac{\sum\limits_{k=1}^{m} c_{k}\int \mu^{c}_{\tilde{B}_{k}}(y)\mathrm{d}y}{\sum\limits_{k=1}^{m} \int \mu^{c}_{\tilde{B}_{k}}(y)\mathrm{d}y}$$
$$(8\text{-}28)$$

式中，$\int \mu_{\tilde{B}}(y)\mathrm{d}y$ 为 $\mu^{c}_{\tilde{B}_{k}}(y)$ 的面积；c_{k} 为 $\mu^{c}_{\tilde{B}_{k}}(y)$ 的重心，计算如式(8-29) 所示。

$$c_{k} = \frac{\int y\mu^{c}_{\tilde{B}_{k}}(y)\mathrm{d}y}{\int \mu^{c}_{\tilde{B}_{k}}(y)\mathrm{d}y} \qquad (8\text{-}29)$$

8.2.2 模糊控制策略的应用

本小节以某混合动力客车为例，介绍模糊控制策略的应用。以需求转矩与发动机最优转矩的差值、动力电池 SOC 和电机的转速为输入，以发动机转矩指令为输出，构建具有多条控制规则的模糊控制器，用以确定发动机与电机的最佳转矩分配，从而实现系统的总体能量转换效率最高。

（1）模糊转矩控制器设计

由于在整车动力系统优化过程中会产生不同的动力系统部件组合，因此，设计的控制器必须具有一定的通用性，即能够根据不同的动力系统部件组合相应改变控制器的输入和输出变量值。为此，本小节描述的模糊转矩控制器设计过程，采用了把输入输出变量的实际物理值转换成比例值的办法，即在模糊化之前先把输入变量实际物理值转化成相应的比例值，也就是论域变换；在模糊化、模糊推理和非模糊化过程中均采用比例值，最后将输出变量的比例值还原成相应的实际物理值，也就是论域逆变换。

模糊转矩控制器的设计主要包括四个方面的内容，分别是：

① 模糊控制器输入量的确定；
② 计算模糊变量隶属度函数；
③ 确定模糊控制规则；
④ 模糊转矩控制器输出控制变量的求取。

模糊转矩控制器的结构原理如图 8-8 所示。它由三个模块组成：第一个模块为转矩识别模块，作用是将踏板信号解释成需求转矩 T_r；第二个模块为模糊推理器，三个输入分别为需求转矩 T_r、动力电池 SOC 以及电机的转速，输出发动机转矩值；第三个模块也是转矩识别模块，主要是根据模糊推理器的输出最终确定发动机的期望转矩。电机期望转矩则按 $T_{\mathrm{m}}=T_{r}-T_{e}$ 来计算（假定转矩耦合器速比为1）。

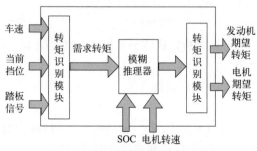

图 8-8　模糊转矩控制器结构原理

（2）输入输出和隶属度函数

根据模糊转矩控制器的设计目标和发动

机 MAP 图效率的高低，可以将模糊转矩控制器的输入变量确定为：动力耦合处的整车需求转矩 T_{req} 与当前车速下发动机最优曲线转矩 T_{e_opt} 的差值 ΔT、动力电池的荷电状态值 SOC 以及当前转速下的电机转速 N_m。模糊转矩控制器的输出变量确定为发动机的转矩命令 T_e。整车需求转矩与当前车速下发动机的最优曲线转矩差值为 $\Delta T = T_{req} - T_{e\_opt}$，将转矩差 ΔT 分成五个模糊子集 {MN，N，ZERO，P，MP}，通过论域变换，其论域范围确定为 [−1，1]，如式(8-30) 所示。

$$\begin{cases} \dfrac{\Delta T}{T_{e\_max} - T_{e\_opt}}, & \Delta T \geqslant 0 \\[3mm] \dfrac{\Delta T}{T_{e\_opt}}, & \Delta T < 0 \end{cases} \qquad (8\text{-}30)$$

类似地，根据 SOC 的范围把动力电池 SOC 也分成五个模糊子集。五个模糊子集为 {lower，low，optimal，high，higher}；为在转矩分配时综合考虑电机的因素，将电机转速也分为高低两个模糊子集 {low，high}，通过论域变换，论域确定为 [0，1]；发动机输出转矩分为五个模糊子集 {smaller，small，optimal，big，bigger}，同样根据论域变换，其论域也为 [0，1]。

模糊转矩控制器输入端的转矩需求，与当前车速下发动机最优曲线转矩差值 ΔT、动力电池 SOC 值、电机转速及输出端对发动机转矩期望的各个隶属度函数，如图 8-9 所示。根据仿真分析的经验，输入语言变量和输出语言变量均采用三角形的隶属度函数。此种隶属度函数运算简单，有利于提高运算速度且又能满足控制精度要求。

（3）模糊控制规则

模糊控制策略的控制规则设计，与传统逻辑门限控制策略的控制规则设计方法基本相同，都是建立在对被控对象物理特性的理解和控制工程经验基础之上。控制知识的模糊化，需要用到输入输出的模糊值分配，在输入论域上分配的模糊值越多，控制规则的细化程度就越高，但是规则不宜过多，否则运算量就会过大，影响运算速度。本小节描述的模糊控制规则，根据电机转速的高低分为两部分，具体见表 8-5。在模糊推理过程中，与（AND）运算采用取小，蕴涵运算采用 Mamdani 方法，结论合成采用累加法，逆模糊化则采用面积重心法。

模糊控制策略的基本控制规律如下。

① 当动力电池 SOC 值在正常范围内时，车辆驱动转矩由发动机提供；只有当需求转矩超出发动机最优转矩一定范围时，电机才开始助力或者发电。

② 当动力电池 SOC 值偏低时，在尽可能的情况下，发动机提供比车辆驱动需求更多的转矩为电池充电；但当需求转矩超过发动机最大转矩时，发动机不再有能力提供额外的转矩为动力电池充电，此时应优先保证车辆的驱动需求。

③ 当动力电池 SOC 值偏高时，车辆驱动转矩一般仍由发动机提供，当驱动需求转矩超过发动机最优曲线时，发动机工作在最优曲线上，剩余转矩由电机补充。这样一方面可以保持发动机在高效区工作，另一方面也可以使动力电池 SOC 尽快回到正常范围内。当需求转矩超出发动机的最大转矩范围时，电机必须助力。

④ 综合考虑电机转速的因素，将模糊控制规则分为两部分，当电机转速较高时，使电机的负荷较高，电机转速较低时，使电机的负荷较低，从而使电机获得更高的效率。

⑤ 当总转矩需求超出发动机最大转矩范围和动力电池 SOC 超出正常的充放电上下限时，由传统逻辑门限值控制策略进行控制。

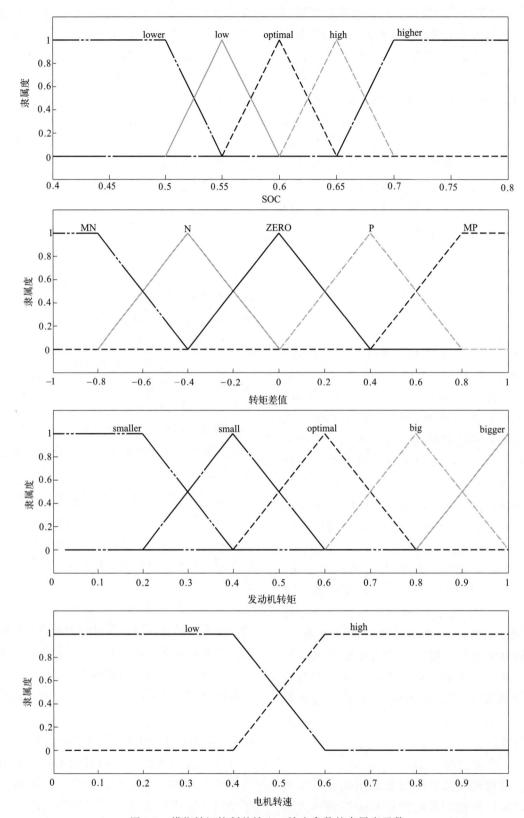

图 8-9　模糊转矩控制的输入、输出参数的隶属度函数

表 8-5　模糊转矩分配控制规则

电机转速较低时的模糊转矩分配控制规则

T_e		SOC 状态				
		lower	low	optimal	high	higher
转矩差	MN	optimal	optimal	smaller	smaller	smaller
	N	big	optimal	small	small	small
	ZERO	bigger	big	optimal	optimal	optimal
	P	bigger	bigger	big	big	optimal
	MP	bigger	bigger	bigger	big	big

电机转速较高时的模糊转矩分配控制规则

T_e		SOC 状态				
		lower	low	optimal	high	higher
转矩差	MN	optimal	optimal	smaller	smaller	smaller
	N	big	optimal	small	small	small
	ZERO	big	big	optimal	optimal	optimal
	P	bigger	big	big	optimal	optimal
	MP	bigger	bigger	bigger	big	optimal

（4）模糊控制查询表

在整个模糊转矩控制算法中最大的难点是如何保证算法的实时性。此并联混合动力客车的转矩和转速信号对实时性要求很高，如图 8-10 所示。因此，要将模糊逻辑控制算法应用于该并联混合动力客车的控制，必须要保证算法的实时性。从整个模糊转矩控制算法来看，输入量的模糊化和逆模糊化输出，是整个模糊算法中最复杂也是最耗时的一部分。传统模糊控制器的实现一般采用单片机或专用模糊控制芯片。对于常用的单片机实现而言，尽管其价格便宜，但由于其运算速度和存储容量的限制，多用于简单控制过程或"慢"过程。专用模糊控制芯片运算、推理速度较快，但其价格比较昂贵，到目前为止应用得也十分有限。事实上，无论是单片机或是专用模糊控制芯片，为保证模糊控制算法实时性和较快的响应速度，一般都是采用查表法来实现模糊逻辑控制。

采用查表法来实现模糊逻辑控制的具体做法为：将模糊控制算法和控制规则，经过离线的计算生成模糊查询表，然后将模糊查询表存放在控制器中，在实际控制过程中，控制器通过查表的方式来实现模糊控制。显而易见，模糊查询表是体现模糊控制算法的最终结果，在通常情况下，查询表是通过事先的离线计算取得的。一旦将其存放到控制器当中，在实际的控制过程中，模糊控制计算过程便转换为计算量不大的查找查询表的过程。尽管在离线的情况下完成模糊控制算法的计算量比较大且费时，但以查找查询表的方式实现的模糊控制却具有良好的实时性，所以本小节描述的模糊控制策略是通过查询表的方式来实现转矩的分配。模糊控制的查询表见表 8-6 和表 8-7。

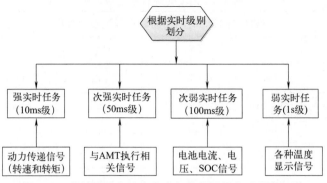

图 8-10　某并联混合动力客车各种信号的实时要求级别

表 8-6　模糊控制器查询表（电机转速较低时）

T_e		SOC								
		0.4	0.45	0.5	0.55	0.6	0.65	0.7	0.75	0.8
转矩差	−1.0	0.648	0.648	0.648	0.648	0.212	0.190	0.182	0.171	0.171
	−0.9	0.648	0.648	0.648	0.648	0.212	0.190	0.182	0.171	0.171
	−0.8	0.648	0.648	0.648	0.648	0.212	0.190	0.182	0.171	0.171
	−0.7	0.648	0.648	0.648	0.648	0.212	0.190	0.182	0.171	0.171
	−0.6	0.676	0.676	0.676	0.648	0.233	0.222	0.212	0.212	0.212
	−0.5	0.728	0.728	0.723	0.648	0.309	0.288	0.288	0.288	0.288
	−0.4	0.786	0.786	0.733	0.648	0.406	0.377	0.385	0.385	0.385
	−0.3	0.815	0.815	0.733	0.648	0.454	0.432	0.433	0.434	0.434
	−0.2	0.818	0.818	0.736	0.664	0.484	0.469	0.465	0.465	0.465
	−0.1	0.842	0.842	0.749	0.749	0.561	0.547	0.547	0.547	0.547
	0	0.913	0.913	0.841	0.799	0.642	0.628	0.630	0.630	0.630
	0.1	0.932	0.932	0.868	0.834	0.66	0.648	0.648	0.648	0.648
	0.2	0.939	0.939	0.868	0.837	0.681	0.686	0.648	0.648	0.648
	0.3	0.939	0.939	0.856	0.856	0.735	0.723	0.648	0.648	0.648
	0.4	0.948	0.948	0.905	0.909	0.803	0.719	0.648	0.648	0.648
	0.5	0.953	0.953	0.926	0.932	0.834	0.719	0.648	0.648	0.648
	0.6	0.966	0.956	0.926	0.926	0.843	0.731	0.705	0.705	0.705
	0.7	0.974	0.964	0.934	0.759	0.870	0.759	0.750	0.750	0.750
	0.8	0.982	0.972	0.966	0.942	0.937	0.812	0.801	0.804	0.804
	0.9	0.984	0.974	0.966	0.962	0.957	0.848	0.834	0.834	0.834
	1.0	0.984	0.974	0.966	0.962	0.957	0.848	0.834	0.834	0.834

表 8-7　模糊控制器查询表（电机转速较高时）

T_e	SOC								
	0.4	0.45	0.5	0.55	0.6	0.65	0.7	0.75	0.8
−1.0	0.658	0.658	0.658	0.656	0.472	0.259	0.223	0.228	0.220
−0.9	0.658	0.658	0.658	0.656	0.472	0.259	0.223	0.228	0.220
−0.8	0.658	0.658	0.658	0.656	0.472	0.259	0.223	0.228	0.220
−0.7	0.658	0.658	0.658	0.656	0.472	0.259	0.223	0.228	0.220
−0.6	0.672	0.672	0.674	0.648	0.472	0.259	0.235	0.241	0.230
−0.5	0.728	0.728	0.723	0.648	0.309	0.288	0.288	0.288	0.288
−0.4	0.786	0.786	0.733	0.648	0.406	0.377	0.385	0.385	0.385
−0.3	0.815	0.815	0.733	0.648	0.454	0.432	0.433	0.434	0.434
−0.2	0.818	0.818	0.736	0.664	0.484	0.469	0.465	0.465	0.465
−0.1	0.842	0.842	0.749	0.749	0.561	0.547	0.547	0.547	0.547
0	0.887	0.887	0.841	0.799	0.642	0.628	0.603	0.603	0.603
0.1	0.902	0.902	0.868	0.834	0.66	0.648	0.648	0.648	0.648
0.2	0.909	0.929	0.868	0.837	0.681	0.686	0.648	0.648	0.618
0.3	0.919	0.919	0.856	0.856	0.735	0.723	0.648	0.648	0.618
0.4	0.922	0.912	0.896	0.856	0.802	0.719	0.648	0.648	0.648
0.5	0.932	0.912	0.896	0.896	0.834	0.719	0.648	0.648	0.648
0.6	0.947	0.947	0.924	0.906	0.870	0.731	0.705	0.705	0.705
0.7	0.947	0.947	0.924	0.906	0.870	0.759	0.750	0.750	0.750
0.8	0.945	0.945	0.926	0.912	0.907	0.812	0.750	0.750	0.750
0.9	0.964	0.964	0.926	0.912	0.887	0.847	0.804	0.804	0.804
1.0	0.964	0.964	0.926	0.912	0.887	0.847	0.804	0.804	0.804

（第一列左侧标注：转矩差）

（5）离线仿真验证

在 Advisor2002 环境下，将所建立的模糊逻辑控制策略仿真模块嵌入已经建立好的整车控制模型中，即可进行模糊逻辑控制策略的仿真。仿真时，采用北京城市公交客车工况作为标准的循环工况。图 8-11～图 8-13 为 Advisor 2002 平台下模糊控制策略的仿真结果。

整车动力性仿真结果见表 8-8。仿真结果证明，模糊控制策略可以满足此并联混合动力客车的动力性设计指标的要求。整车燃油经济性仿真结果见表 8-9，结果显示使用模糊控制策略比传统逻辑门限值控制策略百公里油耗降低 4.6％。根据仿真结果，模糊控制策略的应用较好地实现了整车动力性与燃油经济性。

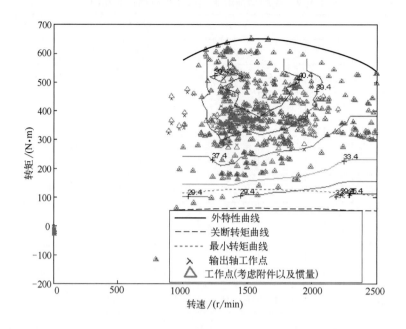

图 8-11　发动机工作点分布

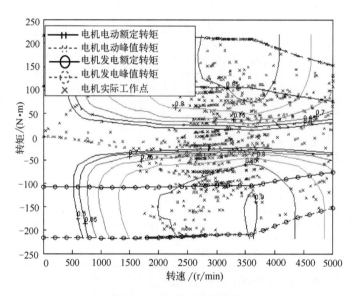

图 8-12　电机工作点分布

表 8-8　整车动力性仿真结果

性能参数	指标值	仿真值	符合性判定
最高车速/(km/h)	≥80	89	符合
0～60km/h 加速时间/s	<30	17.3	符合
最大爬坡度/%	25	25	符合
4%坡度持续行驶速度/(km/h)	40	64.4	符合

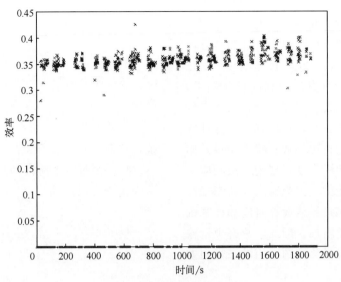

图 8-13　发动机效率分布

表 8-9　燃油经济性的仿真结果

客车行驶循环	燃油消耗/(L/100km)		
北京循环	模糊控制策略	逻辑门限控制策略	降低/%
	26.9	28.2	4.6

8.3　全局最优控制策略

应用全局优化算法的控制策略，一般是以某一确定的行驶循环为前提，以整车燃油经济性和排放性能最优作为目标函数，用各种优化方法求解该行驶循环下混合动力汽车的最优控制规律。目前，全局最优控制策略采用的理论包括变分法、Bellman 动态规划理论（dynamic programming，DP）和多目标数学规划，而使用的优化方法以动态规划和遗传算法居多。当同时追求燃油经济性和排放性能最优时，多采用加权方法，将多目标寻优转化为单目标寻优，较少采用更为先进的多目标直接寻优方法。全局优化方法的优点是理论上可以找到真正意义上的最优解；其突出的缺点是计算必须以确定的行驶循环为基础，由于所依据的行驶循环与车辆实际运行工况的差别，使得应用该方法获得的寻优结果只能对实际控制策略的制定起到指导性作用，但在实际车辆的实时控制中难以得到应用。本节以动态规划理论为例，对混合动力汽车的全局优化控制策略的应用进行说明。

8.3.1　动态规划优化控制算法

动态规划方法是解决具有多阶段决策最优化问题的一种数学方法。1957 年，美国数学家贝尔曼等人在研究多阶段决策过程优化问题时，提出了著名的最优性原理，把多个阶段决策过程转化为一系列的单阶段问题，从而使多维问题简单化。动态规划方法问世以来，在工程技术、经济管理和最优控制等方面都得到了广泛的应用。

动态规划是具有一个动态规划系统模型、一个目标函数值和多个控制与状态的一种多阶段最优问题的优化程序，控制信号可以在一个范围内逆向寻优，目标函数限定在一定的范围内。这种方法得到的优化结果，取决于动态系统（线性或非线性）状态变量的仿真步长，步长越小，精度越高。这种方法也适用于不同的目标函数、状态变量及输入的边界条件。然而，动态规划方法的应用主要受限于运算能力，因为输入和状态变量数目的增加，会直接导致运算时间和计算机内存需求呈指数化增加。因此，只有少量输入和状态变量的最优化问题应用动态规划方法才是可行的。

动态规划的思想是将同一类活动过程分成若干个相互联系的阶段，在每一个阶段都需要做出决策。这个决策不仅是这一阶段的效益，同时也是下一阶段的初始状态。每个阶段的决策决定以后，就得到一个决策序列。最后通过正向寻优方法找到这组决策序列，从而获得各个阶段效益总和最优，可由式(8-31)表示。

对于一个具体的优化问题，选择 $u(k)$ $(k=0,1,\cdots,N-1)$ 来表示最大或最小目标函数。

$$J = G_N[x(N)] + \sum_{0}^{N-1} L_k[x(k),u(k),w(k)]$$

$$(8\text{-}31)$$

$$x(k+1)=f[x(k),u(k),w(k)],$$
$$k=0,1,\cdots,N-1 \qquad (8\text{-}32)$$

其中

$$x(k)\in X(k)\subset\mathfrak{R}^n,u(k)\in U[x(k),k]\subset\mathfrak{R}^m$$

$$(8\text{-}33)$$

式中，$x(k)$ 为 $X(k)$ 状态空间中的第 k 步状态向量；$u(k)$ 为控制向量；$w(k)$ 为预先决定的干扰量；f 为对应于动态系统的动力学的传递函数；L_k 为同步传递目标函数值；G_N 为对应于 N 阶段的目标函数值。

g_i 和 h_j 为状态变量或控制变量，如式(8-34)和式(8-35)所示。

$$g_i[x(k)]\leqslant 0,i=1,2,\cdots,q \qquad (8\text{-}34)$$
$$h_j[u(k)]\leqslant 0,j=1,2,\cdots,q \qquad (8\text{-}35)$$

显然，如果 $U=\{u^0,u^1,u^2,\cdots,u^{N-1}\}$，那么向量 u^k 和状态向量 $x(k)$ 将满足 $u_{\text{optimal}}(k)=u^k[x(k)]$。

那么对应于同一多阶段系统中的子系统，有 $\widetilde{U}=\{u^r,u^{r+1},u^{r+2},\cdots,u^{N-1}\}(0<r<N)$，则每一个阶段的累积目标函数可表示为式(8-36)。

$$\widetilde{J}=G_N[x(N)]+\sum_{k=r}^{N-1}L_k[x(k),u(k),w(k)]$$

$$(8\text{-}36)$$

优化过程从终端开始，按逆向方式推导，依次完成从当前阶段到过去阶段的目标函数最小值的累积计算，对应于最后一个阶段的目标函数，可以表示为式(8-37)。

$$\widetilde{J}^*[x(N-1)]=\min_{u(N-1)}\{G_N[x(N)]+$$
$$L_k[x(N-1),u(N-1),w(N-1)]\}$$

$$(8\text{-}37)$$

相似地，对应于任意阶段的累积优化函数可以表示为式(8-38)。

$$\widetilde{J}^*[x(k)]=\min_{u(k)}\{\widetilde{J}^*[x(k+1)]+$$
$$L_k[x(k),u(k),w(k)]\} \qquad (8\text{-}38)$$

式中，$\widetilde{J}^*[x(k)]$ 为对应于 $x(k)$ 状态变量的累积优化函数，它表示了从终端到当前 k 阶段的目标函数优化结果的累积最小值。

综上，对给定的最优化问题的动态规划方法优化过程可以归纳为：

① 针对一个线性或非线性的动态系统建立动态模型，并确定动态系统的控制向量和状态向量；

② 根据目标函数的优化目标完成各个阶段的目标函数值计算；

③ 最后逆向寻优找到对应于状态向量的最优控制量。

8.3.2 动态规划优化控制算法的应用

以丰田 Prius 混联式混合动力汽车为例，其混合动力系统 THS（Toyota hybrid system）的构型简图如图 8-14 所示。

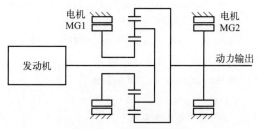

图 8-14　THS构型简图

混联式混合动力汽车基于循环工况的动力总成参数优化匹配，以及控制策略的优化，都属于多阶段的最优化问题。混联式混合动力汽车动态规划控制的优化问题可以描述为：对于给定的循环工况，在任意的 k 阶段，动力源的输出功率与车辆需求功率之间都应该满足式（8-39）。

$$P_d = P_e + P_{MG1} + P_{MG2} \qquad (8-39)$$

式中，P_d 为车辆需求功率，P_e 为发动机输出功率；P_{MG1} 和 P_{MG2} 分别为电机 MG1 和电机 MG2 的功率。

而驱动电机的转矩 T_{MG2} 可由需求功率 P_d 通过式（8-40）确定。

$$T_{MG2} = [P_d - T_e(theta)\omega_e - T_{MG1}\omega_{MG1}(\omega_e, v)]/\omega_{MG2}$$
$$(8-40)$$

其中，发动机转矩 T_e 和驱动电机的转速 ω_{MG2} 是通过状态量及输入量来计算的。但对于给定的循环工况，每一时刻状态量 v 可以唯一确定，则 T_{MG2} 取决于其他的状态量和控制量。那么，以整车燃油消耗最低为优化目标，动力源之间的功率分配优化控制实质，是电机 MG1 转矩和节气门开度（theta）两个控制量的控制率求解问题。因此，该系统的燃油消耗只与两个状态量［发动机转速 $\omega_e(k)$ 和电池 SOC(k)］及两个控制量（T_{MG1} 和 theta）有关。从该时刻开始，不同的功率需求 P_d 和控制率 U 会产生不同的新状态 X，同时面临着新的控制率选取问题，这样一直到整个循环结束。由于整车仿真的初始条件都会给定，因此，以整车的燃油消耗最小的优化控制问题可以归纳为：初始状态 $x(0) = x_0$ 给定，终端 $x(N)$ 自由的优化控制问题，如图 8-15 所示。

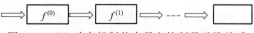

图 8-15　DP 动态规划状态量和控制量递推关系

综上，DP 动态规划的优化分析示意如图 8-16 所示，其中，包含四个部分：动态模型、状态量、控制量和目标函数。

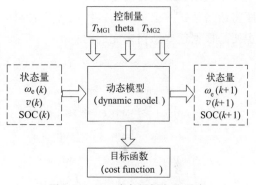

图 8-16　DP 动态规划方法示意

图 8-16 中各模块解释如下。

① 动态模型　以混联式混合动力汽车 Prius-THS 整车模型为动态仿真模型。

② 状态量　发动机转速 $\omega_e(k)$、车速 $v(k)$ 和动力电池的 SOC(k) 值等。

③ 控制量　驱动电机的转矩 T_{MG2}、节气门的开度 theta 和发电机的转矩 T_{MG1}。

状态量与控制量的对应关系如表 8-10 所示。

表 8-10　状态量与控制量的对应关系

状态量	控制量
发动机转速 $\omega_e(k)$	节气门开度 theta
电池 SOC(k)	发电机的转矩 T_{MG1}

④ 目标函数 以整车油耗最低为优化目标，同时需要考虑动力电池 SOC 的修正，因此动态规划的目标函数中包含了两个子函数，如式(8-41) 所示，等号右侧第一项为 SOC 校正目标子函数，等号右侧第二项为油耗目标子函数。

$$J = \alpha (\mathrm{SOC_N} - \mathrm{SOC_f})^2 + \sum_{k=0}^{N-1} \mathrm{fuel}_k$$

(8-41)

其中，$\mathrm{SOC_f}$ 为最终的 SOC 值，α 为加权因数。

⑤ 约束条件 整个优化过程应满足以下电机和发动机的转速、转矩约束条件，如式(8-42) 所示。优化计算过程中，如果这些控制量或状态量超出了限定区域，计算程序将给出惩罚并记录下来。优化计算的调试主要是根据这些惩罚来完成的。

$$\omega_{e\_min} \leqslant \omega_{e\_k} \leqslant \omega_{e\_max}$$
$$\dot{\omega}_{e\_min} \leqslant \dot{\omega}_{e\_k} \leqslant \dot{\omega}_{e\_max}$$
$$\omega_{MG1\_min} \leqslant \omega_{MG1\_k} \leqslant \omega_{MG1\_max}$$
$$T_{MG1\_min} \leqslant T_{MG1\_k} \leqslant T_{MG1\_max}$$
$$\omega_{MG2\_min} \leqslant \omega_{MG2\_k} \leqslant \omega_{MG2\_max}$$
$$T_{MG2\_min} \leqslant T_{MG2\_k} \leqslant T_{MG2\_max}$$

(8-42)

⑥ 动态规划优化算法求解如下。

a. 整车需求功率计算。根据给定的循环工况，计算整车需求功率。

b. 各阶段采用不同控制方案进行整车油耗计算。在满足约束条件下，利用动态系统（整车仿真模型）来完成每个阶段不同控制方案的油耗计算，并将计算结果储存在带有标识的表格中。

c. 全局寻优。应用步骤 b. 中的计算结果，将上述整车油耗最低目标函数，用 Matlab 编程语言中的最小值函数，从终端开始，按逆向方式推导，依次完成从当前时刻到过去时刻的整车最低油耗的累加值最小的计算，并记录每一时刻、每一个状态下的

最小值 j 和最小值所对应的控制量 u_i，并分别存储于矩阵 $\boldsymbol{J}_1$ 和 $\boldsymbol{U}_i$ 中。

DP 核心计算程序如下：

```
a＝interp2(x2_SOC_grid,x1_We_grid,FC_
interp,table_x2_n(:),table_x1_n(:),'nea-
rest');
% 计算过去时刻的油耗累加和
b＝reshape(FC_inst(:)＋a,N_x1_We,N_
x2_SOC,N_u1_theta,N_u2_Tg);
% 以 We、SOC、theta 和 Tg 为索引,计算过去
时刻到现在时刻的最小油耗值
% FC_inst(:)为当前油耗值
[J1(:,:,:,:),U1(:,:,:,:)]＝min(b,[],4);%以
Tg 为索引查找最小油耗值
[J2(:,:,:,:),U1(:,:,:,:)]＝min(J1,[],3); %
以 theta 为索引查找最小油耗值
% 利用 min 函数寻找从第一步直到此步的燃
耗最小值
% for J1:x 代表 We,y 代表 SOC,z 代表 the-
ta,J1 为最小油耗值
% for J2:x 代表 We,y 代表 SOC,J2 为最小油
耗值
% for U1 代表控制量 theta 值
% for U2 代表控制量 Tg 值
```

d. 正向求解。根据车辆的初始状态 [如 SOC(0)＝0.7，发动机转速 $\omega_e(0)$＝1000r/min]；在步骤 c. 所得到的最优控制率矩阵中，利用插值方法可以得到对应于给定初始条件的最优控制。

基于上述方法，可以实现混联式混合动力汽车的 DP 动态规划优化控制算法的建模与运算。

8.4 ECMS 最优化控制策略

由于全局优化算法计算量巨大，无法在线运行。因此，为满足实时控制寻优的需要，一些学者提出了应用 ECMS 实时优化

算法的控制策略。本节首先介绍基于 ECMS 实时优化控制策略的基本原理，然后描述一种实时优化算法与逻辑门限判断相结合的控制策略在某混合动力客车上的应用。

8.4.1 ECMS 实时优化控制策略的基本原理

ECMS 实时最优算法的核心思想是在车辆行驶的每个瞬时时刻，计算所有满足驾驶员需求转矩的发动机和电机输出转矩组合，所对应的燃油消耗量与耗电量，将该瞬时的燃油消耗表示为发动机燃油消耗与耗电量的等效燃油消耗，调整电机输出转矩，获得该瞬时燃油消耗的最小值。最后，将该最小值所对应的发动机和电机输出转矩组合作为动力总成的工作点。

实时优化的目标函数与全局优化方法的目标函数之间唯一的区别，是只追求当前时刻的最优值，而不是全局的最优值。这种转化的优点是使得求解的数学方法变得很简单，计算速度可以满足在线运行的需要，所带来的问题是必须将实时的动力电池电量消耗转化为当量油耗。而这个转化过程中，发动机、电机和动力电池的效率变化，以及制动过程回收的能量比例等因素的不确定性，给实时优化算法实施带来了一定的困难。

仅考虑混合动力汽车燃油经济性的实时优化控制策略，可以表示为式（8-43）。

$$J = \sum \min\{\dot{m}_f[T_{mc}(t)] + \dot{m}_{fbat}[T_{mc}(t)]\Delta t\}$$
(8-43)

式中，$\dot{m}_f$ 表示发动机燃油消耗率；$\dot{m}_{fbat}$ 表示动力电池充放电等效燃油消耗率；T_{mc} 表示电机输出转矩；Δt 表示一个控制周期的时间。

此外，实时优化控制策略也可以考虑燃油经济性和排放的综合性能。它通过设定一组权重值来表示对尾气中各污染物成分的关注程度，用户可以根据自己的需要设定各项权值，从而在燃油消耗和污染物各成分之间

获得综合最优性能。式（8-44）表示综合考虑燃油经济性和排放性能的实时优化控制策略。

$$J = \sum \min\{[W_1 Q(t) + W_2 \mathrm{NO}_x(t) + W_3 \mathrm{CO}(t) + W_4 \mathrm{HC}(t) + W_5 \mathrm{PM}(t)]\Delta t\}$$
(8-44)

式中，W_1、W_2、W_3、W_4、W_5 分别为油耗、NO_x、CO、HC 和 PM 的权重系数；$\mathrm{NO}_x(t)$ 表示每一瞬时 NO_x 的排放量；$\mathrm{CO}(t)$ 表示每一瞬时 CO 的排放量；$\mathrm{HC}(t)$ 表示每一瞬时 HC 的排放量；$\mathrm{PM}(t)$ 表示每一瞬时 PM 的排放量；$Q(t)$ 表示每一瞬时燃油消耗量。

8.4.2 实时优化算法与逻辑门限值相结合的自适应控制策略

本小节介绍该种算法在某混合动力客车上的应用。该混合动力客车具体采用实时优化与逻辑门限值相结合的自适应控制策略，其基本思想是：除了在指定的范围内通过自适应寻优确定转矩输出外，其余情况均通过逻辑门限值确定纯电动驱动、发动机驱动和联合驱动工作模式的触发条件。通过实时优化算法决定发动机驱动模式是由发动机单独驱动还是发动机驱动并充电。当汽车制动时，按照 Advisor 仿真软件确定的控制策略进行制动能量回收。

这种控制策略将一些易于用门限值确定工作模式的区域提取出来，而不必经过复杂的实时优化算法判断，在不影响仿真结果的前提下可以节省大量的计算时间。控制策略的关键是各个门限值的确定。通过对该混合动力客车发动机和电机的特性分析，确定了不同模式工作区的划分，如图 8-17 所示。

控制策略具体表述如下。

① 最小转矩曲线下的区域（Ⅰ区）是不允许发动机运行的区域。当外界负荷需求落在这一区域时，电机单独驱动，车辆进入纯电动模式。

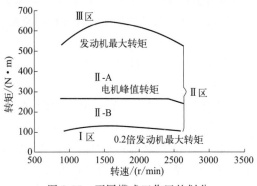

图 8-17 不同模式工作区的划分

② 当外界负荷需求落在Ⅱ-B区时，根据发动机燃油消耗、电机等效燃油消耗和发动机排放组成的目标函数决定所用动力源，进行自适应控制。

③ 当行驶需求转矩大于电机的峰值转矩，并且小于发动机在该转速下的最大转矩时（Ⅱ-A区），由发动机单独提供驱动力。发动机是否驱动电机对动力电池充电取决于SOC和电机、动力电池的效率，进行自适应寻优。

④ 当行驶需求转矩大于发动机在给定转速下的最大转矩时（Ⅲ区），发动机和电机联合驱动。

⑤ 减速时，根据减速请求部分回收制动能量。

自适应控制策略流程如图 8-18 所示。

在完成自适应控制策略的建模后，针对此混合动力客车的结构布置，建立了能嵌入Advisor的仿真分析平台。仿真工况为北京工况，SOC 初始值设为 0.55。本小节描述的自适应控制策略与 Advisor 仿真软件原有的自适应控制策略比较，如表 8-11 所示。

表 8-11　两种自适应控制策略的仿真结果

控制策略	油耗/(L/100km)	仿真时间/s
本小节提出的自适应控制策略	24.4	37
Advisor 原有自适应控制策略	37.8	256

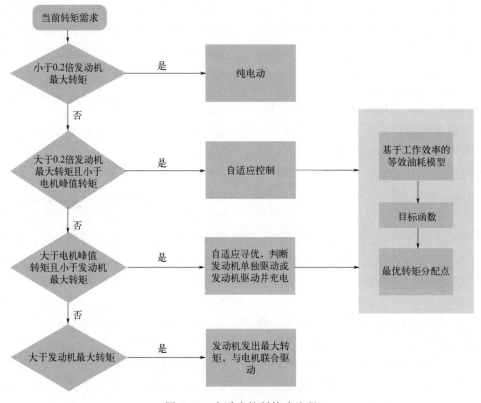

图 8-18　自适应控制策略流程

从表 8-11 中可以看出，本小节介绍的瞬时优化算法与逻辑门限值相结合的自适应控制策略，明显缩短了计算时间，而且提高了计算精度，百公里油耗也有了很大改善。本小节介绍的自适应控制策略与逻辑门限值、模糊控制策略仿真比较结果，如表 8-12 所示。由表 8-12 中可以看出，与逻辑门限值控制策略相比，优化后的自适应控制策略燃油经济性改善 19.2%，HC 排放量降低 25.2%，CO 排放量降低 48.8%，NO_x 排放量降低 23%，PM 排放量降低 6.9%；与模糊控制相比，百公里油耗降低 3.6%，NO_x 排放量降低 80.2%，其他几项排放均有所增加，但由于 HC、PM 等的排放量不大，因此总的排放量还是降低了。

表 8-12　三种不同控制策略的仿真结果

控制策略	油耗 /(L/100km)	HC 排放量 /(g/km)	CO 排放量 /(g/km)	NO_x 排放量 /(g/km)	PM 排放量 /(g/km)
逻辑门限值	30.2	0.938	1.426	2.615	0.303
模糊控制	25.3	0.156	0.398	10.17	0.208
自适应控制	24.4	0.701	0.73	2.013	0.282

电池 SOC 变化如图 8-19 所示。由于初始 SOC 值较低，三种控制策略都让电机更多地工作在发电状态，主要由发动机提供驱动转矩，因而电池有更多的充电机会，所以 SOC 终值都有不同程度的提高，电池电量保持得都很好。虽然优化后的自适应控制策略与逻辑门限值和模糊控制策略仿真时间相比较长，但仿真时间已经缩短为 Advisor 原有自适应控制策略的 1/7，同样实现了整车燃油经济性和排放性综合最优的目的。

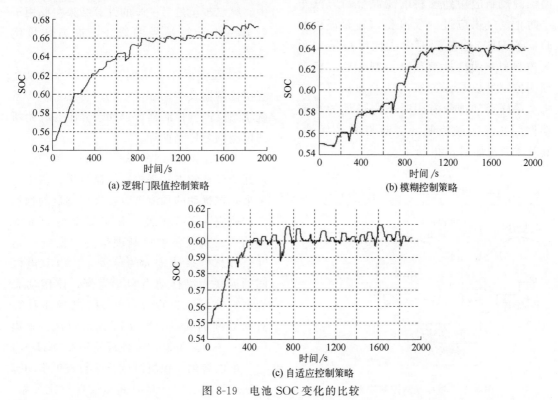

(a) 逻辑门限值控制策略　(b) 模糊控制策略　(c) 自适应控制策略

图 8-19　电池 SOC 变化的比较

本节描述的瞬时优化算法与逻辑门限判断相结合的自适应控制策略，可以使混合动力客车在仿真时间缩短且保持电池 SOC 状态稳定的情况下，燃油经济性和排放性有较大改善，从而验证了建立的自适应控制策略的有效性，为自适应控制策略的实际应用提供了理论依据。

8.5　模型预测控制策略

8.5.1　模型预测控制理论基本原理

模型预测控制（MPC）又被称为滚动时域控制，是解决非线性强约束控制问题的有力理论工具。VahidiA 等人最先将模型预测控制应用到燃料电池混合动力汽车中防止氢气供应过少或饱和，进而提出和验证了 HEV 能量管理中线性时变模型预测控制和非线性模型预测控制方法。模型预测控制可以在保证实时性的前提下，在每个采样瞬间搜索有限时域内最优的控制动作，可以兼顾控制的实时性和最优性，其基本原理如图 8-20 所示。

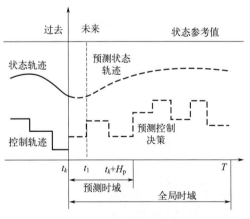

图 8-20　模型预测控制原理

在时刻 t_k，控制器考虑当前时刻 t_k 到未来 $t_k + H_p$ 时刻内的短期控制问题。其中 H_p 是预测/控制时域。结合未来扰动预测模型，通过一定的解法器搜索预测时域内的最优控制策略并应用。其详细的控制流程如下。

① 扰动预测　根据控制问题扰动变量的特性，运用数据驱动、机器学习或经验模型等方法对未来控制时域内的扰动量进行预测和估计。该扰动量包含未来可能的控制需求、控制目标、不确定性参数或随机变量等。

② 搜索最优　定义成本函数，运用线性规划、整数规划、非线性规划、动态规划或遗传算法等方法对未来控制时域内的控制问题进行最优求解。

③ 首步有效　鉴于一般情况下针对未来时域内扰动的预测结果存在一定的误差，因而步骤②中所计算得出的控制策略亦存在一定的误差。在模型预测控制中，只取其第一步计算结果应用在底层控制器及作动部件中。第二步至最后一步的计算结果主要用于对第一步计算结果的修正，提高其最优性能。

④ 反馈循环　根据第一步计算结果在底层控制器及作动部件中的运行结果，将系统状态反馈到控制器，返回步骤①并开始新的模型预测控制循环。

由上述控制流程可知，模型预测控制通过冗余计算的方式来提高控制效果。基于对未来时域扰动的预测可以提高控制器的预见性、适应性和鲁棒性，并确保系统变量受到约束。模型预测控制理论的主要缺点是冗余计算带来的较大的计算量。以双电机同轴混联式混合动力客车为例，使用动态规划算法，预测时域长度 H_p 与单步计算时间之间的关系如图 8-21 所示（注：采用 Intel Corel i7-3630QM 处理器@2.4GHz）。

可以看到，预测时域长度与其单步动态规划求解所需的计算时间呈线性正比关系。

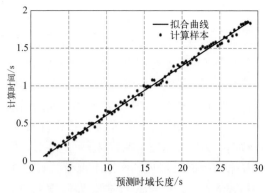

图 8-21 预测时域长度与单步计算时间的关系

当预测时域长度达到 30s 时，其所需的动态规划计算时间长达 1.9s，不具有实时应用的潜力。在实际工程应用中，混合动力汽车能量管理作为慢系统控制，其决策响应时间可认为在 0.5s 左右即为合理范围。综合考虑 Matlab 代码执行效率、算法优化潜力和处理器计算频率等因素，将模型预测控制预测时域长度控制在 6～12s 之内较为合理。

8.5.2 基于模型预测控制的能量管理

基于模型预测控制理论求解混合动力控制策略优化问题即为模型预测能量管理。通常使用动态规划算法作为滚动优化算法，并引入分层预测能量管理的控制拓扑结构。以双电机同轴混联式混合动力系统为例，其分层预测控制拓扑结构如图 8-22 所示。假设道路坡度为零，则主要的扰动量为未知的车速工况。图中 $V_{request}$ 是工况需求；V_{real} 是发送给车速工况预测模块的真实历史工况；$V_{predict}$ 是车速工况预测模块所预测的未来可能车速工况，为减少未知工况扰动带来的负面影响而设计，应用准静态（quasi-static）实车模型替代实际应用中真实的车辆动力总成。

模型预测能量管理包含上层控制器和底层控制器两个部分。上层控制器接收预测模块所预测的未来车速工况，根据整车状态，

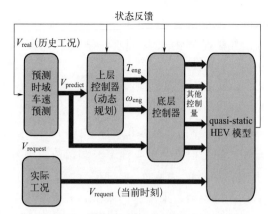

图 8-22 分层预测能量管理拓扑结构

使用动态规划求解预测时域内最优的控制策略。底层控制器跟随并实施上层控制器的计算结果，最终将所有动力系统命令传达给实车模型/动力部件。上层控制器中能量管理问题的扰动量和成本函数分别为：

$$d = V_{request} \tag{8-45}$$

$$J_{fuel} = \int_{t_k}^{t_k + H_p} \left[m_{fuel}^2(u) + \lambda O(t) \right] dt \tag{8-46}$$

扰动量 d 表示请求的未来车速工况 $V_{request}$，这是上层控制器需要处理的外部输入，反映了车辆未来在特定时段内的速度需求。成本函数 J_{fuel} 是一个积分表达式，表示在预测时域内燃油消耗和其他相关成本的总和，该函数的目标是通过优化控制策略，尽量减少燃油消耗和其他相关成本。

其中，$m_{fuel}(u)$ 表示控制输入 u 对燃油消耗的影响，平方项反映了希望尽量减少燃油消耗的目标；λ 是权重系数，用于平衡燃油消耗和其他成本之间的权重；$O(t)$ 表示在时间 t 处的其他相关成本，包括排放、能量回收等因素。

混合动力汽车模型预测能量管理的工况预测主要包含车速预测和坡度预测两部分，通常研究主要集中在对未来车速工况的预测上。国际上研究模型预测控制在混合动力系统应用的团队一般使用两种工况预测方法：指数预测方法和随机预测方法。

指数预测是指控制时域内的未来车速与当前车速呈指数变化关系。假设当前时刻为 t_k，控制时域内未来车速根据指数预测方法为

$$V_{k+n} = V_k^* (1+\sigma)^n, n = 1, 2, \cdots, H_p$$

$$(8-47)$$

式中，V_{k+n} 表示在未来第 n 个时刻的车速，它是根据当前车速 V_k^* 和指数预测方法计算得出的未来车速，V_k^* 的值是已知的，作为预测未来车速的基准；σ 是指数系数，根据车辆速度选择范围可为 $-0.05 \sim$ $+0.05$ 不等。

当 $\sigma = -0.02$ 时，即假设未来控制时域内的车速工况总是以 0.98 的指数倍数下降。不同的指数预测系数对模型预测控制策略的燃油经济性有不同影响。我国典型城市工况在不同 σ 下指数预测的结果如图 8-23 所示，实线曲线为每个时刻使用指数预测的 10s 长速度矢量，虚线曲线为实际车速工况。当 $\sigma = 0.03$ 时，即假设未来控制时域内的车速工况总是以 1.03 的指数倍数上升；当 $\sigma = 0$ 时，即假设未来控制时域内的车速工况总是维持。

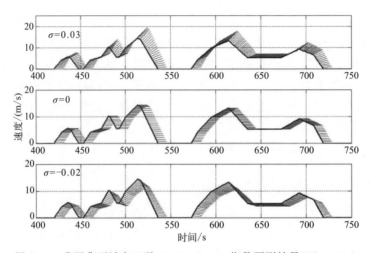

图 8-23 我国典型城市工况（400～750s）指数预测结果（$H_p = 10s$）

随机预测方法是混合动力能量管理领域速度预测的一种重要方法，主要使用马尔科夫链模型。马尔科夫过程是一类随机过程，如果一种状态未来的演变（将来）与它的历史（过去）无关，只取决于它的当前值（现在），那么该状态的演变过程便是马尔科夫过程。

天气变化就是一类典型的马尔科夫链随机过程，图 8-24 所示为前一天天气与后一天天气之间的状态转移概率分布。可见，连续两天天气状态之间是没有确定性关系的，两天天气在晴天、雨天和多云三种状态之间按照如图 8-24 所示的概率分布进行转移。例如前一天为雨天时，后一天连续下雨的概率为 0.5，雨转为晴的概率为 0.4，变为多

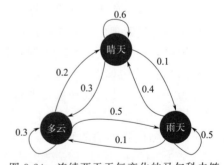

图 8-24 连续两天天气变化的马尔科夫链

云的概率为 0.1。其他情况依此类推。

车辆行驶过程中，其速度变化随行驶环境和驾驶员意图的改变而改变。由于外部环境影响因素很多并且驾驶员行驶意图变化也存在一定的不确定性，因而实际行驶过程中未来车速可以视为一种随机变量。假设车辆

在某一时刻的加速度与历史信息无关，从而认为车辆的加速度变化为马尔科夫过程，即可使用马尔科夫链模型模拟车速变化规律并进行预测。马尔科夫链速度预测模型的建立过程如下。

① 一切与历史车速无关却影响未来车速的变量均可定义为马尔科夫状态，在此定义车辆速度和车辆加速度为状态量和输出。根据速度取值范围 $0\sim36\text{m/s}$ 将其划分为 p 个区间，使用 $i\in\{1,\cdots,p\}$ 为索引；根据加速度取值范围 $-1.6\sim1.6\text{m/s}^2$ 将其划分为 q 个区间，使用 $j\in\{1,\cdots,q\}$ 为索引。

② 选取若干标准工况数据或历史工况数据组成数据库，根据所构建的数据库计算状态概率转移矩阵。数据库中，所有速度和对应加速度简化等于临近的速度和加速度网格。假设当前时刻为 t_k，当前时刻速度为 V_k，加速度为 a_k，状态转移矩阵概率公式为

$$P_{\text{r}}[a_{k+n}=\overline{a_j}\,|\,V_{k+n-1}=\overline{V_{i1}},V_{k+n-2}=\overline{V_{i2}},\cdots,V_{k+n-s}=\overline{V_{is}}]$$

$$(8\text{-}48)$$

式中，$n\in\{1,\cdots,H_{\text{p}}\}$ 指控制时域中所需要车速预测的目标时刻；$s\in\{1,2,3,\cdots\}$ 指马尔科夫预测模型的阶数；$\overline{a_j}$ 和 $\overline{V_i}$ 指的是步骤①中所划分的加速度和速度网格值。公式含义为：计算当历史车速 $V_{k+n-1}=\overline{V_{i1}}$，$V_{k+n-2}=\overline{V_{i2}}$，$\cdots$，$V_{k+n-s}=\overline{V_{is}}$ 时，$k+n$ 时刻加速度 $a_{k+n}=\overline{a_j}$ 的概率。例如当 $s=1$，即一阶马尔科夫模型时

$$P_{\text{r}}[a_{k+n}=\overline{a_j}\,|\,V_{k+n-1}=\overline{V_{i1}}]\quad(8\text{-}49)$$

即指在 $k+n-1$ 时特定的车速下，指定的加速度发生的概率。

③ 计算好所有相关状态之间的转移概率后，即可建立转移概率矩阵，根据该矩阵可以进行速度和加速度之间的概率转移。例如当 $s=1$，即一阶马尔科夫链模型时，状态概率转移矩阵为

$$[T_{ij}]=P_{\text{r}}[a_{k+n}=\overline{a_j}\,|\,V_{k+n-1}=\overline{V_i}]$$

$$(8\text{-}50)$$

一阶马尔科夫预测模型的状态转移过程如图 8-25 所示。

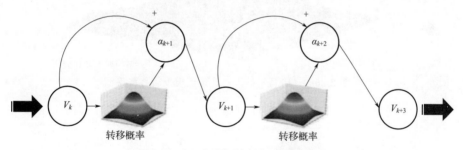

图 8-25　一阶马尔科夫车速预测模型

在给定的车速 V_k 下，通过概率转移矩阵 $[T]_{ij}$ 寻得对应速度的下一时刻加速度概率分布，根据该概率分布取得下一时刻加速度的随机值 a_{k+1}，与 V_k 之和即为下一时刻的随机速度值 V_{k+1}，成为新的给定车速，循环进行状态转移。

选择美国环保局制定的 urban dynamometer driving schedule（UDDS）、the highway fuel economy test（HWFET）、WVUSUB，欧洲制定的 new european driving cycle（NEDC）和日本制定的 JN1015 五个标准循环工况计算得出的一阶马尔科夫转移矩阵如图 8-26 所示。可以看到，在车速较低的情况下，其下一时刻加速度取值主要分布在 $-1.0\sim+1.0\text{m/s}^2$ 之间，也有约 10% 的可能发生加速度达到 $+1.5\text{m/s}^2$ 的情况。随着车速的提高，急加速或急减速的情况逐步减少。当车速高于 15m/s 时，下一

时刻加速度主要集中在 $-0.4 \sim +0.4\text{m/s}^2$ 的范围内。

需要注意的是,不同车型根据行驶环境不同应选取相应的标准循环工况或历史行驶工况作为数据库来源。此外,一阶马尔科夫预测模型建立简单,但精度较低。建立多阶马尔科夫预测模型可以有效提升预测精度。

图 8-27 所示为一阶和三阶马尔科夫车速预测模型在图 8-26 的概率转移矩阵下对我国典型城市工况的未来 10s 车速预测结果(第 400~750s 工况段)。可以看到,一阶马尔科夫车速预测结果随机性很大。这是因为在特定速度下,其下一时刻加速度可选情况较多,按照可能出现的概率分布情况生成的下一时刻速度呈现出不符合实际的抖动现象。这一现象可以通过不断增加马尔科夫预测模型的阶数来解决。

观察图 8-27 所示的三阶马尔科夫预测结果,可以看到车速预测结果的随机不确定性大大减少。这是因为从一阶马尔科夫预测模型发展到三阶马尔科夫预测模型的过程中,对特定速度下转移概率的计算,变成了对特定速度向量转移概率的计算。通过引入更多历史车速信息作为状态量,提高了马尔科夫车速预测模型的精度。

通过上述的车速预测模型,每个控制时刻下真实的控制时域内未来扰动 V_{predict} 完全已知,H_{p} 设定为 10s,以双电机同轴混联式混合动力构型为例,分层预测实时能量管理策略和全局动态规划的仿真结果电池 SOC 轨迹及发动机、主电机输出转矩对比分别如图 8-28 和图 8-29 所示。

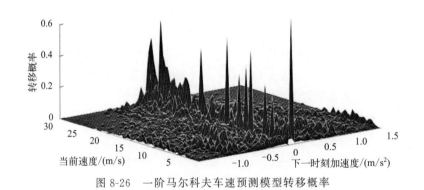

图 8-26　一阶马尔科夫车速预测模型转移概率

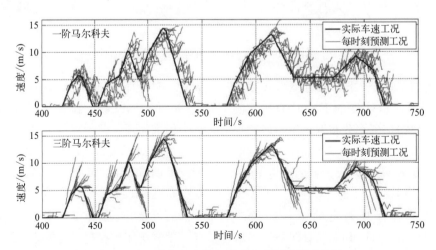

图 8-27　一阶和三阶马尔科夫车速预测模型结果

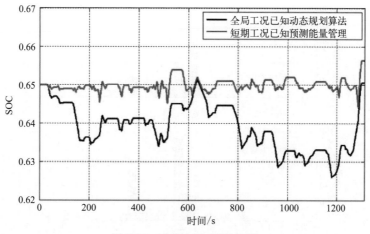

图 8-28　动力电池 SOC 轨迹

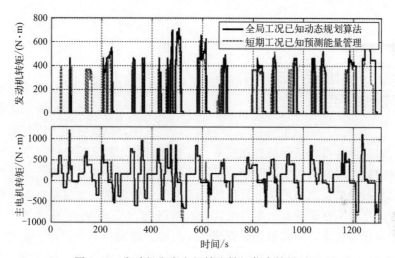

图 8-29　发动机和主电机输出转矩仿真结果对比

由动力电池 SOC 曲线对比可以看到，动态规划求解的电池 SOC 结果满足了能量平衡的约束，其电池电量可以下探到 0.625 左右，最终再上升到 0.65。模型预测能量管理最终电池电量结束在 0.655 左右，并没有完全满足能量平衡的约束，并且整个工况过程中其电池 SOC 在 0.65 上下浮动较小。这是因为动态规划在全局扰动已知的情况下搜索的是最优策略，而模型预测控制假设未来预测时域内扰动已知，只能在每个控制时刻求取预测时域内的局部最优解。每个时刻，模型预测能量管理都会将电池在预测时域最后的 SOC 约束设定为 0.65，从而使整个工况

电池 SOC 轨迹在 0.65 上下波动不大。

由图 8-30 所示发动机瞬时油耗分布对比可以看到，动态规划结果的发动机工作点更多地分布在较低油耗区间。综合来看，动态规划结果的燃油经济性是 19.42L/100km，预测能量管理结果的燃油经济性是 20.76L/100km，相差 6.7%。

考虑到动态规划是假设未来全局工况已知的离线静态分析方法，模型预测能量管理策略是可以实时运行的在线动态控制方法，可以认为短期未来工况已知的基于模型预测控制的实时预测能量管理策略燃油经济性表现良好。

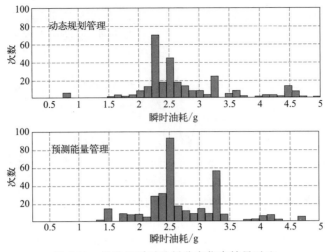

图 8-30　发动机瞬时油耗分布仿真结果对比

8.6　基于 AI 的智能能量管理

近年来，以机器学习为基础的智能控制逐渐从基于有监督学习算法的能量管理，发展到基于强化学习等交互式决策学习算法的能量管理，智能化水平逐渐提高。本节主要介绍两种基于深度强化学习的智能能量管理方法：基于 deep q-network（DQN）学习算法和基于 deep deterministic policy gradient（DDPG）学习算法的智能能量管理方法。借助这两种方法，分别可以实现混合动力汽车能量管理问题的状态空间连续化、状态与动作空间的连续化，从而避免 DP 算法全局优化中涉及的离散化和潜在的维度灾变问题，如图 8-31 所示，网格数量随离散程度和变量空间维度的指数增加；同时，这两种深度强化学习方法也都建立在对动作-状态价值函数的学习理论之上。

强化学习是一类关于序列决策的机器学习算法，基于强化学习的智能能量管理方法通过探索与反馈机制，与车辆及其所在环境进行交互，从而发现、学习最优能量分配策略，凭此将过去的经验应用到新的情景下，如图 8-32 所示。强化学习同样包含以下基本要素。

① 状态变量 s：对当前时刻环境状态的描述，用于决定之后的行动决策。

首先，以混合动力汽车能量管理最优控制为目的，确定深度强化学习状态变量、动作变量、反馈奖励、策略等基本要素。混动车能量管理是一个复杂的非平稳时间序列控制问题，受车辆自身状态（如动力电池 SOC、需求功率、速度、加速度等）、周围环境信息（如坡度、气温等）、车载视觉信息及交通流状态信息多方面综合影响。本节为说明基本方法，选择动力电池 SOC、速度、加速度、转矩四个基本状态变量构成状态空间，将当前状态组成的向量作为强化学习的状态变量 s。

② 动作变量 a：当前时刻采取的行动。

混动车能量管理问题主要在于控制电动机与发动机的能量供应分配问题，因此，以电动机与发动机的供能比例 α 作为强化学习的动作变量 a，根据混动车具体构型，供能比例 α 可通过动力学相关计算转换为发动机转矩和转速、电机转矩或电流等具体控制量。例如，对于单行星排功率分流式混合动力汽车，可以选择发动机转速和转矩作为两

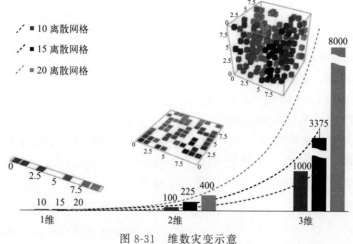

图 8-31 维数灾变示意

- ■ 10 离散网格
- ■ 15 离散网格
- ■ 20 离散网格

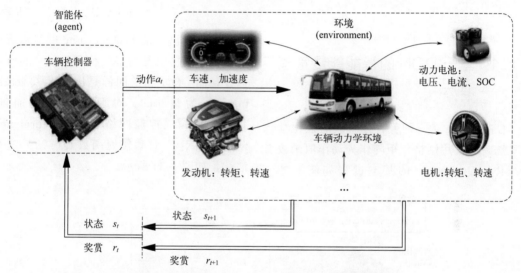

图 8-32 车辆控制中 agent 与环境的交互关系示意

个独立控制量，或选择发动机功率作为单一控制变量，而对特定功率下的发动机工作点采用规则控制；对于单轴混联式混合动力汽车，在离合器规则控制的前提下，可以选择发动机转速、发动机转矩、发电机转矩，作为三个独立控制量。

③ 反馈奖励 r：当前时刻反馈信号，反映此时刻行动的好坏。

反馈奖励是通过建立的混合动力汽车仿真模型获得的。一方面，模型建模既可以采用准静态的能量消耗模型，也可以采用与实际车辆状态变化更贴切的动态模型，精确完备的车辆模型是获取准确反馈奖赏信号的前提，也是训练所得策略有效性的重要前提之一；另一方面，根据模型观测量，构建合理有效的奖赏信号函数，引导智能能量管理策略的学习，也是十分重要的。

由于混动车能量管理以最小化车辆行驶过程油耗为目的，把每时刻的单位油耗的相反数作为强化学习中的反馈奖励，学习系统通过不断与环境进行反馈交互，逐渐学习出油耗最低的能量管理控制策略；对于同时需要保持 SOC 平衡的策略，也需要在反馈奖赏中引入 SOC 偏离稳定阈值的惩罚项，以

第 8 章 稳态能量管理策略 093

使策略学习可以兼顾燃油经济性和 SOC 平衡。

④ 策略 π：是智能体（车辆）的行为，是状态 s 到动作 a 的映射。

确定型策略：$a=\pi(s)$

随机型策略：$\pi(a|s)=P[a_t=a|s_t=s]$

通常，在强化学习策略 π 的训练过程中，可以采用退火 ε 贪婪策略（ε-greedy），随训练迭代次数增加逐渐由 1.0 降到 0.1，从而使训练样本数据更加多样化，避免训练陷入局部极值：

$$Q_\pi(s,a)=E_\pi[r_{t+1}+\gamma r_{t+2}+\gamma^2 r_{t+3}+\cdots|s_t=s,a_t=a] \qquad (8\text{-}51)$$

$$Q_\pi(s,a)=E_\pi[r_{t+1}+\gamma Q_\pi(s_{t+1},a_{t+1})|s_t=s,a_t=a] \qquad (8\text{-}52)$$

8.6.1 基于 DQN 的智能能量管理方法

Q-learning 是一种著名且有效的强化学习算法，它使用网格化矩阵作为动作值函数的载体。Q-learning 的基本过程如图 8-33 所示。针对能量管理问题给定策略 π，动作值函数 $Q(s,a)$ 在状态 s 下选取动作 a 的过程可以描述为：

$$Q_\pi(s_t,a_t)=\sum_{t=1}^{\infty}\{\gamma^t r_t(s_t,a_t)|s_0=s,a_0=a\} \qquad (8\text{-}53)$$

式中，r 是单步奖励；Q 函数是长期预期奖励的累积值，被用于衡量在状态 s 下采取动作 a 的优劣程度。最优 Q 函数 Q^* 可以被描述为：

$$Q^*(s,a)=\max_\pi Q_\pi(s,a) \qquad (8\text{-}54)$$

因此通过式(8-55)，即最大化价值函数来选择动作 a：

$$\pi^*(s)=\underset{a}{\mathrm{argmax}}\,\widetilde{Q}^*(s,a) \qquad (8\text{-}55)$$

可以看出，基于 Q-learning 的能量管理策略实现的关键是对最优值函数 Q^* 的合理估计，而 DQN 算法同样是以经典 Q-learning 算法为基础的。对于 DQN 算法而言，其引入了深层神经网络（deep neural network，DNN）对动作值函数 $Q(s,a)$ 进行估计，如图 8-34 所示。

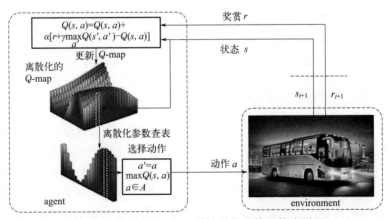

图 8-33　基于 Q-learning 算法的能量管理策略原理

与离散化矩阵不同（离散程度增加或状态量增加容易导致维度灾变），状态的连续变化都可以反映在基于 DNN 的决策系统中，这允许更精准地描述系统状态而不必增加计算量。此外，作为一种多输入变量的函数，DNN 对于增加状态维数并不敏感。这些特征有助于解决 Q-learning 算法中矩阵离散化带来的难题。此外，DNN 具有十分强大的拟合能力，这意味着动作值函数的收敛速度将大大加快，由于训练迭代次数的显著减少，计算量同样明显减小。使用 DNN 来估计 Q 函数可以表示为：

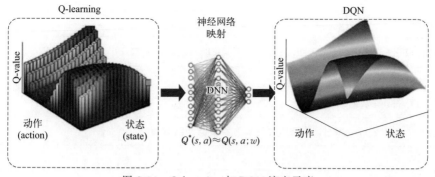

图 8-34   Q-learning 与 DQN 演变示意

$$Q^*(s,a) \approx Q(s,a|w) \qquad (8\text{-}56)$$

式中，w 是深度神经网络的权值；$Q(s,a|w)$ 是在状态 s 下执行动作 a 的动作-状态值估计，即 Q 网络（Q-network）或状态-动作价值深层映射网络。

实际训练中，Q 函数的估计通过式(8-56)计算得出，即根据当前时刻的奖赏值估计动作价值，用于训练 Q 网络：

$$Q(s,a) = Q(s,a) +$$
$$\alpha \left[r + \gamma \max_{a'} Q(s',a') - Q(s,a) \right]$$
$$(8\text{-}57)$$

式中，α 是 Q 函数更新的衰减因子（$0 < \alpha < 1$）；s，a 分别是当前时刻的状态和动作量；s'，a' 分别是下一时刻的状态和动作量。

引入 DNN 估计 Q 函数解决了状态量离散化的问题，但是对于车辆行驶过程所涉及的观测数据而言，其分布具有十分强烈的时序相关性，这对于 Q 网络的训练是不利的。由于 Q 网络随时序训练数据改变而更新，即策略更新与时序行驶工况密切相关，从而进一步导致能量管理策略执行后的观测数据的分布改变，最终易导致 Q 网络的训练振荡或失稳。针对此问题，引入经验回放可以有效稳定其训练过程。

定义状态转移数据的存储空间（经验池 D）为以存储车辆行驶过程中，与能量管理相关的状态转移信息。经验池中存储的数据是以元组 e_t 为基本单位进行存储的：$e_t = (s_t, a_t, r_t, s_{t+1})$，其中包含了当前状态 s_t，当前时刻所执行的动作 a_t，单步奖励 r_t 和下一时刻状态 s_{t+1}。经验池 D 的容量属于训练的超参数之一，一般设置较大，如 106。当状态转移信息存储达到经验池容量上限时，开始策略的训练，每次 Q 网络更新时，从 D 中随机采样一个小批量用于网络参数的更新，通过这种方式消除训练数据之间的相关性，稳定网络的训练过程。

基于 DQN 的智能能量管理算法训练过程如图 8-35 所示，算法的伪代码见表 8-13。

表 8-13   基于 DQN 的智能能量管理训练算法伪代码

1:初始化:经验池D,尺寸为N,以随机权重初始化网络Q
2:for episode＝1: M do
3: for t＝1: T do
4:拥有 ε 概率选择随机动作a_t
5:否则选取$a_t = \mathrm{argmax}_{a \in A} Q\ (s_t, a\ ; w)$
6:在智能体中执行动作a_t并观察单步奖励r_t和下一时刻状态s_{t+1}

7:	在 D 中存储 (s_t,a_t,r_t,s_{t+1})
8:	在 D 中随机取出一些数据 $\overline{D}=(s_t,a_t,r_t,s_{t+1})_{t=1}^n$，取出数量尺寸等于 N
9:	for $i=1$: n do
10:	计算目标在 $i+1$ 结束，则 $y_i=r_i$，否则 $y_i=r_i+\gamma maxQ(s_{i+1},a;w)$
11:	根据 $(y_i-Q(s_i,a_i;w))^2$ 采用梯度下降方案更新网络权值
12:	end for
13:	end for
14:	end for

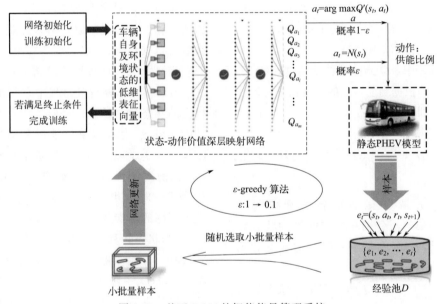

图 8-35　基于 DQN 的智能能量管理系统

8.6.2　基于 DDPG 的智能能量管理方法

基于 DQN 的能量管理实现了车辆控制状态空间的连续化，而基于 DDPG 的能量管理则实现了车辆控制状态-动作空间的连续化，如图 8-36 所示，其中 actor-critic 网络（AC，演员-评论家网络）即为 DDPG 算法的核心网络结构。但与此同时，其复杂程度和训练难度较前者也有所增加。

首先简要介绍 DDPG 算法的基本原理。DDPG 算法的基本思想同样与 Q-learning 和 DQN 是一致的，均需要对 Q 函数进行估计。但是，为了将离散的动作空间连续化，DDPG 算法又引入了另外一个深层神经网络，最终，DDPG 算法中网络结构如图 8-37 所示。其中 critic 网络的功能与 DQN 中的 Q 网络一样，用于状态-动作值函数的估计，输入为当前时刻的车辆及其行驶状态量 s 和对应的能量管理动作量 a，输出为状态-动作值函数 $Q(s,a)$。与 Q 网络的不同在于，critic 网络输出的值函数为一维标量，而 Q 网络的值函数输出维度与动作空间的离散度一致。actor 网络的输入为当前时刻的状态量 s，输出为当前时刻的动作量 a，即能量管理的动作策略。

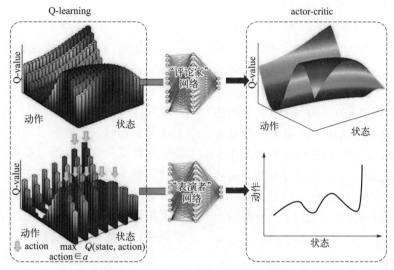

图 8-36　Q-learning 与 DDPG 演变示意

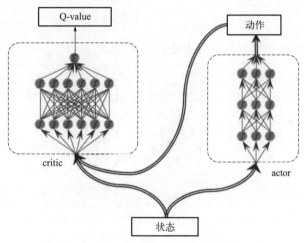

图 8-37　DDPG 算法中 actor-critic 网络示意

actor-critic 网络的更新目标分别为：选择能获得较大状态-动作价值的动作，输出与真实计算所得状态-动作价值更加一致的 $Q(s,a)$。下面阐述如何更新两个网络以实现所述目标。

critic 网络更新得损失函数为：
$$L_Q(s,a\,|\,\theta^Q)=(Q(s,a\,|\,\theta^Q)-$$
$$(r+\gamma\,\max_{a'}Q(s',a'\,|\,\theta^Q)))^2$$

$$(8\text{-}58)$$

但与离散的动作空间不同，对于连续的动作空间而言，在所有的动作空间中遍历可行动作以寻找具有最大价值的动作是无法求解的，故损失函数对 DDPG 而言并不适用。所以，将 $\max_{a'}Q(s',a'\,|\,\theta^Q)$ 以 $Q(s',\mu(s'\,|\,\theta^\mu)\,|\,\theta^Q)$ 代替，即 AC 网络根据当前状态求得的值函数，这里 μ 指 actor 网络（网络参数为 θ^μ），Q 指 critic 网络（网络参数为 θ^Q）。于是，式(8-58) 可以变换为：

$$L_Q(s,a\,|\,\theta^Q) = (Q(s,a\,|\,\theta^Q) - (r + \gamma Q(s',$$
$$u(s'\,|\,\theta^\mu)\,|\,\theta^Q)))^2 \qquad (8\text{-}59)$$

通过梯度反向传播可得用于 critic 网络参数 $Q\theta$ 更新的梯度，从而更新 critic 网络：
$$\nabla_{\theta^Q} L_Q(s,a\,|\,\theta^Q) = 2((Q(s,a\,|\,\theta^Q) - (r + \gamma Q$$
$$(s',u(s'\,|\,\theta^\mu)\,|\,\theta^Q)))\nabla_{\theta^Q} Q(s,a\,|\,\theta^Q) \qquad (8\text{-}60)$$

在 DQN 中，策略执行通过最大化值函数实现，即 $a = \max Q(s',a'\,|\,\theta^Q)$，以此指导 actor 网络的更新同样无法实现。但是可以注意到，$Q(s,a\,|\,\theta^Q)$ 同样也是当前动作量 a 的函数，故 $\nabla_a Q(s,a\,|\,\theta^Q)$ 即可指明当前状态下，动作量 a 如何改变，可以产生更大的 Q 函数，这与 $\max_a Q(s',a'\,|\,\theta^Q)$ 的思想也是一致的。因此，在 DDPG 中采用 Q 函数对动作的梯度来指导 actor 网络的更新，所得 actor 网络更新梯度如式（8-61）所示。
$$\nabla_{\theta^\mu}\mu(s) = \nabla_a Q(s,a\,|\,\theta^Q)\nabla_{\theta^\mu}\mu(s\,|\,\theta^\mu)$$
$$(8\text{-}61)$$

结合上述各式，即可根据梯度下降方法

更新 AC 网络参数：
$$\begin{cases} \theta^Q = \theta^Q + \eta\,\nabla\theta^Q L_Q(\theta^Q) \\ \theta^\mu = \theta^\mu + \eta\,\nabla\theta^\mu\mu \end{cases} \qquad (8\text{-}62)$$

上述即为 DDPG 算法的基本思路，鉴于其引入两个深层神经网络分别用于值函数拟合和策略拟合，所以保证其稳定性训练极其重要。与 DQN 类似的，应用 DDPG 算法与能量管理时，同样可以采用经验回放来消除时序数据间的相关性，提高算法训练的稳定性。算法相关研究领域中的其他稳定性训练方法同样可能对混合动力汽车智能能量管理训练十分有益，感兴趣的读者可自行查阅相关资料，此处不再赘述。

基于 DDPG 的智能能量管理算法训练过程示意如图 8-38 所示。最终，将 DDPG 算法应用于混合动力汽车能量管理的算法伪代码见表 8-14。

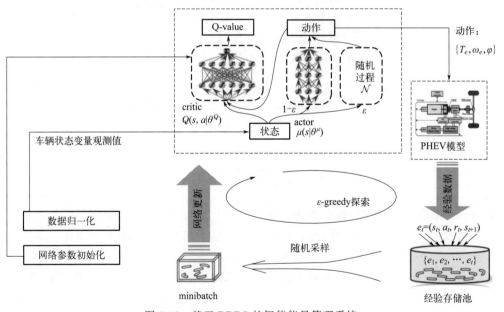

图 8-38　基于 DDPG 的智能能量管理系统

表 8-14　基于 DDPG 算法的智能能量管理训练算法伪代码

1:初始化 critic 网络 (s,a|θ^Q) 和 actor 网络 μ(s|θ^μ)
2:初始化经验池 D

3:初始化训练数据归一化
4:for episode＝1:M(最大训练次数)do
5:初始化随机过程 $\mathcal{N}$ 用于策略探索
6:获取初始观测状态 $s(t)$(行驶工况,加速度,SOC 等)
7:　for t＝1: T(工况长度)do
8:　　依据 ε-greedy 算法选择动作:$a(t)=\begin{cases}\mu(s(t)\|\theta^{\mu})\\ N\end{cases}$
9:　　调用混合动力汽车模型以执行动作 $a(t)$
10:　　记录新的观测状态量 $s(t+1)$和所获得的奖赏 $r(t)$
11:　　记录状态转移信息 $e_t=(s_t,a_t,r_t,s_{t+1})$并存储入经验池$D$
12:　end for
13:从经验池D 中随机抽取一个小批量 minibatch
14:将 minibatch 送入网络,利用梯度下降更新AC网络参数
15:更新 ε-greedy 算法参数
16:end for

扫一扫

本章小结

　　前面已经从规则与优化的角度，具体介绍了混合动力汽车的稳态能量管理策略。对于混合动力汽车的动态协调控制将在本章进行具体介绍，主要包括动态品质的评价指标以及动态协调控制方法。

　　混合动力汽车的动态协调控制，包括变速器的换挡过程、工作模式之间的切换动态过程控制。由于混合动力汽车动力源的响应特性不同，当汽车进行模式切换或者换挡时，如果不对整车进行协调控制，就有可能造成传动系统的动力中断或转矩波动，从而导致动力不足或者冲击度过大等问题，影响整车动力性和动态平顺性。通过在混合动力汽车模式切换或者换挡过程中对动力源的输出转矩进行协调控制，使问题得以解决或优化，从而使混合动力汽车具有良好的动态品质。

　　良好的动态过程控制品质是混合动力汽车走向实用化的关键性技术之一。本章针对双行星排功率分流式混合动力汽车，描述其模式切换过程中的协调控制算法。该系统构型如图 9-1 所示，其中，PG1 表示前行星排，PG2 表示后行星排，其齿圈被固定于变速器机壳上。系统通过 PG1 实现功率分流和无级变速的功能，通过 PG2 形成固定速比，起到对电机 MG2 减速增扭的作用。

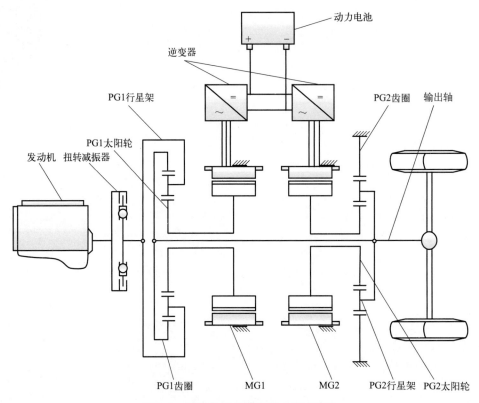

图 9-1　功率分流式混合动力汽车构型

9.1 动态品质
   评价指标

至今还没有统一的标准对混合动力汽车的动态品质进行评价，以模式切换过程为例，一般需考虑模式切换时的动力性、舒适性和耐久性等。

在混合动力汽车进行模式切换时，为避免出现动力中断、动力不足或者动力突变等现象，对其进行协调控制使动力源输出的动力更加平稳，从而保证整车在模式切换时具有良好的动力性、耐久性以及舒适性。

模式切换过程中的动力性是指该双行星排功率分流式混合动力汽车，在模式切换时从后排行星架输出的总转矩，应能在短时间内较好地满足驾驶员对动力源的总输出转矩的需求。例如，在 MG2 单独驱动（纯电动模式）时，若驱动力不足以驱动汽车时，应能快速启动发动机，进入发动机参与驱动的模式，若切换过程不及时或反应缓慢，会使动力源总输出转矩小于总需求转矩，影响整车动力性。一般而言，减少模式切换的时间可以提高车辆模式切换时的动力性。

模式切换过程中的耐久性是指双行星排功率分流式混合动力汽车，在模式切换时应尽量减小动力源的转矩突变。由于在模式切换时，动力源的输出转矩变化较快，而且由于发动机、电机 MG1 以及电机 MG2 都是通过行星排机构刚性连接的，如果在模式切换时不加以适当控制，会使整车及零部件承受很大的动载荷，从而会降低整车及零部件的寿命。

模式切换过程中的舒适性是指双行星排功率分流式混合动力汽车，在模式切换时不应使乘员感到不适。这是对混合动力汽车模式切换性能的进一步要求，也是一款成熟混合动力汽车应具有的品质。目前来说评价舒适性有主观和客观两种方法。主观评价法对

于测评师的要求很高，而且由于每个人对于传动系统转矩冲击与振动的感觉也存在差异，很难得到一个精确的判断。客观评价法借鉴换挡冲击对人体的作用，将冲击度作为评价整车舒适性的指标。

冲击度是指车辆纵向加速度 a 的变化率，如式（9-1）所示。

$$j = \frac{\mathrm{d}a}{\mathrm{d}t} = \frac{\mathrm{d}^2 v}{\mathrm{d}t^2} \tag{9-1}$$

由于整车纵向加速度 a 取决于总驱动力以及总的行驶阻力，模式切换时间较短，可认为模式切换时总的行驶阻力不变，因此整车冲击度取决于模式切换时总驱动力的变化率。通过限制总驱动力的变化率可将冲击度限制在正常要求的范围内。目前，全世界对冲击度的指标尚无统一标准，德国推荐的冲击度范围是 $|j| \leqslant 10\mathrm{m/s}^3$，我国的推荐值是 $|j| \leqslant 17.64\mathrm{m/s}^3$。

9.2 系统动力学
   模型分析

关于该系统的动力学模型，主要将系统分为前行星排、后行星排及系统输出三部分，通过自由体图进行动力学分析，并建立系统的动力学模型。

9.2.1 前行星排动力学分析

图 9-2 所示为前行星排的自由体图，图中，J_e、J_g、J_{r1}、J_{c1} 与 J_{s1} 分别表示发动机、电机 MG1、前行星排齿圈、行星架与太阳轮的转动惯量，T_e、T_g、T_{r1}、T_{c1} 与 T_{s1} 分别表示发动机、电机 MG1、前行星排齿圈、行星架与太阳轮的转矩，R_1 与 S_1 分别为前行星排齿圈和太阳轮的半径，F_1 代表前排行星轮的内力。另外，用 ω_e、ω_g、ω_{r1}、ω_{c1} 和 ω_{s1} 分别表示发动机、电机 MG1、前行星排齿圈、

行星架与太阳轮的转速。

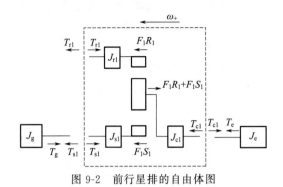

图 9-2　前行星排的自由体图

该自由体图表征了发动机在电机 MG1 的作用下，通过前行星排齿圈输出转矩。图 9-2 中，虚线框内所示部分为前行星齿轮机构 PG1，由于行星轮的质量较小，可以将其视作理想的传力机构。忽略工作过程中的摩擦损失和黏滞损失，根据欧拉定律，其内力关系如式（9-2）所示。

$$\begin{cases} J_{r1}\dot{\omega}_{r1}=F_1 R_1 - T_{r1} \\ J_{c1}\dot{\omega}_{c1}=T_{c1}-F_1 S_1 - F_1 R_1 \\ J_{s1}\dot{\omega}_{s1}=F_1 S_1 - T_{s1} \end{cases} \quad (9\text{-}2)$$

另外，前行星排的行星架和太阳轮分别与发动机和电机 MG1 相连接，假设转矩和转速向左为正，那么可得式（9-3）。

$$\begin{cases} J_s \dot{\omega}_s = T_s - T_{c1} \\ J_g \dot{\omega}_g = T_{g1} - T_g \end{cases} \quad (9\text{-}3)$$

根据动力源与前行星排之间的连接关系，可得式（9-4）及式（9-5）。

$$(J_e + J_{c1})\dot{\omega}_e = T_e - F_1 R_1 - F_1 S_1 \quad (9\text{-}4)$$

$$(J_g + J_{s1})\dot{\omega}_g = F_1 S_1 - T_g \quad (9\text{-}5)$$

最后，根据前行星排内部的齿轮啮合关系，各部件的转速应满足式（9-6）。

$$\omega_g + \omega_{r1} k_1 = (k_1 + 1)\omega_s \quad (9\text{-}6)$$

式中，k_1 为前行星排的特征参数，$k_1 = R_1 / S_1$。

9.2.2　后行星排动力学分析

图 9-3 所示为后行星排的自由体图，图

中，J_m、J_{c2} 与 J_{s2} 分别表示电机 MG2、后行星排行星架与太阳轮的转动惯量；T_m、T_{c2} 与 T_{s2} 分别表示电机 MG2、后行星排行星架和太阳轮的转矩；R_2 与 S_2 分别为后行星排齿圈和太阳轮的半径；F_2 代表后排行星轮的内力。

结合对前行星排自由体图的分析，其内力关系如式（9-7）所示。

$$\begin{cases} (J_m + J_{s2})\dot{\omega}_m = T_m - F_2 S_2 \\ J_{c2}\dot{\omega}_{c2} = F_2 S_2 + F_2 R_2 - T_{c2} \end{cases} \quad (9\text{-}7)$$

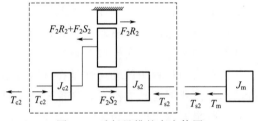

图 9-3　后行星排的自由体图

由于后行星排齿圈与机壳固定连接，其转速恒等于零，结合行星排内各部件的转速关系，后行星排的转速关系如式（9-8）所示。

$$\omega_m = (k_2 + 1)\omega_{c2} \quad (9\text{-}8)$$

式中，k_2 为后行星排特征参数，$k_2 = R_2 / S_2$。

得到后行星排输出转矩 T_{c2} 与输入转矩 T_m 之间的关系，如式（9-9）所示。

$$\begin{aligned} T_{c2} = T_m(1 + k_2) - [&(J_m + J_{s2}) \\ & (1 + k_2)^2 - J_{c2}]\dot{\omega}_{c2} \end{aligned} \quad (9\text{-}9)$$

9.2.3　系统输出

图 9-4 所示为输出部分的自由体图，其中，T_f 为车辆受到的阻力矩；FD 表示主减速器。该自由体图表征前行星排齿圈与后行星排行星架的输出转矩耦合后传递给主减速器，用于克服车辆的行驶阻力。在仅考虑车辆纵向动力学，并忽略车轮打滑的前提下，可得式（9-10）。

$$(\dot{\omega}_{r1}/i_o)R_t^2 M + 4(\dot{\omega}_{r1}/i_o)J_t$$
$$= (T_{c2} + T_{r1})i_o - T_f \qquad (9\text{-}10)$$

式中，i_o 为主减速比；R_t 为车轮半径；M 为整车质量；J_t 为车轮转动惯量。

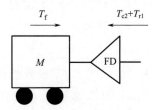

图 9-4　输出部分的自由体图

在平直路面行驶时，车辆受到的阻力矩如式（9-11）所示。

$$T_f = T_{f\delta} + Mgf_r R_t + 0.5\rho A C_D (\omega_{r1}/i_o)^2 R_t^3 \qquad (9\text{-}11)$$

式中，$T_{f\delta}$ 为制动力矩；f_r 为滚动阻力系数；ρ 为空气密度；A 为迎风面积；C_D 为空气阻力系数。

由于前排齿圈与后排行星架固连，两者转速相同，可得式（9-12）。

$$\dot{\omega}_{r1}[R_t^2 M/i_o + 4J_t/i_o + J_{r1}i_o + (J_m + J_{s2})(1+k_2)^2 i_o - J_{c2}i_o]$$
$$= [T_m(1+k_2) + F_1 R_1]i_o - T_{fb} - Mg f_r R_1 - 0.5\rho A C_D (\omega_{r1}/i_o)^2 R_t^3 \qquad (9\text{-}12)$$

综合上述各式便可以描述该 EVT 系统的动力传动情况，整理如式（9-13）所示，即系统的动力学模型。

$$\begin{cases}
(J_e + J_{c1})\dot{\omega}_e = T_e - F_1 R_1 - F_1 S_1 \\
(J_g + J_{s1})\dot{\omega}_g = F_1 S_1 - T_g \\
\omega_g + \omega_{R1}k_1 = (k_1+1)\omega_e \\
\dot{\omega}_{r1}[R_t^2 M/i_o + 4J_t/i_o + J_{r1}i_o + (J_m + J_{s2})(1+k_2)^2 i_o - J_{c2}i_o] \\
\quad = [T_m(1+k_2) + F_1 R_1]i_o - T_{fb} - Mg f_r R_1 - 0.5\rho A C_D (\omega_{r1}/i_o)^2 R_t^3
\end{cases} \qquad (9\text{-}13)$$

9.2.4　系统冲击度分析

首先分析影响系统冲击度的因素，然后分析冲击度产生的原因。

（1）影响冲击度的因素

车速与前行星排齿圈的关系如式（9-14）所示。

$$v = (\omega_{r1}/i_o)R_t \qquad (9\text{-}14)$$

根据式（9-1）中有关冲击度的定义，冲击度可表示如式（9-15）所示。

$$j = (\dot{\omega}_{r1}/i_o)R_t \qquad (9\text{-}15)$$

根据式（9-13）所示的系统动力学方程，可以得式（9-16）。

$$\dot{\omega}_{r1}\left[\frac{J_v'}{k_1^2 i_o' J_g'} + \frac{(1+1/k_1)^2 J_v'}{i_o J_e'} + 1\right] =$$

$$-\frac{1}{k_1 J_g'}\dot{T}_g + (1+k_2)$$
$$\left[\frac{(1+1/k_1)^2}{J_e'} + \frac{1}{k_1^2 J_g'}\right]\dot{T}_m + \frac{1+1/k_1}{J_e'}\dot{T}_e$$
$$-\left[\frac{(1+1/k_1)^2}{i_o J_e'} + \frac{1}{k_1^2 i_o J_g'}\right]\dot{C} \qquad (9\text{-}16)$$

其中，$J_v' = R_t^2 M/i_o + 4J_t/i_o + J_{r1}i_o + (J_m + J_{s2})(1+k_2)^2 i_o - J_{c2}i_o$，$J_e' = J_e + J_{c1}$，$J_g = J_{s1} + J_g$，$C = T_{fb} + Mg f_r R_t + 0.5\rho A C_D (\omega_r/i_o)^2 R_t^3$。

根据式（9-14），系统的冲击度主要受到前行星排齿圈加速度的影响，而根据式（9-16），该加速度主要受到三大动力源（发动机、电机 MG1 和电机 MG2）输出转矩和车辆阻力矩变化的影响。但由于分析冲击度时考虑的是动态过程，时间过程很短，其阻力矩的变化很小，可以忽略。因此，影响冲击度的因素主要是三大动力源转矩的变化率。

（2）冲击度产生的原因

该混合动力汽车的工作模式主要包括纯电动（EV）模式、电子无级变速（EVT）模式及制动模式。本小节以稳态能量管理策略中，该混合动力汽车由纯电动（EV）模式向电子无级变速（EVT）模式切换过程为例，说明冲击度产生的原因。此时，将启动发动机，并根据控制思想将发动机转速调整到需求转速下。稳态能量管理策略中，EV模式下输出转矩由电机MG2单独提供，而EVT模式下需求转矩由发动机从机械路径上输出的部分和电机MG2输出部分迭加组成，两种模式转矩分别如式（9-17）和式（9-18）所示。

$$T_{\text{out\_EV}} = T_{\text{m}}(1 + k_2) \qquad (9\text{-}17)$$

$$T_{\text{out\_EVT}} = T_{\text{e}}k_1/(1 + k_1) + T_{\text{m}}(1 + k_2)$$
$$(9\text{-}18)$$

式中，$T_{\text{out\_EV}}$ 为 EV 模式下系统的输出转矩；$T_{\text{out\_EVT}}$ 为 EVT 模式下系统的输出转矩。

EVT 模式下，发动机转矩根据需求功率和车速求得，而电机 MG2 用于补偿发动机从机械路径输出的转矩，以满足整车需求。同时，发动机转速利用闭环 PID 的方法，通过电机 MG1 进行调节。表 9-1 表示模式切换过程中各动力源转矩变化率的情况。定义冲击度方向与整车行驶方向相同为正，否则为负。在 EV 模式到 EVT 模式切换的瞬态过程中，当发动机转速低于目标转速时，MG1 将输出正转矩，使发动机转速快速增大。为保证模式切换的快速性，同时根据 PID 的控制原理，此时 MG1 将产生一个较大的正向目标转矩，并且由于电机的响应速度较快，即会出现较大的电机 MG1 转矩变化率 $\dot{T}_{\text{g}}$。此过程中，由于发动机转速较低，只能输出较小的转矩，用于辅助发动机启动。相应地，根据式（9-17），MG2 的输出转矩将不变或逐渐减小，也就是说，此时的电机 MG2 转矩变化率和发动机转矩变化率都较小。另外，在驱动模式切换的瞬态过程中，没有制动力矩，且时间较短，可近似视作阻力矩变化率 $\dot{C} \approx 0$。结合式（9-17）、式（9-18）可知，在 EV 模式向 EVT 模式切换的过程中，由于 MG1 的快速响应，会产生负向冲击度。而在 EVT 模式向 EV 模式切换时，切换前主要由发动机提供输出转矩，切换后将由电机 MG2 单独提供全部输出转矩。因此，模式切换后，稳态能量管理策略将使得电机 MG2 的输出转矩快速增大。然而，发动机输出转矩并不会瞬间消失，而是以一定响应速率逐渐下降。此时，由于电机 MG2 响应速度远快于发动机，即 $|\dot{T}_{\text{m}}| > |\dot{T}_{\text{e}}|$，这就将导致整车出现正向冲击。

表 9-1 模式切换时动力源的转矩变化率

模式切换	$\dot{T}_{\text{g}}$	$\dot{T}_{\text{m}}$	$\dot{T}_{\text{e}}$	$\dot{C}$	j
EV 到 EVT 模式	非常大	较小	较小	≈ 0	负向冲击
EVT 到 EV 模式	较小	非常大	较大	≈ 0	正向冲击

通过以上分析可见，稳态能量管理策略忽略了各部件的转动惯量和响应速度，在 EV 到 EVT 的模式切换过程中，电机 MG1 的快速响应将导致负向冲击。而在 EVT 到 EV 的模式切换过程中，发动机与电机 MG2 响应速度不协调将导致正向冲击。因此，在稳态能量管理策略的基础上，对电机 MG1 与电机 MG2 的输出转矩进行协调控制，对于抑制系统的冲击，提高平顺性，具有重要意义。

9.3 动态协调控制

根据对该双行星排功率分流式混合动力汽车的动力学分析可知，系统中各动力源的转矩变化率是影响系统冲击度的主要因素。在发动机启动过程中，由于发动机转速响应速度较慢，难以获得良好的瞬态控制特性，需要限制电机 MG1 转矩的变化速率，并让电机 MG2 提供适当的补偿转矩；而在发动机停机过程中，电机 MG2 转矩的增大与发动机转矩的减小不协调，需要使二者协调变化。

可以看出，发动机转矩估计是建立动态协调控制的基础。因此，本节将首先建立发动机的转矩估计策略，然后根据当前状态量和稳态能量管理策略的输出量，针对具体的模式切换情况，建立基于预测模型的动态协调控制策略，分别预测满足平顺性要求的电机 MG1 和电机 MG2 的转矩变化量，再根据该预测值对稳态能量管理策略进行调整，实现动态协调控制。

9.3.1 发动机转矩估计

动态协调控制策略的目的是通过协调控制各动力源转矩的变化率，实现模式的平稳切换，防止较大冲击的发生。而如前所述，发动机转矩估计是动态协调控制的基础。因此，本小节将建立发动机的转矩估计策略。

根据系统动力学模型，可以得到发动机转矩与电机 MG1 和电机 MG2 转矩之间的关系，如式(9-19) 所示。

$$\left[\frac{i_o k_1}{(1+k_1)}+\frac{J_v'}{k_1(1+k_1)J_g'}\right]T_e$$

$$=\left[(1+1/k_1)J_v'+\frac{J_e'i_o}{(1+1/k_1)}+\frac{J_v'J_e'}{k_1(1+k_1)J_g'}\right]$$

$$\dot{\omega}_e-i_o T_m-\frac{J_v'}{k_1 J_g'}T_g+C \tag{9-19}$$

由于电机 MG1 和电机 MG2 的转矩在电机控制器中会有较为精确的估计，而发动机转速在实车中也有相应的传感器，容易获得，因此，式(9-19) 中的 T_m、T_g 和 ω_e 可直接采用汽车 CAN 总线上的信号，而 C 也可由制动踏板和车速计算得到。可见，在该系统中，根据已知的状态量，将式(9-19)离散化，便可以得到发动机转矩的估计量，如式(9-20) 所示。

$$\left[\frac{i_o k_1}{1+k_1}+\frac{J_v'}{k_1(1+k_1)J_g'}\right]T_e(n)$$

$$=\left[(1+1/k_1)J_v'+\frac{J_o'j_o}{(1+1/k_1)}+\frac{J_v'J_e'}{k_1(1+k_1)J_g'}\right]$$

$$[\omega_e(n)-\omega_e(n-1)]-i_o(1+k_2)T_m(n)$$

$$-\frac{J_v'}{k_1 J_g'}T_g(n)+C \tag{9-20}$$

式中，n 表示当前采样点；$n-1$ 为前一采样点。

根据上述分析可知，本小节所提出的发动机转矩估计策略，其本质是利用行星式混合动力系统内部高度耦合的特性，充分考虑系统内部的转动惯量和加速度的影响，采用易于得到的状态信号，对难以准确估计的发动机转矩进行估计。

本小节结合行星式混合动力系统特性提出的发动机转矩估计策略，无需考虑发动机自身的复杂特性，避免了建立发动机模型，没有庞大的计算成本，易于保证实时性，又无需额外增加传感器，也避免了大量实验标定工作。另外，该估计策略由系统动力学模型的非线性方程组推导而来，所获得的估计结果也具有良好的非线性特性。

9.3.2 电机 MG1 的转矩协调控制策略

根据系统动力学方程和系统冲击度方程，可以得到电机 MG1 的转矩变化率与冲击度之间的关系，如式（9-21）所示。

$$\dot{T}_{\mathrm{g}}=\left\{\begin{array}{l}(1+k_2)\left[\dfrac{(1+1/k_1)^2}{J'_{\mathrm{e}}}+\dfrac{1}{k_1^2 J'_{\mathrm{g}}}\right]\dot{T}_{\mathrm{m}}+\dfrac{1+1/k_1}{J'_{\mathrm{e}}}\dot{T}_{\mathrm{e}}-\\[2mm]\ddot{\omega}_{\mathrm{r}}\left[\dfrac{J'_{\mathrm{v}}}{k_1^2 i_{\mathrm{o}} J'_{\mathrm{g}}}+\dfrac{(1+1/k_1)^2 J'_{\mathrm{v}}}{i_{\mathrm{o}} J'_{\mathrm{e}}}\right]+\left[\dfrac{(1+1/k_1)^2}{i_{\mathrm{o}} J'_{\mathrm{e}}}+\dfrac{1}{k_1^2 i_{\mathrm{o}} J'_{\mathrm{g}}}\right]\dot{C}\end{array}\right\}k_1 J'_{\mathrm{g}} \qquad (9\text{-}21)$$

根据前面的分析，在模式切换的瞬态过程中，没有制动力矩，且行驶阻力变化很小，即 $\dot{C}\approx 0$，将式（9-15）代入式（9-21）并离散化，可得式（9-22）。

$$\Delta T_{\mathrm{g}}=U_{\mathrm{m}}[T_{\mathrm{m}}(n+1)-T_{\mathrm{m}}(n)]+$$
$$U_{\mathrm{e}}[T_{\mathrm{e}}(n+1)-T_{\mathrm{e}}(n)]-jU_{\mathrm{j}} \qquad (9\text{-}22)$$

式中，ΔT_{g} 为电机 MG1 转矩的变化量；$n+1$ 表示下一采样时刻；

$$U_{\mathrm{m}}=(1+k_2)\left[\dfrac{(1+1/k_1)^2}{J'_{\mathrm{e}}}+\dfrac{1}{k_1^2 J'_{\mathrm{g}}}\right]k_1 J'_{\mathrm{g}},$$

$$U_{\mathrm{e}}=(k_1+1)J'_{\mathrm{g}}/J'_{\mathrm{e}},$$

$$U_{\mathrm{j}}=\left[\dfrac{J'_{\mathrm{v}}}{k_1^2 i_{\mathrm{o}} J'_{\mathrm{g}}}+\dfrac{(1+1/k_1)^2 J'_{\mathrm{v}}}{i_{\mathrm{o}} J'_{\mathrm{e}}}+1\right]\dfrac{k_1 J'_{\mathrm{g}} i_{\mathrm{o}}}{R_{\mathrm{t}}}。$$

式（9-22）中，$T_{\mathrm{m}}(n+1)$ 与 $T_{\mathrm{e}}(n+1)$ 分别为预测的下一时刻电机 MG2 的转矩

与发动机的转矩，由能量管理策略的输出信号经过一阶惯性环节得到，如式（9-23）所示。

$$\begin{cases}T_{\mathrm{m}}(n+1)=T_{\mathrm{m\_ctr}}\dfrac{1}{\tau_{\mathrm{m}}s+1}\\[3mm]T_{\mathrm{e}}(n+1)=T_{\mathrm{e\_ctr}}\dfrac{1}{\tau_{\mathrm{e}}s+1}\end{cases} \qquad (9\text{-}23)$$

式中，$T_{\mathrm{m\_ctr}}$ 与 $T_{\mathrm{e\_ctr}}$ 分别为电机 MG2 与发动机的转矩控制信号；τ_{m} 与 τ_{e} 分别为电机 MG2 与发动机的时间常数；s 为拉氏因子。

式（9-22）中，$T_{\mathrm{m}}(n)$ 为当前时刻从 CAN 线上采集的电机 MG2 的转矩；$T_{\mathrm{e}}(n)$ 为当前时刻的发动机转矩估计值。限制整车允许的最大冲击度为 $|j_{\max}|$，那么，电机 MG1 的转矩变化量 ΔT_{g} 取值下限 $|\Delta T_{\mathrm{g}}|_{\min}$ 和上限 $|\Delta T_{\mathrm{g}}|_{\max}$ 如式（9-24）所示。

$$\begin{cases}|\Delta T_{\mathrm{g}}|_{\min}=U_{\mathrm{m}}[T_{\mathrm{m}}(n+1)-T_{\mathrm{m}}(n)]+U_{\mathrm{e}}[T_{\mathrm{e}}(n+1)-T_{\mathrm{e}}(n)]-U_{\mathrm{j}}j_{\max}\\[2mm]|\Delta T_{\mathrm{g}}|_{\max}=U_{\mathrm{m}}[T_{\mathrm{m}}(n+1)-T_{\mathrm{m}}(n)]+U_{\mathrm{e}}[T_{\mathrm{e}}(n+1)-T_{\mathrm{e}}(n)]+U_{\mathrm{j}}j_{\max}\end{cases} \qquad (9\text{-}24)$$

由上述分析，电机 MG1 的协调控制策略为：根据冲击度的允许值计算得到电机 MG1 的转矩变化量允许范围，若输出的控制信号值与当前时刻的转矩值差值大于允许的上限，则输出需求转矩 $T_{\mathrm{g}}(n)+|\Delta T_{\mathrm{g}}|_{\max}$；若该差值小于允许的下限，则输出需求转矩 $T_{\mathrm{g}}(n)+|\Delta T_{\mathrm{g}}|_{\min}$；在允许范围内时，则直接输出稳态能量管理策略的需求转矩。

9.3.3 电机 MG2 的转矩协调控制策略

类似电机 MG1 的协调控制，根据系统动力学方程和系统冲击度方程，也可以解得电机 MG2 的转矩与冲击度之间的关系，如式（9-25）所示。

$$\dot{T}_{m} = \frac{-j\dfrac{i_{o}}{R_{r}}\left[\dfrac{J'_{v}}{k_{1}^{2}i_{o}J'_{g}} + \dfrac{(1+1/k_{1})^{2}J'_{v}}{i_{o}J'_{e}} + 1\right] + \dfrac{1}{k_{1}J'_{g}}\dot{T}_{g} - \dfrac{1+1/k_{1}}{J'_{e}}\dot{T}_{e} + \left[\dfrac{(1+1/k_{1})^{2}}{i_{o}J'_{e}} + \dfrac{1}{k_{1}^{2}i_{o}J'_{g}}\right]\dot{C}}{(1+k_{2})\left[\dfrac{(1+1/k_{1})^{2}}{J'_{e}} + \dfrac{1}{k_{1}^{2}J'_{g}}\right]}$$

$$(9\text{-}25)$$

将式(9-25)化简并离散化可得式(9-26)。

$$\Delta T_{m} = U_{g}\left[T_{g}(n+1) - T_{g}(n)\right] - U_{e}\left[T_{e}(n+1) - T_{e}(n)\right] - jU_{j}$$

$$(9\text{-}26)$$

式中，ΔT_{m} 为电机 MG2 的转矩变化量；

$$U'_{e} = \left\{\frac{i_{o}}{R_{t}}\left[\frac{J'_{v}}{k_{1}^{2}i_{o}J'_{g}} + \frac{(1+1/k_{1})^{2}J'_{v}}{i_{o}J'_{e}} + 1\right]\right\} \bigg/ \left\{(1+k_{2})\left[\frac{(1+1/k_{1})^{2}}{J'_{e}} + \frac{1}{k_{1}^{2}J'_{g}}\right]\right\},$$

$$U'_{g} = \frac{1}{k_{1}J'_{g}} \bigg/ \left\{(1+k_{2})\left[\frac{(1+1/k_{1})^{2}}{J'_{e}} + \frac{1}{k_{1}^{2}J'_{g}}\right]\right\},$$

$$U'_{j} = \frac{1+1/k_{1}}{J'_{e}} \bigg/ \left\{(1+k_{2})\left[\frac{(1+1/k_{1})^{2}}{J'_{e}} + \frac{1}{k_{1}^{2}J'_{g}}\right]\right\}.$$

在式(9-26)中，$T_{g}(n+1)$ 与 $T_{e}(n+1)$ 分别为预测的下一时刻电机 MG1 转矩与发动机转矩，由能量管理策略的输出信号经过一阶惯性环节得到，如式(9-27)所示。

$$\begin{cases} T_{g}(n+1) = T_{g\_ctr}\dfrac{1}{\tau_{g}s+1} \\[2mm] T_{e}(n+1) = T_{e\_ctr}\dfrac{1}{\tau_{e}s+1} \end{cases} \quad (9\text{-}27)$$

式中，T_{g_ctr} 为能量管理策略输出的电机 MG1 需求转矩；τ_{g} 为电机 MG1 的时间常数。

与电机 MG1 的动态控制类似，$T_{e}(n)$ 与 $T_{e}(n)$ 分别为当前时刻从 CAN 线上采集得到的电机 MG1 转矩与发动机转矩的估计值。若限制当前最大冲击度为 $|j_{max}|$，那么，电机 MG2 转矩变化量 ΔT_{m} 取值的上限 $|\Delta T_{m}|_{max}$ 和下限 $|\Delta T_{m}|_{min}$ 可被分别计算得到，如式(9-28)所示。

$$\begin{cases} |\Delta T_{m}|_{min} = U'_{g}\left[T_{g}(n+1) - T_{g}(n)\right] - U'_{e}\left[T_{e}(n+1) - T_{e}(n)\right] - j_{max}U'_{j} \\[2mm] |\Delta T_{m}|_{max} = U'_{g}\left[T_{g}(n+1) - T_{g}(n)\right] - U'_{e}\left[T_{e}(n+1) - T_{e}(n)\right] + j_{max}U'_{j} \end{cases} \quad (9\text{-}28)$$

由上述分析，电机 MG2 的协调控制策略为：根据冲击度的允许值计算得到电机 MG2 转矩变化量的允许范围，若下一时刻电机 MG2 需求转矩与当前电机 MG2 转矩的差值小于允许范围的下限，则输出需求转矩为 $T_{m}(n) + |\Delta T_{m}|_{min}$；若该差值大于上限，则输出 $T_{m}(n) + |\Delta T_{m}|_{max}$；当该差值处于上下限之间时，则直接输出稳态能量管理策略的需求转矩。

9.4 动态协调控制策略的仿真与验证

为了验证动态协调控制策略的控制效果，分别在 AMESim 和 Simulink 仿真软件中建立了整车模型和整车控制策略。在动态协调控制策略中，三动力源被简化为一阶惯性环节，各动力源的主要参数和时间常数如表 9-2 所示。

表 9-2　动力源参数

项目	发动机	电机MG1	电机MG2
峰值功率/kW	167	90	100
转动惯量/(kg·m²)	1.35	0.33	0.60
时间常数/s	0.3	0.01	0.01

图 9-5 所示为联合仿真平台示意。左侧点画线框内为 AMESim 整车模型，其中，虚线框内为各关键部件，实线框内为惯性元件，用于模拟各部件的转动惯量，其余部分为传感器和信号收发接口。右侧点画线框内为控制策略的顶层架构，包括参数估计、模式选择、能量管理和动态协调四个主要模块。

在联合仿真平台下，为了对比分析，分别进行了稳态能量管理策略仿真和集成动态协调的能量管理策略仿真。当无动态协调时，控制策略将由 A 口输出，有动态协调时，控制策略从 B 口输出。

（1）系统动力学模型验证

基于我国典型城市工况，本节对整车动力学模型、发动机转矩估计模型和动态协调控制效果进行仿真验证。该工况下的车速情况如图 9-6 所示，可见集成动态协调控制策略后，整车控制策略能良好地满足工况需求。

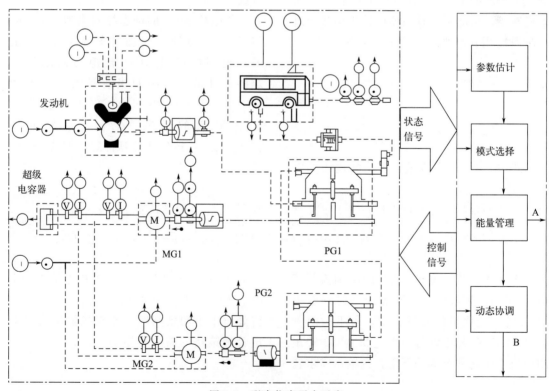

图 9-5　联合仿真平台示意

（2）发动机转矩估计

图 9-7 所示为发动机转矩估计结果与 AMESim 中仿真情况的对比，可见由控制策略估计得到的发动机转矩与仿真结果吻合较好，多数情况下两者误差不超过 3%，符合工程应用的需求，这是动态协调控制策略顺利实施的基础。

（3）模式切换过程仿真验证

在验证系统动力学模型和发动机转矩估计的准确性后，本节以 EV 模式和 EVT 模式的相互切换过程为例，就系统冲击度和各动力源的响应情况进行对比说明。

① EV 到 EVT 模式切换过程　图 9-8 所示为有、无动态协调控制策略时，EV 模式到 EVT 模式切换时的系统冲击度情况，可见加入动态协调策略后，系统冲击度得到了有效抑制，模式切换平稳。图 9-9 所示为各动力源及输出转矩的对比情况，在未进行动态协调时，电机 MG1 转矩快速上升，而电机 MG2 难以提供足够的补偿转矩，使得系统输出转矩下降，导致系统出现负向的冲击度，而在进行动态协调控制之后，电机 MG1 转矩的上升速率得到了有效抑制，电机 MG2 转矩也可以平稳增长以补偿输出，使得系统输出转矩平稳变化，从而保证了良好的平顺性。

② EVT 到 EV 模式切换过程　图 9-10 所示为 EVT 到 EV 模式切换的系统冲击度对比。可见，在不进行动态协调的情况，系统将产生很大的正向冲击度（峰值冲击度绝对值超过 $12m/s^3$），不仅影响乘坐舒适性，在拥堵的城市交通环境中也可能导致交通事故的发生。而在加入动态协调控制后，系统冲击度得到有效减少（峰值冲击度绝对值小于 $3m/s^3$）。如图 9-11 所示，在 EVT 模式切换到 EV 模式后，稳态能量管理策略会使得电机 MG2 输出转矩大幅增加，导致系统输出转矩的明显增加；而在加入动态协调控制后，电机 MG2 转矩在 EVT 模式中已经受到控制，主动进行补偿，在模式切换后仍平稳下降，系统输出转矩仅在模式切换瞬间小幅度减小，总体上仍平稳下降。

综上所述，加入动态协调控制后，无论是 EV 到 EVT 模式，还是 EVT 到 EV 模式，系统输出转矩都能平稳过渡，系统的冲击度得到显著改善。并且，在不同的切换过程中，动态协调策略会根据具体的模式切换过程，来决定是否对动力源进行补偿或限制，并且动态调整补偿值或限制值，在保证系统平顺性的同时，对复杂工况和驾驶员的操作也有良好的工况适应性。

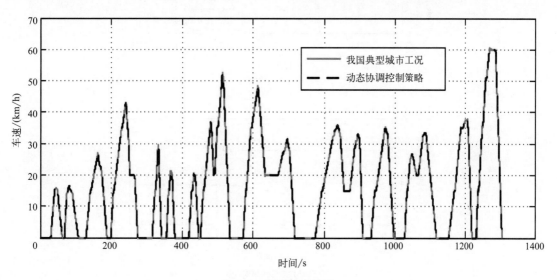

图 9-6　车速仿真结果

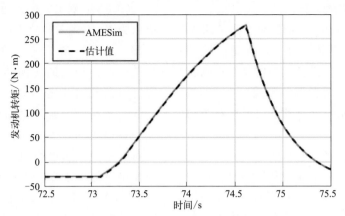

图 9-7　发动机转矩估计

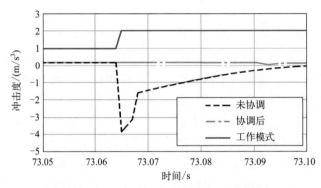

图 9-8　EV 到 EVT 模式的冲击度对比

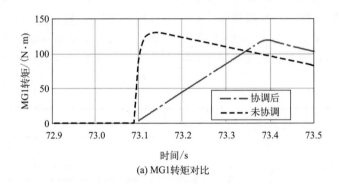

(a) MG1转矩对比

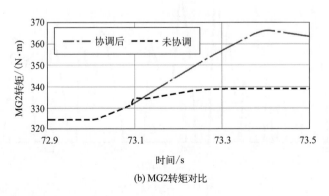

(b) MG2转矩对比

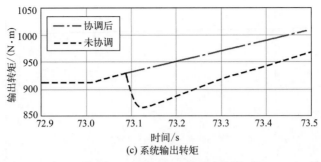

(c) 系统输出转矩

图 9-9　EV 到 EVT 的动态协调

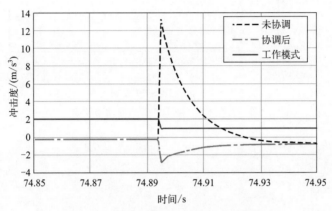

图 9-10　EVT 到 EV 模式的冲击度对比

本节利用 AMESim 和 Simulink 联合仿真平台，分别对建立的系统动力学模型、发动机转矩估计模型以及动态协调控制策略算法模型进行验证。仿真结果显示，在不同的模式切换过程中，所提出的预测模型和反馈控制相结合动态协调控制策略，都能保证系统输出转矩的平稳变化，显著降低了系统的冲击度。

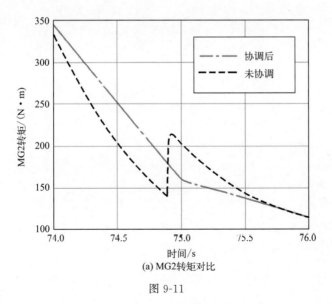

(a) MG2 转矩对比

图 9-11

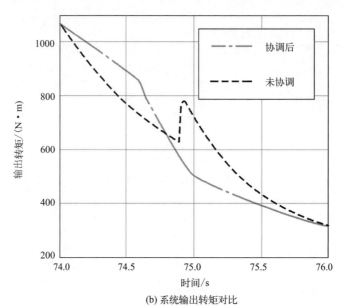

(b) 系统输出转矩对比

图 9-11　EVT 到 EV 模式的动态协调

扫一扫

本章小结

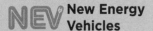

第4篇

新能源汽车系统
设计与开发

　　随着社会对环境和能源的要求越来越高，新能源汽车逐渐成为替代传统燃油汽车的重要方向。为推进新能源汽车的发展，需要对新能源汽车的各个方面进行深入的研究和开发。本篇主要介绍新能源汽车的系统设计和开发，其中包括新能源汽车的性能指标、参数匹配、整车控制器定义、工作模式设计、整车综合控制系统现代开发方法和基于CCP协议的整车控制器标定等各个方面的内容。

　　接下来的章节介绍新能源汽车的核心性能指标，包括动力性能、经济性能、平顺性能和排放性能，并分别给出相关的指标说明，这些指标是新能源汽车最重要的衡量标准之一，在产品开发中起到关键的作用。分别从动力性和经济性两个角度，介绍新能源汽车的参数匹配原则，同时提出详细的参数匹配方案和性能验证方法。而后根据新能源汽车控制系统的特点，从整车控制器的角度进行定义和设计。针对三种不同类型的新能源汽车，包括纯电动汽车、燃料电池电动汽车和插电式混合动力电动汽车，介绍各自工作模式设计基本原则。根据新能源汽车的控制系统特点，分析现代化的整车综合控制系统开发方法，包括基于V流程、SIL、HIL和Simulator的不同开发方法，并且给出相关的案例。最后介绍了基于CCP协议的整车控制器标定方法，这是新能源汽车开发和应用中不可缺少的环节之一。

　　本篇将循序渐进地介绍新能源汽车系统设计与开发的各个方面内容，为新能源汽车研究和开发提供较为全面和系统的参考和指导。

在探索新能源汽车的世界时，我们不仅见证了技术的飞速发展，也看到了多样化的能源应用方式。本章将专注于两种主要的新能源汽车类型：纯电动汽车（BEV）和混合动力汽车（HEV）。我们将深入探讨这两种车型的关键性能指标。

纯电动汽车作为一种完全依赖电池储存电能来驱动的车辆，提供了零尾气排放的运行模式，展现了其在环境保护方面的优势。混合动力汽车则通过内燃机和电动机的巧妙结合，优化了能源使用效率，同时减少了尾气排放。需要指出的是，尽管燃料电池汽车（FCEV）同样是新能源汽车领域的一个重要组成部分，但由于其技术特性和市场应用的差异性，将不在本章中介绍。我们的重点将集中在 BEV 和 HEV 上，以便为读者提供更深入、专注的分析和讨论。

通过本章的学习，读者将获得对纯电动汽车和混合动力汽车性能指标的全面了解，为进一步探索新能源汽车的广阔领域打下坚实的基础。

10.1 动力性能指标

汽车的动力性系指汽车在良好路面上直线行驶时由汽车受到的纵向外力决定的、所能达到的平均行驶速度。汽车是一种高效率的运输工具，运输效率的高低在很大程度上取决于汽车的动力性。所以，动力性是汽车各种性能中最基本、最重要的性能。

汽车的最高车速、加速时间和最大爬坡度是评定一辆传统动力汽车的动力性能的标准。对于纯电动汽车和混合动力汽车来说，动力源由发动机改为电动机，汽车的使用性能未发生任何变化，动力性评价指标依然是最高车速、加速时间和最大爬坡度。

最高车速是指在水平良好的路面（混凝土或沥青）上汽车能达到的最高行驶车速。汽车的加速时间表示汽车的加速能力，它对平均行驶车速有着很大影响，特别是轿车对加速时间更为重视。常用原地起步加速时间与超车加速时间来表明汽车的加速能力。

原地起步加速时间指汽车由 1 挡或 2 挡起步，并以最大的加速强度（包括选择恰当的换挡时机）逐步换至最高挡后到某一预定的距离或车速所需的时间。超车加速时间指用最高挡或次高挡由某一较低车速全力加速至某一高速所需的时间。因为超车时汽车与被超车辆并行，容易发生安全事故，所以超车加速能力强，并行行程短，行驶就安全。一般常用 $0\sim402.5m$ 或 $0\sim400m$ 的秒数来表明汽车原地起步加速能力；也有用 $0\sim96.6km/h$ 或 $0\sim100km/h$ 所需的时间来表明加速能力的。对超车加速能力还有一致的规定，采用较多的是用最高挡或次高挡由 $30km/h$ 或 $40km/h$ 全力加速行驶至某一高速所需的时间。

汽车的上坡能力是用满载（或某一载质量时）时汽车在良好路面上的最大爬坡度 i_{max} 表示的。显然，最大爬坡度是指 1 挡最大爬坡度。轿车最高车速大，加速时间短，经常在较好的道路上行驶，一般不强调它的爬坡能力；然而，它的 1 挡加速能力大，故爬坡能力也强。货车在各个地区的各种道路上行驶，所以必须具有足够的爬坡能力，一般在 30% 即 16.7°左右。

传统汽车的动力性指标的评价方法在各类传统燃油车的理论书籍中已经较为完善和全面，本节不再详细展开说明。

GB/T 18385—2024 中评价纯电动汽车动力性的指标有最高车速、最大爬坡度和加速时间，下面分别对这三个指标的试验方法及评价做出说明。

10.1.1　最高车速

GB/T 18385—2024 中评价纯电动汽车最高车速的有最高车速稳定和 30min 最高车速两个参数。

（1）最高车速稳定

最高车速（稳定）指按规定的试验方法，纯电动汽车能保持的最高稳定平均速度。其试验可分为标准试验程序（双方向试验）、单一方向试验程序和环形道路试验程序。

① 标准试验程序（双方向试验）　设定测试长度，应至少 200m。为了减少道路坡度和风向（风速）等因素造成的影响，依次从试验道路的两个方向进行试验，尽量使用道路的相同路径，两次测试应连续进行，间隔时间尽可能短。在符合 GB/T 18385—2024 试验要求的道路上将试验车辆加速，车辆在驶入测量区之前应加速到其所能达到的最高车速并稳定行驶 200m，保持这个车速进入测量区并持续行驶设定的测量长度。单次试验中车辆行驶速度最大值与最小值相差不应超过最小值的 2%，记录车辆通过测量区的时间 t_i；随即进行反方向的试验并记录 t_i。往返方向上的试验次数应相同且不少于 1 次，记录的 t_i 中最大值与最小值相差不应超过最小值的 3%。按照公式（10-1）计算试验结果

$$v = \frac{3.6L}{\bar{t}} \qquad (10\text{-}1)$$

式中，v 是实际最高车速（按照 GB/T 8170 修约至一位小数），单位为 km/h；$\bar{t}$ 为往返方向试验所测 t 的算术平均值，单位为 s；L 为设定的测量长度，单位为 m。

② 单一方向试验程序　由于试验道路的自身特性，车辆不能从两个方向达到其最高车速，可只从一个方向进行试验。试验过程中的平均风速在车辆行驶方向的水平分量不超过±2m/s。试验按照标准试验程序进行，连续重复进行 5 次，单次试验中车辆行驶速度最大值与最小值相差不应超过最小值的 2%，记录每次试验通过测量区的时间 t_i，t_i 的最大值与最小值相差不应超过最小值的 3%。v_i 按照式（10-2）～式（10-4）进行修正：

$$v_v = 3.6 \times |v| \qquad (10\text{-}2)$$

$$v_i = \frac{L \times 3.6}{t_i} \qquad (10\text{-}3)$$

$$v_i = v_t \pm v_v g f \qquad (10\text{-}4)$$

式中，如果风的水平分量与车辆行驶方向相反，则选择"+"号，否则选择"−"号。

v_v 为试验过程中的平均风速行驶方向水平分量，单位为 km/h；v 为所测量的风速行驶方向水平分量，单位为 m/s；v_i 为每次测量的最高车速，单位为 km/h；t_i 为每次试验通过测量区的时间，单位为 s；v_i 为第 i 次最高车速试验结果，单位为 km/h；f 为修正因数，取值为 0.6。

去掉 v_i 的最大值和最小值，由公式（10-5）计算得出最高车速 v（按照 GB/T 8170 修约至一位小数）。

$$v = \frac{1}{3} \sum_1^3 v_i \qquad (10\text{-}5)$$

③ 环形道路试验程序　在环形道路上标记测量的起始点。汽车在环形道路上加速至最高车速后至少稳定行驶 200m，在经过标记的起始点时开始测量，保持最高车速行驶，当车辆再次行驶到起始点时结束测量，至少行驶 3 次，记录每次试验通过测量区的时间 t_i 及车辆在测量区间的行驶距离。行驶过程中不应对方向盘施加任何用来修正方向的动作，记录的 t_i 中最大值与最小值相差不应超过最小值的 3%。计算如式（10-6）所示。

$$v_a = \frac{L \times 3.6}{\bar{t}} \qquad (10\text{-}6)$$

v_a 环形道路上的最高车速，单位为 km/h；$\bar{t}$ 为 t_i 的算术平均值，单位为 s；L 为汽车实际行驶的环形道路的长度，单位为 m。

用环形道路测量最高车速，需要考虑环形道路离心力的影响以及随之发生的汽车方向的变化，最高车速 v 应按公式(10-7)对 v_a 进行修正，并按照 GB/T 8170 修约至一位小数。

$$v = k v_a \qquad (10\text{-}7)$$

k 为根据 GB/T 18385—2024 附录 A 确定的修正因数（$1.00 \leqslant k \leqslant 1.05$）。

（2）30min 最高车速

30min 最高车速指电动汽车能够持续行驶 30min 以上的最高平均车速。30min 最高车速的试验可在环形跑道上进行，也可在底盘测功机上进行。

在底盘测功机上试验时，车辆按照 GB/T 18385—2024 规定的各类别车辆试验质量及载荷分布要求的试验载荷加载进行行驶阻力测定，行驶阻力测定方法按照如下规定进行：

轻型汽车行驶阻力可根据车辆制造厂的要求按照 GB 18352.6—2016 中附件 C 规定的滑行法或基于车辆参数计算道路载荷和行驶阻力的方法确定。采用滑行法时，车辆应行驶到比车辆制造厂规定的 30min 最高车速估计值高 10~15km/h 的车速，并稳定维持至少 1min 后开始滑行，若 30min 最高车速估计值与设计最高车速相同或相差小于 10km/h，应以车辆设计最高车速开始滑行。其他车辆行驶阻力测定可根据车辆制造厂的要求按照 GB/T 27840—2021 中附录 C 或附录 E 的规定进行。

在环形跑道上进行时，包括如下流程。

① 试验准备阶段　试验准备与 1km 最高车速的试验准备相同。

② 试验阶段　使试验车辆以该车 30min 最高车速估计值 ±5% 的车速行驶 30min。试验中车速如有变化，则可以通过踩加速踏板来补偿，从而使车速符合 30min 最高车速估计值 ±5% 的要求。

如果试验中车速达不到 30min 最高车速估计值的 95%，则试验应重做，车速可以是上述 30min 最高车速估计值或者是制造厂重新估计的 30min 最高车速。

③ 结果计算　测量车辆驶过的里程 s_1（单位：m），并按公式 $v_{30} = s_1/500$ 计算平均 30min 最高车速，v_{30} 的单位为 km/h。

按照 GB/T 18385—2024 规定的试验方法测量 30min 最高车速，其值应不低于 80km/h。

10.1.2　最大爬坡度

坡道起步能力应在有一定坡度角 α_1 的道路上进行。该坡度角 α_1 应近似于制造厂技术条件规定的最大爬坡度对应的角 α_0。实际坡度和厂定坡度之差，应通过增减质量 Δm 来调整。

（1）试验准备阶段

将试验车辆加载到最大设计总质量。

选定的坡道应有 10m 的测量区，测量区前应提供起步区域。将试验车辆停在起步区域。选定的坡度角尽可能地接近 α_0。如果该坡道坡度与厂定的最大爬坡度对应的坡度 α_0 有差距，则可根据式(10-8)通过增减装载质量的方法进行试验。

$$\Delta m = m \times \frac{\sin\alpha_0 - \sin\alpha_1}{\sin\alpha_1 + R} \qquad (10\text{-}8)$$

式中，m 为试验时的车辆最大设计总质量（按 GB/T 3730.2—1996 定义），kg；R 为滚动阻尼系数，一般为 0.01；α_1 为实际试验坡道所对应的坡度角；α_0 为制造厂技术条件规定的最大爬坡度对应的坡度角；Δm 应该均布于乘客舱和货舱中。

（2）试验阶段

以至少 10m/min 的速度通过测量区。如果车辆装有离合器和变速器，则应用最低挡启动车辆并以至少 10m/min 的速度通过测量区。

按照 GB/T 18385—2024 规定的试验方法，测量车辆爬坡车速和车辆最大爬坡度，应符合下列要求：

① 车辆通过 4％坡度的爬坡车速不低于 60km/h；

② 车辆通过 12％坡度的爬坡车速不低于 30km/h；

③ 车辆最大爬坡度不低于 20％。

10.1.3 加速时间

根据 GB/T 18385—2024，加速能力包括（$v_1 - v_2$）加速能力、原地起步加速能力和超越加速能力。下面根据车辆类别进行加速性能试验介绍，车辆类别可按照表 10-1 进行划分。

表 10-1 车辆类别划分

类别	轮数/个	质量/t	载客人数	载客/载货
M1	≥3	≤1	≤8	载客
M2	≥3	1<m≤5	>8	载客
M3	≥3	>5	—	载客
N1	≥3	≤3.5		载货
N2	≥3	3.5<m≤12		载货
N3	≥3	>12	—	载货

（1）M1、N1 类纯电动汽车加速性能试验

GB/T 18385—2024 中评价 M1、N1 类纯电动汽车加速性能的有 0～50km/h 加速性能和 50～80km/h 加速性能两个参数。

① 0～50km/h 加速性能试验 试验准备阶段与最高车速试验时的相同，然后将试验车辆停放在试验道路的起始位置，并启动车辆，将加速踏板快速踩到底，使车辆加速到（50±1）km/h。如果装有离合器和变速器，则将变速器挡位选为该车的起步挡位，迅速起步，将加速踏板快速踩到底，换入适当挡位，使车辆加速到（50±1）km/h，记录从踩下加速踏板到车速达到（50±1）km/h 的时间。以相反方向行驶再做一次相同的试验，0～50km/h 的加速性能是两次测得时间的算术平均值，单位为 s。

② 50～80km/h 加速性能试验 试验准备阶段与最高车速试验时的相同，然后将试验车辆停放在试验道路的起始位置，将试验车辆加速到（50±1）km/h，并保持这个车速行驶 0.5km 以上。将加速踏板踩到底，或使用离合器和变速器（如果装有）将车辆加速到（80±1）km/h。记录从踩下加速踏板到车速达到（80±1）km/h 的时间，如果最高车速小于 89km/h，则应达到最高车速的 90％，并应在报告中记录下最后的车速。以相反方向行驶再做一次相同的试验。50～80km/h 加速性能是两次测得时间的算术平均值，单位为 s。

（2）M2、M3 类纯电动汽车加速性能试验

GB/T 18385—2024 中评价 M2、M3 类纯电动汽车加速性能的有 0～30km/h 加速性能和 30～50km/h 加速性能两个参数。

① 0～30km/h 加速性能试验 试验准备阶段与最高车速试验时的相同，然后将试验车辆停放在试验道路的起始位置，并启动车辆。将加速踏板快速踩到底，使车辆加速到（30±1）km/h，如果装有离合器和变速器，则将变速器挡位选于该车的起步挡位，迅速起步；将加速踏板快速踩到底，换入适当挡位，使车辆加速到（30±1）km/h；记录从踩下加速踏板到车速达到（30±1）km/h 的时间。以相反方向行驶再做一次相同的试验。0～30km/h 加速性能是两次测得时间的算术平均值，单位为 s。

② 30～50km/h 加速性能试验 试验准备阶段与最高车速试验时的相同，然后将试验车辆停放在试验道路的起始位置，将试验车辆加速到（30±1）km/h，并保持这个车速行驶 0.5km 以上；将加速踏板踩到底，或使用离合器和变速器（如果装有）将车辆加速到（50±1）km/h，记录从踩下加速踏板到车速达到（50±1）km/h 的时间；如果最高车速小于 56km/h，则应达到最高车速的 90％，并应在报告中记录下最后的车速；以相反方向行驶再做一次相同的试验。30～50km/h 加速性能是

两次测得时间的算术平均值，单位为 s。

混合动力汽车同时具备大功率电动机和大容量储能装置，在超车、拖载或爬坡时，发动机和电动机联合驱动，同时输出峰值功率以获得足够大的加速度，满足车辆在特定工况下的动力需求。混合动力汽车在动力匹配上，通过将发动机/电动机动力参数、传动速比及主减速比进行合理匹配，并对两套动力源运行模式进行设定，以达到最优的整车性能，在满足动力需求的前提下提高整车的经济性。

故而新能源汽车的动力性能评价指标与传统汽车相同：最高车速、加速时间和最大爬坡度。

10.2 经济性能指标

纯电动汽车和燃料电池汽车是使用电力驱动，汽车经济性可以用能量消耗率和续驶里程来评价。续驶里程是评价汽车经济性的重要指标，同时也是电动汽车发展的关键影响因素，国家对电动汽车补贴政策也是围绕着续驶里程来确定的，续驶里程也会影响电动汽车用户的驾驶感受。能量消耗率取决于多个因素，包括车辆的型号、电池容量、驾驶行为、路况以及环境温度等，能量消耗通常以单位距离（比如每公里或每英里）消耗的电能量来衡量。

能量消耗率是电动汽车经过规定的试验循环后，对动力电池组重新充电至试验前的容量，从电网上得到的电能除以行驶里程所得的值，单位为 W·h/km。

续驶里程是电动汽车在动力电池组完全充电状态下，以一定的行驶工况，能连续行驶的最大距离，单位为 km。

根据 GB/T 18386.1—2021 确定能量消耗率和续驶里程应该使用相同的试验程序，试验条件也按其要求准备。

（1）试验准备阶段

对动力电池组充电，测量来自电网的能量。除非车辆制造厂或动力电池组制造厂有其他的规定，动力电池组的初次充电可以按照 GB/T 18385—2024 规定的充电程序进行，使动力电池组达到全充满状态。

试验车辆应依据每项试验的技术要求加载；在环境温度下，试验（在环形跑道上或在底盘测功机上）车辆轮胎气压应符合车辆制造厂的规定；机械运动部件用润滑油黏度应符合制造厂的规定；车上的照明、信号装置以及辅助设备应该关闭，除非试验和车辆白天运行对这些装置有要求；除驱动用途外，所有的储能系统应充到制造厂规定的最大值（电能、液压、气压等）；试验驾驶员应按车辆制造厂推荐的操作程序使动力电池组在正常运行温度下工作；试验前，试验车辆应至少用安装在试验车辆上的动力电池组行驶300km；在 5～32℃ 环境温度下进行室外试验，在 20～30℃ 室温下进行室内试验。

（2）试验阶段

进行工况或等速条件下的续驶里程试验，下面对等速法做出详细介绍。

在动力电池组充电结束时记录该时刻。在此之后 4h 之内开始按照规定的试验程序进行试验。在试验执行期间，如果车辆需要移动，则不允许使用车上的动力将车辆移动到下一个试验地点（不允许使用制动能量回收）。

① 适用于 M1、N1 类车的等速法 试验条件应符合 GB/T 18385—2024 中的规定。在道路上进行等速试验。试验过程中允许停车两次，每次停车时间不允许超过 2min，当车辆的行驶速度达不到 54km/h 时停止试验。

记录试验期间试验车辆的停车次数和停车时间。试验结束后，记录试验车辆驶过的距离 D（单位为 km），测量值按四舍五入，该距离即为等速法测量的续驶里程，同时记录所用时间（用 h 和 min 作单位）。

② 适用于 M1、N1 类以外的纯电动汽车的等速法 试验条件应符合 GB/T 18385—2024 中的规定。在道路上进行（40±2）km/h 的等速试验。试验过程中允许停车两次，每

次停车时间不允许超过 2min，当车辆的行驶速度达不到 36km/h 时停止试验。

记录试验期间试验车辆的停车次数和停车时间。试验结束后，记录试验车辆驶过的距离 D（单位为 km），测量值按四舍五入圆整到整数，该距离即为等速法测量的续驶里程。同时记录所用时间（用 h 和 min 作单位）。

试验后，在 2h 之内将车辆与电网连接，按照 GB/T 18385—2024 的规定为车辆的动力电池组充满电。在电网与车辆充电器之间连接能量测量装置，在充电期间测量来自电网的能量 E（单位为 W·h）。

（3）结果计算

计算能量消耗率 $C = E/D$，单位为 W·h/km，将结果圆整到整数。其中，E 为充电期间来自电网的能量，W·h；D 为试验期间行驶的总距离即续驶里程，km。

混合动力汽车的燃油经济性可以类比于传统燃油车的燃油经济性指标进行定义。主要以百公里油耗值来作为燃油经济性指标。具体可以根据"轻型混合动力电动汽车能量消耗量试验方法"（GB/T 19753—2021）和"重型混合动力电动汽车能量消耗试验方法"（GB/T 19754—2021）规定的具体方法进行测试。

10.3 平顺性能指标

汽车的平顺性主要是使汽车在行驶过程中产生的振动和冲击环境对乘员舒适性的影响保持在一定界限之内，因此平顺性主要根据乘员主观感觉的舒适性来评价，对于载货汽车还包括保持货物完好的性能，它是现代高速汽车的主要性能之一。

汽车的平顺性可由图 10-1 所示的"路面-汽车-人"系统框图来分析。路面不平度和车速形成了对汽车振动系统的"输入"，此"输入"经过由轮胎、悬架、坐垫等弹性、阻尼元件和悬挂、非悬挂质量构成的振动系统的传递，得到振动系统的"输出"是悬挂质量或进一步经座椅传至人体的加速度，此加速度通过人体对振动的反应——舒适性来评价汽车的平顺性。当振动系统的"输出"作为优化的目标时，通常还要综合考虑车轮与路面间的动载和悬架弹簧的动挠度。它们分别影响"行驶安全性"和撞击悬架限位的概率。

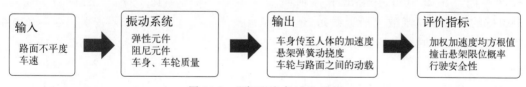

图 10-1　"路面-汽车-人"系统

研究平顺性的主要目的就是控制汽车振动系统的动态特性，使振动的"输出"在给定工况的"输入"下不超过一定界限，以保持乘员的舒适性。

机械振动对人体的影响，取决于振动的频率、强度、作用方向和持续时间，而且每个人的心理与身体素质不同，故对振动的敏感程度有很大差异。尽管 20 世纪 30 年代以来在这一方面进行了许多试验研究工作，但

难以得到公认的评价方法和指标。直到 1974 年，国际标准化组织（ISO）在综合大量有关人体全身振动研究成果的基础上，制定了国际标准 ISO2631：《人体承受全身振动评价指南》，后来对它进行过修订、补充。从 1985 年开始进行全面修订，于 1997 年公布了 ISO2631-1：1997（E）《人体承受全身振动评价——第一部分：一般要求》，此标准对于评价长时间作用的随机振动和多输入

点多轴向振动环境对人体的影响时，能与主观感觉更好地符合。许多国家都参照它进行汽车平顺性的评价，我国对相应标准进行了修订，公布了 GB/T 4970—2009《汽车平顺性试验方法》。

ISO2631-1：1997（E）标准中规定了如图 10-2 所示的人体坐姿受振模型。在进行舒适性评价时，它除了考虑座椅支承面处输入点三个方向的线振动，还考虑该点三个方向的角振动，以及座椅靠背和脚支承面两个输入点各三个方向的线振动，共三个输入点十二个轴向的振动。

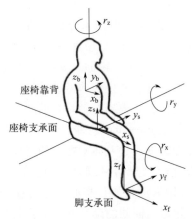

图 10-2　人体坐姿受振模型

此标准仍认为人体对不同频率振动的敏感程度不同，在图 10-3 中给出了各轴向 0.580Hz 的频率加权函数（渐近线），还考虑不同输入点、不同轴向的振动对人体影响的差异。

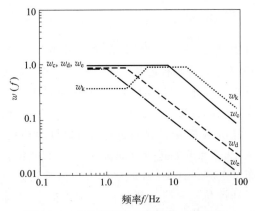

图 10-3　各轴向频率加权函数（渐近线）

ISO2631-1：1997（E）标准中规定，当振动波形峰值系数＜9〔峰值系数是加权加速度时间历程 $a_w(t)$ 的峰值与加权加速度均方根值比值的绝对值〕时，用基本的评价方法——加权加速度均方根值来评价振动对人体舒适和健康的影响。根据测量，各种汽车包括越野汽车，在正常行驶工况下对这一方法均适用。

（1）基本的评价方法

用基本的评价方法来评价时，先计算各轴向加权加速度均方根值，具体有两种计算方法。

① 对记录的加速度时间历程 $a(t)$ 通过相应频率加权函数 $w(f)$ 的滤波网络得到加权加速度时间历程 $a_w(t)$，按式（10-5）计算加权加速度均方根值。

$$a_w = \left[\frac{1}{T} \int_0^T a_w^2(t)\mathrm{d}t \right]^{\frac{1}{2}} \quad (10\text{-}5)$$

式中，T 为振动的分析时间，一般取 120s。

频率加权函数 $w(f)$（渐进线）可表示为

$$w_k(f) = \begin{cases} 0.5, & 0.5 < f < 2 \\ f/4, & 2 < f < 4 \\ 1, & 4 < f < 12.5 \\ 12.5/f, & 12.5 < f < 80 \end{cases}$$
$$(10\text{-}6)$$

$$w_d(f) = 2 \begin{cases} 1, & 0.5 < f < 2 \\ 2/f, & 2 < f < 80 \end{cases} \quad (10\text{-}7)$$

$$w_c(f) = \begin{cases} 1, & 0.5 < f < 8 \\ 8/f, & 8 < f < 80 \end{cases} \quad (10\text{-}8)$$

$$w_e(f) = \begin{cases} 1, & 0.5 < f < 1 \\ 1/f, & 1 < f < 80 \end{cases} \quad (10\text{-}9)$$

式中，f 为频率，Hz。

② 对记录的加速度时间历程 $a(t)$ 进行频谱分析得到功率谱密度函数 $G_a(f)$，按式（10-10）计算。

$$a_w = \left[\int_{0.5}^{80} w^2(f)G_a(f)\mathrm{d}f \right]^{\frac{1}{2}}$$

$$(10\text{-}10)$$

③ 当同时考虑座椅支承面 y 及这三个轴向振动时，三个轴向的总加权加速度均方根值按式（10-11）计算。

$$a_v = [(1.4a_{xw})^2 + (1.4a_{yw})^2 + a_{zw}^2]^{\frac{1}{2}}$$
(10-11)

④ 有些"人体振动测量仪"采用加权振级 L_{aw}，它与加权加速度均方根值 a_w 的换算公式为：

$$L_{aw} = 20\lg(a_w/a_0)$$ (10-12)

式中，a_0 为参考加速度均方根值，$a_0 = 10^{-6} m/s^2$。

表 10-2 中给出了加权振级 L_{aw} 和加权加速度均方根值 a_w 与人的主观感觉之间的关系。

表 10-2 L_{aw} 和 a_w 与人的主观感觉之间的关系

加权加速度均方根值 $a_w/(m/s^2)$	加权振级 L_{aw}/dB	人的主观感觉
<0.315	110	没有不舒适
0.315~0.63	110~116	有一些不舒适
0.5~1.0	114~120	较不舒适
0.8~1.6	118~124	不舒适
1.25~2.5	112~128	很不舒适
>2.0	126	极不舒适

（2）辅助评价方法

当峰值系数 >9 时，ISO2631-1：1997（E）标准中规定 4 次方和根值的方法来评价，它能更好地估计偶尔遇到过大的脉冲引起的高峰值系数振动对人体的影响，此时采用辅助评价方法——振动剂量值为：

$$VDV = \left[\int_0^T a_w^4(t)dt\right]^{\frac{1}{4}}$$ (10-13)

式中，T 为振动持续时间。

10.4 排放性能指标

新能源汽车的排放性能通常与传统燃油汽车有显著的差异，新能源汽车采用电力或氢燃料作为能源时，不同于传统内燃机的燃烧过程，以下是其主要的排放性能指标。

① 零尾气排放 纯电动汽车和燃料电池汽车在使用过程中没有尾气排放，因为它们不产生燃烧排放物，如一氧化碳（CO）、氮氧化物（NO_x）和颗粒物。

② 碳排放 碳排放是指车辆使用过程中释放到大气中的二氧化碳（CO_2）等温室气体。纯电动汽车在行驶过程中不产生直接的尾气排放，但其碳排放取决于电力的生成方式。如果电力来自燃煤等高碳源，电动汽车的整体碳排放可能会较高。然而，使用清洁能源生成的电力可以显著降低碳排放。

③ 制造阶段排放 新能源汽车在制造阶段可能会涉及能源消耗和材料生产等，从而产生一定量的温室气体排放。这些排放通常被称为"生命周期排放"，包括制造、运输、电池生产等各个环节。

④ 能源来源 新能源汽车的排放性能还受到能源来源的影响。使用可再生能源（如太阳能、风能）充电电池或生产氢燃料可以显著减少整体排放。政府和能源供应商的支持以及能源市场的发展，可以推动新能源汽车的能源来源向更清洁的方向转变。

⑤ 氢燃料汽车的排放 氢燃料电池汽车使用氢气与氧气反应产生电力，其排放仅为水蒸气。然而，氢气的生产和供应链也可能涉及碳排放，特别是当氢气是通过化石燃料重整制得时。

对于混合动力汽车，由于其存在发动机和电动机联合驱动，发动机部分的排放性能指标需要额外考虑。参照国标 18352.6—2016，试验测定排放气体中一氧化碳（CO）、碳氢化合物（HC）、氮氧化物（NO_x）、碳氢化合物和氮氧化物（HC + NO_x）。压燃式发动机汽车应包括颗粒物（PM）含量。表 10-3 给出了型试验排放限值。

表 10-3　Ⅰ型试验排放限值

项目			测试质量（TM）/kg	限值/（g/km）				
阶段	类别	级别		CO	THC	NO$_x$	N$_2$O	PM
6a 阶段	第一类车	—	全部	0.7	0.1	0.06	0.02	0.0045
	第二类车	Ⅰ	TM≤1305	0.7	0.1	0.06	0.02	0.0045
		Ⅱ	1305＜TM≤1760	0.88	0.13	0.075	0.025	0.0045
		Ⅲ	1760＜TM	1	0.16	0.082	0.03	0.0045
6b 阶段	第一类车	—	全部	0.5	0.05	0.035	0.02	0.003
	第二类车	Ⅰ	TM≤1305	0.5	0.05	0.035	0.02	0.003
		Ⅱ	1305＜TM≤1760	0.63	0.065	0.045	0.025	0.003
		Ⅲ	1760＜TM	0.74	0.08	0.055	0.03	0.003

表 10-3 中的Ⅰ型试验指常温下冷启动后排气污染物排放试验。第一类车指包括驾驶员座位在内，座位数不超过六座，且最大总质量不超过 2500kg 的 M1 类汽车。第二类车指本标准适用范围内除第一类车以外的其他所有轻型汽车。

根据国标 18352.6—2016，Ⅰ型试验中的气态污染物应使用下列仪器分析。

① 一氧化碳（CO）和二氧化碳（CO$_2$）分析仪：不分光红外线吸收（NDIR）型。

② 总碳氢化合物（HC）分析仪：对点燃式发动机，使用氢火焰离子化（FID）型分析仪，用丙烷气体标定，以碳原子（C$_1$）41 当量表示。对压燃式发动机，使用加热式氢火焰离子化（HFID）型分析仪，其检测器、阀、管道等加热至 463K（190℃）±10K，用丙烷气体标定，以碳原子（C$_1$）当量表示。

③ 氮氧化物（NO$_x$）分析仪：使用化学发光（CLA）型或非扩散紫外线谐振吸收（NDUVR）型分析仪，均需带有 NO$_x$-NO 转换器。

扫一扫

本章小结

④ 颗粒物：用重量法测定收集的颗粒物，这些颗粒物应通过装在样气流中的两个串联安装的滤纸收集。

新能源汽车若存在压燃式发动机，应使用带有记录器（R）的氢火焰离子化（HFID）型分析仪及加热的取样管路连续地进行 HC 分析。被测得的碳氢化合物平均浓度应由积分确定，试验期间加热取样管的温度应控制在 463K±10K（190℃±10℃）。加热取样管路中应加装一个对不小于 0.3μm 颗粒物滤清效率为 99% 的加热滤清器，以滤掉分析用的连续气流中的固体颗粒物。取样系统的响应时间（从探头至分析仪入口）应不大于 4s。颗粒物取样装置由稀释通道、取样探头、过滤单元、分流泵、流量调节器和测量单元组成。颗粒物取样的部分流量是通过两个串联安装的滤纸抽取的。颗粒物取样探头应设置在试验气流的稀释区，使其从均匀的空气/排气混合气中取得有代表性的样气，空气/排气混合气的温度在紧靠滤纸之前应不超过 325K（52℃）。在流量计中气流温度的波动应不大于±3K，而质量流量比波动不得大于±5%。若滤纸超载导致流量容积变化无法接受，试验应停止，重新试验时应减少流量比，或使用较大的滤纸。滤纸在开始试验前 1h 内应从空调室取出，试验前应在空调室内进行至少 8h 最多 56h 的预处理（与温度和湿度有关），并置于防止灰尘进入的开口盘中。经过预处理的滤纸若从称重室拿出来 1h 内未使用，应再次称重。

在探讨了"新能源汽车的性能指标"之后，我们已经对电动汽车的主要性能有了深入理解。如何发挥新能源汽车最大的效能，优化这些性能指标间的关系，使它们之间能够相互支撑，相互促进，是至关重要的一步。因此，在本章中，将深入探讨如何通过科学合理地匹配和优化这些参数，来提升新能源汽车的整体表现。

11.1 动力性参数匹配基本原则

动力性参数匹配中，由于混合动力汽车集传统燃油汽车的发动机以及纯电动汽车的电机于一体，因而更具有代表性，故以混合动力汽车为例进行说明。

（1）整车总功率匹配

新能源汽车的动力性指标包括最高车速 v_{max} 加速时间 T 及最大爬坡要求 i_{max}。首先，根据最高车速 v_{max} 确定的最大功率为：

$$P_{max1} = \frac{v_{max}}{3600\eta_t}\left(mgf + \frac{C_D A v_{max}^2}{21.15}\right)$$

$$(11-1)$$

式中，η_t 为动力传动系统效率；f 为滚动阻力系数；C_D 为空气阻力系数；A 为汽车前端投影面积（迎风面积）。

其次，根据爬坡性能确定的最大功率为：

$$P_{max2} = \frac{v_i}{3600\eta_t}\left(mgf\cos\alpha_{max}\right.$$
$$\left. + mg\sin\alpha_{max} + \frac{C_D A v_i^2}{21.15}\right) \quad (11-2)$$

式中，α_{max} 为最大爬坡度；v_i 为爬坡车速。

最后，根据加速性能来确定动力源总功率。汽车起步加速过程可以按式（11-3）来表示，即

$$v = v_m\left(\frac{t}{t_m}\right)^x \quad (11-3)$$

式中，x 是拟合系数，一般取 0.5；t_m、v_m 分别为起步加速过程的时间（s）和末车速（km/h）。

整车在加速过程的末时刻，动力源输出最大功率，因此，加速过程最大功率要求可表示为：

$$P_{max3} = f(T, v_m) = \frac{\delta m v_m^2}{360\eta_t}\left[1 - \left(\frac{T - 0.1}{T}\right)^x\right]$$
$$+ \frac{mgfv_m}{3600\eta_t} + \frac{C_D A}{76140\eta_t}v_m^3 \quad (11-4)$$

根据上述动力性三项指标计算各工况最大功率，动力源总功率 P_{total} 必须满足上述所有的设计要求，因此动力源总功率为：

$$P_{total} = \max(P_{max1}, P_{max2}, P_{max3})$$

$$(11-5)$$

（2）发动机功率匹配

发动机功率匹配主要根据稳态功率（包括以巡航车速行驶的功率要求 P_{e1}、爬坡功率要求 P_{e2}、循环工况的平均功率要求 P_{e3}、极限加速过程的平均功率要求 P_{e4}）确定发动机功率。

$$P_e \geq P_{emax} = \max(P_{e1}, P_{e2}, P_{e3}, P_{e4})$$

$$(11-6)$$

其中，循环工况的平均功率 P_{e3} 为：

$$P_{e3} = \frac{1}{T_{cyc}\eta_t}\int_0^{T_{cyc}} P_{wh}(t)dt, \quad P_{wh} > 0$$

$$(11\text{-}7)$$

极限加速过程的平均功率 P_{e4} 为：

$$P_{e4} = \frac{1}{3600\eta_t t_{acc}}\int_0^{t_{acc}} F_t(t)v(t)dt$$

$$(11\text{-}8)$$

（3）电机功率匹配

电机的功率匹配主要根据启动发动机功率要求 P_{m1}、电动驱动行驶功率要求 P_{m2} 和加速峰值功率要求 P_{m3} 确定，电机功率 P_m 为：

$$P_{m2} = \frac{1}{3600\eta_t t_m}\left(\frac{\delta m v_m^2}{2\times3.6} + mgf\int_0^{t_m} v_m\left(\frac{t^{0.5}}{t_m^{0.5}}\right)dt + \frac{C_D A}{21.15}\int_0^{t_m} v_m^3\left(\frac{t^{1.5}}{t_m^{1.5}}\right)dt\right) \quad (11\text{-}11)$$

电机加速助力时的峰值功率 P_{m3} 为：

$$P_{m3} = \frac{\delta m v_m}{3600 n_t}\times\frac{dv}{dt} \quad (11\text{-}12)$$

（4）电池参数匹配

电池是新能源汽车参数匹配中的被动元件，其参数匹配原则主要考虑电池功率要求、能量要求和电压等级三个问题。对具有 Plug-In 功能的混合动力汽车，其功率要求和能量要求更加苛刻，主要体现在以下两方面。

第一，电池的功率要求。电动驱动行驶时，电池要能满足加速时电机驱动整车的功率要求。即

$$P_{battery} \geqslant \frac{P_{mmax}}{\eta_b} \quad (11\text{-}13)$$

式中，$P_{battery}$、η_b、P_{mmax} 分别为电池峰值功率、效率和电机峰值功率。电池的输出功率要大于所选择驱动电机的功率总和。

动力电池对其充放电电流有一定的限制，否则，充放电电流过大会造成电池温度升高，降低电池的使用寿命。电池的充放电电流与容量有关，最大电流一般限制在 $3\sim 5C$（C 为电池的容量）。

根据电压等级以及电机启动发动机的功率需求代入公式（11-14），可计算电池的最大电流。

$$P_m \geqslant P_{mmax} = \max(P_{m1}, P_{m2}, P_{m3})$$

$$(11\text{-}9)$$

启动发动机功率 P_{m1} 为：

$$P_{m1} = \frac{1}{1000 t_{start}}\int_0^{w_{idle}} J_e w_e dw_e + \frac{T_d w_{idle}}{1000}$$

$$(11\text{-}10)$$

车辆起步与低速电动驱动行驶功率 P_{m2} 为：

$$P_{battery} = IU = \frac{P_{m1}}{\eta_m \eta_b} \quad (11\text{-}14)$$

$$I_{max} = \frac{P_{m1}}{\eta_m \eta_b U} \quad (11\text{-}15)$$

式中，I_{max} 为电池最大放电电流，A；U 为电池最大放电电压，V；η_m 为电机系统效率。

Plug-In 混合动力汽车对动力电池的要求比一般的混合动力汽车高，特别是当 SOC 较低时，电池也应能输出较大功率满足电机驱动功率要求，即电池在 SOC 较低时也能大功率放电。

第二，电池的能量要求。电池储存的能量越多，电动驱动续驶里程越长，电动驱动比例越高，对国家电网电能的利用率也越高，从而减少发动机发电带来的能量二次转换，节能能力越强。Plug-In 混合动力汽车的动力电池一次充电（通常在夜间，国家电网用电波谷充电）应满足一天行驶的能量要求，这些能量要求主要是电机纯电动驱动能量要求、电机加速助力能量要求和电动附件正常工作能量要求等，即

$$E_{battery} = \int_0^{T_1} \frac{P_m}{\eta_m \eta_{bdisch}}dt + \int_0^{T_2} \frac{P_a}{\eta_a \eta_{bch}}dt - \int_0^{T_3} \frac{P_g}{\eta_{bch}}dt$$

$$(11\text{-}16)$$

式中，$E_{battery}$、P_m、P_a、P_g 分别为电池能量、电机驱动功率、电动附件功率和再生制动功率；T_1、T_2、T_3 分别为电机驱动时间、电动附件工作时间和制动能量回收时间；η_{bch}、η_a、η_{bdisch} 分别为电池充电效率、附件效率和电池放电效率。

考虑到电池使用寿命和实际工作情况，车用电池不能 100% 放电，需确定电池放电窗口 ΔSOC，最终电池能量 $E_{battery}$ 应为：

$$E_{battery} \geqslant \frac{\int_0^{T_1} \frac{P_m}{\eta_m \eta_{bdisch}} dt + \int_0^{T_2} \frac{P_a}{\eta_a \eta_{bch}} dt - \int_0^{T_3} \frac{P_g}{\eta_{bch}} dt}{\Delta SOC}$$

(11-17)

11.2 经济性参数匹配基本原则

新能源汽车的参数匹配常常还要考虑经济性，如图 11-1 所示，以某 P2＋P3 构型的双电机混合动力系统为例，介绍参数匹配过程中经济性原则的考虑内容。

起步和低速时，低速大转矩需求是该阶段的最大特点。相比于发动机，电机的特性更符合低速大转矩的要求，因此，该系统的起步和低速驱动主要由电机 MG2 承担。中高速情况下，发动机的工作特性较好，整车的驱动主要由发动机完成，但相比于传统汽车，发动机功率较小，因此为了满足动力性要求，还需电机的助力。在整车动力性要求较大时，低速部分的功率需求由电机 MG2 和发动机共同承担，而中高速部分的功率需求主要是发动机和电机 MG1 共同承担。在整车驱动中，双电机混合动力系统的三动力源承担不同的驱动任务，驱动任务分工明确，为动力源的效率匹配提供便利条件，可以在不对动力源提出特殊要求的前提下，将动力源高效区置于不同的位置，完成动力源的高效区匹配，有利于在实际驱动中动力源效率的最大发挥。

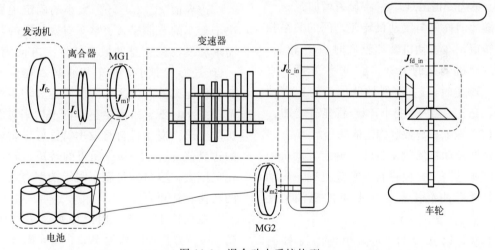

图 11-1　混合动力系统构型

11.2.1 发动机高效区匹配原则

（1）发动机的效率特性

根据发动机原理，发动机的效率特性可由发动机燃油消耗率描述，燃油消耗率与指示热效率 η_{it} 和机械效率 $\eta_{E,m}$ 有关，即

$$g_e \propto \frac{1}{\eta_{it} \eta_{E,m}}$$

(11-18)

$$\eta_{it} = \frac{W_i}{Q_1}$$

(11-19)

$$\eta_{E,m} = \frac{p_{me}}{p_{me} + p_{mm}} \quad (11-20)$$

式中，W_i 为发动机实际循环指示功；Q_1 为所消耗的燃料的热量；p_{me} 为平均值压力，p_{mm} 为平均机械损失压力。而

$$Q_1 = \frac{\phi_c V_s \rho_s H_u}{\phi_a l_0} \quad (11-21)$$

$$T_q \propto p_{me} \quad (11-22)$$

$$g_e \propto \frac{\phi_c V_s \rho_s H_u}{W_i \phi_a l_0} \left(1 + \frac{p_{mm}}{T_{tq}}\right) \quad (11-23)$$

式中，ϕ_a 为充气系数；V_s 为气缸工作容积；ϕ_c 为过量空气系数；H_u 为燃料低热值；l_0 为化学计量空燃比。

燃油消耗率与发动机转矩之间并不是简单的线性关系，在发动机负荷较小时燃油消耗率 g_e 较高，随着发动机负荷增加，燃油消耗率 g_e 下降很快，并且到达某一负荷时，g_e 达到最低值。负荷继续增加，过量空气系数 ϕ_c 变小，混合气形成与燃烧开始恶化，g_e 开始上升。如果继续增加负荷，则空气相对不足，燃烧变得困难，g_e 将显著增加。

燃油消耗率与发动机转速之间的关系相似于转矩，在发动机转速较低时，g_e 较高，随着发动机转速的上升，g_e 开始下降，直到某一转速时，g_e 达到最低值，转速继续上升，充气系数 ϕ_a 变小，g_e 将显著增加。

（2）发动机高效区确定依据

根据发动机的效率特性，确定发动机的高效区通过两个方面进行，首先是确定发动机的最低燃油消耗点 A，A 点的燃油消耗率 $g_e = g_{emin}(T_e, n_e)$。

其次，以 A 点为中心，燃油消耗率 g_e 满足条件：

$$g_{ei} \leqslant g_{eeff}(T_e, n_e) \quad (11-24)$$

① 最低燃油消耗率 $g_{emin}(T_e, n_e)$ 的确定　发动机的最低燃油消耗率是与发动机功率、发动机类型、燃烧条件，进排气系统等很多因素相关的函数。从设计的角度，总是希望以最低的燃油消耗获得最大的功率输出。最低燃油消耗率确定了发动机最高效率，最低燃油消耗率是与发动机转速和转矩相关的一个量，最低燃油消耗率的位置决定了发动机高效区的中心位置。

很难用精确的数学公式准确计算发动机的最低燃油消耗率 $g_{emin}(T_e, n_e)$，实际中，通常是通过实验的方法标定最低燃油消耗率及其在发动机万有特性所处的位置，这个位置是由发动机转速 n_{gemin} 和转矩 T_{gemin} 确定的。如，某 160kW 发动机的最低燃油消耗率为 200g/（kW·h），其高效区位置的转速为 1500r/min，转矩为 600N·m。

② 高效区边界条件值 $g_{eeff}(T_e, n_e)$ 的确定　高效区中心位置 $g_{emin}(T_e, n_e)$ 确定以后，确定高效区的关键就在于确定边界条件 $g_{eeff}(T_e, n_e)$。边界条件 $g_{eeff}(T_e, n_e)$ 是一个与发动机转速和发动机转矩相关的函数，实际中 $g_{eeff}(T_e, n_e)$ 所确定的转速与转矩就是控制策略中模式切换的边界条件，混合动力系统的节油率也在很大程度上取决于 $g_{eeff}(T_e, n_e)$ 所涵盖的转速与转矩范围。

边界值 $g_{eeff}(T_e, n_e)$ 大小的确定主要取决于整车的节油率 Δ、整车对发动机的功率需求和发动机自身的效率特性三方面因素。$g_{eeff}(T_e, n_e)$ 越小，整车节油率 Δ 越高，但必然使定义的高效区范围的转速和转矩变化范围缩小，不容易满足整车需求功率对发动机的要求。发动机自身效率特性好，则同样的边界值 $g_{eeff}(T_e, n_e)$ 涵盖的转矩、转速变化范围大，容易满足整车需求功率对发动机的转速和转矩要求。

在理论上，可以用泛函数来表达 $g_{eeff}(T_e, n_e)$ 与整车的节油率 Δ、整车对发动机的功率需求和发动机自身的效率特性的关系。假设，整车对发动机的需求功率为 P_{Ecycle}，发动机自身的效率为 η_e，则

$$g_{eeff}(T_e, n_e) = f(\Delta, P_{Ecycle}, \eta_e)$$

$$(11-25)$$

实际中，往往通过实验和仿真的方法，通过分析实验数据，拟合和插值求解发动机

的油耗，然后通过仿真计算，根据仿真的节油率，反向推算 $g_{\text{eeff}}(T_e, n_e)$。

11.2.2 电机高效区匹配原则

（1）电机的效率特性

输出功率变化时，电机效率的变化曲线 $\eta_m = f(P_m)$，称为效率特性。电机输出功率逐渐增加时，电机可变损耗（定子损耗、转子损耗、附加损耗）增加，但由于输出功率增加快于损耗增加速度，因此，效率上升较快，当输出功率与损耗功率（机械损耗、铁耗）相等时，电机的效率达到最大值，随后负载继续增加，可变损耗增加很快，效率开始下降。一般电机的最大效率点发生在 $0.7 \sim 1.1$ 倍的额定功率范围内，如图 11-2 所示。

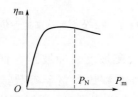

图 11-2　电机功率与效率关系曲线

其中功率 P_m 是电机转矩 T_m 和转速 n_m 的函数，因此，电机的效率也是电机转矩 T_m 和转速 n_m 的函数，即

$$\eta_m = f(T_m, n_m) \qquad (11\text{-}26)$$

电机效率与电机的负载（相对应于电机的输出转矩）有很大关系，一般，电机在空载或轻载时，效率很低，效率随负载增加而增加，在额定负载附近，效率达到最大，额定效率 η_N 在 $86\% \sim 94\%$ 之间。因此，电机匹配时应使负载集中在常用驱动转矩附近，不能使电机长期在轻载下工作。随着负载的增加，电机转子的功率因素下降，电机效率降低。

电动机的效率与转速的关系体现在电机在启动瞬间，电机转速（也是电机转子转速）$n_m = 0$，转差率 $s = 1$，转子与旋转磁场

之间的相对速度最大，所以在转子导体上产生的感应电动势和电流也最大，定子绕组中的电流可达到电动机额定电流的 $4 \sim 7$ 倍，这时转子铜耗和电磁功率相应增大，但铜耗与电流的平方成正比，而电磁功率与电流的一次方成正比，因此电机效率在低速时较低，随着转速的增加，转差率减小，效率提高，到额定功率转速时转差率最小，一般为 $2\% \sim 5\%$，效率达到最大，随着转速的继续增加，电机进入恒功率区，效率逐步下降。

（2）电机高效区确定依据

根据电机的效率特性，电机的高效区确定方法主要是确定电机的额定转速、额定转矩附近的最大效率点 $\eta_{\text{mmax}}(T_m, n_m)$ 并以此点为中心，效率满足

$$\eta_{\text{mi}} \geqslant \eta_{\text{meff}}(T_m, n_m) \qquad (11\text{-}27)$$

① 最高效率 $\eta_{\text{mmax}}(T_m, n_m)$ 的确定　最高效率的大小与电机类型（永磁电机、感应电机、开关磁阻电机）、电机设计、电机控制等因素有关，根据电机的效率特性，电机的最高效率一般发生在额定转速和额定转矩确定的额定功率附近（$0.7 \sim 1.1$），因此，在电机的匹配中，电机的最高效率点可以根据额定转速和额定转矩分量确定。

② 电机高效区边界条件 $\eta_{\text{meff}}(T_m, n_m)$ 的确定　电机高效区的中心位置确定后，确定高效区的关键就在于确定边界条件 $\eta_{\text{meff}}(T_m, n_m)$，边界条件 $\eta_{\text{meff}}(T_m, n_m)$ 也是一个与电机转速和电机转矩相关的函数，$\eta_{\text{meff}}(T_m, n_m)$ 的大小决定了高效区范围内的转矩和转速适应范围。

在混合动力系统参数匹配中，电机的高效区匹配确定了一个以 $\eta_{\text{mmax}}(T_m, n_m)$ 为中心，以满足 $\eta_{\text{mi}} \geqslant \eta_{\text{meff}}(T_m, n_m)$ 的边界条件的一个区域。这个区域就是电机匹配的高效区，且这个区域确定了一个转速和转矩的变化范围，同时也确定了混合动力系统控制电机的范围。

理论上同样可以用泛函数来表达 $\eta_{\text{meff}}(T_m, n_m)$ 与整车的节油率 Δ、整车对电机的

功率需求和电机自身的效率特性的关系。若整车对电机的需求功率为 P_mcycle，则

$$\eta_\text{meff}(T_\text{m}, n_\text{m}) = f(\Delta, P_\text{mcycle}, \eta_\text{m})$$

$$(11\text{-}28)$$

实际中，通过实验和仿真的方法，分析实验数据，拟合和插值求解电机的效率特性，然后通过仿真计算，根据仿真的节油率 Δ，反向推算 $\eta_\text{meff}(T_\text{m}, n_\text{m})$。

11.3　参数匹配方案性能验证

在完成新能源汽车的参数匹配后，需要对其进行动力性和经济性仿真验证，以城市公交客车并联 P2 构型匹配方案为例，介绍性能验证的过程和结果分析。

公交客车的动力性能指标包括最高车速、0～50km/h 加速时间、最大爬坡度（15km/h）和持续爬坡度（20km/h）。公交客车的燃油经济性基于中国典型城市工况进行仿真。

（1）动力性仿真验证

针对最高车速和加速时间，设置了较高车速的匀速工况，让混合动力系统尽可能发挥动力性能，进行车速跟随，以此判定加速时间和最高车速仿真是否合理。针对爬坡性的仿真，首先通过理论计算得到对应构型的最大爬坡度、持续爬坡度，分别设置坡道起步和冲坡两种工况，验证系统是否能够顺利运行。

① 最高车速　P2 构型的最高车速受到两个动力源的最大转速限制，此外，为了保证系统具有持续巡航能力，电机不能一直放电，基于此，高速时一般控制在发动机直驱模式，车速仿真结果如图 11-3 所示，可以看到该 P2 混合动力公交客车理论最高车速为 124km/h。

② 0～50km/h 加速时间　考察 P2 系统的起步加速时间，需考虑动力性最优的换

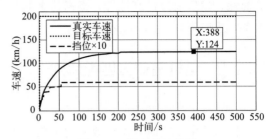

图 11-3　最高车速仿真

挡策略，并让发动机和电机都尽最大能力输出，得到仿真结果如图 11-4 所示，可见，该 P2 公交客车 0～50km/h 的加速时间为 14.14s。

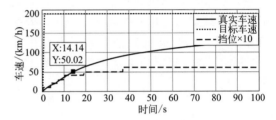

图 11-4　P2 公交客车加速性仿真

③ 最大爬坡度（冲坡）　首先，利用给出的动力源参数和整车参数，根据驱动力、行驶阻力平衡原理，通过理论计算得到该 P2 公交客车在不同车速下能实现的最大爬坡度，如图 11-5 所示，可知，P2 公交客车在 15km/h 时的理论最大爬坡度为 36.1%。

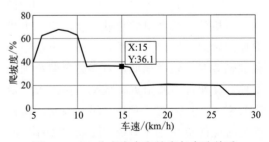

图 11-5　P2 公交客车爬坡度与车速关系

其次，考虑一定裕量，在仿真软件中设置 35% 的坡度，观察车速的变化情况，如图 11-6 所示，可见，当车速达到 15km/h 之后，可以顺利爬上 35% 的坡度，并维持车速。

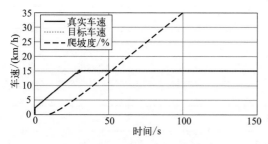

图 11-6　P2 公交客车最大爬坡工况

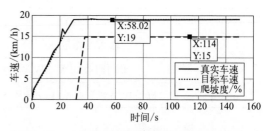

图 11-8　P2 公交客车持续爬坡车速工况（15%）

④ 最大爬坡度（坡起）　在满足最大爬坡度的同时，还应该能够实现坡道起步。设置爬坡度为 30%，仿真得到 P2 公交客车在坡上起步加速的曲线，如图 11-7 所示，在 30% 的坡道上，该车可以在 40s 内起步加速到 15km/h。

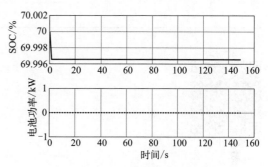

图 11-9　P2 公交客车电池 SOC
和功率（15% 持续爬坡度）

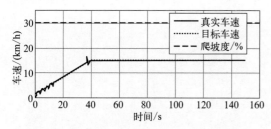

图 11-7　P2 公交客车坡上起步（30% 坡起）

⑤ 持续爬坡度　为了实现持续爬坡，不能让电池持续放电，否则电池将严重亏电。设置持续爬坡度为 15%，仿真结果如图 11-8 所示。P2 公交客车能够以 19km/h 的车速实现 15% 的持续爬坡度，且保证电池未亏电，如图 11-9 所示。

⑥ P2 公交客车动力性总结　根据以上理论分析和仿真计算，总结得到 P2 公交客车的动力性仿真结果，如表 11-1 所示。

（2）经济性仿真验证

根据法规要求，对该 P2 混合动力公交客车在我国典型城市工况（CCBC）下进行经济性仿真，仿真结果如表 11-2 所示。

为详细分析 P2 公交客车的燃油经济性，进一步对该系统在 CCBC 工况下的再生制动能量、电机效率和发动机燃油消耗率进行统计分析，如表 11-3 所示。

表 11-1　P2 公交客车动力性总结

构型	最高车速/(km/h)	0～50km/h 加速时间/s	最大爬坡度/%	持续爬坡度/%
P2 公交客车	124	14.14	35%(15km/h)	15%(19km/h)

表 11-2　公交客车经济性仿真结果

构型	油耗/(L/100km)	电耗折算/(L/100km)	综合油耗/(L/100km)
P2	19.78	0.98	20.11

表 11-3　能耗统计分析

统计项目		数值
总回收能量/kJ		9317
平均回收功率/kW		13.86
发动机平均燃油消耗率/[g/(kW·h)]		219.2
主电机平均效率/%	EV	81.2
	联合驱动	88.89
	EVT	87.21

扫一扫

本章小结

在第 11 章已经了解了如何通过合理的参数配合与技术优化来提升新能源汽车的整体性能。在此基础上，我们认识到了各个部件和参数之间不是孤立存在，而是需要通过一定的机制去协同工作以达到最佳性能状态。此时，引入新能源汽车的"大脑"——整车控制器（vehicle control unit，VCU）的概念，就显得尤为关键。

在本章中，将揭开整车控制器的神秘面纱。整车控制器负责协调车辆的各个电子系统，成为连接车辆动力、能源管理和驾驶辅助系统的枢纽。从电池管理到电动机控制，从再生制动到温控系统，VCU 确保所有系统协同运作，优化能耗，提升性能，同时保障驾驶的安全与舒适。我们将深入讨论整车控制器的功能、工作原理以及它如何整合复杂的电子架构，使新能源汽车在现代交通中能够表现出更加智能化、高效化的特点。

新能源汽车的整车综合控制系统涵盖整车综合控制单元（hybrid control unit，HCU）、新能源能量管理策略、策略在线/离线优化、控制系统完整开发流程、控制器核心参数软硬件标定等多个方面，是新能源汽车实现高效节能控制的关键与核心。整车综合控制系统的性能会直接影响到新能源汽车的动力性能、燃油经济性和排放性能等多个重要指标，完善合理的新能源控制系统可以有效协调发掘各个动力部件的工作潜力，提升整个新能源车辆的综合性能。

新能源汽车整车控制系统是基于 CAN 总线为通信方式的多个控制系统的集成系统，以整车控制器（VCU）是整个汽车的核心控制单元，为核心，实现电池控制、电机控制、空调控制、电动助力转向控制、制动控制等。整车控制系统网络结构如图 12-1 所示，各个控制系统均通过 CAN 总线连接，从而实现各个控制系统之间的信息交互。同时，仪表系统通过 CAN 与整车控制器连接，系统程序需要更新时，通过刷新 CAN 的程序与整车控制器（VCU）进行通信。充电口通过快充 CAN 与电池管理系统及数据采集终端连接。

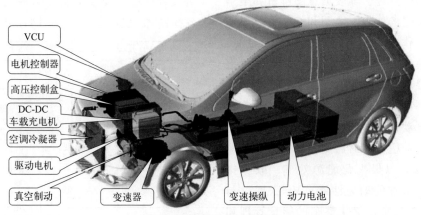

VCU
电机控制器
高压控制盒
DC-DC
车载充电机
空调冷凝器
驱动电机
真空制动
变速器
变速操纵
动力电池

图 12-1 控制系统网络结构

在电动汽车控制系统中，整车控制器除了完成自身一些控制功能外，还肩负着整个控制系统的管理和协调功能。整车控制采用分层控制方法，整车控制器为第一层，其他各控制器为第二层，各控制器之间通过CAN网络进行信息交互，共同实现整车的功能控制。整车控制系统与电池管理系统（BMS）和电机控制器（MCU）等相互通信时，可以通过CAN总线将3个控制系统连接起来，如图12-2所示。

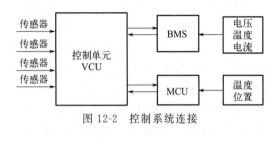

图12-2　控制系统连接

12.1　整车控制器的功能定义

整车控制器（VCU）是整个汽车的核心控制单元，特别是在混合动力汽车（HEV）中，VCU的设计和功能至关重要。VCU主要负责基于实时采集的驾驶员操作信息、车辆状态数据以及其他关键部件的信息，通过信号处理、驾驶员意图解析和整车能量管理策略的处理，协调和控制整车各个子系统的工作。其任务包括整车功率控制、不同工作模式的切换，以及动力系统的优化管理。在混合动力汽车中，VCU需要与混合动力控制单元（HCU）协作，HCU负责内燃机和电动机之间的协调工作，例如决定何时启用电动机，何时启用内燃机，或是两者协同工作，以最大化能源效率、减少排放，并提供最佳的动力性能。VCU通过与HCU的紧密配合，优化整车的能量管理和工作模式切换，同时确保车辆的行驶平顺

性，以达到动力性、经济性、排放和舒适性的最佳平衡。此外，VCU还可以与智能化的车身控制系统（BCM）配合，管理车辆上的用电设备，如空调、电动车窗等，以确保在不同驾驶模式下满足车辆用电需求，并保持驾驶的安全性和舒适性。因此，整车控制器的设计不仅直接影响汽车的动力性、能效、排放控制等关键指标，还对驾驶体验、经济性和系统的可靠性有着重要影响。

整车控制器对新能源汽车的正常驾驶、制动能量回收、网络管理、故障的诊断与处理以及实时监视车辆的行驶状态等功能起到非常重要的作用，通过采集电机控制系统信号、加速踏板信号、制动踏板信号及其他部件信号，根据驾驶员的驾驶意图综合分析并做出响应判断后，监控下层的各部件控制器运行，来保证整车的行驶。

（1）分层控制

整车控制系统采用分层控制方式，如图12-3所示。最底层是执行层，由部件控制器和一些执行单元组成，其任务是正确执行中间层发送的指令，这些指令通过CAN总线进行交互，并且有一定的自适应和极限保护功能。中间层是协调层，也就是车辆控制模块（VCU）：一方面它根据驾驶员的各种操作和汽车当前的状态解释驾驶员的意图；另一方面根据执行层的当前状态，做出最优的协调控制。最高层是组织层，由驾驶员或者自动驾驶仪来实现车辆控制的闭环。各控制器之间通过CAN网络进行信息交

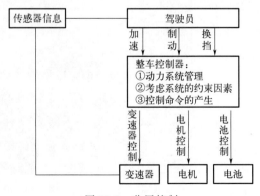

图12-3　分层控制

互，共同实现整车的功能控制。

（2）局域网络控制

在整车的网络管理中，VCU 是信息控制的中心，具有信息的组织与传输、网络状态的监控、网络节点的管理、网络优先权的动态分配以及网络故障的诊断与处理等功能。VCU 的这些功能主要通过 CAN 总线协调其相应模块相互通信来实现。

（3）整车控制模式判断和驱动控制

VCU 通过各种状态信息如充电信号、启动开关信号、加速/制动踏板位置信号、当前车速和整车是否有故障信息等，来判断当前需要的整车工作模式是处于充电模式还是行驶模式，然后根据当前的参数和状态及前一段时间的参数及状态计算出当前车辆的转矩能力，按当前车辆需要的转矩计算出合理的实际输出的转矩。

（4）电源控制

如图 12-4 所示，电源控制系统主要由 4 个继电器组成，分别为 F/S RLY、M/C RLY、A/C RLY 和 F/S CHG RLY。根据不同模式，VCU 操作不同的继电器吸合。

（5）主继电器控制

如图 12-5 所示，车辆控制模块会因驾驶员的操作而启动，控制动力电池组中的系统主继电器以及充电电阻继电器。当系统主继电器处于"ON"挡时，便从动力电池向 DC-DC 转换器、空调系统以及电机逆变器提供电源。同时，车载充电机打开充电继电器，从车载继电器向动力电池 DC-DC 转换器、空调系统提供电源。

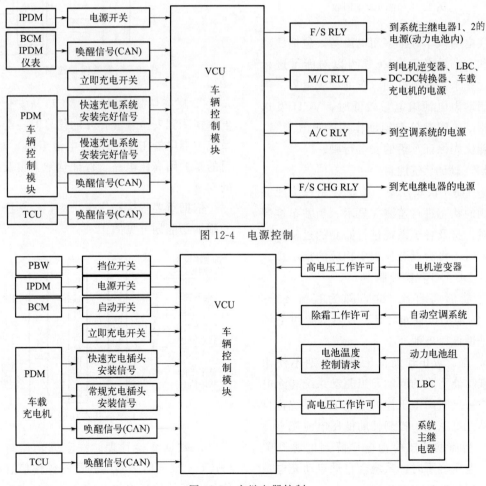

图 12-4　电源控制

图 12-5　主继电器控制

（6）制动能量回收和优化控制

VCU 根据行驶速度、驾驶员制动意图和动力电池组状态（如电池的荷电状态 SOC 值）进行综合判断后，对制动能量回收进行控制，如图 12-6 所示。如果达到回收制动能量的条件，VCU 向电机控制器发送控制指令，使电机工作在发电状态，将部分制动能量储存在动力电池组中，提高车辆能量利用效率。

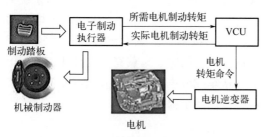

图 12-6　制动能量回收

纯电动汽车有很多用电设备，包括驱动电机和空调设备等。VCU 可以对能量进行合理优化来提高纯电动汽车的续驶里程。例如，当动力电池组电量较低时，VCU 发送控制指令关闭部分起辅助作用的电气设备，将电能优先保证车辆的安全行驶。

（7）辅助系统控制

① HMI 仪表控制　整车控制系统能够对车辆的状态进行监测并显示。当整车控制器在对自身及各子系统进行监测的过程中发现故障时，将会点亮仪表中相应的指示灯。

② DC-DC 转换控制。

a. 能够将直流 360V 降为直流 13～14V，为辅助设备如灯具、音响等提供电源且给辅助低压电池充电。

b. 为了防止辅助低压电池长期不使用而出现功能下降的问题，当驱动系统和充电系统在一定时间不工作的情况下，系统将自动启动充电系统，控制辅助低压电池充电。

c. 当辅助低压电池电压降到电源开关可开启电压之下时，系统会自动启动充电系统，控制辅助低压电池充电。

（8）保护控制

① 失效保护控制　如图 12-7 所示，当 VCU 检测到故障时，根据故障的内容继续进行控制或者停止车辆系统。

整车控制系统的故障安全处理措施具体包括驱动力限制、充电停止、系统主继电器关闭等。当采取故障安全处理措施时，纯电动汽车系统故障警告灯在仪表上亮起。

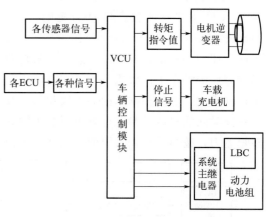

图 12-7　失效保护控制

② 碰撞切断控制　当 VCU 从安全气囊电脑探测到安全气囊弹开的信号时，会控制系统主继电器 1、2（动力电池组内）断开，目的是关闭高压电路，保证驾乘人员及车辆的安全。

依据重要程度和实现次序，整车控制器的基本功能划分见图 12-8。

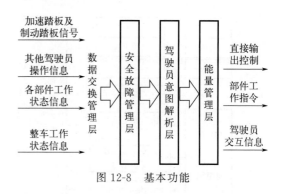

图 12-8　基本功能

a. 数据交换管理。整车综合控制单元（HCU）要实时采集驾驶员的操作信息和其他各个部件的工作状态信息，这是实现整车综合控制系统其他功能的基础和前提。该层接收 CAN 总线信息，对直接输入 HCU 的物理量进行采集处理，并且通过 CAN 发送控制命令、提示或报警信息，通过 I/O、D/A 和 PWM（pulse width modulation，脉冲宽度调制）提供对继电器、阀类等部件的驱动信号。

b. 安全故障管理。实车运行中，各部件都可能产生差错，从而可能导致器件损坏甚至危及车辆安全。HCU 要能对汽车各种可能的故障进行分析处理，建立完善的故障分级机制，并依据不同故障等级实施整车安全行驶控制策略，这是保证汽车行驶安全的必备条件。具体表现为在检测出故障后，该层会做出相应处理，在保证车辆安全性足够的条件下，给出部件可供使用的工作范围，以便尽可能满足驾驶员的驾驶意图。

c. 驾驶员意图解析。驾驶员的所有与驱动驾驶相关的操作信号（主要是制动踏板、油门踏板、挡位选择等）都直接或间接进入 HCU，HCU 对采集的驾驶员操作信息进行正确的分析处理，计算出车辆的需求功率以及驱动系统的目标驱动转矩/再生制动转矩来实现驾驶员意图的解析。

d. 能量流管理。该层的主要工作是根据策略计算，在多个能量源之间进行需求功率分配，这是保证混合动力电动汽车动力性、提高混合动力电动汽车经济性的必要途径。

12.2 整车控制器的硬件设计和接口定义

新能源汽车整车控制器的硬件设计中，以混合动力汽车中涉及的 HCU 最为典型，下面以 HCU 硬件设计为例进行介绍。

在传统的控制单元开发流程中，通常首先根据应用需要，提出系统需求并进行相应功能定义，然后进行硬件设计，使用汇编或 C 语言进行面向硬件的代码编写，随后完成软硬件和外部接口集成，最后对系统进行测试和标定。目前，研发工程师所面临的问题越来越复杂，而开发时间却要求尽可能缩短。如果采用传统开发方法，则在系统调试过程中发现的由于硬件电路原因造成的问题就必须通过重新进行硬件设计来解决，然后再对软件做修改。这就使得控制系统参数的修改必须花很长时间才能得到验证，导致开发周期过长，延误项目的正常进行。为解决这一问题，目前的 HCU 硬件设计开发多采用如图 12-9 所示的 V 模式开发流程。

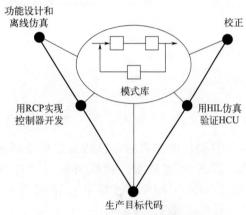

图 12-9　整车综合控制器 V 模式开发流程

随着汽车电子软硬件技术的不断发展，为并行开发提供了强有力的工具。例如德国的 dSPACE 公司开发的基于 Power PC 和 Matlab/Simulink 的实物仿真系统，就为控制系统开发及半实物仿真提供了很好的软硬件工作平台。采用基于 dSPACE 并行开发的工作流程如图 12-10 所示。

12.2.1 系统功能定义和离线仿真

首先根据应用需要明确控制器应具有的功能及需满足的特殊要求，为硬件设计提供基础。如针对产品本身所应用的车辆平台，首先需从硬件配置、适用区域、特殊配置、法规要求等获取设计输入信息，包括以下内容：

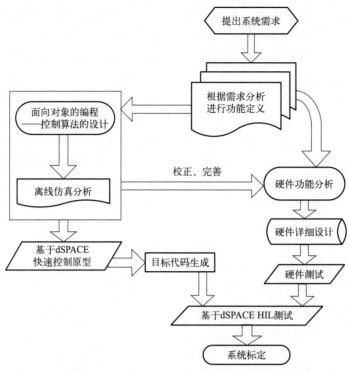

图 12-10　基于 dSPACE 的整车综合控制器并行开发模式

① 硬件配置需求，包括主芯片处理能力、CAN 通道数量、特殊通信方式配置（如 FlexRay、LIN 总线接口）、存储需求、输入输出通道检测需求等；

② 适用区域，如海外地区，是否存在特殊要求等其他需满足项。

最终设计的 HCU 经测试需满足电气性能、环境适应性两大主要方面的要求。

① 电气性能　所设计的硬件产品应符合 QC/T413 汽车电气设备基本技术条件所规定的电气性能要求；应根据 ISO16750-2 及 GB/T 28046.2—2019 等满足工作电压、电源过电压性能、电源叠加交流电性能、电源电压跌落性能、电源启动特性、电源极性反接、抛负载性能、供电电压缓升和缓降性能、供电电压瞬时下降性能等要求。

② 环境适应性　应满足车辆运行环境的需求，针对布置在底盘等湿区位置的产品防护等级需满足一定要求；应根据 GB/T 28046.3—2011 的要求满足低温性能、高温性能、温度冲击性能、温湿性能、盐雾性能、防护性能、自由跌落性能等产品性能要求。

根据需求确定好功能定义后，同时需借助 Matlab 建立整个控制系统（包括控制器和被控对象）的仿真模型，并进行离线仿真，运用软件仿真的方法设计和验证控制策略。

12.2.2　快速控制器原型和硬件详细设计

（1）RCP（rapid controller prototype）设计

从控制系统的 Matlab 仿真模型中取出控制器的模型，并结合 dSPACE 的物理接口模块（A/D、D/A、I/O、RS232、CAN）来实现与被控对象的物理连接，然后用 dSPACE 提供的编译工具生产可执行程序，并下载到 dSPACE 中。dSPACE 此时作为目标控制器的替代物，可以方便地实现控制参数在线调试和控制逻辑调节，在实际操作中，该过程通常是用于对所建立的控制逻辑进行快速验证。

（2）硬件详细设计

在进行离线仿真和快速控制器原型设计的同时，根据控制器的功能定义，同步完成硬件的功能分析并进行相应的硬件详细设计、制作，及时根据软件仿真的结果对硬件设计进行完善、优化。

硬件详细设计以功能定义确定的硬件技术要求为输入进行，主要涵盖元器件选型、硬件电路设计、电磁兼容和抗干扰性设计、可靠性设计和通用性设计五大方面，如图 12-11 所示。

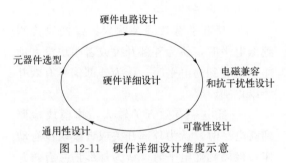

图 12-11　硬件详细设计维度示意

HCU 硬件的通用基本技术要求主要包括以下几个方面：

① 采集数字和模拟信号的通道数量及精度要求；

② 输出控制信号（含数字、模拟信号）的数量和精度要求；

③ 工作电压范围、工作温度范围要求，如 9～32V，−40～85℃；

④ 通信能力要求，如支持几路 CAN 通信；

⑤ 支持车辆严重故障后的车辆"跛行回家"功能，当车辆发生严重故障时能够保证车辆具有最基本的行驶能力；

⑥ 易调试、可扩展，具有可重复擦写的存储器，存储器容量至少满足项目需求，便于存储系统参数；

⑦ 防护等级要求，如在车辆湿区通常要求不低于 IP67；

⑧ 具有良好的电磁兼容性，满足国家对相关行业电气设备的电磁兼容标准，混合动力汽车中，其电机控制器和电机均会产生强烈的电磁干扰，所以 HCU 要有较强的抗电磁干扰能力。

HCU 详细设计内容如下。

① HCU 硬件电路元件选型　主要包括主控芯片、外围芯片和分立芯片的选型，需选用国际国内知名厂家的电子元器件、优选经过汽车级认证的电子元器件。

a. 主控芯片的选型。汽车电子中使用较为广泛的有 8 位、16 位和 32 位的微控制器（microcontroller unit，MCU），需按照工作电压范围、所需处理的信号类型和数量、存储要求、运算能力、操作系统等，选择性价比相对较高的微控制器。32 位 MCU 产品拥有处理复杂的运算和控制功能，处于车用电子系统中主控处理中心的角色，在越来越强调网络和诊断功能的现代汽车电子中将成为主流。基于软件的因素考虑，微控制器一般都是在若干个微控制器与开发平台的供应商之间进行筛选，并且以平台化的开发模式为首要考虑因素。

b. 外围芯片选型。根据控制器基本技术要求所需硬件电路，如模数转换模块、时钟电路、驱动模块、隔离电路、外部存储模块等，涉及的外围芯片包括 Flash/EEP-ROM 存储类芯片、电源管理芯片、时钟芯片、AD 芯片等。

c. 分立器件选型。主要包括电阻、电容、电感、MOS 管、二极管、三极管等基本元器件的选型。

② 硬件电路设计　图 12-12 描述了 HCU 硬件电路总体结构。HCU 是多输入、多输出、数模混合共存的复杂系统，其各个功能电路相对独立，按照模块化思想设计硬件系统的各个模块，主要包括核心模块设计、电源模块设计、输入电路设计、输出电路设计。

图 12-12　HCU 硬件电路总体架构

a. 核心模块设计。控制器核心控制模块负责数据的处理、逻辑运算以及控制功能的实现。在 HCU 中，主控单元和通信芯片是两个非常重要的组成部分。随着汽车内部的电子模块越来越多，汽车中的主控单元也越来越多，通信的协议和方式也在不断发展着，网络功能已经成为传递车内复杂数据必备的功能。

• MCU 接口：微控制器通过输入/输出端口（I/O）实现对外部设备进行监测和控制。I/O 端口按功能可以分为并行总线 I/O、通用数字 I/O、片内功能单元 I/O、总线 I/O、特殊功能接口等。需根据功能需求，并考虑可扩展性及与外设的关系，合理进行功能接口设计。

• 时钟和复位：微控制器的复位逻辑是使微控制器从某些不确定状态（或混乱状态）回到一个确定的初始状态，并从这个状态开始工作，程序重新运行。复位逻辑在微控制器设计阶段需充分考虑，这是微控制器抗干扰的需要。

b. 电源模块设计。汽车电子模块的低压电源设计主要围绕着将整车电气系统电压（如 12V 或 24V）转换至模块内部逻辑电路的 5V、3.3V 等电压平台，这部分电路可分为防反接保护、浪涌抑制、电压检测和低压转换 4 个部分。

• 防反接保护电路：汽车电子模块必须具有防电源反接功能，该部分电路一般用二极管实现，且二极管电流、功率、反向电压必须与电路匹配。

• 浪涌抑制电路：抑制电源电压上的各种浪涌波形和静电。

• 电压监测电路：对电压进行监测，确认电压所处的状态。

• 低压转换电路：实现 12V、24V 至 5V（或 3.3V，取决于 MCU 供电电压）的转换，是整个电路的核心，通常依据输出电压、最大输出电流、最小电压差、静态电流等参数进行电源器件选型。

c. 输入电路设计。输入电路处理部分，整体可分为数字信号和模拟信号两类。数字信号可以进一步划分，通过电平、频率、占空比等不同的参数传递信息，将电平信号进一步细分可以得到高电平有效输入、低电平有效输入等多种分类。

• 高电平有效开关输入：指模块检测到低电平时，认为外部开关或者模块没有动作；检测到高电平时，认为外部信号有效并予以识别。

• 低电平有效开关输入：指模块检测到高电平时，认为外部开关或者模块没有动作；检测到低电平时，认为外部信号有效并予以识别。

• 频率信号和 PWM 信号：最为典型的就是车速信号，是数字传感器输出的信号，此类信号在处理过程中较为简单，但是在传递过程中可能存在耦合的干扰信号，因此需要注意滤波和处理。

• 模拟信号：从传感器输入的信号类型较多，有电阻型、电压型和电流型，处理传感器信号需要设计不同的信号调理电路，不过以转化为模拟电压信号的形式最为常见。对于模拟信号的读取来说，转换电路的精度是关键。

d. 输出电路设计。汽车电子模块的输出电路简单分为两种：信号输出和功率控制输出。前者主要通过小功率的三极管实现；后者种类较多，较为常用的输出电路分为功率三极管、智能功率开关和电磁继电器等。

汽车电子的输出接口一般要具备短路保护功能，需要承受短路电流并且在切断短路电流后能恢复到正常工作的状态。根据输出接口的形式不同，通常低边开关输出、高边开关输出、恒定输出和继电器输出等不同的输出形式将会有不同的测试要求。

③ 电磁兼容与抗干扰设计　国标 GB/T 4365—2003《电工术语　电磁兼容》对"电磁兼容"的定义是："设备或系统在其电磁环境中能正常工作，且不对该环境中任何事物构成不能接受的电磁干扰的能力。"从电磁兼容的角度出发，除了设备能按设计要求完成其功能外，还有以下两点要求：

a. 系统本身抗电磁干扰能力要强，不易受到外界环境的干扰；

b. 系统本身不应成为一个噪声源，产生对其他仪器、设备的电磁干扰。

基于以上两点，首先在 HCU 电源进入端可考虑增加抑制共模及差模干扰的滤波电路，辅以 DC/DC 输出的 LC 低通滤波电路，既可保证 HCU 不受汽车本身诸如火花塞、电磁阀等强干扰对电源的不良影响，也可防止核心控制模块产生的高频噪声干扰到车上其他电器；其次将核心控制模块与对外所有信号进行电气隔离，防止耦合至线缆上的干扰影响核心控制模块工作。此外，印制电路板（PCB）的布局会对电磁兼容性有很大的影响。使用多层 PCB 设计可以提高微控制器的抗电磁干扰能力。在布线时，需合理规划铺铜区域，对噪声特别敏感的信号，如各种模拟信号，建议单独为其划分出布线区，远离数字电路。

④ 可靠性设计　可靠性设计要求 HCU 一方面要考虑车辆工作环境，严格选用外壳材料和接插件类型，并通过结构优化设计、控制器内部和边缘灌胶处理工艺，保证整车综合控制器的抗振动、防盐雾、防尘、防水等级达到相应标准要求。另一方面需考虑异常情况并做出应急处理，使车辆安全运行，例如硬件上要保证 HCU 故障时车辆仍可以行驶，比如"跛行回家"功能，输入的加速踏板信号在 HCU 内部用继电器进行切换，系统正常工作时继电器通电，该信号由 HCU 处理后再传送给发动机，汽车工作在混合动力模式下；当 HCU 失效时继电器断电，该信号直接连向发动机 ECU，车辆可以像传统汽车一样安全行驶回家（前提是具备发动机驱动行驶模式）。

⑤ 通用性设计　一款合适的 HCU 需要正确的输入，一般来说，车型不一样，HCU 的接口需求也不一样，因为 HCU 开发周期比较长，所研发的 HCU 要有一定的兼容性，还要能适应较多车型。为充分适应不同车辆需求，需设计尽量多的信号接口，部分功能可通过硬件或软件配置进行选择，方便移植和扩展。如，因控制器在车辆布置位置的不同，兼顾 CAN 网络通信质量的考虑，控制器本身可能作为网络终端或分支节点，那么其内部终端电阻需设计为可配置模式，以保证灵活性。

12.2.3　硬件系统测试及 HIL 仿真验证

为了验证 HCU 硬件功能的完整性和正确性，硬件系统测试应考虑按以下方法进行，通过测试确保所开发的硬件符合功能定义和安全要求。

① 硬件功能性测试，即采用黑盒测试技术针对被测硬件的接口规格说明进行测试。

② 非功能性测试，即对硬件的可靠性等性能进行测试，包括防尘、防水、抗盐雾、抗振性等。

③ 基于 dSPACE 的 HIL 测试，即通过与策略软件的结合，对所开发 HCU 进行混合动力车辆控制策略逻辑功能仿真和验证。

开发完成后的 IICU 在实车使用时，需根据具体配置分配控制器接插件的详细接口定义，表 12-1 给出了根据混合动力汽车信号种类分配的一种通用型接口定义。

表 12-1　通用型接口定义

针脚分配	信号类型	信号名	信号含义
1	电源和地	常火	车辆蓄电池供电
2		ON 火	车辆钥匙启动后的供电
3		电源地	功率地
4		信号地	模拟地
5	开关量输入	纯/混切换信号	切换车辆工作模式(纯电动、混动)
6		前进挡	挡位信息
7		空挡	
8		倒挡	
9		离合器开关信号	离合器接合或分离状态
10		加速踏板开关量	油门信号开关量输入
11		制动踏板开关量	制动信号开关量输入
12		跛行回家开关信号	跛行回家功能激活状态的翘板开关输入信号
13		后舱门信号	发动机舱体门开信号
14	模拟量输入	加速踏板信号	油门信号模拟输入
15		制动踏板信号	制动信号模拟输入
16	开关量输出	电机冷却水泵控制	控制电机冷却水泵供电
17		电机转向使能控制	控制电机转向工作使能
18		打气泵使能控制	控制打气泵工作使能
19		发动机怠速使能	控制是否允许发动机怠速停机
20	模拟量输出	发动机油门信号	发动机油门控制信号输出
21	CAN 通信	CAN 高	CAN 网络高
22		CAN 低	CAN 网络低
23		CAN 屏蔽	CAN 网络屏蔽地
24		终端电阻配置	CAN 终端电阻配置

扫一扫

本章小结

新能源汽车的工作模式设计是一个复杂的工程，它要求我们对汽车的运作有一个宏观而深入的理解。在这里，我们会讨论不同种类的新能源汽车的不同工作模式，包括纯电动模式、混合动力模式等。每种工作模式都有其特定的适应场景和优势，比如纯电动模式适合短距离日常通勤，而混合动力模式则在长途旅行中更为经济。工作模式的设计需要仔细考虑车辆的整体架构、能源消耗效率、用户的驾驶习惯以及实际的道路条件。

在这个环节中，我们会更深入地分析每种模式的工作原理，了解它们如何在不同的情况下自动或手动切换，以及如何通过算法和感应系统来优化每种模式的性能。通过精巧的设计和算法优化，新能源汽车可以在不同的工作模式之间任意转换，既满足了日常使用的需求，又能在必要时提供足够的驾驶范围。

13.1 纯电动汽车工作模式设计基本原则

纯电动汽车是由动力电池的能量使电动机驱动车轮前进，其工作原理如图 13-1 所示。能量流动路线：动力电池→电控装置→电动机→动力传动系统→驱动轮。其中，动力电池提供的电流经过电控装置输出到电动机，然后由电动机产生转矩，经传动装置驱动车轮实现车辆的行驶。

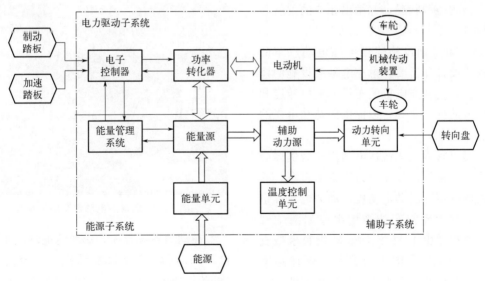

图 13-1　纯电动汽车工作原理

纯电动汽车的工作模式设计基本原则包括以下几点。

① 纯电驱动模式（pure electric mode）在这种模式下，车辆完全依靠电池储存的电

能来驱动电动机。燃料消耗和尾气排放为零，实现零排放的纯电动驱动。

② 能量回收和再生制动　纯电动汽车可以通过制动能量回收系统将制动时产生的能量转化为电能，并存储在电池中以供后续使用。这有助于提高能源利用效率和续驶里程。

③ 驾驶模式选择　驾驶者可以根据需求选择不同的模式，以平衡动力性能和续驶里程，如经济模式、运动模式等。

④ 充电策略和充电管理　充电策略包括充电时间、充电速度和充电方式（如快充或慢充）。充电管理系统可以监测电池状态和充电进度，以确保充电的安全性和效率。

⑤ 能源管理和优化　纯电动汽车的能源管理系统需要综合考虑电池的充电和放电特性、驾驶条件和驾驶者需求，以实现最佳的能源利用效率和续驶里程。这可以通过智能的能源管理策略来实现，例如预测驾驶路线、优化动力分配等。

⑥ 用户教育和信息显示　向驾驶者提供清晰的能源使用信息，包括电池电量、剩余续驶里程、充电桩位置等，有助于驾驶者了解车辆的能源状况，并做出相应的驾驶和充电决策。

⑦ 充电基础设施建设　纯电动汽车的工作模式设计还需要考虑充电基础设施的建设和完善，包括充电桩的布局、充电速度和充电接口的标准化等，以提供便捷和可靠的充电服务。

下面以雪佛兰沃蓝达电动汽车为例体会其工作模式设计。该款车为紧凑型轿车，其结构由增程器、驱动电动机、动力电池等组成，沃蓝达电动汽车的结构组成如图 13-2 所示。增程器由 1.4L 汽油发动机和永磁直流电动机组成，如图 13-3 所示。沃蓝达电动汽车配备了两个电力驱动电动机，即一个主驱动电动机和一个辅助电动机（兼作发电机）：主驱动电动机的最高输出功率为 111kW，最大转矩为 370N·m；辅助电动

机的输出功率为 55kW。根据行驶工况的不同，辅助电动机可以进行动力输出或者反转为电池充电。沃蓝达电动汽车驱动系统如图 13-4 所示。

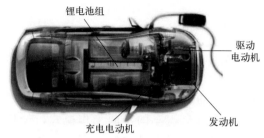

图 13-2　沃蓝达电动汽车的结构组成

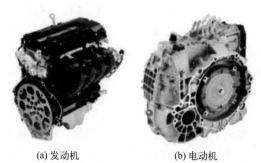

(a) 发动机　　　　(b) 电动机

图 13-3　沃蓝达电动汽车增程器组成

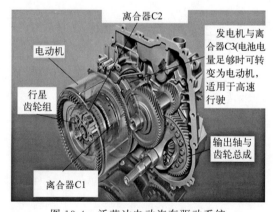

图 13-4　沃蓝达电动汽车驱动系统

在动力系统方面，沃蓝达电动汽车由一台 1.4L 的阿特金森发动机、一台发电机（可转换成电动机）、一台电动机 3 个单元组成。它们通过一组行星齿轮组与 3 个电控离合器连接，发动机通过离合器 C3 连接发电机，发电机通过离合器 C2 连接行星齿轮外

齿圈，而电动机则刚性连接在行星齿轮的太阳轮上。其中离合器 C1 并不连接任何单元，用于锁止行星齿轮的外齿圈，而行星齿轮组中的行星架则刚性连接着输出轴，传动比例为 7：1。通过离合器的控制可以完成 4 种驱动模式的转换，这 4 种工作模式在纯电动模式与纯燃油模式下各有 2 种，它们分别为纯电动低速单一电动机行驶模式、纯电动高速双电动机行驶模式、纯燃油低速单一电动机行驶模式、纯燃油高速双电动机行驶模式。

（1）纯电动工作模式：低速单一电动机行驶模式

如图 13-5 所示，在此模式中，离合器 C1 接合，离合器 C2 和 C3 分离，行星齿轮齿圈锁止，发动机处于关闭状态。离合器 C1 锁止行星齿轮外齿圈，离合器 C2 与 C3 都处于分离状态。此时电池输出电量至电动机驱动行星齿轮的太阳轮，因为行星齿轮的外齿圈锁止，所以全部动力均输出至行星架，通过行星架输出至输出轴再到车轮。发动机和发电机不工作，主驱动电动机提供所有车辆所需的驱动力矩。这是沃蓝达电动汽车最为重要的行驶模式，也是沃蓝达电动汽车区别于混合动力车型的要点。在该模式下，车辆只由主电动机驱动，这时候的沃蓝达电动汽车是一台不折不扣的纯电动汽车，在路况良好的情况下，电池的续驶里程大约为 80km。

这种传动方式非常简单，由于没有任何变速机构，所以车速与电动机的转速有直接关系，当车辆达到较高时速时，电动机也只能被迫进入高转速的低能效工况。针对这种情况，工程师设计了高速双电动机行驶模式。

（2）纯电动工作模式：高速双电动机行驶模式

在此模式中，离合器 C2 接合，离合器 C1 和 C3 接合，如图 13-6 所示。在该种工况下，发动机依然处于关闭状态，系统会锁止离合器 C2，从而把发电机（可转换成电动机）与行星齿轮的外齿圈连接，然后再松开离合器 C1，此时电子系统会把发电机转换成小电动机，然后电池组供电给电动机与小电动机（发电机转换而成）分别驱动太阳轮以及外齿圈，以达到共同驱动行星架的目的。发电机变为电动机，与主驱动电动机共同为整车提供驱动力，这种方式提高了整个驱动系统的效率，能够在车辆高速行驶时提供更多的行驶里程。为了应对高速巡航的需求，两台电动机同时带动车辆前进。这样做的好处是让单台电动机的负荷减少，提高用电效率，减少用电量，增加续驶里程。此时由于传动比例的变化，电动机可以大幅度降低转速，协同小发电机一同工作而不用担心改变齿比后转矩与功率的不足。在高速行驶模式下，该种工况可以比单一的电动机驱动工况让沃蓝达电动汽车多跑 1.6～3.2km。

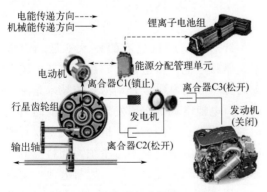

图 13-5　纯电动工作模式：低速单一电动机行驶模式

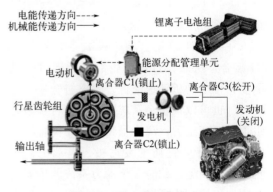

图 13-6　纯电动工作模式：高速双电动机行驶模式

（3）纯燃油工作模式：低速单一电动机行驶模式

当 SOC 低于预定阈值时，整车进入增程模式，在车速较低时，离合器 C1、C3 接合，离合器 C2 分离，如图 13-7 所示。

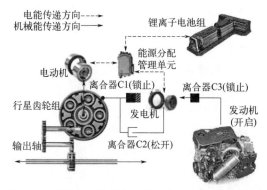

图 13-7　纯燃油工作模式：低速单一电动机行驶模式

此时发动机处于启动状态，这种工况大致如同电动模式下的单一电动机行驶模式，唯一的区别是锁止的离合器 C3 连接了发动机，从而进行发电，产生的电量供给能源管理模块后会再次供给电动机驱动整部车辆。此模式下，只有主驱动电动机提供整车行驶动力。发动机带动发电机发电，维持电池 SOC 处于最小荷电状态，待停车后使用电网为电池充电，增程器和动力电池共同为主驱动电动机提供电能。这时候的车辆由主驱动电动机驱动，发电机只负责为电池充电。这种模式只能用于电动机中低负荷的运转，毕竟发电量有限。

（4）纯燃油工作模式：高速双电动机行驶模式

在纯燃油的双电动机模式下，离合器 C1 接合，从而让行星齿轮的外齿圈可以被驱动，待电动机转速降低、发电机转速上升之后，也可以说整个系统的转速在行星齿轮组得到匹配之后，离合器 C2、C3 接合，如图 13-8 所示，进而把发动机、电动机都锁止在外齿圈上。此时 3 个动力系统的单元都被刚性连接，均可以输出动力到车轮，但电动机依然是主要做功机构，发动机主要带动

发电机产生电能，以及输出少量的动能到齿轮组驱动车轮，但由于整个行星齿轮组系统拥有配速功能，因此发动机的转速与车轮转速可以没有直接关系。与混合动力汽车不同的是，如果没有主驱动电动机参与驱动，发动机是不能直接驱动车辆的。这时候的发动机和电动机一起承担了驱动车辆的任务，同时也为电池充电。

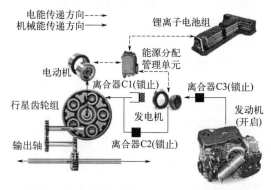

图 13-8　纯燃油工作模式：高速双电动机行驶模式

该种模式主要应对纯燃油模式在高速行驶时的工况，3 个单元同时介入可以让其比单一电动机工况能源效率提升 10%～15%，这套系统虽然非常复杂，但是能够获得这样的能源收益绝对是不错的设计。

13.2　燃料电池电动汽车工作模式设计基本原则

针对目前燃料电池的技术不足和高成本，燃料电池与蓄电池、超级电容器等辅助动力源组成的电电混合动力系统技术是主要的燃料电池电动汽车研发热点。目前燃料电池混合动力系统动力源的组合方式主要有燃料电池与蓄电池混合动力系统，燃料电池和超级电容器混合动力系统，燃料电池、蓄电池和超高速飞轮混合动力系统以及燃料电池、蓄电池和超级电容器混合动力系统等。

在电电混合动力系统中，燃料电池主要提供汽车正常行驶所需能量，辅助动力源提供汽车加速、爬坡所需额外能量，并吸收汽车再生制动产生的电能。

燃料电池电动汽车混合动力系统区别于传统的单能源的燃料电池电动汽车，主要是其动力系统不同，其动力系统的构型、参数匹配和控制策略的研究是燃料电池电动汽车研发的重要内容。燃料电池混合动力系统是一个由多元件构成的复杂系统，其各元件间性能特点各异，耦合关系复杂，同时整车工况多变，混合动力系统的控制复杂。在对燃料电池电动汽车混合动力系统进行设计时，不仅要保证整车动力性要求，同时要合理匹配各动力元件及控制系统参数，这样不仅可以提高系统整体的运行效率和经济性，还能实现整车的最大设计效益。

燃料电池电动汽车混合动力系统较好地解决了单一动力系统结构存在的诸多缺陷：电池功率不足，启动和加速较慢，动态响应差，总体运行效率低等。燃料电池系统作为动力系统的主动力源，而辅助动力源（蓄电池、超级电容器或蓄电池＋超级电容器）通过电力辅助系统与燃料电池并网，共同作为汽车的动力源。通常情况下，燃料电池系统用于提供车辆常规速度行驶时所需的平均功率，而辅助动力源用来提供峰值功率以补充车辆在加速或爬坡时燃料电池系统输出功率能力的不足。因此电电混合动力系统一方面增强了动力系统的动力性，另一方面避免了燃料电池动态响应差的不足，运行状态比较稳定，因而明显改善了总体运行效率。

燃料电池电动汽车的工作模式设计基本原则包括以下几点。

① 燃料电池优先模式（fuel cell priority mode） 在这种模式下，车辆主要通过燃料电池来提供动力，将氢气与氧气反应产生电能驱动电动机。电池可以作为辅助能源储存系统，用于提供额外的功率需求或在启动和加速时提供额外的动力。

② 能量回收和再利用 燃料电池电动汽车可以利用制动能量回收系统将制动时产生的能量转化为电能，并存储在电池中以供后续使用。这有助于提高能源利用效率和续驶里程。

③ 电池辅助模式（battery assist mode） 在需要额外功率时，车辆便可以使用电池作为辅助能源储存系统，提供额外的动力。这可以在加速或爬坡等高功率需求的情况下提供额外的动力支持。

④ 冷启动模式（cold start mode） 在燃料电池冷启动时，车辆可以使用电池来提供初始动力，加快燃料电池的预热和启动过程。一旦燃料电池达到工作温度，车辆便可以切换到燃料电池模式。

⑤ 能源管理策略 智能能源管理策略需要综合考虑燃料电池的效率、电池的充电和放电特性，以及驾驶条件和驾驶者需求。通过优化能源的分配和使用，以实现最佳的能源利用效率和续驶里程。

⑥ 用户教育和信息显示 向驾驶者提供清晰的能源使用信息，包括燃料电池的工作状态、电池电量、剩余续驶里程等，有助于驾驶者了解车辆的能源状况，并做出相应的驾驶决策。

⑦ 氢气供应和加注策略 燃料电池电动汽车需要氢气作为燃料，因此需要建立完善的氢气供应基础设施。车辆的工作模式设计需要考虑氢气的加注策略，包括加注速度、加注压力等因素。

13.3 插电式混合动力电动汽车工作模式设计基本原则

混合动力汽车可以从如下几个方面实现车辆的节能。

① 当汽车减速制动时，混合动力汽车

的电动机-发动机工作在再生制动状态，汽车制动的能量可通过再生发电回收到动力电池组中，减少制动能量损失。混合动力汽车可回收的制动能量占驱动消耗总能量的5.6%～8.5%，由此而节省的燃油消耗达4.5%～6.7%。

② 当汽车停车时，发动机停止工作，取消发动机的怠速状态，减少车辆怠速产生的能量消耗。混合动力汽车由于取消发动机怠速，可节省17%～44%的燃油。其中，北京城市循环工况能够节省33.6%的燃油，而纽约城市循环工况节省最多达44%。

③ 发动机采用小排量设计后，车载动力总成可以更有效地工作。由于混合动力汽车的发动机小排量设计，各循环工况下的发动机部分负荷效率因数均得到了改善。小排量设计使发动机的负荷率得到了提高，从而整车效率提高了2%～14%，燃油经济性改善了13%～19%。

④ 采用发动机区域控制策略，使发动机工作在高效区域。发动机的区域控制使混合动力汽车燃油消耗降低了16%～21%。单独考虑发动机区域控制时的节能贡献，车辆油耗减少1%～3%。

其中，发动机小排量设计与取消发动机怠速对整车的节能效果最为明显。发动机小排量设计是混合动力汽车的设计技术，而取消发动机怠速是其控制技术。

电机能在低速和低负荷时提供助力，使发动机在停车、怠速等工作效率较低的情况下关闭，减少油耗和降低排放，实现零排放；车辆在高速行驶时，由于电机的高转矩特性使发动机在转速较低、效率较高时仍能维持足够的加速度，电机助力也可减少发动机的瞬态工况，电机和变速器的优化匹配使发动机可以运行于高效的工况区域，电机的助力便于在进行发动机设计时采用一些革新技术。

采用电机驱动发动机附件可以使其相对于发动机独立地工作。传统车辆的电器附件最高电压只有14V，电路系统的损耗较大，导线的成本也较高。而混合动力系统则采用高压电，可以减少能量损失，提高车辆的燃油经济性。

通过表13-1可以看出，随着混合动力汽车采用越来越多的节能设计方案，汽车的节能潜力逐渐提升。当采用小排量设计发动机、300V深度混动的电动机、电动化辅助系统、NiMH-60动力电池，且具有怠速停机、再生制动、能量管理、起步助力、纯电动的工作模式时，汽车节能潜力可以达到40%以上。

表 13-1　不同类型混合动力汽车节能潜力分析

发动机	常规 ICE	常规 ICE	常规 ICE	小排量 ICE 设计		
电动/发电	14V-BSG	42V-BSG	42V-BSG	42V-ISG	150V-ISG	300V 深混
辅助系统	常规设计	常规设计	电动化	电动化	电动化	电动化
动力电池	常规铅酸	VRLA-30	VRLA-30	NiMH-20	NiMH-40	NiMH-60
工作模式						
怠速停机	可用					
再生制动	不可用	可用				
能量管理	不可用		可用			
起步助力	不可用			可用		
纯电动	不可用					可用
节能潜力	3%	7%	10%	30%	35%	>40%

插电式混合动力电动汽车本身是一种混合动力电动汽车，区别在于其车载的动力电池组可以利用电网（包括家用电源插座）进行补充充电，具有较长的纯电行驶里程，必要时仍然可以工作在混合动力模式。当车辆电池容量足够时，主要工作在纯电动模式下，当车辆电池容量不足时，适时切换到混合动力模式下工作，可以理解为是在能量补给方式上的耦合。

相比其他类型的混合动力电动汽车，插电式混合动力电动汽车具有较大容量的动力电池组、较大功率的电机驱动系统以及较小排量的发动机。为满足纯电行驶的需要，插电式混合动力电动汽车的辅助系统均为电动化的辅助系统。

插电式混合动力汽车具有如下特征：

① 能源多样化、降低二氧化碳和有害物的排放、降低噪声；

② 减少去加油站的次数；

③ 电比油便宜，使用成本低；

④ 由于主要以纯电动工作，车辆寿命期间的维修成本低；

⑤ 拥有纯电动车的全部优点；

⑥ 与其他清洁能源汽车相比，其基础设施更容易解决。

插电式混合动力电动汽车的工作原理：当动力电池组通过电网充满电后，汽车优先以纯电池组驱动模式工作，直至动力电池组电量达到纯电池组驱动模式工作的下限时，发动机启动，整车自动切入常规混合动力电动汽车控制模式，动力电池组在满足混合动力行驶功率需求的前提下，维持在一个较低的电量状态，直至下一次通过电网充满电。

插电式混合动力汽车由 3 种结构的混合动力汽车派生而来，可以实现不同的工作模式。除了按照驱动方式分类外，根据车载电池电量状态的变化特点，可以将插电式混合动力汽车的工作模式分为电量消耗模式和电量保持模式，车辆行驶时优先采用电量消耗模式。

（1）电量消耗模式

在电池组充满电后的初期行驶阶段，车辆主要使用电池的能量来行驶，此时电池电量在不断消耗，直至达到某一规定的值为止，此过程称为电量消耗模式。根据发动机是否参与工作，电量消耗模式又可分为纯电动和混合动力两种子模式。

纯电动子模式的特点是发动机关闭时，电池是唯一的能量源，零排放，电池的 SOC 降低，整车一般只达到部分动力性指标。当车辆启动、低速或者只要求部分动力性指标时，采用此模式。

混合动力子模式的特点是发动机和电池共同提供行驶功率，电池通过向电动机供电承担主要的整车行驶功率需求，发动机用来补充电池输出功率不足的部分，电池的 SOC 也在降低，直至降到 SOC 下限值。该模式适合在中高速，要求全面达到动力性指标时采用。

（2）电量保持模式

在电池组的能量消耗到一定程度，即 SOC 达到下限值时，为了保证车辆性能和电池组的使用寿命，车辆进入电量保持模式。电量保持模式与传统混合动力模式类似，发动机作为主动力源，提供主要的行驶功率，电池只是提供辅助功率，电池还可接收发动机在动力富余时的充电和制动回收的能量，电池组 SOC 有波动，但其平均值保持在某一水平上。

在电量消耗-纯电动模式、电量消耗-混合动力模式和电量保持模式之间能够根据整车能量管理策略进行无缝切换，切换的主要依据是整车功率需求和电池 SOC。

插电式混合动力电动汽车的工作模式设计基本原则包括以下几点。

① 电力优先模式（electric priority mode） 在这种模式下，车辆尽可能地使用电池储存的电能驱动，只在电池电量不足时才会切换到燃油发动机。这有助于减少燃料消耗和排放，特别是在城市驾驶条件下。

② 混合模式（hybrid mode） 车辆会根据驾驶情况动态地选择电动驱动或燃油驱动。系统会根据车速、加速度、电池电量等因素来平衡电池和燃油的使用，以达到最佳的燃油经济性等性能。

③ 充电模式（charge mode） 车辆会运行燃油发动机，同时将发电机产生的电能用于充电电池，以增加电池的电量。这个模式适用于长途旅行或者没有充电桩的情况下，以确保有足够的电池电量供电。

④ 保持模式（hold mode） 在这种模式下，车辆会保持当前的电池电量不变，将燃油发动机用于驱动。这可以用于将电池的电量保留到之后的特定驾驶段，例如进入城区等。

⑤ 自动模式切换和能量管理 系统应具备智能的模式切换能力，根据实时驾驶条件和车辆状态进行决策。能量管理系统需要综合考虑电池状态、驾驶路线、驾驶者偏好等因素，以实现最佳的能源利用和驾驶体验。

⑥ 驾驶者干预和自定义 考虑到不同驾驶者的需求和偏好，车辆应该允许驾驶者手动选择工作模式，或者根据自己的驾驶风格进行自定义设定。

⑦ 能量回收和再生制动 PHEV应该能够通过制动能量回收系统将制动时产生的能量转化为电能储存在电池中，以提高能源利用效率。

⑧ 能源管理策略 智能能源管理策略需要考虑电池的充电和放电特性、燃油发动机的效率曲线，以及不同模式下的能源消耗和排放，以制定适合不同驾驶条件的最佳策略。

⑨ 用户教育和信息显示 向驾驶员提供清晰的能源使用信息，包括电池电量、剩余纯电驾驶里程、燃油消耗等，有助于驾驶员做出更好的驾驶和模式选择决策。

扫一扫

本章小结

在第 13 章中，我们详细地探讨了新能源汽车工作模式的设计，涵盖了各种车型的动态工作原理及其效能平衡。本章将深入介绍如何采用现代工程方法将理论转化为实际应用，并展示完整的系统开发生命周期，侧重于基于 V 流程的系统开发框架、软件在环（software in the loop，SIL）与硬件在环（HIL）的集成测试方法，以及仿真器在协同开发中的应用四个关键的开发实践领域。每一部分都旨在建立一种高效的开发流程，确保整车控制系统的可靠性等性能和符合最终用户的需求。通过本章的学习，读者将掌握如何有效地推进和实施新能源汽车控制系统的现代开发方法。

14.1 基于 V 流程的整车综合控制系统开发

传统的整车综合控制系统开发通常基于如图 14-1 所示的控制单元开发流程来进行。首先根据应用需要来提出系统需求并进行功能定义，再进行硬件设计和面向硬件的代码编写，随后完成软硬件和外部接口集成，最后对系统进行测试和标定。

可以看出，如果采用传统的整车综合控制系统开发方法，那么在系统调试过程中软、硬件的错误往往交织在一起，同时所发现的由于硬件电路原因造成的问题便需要通过重新进行硬件设计并对软件进行修改来解决，从而导致整个开发周期较长，开发成本与开发风险上升。

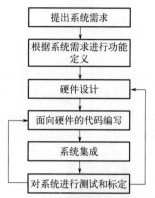

图 14-1 传统的控制单元开发流程

因此，随着汽车技术的快速发展，基于 V 流程的整车综合控制系统开发方法被提出并得到了普遍应用。相较于传统的整车综合控制系统开发方法，基于 V 流程的整车综合控制系统开发方法能够较好地提高整车综合控制系统的开发效率，缩短开发周期，降低开发成本，减小开发风险，同时也能够减轻工程师的工作量。

基于 V 流程的整车综合控制系统开发流程具体如图 14-2 所示，主要包括整车综合控制系统的设计与离线仿真、快速控制原型（rapid control prototyping，RCP）、产品代码自动生成、硬件在环（hardware in the loop，HIL）仿真和系统集成测试/标定等阶段。该流程的特点是开发、编程和测试总是在同一环境下工作，开发过程的每一步都能够得到验证。

下面对上述基于 V 流程的整车综合控制系统开发流程的几个阶段进行较为详细的介绍。

（1）整车综合控制系统的设计与离线仿真

采用诸如 Matlab/Simulink 等计算机辅

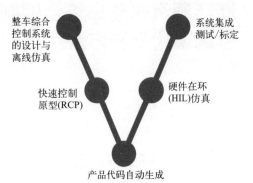

图 14-2　基于 V 流程的整车综合控制系统开发流程

助建模及分析软件来建立整车综合控制系统的模型，在该模型中根据所设计的控制策略对输入信号进行一系列的算法处理，从而满足相应的需求功能，实现对整车的综合控

制。此外，还需要建立尽可能准确的相关被控对象的数学模型，并将所建立的整车综合控制系统的模型与相关被控对象的数学模型相结合来进行离线仿真，从而验证所设计的控制策略及算法的正确性，防止发生所设计的控制方案根本不能满足实际对象功能需求的情况。图 14-3 所示便是在 Matlab/Simulink 平台下所搭建的某一整车综合控制系统的能量管理策略模块的离线仿真模型主体结构示意，主要由驾驶员模型、能量管理策略模型、整车模型和测量窗口组成。类似地，对于整车综合控制系统的离线仿真模型的主体结构，只需要将能量管理策略模型替换为整车综合控制器模型即可。

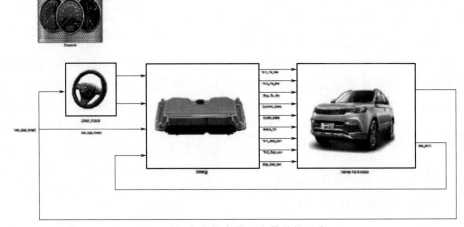

图 14-3　离线仿真模型主体结构示意

（2）快速控制原型（RCP）

快速控制原型，即控制系统的快速功能测试原型，是通过一定的技术手段，在短时间内开发与控制器产品功能一致的测试功能原型装置，通过对这个功能原型装置的实物实验来检验和修改设计。简单来说，就是采用先进的控制系统建模工具进行建模，生成代码并自动下载到硬件开发平台（图 14-4所示便是由北京九州华海科技有限公司研发的一种快速原型控制器），从而快速实现控制系统的原型，并且包括了实际系统中可能包括的各种 I/O、软件及硬件中断等实时特

图 14-4　一种快速原型控制器

性。随后，可以利用计算机辅助试验测试管理工具软件进行各种试验，以检测控制方案对实际对象的控制效果，并随时修改控制参数，直至得到满意的结果为止。即使对控制系统的模型进行了极大的修改，但从修改到

下一次对控制系统的原型进行测试也只需要几分钟的时间。

（3）产品代码自动生成

产品代码的生成是将所建立的原型控制系统向产品型控制器转换的关键步骤。在上述的传统控制单元开发流程中，产品代码是通过手工编制代码的方式来获得的，而在V流程中产品代码往往采用自动代码生成工具（Matlab RTW、dSPACE 公司的 Target Link、ASCET 工具包等）来自动生成的。相较于手工编制代码，自动代码生成的方式能够较好地减少编码时间，避免人工引入的错误和调试过程，加快开发流程，同时也便于代码的维护。

（4）硬件在环（HIL）仿真

在有了控制产品的初样后，还需要对其进行全面的测试。硬件在环仿真将部分真实控制器与仿真测试结合起来，在仿真器上建立虚拟车辆模型，并通过实时接口将虚拟车辆与待测控制器连接形成回路，对控制器的各种功能进行仿真测试，从而提高开发效率，降低开发成本。此外，在进行硬件在环仿真的过程中，对于虚拟的车辆模型部分应当尽可能使用高精度的数学模型来进行仿真。

（5）系统集成测试/标定

产品型整车综合控制器在制造完成后，还需要与整车的其他子系统相连接，从而形成一个完整的闭环，并进行一系列全面而又详细的测试，从而验证所制造的产品型整车综合控制器是否满足各项设计指标和需求定义。

同时，如图 14-5 所示，在系统集成测试的后期，还需要根据产品型整车综合控制器的具体使用条件和衍生型号的需要（如系列车型）来进行标定，即对成品控制器中的控制参数进行调整。通常是通过大量的实物实验来对控制参数进行优化，但该方法易受到测试条件和开发成本的限制。若利用实时仿真系统来仿真外界环境和使用条件，便能

够在实验室完成大部分的标定工作，只需要再进行少量的实物实验来标定参数即可。

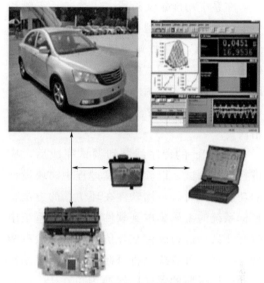

图 14-5　整车综合控制器的标定

14.2　基于 SIL 的整车综合控制系统开发

随着电控系统技术的飞速发展，ECU在车辆上的应用领域越来越广泛，算法日益复杂，功能逐步增多。针对日益增长的ECU功能测试需求，电控测试需要更多的测试时间，造成车辆试验的成本逐渐增加，而 HIL 仿真平台资源有限，无法同时完全满足开发、测试和数据标定等诸多方面的需求。为了在节约成本的同时加大测试强度，保证测试质量，可行的解决途径只有加大离线仿真试验去满足测试需求。

14.2.1　SIL 在车用 ECU 开发过程中的应用

在车用 ECU 的开发过程中，V 流程的开发方法被普遍采用。V 流程的开发方法将 ECU 的开发过程分为两个阶段：第一阶

段为系统功能定义及程序研制阶段；第二阶段为系统功能测试阶段。

在系统功能定义阶段，一个包括车辆动力学模型和软件模型在内的模型在环仿真方法可以在 PC 或工作站上实现，用于设计和确定各模块的功能。模型在环仿真可与快速原型方法相结合，用于在开发的早期过程中，发现及排除系统和模块功能定义中的错误。

在 ECU 的程序编制和调试完成后，应进行模块测试，以验证开发过程中模块设计的功能。此时，可用软件在环仿真的方法将目标系统的编码集成到软件在环仿真系统中进行测试。进行软件在环仿真测试一般有两种方式：一种方式是将目标系统的程序编码以动态连接库的形式，转换为可在 PC 或工作站上运行的程序代码，完全脱离 ECU 的软硬件环境，直接在 PC 或工作站上进行 ECU 的软件在环仿真测试；另一种方式是目标系统的程序编码在真实的 ECU 处理器上运行，而所有 ECU 与外界的硬件连接信号采用模拟信号，实现 ECU 的软件在环仿真测试。

在 V 流程开发模式下，通过 SIL 平台一方面可在开发过程中更早介入，确保在早期的开发过程中通过对嵌入式软件的测试及时发现存在的问题，提高整改效率，从而大幅节约 ECU 功能开发成本和周期；另一方面，由于 SIL 采用纯软件仿真的手段进行测试，无需真实车辆及 HIL 台架资源，可在开发和测试过程中灵活使用，因此正在成为一种理想的功能测试工具。

如图 14-6 所示，当前 Simulink 为汽车控制系统的快速开发提供了强大的支撑，模

图 14-6　MIL 与 SIL 对比

型的易读性利于功能变更，但是仿真模型必须通过代码转换才能生成控制器所需的软件，测试模型的功能逻辑和代码的一致性必不可少。MIL（model in the loop）和 SIL 是脱离控制器实物在计算机上进行的测试，是测试软件逻辑功能的有效方法。

14.2.2　MIL/SIL 开发实例

下面以在开发电动汽车充电电子锁过程中使用 MIL/SIL 测试为例，阐明软件在环仿真测试系统的构成和功能。

（1）电子锁与交流充电控制

电子锁功能是针对于充电安全防护而提出的，电子锁的使用与充电控制流程紧密相关。对于交流充电电流大于 16A 的纯电动汽车，采用电子锁的交流充电控制首先主要是 VCU 与充电桩、电池管理系统（BCU）和车载充电机等进行信息交互，交流充电模式判断完成，则进行电子锁锁止，然后进行充电，在充电结束后，进行电子锁解锁。图 14-7 所示为交流充电控制流程。

（2）MIL/SIL 测试流程

本实例中介绍的 MIL/SIL 测试是基于 Matlab 和 Target Link 平台自主开发的自动化测试工具进行的，MIL/SIL 的具体测试流程如下。

① 明确测试对象并建立测试环境　将被测模型添加到 Target Link "Model in the loop mode" 模块中，输入变量是通过 From Workspace 模块进行数据连接的，而输出结果则通过 Scope 模块进行显示。

② 编写测试用例　首先要明确每个输入/输出信号的取值范围及信号变化先后顺序，测试用例要能根据测试对象工作原理覆盖到所有可能出现的工作状态。自主开发的测试工具所用的测试用例是基于 Excel 文档进行编写，主要包括测试名称、输入信号名称、采样时间、信号变化值、输出信号、期望输出值等。

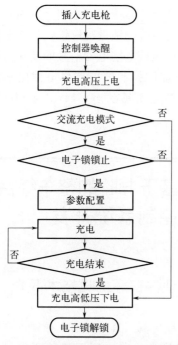

图 14-7　交流充电控制流程

③ 加载并运行测试模型和测试用例

在 MIL 模式下运行模块，运行完毕后查看测试结果。

SIL 测试同理，但需要在如图 14-8 所示环境下生成代码之后才可进行。

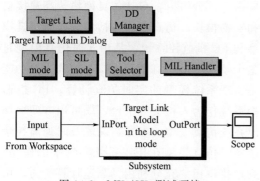

图 14-8　MIL/SIL 测试环境

MIL/SIL 测试均通过，则测试完成。如果实际输出值和期望输出值有差异，则需要进行分析，重复上述过程，直到解决出现的问题，完成测试。

自主开发的测试工具采用图形化窗口形式，可以直接对比输出值和期望输出值，便于快速分析问题，提高测试效率。

（3）充电电子锁测试结果分析

本实例所提到的电子锁是针对交流充电应用的，只有在接收到有效的交流充电模式和电池有充电需求时才会进行锁止，表 14-1 给出了交流充电模式判断测试用例（作为父级测试用例），表 14-2 给出了电子锁锁止和解锁的测试用例（作为子级测试用例），先执行表 14-1 后执行表 14-2。

表 14-1　交流充电模式判断测试用例

采样点/s：[0 0.1 0.15 0.4 0.5 0.51]

仿真时间/s：0.51

输入信号	输入值
充电连接标志位	1 1 1 1 1 1
Key On	1 1 1 1 1 1
Cc 标志位	1 1 1 1 1 1
直流充电连接确认电压信号	12 12 12 12 12 12
BCU 初始化完成	0 0 0 0 1 1
IPU 初始化完成	0 0 0 0 1 1
允许预充电	0 0 0 0 1 1
预充继电器吸合	0 0 0 0 1 0
主继电器吸合	0 0 0 0 1 1
BCU 高压准备完成	0 0 0 0 0 1
IPU 进入运行模式	0 0 0 0 0 1

采样点/s：[0 0.01 0.02 0.15 0.4 0.41 0.42 0.505]

仿真时间/s：0.51

输出信号	期望输出值
充电模式请求信号	1 1 1 1 1 1 1 1
高压模式信号	1 1 1 1 2 3 4 4
充电模式信号	0 0 0 0 0 0 1 1

表 14-2　电子锁锁止与解锁测试用例

采样点/s: [0.51 0.71 0.82 0.88 0.91 0.92 4.92 5.01 5.12 5.51]	
仿真时间/s: 5.51	
输入信号	**输入值**
电池充电状态	0 0 0 1 1 2 2 2 2 2
电子锁位置检测标志位	1 0 0 0 0 0 0 1 1 1
S2 开关状态	0 0 0 1 1 0 0 0 0 0
采样点/s: [0.51 0.62 0.71 0.83 0.88 0.91 0.92 4.92 5.01 5.13 5.51]	
仿真时间/s: 5.51	
输出信号	**期望输出值**
电子锁状态标志位	0 0 1 1 1 1 1 1 1 0 0
电子锁故障标志位	0 0 0 0 0 0 0 0 0 0 0
电子锁锁止供电标志位	1 1 0 0 0 0 0 0 0 0 0
电子锁解锁供电标志位	0 0 0 0 0 0 0 1 1 0 0

经过对充电信号和 BCU 相关信号的判断，电池充电高压上电完成，并且进入交流充电模式，满足电子锁锁止所要求的充电模式条件。

图 14-9 给出了电子锁相关信号的 MIL/SIL 测试曲线，从电子锁锁止过程中锁止供电继电器信号的变化可以看出，VCU 能够控制继电器供电使电子锁锁止，并反馈电子锁状态，MIL 测试结果与期望结果相同，

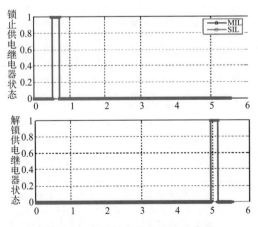

图 14-9　电子锁相关信号变化曲线

SIL 测试结果有一个周期（10ms）延迟响应，不影响电子锁功能的正常实现。当开关断开一定时间后电子锁进行解锁，从电子锁解锁过程中解锁供电继电器信号的变化可以看出，VCU 能够控制继电器供电使电子锁解锁，并反馈电子锁状态，MIL 与 SIL 测试结果相同。

14.3　基于 HIL 的整车综合控制系统开发

14.3.1　硬件在环仿真技术简介

硬件在环仿真（HIL）是一种硬件在线的实时仿真技术，在控制系统的研发过程中，将部分真实控制器与仿真测试结合起来，在仿真器上建立虚拟车辆模型，并通过实时接口将虚拟车辆与待测 ECU 连接形成回路，对 ECU 从功能与诊断两方面开展仿真测试。

如图 14-10 所示，硬件在环仿真系统主要由三部分组成，包括仿真模块、高速接口和实物模块。仿真模块包括系统实时仿真模型和 PC 机监控系统，其中实时仿真模型是整个硬件在环仿真系统的核心，其主要功能是实现系统模型的实时仿真计算；PC 机监控系统作为人机交互平台，既可以方便地修改系统仿真模型的参数，又能及时地监控系统实时仿真模型在控制系统实物中的作用。高速接口模块充分利用其高速计算能力，可以在系统实时仿真模型和控制系统实物之间进行各种信号的传递。

采用 HIL 技术可以方便地测试典型工况甚至极端工况下的混合动力综合控制器软、硬件性能，帮助设计者了解系统的动态特性，准确分析参数变化对系统特性的影响，并能缩短开发周期、减少开发费用。基

于 HIL 的整车综合控制系统的主要功能要求：

① 能对控制策略进行验证和优化；

② 能用于控制器软、硬件调试和测试；

③ 能用于控制参数标定；

④ 能用于故障模拟和 OBD 测试；

⑤ 能用于整车运行工况模拟测试与能耗、排放、动力性等性能仿真测试；

⑥ 能进行传感器、执行器模拟和 CAN 通信测试。

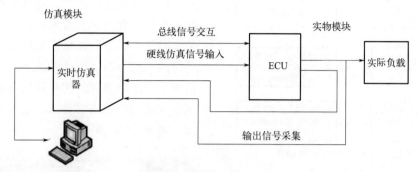

图 14-10　硬件在环仿真系统

14.3.2　基于 HIL 的整车综合控制系统开发实例

（1）硬件在环仿真系统结构框架

本小节基于 dSPACE 针对混合动力系统设计硬件在环仿真平台进行开发。dSPACE 是一套基于 Matlab/Simulink 的控制系统开发与测试平台，可实现与其无缝连接。它使用 dSPACE 的实时控制仿真平台作为实时环境的硬件载体，在系统中作为实时处理器。

混合动力系统硬件在环仿真平台由实时仿真系统 dSPACE、系统数字模型、信号调理电路、监控界面、驾驶员操作装置（加速踏板、制动踏板、换挡手柄）等组成。

硬件在环仿真系统结构如图 14-11 所示。在硬件在环仿真测试过程中，驾驶员通过操作加速/制动踏板及换挡手柄，将驾驶员意图传达给混合动力系统综合控制器（HEV ECU），驾驶员操作装置中集成了响应的位置信号传感器。ECU 采集驾驶员操作信号、反映车辆速度的车速脉冲信号及通过 CAN 总线传递的各部件状态信号，并根据这些信号进行决策控制，生成各部件的操

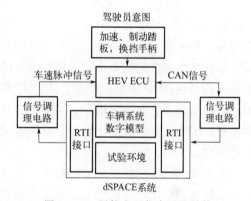

图 14-11　硬件在环仿真系统结构

作指令（混合动力系统中主要为发动机、电动机、发电机工作状态指令与功率耦合机构操作元件控制指令），通过 CAN 总线传递给实时仿真系统 dSPACE。dSPACE 通过实时接口模块（real time interface，RTI）中的 CAN 模块接收 ECU 指令，实时运算车辆系统数字模型与路面状态等试验环境模型，生成各部件的实时状态及车辆状态。再分别通过 RTI 模块的 CAN 模块与脉冲信号生成模块产生需要 ECU 采集的 CAN 信号与车速脉冲信号并发送给 ECU，从而使 ECU 进入下一个时间步长的控制。这样就完成了一个实时仿真步。硬件在环仿真系统反复进行这样的计算，即模拟了被测对象的

动态过程特性。

（2）硬件在环仿真系统设计流程

硬件在环仿真系统设计流程如图 14-12 所示。

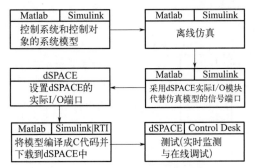

图 14-12　基于 dSPACE 的硬件
在环仿真系统设计流程

① 车辆系统数字模型的建立　系统数字模型是硬件在环仿真系统最重要的软件组成部分。系统通 Matlab/Simulink 软件建立实时仿真模型来模拟整车真实部件。混合动力系统模型主要由发动机模型、发电机模型、电动机模型、电池组模型、功率耦合机构模型、车辆动力学模型、辅助系统用电模型等组成。

在完成车辆系统数字模型的建立后，通过离线仿真调整控制系统参数，调整至较理想值后即可搭建硬件在环仿真试验台。

② 被控实物和仿真控制模型的连接由于硬件在环仿真环境中，控制模型仍然采用离线仿真模型，用实物替代了目标系统模型，因此需通过 dSPACE 的 I/O 接口实现被控实物和仿真控制模型的连接。

③ 代码的自动编译和生成　dSPACE 的实时接口库（RTI）能够从方框图自动生成代码并下载，它连接的是 dSPACE 实时系统与软件开发工具 Matlab/Simulink；RTI 对 Simulink 库进行了扩展，利用这些框图无需编写任何代码就能完成包括 I/O 接口及初始化过程的全部设置。同时通过对 RTW 进行扩展，可实现从 Simulink 模型到 dSPACE 实时硬件代码的无缝自动下载。

利用 Matlab/Simulink/RTW 和 dSPACE/RTI 实现代码的自动编译和生成后，将其下载到 Autobox 控制箱中。

④ 操控界面的搭建　利用 dSPACE Control Desk 软件提供的一系列虚拟测试控件，建立试验监控界面，测试过程中操控界面主要包括驾驶员面板模拟界面与实时数据采集界面两部分。面板模拟界面直观地显示系统的关键参数、监控系统工作状态，且包括模式设定等按钮。实时数据采集界面实现试验数据曲线的实时显示、记录与分析等功能，如图 14-13 所示。

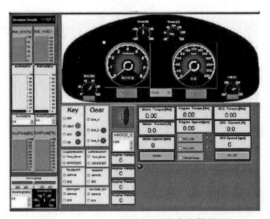

图 14-13　Control Desk 试验监控界面

⑤ HIL 测试　整个 HIL 测试包括通信测试、功能测试、故障注入测试 3 个部分。

a. 通信测试。根据项目 I/O 测试列表进行控制器的 I/O 测试。

b. 根据项目功能测试列表，即功能测试用例库进行功能测试。根据该测试用例库，在现有测试平台上对目前车型进行 HIL 测试。本小节采用基于 dSPACE/Automation 软件建立测试序列，其作用是将测试用例转化为软件可识别代码。如图 14-14 所示为一条完整测试序列结构。

c. 进行故障注入测试。

总的来说，基于 HIL 的整车综合控制系统具有良好的实时性和动态特性，可以很好地模拟混合动力汽车的行驶状态，也可进

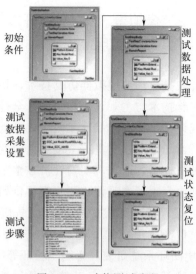

初始条件

测试数据采集设置

测试步骤

测试数据处理

测试状态复位

图 14-14　功能测试流程

行循环工况的仿真，为控制策略各模式切换等不同行驶状态的调试提供了良好的仿真平台，同时为不同控制策略下混合动力汽车动力性、经济性仿真研究提供了良好的实时性仿真平台。

14.4　基于 Simulator 的整车综合控制系统协同开发

在先进的汽车产品开发流程中，基于全数字汽车的整车运动性能优化匹配贯穿于整个产品开发流程中，在样车试造之前，依据成熟的客观评价体系，可以保证整车的稳态性能指标与产品定义的一致性。但对于汽车动态品质，当前国际上主要由驾驶员在产品开发试制完成后，通过样车进行实车主观评价调校，但由于前期设计基础已定，依据主观评价结果调校动态品质范围十分有限，经常导致开发的产品运动品质不高，甚至导致开发失败，加大开发风险。在产品预开发阶段，对汽车动态响应品质的控制与评价是当前的研究热点问题之一。为了实现预开发阶

段对汽车动态品质的控制，国际上提出了采用驾驶模拟器进行主观评价的技术方案。

14.4.1　车辆模拟器研究现状

车辆模拟器按照功能的不同主要分为训练型模拟器和研究型模拟器，训练型模拟器主要用于驾驶员的技能培训，而研究型模拟器则用于车辆的研发、性能测试、人-车-环境系统综合研究、交通系统分析和设计等，按成本分为低级、中级、高级驾驶模拟器。国外车辆模拟器开发始于 20 世纪 60 年代末，由于视景显示和计算机技术的限制，后来车辆模拟器发展放缓。20 世纪 80 年代开始，由于计算机技术、传感器技术、自动控制技术的高速发展，使得模拟器可以获得非常逼真的虚拟现实环境，各汽车公司、科研院所和政府部门投入大量人力、物力和财力进行车辆模拟器的研发，德国奔驰和美国通用汽车公司、日本汽车研究所、瑞典公路和交通研究所以及美国爱荷华州政府等均开发了高性能的车辆模拟器。最具代表性的是德国奔驰公司于 1995 年投入使用的用于新型车辆研发的模拟器，该模拟器于 2000 年进行了第一次升级，最新升级的版本如图 14-15 所示，该模拟系统由一个 360°环形屏幕、12m 长的纵向滑动钢轨以及六自由度平台组成。丰田公司于 2001 年建成世界上最大的车辆模拟器，如图 14-15 所示，该模拟器运动系统除一个六自由度平台外，纵向和横向均能移动，范围更是达四座网球场之广，座舱为高 4.5m、直径 7.1m 的半圆形球体，内部可安装一辆实车，具备 360°环绕屏幕，可以用来研究和分析各种实际上会发生的驾驶状况。

国内车辆模拟器的研发起步较晚，吉林大学、同济大学、浙江人学、中国航空精密机械研究所、装甲兵装备技术研究所、装甲兵工程学院、国防科技大学、西南交通大学、东南大学、武汉理工大学、昆明理工大

学等单位都进行过车辆模拟器的开发并利用模拟器进行了大量的研究工作。国内的驾驶模拟器大多数用于驾驶培训或交通系统的研究，除吉林大学驾驶模拟器属于高级驾驶模拟器外，其他均属于中级驾驶模拟器。

图 14-15　国内外大型驾驶模拟器

14.4.2　模拟器在 V 流程开发过程中的应用

驾驶员在环的模拟器仿真技术，将虚拟场地实验技术与主观评价相结合，全过程进行主观评价，提高产品开发效率，降低开发风险。由于避免建立具有全工况适应性的复杂驾驶员模型，嵌入真实驾驶员在整车开发全周期内实现了主观评价与客观评价的集成迭代，成为汽车开发的先进方法与应用趋势，已广泛应用在先进电控系统开发、人-车-环境闭环系统研究、智能车验证等领域。

模拟器的应用贯穿于整个汽车开发 V 流程中，典型的开发流程如图 14-16 所示，在功能需求设计阶段，根据对标车的性能指标及物理参数建立整车数学模型，通过离线客观评价定义开发车型的性能指标，通过模拟器的主观评价建立对标样车与模拟器驾驶感受之间的联系，并对定义的车型提供建议；在方案评价阶段可以针对对标车型的改进空间提前感知，评估开发风险，并对零部件供应商提出设计要求；在系统设计阶段，可以实现半模型半实物的联合评价，对零部件供应商提供的产品在样车组装之前提出改进意见，加快开发进程；在分析调校阶段，根据精确的零部件参数，建立精准的数学动力学模型，依据实车提供的改进意见，快速修改整车参数，根据模拟器主观评价结果提出改进建议，从而缩短产品迭代周期，提高开发效率。

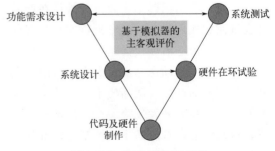

图 14-16　汽车开发 V 流程

14.4.3　基于模拟器的整车综合控制系统协同开发过程

本小节以某汽车电子稳定程序为例，描述基于模拟器及制动系统的整车控制系统协同开发过程。

如图 14-17 所示，基于驾驶模拟器汽车电子稳定程序的硬件在环仿真系统主要由汽车驾驶模拟器、输入信号模拟器、制动系统和监控模块四大部分组成。其中，汽车驾驶模拟器为硬件在环仿真系统提供车辆运行的实时仿真模型及输入输出软硬件接口。输入信号模拟器用真实的传感器采集信号并将其输出，此输出信号就像传感器装在真实车辆上所采集的信号，具有真实的物理特性和电气特性。真实的制动系统硬件接收来自驾驶

员的踏板力及电子稳定程序输入信号模拟器的输出信号，制动系统根据这些信号执行一系列的制动动作。监控模块由驾驶模拟器主控软件和监测及通信模块组成，驾驶模拟器主控软件是驾驶模拟器的应用控制平台，监测和通信模块主要负责电子稳定程序输入信号的曲线显示。

基于模拟器的控制系统开发流程与硬件在环控制类似，主要分为以下内容：a. 基于驾驶模拟器及制动系统等搭建整车模型，设计相关控制策略，生成代码；b. 为了实现与系统模型进行实时数据交换，分别对驾驶模拟器和制动系统的软硬件接口进行设置；c. 在代码及接口设置完成之后，进行试验，通过监控模块中的监测及通信模块观测由驾驶模拟器、制动系统及其他传感器传输过来的信号，通过主控软件进行参数设置和标定。

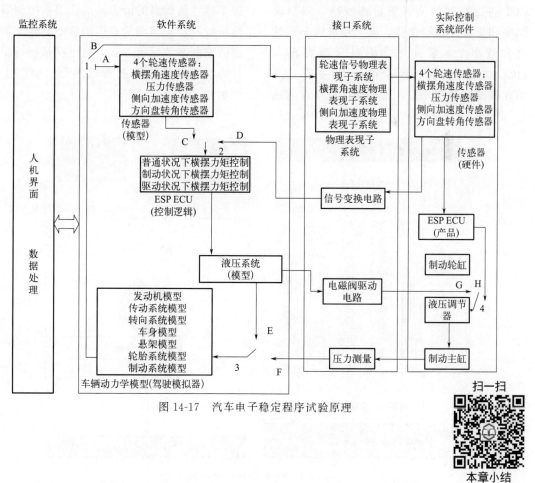

图 14-17　汽车电子稳定程序试验原理

扫一扫

本章小结

在第 14 章中，我们详细探讨了新能源汽车整车综合控制系统的现代开发方法，涉及从基于 V 流程的开发方法到软件在环（SIL）、硬件在环（HIL）仿真技术，以及基于仿真器的协同开发。这些方法和技术的介绍，为我们提供了如何系统地开发和测试整车控制系统的深刻视角，确保了新能源汽车控制系统的可靠性等性能。本章将聚焦于整车控制器的标定，尤其是基于 CAN 校准协议（CCP）的应用。并将阐述如何通过 CCP 进行有效的实时测量和校准，以精确调整和优化控制器参数，进一步加强车辆性能和效率。本章首先介绍混合动力汽车 HCU 的测标流程，然后深入探讨基于 CCP 的在线测标系统开发，这是确保汽车性能达到最佳的关键步骤。

15.1 混合动力汽车 HCU 测标流程

混合动力汽车 HCU 测标流程是基于实车运行数据分析动力部件对整车经济性和动力性的影响，找出影响车辆性能的因素，挖掘车辆性能提高的潜力，从而提取控制器的标定量及相关监测量；提出基于最佳车辆性能的控制参数标定方法，确定在某一特定运行环境下的最优控制参数组合，如图 15-1 所示。

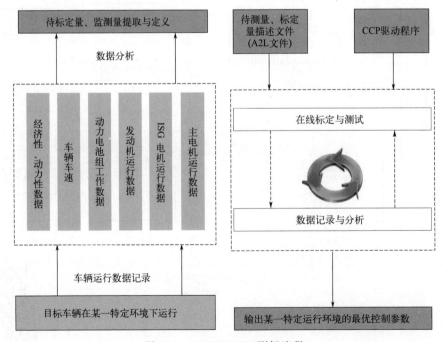

图 15-1　PHEB HCU 测标流程

15.2　基于 CCP 的在线测标系统开发

在线测标系统是 HCU 开发过程中的重要工具之一，用于监测 HCU 相关变量，对其控制参数进行在线调整，且能在线分析并保存标定结果、处理离线数据等。完整的测标系统包括主机测标环境、通信硬件连接、主机与从机的接口库文件以及从机驱动程序四个部分。传统的测标系统开发没有一定的标准遵循，开发者往往自行开发主机测标环境，有的甚至自行完成包括通信接口硬件和驱动程序在内的所有工作，但其费时费力，且通用性极差。为解决标定、测量和诊断（measurement calibration and diagnosis，MCD）系统的标准化，实现硬件和软件之间的兼容性和数据的可交换性，由德国几家汽车制造商联手几家著名的汽车电子设备制造商成立了标准化标定系统工作组（ASAP），并制定了 ASAP 标准。ASAP 标准包括三个部分，分别是 ASAP1、ASAP2 和 ASAP3，其中 ASAP1 又可细分为 ASAP1-a 和 ASAP1-b，如图 15-2 所示。

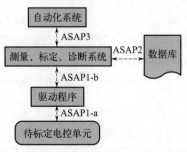

图 15-2　ASAP 标准的构成示意

ASAP1-a 是待测标电控单元（electronic control unit，ECU）端的数据通信的接口规范，ASAP1-b 则是 MCD 系统与待测标 ECU 的通信接口规范。ASAP2 是待测标 ECU 的内部数据描述文件规范。ASAP3 是自动化系统与 MCD 系统的通信接口规范。后来，自动化及测量系统标准化协会（ASAM）成立，对 ASAP 标准进行了扩展，形成了新的 ASAM 标准，在新的标准体系下 ASAP 标准更名为 ASAM-MCD，ASAP1、ASAP2、ASAP3 相应地更名为 ASAM-MCD 1MC、ASAM-MCD 2MC 和 ASAM-MCD 3MC，这就是汽车 ECU 的 MCD 标准。

CCP 是 ASAM-MCD 的有机组成部分，属于 ASAM-MCD 1MC-a 规范，是基于 CAN 总线的 ECU 标定协议。CCP 采用主从通信方式，以 CAN 帧为基本单位，遵循 CAN2.0B 通信规范，支持 11 位标准和 29 位扩展标识符。CCP 所有的收发数据都打包成 8 个字节的报文，发送和接收各使用一个 ID，共占用 CAN 报文两个 ID。

15.2.1　标定协议

目前，标定系统所采用的通信协议主要有串行通信接口（serial communication interface，SCI）协议、传输控制/网络通信协议（transmission control protocol/internet protocol，TCP/IP）、基于 K 线的 KWP2000（keyword protocol 2000）协议和 CCP 等。

基于 SCI 的标定系统是传统的标定方式，一直以来都是主流，直到现在仍有比较广泛的应用。但是 SCI 的通信速率太慢，这就导致了基于 SCI 的标定系统存在两个缺陷。一个是基于 SCI 的标定系统并不能实现真正意义上的在线标定。所谓在线标定，是相对离线标定而言的，在线标定可以在被控系统运行过程中对控制参数、曲线和 Map 数据进行修改，这是对被控系统进行实时优化的必要前提，但是它对标定通信方式和通信速率提出了很高的要求，SCI 的通信速率并不能满足这个要求。另一个是基于 SCI 的标定系统采样频率太低，相邻两次采样之间，可能控制器中的重要变量已经多次刷新，导致采样点之间大量信息的丢失，最终影响标定过程的重要变量监测、分析和判定。

基于 TCP/IP 的标定系统可以快速可靠地完成标定工作，但是这种通信方式也存在不足之处，因为采用这种方式需要对待标定的电控单元进行专门的改造，在原有的电路基础上增加 ETK（embedded tool kit）模块。改造后的 ECU 称为 ETK-ECU，专用于 ECU 开发和标定过程。增加硬件的目的一是实现相应通信接口，二是改造后可以将 ECU 内存中的数据映射在 ETK 中，标定过程并不是直接修改 ECU 中的数据，而是修改映射到 ETK 硬件中的数据。这就使得该方式存在三个缺陷：其一是要增加 ETK 硬件必须预留相应硬件接口，增加了 ECU 开发的复杂程度；其二是每个 ETK-ECU 改造需要花费数千美元，大大增加了开发成本；其三是最终批量化型号的 ECU 不可能含有 ETK 硬件，无法进行标定。

由于混合动力汽车 HCU 开发过程中对测标系统的实时性、通信速率、通用性、开发成本的严格要求，上述的测标方式已无法满足。与它们相比，基于 CCP 的标定方式可以说是兼具了两者的优点而摒弃了它们的不足之处。具体而言，其优势在于：a. 基于 CCP 的标定系统可以在控制器运行过程中实现对控制器中数据及特性参数的实时动态标定；b. CAN 总线可靠性好，因此通过 CAN 总线进行的 MCD 工作过程稳定可靠；c. 由于 CAN 总线的普及，且 CAN 控制器成本低廉，几乎所有的中高端单片机都内置了 CAN 控制芯片，这为基于 CCP 的标定方式的普及应用提供了有力支持；d. 基于 CCP 的标定系统实现了在硬件上只要求共用 ECU 的 CAN 接口，主要是在 ECU 中实现符合 CCP 的标定驱动与接口程序，并不增加任何的硬件成本；e. 如果将基于 CCP 的标定工具接入连接多个 ECU 的 CAN 网络中，标定工具可以标定这个 CAN 网络中的所有 ECU；f. CCP 早已在欧洲成为标准，不仅标准化组织 ASAP 成员厂商的产品支持该协议，世界其他知名的整车厂及相关零部件、技术服务供应商也逐步开始支持该协议，同时再加上 CCP 自身的不断完善和发展，在电控系统开发领域显示出了强大的优势，使得 MCD 工作的通信方式标准统一化成为可能。

15.2.2 标定系统软硬件设计

基于 CCP 的 PHEBHCU 在线测标系统只有一个主机，可以同时连接一个或多个从机，主机是一个 MCD 工具，从机为待测标电控单元，如图 15-3 所示。CCP 规定主机和从机之间通过 CRO（command receive object）和 DTO（data transmission object）来进行会话，由主机向从机发送命令（CRO）和从机进行响应并反馈命令应答（DTO）两个步骤完成，可用单次或多次相应的会话来实现不同的功能。

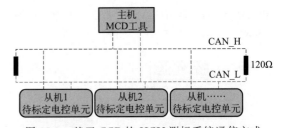

图 15-3　基于 CCP 的 HCU 测标系统通信方式

整个测标系统包括上位机测标环境、接口库文件、主机 CCP 驱动程序、USB/CAN 接口卡、从机 CCP 驱动程序和待标定控制器等，其软硬件结构如图 15-4 所示。

从 MCD 的角度看，待测标从机端的程序架构如图 15-5 所示，各程序块之间的信息交互方式如图 15-6 所示。应用程序通过调用 CCP 驱动程序中的 CCP 初始化函数完

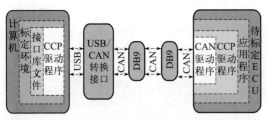

图 15-4　基于 CCP 的 HCU 测标系统软硬件结构

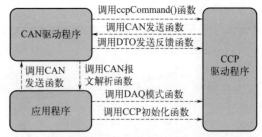

图 15-6　待测标从机端各程序块间的数据交互方式

成 MCD 初始化工作。CAN 驱动程序通过调用 CCP 驱动程序中 DTO 发送的反馈函数来确认上次会话是否顺利完成，以确定是否继续进行新一次的会话。CAN 驱动程序接到主机下达 CCP 命令后，通过调用 CCP 驱动程序中的 CCP 命令处理函数（ccpCommand）对其进行解析并做出响应，然后，CCP 驱动程序调用 CAN 驱动程序中 CAN 发送函数将响应结果反馈回主机。应用程序通过调用 CCP 驱动程序中的 DAQ（data Acquisition）模式函数实现对监测量值的刷新，再由 CCP 驱动程序调用 CAN 驱动程序中的 CAN 发送函数将监测量的值上传到主机。应用程序与 CAN 驱动程序之间同 CAN 收发函数实现信息传递。

时，由 CAN 接收中断服务程序对该条报文 ID 进行判断，若为 CCP 命令则调用 CCP 驱动程序中的 CCP 命令处理函数（ccpCommand），否则继续执行其他程序，如图 15-7 所示。

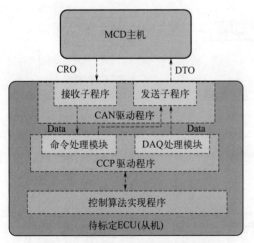

图 15-5　待测标从机端的程序架构

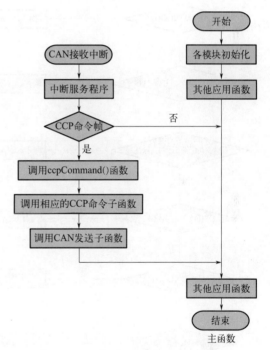

图 15-7　待测标从机端 CCP 驱动程序
与 CAN 驱动程序的接口程序流程

CCP 驱动程序与 CAN 驱动程序通过相应的接口程序来实现数据传递，该接口程序的具体流程为：CAN 接收采用中断接收方式，在程序运行过程中当收到 CAN 报文

CCP 命令处理函数执行流程为：进入函数后首先对 CCP 命令报文 CMD 代码进行判断（2.1 版本 CCP 共规定了 28 条命令，包括 11 条基本命令和 17 条可选命令），然后转入相应的子函数中，完成相应任务，最后配置并返回相应的命令处理结果信息，如图 15-8 所示。

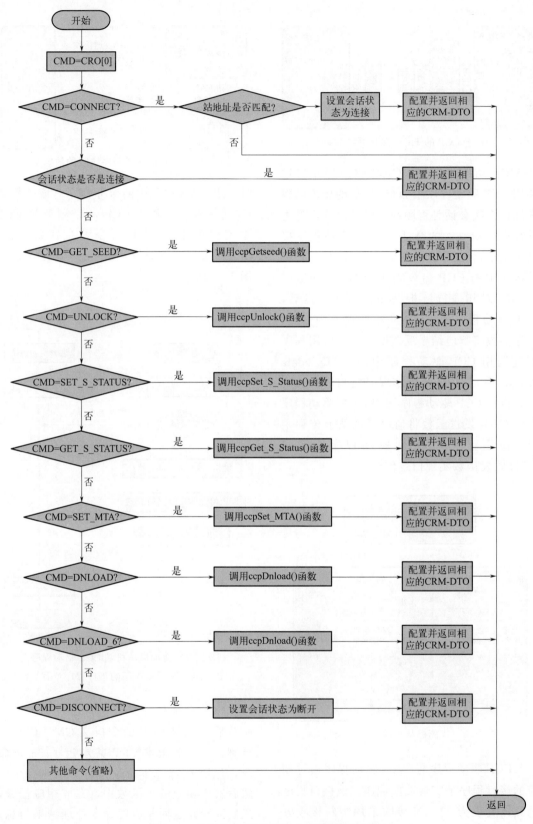

图 15-8　待测标从机端 CCP 命令处理函数流程

DAQ 模式借助 DAQ 列表进行通信，使从机自动地按一定周期向主机上传数据。它采用中断形式完成在一定周期内对 ccpDaq 函数的调用，实现主机对从机相关量的实时监测，执行流程如图 15-9 所示。

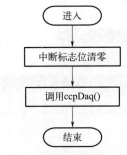

图 15-9　待测标从机端 DAQ 处理模块与应用程序的接口程序流程

15.2.3　基于 CCP 的在线测标系统开发实例

HCU 在线测标系统 USB/CAN 接口转换工具（或称 USB/CAN 接口转换卡）采用稳定可靠的 CAN case XL。测标系统运行在便携式 PC 机上，其内部集成了主机端的 CCP 驱动程序。待测标从机为 HCU，从机端程序包括 CAN 驱动部分、CCP 驱动部

分和控制算法实现部分。主机端测标环境是测标系统与测标工程师的交互接口，负责接收解析测标工程师的相关操作，通过调用主机端的 CCP 驱动程序将其转换成标准的 CCP 命令发送到 USB 总线上，接收从机上传上来的相关处理结果并将其显示在显示窗口上以便标定工程师进行实时观测、分析，同时将所有测标任务和响应结果生成文档保存下来为标定工程师提供分析、优化依据。USB/CAN 接口转换工具负责将主机下达的 CCP 命令转换成 CAN 报文发送到 CAN 总线上，同时将从机上传的携带着处理结果信息的 CAN 报文转换后通过 USB 总线上传到主机。从机在负责执行多动力单元协调控制任务的同时，其内部的 CAN 驱动程序除负责正常的 CAN 报文收发外还要辨析出主机下达的 CCP 命令，并调用 CCP 驱动程序，然后再将处理的结果打包发送到 CAN 总线上。CCP 驱动程序负责解析 CCP 命令并做出响应后上传响应结果。

借助待测标 HCU 中能量管理策略程序代码 map 文件对待测标量进行配置（配置界面如图 15-10 所示），生成 A2L 文件。

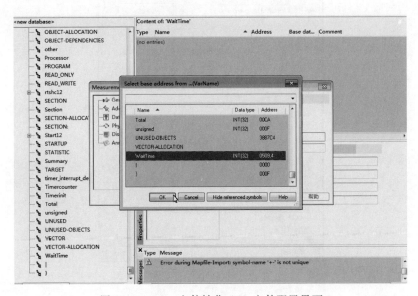

图 15-10　Map 文件转化 A2L 文件配置界面

测标系统通过 A2L 文件（加载界面如图 15-11 所示）与 HCU 建立通信（CCP 配置界面如图 15-12 所示），对待测标量存储单元进行访问，从而完成对控制器相关量的监测与标定。

HCU 在线测标界面如图 15-13 所示，可根据需求选择测标量，显示方式可以采用线图、数字表、速度表等形式。标定方式可以采用直接输入、滑块拖动等形式。同时，在线测标的数据信息均可保存在数据库中（图 15-14），以供后续离线分析（离线数据分析界面如图 15-15 所示）。

图 15-11　A2L 文件加载界面

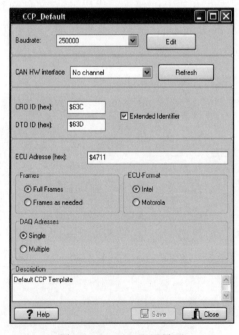

图 15-12　CCP 配置界面

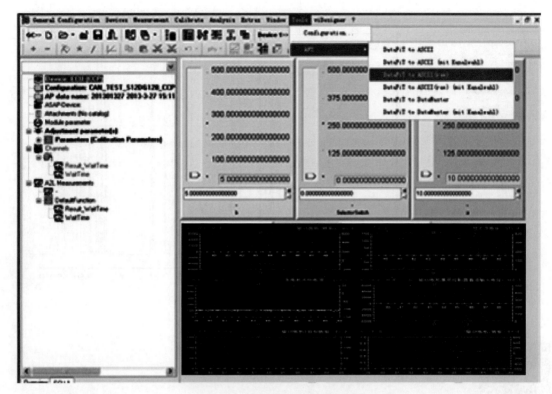

图 15-13　测标系统在线测标界面

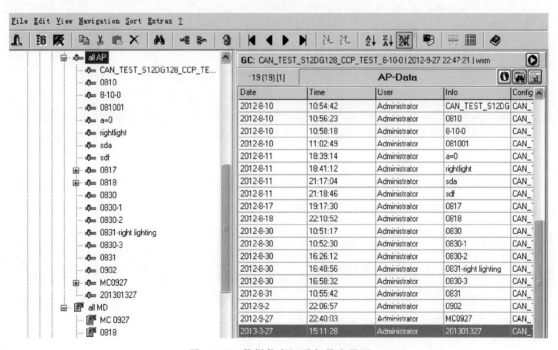

图 15-14　数据信息记录与导出界面

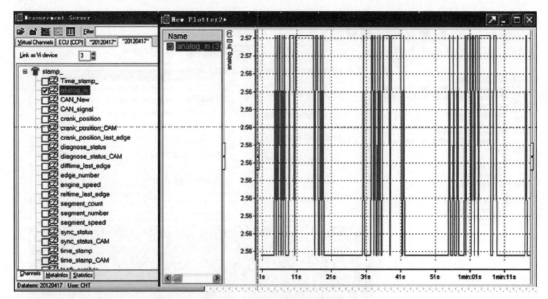

图 15-15　离线数据分析界面

扫一扫

本章小结

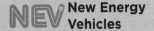
新能源汽车仿真技术

在研究和开发包括混合动力汽车在内的新能源汽车时，要综合考虑的问题很多，如部件的选择、最佳系统方案的确定、整车控制策略的合理制定与优化等。通过仿真技术，可以在技术方案确定之前，建立各动力子系统及整车的仿真模型，依据模型的仿真计算结果为待选的子系统以及新能源汽车构型提供设计参数，从而简化了原先各种规格的待选子系统的准备工作及不同构型的试制工作。通过仿真可以交替使用待选的子系统模型，对实际情况进行仿真，通过一系列仿真结果分析，可以找到最佳的技术方案。在确定各个子系统和整车的构型后，通过仿真软件还可以快速地建立并优化整车的能量分配策略。另外，通过硬件在环仿真，将系统的一部分以数学模型描述，并把它转化为仿真模型；另一部分以实物（或物理模型）方式引入仿真回路，从而更准确地反映出真实系统的特性，具有成本低、重复性好等一系列优点。总而言之，仿真技术作为新能源汽车研发过程中的重要技术，不仅便于灵活地调整设计方案、优化设计参数，而且还可以降低研究费用，缩短开发周期。

本篇在简要概述仿真技术后，主要从离线仿真技术和硬件在环仿真两方面，详细介绍仿真技术在新能源汽车性能仿真中的应用。由于混合动力系统是新能源汽车最复杂、最具代表性的动力系统，本篇的应用开发主要以混合动力汽车为例，因此，上述应用具体包括基于Advisor仿真平台的混合动力系统开发、基于AVL Cruise仿真平台的混合动力系统开发、基于AMESim仿真平台的混合动力系统开发和混合动力汽车硬件在环仿真实例。

在新能源汽车中，当属混合动力汽车的动力系统相对复杂，且最具代表性。因此，本章关于新能源汽车仿真技术主要针对混合动力汽车展开论述。

16.1 仿真的基本概念

（1）系统仿真

系统仿真技术是建立在控制理论、相似理论、信息处理技术和计算机技术等理论基础之上的，以计算机和其他专用设备为工具，利用系统模型对真实或假想的系统进行实验，并借助专家经验知识、统计数据和信息资料对实验结果进行研究，进而做出决策的一门综合性和实验性的技术方法。按照参与仿真模型的种类不同，可将系统仿真分为物理仿真、数学仿真及物理-数学仿真。

① 物理仿真　物理仿真又称物理效应仿真，是指按照实际系统的物理性质构造系统的物理模型，并在物理模型上进行实验研究。物理仿真直观形象，逼真度高，但不如数学仿真方便；尽管不必采用昂贵的原型系统，但在某些情况下构造一套物理模型也需要花费较大的投资，且周期也较长，在物理模型上做实验也不易修改系统的结构与参数。

② 数学仿真　数学仿真是指首先建立系统的数学模型，并将数学模型转化为仿真计算模型，通过仿真模型的运行达到对系统运行的目的。现代数学仿真由仿真系统的软件/硬件环境、动画与图形显示、输入/输出等设备组成。数学仿真在系统设计和分析阶段是十分重要的，通过它可以检验理论设计的正确性与合理性。数学仿真具有经济性、灵活性和仿真模型通用性等特点。但是，数学仿真由于针对实物系统进行了一系列的简化，其仿真结果与实物实验的结果根据数学模型的不同而存在着差异。

③ 物理-数学仿真　物理-数学仿真又称半实物仿真，或硬件在环仿真。它将系统的一部分以数学模型描述，并把它转化为仿真模型；另一部分以实物（或物理模型）方式引入仿真回路。硬件在环仿真不仅能更准确地反映真实系统的特性，而且保持了传统数学仿真价格低、重复性好等一系列优点。关于硬件在环仿真技术将在第 19 章进行详细论述。

（2）实时仿真

实时仿真是进行硬件在环仿真的前提。实时仿真是指仿真实验过程中所取得时间标尺 τ（模型时间）与自然时间标尺 T 之间严格对应，即 $\tau = T$。若 $\tau/T > 1$，称为超实时仿真；若 $\tau/T < 1$，则称为亚实时仿真。

16.2 逆向仿真模型与正向仿真模型

按照仿真过程中信息流动的方向不同，可以把汽车的仿真模型划分为逆向仿真模型与正向仿真模型两大类。

如图 16-1 所示为逆向仿真模型示意。逆向仿真循环的数据流方向与实际系统的能量流方向相反，逆向仿真模型从满足循环工况要求出发，计算动力系统各部件必须提供的转矩、转速、功率等。仿真信息沿整车阻力模型、车轮模型、传动系统模型，最终到达动力总成模型。当满足一定的行驶要求时，车辆的组成部件应满足相应的工作特性。逆向仿真一般只能反应系统的静态特征，其过程比较简便，不需要建立驾驶员模型，也不考虑动力系统（尤其是离合器和变速器）的动态过程，计算步长较大（一般为1s），计算速度快，多用于系统设计阶段的参数匹配、能量管理策略确定和车辆动力性计算等。

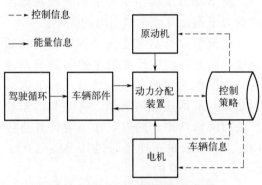

图 16-1　逆向仿真模型示意

如图 16-2 所示为正向仿真模型示意。正向仿真中，仿真循环的数据流方向与实际系统的能量流动方向相同。正向仿真模型具有驾驶员模型，把驾驶员指令转化为实际的输出转矩、转速，在整车控制模块中，根据整车控制策略提出对各总成的转矩需求。动力总成模型根据该转矩需求及其能够提供的转矩限制，向传动系统输出转矩，经过车轮模型最终到达车辆模型，实现车辆的正常行驶。正向仿真模型可以集成硬件在环仿真与驾驶员在环仿真，从而更真实地模拟系统运行状态和逻辑结构。它主要用于控制器快速原型的开发。

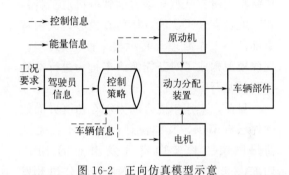

图 16-2　正向仿真模型示意

汽车的仿真研究可以将逆向仿真与正向仿真结合，先利用逆向仿真确定系统的基本参数与设计控制策略。待对各部件有了深入了解后，再应用正向仿真对真实系统进行在线调试，最大限度地逼近实车，从而对前一阶段确定的动力系统参数和控制策略进行验证，并对系统进行更深入细致的分析和测试。

扫一扫

本章小结

在第 16 章中探讨了仿真技术的基本概念以及逆向和正向仿真模型的重要性。在本章将深入研究从整车动力学到电机/控制器，直至能量存储系统的具体仿真模型，透视每个部件的工作原理及其对整车性能的影响。这些模型构成了对新能源汽车行为进行准确预测的基石。

目前，应用于混合动力汽车仿真方面的软件已有不少，其中包括：1993 年在爱达荷州国家工程实验室开发出来的 SIMPLEV2.0、1994 年大气环境有限公司开发的 CarSim2.5.4、1997 年那德克萨斯 A&M 大学开发的 V-EIph、美国可再生能源实验室开发的 Advisor、美国 Argonne 国家实验室开发的 Past，以及奥地利李斯特内燃机联合测试设备公司开发的 Cruise 等。其中 PSAT、Cruise、Advisor 的模型相对比较完善、仿真精度高、配置修改比较容易，而 Advisor 的代码完全公开，是目前国际上应用最广泛的混合动力汽车仿真软件。

本章以某款串联式混合动力汽车为例简要介绍其仿真建模。

17.1　整车动力学模型

整车动力学模型主要根据轮胎接地点的受力平衡计算整车牵引力的大小。

该模型没有给定迭代计算所需的初始速度，而是将步长计算的车速与当前车速的平均值作为初始车速。当前步长下需求驱动力与平均速度的乘积，就是驱动车轮行驶的需求功率。同时，在前向计算路径中，上一步长的车速是通过其子模型 vehicle speed 来计算的。

该模型的建模方法主要是根据汽车行驶动力学方程，利用迭代方法计算整车的加速度，进而逐步积分计算整车的速度，在计算过程中考虑了汽车行驶中的滚动阻力、空气阻力和坡道阻力，其结构如图 17-1 所示。

整车模型中需要定义的参数如表 17-1 所示。

表 17-1　整车模型参数

veh_CD	0.28	veh_FA	1.95m^2
veh_front._wt_frac	0.9	veh_cg height	0.55m
veh__wheelbase	2.8m	veh_cargo_mass	270kg
veh_glider_mass	848kg		

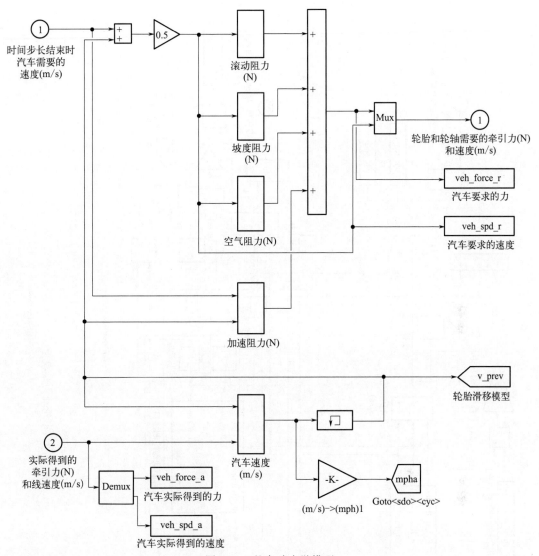

图 17-1　整车动力学模型

17.2　车轮动力学模型

车轮动力学模型主要模拟车轮的运动状态，传递需求转矩和转速，并利用主减速器传递实际转矩和转速，计算轮胎的牵引力和车轮速度，驱动汽车行驶。

在建模时，车轮模型的两条数据流计算路径都考虑了拖曳转矩（drag torque）

损失、车轮和半轴加速惯性影响、轮胎打滑和制动摩擦的影响。车轮半轴模型结构如图 17-2 所示。

车轮模型中需要定义的参数如表 17-2 所示。

表 17-2　车轮模型参数

wh_radius	0.322m	wh_inertia	181/2.205 * wh_radius^2/2
wh_1st_rrc	0.009		

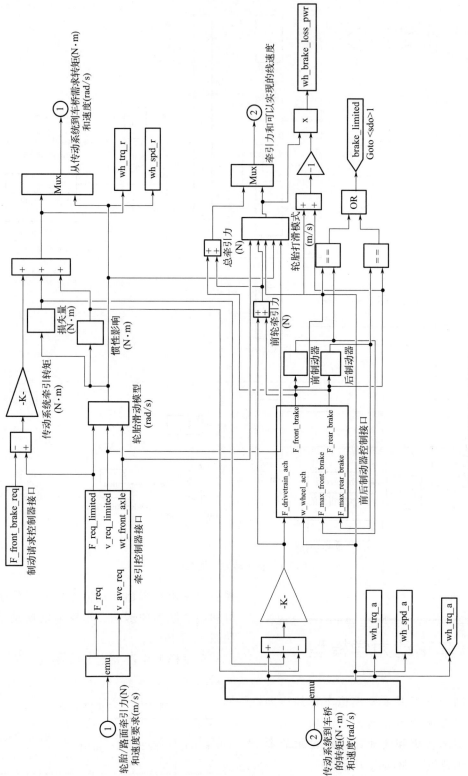

图 17-2 车轮动力学模型

17.3 变速器模型

变速器的功能是根据不同的传动比，传递发动机或电机的转速与驱动转矩，以实现降速增矩。变速器在传统汽车和串联混合动力汽车上起到关键作用。而串联混合动力汽车上可以直接调节驱动电机来实现降速增矩，所以，在 Advisor 中串联混合动力汽车的变速器是单速的。变速器模型的结构如图 17-3 所示，包括后向需求信号的计算和前向实际信号的计算两部分。

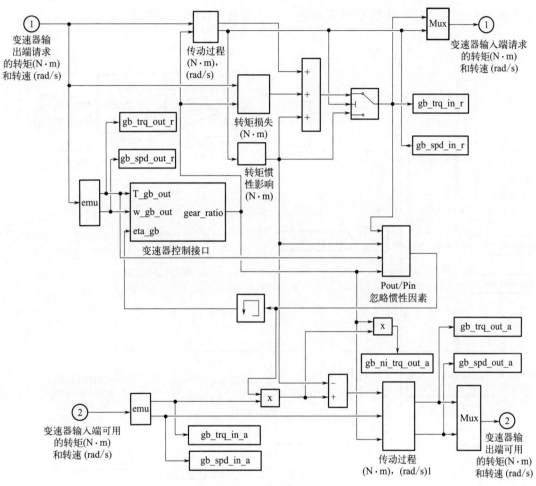

图 17-3　变速器模型

变速器模型中需要定义的参数如表 17-3 所示。

表 17-3　变速器模型参数

gb_gears_num	1	gb_ratio	6.8
fd_ratio	1		

17.4 电机/控制器模型

电动机及其控制器模型由三个部分组成：电机需求功率计算、电机实际输出转矩和转速计算、电机温度影响计算。

电机需求功率计算模型包括电机转速

估算、转子惯性转矩计算、电机限制转矩及电机控制器接口。在计算需求功率时，该模型考虑了其转子惯性转矩、转矩限制以及转速、转矩工作特性的影响。根据转子输入的需求转速 mc_spd_out_r，考虑其条件限制求解电机估算转速 mc_spd_est，计算其转子惯性转矩，根据 mc_spd_est 估算输出转矩，在控制器调节下采用查询电机功率 Map 表的方法，求解出电机的输入需求功率 mc_spwr_in_r。

电机实际输出转矩和转速计算模型在计算其实际转速时，应考虑电机最大转速的限制。当其需求转速小于最大转速时，实际转速就是参考转速，否则实际转速即为其最大转速。电机实际转矩的计算与其实际输入功率和需求功率有关。电机实际输出转矩 mc_trp_out_a 等于其转子的实际驱动转矩 mc_ni_trp_out_a 减去其惯性转矩。电机/控制器模型如图 17-4 所示。

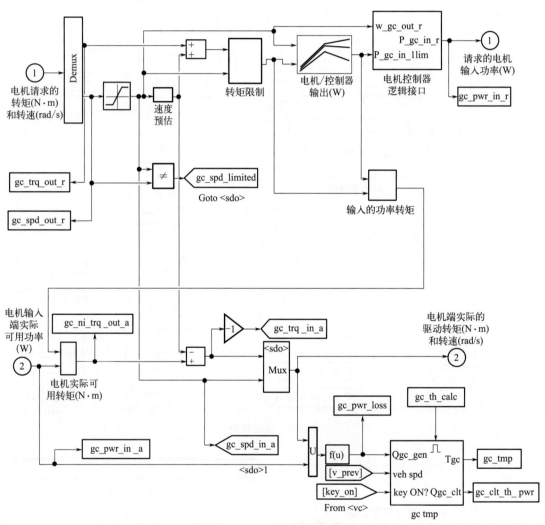

图 17-4 电机/控制器模型

电机模型选择的是软件自带的 MC_PM58 文件，并对其进行参数修改，使之性能参数与经过动力匹配得出的参数吻合。电机模型中需要定义的参数如表 17-4 所示。

表 17-4　电机模型参数

mc_max_crrnt	480A
mc_min_volts	120V
mc_map_spd	[0 562.5 1125 1687.5 2250 2812.5 3375 3937.5 4500 5062.5 5625 6187.5 6750 7312.5 7875 8437.5 9000] * (2 * pi/60)
mc_ map_ trq	[0 22 44 66 88 110 132 154 176 198 220 242 264 286 308 330 360]

17.5　能量存储系统模型

能量存储系统模型包含五个部分：a. 动力电池组开路电压和内阻计算模型，动力电池组的建模方法是将其看成由理想的开路电压和一个内阻串联的等效电路，它的功能是根据当前 SOC 值和需求功率大小，计算等效电路的开路电压和内阻；b. 功率限制模型，该模型的作用是限制动力电池组的输出功率范围，主要是根据当前的 SOC 值、开路电压和内阻、电机最小允许电压来限制功率输出；c. 电流计算模型，该模型是根据电功率与基尔霍夫电压定律的二次方程来计算等效电路的电流值；d. SOC 估算模型，该模型根据动力电池电流计算实际的 SOC 值；e. 动力电池热模型，该模型用于计算单体动力电池的温度，并以此来确定动力电池的各性能参数。建好的能量存储模型如图 17-5 所示。

能量存储系统模型选择软件自带的 ESS_NIMH60_OVONIC 文件，该模型动力电池容量为 60A·h，动力电池组单元数量为 12 个，满足对动力电池匹配的结果，不用进行修改。

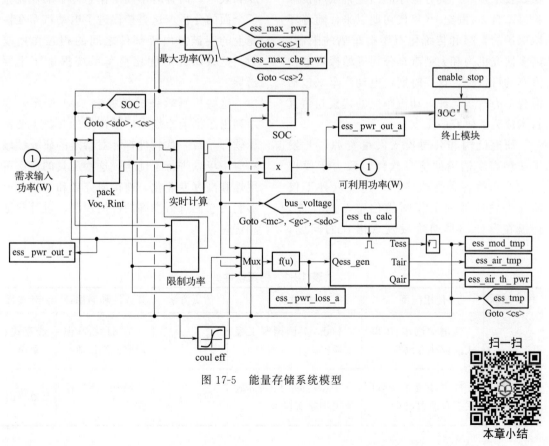

图 17-5　能量存储系统模型

扫一扫

本章小结

第 17 章详细介绍了新能源汽车仿真模型的建立过程，覆盖了车辆的各个动力学组成部分。本章将扩展至离线仿真技术领域，介绍几种广泛使用的仿真平台。在这一章中，Advisor、AVL Cruise、AMESim 以及 Matlab/Simulink 工具箱在新能源汽车动力系统开发中的实际应用将被彻底探索。这些平台提供了强大的工具，能够让我们将第 17 章建立的模型转换为高保真度的仿真，以进行优化和分析，为最终的产品设计提供支持。

国外的新能源汽车研究，尤其在建模与仿真技术领域，具有深厚的历史背景和技术积累。自 20 世纪 70 年代初期以来，随着环境保护的兴起和传统化石燃料车辆的限制，诸多研究机构和大型汽车公司开始探索电动汽车的可行性。这一时期，电动汽车（包括混合动力汽车与纯电动汽车）的建模与仿真技术成为了研究的重点。

研究机构和公司投入大量资源，开发了多种高度精确的仿真软件，致力于模拟电动汽车的各种性能指标。这些软件不仅能帮助设计师和工程师优化整车的性能，还能在设计的早期阶段发现潜在的问题，为设计调整提供方向。可以说，这些仿真工具和方法已经成为新能源汽车研发不可或缺的一部分，极大地推动了电动汽车技术的快速发展。

在大型汽车公司方面，它们通常开发具有专利保护的专用仿真系统，以高度的定制化满足公司内部的特定研发需求。这些系统能够精准模拟公司产品的特异性能，从而在激烈的市场竞争中脱颖而出。

同时，国外研究者还将重点放在关键部件的建模与仿真上，例如动力电池、电机和能量管理策略等。他们不仅改进了仿真的精度和效率，而且对不同工作条件下的性能做了全面的分析，这直接促进了电动汽车在性能上的突破。由于部件之间的相互作用复杂，这些研究对优化整车系统提供了重要指导。

这些仿真软件成果如表 18-1 所示，表中列出了当前市场上广泛使用的几款主要仿真软件，每一款软件都针对特定的研究领域和应用场景进行了优化。这些工具的广泛可用性和高度专业化，使得研究者和工程师能够利用它们进行准确的性能预测、设计验证和优化。

表 18-1　仿真软件

软件名称	使用范围	开发者	仿真方法	开放性和通用性	GUI 界面
Simplev	纯电动汽车、串联式混合动力汽车	Idaho 美国国家工程实验室	逆向仿真	在源代码中修改控制困难	交互式菜单
HVEC	纯电动汽车、串联式混合动力汽车	Lawrence Livermore 美国国家实验室	逆向仿真	结构固定、柔性差	菜单界面

软件名称	使用范围	开发者	仿真方法	开放性和通用性	GUI界面
V-ELph	串、并联混合动力汽车	Texas A&M University	逆向仿真	易于改变部件、燃料和控制方法	友好
Advisor	纯电动汽车、混合动力汽车、燃料电池汽车及常规车辆	美国能源可回收实验室（NREL）	逆向仿真	易于改变模型和控制方法	友好
Cruise	纯电动汽车、混合动力汽车、燃料电池汽车	AVL公司	正向仿真	易于改变模型和控制方法	友好
Psat	纯电动汽车、混合动力汽车、燃料电池汽车及常规车辆	USACAR NASA、EPA和DOE	正向仿真	易于改变模型和控制方法	友好
HEVSim	混合动力汽车	Opal-RT技术公司	—	开放性和可扩展性	交互式菜单
AMESim	纯电动汽车、混合动力汽车（包括液压混合动力汽车）、燃料电池汽车及常规车辆	LMS Imagine. Lab AMESim	正向仿真	易于改变模型和控制方法	友好

为了将研究成果更好地转化为实际应用，许多研究机构还开展了样车实验和测试。通过对实际车辆的测试，研究者能够获得动力系统，特别是电机和电池的实际工作数据，这为进一步的建模与仿真研究提供了宝贵的实验数据支撑。

国外在新能源汽车的建模与仿真技术上取得了丰富的研究成果，通过持续的技术创新和深入的实验研究，提供了大量的理论和实务经验，为新能源汽车的技术进步和产业发展奠定了坚实的基础。

大部分电动汽车用仿真软件开发集中在美国。开发方式主要有一次开发和基于Matlab/Simulink再开发两种方式。仿真方法有逆向仿真与正向仿真，大部分软件采用逆向仿真，即根据路面循环工况计算各部件工况。也有部分软件仍然采用正向仿真，即根据驾驶员行为或循环工况，调节部件使车辆各部件跟随路面循环工况。结合软件的开发方式和复杂程度，可以把上述的电动汽车用仿真软件归纳为以下三类。

第一类是功能较少、一次开发的电动汽车用仿真软件。特点为算法简单，功能单一，只能解决特定的车型，其典型代表是Simplev和HVEC。

第二类是基于Matlab软件进行再开发的仿真软件。该类软件以Matlab软件为开发平台，实行了可视化和交互式操作。由于Matlab突出的数值分析与程序处理能力，使这类软件具备了非凡的数值处理和可编程功能。这类软件的典型代表是Advisor和PSAT。

第三类是专用的电动汽车仿真软件。该类软件专门针对电动汽车仿真应用，功能强。其典型代表包括Cruise、AMESim。

上述软件中，目前在混合动力汽车仿真中使用最为广泛的为Advisor、Cruise和AMESim，下面结合仿真实例分别介绍在这三个仿真平台上的一些实际项目应用。

18.1 基于 Advisor 仿真平台的新能源汽车动力系统开发

Advisor 是一种汽车系统高级建模和仿真平台软件。它于 1994 年 11 月由美国能源部（US DOE）开发，旨在管理混合动力驱动系统子合同项目，并于 1998 年 11 月正式命名为 Advisor。它是基于 Simulink 提供的交互式、图形化建模环境的平台，同时能够依托 Matlab 提供丰富的仿真资源。

Advisor 具有基于模块化的编程思想、代码完全公开的特点。其相关的模型均是根据经验建立的准静态模型。它主要用于快速分析传统汽车、纯电动汽车以及混合动力汽车的动力性与经济性。同时，Advisor 也能够解决诸如跟随工况运行中，车速是否能跟随循环工况要求车速、如何使动力电池荷电状态在整个循环周期内合理波动、如何分配发动机提供的转矩与转速等问题。鉴于代码开源、功能多样，能够满足混合动力汽车仿真的一般用途，Advisor2002 及以前的版本可以从网上免费下载，Advisor2002 获得极为广泛的应用。

混合动力汽车具有众多构型，Advisor 里面所列举的构型却非常有限，其平台下主要列举了当前国际上几种常用并联混合、串联混合及带行星机构的丰田 Prius 混联混合形式。然而，即使针对其中某一种混合形式，也同样存在多种子混合形式，如并联混合形式，电机在离合器、变速器前、后各个位置不同，就存在多种形式的并联混合构型。针对行星混联混合形式，由于行星机构与动力源连接方式不同，更是存在多种可能的行星混联形式。当然，还有电源的复合系统，也是一种混合构型的变异，国内也进行

了多方面的研究。

本节采用 Advisor 建立某混合动力军用越野汽车模型，并进行性能仿真测试和验证。这种在 Advisor 软件平台下，针对混合动力构型做出的再开发方法，也可以供其他构型的再开发借鉴。

（1）技术方案概述

混合动力汽车因其能大幅度降低油耗和减少排放，得到了全球各大汽车公司的认可，并纷纷推出了自己的产品或实用样车。另外，混合动力在军用汽车上的应用，除了具有上述两大显著优势外，还可根据需要在一定范围内按纯电动模式运行，具有一定的隐形功能。因此，研制开发军用混合动力汽车，对于加强国防建设，就更具有特殊重要的实际意义。

军用混合动力技术在提高汽车的机动能力和动力性能时，必须要求双轴四轮驱动，但是，Advisor 软件主要是针对民用轿车，不能对双轴驱动汽车进行性能仿真。因此本节以 Advisor 软件为平台，对其进行再开发，开发双轴混合动力汽车性能仿真模块以适应国内自主开发军用混合动力汽车的需要。

本节以 BJ212 吉普车为研究车型，对其进行理论改装，使其成为串联型双轴驱动混合动力汽车。改装后，混合动力型 BJ212 吉普车动力传动系统的布置方案如图 18-1 所示。发动机与发电机之间机械连接，发动机可带动发电机发电；发电机与动力电池和电动机之间电连接，发电机发出的电能供给到电动机或者存储到动力电池里面；电动机与

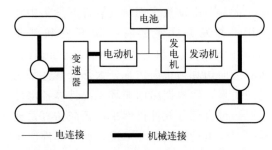

——— 电连接　　▬▬▬ 机械连接

图 18-1　BJ212 吉普车传动系统的布置方案

变速箱机械连接，通过变速箱传动轴等来驱动车辆行驶；电动机与动力电池和发电机之间电连接，一方面电动机可以从动力电池和发电机处获得电能，另一方面电动机还能将通过制动能量回收获得的能量存储到动力电池中。

混合动力型 BJ212 吉普车整车参数，及通过参数匹配得到的主要总成基本参数如表 18-2 所示。

表 18-2　BJ212 吉普车主要总成基本参数

部件	项目	参数值
整车	整车质量/kg	2500
	迎风面积/m²	2.72
	空阻系数	0.90
	车轮半径/m	0.338
	滚阻系数	0.015
动力传动系统	主减速器速比	3.84
	变速器前进挡高挡速比	1.0
	变速器前进挡低挡速比	1.58
	传动系统平均效率	0.85
发动机	最大功率/kW	55(3500～4000r/min 时)
	最大转矩/(N·m)	170(2000～2500r/min 时)
电动机	额定功率/kW	100
	额定转速/(r/min)	1200
	最高转速/(r/min)	4000
	平均工作效率	0.934
铅酸电池	标准放电容量/(A·h)	91
	放电时间/h	5
	选用的铅酸电池数目/块	20

上述混合动力型 BJ212 吉普车的性能指标如表 18-3 所示。

表 18-3　仿真计算性能指标及参数

项目	参数值
最高车速/(km/h)	130
30km/h 最大爬坡度/%	60
0～50km/h 加速时间/s	<6
50km/h 纯电动行驶距离指标/km	30

（2）汽车双轴驱动动力学模型的搭建

本小节主要以四轮驱动混合动力军用越野汽车对 Advisor 进行再开发，使它能对双轴四轮驱动混合动力汽车的性能进行仿真。首先，分析双轴驱动汽车时的受力情况。如图 18-2 所示为双轴驱动汽车时的受力分析图。根据力平衡原理，可推导出汽车在迭代步骤末所产生的速度（即极限末车速）。

$$v_t = \cfrac{mg\mu_{\max}\cos\alpha - mg\ (f_1\cos\alpha + \sin\alpha) - \cfrac{1}{2}mgf_2v_0\cos\alpha - \cfrac{1}{8}\rho C_d A v_0^2 + \cfrac{mv_0}{dt}}{\cfrac{3}{8}\rho C_d A v_0 + \cfrac{1}{2}mgf_2\cos\alpha + \cfrac{m}{dt}} \qquad (18\text{-}1)$$

式中，m 为汽车质量，kg；f_1 为汽车前轮的滚阻系数；f_2 为汽车后轮的滚阻系数；ρ 为空气密度，kg/m³；C_d 为风阻系数；A 为汽车迎风面积，m³；α 为行驶路面坡度，%；$\mu_{\max}$ 为路面最大附着系数；dt 为仿真迭代步长，s；v_0 为迭代时刻初速度，m/s；v_t 为迭代时刻末速度，m/s。

制动情况下，建模方法与上述方法完全相同，只是力的方向与驱动情况相反。因此，同理可导出制动极限附着情况下，汽车所能达到的最小车速。在 Matlab/Simulink 环境下建立双轴四轮驱动仿真模块，如图 18-3 所示。

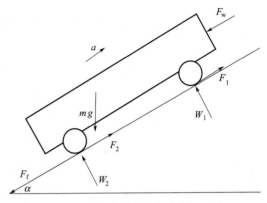

图 18-2　双轴驱动汽车动力学模型

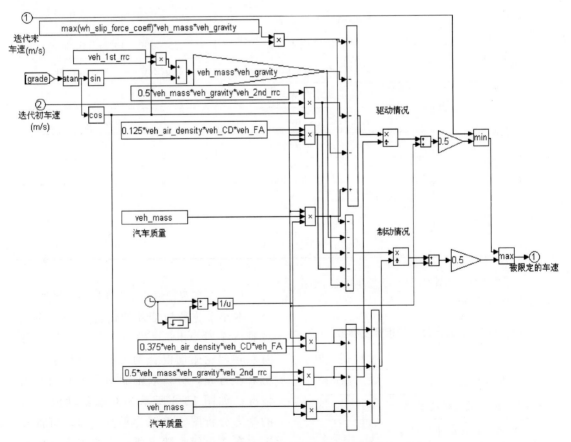

图 18-3　双轴四轮驱动车速限制子模块

这样，在极限附着力限制下，四轮驱动汽车的车速不会超过汽车的实际运行能力。同样，还需考虑对驱动/制动力的限制。这部分建模比较简单，本书不再赘述。

（3）双轴驱动模型在 Advisor 中的嵌入

只有将上面建立的双轴四轮驱动模块嵌入到 Advisor 的图形输入界面（GUI），才能参与汽车的性能仿真。该四轮驱动模块的嵌入过程可分为如下几个关键步骤。

① 将双轴四轮驱动模块装入库　如图 18-4 所示，将双轴四轮驱动模块加入到原 Advisor 串联混合动力汽车控制库（vc）中，从而为串联混合动力四轮驱动汽车的性能仿真提供了库模块。

Series

<vc> series　　series hybrid control stategy <cs>　<vc>串联双轴驱动

图 18-4　将双轴四轮驱动模块装入库

② 构造双轴驱动汽车顶层模块　在 Advisor 原有的前轮驱动汽车顶层模块的基础上，用所建的四轮驱动模块替换前轮驱动模块，从而组装成如图 18-5 所示的双轴驱动顶层模块。为方便起见，将其取名为 BD_SER_4WD。

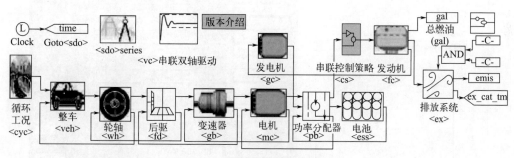

图 18-5　双轴驱动顶层模块

③ 配置装载文件　将原有的前轮驱动串联混合动力汽车配置的装载文件，即 SERIES_defaults_inm 中的头两条语句修改为：

```
vinf.name='SERIES_4WD_defaults_in';
vinf.drivetrain.name='series_4WD';
```

然后，将 optionlist.mat 文件装载到 Matlab 空间，在 Matlab 空间出现的 options 结构变量的 options.drivetrain 属性中，添加一项名为 series_4WD 的驱动链，并将修改后的装载文件取名为 SERIES_4WD_defaults_in.m，最后，存储更新原来的 optionlist.mat 文件。

以上是使 Advisor GUI 能够正常识别新构型的关键步骤。由于 Advisor 推出多个版本，上述关键步骤针对的是早期 Advisor2.1～2.2 版本的操作步骤，而针对 Advisor 最常用的 2002 版本，其关键操作也可以用 optionlist 文件来实现。

具体语句格式如下。

```
optionlist('add,'drivetrain','series_
4WD);
```

%在动力传递系统中增加用户定义的串联四驱构型 series_4WD。

另在 InputFigControl.m 文件中大约在第 400 语句行位置处，增加以下程序语句。

```
case'series_4WD;
fields2remove=('torque_coupling');
```

上述语句是由于串联混合动力系统不需要加载 "torque_coupling（转矩联合器）" 部件。

④ 修改相应的 m 文件　为了 Advisor

能够识别所增加的模块，确保正确调用串联四轮驱动汽车顶层模块，在 Advisor gui block_diagram_name. m 文件的 switchdrivetrain 语句中，增加下面语句。

```
case'series_4WD';
```

```
bd_name='BD_SER_4WD';
```

这样，在 Advisor 的 GUI 界面中，便可看到新的驱动链配置项（BD_SER_4WD），如图 18-6 所示。

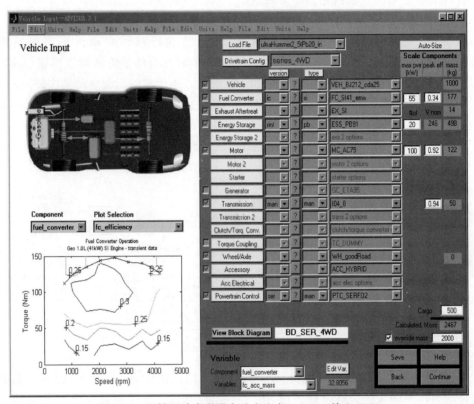

图 18-6　双轴驱动串联混合动力汽车 Advisor 输入 GUI

⑤ 更换显示汽车配置图像　在 Advisor \ gui \ gui_image. m 文件中，输入双轴四轮驱动串联混合动力汽车的图像文件名，便可将原有的界面图像替换成四轮驱动模式的界面图像。如图 18-6 左上角所示的四轮驱动车型配置图片。

通过以上五个步骤，即完成了对四轮驱动串联混合动力汽车的 GUI 创建。用户通过这个界面可以方便地配置汽车参数，进行汽车的性能仿真。

（4）仿真结果分析

通过前面完成的界面，配置汽车参数，进行汽车的性能仿真。仿真结果如表 18-4 所示。

表 18-4　仿真结果

项目	最高车速/(km/h)	最大爬坡度(在干燥、坚硬的土路面)/%	
		无拖挂时	拖挂 800kg 时
测试值	98	49.86	34.43
模拟值	97.5	50.4	34.5

从表 18-4 可以看出，模拟值与测试值吻合较好，说明所开发的双轴四轮驱动模块能够较好地满足双轴四轮驱动混合动力汽车性能仿真的需要。

依据表 18-5 与图 18-7 和图 18-8 的仿真结果，可以看出混合动力 BJ212 汽车比传统 BJ212 汽车具有更好的动力性。同时，仿真结果表明，混合动力 BJ212 汽车油耗为 10.67L/100km，比传统车的油耗 15L/100km 降低了 28.9%，经济性也有较大的提高。另外，混合动力 BJ212 能使汽车以 50km/h 的车速纯电动行驶 30km，使该车具有一定的无噪声隐形功能。该车的另一优点是可用作小型户外移动电站，能更好地适应野外作战需要。因此，深入研究混合动力技术在军用汽车上的应用，具有更重要的实际意义。

表 18-5　模拟计算结果

项目		模拟计算结果
最高车速/(km/h)	单独发动机工作	96.5
	发动机+驱动电机	131.8
30km/h 最大爬坡度(按无拖挂质量计算)/%	单独发动机工作	25.8
	发动机+驱动电机	66.8
加速性/s	0～50km/h	2.6
	0～80km/h	6.9
纯电动行驶里程/km	车速 50km/h	33.7

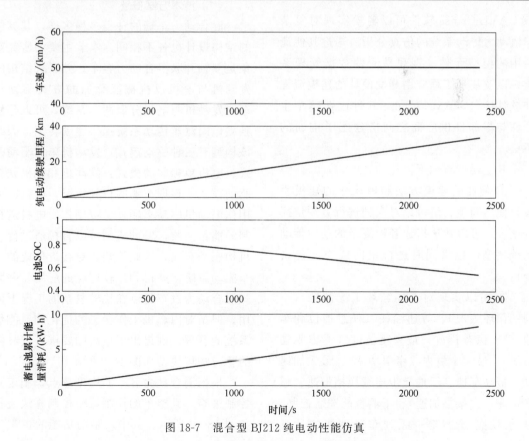

图 18-7　混合型 BJ212 纯电动性能仿真

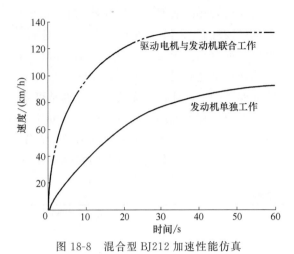

图 18-8　混合型 BJ212 加速性能仿真

18.2　基于 AVL Cruise 仿真平台的新能源汽车动力系统开发

AVL Cruise 软件可以轻松实现对复杂车辆动力传动系统的仿真分析。通过其便捷通用的模型元件，直观易懂的数据管理系统，以及基于工程应用开发设计的建模流程和软件接口，AVL Cruise 软件已在整车生产商与零部件供应商之间搭建起了沟通的桥梁。

其主要特点如下。

① 便捷的建模方法和模块化的建模手段，使不同项目组可以对模型进行方便快捷的整合。可以快速搭建各种复杂的动力传动系统模型，也可同时进行正向或逆向仿真分析。

② 可以实现对车辆循环工况油耗（不同的循环工况）、等速油耗（任意挡位和车速下）、稳态排放、最大爬坡度（考虑驱动防滑）、最大牵引力（牵引功率）、最大加速度、最高车速、原地起步连续换挡加速、超车加速（直接挡加速）、车辆智能巡航控制、制动/反拖/滑行等一系列车辆性能的计算

分析。

③ 在基于传统车辆模型的基础上可以快速搭建纯电动汽车或混合动力车辆模型，并可通过与 Matlab（API、DLL、Interface）或 C 语言的接口（BlackBox），实现整车控制策略的设计开发；能够便捷地对新型动力传动模式（AT、AMT、DCT、CVT 等）及其控制策略进行研究分析。

鉴于现阶段 AVL Cruise 软件的广泛应用基础，本节以双轴并联混合动力汽车为研究对象，首先，利用正向仿真软件 Cruise 来快速完成整车模型的搭建，然后，在 Matlab/Simulink 环境下搭建整车标准化、平台化的控制策略。通过仿真手段从整车性能参数匹配设计、主要动力部件的瞬态控制及仿真、控制策略中，以及主要性能参数优化方面来验证基于 Cruise 软件的混合动力汽车正向仿真平台的可行性、通用性与便捷性。

（1）技术方案概述

混合动力车辆的种类多种多样，其具体的结构设计也各不相同。本节主要的研究对象是双轴并联混合动力客车。并联式结构的发动机与电机以机械能叠加的方式驱动汽车。发动机与电机分属两套系统，可以分别独立地向汽车传动系统提供驱动转矩，因此该构型有三种驱动模式：发动机单独驱动模式、电机单独驱动模式；发动机和电机联合驱动模式。根据车辆的行驶状况，电机既可用作电动机驱动车辆，又可用作发电机进行制动能量回收，发动机则可以直接通过传动机构驱动车轮，因此该装置更接近传统的汽车驱动系统，并得到比较广泛的应用。并联式混合动力汽车可以在比较复杂的工况下使用，但是对内燃机工作状态的优化和对能量系统的管理，则提出了更高的要求，其具体的整车物理模型如图 18-9 所示。

根据混合动力客车的构型特点，制定其控制策略。其整车的控制策略控制算法流程如图 18-10 所示。其中，驱动功能的控制为

整个控制策略中的主要部分，它又分为加速、减速、匀速三种模式。

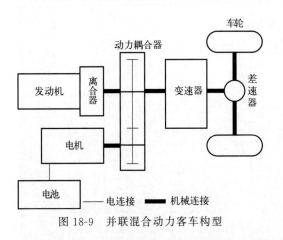

图 18-9　并联混合动力客车构型

本节搭建的是 Cruise 与 Matlab/Simulink 的联合仿真平台。其中，整车模型的建模在 Cruise 中完成，而混合动力控制策略则搭建在 Matlab/Simulink 中，两者通过接口进行信号交互，完成联合仿真。

（2）AVL Cruise 整车模型的搭建

依据技术方案概述中的客车构型，搭建混合动力客车的整车模型。在 Cruise 软件平台上，通过从模块库中直接拖拽出部件模块的方式来搭建整车模型，并通过对属性的修改来快速完成整车模型的参数设定。然后，通过部件之间连线的方式，完成部件间的机械连接和电连接，如图 18-11 所示。

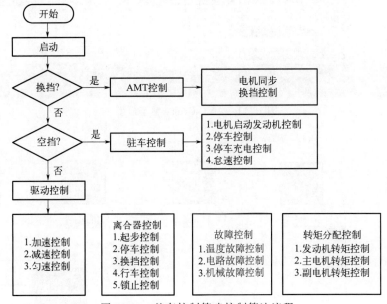

图 18-10　整车控制策略控制算法流程

在联合仿真中，整车的 Cruise 模型与 Matlab/Simulink 中的控制策略模型的信号交互，是通过图 18-11 中的接口模块 Matlab-DLL 完成的。Cruise 与 Matlab/Simulink 平台的控制策略之间信号连接，即相当于整车与 HCU 的通信，需要根据控制策略和仿真模型的具体情况进行合理的连接与设置。

（3）Matlab/Simulink 环境下的控制策略建模

为搭建具有多功能、标准化、平台化的仿真平台，搭建控制策略时需要遵循如下原则：a. 控制模块与整车模型独立；b. 建模清晰，便于阅读、修改（如子模块化，各种驱动模式独立分开）；c. 控制策略与实车控制策略更接近（如各输入判断条件以实际能实现测量为准）。

依据上述原则搭建的标准化、模块化的控制策略平台如图 18-12 所示。

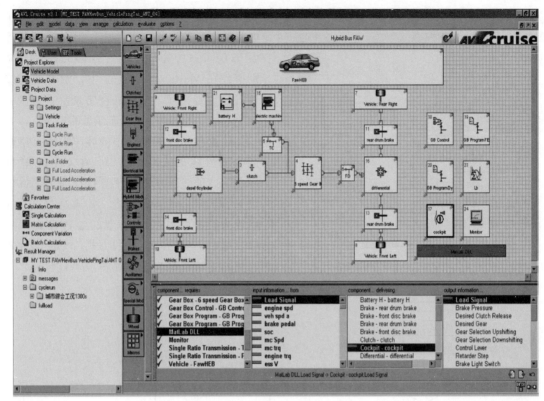

图 18-11　AVL Cruise 整车模型

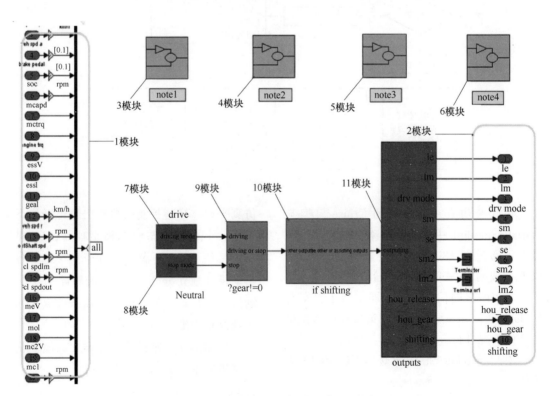

图 18-12　模块化的整车控制策略顶层模块

图 18-12 中，1 模块为输入，11 模块为输出，3～8 模块分别为转矩分配模块、电机温度控制模块、离合器功能模块、电机主动同步换挡模块、驱动功能模块和驻车功能模块。其中，驱动功能模块为保证其通用性，设置了 12 种驱动模式（包括停车、纯电动、滑行再生制动，发动机单独驱动、助力、充电、停车过渡过程、电机启动发动机、停车充电模式、换挡、快速助力、制动），兼顾了混合动力轿车和客车。对于不同车型的特殊需要可以相应添加或减少模式的数量。输入参数和输出参数设置考虑到上述建模原则，设置了正向仿真平台必需的输入变量：加速踏板信号、发动机转速、实际车速、制动踏板信号、动力电池荷电状态、电机转速、实际挡位、期望车速、变速箱输出轴的转速等。输出变量包括发动机负荷信号、主电机负荷信号、副电机负荷信号、整车工作模式、期望的离合器工作状态、要求挡位、换挡标识等。同样，对于不同车型或特殊需要，也可以在 Simulink 中预留输入输出端口，直接加入或删减输入和输出变量，这样则保证了仿真平台的兼容性。

采用标准化、模块化的编辑控制算法，既便于调试，提高调试和仿真速度，同时也便于业内交流学习，能够避免类似逆向仿真软件交叉性、复杂性在对部件或控制算法的部分修改时，导致的不必要的错误。

（4）仿真结果分析

以客车在城市综合工况下为例，进行以下三方面的仿真及分析。

① 整车及主要动力部件的仿真　如图 18-13 所示为整车的希望车速、实际车速与驱动模式之间的仿真结果。可以看到，整车实际车速与希望车速吻合得很好，在不同的车速下，驱动模式正确（混合动力汽车的工作模式与其当前所处的工况密切相关，不同特点的工况对应着不同的模式。因此，在一个工况中，不一定所有的驱动模式都出现才为合理）。从图 18-14 中可以清晰地看出，启动车辆时，驱动模式为换挡过程＞电机快速助力＞发动机单独驱动等，发动机及电机在换挡模式时的转速控制都与实车的控制相接近。这说明 Cruise 与 Simulink 结合建立的仿真平台与其他正向软件一样，不仅可以实时观测控制结果，还能从整体上仿真验证整车参数的匹配是否满足设计目标的要求。设计者就可以根据仿真结果，进行某些主要整车参数的重新设置，以达到满足整车性能要求的目标。仿真平台还可以进行如动力性、经济性及转向等特性的测试。

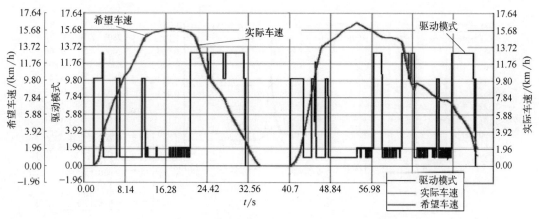

图 18-13　整车的希望车速、实际车速与驱动模式

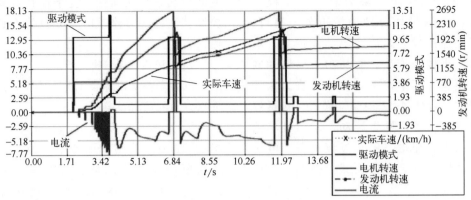

图 18-14　发动机、电池、电机与驱动模式

② 主要动力部件在换挡过程中的瞬态仿真　由图 18-15 所示的仿真结果可以得到，当离合器开始分离到完全分离的过程中，电机的负荷信号为零，电池的电流为零，电池不供给电机能量，电机的转速维持不变；在离合器接合的过程中，发动机的转速降低，驾驶员根据加速的要求踩油门踏板，此时发动机的负荷信号逐渐升高。图 18-16 为降挡过程中的仿真结果，与升挡过程类似，不再赘述。

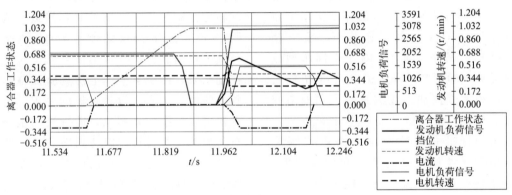

图 18-15　没有主动同步控制的升挡仿真

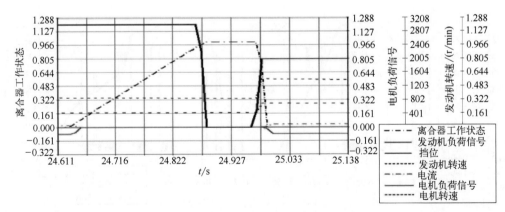

图 18-16　没有主动同步控制的降挡仿真

图 18-17 中，当离合器开始分离到完全分离的过程中，发动机和电机的负荷信号都为零，电池的电流为 0，都不参与工作；从离合器完全分离到开始接合的过程中，发动机不参与工作，负荷信号仍旧为 0，由于升挡降速，电机根据目标转速将电机的实际转速调低，电机的负荷信号为－1，全力降速，电池的电流逐渐减小，直至离合器开始接合，主动同步调速完成；在离合器接合的过程中，电机的负荷信号为 0，不参与调速，保留传统汽车由驾驶员来控制行车的习惯，这时只有发动机单独工作。

能够对瞬态过程进行分析的功能充分说明，所开发的平台可以进行正向仿真的同时，还可以对动态过程的主要动力部件进行人为干预，以及对控制结果进行观测和调试。这与实际车辆的调试过程极为接近，充分体现了此正向仿真平台的实用性。

③ 控制策略中主要性能参数的优化仿真 一般所要优化的主要参数有 SOC 的上限值和下限值、纯电动门限值车速、发动机的最大和最小转矩系数等。本节主要以参数 SOC 为例进行论述。图 18-18 中，四条曲线重合说明整车控制策略对城市综合工况而言，SOC 的上、下限值对未校正的油耗没有影响。从图 18-19 和图 18-20 中可以看到，SOC 的上、下限值对 SOC 的变化量影响是不同的，即控制过程中，电机起着辅助的驱动作用；从优化控制结果可知，在整个工况中尽量选择变化小的 SOC。仿真结束后，SOC 保持在较高水平上，故 SOC＝0.5～0.9。可见这个仿真平台可以实现优化控制。一般情况下，优化工作在某些优化软件上才能进行。而本节所开发的平台，能够对设计者所关心的主要参数进行有效的优化，这又一次证明了所开发平台的实用性。

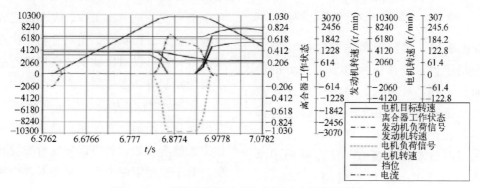

图 18-17　升挡时换挡过程与主要动力部件的仿真

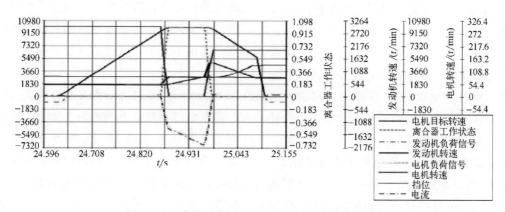

图 18-18　降挡时换挡过程与主要动力部件的仿真

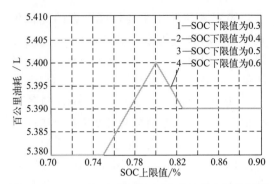

图18-19 SOC上、下限值与百公里油耗之间的关系

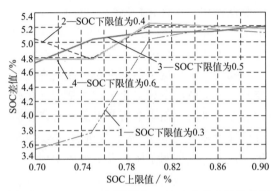

图18-20 SOC上、下限值与SOC变化量之间的关系

综上所述，对应于预先制定的控制策略和控制逻辑，仿真结果给予了充分的验证。而且，只要对输入、输出变量及参数中某几个进行改动，在Cruise软件上对部件的参数进行重新输入，就可以完成一个完整的正向整车仿真模型。从而证明了本节提出的基于Cruise整车模型与Matlab/Simulink控制策略结合的混合动力汽车正向仿真平台具有通用性、多功能性及实用性。

（5）小结

对于实际工程而言，在整车的设计开发初期，设计者最需要的是有一个可靠、方便、快捷、标准化的仿真平台，以便对设计概念车进行相对准确的预测计算，对于给定的整车参数，可以达到什么样的性能指标，这正是Cruise软件的优势所在。但要明确的是，Cruise软件只提供通用性、平台性的整车模型。完整的研发仿真平台还需要通用

的控制策略。在精度方面，与其他逆向仿真软件基本相同。在实用性方面解决了以下三个较重要的问题。

① 正向控制方面　例如，Advisor等其他逆向仿真软件的控制策略，基本是循环工况＞轮胎＞主要动力部件，这相当于需求功率＞实际功率的能量链，由于没有驾驶员模型，即没有加速踏板等信号，这就与实际车辆的控制差异很大，而正向仿真软件Cruise中加入了COCKPIT驾驶员模型，满足了这一要求。

② 瞬态控制方面　对于早期的逆向仿真软件，离合器基本包括分离、接合、滑转三种状态。而本节所提及的Simulink环境下的整车控制策略中包括四种状态，即启动、换挡、停车、正常行驶。与Cruise平台下的整车模型进行联合仿真，便可实现整车的瞬态控制。另外，在其他车型中，甚至可以加入发动机退出工作、发动机进入工作两种离合器工作状态。当离合器工作在换挡状态时，就可以对发动机、电机进行主动同步调速控制等动态控制。

③ 参数优化方面　Cruise环境下的整车模型是封闭的，对于用户而言只要修改属性中的整车参数，就可以完成所要设计的车型。对于控制策略方面，只要对其中所关心的参数通过m文件进行修改，就可以直接进行优化计算，方便快捷，避免了逆向仿真软件的交叉性、复杂性导致的调试性差的缺点，提供了一个真正可信且稳定可靠的仿真平台。

通过对某型混合动力客车在特定工况下的整车性能参数等方面的仿真分析，充分证明了正向仿真软件Cruise平台的合理性、便捷性与通用性。本节提出的可标准化研发环境，为新能源汽车初期研发提供了可靠、高效的正向仿真平台，有利于业内人士间的交流与研究。

18.3 基于 Matlab 工具箱的新能源汽车动力系统开发

（1）Matlab/Simulink 工具箱简介

创建于 1984 年的 Math Work 公司推出的 Matlab 软件，一直以其强大的功能在同类数值计算软件中独领风骚。作为 Matlab 软件重要组成部分的 Simulink 工具箱已成为院校和工程领域中广大师生及研究人员使用最广泛的动态系统建模、仿真工具。Simulink 是用于动态系统和嵌入式系统的多领域仿真和基于模型的设计工具。对于各种时变系统，包括通信、控制、信号处理、视频处理和图像处理系统，Simulink 提供了交互式图形化环境和可定制模块库来对其进行设计、仿真、执行和测试。

（2）Matlab/Simulink 工具箱主要特点

① 具有丰富的可扩充的预定义模块库。

② 使用交互式的图形编辑器来组合和管理直观的模块图。

③ 以设计功能的层次性来分割模型，实现对复杂设计的管理。

④ 通过 Model Explorer 导航、创建、配置、搜索模型中的信号、参数、属性，生成模型代码。

⑤ 提供 API 用于与其他仿真程序的连接或与手写代码集成。

⑥ 使用 Embedded Matlab 模块在 Simulink 和嵌入式系统执行中调用 Matlab 算法。

⑦ 使用定步长或变步长运行仿真，根据仿真模式来决定以解释性的方式运行或以编译 C 代码的形式来运行模型。

⑧ 使用图形化的调试器和剖析器来检查仿真结果，诊断设计的性能和异常行为。

⑨ 使用模型分析和诊断工具来保证模型的一致性，确定模型中的错误。

（3）Matlab/Simulink 工具箱使用步骤

① 构建数学模型　Simulink 模块库能够仿真连续系统、离散系统及混合系统，不同的控制系统应用的描述方法各不相同，具体包含微分方程描述、差分方程描述等，建立数学模型时，可利用这些方法来描述控制对象的动态特性。

② 引用 Matlab 的函数工具求解上述模型　在 Matlab 环境下选择仿真算法对数学模型进行求解，将其转换成为计算机能够处理的离散化模型，即仿真模型。用户可以用点击鼠标或拖放模块图标的方法来建模，在 GUI 图形用户界面，可画出模型图，实现模型构建，并设定各模块参数。

③ 建立 Simulink 模型　完成系统的仿真运行和分析，根据数据模型的求解结果，建立 Simulink 仿真模型。用户可依据控制系统应用需求设置仿真参数，其中包含仿真时间、仿真步长、解算器算法类型等，为保证仿真运行的实时性和精准性，一般多采用快速仿真算法或离散法。

④ 输出仿真结果并将其反馈至控制系统设计之中　利用 Scopes（示波器）或其他的显示模块，进行仿真结果的观察，并根据仿真系统运行状态随时变更仿真参数，观测仿真数据变化，仿真结果可以存放在 Matlab 的工作空间（work-space）中。

（4）基于 Matlab/Simulink 工具箱的仿真实例

利用 Matlab/Simuink 建立某插电式混合动力汽车的模型，包含各子系统的整车模型如图 18-21 所示。该模型主要出驾驶员模型、整车控制模型、发动机模型、电机模型、电池模型、行星齿轮耦合机构模型、主减速器模型、车轮模型构成。

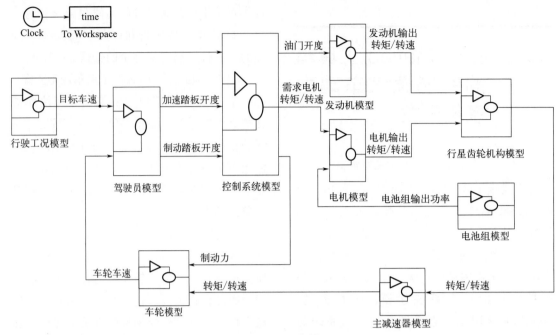

图 18-21　整车模型

混合动力汽车参数匹配和控制策略的制定是基于循环工况选取的,不同的循环工况对汽车燃油经济性、动力性等方面的性能影响很大,以欧洲典型综合循环工况 CYC ECE EUDC 为例对该模型进行经济性仿真。由于本例所示模型为插电式混合动力汽车,进行经济性能仿真可分成电量消耗模式(CD 模式)和电量保持模式(CS 模式)两种情况,分析电池 SOC 值、燃油消耗量等随时间的变化曲线,可得该插电式混合动力汽车的经济性能及验证整车控制策略的合理

性。如图 18-22 所示是 CS 模式下 NEDC 工况的燃油消耗和 SOC 变化曲线,此时,插电式混合动力汽车工作方式与传统混合动力汽车方式相同,由图 18-22 可得发动机燃油消耗和电池的净耗能量。

在下一节(18.4 节)中,仍然用到了基于 Matlab/Simulink 工具箱的新能源汽车动力系统开发,在 Matlab/Simulink 平台上搭建了整车行驶动力学和系统控制策略的仿真模型。

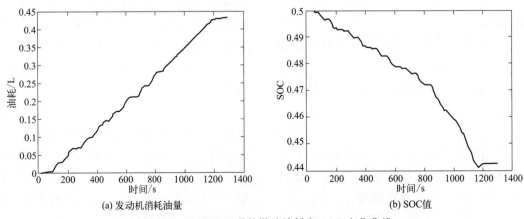

(a) 发动机消耗油量

(b) SOC值

图 18-22　NEDC 工况的燃油消耗和 SOC 变化曲线

18.4 基于 AMESim 仿真平台的新能源汽车动力系统开发

LMS Imagine. Lab AMESim（advanced modeling environment for performing simulation of engineering systems）为多学科领域复杂系统建模仿真平台。LMS Imagine. Lab AMESim 拥有一套标准且优化的应用库，具有 4500 多个领域的模型。用户可以在这个单一平台上，建立复杂的多学科领域的系统模型，并在此基础上进行仿真计算与深入分析，也可以在这个平台上研究任何元件或系统的稳态和动态性能。AMESim 面向工程应用的定位，使 AMESim 成为在汽车、液压和航天航空工业研发部门的理想选择。工程设计师完全可以应用集成的一整套 AMESim 应用库来设计一个系统。AMESim 使工程师可以迅速达到建模仿真的最终目标：分析和优化工程师的设计，从而帮助用户降低开发成本和缩短开发周期。

本节在 AMESim 软件平台上搭建一种新型的轮毂马达液压驱动系统。然后，制定其控制策略，并在 Simulink 中搭建系统的控制策略和行驶动力学模型。最后，将两者联合建模仿真，验证本节提出的轮毂马达液压驱动系统构型和制定的控制策略的合理性与有效性。

（1）技术方案概述

重型商用车在工作过程中，经常会遇到乡间小路、矿山路面、建筑工地等不牢固地面，以及泥浆、冰雪等光滑路面。这类路面的附着系数都很小，一般为 0.3～0.4，偶尔还伴随着较大坡度。一般重型商用车的工作环境比较复杂，遇到的良好硬路面占其工作环境的 90%，而遇到上述的坏路面大约占 10%。为保证重型商用车在坏路面的通过性

的同时，也使其能具有良好的经济性，本节提出一种轮毂马达液压驱动系统（hydraulic in-wheel motor drive system，HIMDS），以下简称"轮毂液驱系统"。轮毂液驱系统是在重型商用车本身液压系统基础之上，增加的一套静液压前桥辅助驱动系统，其具体结构如图 18-23 所示。该系统的主要元件包括控制器、液压控制阀组、取力器、变量泵与两个结构相同的径向柱塞式轮毂液压马达。发动机 PTO 和取力器的输入轴固定连接，取力器的输出轴与变量泵的输入轴固定连接，变量泵的进、出油口通过高压管路与液压控制阀组连接，液压控制阀组的油口又通过高压管路，与安装在两个前轮轮毂上两个结构相同的轮毂液压马达进、出油口连接。当变量泵反向时，高、低压油口交换。在该系统中，变量泵是液压辅助驱动系统的动力源，它通过取力器从变速器中间轴获取原车机械传动系统部分动力，进而通过液压油驱动轮毂马达转动，整车由原来的后轴驱动变成了全轮驱动。通过调节变量泵的开度可以使马达的转速与后轮相匹配，也可以使其输出功率与工况需求相匹配。

图 18-23 中的液驱系统采用闭式回路设计。采用闭式回路后，系统在具有液压系统所共有的功率密度高、布局方便、过载保护能力强和控制方式灵活优点的同时，又具备了由马达输出转速矢量及转矩矢量为坐标轴组成的所有四象限中物理调速和连续调速的能力。系统中的变量泵结构如图 18-24 所示。A、B 为变量泵的主油道进、出油口，当变量泵的排量反向时，进出油口交换。S 为补油泵的进油口，通过补油泵为闭环回路系统补充液压油。通过左侧两个三位三通阀调节变量泵斜盘的位置来调节变量泵的排量。

上述轮毂液驱系统是基于某重型汽车搭建的，为研究方便，结合实际工程经验，将挂车三分之一的质量等效到牵引车头上，从而将整车简化成一辆不带挂车的重型商用车，其主要参数如表 18-6 所示。

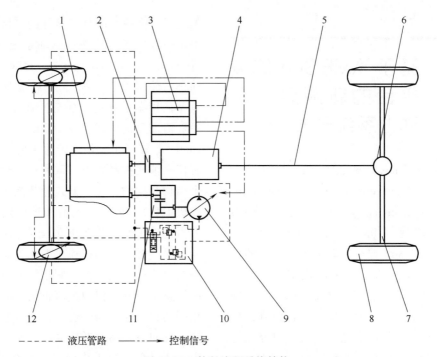

虚线 —————— 液压管路　实线箭头 ——→ 控制信号

图 18-23　轮毂液驱系统结构

1—发动机；2—离合器；3—控制器；4—变速器；5—传动轴；6—主减速器；7—半轴；8—轮胎；

9—变量泵；10—控制阀组；11—取力器；12—轮毂马达

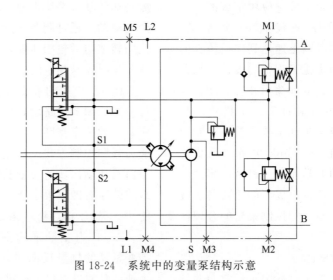

图 18-24　系统中的变量泵结构示意

表 18-6　轮毂液驱重型商用车主要参数

项目		参数值
整车	整备质量/kg	9200
	满载质量/t	带挂车总质量最小 55，最大 100
	前轴与中轴轴距/mm	3150
	中轴与后轴轴距/mm	1350

项目		参数值
整车	迎风面积/m²	6.7
	空气阻力系数	0.8
	车轮半径/m	0.544
	滚阻系数	0.008
	质心到前轴距离/mm	2890(满载 55t 时)、3100(满载 100t 时)
	整车质心高度/mm	2148
发动机	最大转矩/(N·m)	1806(1400r/min 时)
	最大功率/kW	275(1900r/min 时)
传动系统	前进挡个数	12
	各挡速比	$i_1=12.10$ $i_2=9.41$ $i_3=7.31$ $i_4=5.71$ $i_5=4.46$ $i_6=3.48$ $i_7=2.71$ $i_8=2.11$ $i_9=1.64$ $i_{10}=1.28$ $i_{11}=1.00$ $i_{12}=0.78$
	主减速比	5.73
液压泵	排量/(mL/r)	75
	最高转速/(r/min)	3600
	流量/(L/min)	270
液压马达	功率/kW	41
	最大工作压力/MPa	40
	排量/(mL/r)	1043
	最大工作转速/(r/min)	71
	最大空转转速/(r/min)	600

（2）系统控制策略

根据轮毂液驱重型商用车整车的使用特性和液压系统本身的特性，将系统工作模式划分为系统完全关闭、联合驱动和液驱系统开启但暂时不助力三种模式。这三种工作模式的转换关系如图 18-25 所示，图中序号表示各模式转换的条件，具体含义如下。

❶ 驾驶员关闭液驱系统，或者整车行驶挡位超过 6 挡，或者油液温度过高。

❷ 驾驶员启动液驱系统，且无驻车制动、无紧急制动、行驶挡位不超过 6 挡及油液温度正常。

❸ 驾驶员关闭液驱系统，或者行驶挡位超过 8 挡，或者油液温度过高。

❹ 驾驶员启动液驱系统且行驶挡位大于 6 挡、小于 8 挡，或者是驾驶员启动液驱系统且行驶挡位小于 6 挡时有紧急制动或者驻车制动。

❺ 驾驶员启动液驱系统，且行驶挡位小于 6 挡、无紧急制动、无驻车制动及油液温度正常。

❻ 驾驶员启动液驱系统，且行驶挡位大于 6 挡、小于 8 挡或者有紧急制动。

需要说明的是，模式切换过程中为什么

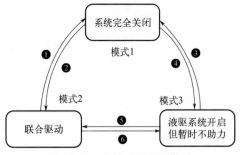

图 18-25　各模式转换的条件

要设置 8 挡这一阈值。当轮毂液驱系统在辅助驱动时整车行驶到 6 挡，认为整车暂时脱离此坏路况，但有可能紧接着又遇到该类坏路况。所以，当整车行驶超过 6 挡未到达 8 挡，紧接着又进入 6 挡时，轮毂液驱系统自动恢复助力状态；而当整车行驶超过 8 挡时，认为整车彻底脱离此坏路况，系统也完全关闭；当挡位再次降到 6 挡时，系统也不能自动恢复到助力状态。上述三种模式下的具体控制分述如下。

a. 系统完全关闭。汽车在良好的路面行驶，轮毂液驱系统不开启，整车由发动机单独驱动。

b. 联合驱动。汽车遇到不好的路面，驾驶员开启轮毂液驱系统。液驱系统与发动机共同驱动汽车。当系统进入辅助驱动工况时，变量泵的排量控制既要使液驱系统提高整车的动力性能，又需要避免前、后轮轮速产生干涉，从而造成整车的牵引效率下降。在本系统中，提出以前轮转速跟随后轮转速的控制思想，对该轮毂液驱中的变量泵排量进行控制。当汽车没有换挡时，前轮转速跟随后轮转速时有

$$n_m = n_f = n_r \qquad (18\text{-}2)$$

因流量连续性原理，有

$$q_m = q_p \qquad (18\text{-}3)$$

从而，有

$$k = \frac{2n_m V_m}{n_p V_{pmax}} = \frac{2n_r V_p i_D}{n_e V_{pmax}} = \frac{2i_D}{i_g i_o} \times \frac{V_m}{V_{pmax}} \qquad (18\text{-}4)$$

式中，k 为变量泵斜盘开度百分比；

n_m 为马达转速；n_f 为前轮转速；n_r 为后轮转速；q_m 为马达流量；q_p 为变量泵流量；n_p 为变量泵转速；V_m 为马达排量；V_p 为变量泵排量；V_{pmax} 为变量泵最大排量；n_e 为发动机转速；i_D 为取力器传动比；i_g 为变速器传动比；i_o 为减速器传动比。

从式(8-4) 可以看出，若采用前轮跟随后轮转速的方法去调节泵的排量，当挡位固定时，变量泵的排量将会是一个固定不变的值，不管后轮的转速怎么变化，变量泵在当前开度下，前轮转速都可以跟随后轮的转速。当车辆换挡之后，泵的排量响应也要发生变化。在不同的挡位下，变量泵所需要的排量如表 18-7 所示。

表 18-7　变量泵所需要的排量

挡位	开度	挡位	开度
1	0.3009	4	0.6376
2	0.3869	5	0.8163
3	0.4980	6	1

根据以上分析，在不同挡位下，将变量泵斜盘控制在对应的开度下，就可以实现前轮轮速对后轮轮速的跟随，这给泵排量的控制提供了主要依据。通常，把这种方法称为查表法。考虑到换挡、路面随机性等动态因素，在上述查表法的基础上，结合动态 PI 调节方法，提出一种前馈＋反馈的控制方法，如图 18-26 所示。

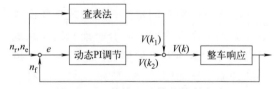

图 18-26　前馈＋反馈的控制方法

该控制方法的前馈将静态分析所得到的各挡位对应的变量泵排量进行查表，直接给出变量泵排量输出的稳定值，实现排量控制的快速性和基本准确性。反馈 PI 调节主要用于修正因外界因素导致的前、后轮轮速偏

差，以保证前轮转速跟随后轮转速的精确性。

c. 轮毂液驱系统开启但不进行助力。驾驶员已经开启轮毂液驱系统，但是在行驶过程中驾驶员踩下制动踏板或进行换挡时，系统应该处于旁通模式而暂时不进行助力。当驾驶员松开制动踏板或者换挡完毕之后，系统恢复助力状态

（3）仿真平台的搭建

AMESim 软件有着丰富的液压元件模块，采用其搭建轮毂液驱系统模型有利于考虑液压系统动态响应研究，同时也有利于模型的快速建立。而 Matlab/Simulink 软件方便用户根据自己的需要搭建模型，有利于排除研究中的次要因素而抓住主要因素。另外，Matlab/Simulink 还可以实现与 dSPACE 的无缝接合，方便后续的硬件在环测试。基于以上原因，本例中采用 AMESim 软件搭建轮毂液驱系统的模型，采用 Matlab/Simulink

软件搭建整车行驶动力学和控制策略算法模型。

图 18-27 所示为 Matlab/Simulink 平台中的顶层模块，主要包括 S 函数（S-function）、车辆行驶动力学模型（vehicle_model）、控制策略模型（controller）和示波器（scope）四个组成部分。

图 18-27 中的示波器（scope）用以显示系统中的关键参数，其他各部分的功能和结构分别如下。

① S 函数（S-function）是 Matlab/Simulink 与 AMESim 软件数据交换的接口，主要用于实现两者的数据交换。图 18-27 中 Matlab/Simulink 的 S 函数与 AMESim 软件中的 S 函数共同完成数据的传输。而在该仿真平台中，在 AMESim 软件中搭建的为轮毂液驱系统模型，如图 18-28 所示，其主要包括 A、B、C、D、E 五个部分，下面分别对这五个部分进行说明。

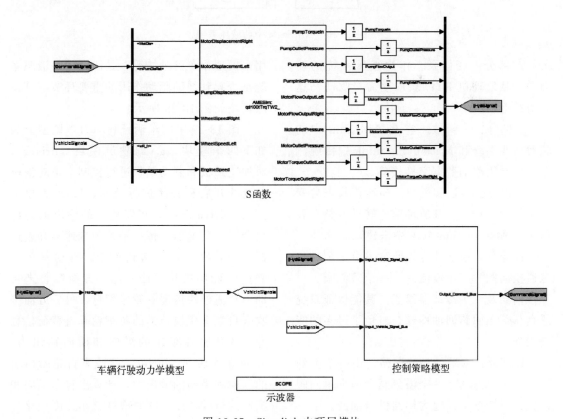

图 18-27　Simulink 中顶层模块

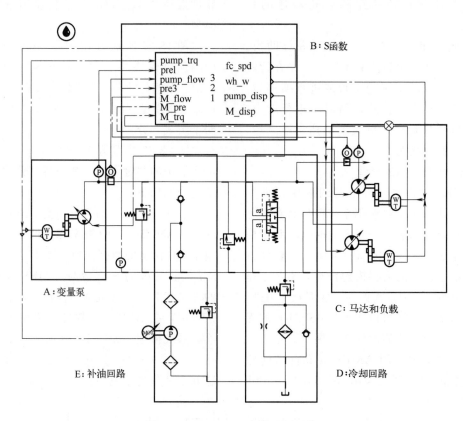

图 18-28　AMESim 中的液压系统

A 部分：变量泵。作为液压系统的动力源，从发动机 PTO 获取动力，驱动马达和负载运转。

B 部分：S 函数。它是 AMESim 中的轮毂液驱系统和 Matlab/Simulink 中传统汽车与控制策略的数据交换接口。

C 部分：马达和负载。马达接收来自变量泵供给的动力，并驱动前轮转动（整车和前轮在 Matlab/Simulink 中搭建）。

D 部分：系统的冷却回路。由一个三位三通换向阀、一个溢流阀、一个节流阀、一个单向阀及一个冷却器组成。其能保证系统总是从低压回路回油冷却，避免了过多的能量损失。

E 部分：系统的补油回路。由一个补油泵、两个过滤器、一个溢流阀和两个单向阀组成，以持续不断地为回路供给油液。

② 车辆行驶动力学模型（vehicle model）用来模拟整车行驶情况，是研究轮毂液驱系统是否起到辅助驱动作用的重要环节。其顶层模块如图 18-29 所示。

图 18-29 中的车辆行驶动力学模型分为如下四个模块：a. 驾驶员模块（driver），对加速踏板和制动踏板进行控制，也对液驱系统的开启和关闭进行控制；b. 动力总成模块（drive line），将发动机的输出动力经离合器、变速器、传动轴、主减速器和差速器，最后经半轴传递到车轮，驱动整车行驶；c. 轮胎模块（tire），一方面接收来自动力总成模块传递的轮速信息，另一方面接收来自整车模块传递的各车轮垂直载荷信息等，计算出各车轮的纵向和横向输出力；d. 整车模块（vehicle），接收来自轮胎模块的纵向和横向的输出力，计算出整车纵向和横向的行驶速度，同时根据整车速度变化计算出各轮轴载荷的转移，并将车轮上的载荷

传递给轮胎模块。

③ 控制策略模型（controller）根据整车的行驶状况和轮毂液驱系统的工作状况发出控制指令。针对此系统的控制特点，结合实际工程经验，本节采用函数调用的形式搭建系统的控制策略，如图 18-30 所示。

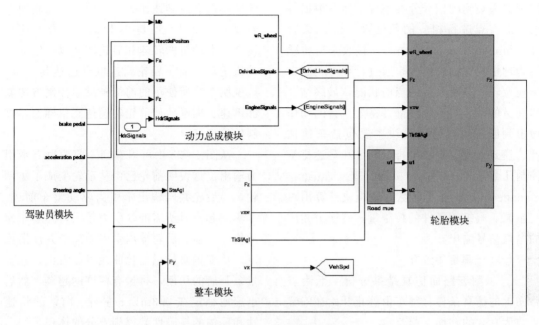

图 18-29　车辆行驶动力学模型

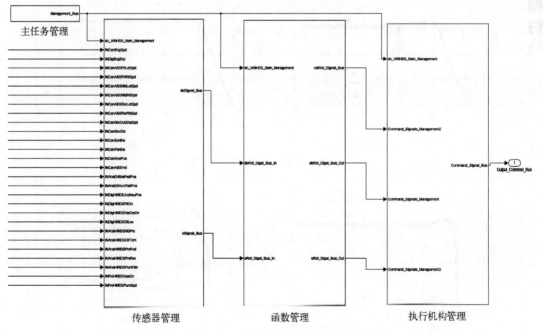

图 18-30　控制策略模型总体框架

图 18-30 所示的控制策略模型主要分为如下几个部分：a. 主任务管理（task_management），确定控制器的工作任务和顺序；b. 传感器管理（sensor_management），将控制器采集到的信号分类整理，然后根据各信号的特点进行相应的预处理；c. 函数管理（function_management），接收来自传感器管理模块输出的信号，通过计算可判断出车辆及轮毂液驱系统的当前状况，最终结合驾驶员的指令对系统各部件将要执行的动作做出判断，函数管理模块主要包括车速估计、模式切换、变量泵排量调节和马达排量控制几个部分；d. 执行机构管理（actuator_management），根据函数管理模块计算出对变量泵、阀组等元件的控制量，转换成相应的电控信号输出。

（4）仿真结果分析

① 低附着路面仿真结果分析　低附着路面上的仿真条件：整车由静止开始在附着系数为 0.3 的路面上起步。

从图 18-31 中可以看出，整车车速由 0 逐步上升并最终稳定在 1.7m/s 左右，整车在低附着路面能够正常起步。在前 2s 内，由于离合器的滑磨，发动机的转速与后轮的轮速还没有达到速比关系，前、后轮轮速有着较大的差异。但是 2s 以后，离合器完全接合，发动机的转速和后轮转速以一定的传动比运动，前、后轮轮速也迅速达到一致。这说明系统所使用的前馈＋反馈控制方法能够迅速、准确地使前轮转速达到目标值，控制效果良好。

从图 18-32 中可以看到，前轮也有牵引力输出，这说明前轮已由从动轮变成了驱动轮，与后轮共同输出牵引力驱动整车前进。车辆刚起步时所需的牵引力较大，随着车速的稳定，前、后轮输出牵引力减小并逐渐稳定。从变量泵排量变化曲线可以看出，在变量泵开启的初期，排量有些许的超调，然后迅速地稳定在 0.3mL/r 左右。前馈的快速性和反馈的精确性都得到充分的体现。

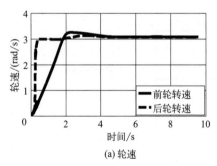
(a) 轮速

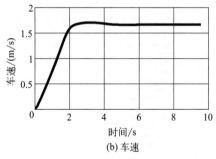
(b) 车速

图 18-31　低附着路面轮速与车速

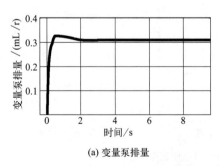
(a) 变量泵排量

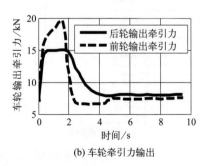
(b) 车轮牵引力输出

图 18-32　低附着路面变量泵排量与车轮牵引力输出

图 18-33 所示为变量泵进、出油口压力变化曲线和流量变化曲线。在整车起步时，需要动力源提供很大的转矩，此时系统的压力迅速升高。当汽车起步之后，由于车速逐渐稳定，车辆所需的转矩下降，系统的油压也逐渐下降并趋于稳定。

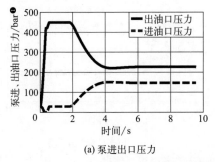

(a) 泵进出口压力

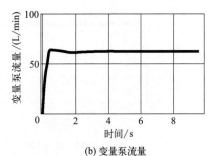

(b) 变量泵流量

图 18-33　低附着路面变量泵进、出油口压力与流量

② 高附着到低附着路面仿真结果分析

高附着到低附着路面上的仿真条件为整车从静止开始在良好的路面上起步，在第 4s 时刻，路面的附着系数由 0.8 变为 0.3。

同样，从图 18-34 的车速曲线可以看出，整车在行驶的过程中能够稳定地由高附着路面驶向低附着路面，前轮的转速也能够很好地跟随后轮的转速，整车的滑转效率达到比较理想的状态。在高附着路面变化到低附着路面的过程中，同样能够实现快速、准确、平稳的控制。

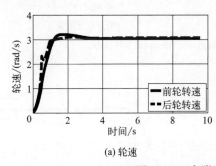

(a) 轮速

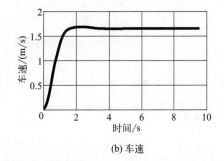

(b) 车速

图 18-34　高附着路面轮速与车速

与低附着路面的情况类似，如图 18-35 所示。在起步时期，前、后轮胎输出较大牵引力。起步之后，前、后轮输出牵引力减小并逐渐稳定。但是，在第 4s 时刻，轮胎输出牵引力并没有多大的变化。这是因为汽车行驶稳定之后所需的牵引力也稳定在低附着路面所能够提供的牵引力之上。从变量泵的排量曲线可以看出，排量调节快速且平稳。同时，因为整车没有换挡，排量没有出现多大变化。

图 18-36 所示为变量泵进、出油口压力曲线和流量曲线。其变化的原因与低附着路面上一致，此处不再赘述。

③ 低附着到高附着路面仿真结果分析

低附着到高附着路面上的仿真条件为整车由静止开始起步，在第 2.5s 时刻，路面的附着系数由 0.3 变为 0.8。

同样，从图 18-37 的车速曲线可以看出，整车能够稳定地由低附着路面驶向高附着路面。前轮的转速也能够很好地跟随后轮的转

---

❶ 1bar＝10^5Pa，下同。

速，整车的滑转效率达到一个比较理想的状态。在附着系数由低变为高的时刻，轮速会有一些微小的变化，如图 18-37（c）所示。

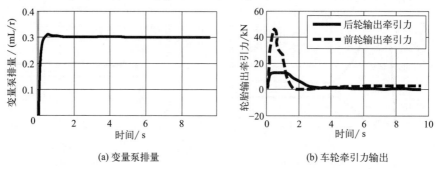

(a) 变量泵排量

(b) 车轮牵引力输出

图 18-35　高附着路面变量泵排量与车轮牵引力输出

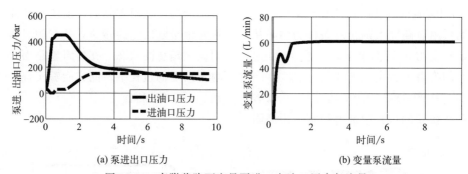

(a) 泵进出口压力

(b) 变量泵流量

图 18-36　高附着路面变量泵进、出油口压力与流量

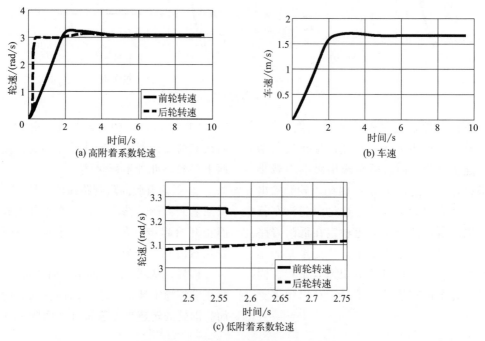

(a) 高附着系数轮速

(b) 车速

(c) 低附着系数轮速

图 18-37　低附着到高附着路面轮速与车速

从图 18-38 中变量泵排量曲线也可以看出，控制策略的控制速度快、控制精度高，前、后轮的输出牵引力在车辆起步时期急剧上升，随着车速的稳定也迅速减小并逐渐地稳定，在路面附着系数发生对接变化的时刻，牵引力也出现微小的变化。

图 18-39 所示为变量泵的进、出油口压力变化和流量变化曲线。其具体的变化原因与上述工况相同，此处不再赘述。

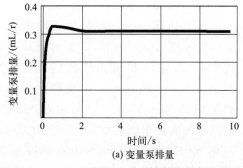

(a) 变量泵排量

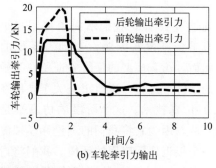

(b) 车轮牵引力输出

图 18-38　低附着到高附着路面变量泵排量与车轮牵引力输出

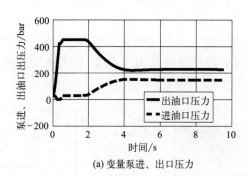

(a) 变量泵进、出口压力

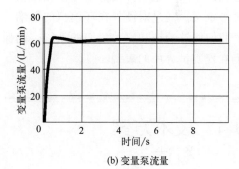

(b) 变量泵流量

图 18-39　低附着到高附着路面变量泵进、出油口压力与流量

扫一扫

本章小结

通过第 18 章，我们掌握了使用多个先进仿真平台开发新能源汽车动力系统的知识。然而，仿真模型的最终验证要在与硬件结合的条件下进行，本章正是关于硬件在环（HIL）仿真技术。这个阶段的仿真平是非常重要的，因为它将我们的理论和模拟测试带入一个接近实际应用的环境。我们将讨论如何设置和利用 HIL 仿真平台来执行能量管理控制策略，这些控制策略之前在模型中已经被定义。通过对硬件在环模拟的详细分析，我们能够验证和完善我们的系统，确保它们在现实世界中的表现。

19.1　技术方案概述

硬件在环（hardware in the loop，HIL）仿真是一种半实物仿真系统。系统中一部分用仿真模型在计算机上实时运行，另一部分以实物硬件形式接入仿真回路。HIL 克服了传统方法需要在真实环境下测试的缺点，可以根据需要模拟控制对象的运行及故障状态。实验的重复性好，可进行极限条件下的测试，从而排查 ECU（electric control unit）算法错误，进行系统极限及失效测试，达到整个系统的完整性能预测与分析，进而缩短了开发周期，节约了人员、设备及资金的投入。

其根本思想是用实时运算的数学模型替代传统测试中真实的实车系统，从而应用计算机仿真技术实现脱离被控对象的测试开发。

HIL 仿真平台一般包括实时仿真控制器（目标机）、信号接口及处理模块（包括线束）、真实 ECU 和上位机监控程序四个部分。本节介绍将 Cruise 里搭建的整车模型下载到 Simulator 中，通过在 Simulator 中运行的实时车辆模型模拟混合动力汽车控制单元 HCU 的工作环境；将控制策略 Simulink 模型下载到 TTC（高性能控制器）中，采用 TTC 模拟混合动力汽车整车控制器。TTC 与 Simulator 通过 CAN 总线、电线连接，进行 CAN 信号和模拟信号的交互，硬件在环仿真平台的具体结构原理如图 19-1 所示。

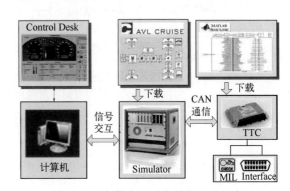

图 19-1　硬件在环平台结构原理示意

19.2　新能源汽车整车被控对象模型

在新能源汽车的研发过程中，整车被控对象模型是一项关键技术，它为车辆的控制系统设计和优化提供了理论基础和模拟平台。这种模型通常需要对车辆的动力学、能量转换、能源存储以及控制策略等方面进行综合考虑,以确保模型的准确性和实用性。通过整车被控对象模型的建立,研发工程师能够在没有实际车辆的情况下预测新能源汽车的行为,从而优化车辆设计、提升性能并减少开发成本和时间。这些模型也支持了车辆控制系统的验证和测试,为新能源汽车的可靠性和经济性提供了保障。

以混合动力客车构型及 Cruise 模型为例。本节中的混合动力系统主要由发动机、M1 电机、M2 电机、AMT 变速器、动力电池等部件构成,如图 19-2 所示。其中 M2 电机的主要作用是在车辆起步,或者车辆低速行驶时提供动力,及在较低速时调节发动机工作点至高效工作区域内。M1 电机主要是在电池电量不足时,吸收发动机转矩为电池充电,及在车速较高时调节发动机工作点至高效工作区域内。

图 19-2 中混合动力汽车的基本参数如表 19-1 所示。

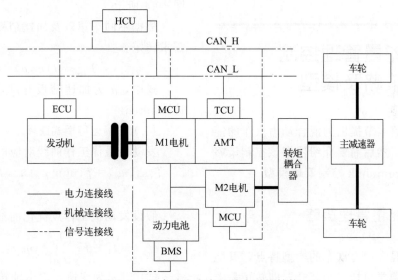

图 19-2 混合动力客车的动力系统结构

表 19-1 双电机混合动力系统总成功率参数

项目		参数
发动机参数	额定功率/kW	121(2500r/min 时)
	最大转矩/(N·m)	600(1400~1500r/min 时)
	最高转速/(r/min)	2500
Ⅰ 轴电机参数	(额定/峰值)功率/kW	30/50
	最大转矩/(N·m)	200/400
	最高转速/(r/min)	3000
	基速/(r/min)	1500
Ⅱ 轴电机合成器	速比	3.8
	(额定/峰值)功率/kW	58/116
	最大转矩/(N·m)	224/448

项目		参数
Ⅲ轴电机参数	最高转速/(r/min)	9970
	基速/(r/min)	2500
电池参数	电池类型	镍氢
	容量/(A·h)	80
	额定电压/V	388
	放电深度/%	50(放电范围 30%～80%)

19.3 能量管理控制策略及模型

首先介绍本节提出的混合动力汽车的能量管理策略，然后简要介绍依据该控制策略思想搭建的 Simulink 控制策略模型。

19.3.1 能量管理策略

依据该混合动力汽车的构型特点，其能量管理策略主要包括三个部分，即转矩需求计算、车辆运行模式抉择、转矩分配，具体见图 19-3。

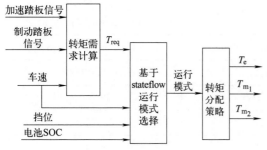

图 19-3 能量管理控制策略

（1）转矩需求计算

根据混合动力的动力耦合方式进行转矩叠加，获取叠加后的转矩外包络线，将外包络线通过曲线拟合使需求转矩平缓，为此获取的变速器输出轴处等效需求转矩如图 19-4 所示。

根据不同车速以及加速踏板开度计算出需求转矩：

$$T_{req} = f(a, v) \tag{19-1}$$

式中，a 为加速踏板开度，%；v 为车速，km/h。

（2）车辆运行模式选择

发动机最优工作曲线对应的转矩为

$$T_{eopt}(n_e) = f\{\min[g_e(n_e, T_e)], n_e\} \tag{19-2}$$

假设发动机工作点优化前油耗为

$$g_b = f_1\left[\frac{T_{req}}{i_{g(n)}}, ni_{g(n)}\right] \tag{19-3}$$

式中，n 为变速器输出轴转速。

$$n = \frac{vi_0}{0.377r} \tag{19-4}$$

则发动机工作点被优化后油耗为

$$g_a = f_2[T_{eopt}ni_{g(n)}, ni_{g(n)}] \tag{19-5}$$

当发动机优化后的等效油耗低于发动机优化前的等效油耗时，则表示此时发动机的工作点需要调节，否则发动机的工作点不需要调节。

图 19-5 中，在此过程为电池充电所消耗的油耗（g/h）为

$$\Delta m = g_a P_a - g_b P_b \tag{19-6}$$

式中，P_a 为发动机优化后输出功率，kW；P_b 为发动机优化前输出功率，kW。

若多余的能量全部用于驱动，则表示此时不对发动机工作点进行优化。这部分燃油获得的能量为 $1/g_b$（kW·h/g）。

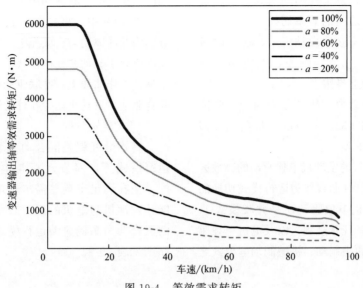

图 19-4　等效需求转矩

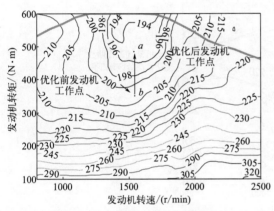

图 19-5　发动机工作点优化前后

若要对发动机的工作点进行优化调节，此时需将多余的能量给电池充电，而电池最终还是会将能量释放。为此会经历电池充电和放电的二次转化过程，此时可计算得到这部分燃油获得的能量。

$$\frac{1}{g_a}=\frac{P_a-P_b}{\Delta m}\eta_{gen}\eta_{inv}^2\eta_{chg}\eta_{dis}\eta_{mot}$$

（19-7）

上述参数均通过插值获取。

当 $g_b>g_a$ 时，表示发动机转矩直接用于驱动更优，无需对发动机的工作点进行调节。此时可以推导出

$$g_a>g_b\eta_{gen}\eta_{inv}^2\eta_{chg}\eta_{dis}\eta_{mot}$$

（19-8）

反之当 $g_b<g_a$ 时，需要对发动机进行工作点调节。

考虑到电池充电后再放电的效率以及电机放电效率均无法确定，故简化效率为常数，取整个工况下的平均效率。

取 $f(t)=1/g_a(t)-1/g_b(t)$，若 $f(t)>0$，需要调节发动机转矩，反之亦然。

$$f=\frac{P_a-P_b}{g_aP_a-g_bP_b}\times0.51-\frac{1}{g_b}$$

（19-9）

假设 $\Delta P_e=P_a/P_b$ 为发动机优化后与优化前的功率之比，$\Delta g_e=g_a/g_b$ 为发动机优化后与优化前的油耗之比。

图 19-6 中，A、C、D、F 区域继续保持发动机原状态；B 区域采用电机发电优化发动机转矩；E 区域采用电机助力优化发动机转矩。

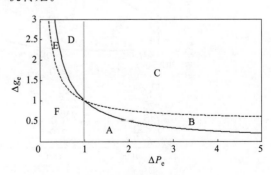

图 19-6　功率比与油耗比

故可求得发动机单独驱动模式与发动机驱动并发电模式之间的效率切换线。通过对这些点的拟合即可获取发动机单独驱动时最低工作临界线 T_{eoptdown}（n_{e}），而发动机外特性曲线则作为上界限。

由于该混合动力车辆可分为两种并联模式，故需要分别获取其等效的切换曲线，如图 19-7 和图 19-8 所示。

利用上述求解的发动机单独驱动的高效区下限与发动机外特性曲线作为运行模式切换的条件，构建发动机单独驱动还是并联模式 1、并联模式 2 驱动的迁移规则，以及电机单独驱动、串联模式、再生制动、机械制动等模式之间的切换规则，具体如图 19-9 所示。

图 19-9 中，将并联模式 1 与并联模式 2 分别为并联驱动与行驶充电。其中行驶充电指发动机处于驱动并充电模式，此时，发动机处于最佳工作曲线上；并联驱动指发动机与电机联合驱动，发动机运行在外特性曲线上。

（3）转矩分配

转矩分配就是混合动力车辆运行在各个运行模式下，对发动机与电机进行转矩分配，使在满足车辆总需求转矩的同时，尽可能让发动机与电机的运行效率较高。本小节的混合动力车辆典型运行模式及其具体分配原则见表 19-2。

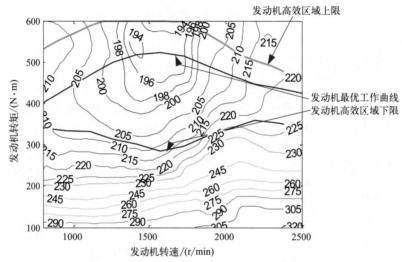

图 19-7 并联模式 1 下的驱动模式分界

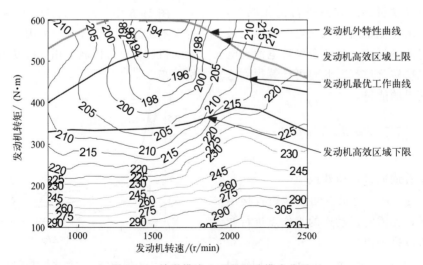

图 19-8 并联模式 2 下的驱动模式分界

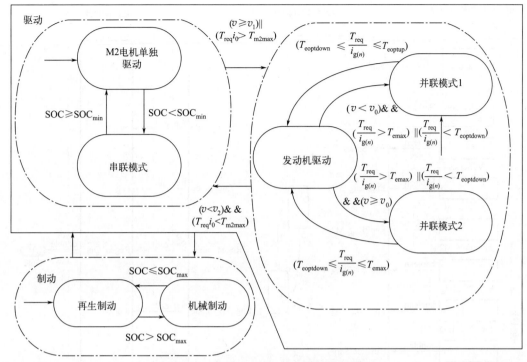

图 19-9　基于 stateflow 的运行模式决策机

表 19-2　典型运行模式及其分配原则

工作模式	发动机目标转矩	M1 电机目标转矩	M2 电机目标转矩
纯电动	$T_e = 0$	$T_{m1} = 0$	$T_{m2} = T_{req} / i_{m2}$
发动机驱动	$T_e = T_{req} / i_{g(n)}$	$T_{m1} = 0$	$T_{m2} = 0$
并联模式 1			
行驶充电	$T_e = T_{eopt}$	$T_{m1} = 0$	$T_{m2} = [T_{req} - T_{eopt} i_{g(n)}] / i_{m2}$
并联驱动	$T_e = T_{emax}$	$T_{m1} = 0$	$T_{m2} = [T_{req} - T_{emax} i_{g(n)}] / i_{m2}$
并联模式 2			
行驶充电	$T_e = T_{eopt}$	$T_{m1} = T_{req} / i_{g(n)} - T_{eopt}$	$T_{m2} = 0$
并联驱动	$T_e = T_{emax}$	$T_{m1} = T_{req} / i_{g(n)} - T_{emax}$	$T_{m2} = 0$
串联模式	$T_e = T_{echg}$	$T_{m1} = -T_{echg}$	$T_{m2} = T_{req} / i_{m2}$
再生制动	$T_e = 0$	$T_{m1} = 0$	$T_{m2} = T_{req} / i_{m2}$
机械制动	$T_e = 0$	$T_{m1} = 0$	$T_{m2} = 0$

19.3.2　Simulink 模型

依据 19.3.1 小节的能量管理策略思想，搭建混合动力汽车能量管理策略 Simulink 模型。

如图 19-10 所示，顶层模块分为模式切换条件计算模块、模式切换 stateflow 模块和行车控制模块三部分。

图 19-10 中，模式切换条件计算模块的内部结构基本一致。以发动机驱动切换至并联模式的切换条件为例，具体的结构如图 19-11 所示。

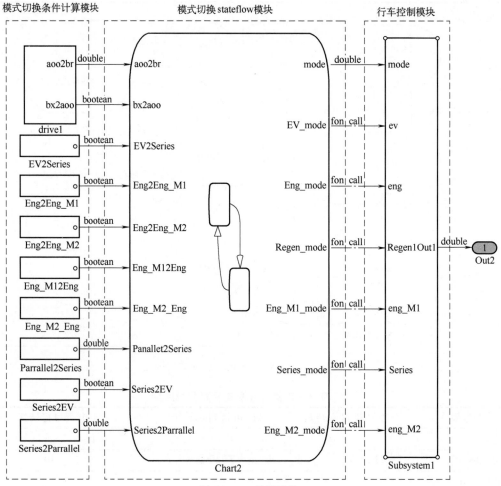

图 19-10　顶层模块

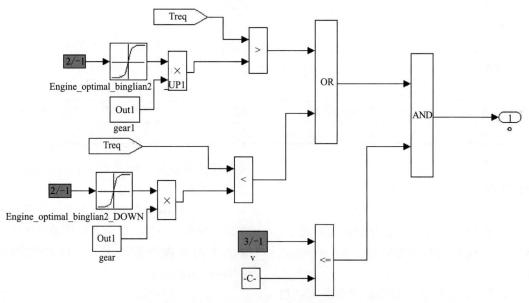

图 19-11　发动机驱动切换至并联模式切换条件

如图 19-11 所示，当车速小于某标定值且需求转矩大于发动机高效区域上限，或者小于发动机高效区域下限时，车辆即满足切换到并联模式工作的条件。

图 19-10 中的模式切换 stateflow 模块内部结构如图 19-12 所示。

根据当前行驶工况是否满足相应的模式切换条件，车辆可以在图 19-12 中的各个模式之间合理地切换。

图 19-10 中的行车控制模块包括纯电动、发动机驱动、并联模式、行驶充电、串联模式、再生制动、机械制动。具体内部结构如图 19-13 所示。

车辆运行包含了车辆行驶的各个模式，各模式对应的模块中即包含了该模式下对各主要部件的具体控制，这些控制的主体思想即依据 19.3.1 小节的能量管理策略进行制定。

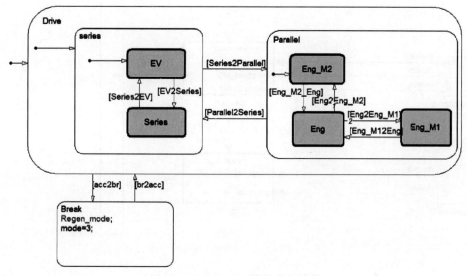

图 19-12　stateflow 模块内部结构

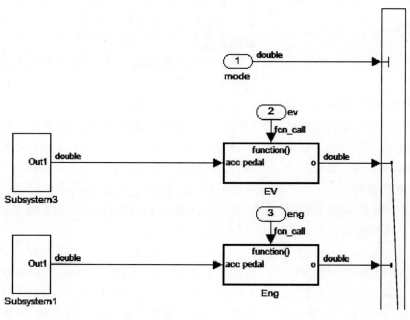

图 19-13

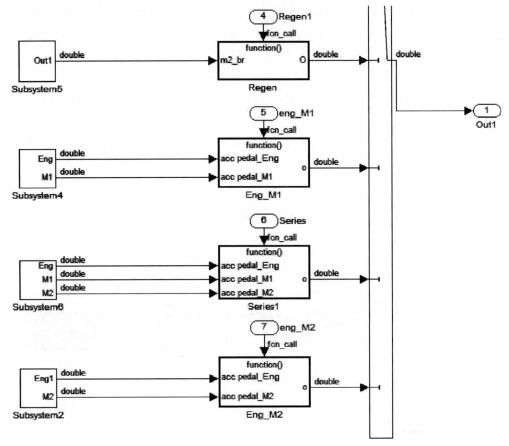

图 19-13　行车控制模块

19.4 硬件在环试验台

采用先进的快速原型仿真软件设计，将 Cruise 离线仿真的结果与硬件在环的实验仿真结果对比，验证控制策略的实时性、合理性以及整车信号通信精度是否满足要求，为后续实车实验提供了良好的保障。

具体操作是将 Cruise 仿真模型下载至 dSPACE/Simulator 中，将其作为实时仿真的车辆底层模型。其中，Simulator/ds1006 处理器板是 dSPACE 用于快速原型（RCP）和半实物仿真（HIL）领域处理速度最快的处理器板。它采用 64 位 Opteron 处理器，主要用于处理动力系统和虚拟车辆等复杂的、大型的、对处理器性能要求极高的模型。采用该处理器能够满足实车工作环境的精度要求。

将整车控制策略下载至 TTC 模拟车辆的整车控制器，其中 TTC 是一款汽车多用途控制器。其采用的是 32 位飞思卡尔 MPC555 处理器，具有多路 I/O 数字量输入输出接口，及多路 A/D 与 D/A 数模转换接口，能够满足车辆控制需求。该控制器可通过 CAN 总线接口与 Simulator 的底层仿真模型进行硬件在环仿真，来模拟车辆真实运行环境（图 19-14）。

系统整体模型通过 Cruise 仿真建模并将该模型下载至 Simulator 中，在 CANalyzer 软件中配置整车需要通信的信号。定义每一个信号的位数、数据类型等，来构建 CAN 总

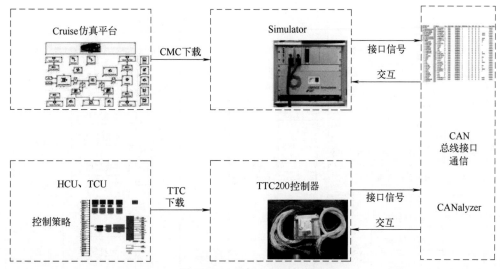

图 19-14　硬件在环系统构成

线的信号接口。而将整车控制策略与自动变速器控制策略共同下载至 TTC 进行硬件在环仿真实验。其中，驾驶员模型模拟加速踏板开度和制动踏板开度信号。按照混合动力整车控制器（HCU）在实车上信号的类型，将加速踏板信号与制动踏板信号输入 HCU。发动机模型根据车辆运行状态，计算出发动机转速和油门开度，并通过 CAN 总线将信号传入 HCU，HCU 通过 CAN 总线向发动机模型发出目标油门开度和启停指令。M1 与 M2 电机模型将当前的转速、转矩和工作模式通过 CAN 总线发送给 HCU。HCU 根据控制策略，将电机启停指令与电机目标负荷率通过

CAN 总线发送给电机模型。整车模型将计算出的车速发送给 HCU，电池模型将计算得到的电池荷电状态、电池电压和电池电流发送给 HCU。HCU 根据控制策略，将电池输出电流限流指令通过 CAN 总线发送给电池模型。自动变速器模型将变速器输入轴转速、变速器输出轴转速、挡位、离合器输入轴转速、离合器输出轴转速通过 CAN 总线发送给 TCU。与此同时，HCU 将车速、发动机转速与发动机目标油门开度通过 CAN 总线发送给 TCU。TCU 将目标挡位与离合器指令通过 CAN 总线发送给自动变速器，如图 19-15 所示。

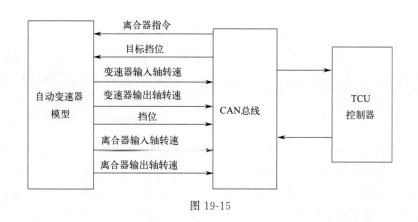

图 19-15

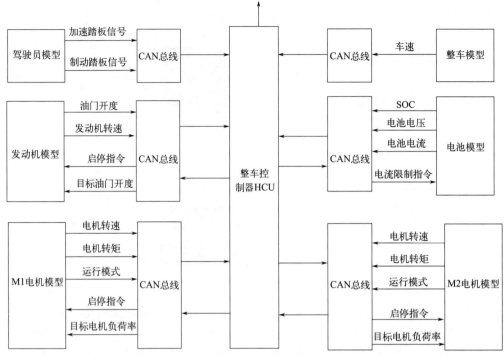

图 19-15　信号通信结构

19.5　实验结果分析

模型离线仿真与硬件在环实验验证结果如图 19-16～图 19-18 所示，分别为车速、电池 SOC、加速踏板开度的对比验证曲线。

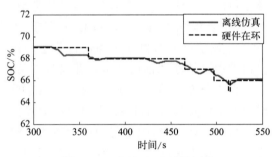

图 19-17　电池 SOC 时间历程

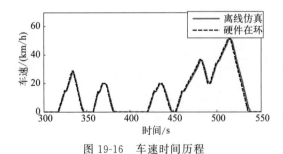

图 19-16　车速时间历程

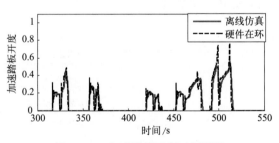

图 19-18　加速踏板开度时间历程

从上述对比曲线可知，离线仿真曲线与硬件在环实验曲线基本重合，误差较小，可满足精度要求。为进一步了解能量管理控制策略下的发动机与电机运行状态，本节给出了国家标准城市工况下的发动机、M2 与 M1 电机的工作点统计图，如图 19-19 所示。

从图 19-19 中可以看出，发动机大多数时间是运行在高效区域附近。而 M1 电机与

M2 电机的工作点，因为需要调节发动机工作点而分布较散，但总体来看其工作点大多数也落在合理工作区域内。

从实验曲线可知，整车控制策略实时性较好及 CAN 总线信号通信正常，从表 19-3 的对比结果来看，其误差基本上都控制在 5.30% 以内，验证了策略以及总线信号的合理性，为后续实车实验提供了良好的基础。

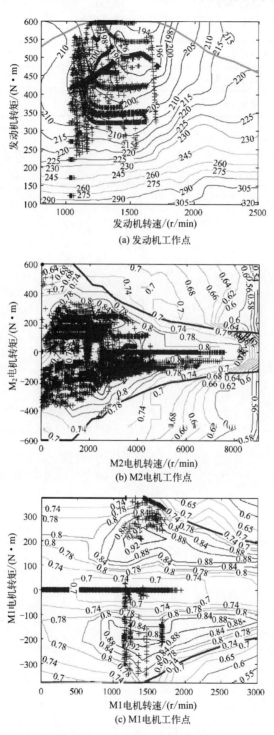

(a) 发动机工作点

(b) M2电机工作点

(c) M1电机工作点

图 19-19　发动机与电机工作点

表 19-3 混合动力客车仿真与实验结果

表 19-3 混合动力客车仿真与实验结果

指标		实验结果	仿真结果	误差/%
北京工况	油耗/(L/100km)	20.19	19.12	5.30
	原始 SOC/%	73.00	73.00	—
	终止 SOC/%	71.98	72.02	0.056
国家标准城市工况	油耗/(L/100km)	22.24	21.82	1.89
	原始 SOC/%	73.00	73.00	—
	终止 SOC/%	70.99	70.90	0.13

扫一扫

本章小结

 **New Energy Vehicles**

第6篇

新能源汽车动力系统实验设计

前面章节介绍的新能源汽车构型分析、参数匹配和控制策略等关键技术，均处于新能源汽车研发过程中的仿真阶段，然而离线仿真一般用于前期方案的论证（构型分析、参数匹配和控制思想等）。由于仿真模型进行了必要的简化，仿真工况与真实部件的运行工况也存在差别，所以仿真与汽车实际运行情况也存在一定的差别。目前仿真分析仍然存在精度不足的问题，为进一步验证，提高精确性，还需要一个真实的实验环境。

在新能源汽车中，混合动力汽车既具备传动燃油车的发动机，又具备纯电动汽车的电机，特点最为典型。故本篇主要将以混合动力汽车动力系统实验设计为例进行说明。混合动力汽车实验台架提供了一个解决上述关键技术的开发平台。混合动力汽车动力总成台架实验可以用于动力总成控制模块的调试、标定与混合动力总成动力性能、经济性能的实验，从而大幅度减少整车实验和标定的时间及工作量，大大降低了开发风险与成本。

本篇主要从三大部分内容展开介绍。首先，介绍实验台架，主要总结较为典型的混合动力实验台架的优势与意义；其次，详细地介绍动力总成实验的三大关键技术；最后，介绍以模块化思想为中心的实验台架的研究与开发和动力系统的测试技术。

新能源汽车实验台架是指用于模拟新能源汽车工作环境，测试新能源汽车的动力、经济性能以及控制系统的某些参数和特性的实验设备。实验台架可以通过模拟真实道路情况来测试新能源汽车的性能，并通过数据采集和分析来评估新能源汽车的性能和特性。实验台架可以帮助研究人员定量评估新能源汽车的性能，同时也可以帮助生产厂家验证新能源汽车的性能和可靠性。在实验台架的操作过程中，可以通过改变控制系统参数来提高新能源汽车的性能和效率，为新能源汽车的开发和应用提供有力数据支持。新能源汽车实验台架通常包括机械部分、测控系统和数据分析软件等。可以模拟多种不同的驾驶环境和道路条件，以及多种不同类型的新能源汽车，如纯电动汽车、混合动力汽车和燃料电池汽车等。实验台架的概念和开发应用，在新能源汽车的研究和开发过程中起着重要的作用。

20.1 台架测试平台的发展

国外的台架测试技术已经相当成熟，很多大型企业及研究机构都有着比较完善的台架系统解决方案。

AVL 是全球规模最大的从事内燃机设计开发、动力总成研究分析以及相关测试系统和设备开发制造的公司，AVL 的台架测试设备非常成熟，从整车的动力测试到关键部件的单独测试都有比较完善的

系统。

① 拥有一套完善的虚拟测试解决方案，能够将真实零部件和虚拟零部件有效结合起来进行联合测试。如图 20-1 所示，本质上是一个发动机台架，真实部件只有发动机和测功机，发动机台架通常用于发动机标定、发动机万有特性测试等，不能够进行循环工况测试，但如果在该台架基础上增加虚拟的蓄电池、电机、变速箱、主减速器、差速器、半轴，就可以组成一套完整的混合动力台架系统，对该动力系统进行循环工况测试可以得到混合动力汽车在不同工况下的发动机的油耗和排放特性。采用虚拟部件和真实部件结合的方法能够大大降低台架成本，在控制器前期开发以及性能评估中有着重大意义。AVL 的虚拟零部件基本囊括了所有的动力系统部件，包括发动机、电机、电池、变速箱、主减速器、差速器等，部件模型准确，精度较高。

② 能够对各种构型的动力系统进行测试。如图 20-2 所示，图中包含了单负载电机测试方案、双负载电机测试方案、三负载电机测试方案以及四负载电机测试方案，能够对前置前驱系统、前置后驱系统、后置后驱系统、四驱系统等各种动力系统进行测试。

③ 有着高精度、高可靠性的道路负载模拟软件。AVL 的道路负载模拟采用的是 PUMA 系统＋ISAC 软件包，ISAC 软件包主要用于模拟驾驶员和整车，如图 20-3 所示为发动机台架的道路负载模拟算法。

④ 能够用电机模拟发动机。采用电机模拟发动机能够大幅度降低成本，一方

面，发动机台架结构复杂，需要考虑油、水、电布局，考虑噪声和振动的处理，建设成本和维护成本都很高，而电机台架相对简单；另一方面，在发动机台架上更换发动机比较麻烦，但如果用电机模拟，只需要修改发动机的配置参数即可。图20-4是 AVL 的五电机台架方案，用于测试四驱动力系统，动力源为发动机，用电机进行模拟，动力由发动机发出，经过离合器、变速箱、分动器、前后主减速器、前后主差速器传递到四个半轴，四个半轴输出端与四个测功机连接。

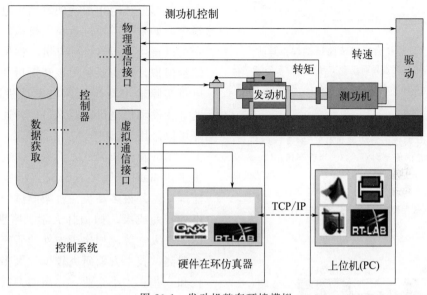

图 20-1　发动机整车环境模拟

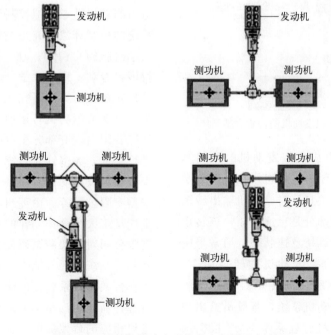

图 20-2　针对各种动力系统的台架测试方案

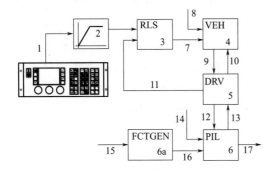

图 20-3 发动机台架的道路负载模拟算法
1—坡度（用户可以通过界面或者工况文件设定）；2—斜坡发生器；3—道路负载计算模块；4—车辆模型（主要仿真整车惯量）；5—描述变速器、主减速器和差速器的传动比；6—描述变速器、主减速器和差速器的刚度和阻力；7—道路阻力；8—制动踏板；9—车轮目标转速；10—换算到车轮的驱动力矩；11—当前车速；12—发动机目标转速；13—发动机驱动转矩；14—当前测功机电机转速；15—离合器位置；16—当前离合器位置能够传递的最大转矩；17—测功机转矩命令

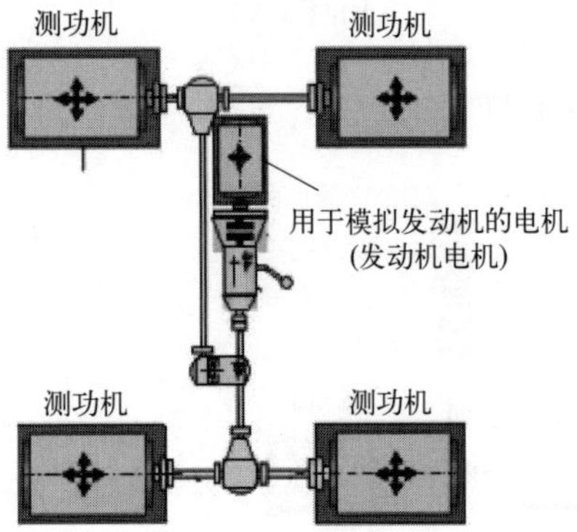

图 20-4 用电机模拟发动机的四驱台架系统

图 20-5 是用电机模拟发动机的控制算法。当点火开关关闭时，电机模拟发动机摩擦力矩；当点火开关打开时，电机输出转矩由两部分组成，一部分是怠速转矩，该转矩用于使发动机电机维持怠速状态，通常采用 PI 调节；另一部分是发动机的转矩命令，该转矩命令是对驾驶员的转矩需求进行解析，对于真实的发动机系统，驾驶员给出加速踏板位置，发动机管理系统 EMS 根据加速踏板位置调节节气门开度，发动机在当前节气门开度和当前转速工况下会发出相应的转矩、转速、节气门开度与输出转矩的对应关系，即发动机的转矩 Map 图；对于用电机模拟发动机的系统，管理系统根据驾驶员给出的油门信号和发动机电机的转速，使用发动机的转矩 Map 图查表可以得到发动机的输出转矩，该转矩值即为发动机的转矩命令。两部分转矩相加得到发动机电机的转矩指令，如果不需要进行惯量模拟，该转矩指令可以直接发送给目标电机，如果需要进行惯量模拟，还需要利用该转矩指令和发动机电机实际输出转矩计算出发动机的目标转速，让发动机电机跟踪该目标转速，转速跟踪可以采用 PI 调节。

国外在台架测试方面深入研究的企业有很多，如西门子、Argonne 实验室、小野测器等；国外很多高校在台架测试领域也有自己独特的成果，如柏林大学、密西根大学、诺丁汉大学等。相比于国外的研究，国内在台架测试技术方面研究较少，大多集中在高校和一些新兴小企业，在高端测试台架领域还没有成熟的产品。

国内高校主要对测功机控制进行研究，电力测功机动态模拟控制策略以及电力传动系统的控制算法研究是主要研究方向。湖南大学研制的 CY110、160 型电力测功机，获得国家专利；重庆大学、山东理工大学对测功机转矩控制算法研究比较多；北京交通大学对电涡流测功机转矩预测控制算法进行了研究。国内也有部分企业能够对测功机系统进行集成，大多针对传统汽车台架系统，如南峰机电设备制造有限公司、湘仪动力测试仪器有限公司等。由苏州清华汽车研究院和重庆理工大学合作创建的苏州凌创电子科技有限公司对台架测试研究较多，但缺乏对台架测试系统的评价能力。清华大学汽车工程系在台架测试系统方面研究较为深入，能够对各种新能源汽车动力系统设计测试方案并搭建相应的台架测试系统，初步具备台架系统评估能力。

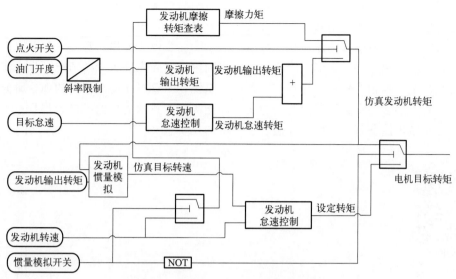

图 20-5　AVL 电机模拟发动机控制算法

20.2　混合动力实验台架

混合动力实验有两种实现平台，即混合动力汽车实车实验平台与混合动力汽车台架实验平台。混合动力汽车实车实验平台是由一辆混合动力汽车和相关的数据采集设备组成。由于受整车总布置和车上各总成型号的限制，实车实验平台上只能进行特定总成和整车的实验。与实车实验相比，台架实验具有不受外界自然环境的影响，各零部件的布置不受整车总布置限制的优点。一方面，台架的模块化可以为不同类型的发动机及其控制器、电机及其控制器、动力电池及其管理模块，以及整车控制器提供所需的实验环境；另一方面，目前测功机有足够的控制精度和响应速度，来模拟整车运行时的道路阻力变化。此外，整车惯量可以通过飞轮来模拟，并且有足够的数据采集设备采集相关的实验数据。通过以上对比可知，台架实验相比于实车实验有着一系列的优势。所以开发混合动力汽车时，一般会在实车实验前进行

大量的台架实验。

混合动力实验台架的优势和意义总结如下。

① 混合动力实验台架能够为电机、动力电池等各零部件总成，提供与整车相同的实验调试环境，将总成放在近似真实的实验环境中进行相关的实验。可以针对混合动力汽车的特殊要求进行研制与开发，从而指导各总成的研究方向与需要重点解决的问题。

② 混合动力实验台架可以对各总成部件进行性能评估。对于需要评估的总成只需提出实验条件的要求，模块化的实验台可以根据其要求重组，以提供所需的实验环境。

③ 通过台架实验可以解决动力集成的关键技术，如对于动态切换、换挡过程的控制。仿真技术只能提供一个理论上的指导，关键问题的解决仍然需要在实验台架上反复实验调试。

④ 混合动力实验台架可以进行整车控制器的测试，包括控制策略的调试与优化，控制器硬件对混合动力汽车环境的电磁兼容性等。

⑤ 混合动力实验台架可以完成整车动力性实验，并且可以通过工况循环完成经济性的测试。

鉴于混合动力实验台架的上述特点，国内相关研究单位也展开了一系列针对混合动力实验台架的研究，但多数仍停留在仿真阶段。其主要原因有两点：一是资金匮乏，混合动力实验台架成本相对较高，高校及一些研究单位没有足够多的资金搭建混合动力实验台架；二是技术储备不足，国内在混合动力实验台架方面的研究较少，可借鉴的技术方案不多，缺少足够的技术支持。

综合以上分析，建立一整套完整的具有国内、国际先进水平的新能源汽车实验台架系统，不管对新能源汽车的理论研究还是新能源汽车技术成果的推广，都具有十分重要的现实意义。

扫一扫

本章小结

本章将着重介绍动力系统实验中的关键技术，能使读者深入理解实验台架中动力总成控制技术、CAN 通信技术以及监控技术的重要性与应用。这些技术是实验台架正常工作的基础，也是确保数据采集精准和实验结果可信的必要条件。因此，本章内容是连接理论与实践的关键，为动力系统实验台架的设计与开发提供科技支持。

在进行混合动力总成实验前，应对动力总成的控制技术及通信技术进行研究分析，以便更好地控制整个实验过程，完成实验台架测试任务。动力总成实验关键技术包括动力总成控制技术、CAN 通信技术及实验台架监控技术。

21.1　动力总成控制技术

混合动力总成的核心是控制系统。它包括硬件和软件两部分。研发控制系统的关键是控制软件的开发，而控制策略更是研究的第一步。实验台架需要提供整车行驶的负载，因此台架实验技术还包括整车负载模拟技术，即道路行驶阻力模拟技术与整车惯量模拟技术。对于因动力合成造成的动态切换问题，需要整车控制器来协调解决，即本节所讲述的负载调节与动态控制技术。

21.1.1　动力控制技术

混合动力汽车通过发动机与电机的协同

工作，达到降低油耗的目的。一般而言，混合动力汽车的核心部件包括发动机、电机以及动力电池。本小节分别从这三个核心部件的角度介绍混合动力汽车的动力控制技术。

（1）发动机控制

传统汽车发动机控制，驾驶员根据路况和负荷的不同，通过加速踏板改变发动机的供油量，达到汽车加速、减速等行驶工况。油门执行器和踏板属于机械连接，简单易控。与传统汽车相比，混合动力汽车增加了电机等新部件，需要考虑发动机与电机的功率匹配问题，发动机需根据整车控制要求来协调控制。

通过调节主电机与发动机协调的工作，使发动机始终工作在最佳经济区是混合动力汽车节能的关键。在混合动力汽车发动机控制中，可以依据发动机效率将发动机 Map 图划分成几个不同的区域，如图 21-1 所示，将整个发动机的 Map 图分为四个区域。

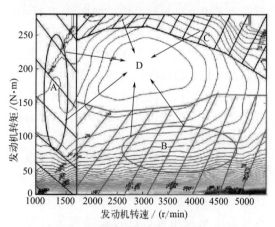

图 21-1　混合动力汽车发动机万有特性

A 区：发动机转速较低（一般低于 1500r/min）。在此区域通过调高发动机负荷也不能有效降低油耗。因此，在此区发动机比油耗较高。

B区：发动机转速较高，但发动机负荷率低。发动机处于低负荷区时比油耗很高。

C区：发动机负荷很高，甚至单独由发动机驱动已经不能满足要求，要满足整车驱动要求，必须要电机助力。

D区：发动机转速较高，负荷率大于60%，整个区域内比油耗都较低。控制策略的目标是在车辆行驶中，无论整车处于何种驱动状态，都能控制发动机工作在D区域内。为了达到这个目标，当发动机处于不同区域时，通过调节发动机与电机，使发动机的工作点始终落在最佳区域内。

在混合动力汽车中，发动机控制器与整车控制器相连。发动机根据整车控制器要求的转速和转矩，调整油门执行机构的开度，使发动机处在最优效率区间工作。首先，驾驶员根据路况和负载的要求，操纵加速或制动踏板，并将此信号传给整车控制器。其次，整车控制器根据这个指令，对发动机控制器发出转速或转矩要求，再由发动机控制器对油门执行机构进行控制。

（2）电机控制

车用电机控制系统是混合动力汽车的关键技术。在介绍电机控制系统之前，首先简要说明车用电机驱动系统，如图21-2所示。车用电机驱动系统因其受到车辆空间限制和使用环境的约束，比普通的电传动系统具有更高的性能和比功率，并且能适应较严酷的工作环境。所以，现阶段电机永磁化、控制数字化和系统集成化方向是车用电机驱动系统的发展趋势。

在混合动力汽车的运行模式中，可以通过控制电机的工作，调整发动机的工作点，使其工作在高效区。具体体现在怠速时，电机准备启动及用电机进行发动机的自动启动。对混合动力汽车电机控制的作用不仅体现在发动机方面，而且还有如下作用：驱动力不足时，电机提供辅助驱动；使用过剩的

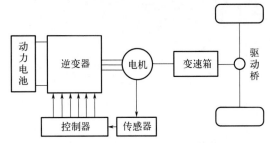

图 21-2　车用电机驱动系统结构简图

发动机转矩进行充电；制动能量回收再利用等。所以，混合动力汽车电机的控制在整个技术中尤为关键。

对于电机的控制策略，矢量控制（field oriented control，FOC）和直接转矩控制（direct torque control，DTC）是两种典型的电机控制策略。

矢量控制的核心思想是将电机的三相电流、电压、磁链经坐标变换，转换成以转子磁链定向的两相参考坐标系。参照直流电机的控制思想，完成电机转矩的控制。磁场定向矢量控制的优点是具有良好的转矩响应，精确的速度控制，零速时可实现全负载。但是，矢量控制系统需要确定转子磁链，要进行坐标变换，运算量很大，而且还要考虑电机转子参数变动的影响，系统比较复杂。

直接转矩控制是通过对定子磁链定向，实现对定子磁链和转矩的直接控制。其控制思想是通过实时检测电机转矩和磁链的幅值，分别与转矩和磁链的给定值比较，由转矩和磁链调节器直接从一个离线计算的开关表中，选择合适的定子电压空间矢量，进而控制逆变器的功率开关状态。直接转矩控制不需要复杂的矢量坐标变换对电机模型进行简化处理，没有脉宽调制（PWM）信号发生器，控制结构简单，受电机参数变化影响小，能够获得较好的动态性能。但是这种控制方法的不足在于逆变器开关频率不稳，转矩、电流波动大，实现数字化控制需要很高的采样频率。

混合动力汽车的电机控制具有自身的特点，要求在恒转速、恒功率区工作，同时保

持高效率。另外，还要求具有较大的调速范围与较高的动态性能。目前，从比较实用的控制方法来看，异步电机矢量控制（FOC）是较好的控制方法。在混合动力汽车的交流异步电机驱动系统中，其控制方法可采用简单的标量控制。该方法动态性能及低速区的控制性能欠佳。在交流异步电机的矢量控制中，通常采用电流磁通模型及电压磁通模型，分解电流的励磁及力矩分量，以达到良好的控制特性。

（3）动力电池系统监测与控制

混合动力技术结合传统内燃机与电池电机系统，平均功率由内燃机提供，峰值功率由电机补充。动力电池系统在混合动力技术中是一个重要的部分。图 21-3 简要介绍了动力电池系统的监测与控制。图 21-3 中，主控制器根据加速踏板信号、转速信号及动力电池荷电状态 SOC 值来确定发动机、离合器、电机及动力电池的控制命令。该命令主要是考虑当前动力电池荷电状态下，如何有效地合理分配电机功率与发动机功率。动力电池的 SOC 反映了电池当前的能量储存状态，是控制策略中决定高压系统是否工作的一个重要参数，SOC 对于动力电池管理系统尤为重要。因此，电池 SOC 值的估计非常关键。它成为决定混合动力技术能否有效发挥其潜能的制约环节。由于动力电池系统本身是一个高度非线性系统，对电池 SOC 估计至今仍为世界攻关项目。

可以采用记录电池端电压、电流及温度来估计动力电池 SOC 值，并根据一定的算法进行数据处理，找出 SOC 与电压、电流之间的关系。在实际应用中，根据实验所确定的三者关系来估计当前动力电池 SOC 值。实验电池测试系统的组成及原理如图 21-4 所示。

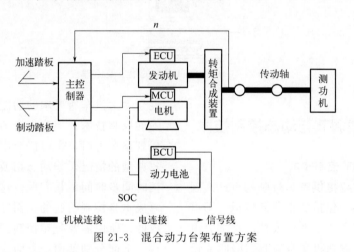

图 21-3 混合动力台架布置方案

图 21-4 中，传感器所检测到的电池电压、电流及温度信号，通过数据采集卡或信号调理板输入到工业控制计算机。根据动力电池系统采用的单体电池数目，确定监测预留通道来对电池端电压进行监测。选用 A/D 板，分别配置电压传感器测量单体电池端电压，温度传感器采集温度信号，电流传感器监测电池电流。检测系统可以使用 VB 语言编写电池数据采集界面。该数据采集界面可以同时对电压传感器、温度传感器及电流传感器信号通过所选用的 A/D 板通道进行采集。在进行数据采集前，首先必须设定采样间隔、存储文件路径及文件名，接着，单击开始采样按钮，系统就以设定的采样间隔进行采集。可以通过选择通道的下拉菜单来对各通道的信号进行实时图形化显示，也可以按观看历史曲线按钮来观看它的历史曲线。程序编制成定时保存功能，即当定时器达到一定的时间，对所采集的信号数据进行存盘备份，以避免偶然失误令程序退

出而丢失数据的情况（如小电流充电一次完整的实验可能需要好几个小时，这么长时间内偶然情况时有发生）。

混合动力汽车电池监测系统的主要特点是向整车控制器提供准确的 SOC 值。电池监测系统主要是根据各种电流、电压和温度传感器实时监测的信号来正确估算电池 SOC 值，并在危险的工况下关断电池系统与电机系统的连接，避免汽车制动时，过大电流对电池系统造成损害。

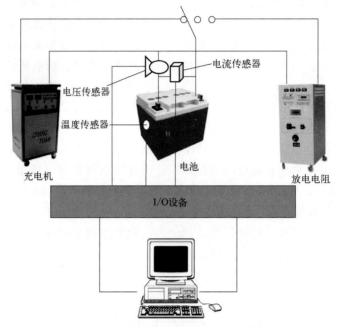

图 21-4　电池测试系统的组成及原理

21.1.2　负载调节与动态控制技术

（1）负载调节控制技术

实验台架需要提供整车行驶的负载。因此，台架实验还应包括整车负载模拟，即道路行驶阻力模拟和整车惯量模拟。这部分由测功机来完成。测功机本身应具有吸收能量或传递动力的功能，并具有测量转矩装置，还要有特性控制装置以保证其在不同工况下稳定工作。测功机外壳通过轴承支承在支架上。工作时，在所受外力作用下能自由地回转。在其外壳上装有力臂连接载荷单元。这样，就能将作用在外壳上的转矩测量出来。根据模拟整车工况的要求，整车控制器对测功机实施转矩控制。

（2）动态控制技术

即使发动机、电机与变速器已经达到了混合动力汽车所要求的功能与性能，具有成熟的控制技术，但当组合为一个传动系统集成到整车上时，也可能会出现一些问题。比较典型的情况，如动态切换问题，变速器换挡时同步时间延长问题。这些问题不是由各总成本身控制引起的，而是由于动力合成造成的，所以需要整车控制器来协调解决。

下面分别就两个方面进行分析。

① 行驶模式切换中的动态控制技术

对于电机和发动机都可以提供驱动转矩的并联混合动力系统，需要解决由状态切换引起的动态切换控制问题。即由于发动机与电机具有不同的动态特性，在状态切换过程中，当发动机与电机的转矩发生大幅度变化时，如果不对发动机与电机的输出转矩进行控制，将使发动机与电机的输出转矩发生较大波动，影响整车的平顺性。

通过对现状的调查研究，发现丰田混合

动力系统利用其特有的动力分配机构很好地解决了这一问题。下面以丰田混合动力系统为例，简要介绍由状态切换引起动态控制问题的解决方法。丰田混合动力系统的结构示意如图 21-5 所示。

在图 21-5 中，丰田混合动力系统主要由电动机、发动机、发电机、动力分配装置组成。动力分配装置是一个行星齿轮机构。

太阳轮、齿圈和行星齿轮分别与发电机、电动机和发动机直接连接。太阳轮与齿圈的齿数分别为 $z_S = 30$、$z_R = 78$，发动机转矩 T_{ENG} 分配到电动机上的转矩 T_{RING} 与发电机轴上的转矩 T_{GEN} 分别为：

$$T_{GEN} = T_{ENG} / (z_R / z_S + 1) \quad (21\text{-}1)$$

$$T_{RING} = \frac{z_R}{z_S} T_{GEN} \quad (21\text{-}2)$$

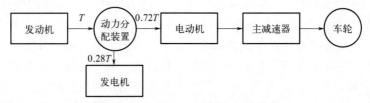

图 21-5　丰田混合动力系统结构示意

发动机转速 n_{ENG}、电动机转速 n_{MOTER} 和发电机转速 n_{GEN} 关系为：

$$\frac{z_S}{z_R} n_{GEN} + n_{MOTOR} = \left(1 + \frac{z_S}{z_R}\right) n_{ENG} \quad (21\text{-}3)$$

$$n_{MOTOR} = 36.75 v_k \quad (21\text{-}4)$$

丰田混合动力系统控制的输入量为加速踏板位置、车速、发电机转速及可用的动力电池功率，输出量为发动机目标功率、发电机和电动机转速。控制系统根据加速踏板与车速得到驾驶员需要输出的转矩，并由该转矩和电机转速求得输出的驱动功率，再考虑给动力电池充电的功率，得到最终的需求功率。其控制过程如下。

a. 根据最终的需求功率和发动机最小功率限值，将发动机效率最高时的转速作为发动机的目标转速。

b. 根据发动机目标转速和电动机转速及式（21-3）得到发电机的目标转速。发电机控制单元通过 PI 控制算法调节发电机转矩，实现控制。

c. 根据测得的发电机转矩，由式（21-1）计算发动机转矩，由式（21-2）计算出发动机作用到电动机上的转矩。

将总的需求转矩减去发动机作用在电动机轴上的转矩，即可得到电动机需要输出的转矩。由电动机控制器控制该转矩。

丰田控制算法关键在于其结构的特殊性。可根据测得发电机的转矩及发电机和发动机之间的速比，计算出发动机的转矩，再根据确定的电机输出转矩进行控制。其算法实质是电动机转矩对发动机转矩的补偿控制。

② 电机辅助换挡　双轴并联混合动力汽车动力合成装置与变速器的连接结构如图 21-6 所示。该结构中，由于电机、合成装置与变速器的输入轴直接连接，与传统汽车的变速器相比，在很大程度上增加了变速器输入轴的转动惯量。如果仍然按照传统汽车 AMT 的同步调节方式，由于轴的转动惯量的增加而导致的同步时间延长，将会使换挡过程增加 2s 甚至更长。由于 AMT 是动力中断换挡，因此将影响到整车的动力性。

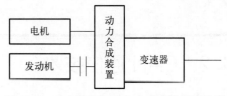

图 21-6　动力装置与动力合成装置连接示意

分析这一结构，换挡过程中离合器分

离，发动机动力传递中断，但电机仍通过动力合成装置与变速器的输入轴连接。如果电机此时被动地处于自由状态，即零转矩状态或关断跟随转动，则成为上述换挡时间过长的情况。但如果此时利用电机的快速动态响应特性，主动调节一轴的转速，让电机辅助 AMT 换挡，则可以缩短同步时间。

以升挡为例，整个控制过程如下。

a. AMT 或整车控制器根据换挡规律检测到升挡信号后，利用与发动机的协同控制，通过减小油门的方法瞬间降低发动机的转矩。同时，电机进入零转矩状态。

b. 分离离合器，摘空挡，选挡。

c. AMT 进入同步过程，根据输出轴转速和目标挡位计算出的一轴的目标转速传给电机。电机通过转速控制模式将一轴的转速调至该目标转速，当转速与目标转速的误差小于给定值时，电机进入零转矩状态。AMT 同步过程结束。

d. 挂挡，接合离合器，根据当前的加速踏板与控制策略，恢复发动机油门和电机目标转矩。当然，要对发动机的油门和电机的目标转矩进行处理，保证换挡前后输出的转矩不发生突变。

另一种方案与此相似，不同之处在于电机主动同步时的控制方式。上述方案采用的是速度控制模式。利用转矩控制模式的速度闭环控制，同样可以实现主动同步过程。

虽然上述电机主动同步辅助 AMT 换挡过程的解决方案对电机的动态响应特性要求较高，但目前电机控制技术已经能够满足换挡过程的时间响应要求。在实际应用中仍需要进一步的详尽分析和实验验证。

21.2 CAN 通信技术

CAN 总线通信技术是混合动力汽车研发的关键技术之一。混合动力汽车在传统汽车的基础上新增了电机、动力电池等部件，为了获得优异的节能减排效果，需要通过电机控制器、动力电池管理系统、能源总成控制系统，对发动机、电机进行协调控制。而这些协调控制均是通过 CAN 通信实现的。

21.2.1 CAN 技术简介

CAN 是一种先进的串行通信协议。最初它是为了解决汽车中众多的控制与测试仪器之间的数据交换而开发的一种串行数据通信总线，属于现场总线范畴。它有效支持分布式控制及实时控制，并采用了带优先级的 CSMA/CD 协议对总线进行仲裁。因此 CAN 总线允许多站点同时发送。另外，CAN 采用短帧结构，且每帧信息都有校验及其他检错措施，保证了数据的实时性、低传输出错率。其传输介质可以使用双绞线、同轴电缆或光纤。

CAN 总线是一种多主总线，与传统的传输协议相比，CAN 总线具有以下特点。

① CAN 协议的最大特点之一就是废除了传统的站地址编码方式，扩展了对通信数据进行编码的方式。这样就使网络内的节点数在理论上不受限制。这种按数据块进行编码的方式，还能以不同的节点同时接收到相同的数据。通信方式灵活，可实现点对点和广播方式传输数据。

② CAN 总线以报文为单位进行数据传输。数据传输用短帧结构，数据段长度最多为 8 个字节。8 个字节不会占用过长的总线时间，从而保证了通信的实时性，同时，传输时间短，受干扰的概率低。CAN 的通信速率可高达 Mbps 级。CAN 协议采用了循环冗余 CRC 检验，并可提供相应的错误处理功能，保证了数据通信的可靠性。

③ 采用非破坏性基于优先权的总线仲裁技术。具有暂时错误和永久性故障节点的判别及故障节点的自动脱离功能。不关闭总线即可任意挂接或拆除节点，使系统其他节

点的通信不受影响，增强了系统的灵活性和可扩展性。

④ 采用统一的标准和规范，使各设备之间具有较好的互操作性和互换性。系统的通用性好〔1991年Philips semiconductors制定并发布了CAN技术规范（Versfon20），包括A和B两部分。1993年11月ISO正式颁布了CAN国际标准SO11898〕，且现场布线和安装简单，易于维护，经济性好。

21.2.2 混合动力汽车CAN总线的应用

（1）CAN标准及总控系统

对于CAN标准，BOSCH公司首先推出了车载分布式实时控制器总线标准，没有规定应用层。J1939是由SAE提出的一种通信协议，可作为应用层用于商用车各控制器之间的实时数据交换。J1939也是一个高速通信网络。它支持电子控制单元（electronic control unit，ECU），这些ECU在汽车上是物理分布的。

CAN总线标准包括ISO参考模型的第1层物理层和第2层数据链路层。其中第1层负责物理信息传输、译码、位时序和位同步等功能，第2层负责总线仲裁、信息分段以及数据安全、数据确认、错误检测等功能。应用层协议由CAN用户依据应用领域自行定义。

J1939协议大体上描述了网络分层结构、下级文档结构，并为所有预先分配值和名字提供控制。J1939协议系列文件为电子系统提供了一个开放互联系统和一个标准的构架，允许电子设备之间进行通信。

J1939可以使用CAN总线。总线空闲时，该协议允许任何ECU在网络上传送信息。每个信息包括一个标志符，该标志符确定信息优先权、谁发送它以及它包含什么数据。当标志符被传送时，仲裁机构开始工作，从而避免总线冲突。对于每个ECU单元，访问网络的机会是相同的。但在多个ECU同时要求传输信息时，高优先权的信息优先使用总线。

J1939的网络定义使用CAN协议中的29位标志符（CAN扩展），其对应关系如图21-7所示。

CAN扩展帧格式	SOF	识别11位											SRR	IDE	扩展识别18位																			RTR
CAN29比特ID位置		28	27	26	25	24	23	22	21	20	19	18	17			16	15	14	13	12	11	10	9	8	7	6	5	4	3	2	1		
J1939帧比特位置	1	2	3	4	5	6	7	8	9	10	11	12	13	14	15	16	17	18	19	20	21	22	23	24	25	26	27	28	29	30	31	32	33
J1939帧格式	SOF	优先权			R D P		PDU格式 6位						SRR	IDE	P F	特定PDU格式 目的地址								源地址									RTR
		3	2	1			8	7	6	5	4	3			2 1	8	7	6	5	4	3	2	1	8	7	6	5	4	3	2	1		

图21-7　CAN总线标准与J1939协议标志符的转换关系

（2）总控系统的设计思想

总控系统功能模块如图21-8所示。

基于CAN总线的上述特点，混合动力汽车控制系统与各子控制系统的网络通信采用CAN总线通信技术。图21-9所示是基于CAN总线的混合动力汽车控制系统结构示意。其中，电机、发动机、动力电池等各总成控制模块，与整车控制模块之间成功地实现了CAN总线数据通信。

目前，混合动力汽车控制系统中，为了便于调试，采用的是点对点的通信方式，即HCU与各个ECU之间的点对点。各个控制器所用CAN控制器与收发器的类型不尽相同，包括诸如SJA1000、AS82527和DSP的芯片CAN控制器等多种类型。

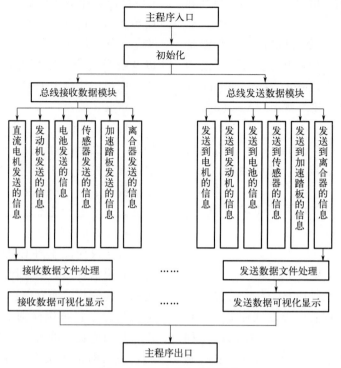

图 21-8　总控系统功能模块

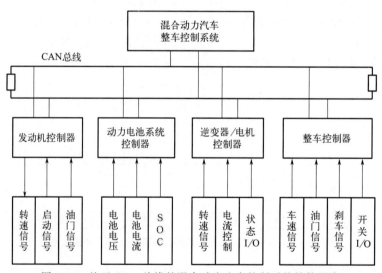

图 21-9　基于 CAN 总线的混合动力汽车控制系统结构示意

（3）CAN 通信应用实例

下面介绍一个 CAN 通信的应用实例，即 MPC5××芯片在混合动力汽车 CAN 通信中的应用。

这里的 MPC5××系统是它的第二代产品 MPC565。它内含三个 CAN 控制器（CAN

A、CAN B 和 CAN C）。其中，CAN C 模块可以两用。国内对该芯片的 CAN 编程和实际应用较少，这方面的技术资料也只有通过 Motorola 公司提供的用户文档得到，因此，首先要了解 MPC565 的 CAN 控制器的结构。

在 MPC565 中，每个 CAN 控制器都有 16 个信息体（MSG），每个 MSG 都可以配置为标准格式（ID 共有 11 位）或扩展格式（ID 共有 29 位），且都可以配置为发送或接收方式。这可以通过每个 MSG 中的 CODE 来控制实现。

对 CAN 的操作主要是对其进行初始化、接收 MSG、发送 MSG 和出错时的错误处理等，其程序流程如图 21-10 所示。它和实际混合动力汽车的控制思路相似，只是简化了其中的中间处理过程，但却反映了实际 CAN 通信的基本过程。

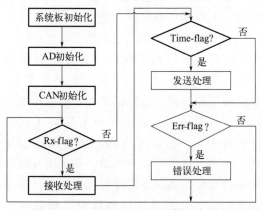

图 21-10　MPC565 CAN 通信程序流程

① 初始化，此过程主要进行波特率的设定、中断设置和 ID 定义设置，如图 21-11 所示。

② MPC565 与 Candy 板进行 CAN 通信对上面主要寄存器进行配置后，编制 MPC565 的主控制程序，并和 IXXAT 公司提供的 Candy 板产品进行实际调试。由其自带的 CAN 监控软件，可在 CAN 总线上进行 CAN 信息的收集和发送。设定 CAN 波特率后，总线上如果存在相同波特率的 CAN 信息，就可以把该信息的全部内容（包括发送时刻、ID 号和 CAN 数据）在窗口下实时显示出来。这给 MPC565 控制器的 CAN 调试提供了非常方便的平台。Candy 板的一端与 PC 机的打印机并口相连，而它的另一端为 CAN 端口，并与 MPC565 的 CAN 模块发送端直接相连。首先对 AD 进行采样，对采样信号进行处理后，由 MPC565 的主程序进行发送，然后在 Candy 板的监控软件窗口下实时地显示。当 AD 采样值改变时，CAN 发送的信息也相应地改变。图 21-12 为整个联调的控制平台示意。

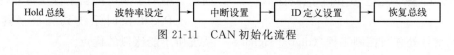

图 21-11　CAN 初始化流程

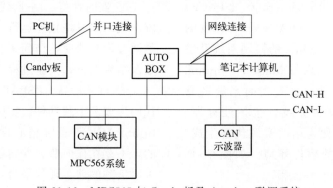

图 21-12　MPC565 与 Candy 板及 Autobox 联调系统

通过窗口显示的和发送的信息与在数字示波器上的对比可知，接收到的信息正是 MPC565 发送的信息。从上述的结果可以看出，按上述步骤配置发送寄存器，可以正确地进行 CAN 信息的发送。另外，在 Candy 板的监控软件下也可手动设定要发送的数据，通过 Candy 板发送出去。在 MPC565 中断悬挂寄存器（IFLAG）相应的中断位产生了标识号，通过接收主程序把信息接收回来。

③ MPC565 与原型机 Autobox 进行 CAN 通信。为了进一步验证 MPC565 上开发的 CAN 通信程序，利用 dSPACE 公司开发的原型 Autobox 进行相之间的通信。实验结果表明，MPC565 上的两个 CAN 同时进行发送与接收（CAN B 发送，CAN A 接收），而 Autobox 上有 4 个 CAN 口，通过其自带的 ControlDesk 软件平台，设定其中一个 CAN 来进行发送和接收，并匹配好 ID，运行程序显示，相互发送的数据能够被对方正确接收。

通过本例，可以看到利用 CAN 总线进行传输非常方便与快捷，并能满足其实时要求。

21.3 实验台架监控技术

21.3.1 dSPACE 实时仿真技术

数字信号处理与控制工程（digital signal processing and control engineering，dSPACE）实时仿真系统，是由 dSPACE 公司开发的一套基于 Matlab/Simulink 的控制系统开发及测试工作平台，实现与 Matlab/Simulink 的完全无缝链接。dSPACE 实时系统拥有高速计算能力的硬件系统，包括处理器、I/O 等，还拥有方便易用的实现代码生成/下载和实验/调试的软件环境。如图 21-13 所示为 dSPACE 的开发流程。

dSPACE 可以很好地解决以下问题。

控制系统开发初期，把 dSPACE 实时系统作为控制算法及控制逻辑代码的硬件运行环境。通过 dSPACE 提供的各种 I/O 板，

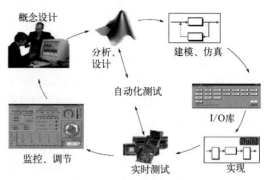

图 21-13　dSPACE 的开发流程

在原型控制算法与控制对象之间搭建起一座实时桥梁；让控制工程师将全部精力放在控制算法的研究和实验上，从而开发出最适合控制对象与环境的控制方案。

当产品型控制器制造完以后，还可以用 dSPACE 实时仿真系统来仿真控制对象或环境，从而允许对产品型控制器进行全面、详细的测试，甚至连极限条件下的应用也可以进行反复测试。在 dSPACE 实验工具软件的帮助下，测试工程师不用再像过去那样，用一大堆信号监测仪器，费力地监测各种实验信号，而只需在计算机屏幕上，随时观看测试工具记录下的各种信号和曲线即可，从而大大节约了测试费用，缩短了测试周期，增加了测试的安全性及可靠性。

dSPACE 实时系统具有很多其他仿真系统所不能比拟的优点。

① 实时性好　一旦代码下载到实时系统，代码本身将独立运行。实验工具软件只是通过内存映射，访问实验过程中的各种参数及结果变量，实验过程不会中断。

② 可靠性高　dSPACE 实时系统硬件、代码生成及下载软件、实验工具软件等都是由 dSPACE 工程师精心设计、制造和调试的，不存在任何兼容性问题，可靠性高，是可以信赖的软、硬件平台。

③ 灵活性强　dSPACE 实时仿真系统允许用户在单板系统和多板系统、单处理器系统和多处理器系统、自动生成代码和手工编制代码之间进行选择，使 dSPACE 系统

具有很大的灵活性，从而可以适应用户各方面的应用需求。

④ 快速性好 dSPACE 实时模块和 Matlab/Simulink 内建模块的无缝接合，使用户可以在短时间内完成模型构建、参数修改、代码生成和下载等工作，从而大大节省了开发时间。

⑤ 组合性强 dSPACE 在设计时已经考虑了各种用户可能的需求，设计了标准组件系统，系统可以根据需要进行多种组合。用户可以根据需要选择运算速度不同的多种处理器，最快的处理器浮点运算速度高达1000MFlops。I/O 接口同样具有广泛的可选性，通过选择不同的 I/O 配置可以组成不同的应用系统。

⑥ 过渡性好，易于掌握和使用 由于 dSPACE 是以 Matlab/Simulink 仿真软件为基础的，而 Matlab/Simulink 建模功能非常强大且使用简便，其在离线仿真领域的应用已十分广泛。利用其中的 RTW 功能，能够非常方便地将离线仿真分析和设计，转换到 dSPACE 的实时仿真分析和设计中。

⑦ 对产品型实时控制器的支持性强 能够针对用户的最终需求将仿真代码转换到产品型控制器的需求中。dSPACE 提供的代码生成工具，能快速地将仿真代码转换为产品型控制器代码，并具有丰富的产品型控制器与 dSPACE 实时系统的硬件接口，从而能够将 dSPACE 实时系统纳入到闭环测试中。

21.3.2 监控测试技术

本小节重点讲述实验工具软件：Control Desk（综合实验环境软件）和 MLIB/MTRACE（实现自动实验及参数调整软件）。

（1）Control Desk

Control Desk 是 dSPACE 开发的实验工具软件，其用户界面如图 21-14 所示。虽然控制器的开发及仿真的建立，还是使用 Matlab/Simulink，但是模型一旦通过 RTI 实现并下载到实时仿真系统后，剩下的就是 Control Desk 提供的对实验过程的综合管理。它主要由如下四部分构成。

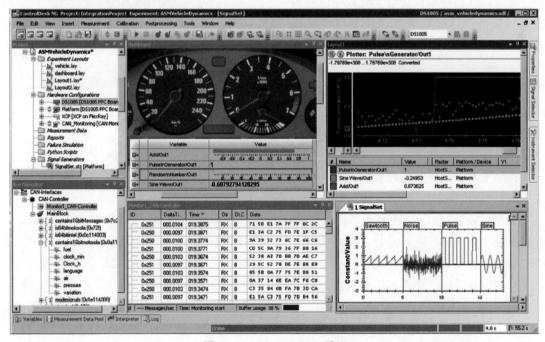

图 21-14　Control Desk 界面

① Basic control desk 包括实验管理、硬件管理和源代码编辑器。

② Instrumentation kits 用来建立直观的仪表界面，其中包括了常规仪表和参数编辑器、汽车仪表板和航空仪表板等。

③ Automation kits 自动实现 Control Desk 的大部分操作，并可提供自动实验扩展工具。

④ Multiprocessor extension 对 Control Desk 进行扩展，以适应 dSPACE 多处理器系统。

利用 Control Desk 可以实现的功能如下。

① 对实时硬件的图形化管理 Control Desk 可以方便地对硬件进行注册和管理、检查内存大小及处理器时钟频率，并利用 Windows 拖放方式方便地完成目标程序的下载，用 Start 和 Stop 来控制实时程序的启动和停止，并能通过 Error message logging 窗口实现错误监视功能。

② 用户虚拟仪表的建立 用户可以从仪表库中采用拖放方式建立所需的虚拟仪表。通过建立的虚拟仪表与实时程序进行动态数据交换、跟踪实时曲线、完成在线调参，并能记录实时数据，实现实时数据回放等。

③ Control Desk 可以图形方式访问 RTI 生成的变量文件 通过拖放操作在变量与虚拟仪表之间建立联系，除了访问一般变量外，还可以访问诸如采样时间、中断优先级程序执行时间等其他与实时操作相关的变量。

④ 在 Control Desk 界面中可以实时变量树生成参数文件 通过参数文件对实时实验进行批量参数修改，并可通过改变多个参数文件的顺序，调入研究不同参数组对实时实验的影响。

⑤ 实验过程自动化 提供用户到 Control Desk 所有组成部分的编程接口，对耗时及需要重复进行的实验过程实现自动化。可利用 Macro recorder 记录 Control Desk 的操作，并提供到 Matlab 的接口，实现与 Matlab 的数据交换。

（2） MLIB/MTRACE

MLIB 和 MTRACE 是 dSPACE 中 CDP 软件包中的两个库，利用它可以实现自动实验与参数调整，大大增强 dSPACE 实时系统的自动实验能力。使用这两个库可以在不中断实验的情况下，从 Matlab 直接访问 dSPACE 板上运行应用程序中的变量。甚至无需知道变量的地址，有变量名就足够了。这样，就可以利用 Matlab 的数字计算及图形能力进行顺序自动测试、数据记录和控制参数的优化。MLIB/MTRACE 自动实验大致流程如图 21-15 所示。

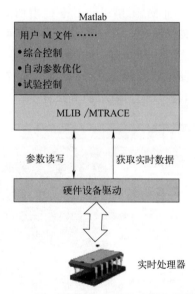

图 21-15 MLIB/MTRACE 自动实验大致流程

MLIB 与 MTRACE 联合使用可组成一个完美的整体。有 Matlab 强大的计算能力支持，可以自动执行所能想到的任何实验。譬如控制器的优化：用 MTRACE 记录数据，然后将数据传送给 Matlab，Matlab 自动计算出新的控制器参数，并通过 MLIB 送回处理器板或控制板。

总之，dSPACE 是进行基于 Simulink 模型半实物仿真和实时控制的首选工具，利用以上软件工具可以完成从系统建模、分析、离线仿真到实时仿真的全过程，如图 21-16 所示。

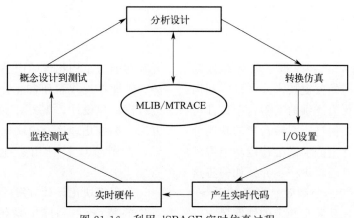

图 21-16　利用 dSPACE 实时仿真过程

扫一扫

本章小结

通过第 21 章，已经掌握了实现高效动力系统实验所必需的关键技术。本章将利用这些知识，转向更为详细的实验台架设计与开发工作。学习如何进行实验台架的功能分析，以及如何设计出能够满足特定功能需求的功能模块。本章还将进一步介绍如何将这些功能模块整合成一个高效、可靠的系统，并进行测试以确保其满足预定的性能要求。

国际上普遍遵循的 HEV 开发流程，通常需要基于三个平台，即计算机仿真平台、台架实验平台和实车开发平台。计算机仿真平台具有适应性强、费用低、开发周期短等优点，但由于受动力系统复杂的数学模型的制约，仿真结果的真实性需要通过实验来检验，一般，该平台多用于整车参数匹配和性能预测分析阶段；实车平台的优点是能够为开发对象提供真实的运行环境，但成本高，周期较长，适应性差；HEV 实验平台的研究与开发，一方面通过强大的零部件实验功能支持计算机仿真平台的开发，另一方面可以取代实车平台进行除可靠性能以外的整车实验，更进一步，可以通过在实验平台上进行多能源控制器性能实验，支撑多能源控制器开发平台的建设。

本章以模块化设计思想为指导，在分析混合动力实验平台功能的基础上，进行台架系统各模块的划分和构建。模块化设计是指在功能分析的基础上，将产品或系统划分为若干功能、结构独立的基本单元——模块，并使模块系列化、标准化，通过模块的有效选择与组合，实现不同功能的产品或系统，以满足不同需求的设计方法。模块化设计方法在组建通用系统、缩短产品设计周期、节约成本、提高产品质量方面有显著效果，在

开发功能与结构相近的产品方面有突出的优势，因此在现代科研和生产中被广泛应用。进行模块化设计，需要对系统工程的原理和方法、标准化理论、模块化理论有相当的理解，否则难以设计出有生命力的模块化系统。

采用模块化设计方案的必要性源自测试对象的特殊性。HEV 系统的部件类型繁多，结构复杂多样，开发对象涵盖串联、并联和混联多种结构与车型，因此测试对象具有很强的不确定性。对于每一测试对象都建设与之对应的实验平台是不现实的，也是开发成本所不能允许的。HEV 系统实验平台必须具有很强的通用性，为柔性测试平台，不同的测试对象能够共享。当测试对象改变时，实验平台的改动应尽可能小。处理上述通用性问题正是模块化设计的优势所在。同时，尽管不同 HEV 系统结构差异明显，但总是由特定的部件按一定的连接关系组合而成，可以根据部件进行清晰的模块划分，这也为模块化设计提供了方便。

22.1　实验台架功能 分析

基于混合动力台架实验平台的功能分析是模块化设计的前提和关键。功能分析是否充分合理，直接影响模块化系统的功能、性能和成本。混合动力实验平台的开发是为混合动力汽车开发服务的，因此必须将台架平台的功能分析放到混合动力汽车整个系统工程中。

目前，国际上普遍遵循的混合动力汽车开发流程（图 22-1）是先进行概念设计，继而依次进行元件选型、参数匹配、元件研发、元件实验及标定、控制策略算法制定、计算机离线仿真、系统集成，最后是整车实验。如前所述，这个开发流程通常需要三个平台的建设，即计算机仿真平台、实验平台和实车平台。进一步分析不难发现，随着瞬态和动态测功机的出现，实验平台的动态问题得以解决，可以做到模拟包括大强度加速和制动过程在内的所有工况。不仅如此，汽车电子技术的发展，已经可以提供高可靠性的电子元器件，足以模拟汽车实际运行的恶劣环境。因此，实车平台的实验功能完全可以在台架实验平台上得以实现。不过，作为快速开发的有效手段，计算机仿真平台仍然不可或缺，也就是说整个开发流程至少需要两个平台。

基于上述分析，参照图 22-1 的开发流程，不难确定混合动力台架实验平台的两大功能，即元件实验及标定功能与整车（包括控制器原型）台架实验功能。

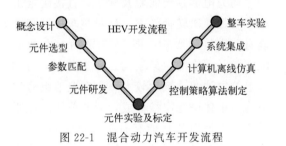

图 22-1　混合动力汽车开发流程

22.1.1　元件实验及标定功能

混合动力元件实验及标定在整个开发流程中起着承上启下的作用。一方面，它可以检验元件研发的实际效果，评价元件的优劣，为元件的改进提供实验依据；另一方面，由于混合动力汽车元件类型繁多，在计算机仿真时理论建模困难，故需要通过元件的实验及标定获得实验数据进行实验建模。

目前，混合动力汽车多采用机-电混合方式。采用元件的类型通常有发动机、电机和动力电池系统。台架实验平台的元件实验及标定功能主要是发动机、电机和动力电池的实验及标定功能（图 22-2）。当然，随着混合动力汽车研究的深入，其他混合形式如电-电混合、电-液混合也会逐步趋于成熟。台架实验平台也应具有其他元件的实验及标定功能。

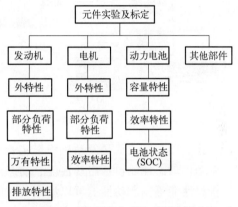

图 22-2　混合动力元件实验和标定

（1）发动机实验及标定

混合动力发动机实验和标定包括传统实验的内容，也包括针对混合动力的新内容。传统的实验内容包括发动机外特性、部分负荷特性、万有特性以及排放特性。这些特性数据的获取，可以为计算机仿真平台的建设提供真实的发动机模型。再者，混合动力发动机往往基于某一型号传统内燃机进行改造，实验数据可以为评价改造技术效果提供依据。除了传统实验内容，混合动力特有的实验内容包括发动机启动性能和启动质量实验，这主要是考虑混合动力汽车上发动机频繁启动，对乘坐舒适性及动力性能的影响而进行的实验。

发动机实验及标定的台架结构如图 22-3 所示。在进行传统实验时，需要采集发动机输入数据和输出数据。输入数据包括对发动机油门开度（或节气门开度）和测功机转速的命令；输出数据包括转速、转矩、油耗和尾气排放。上述数据除了排放需要后处理外，其他数据可以通过测功机的软件系统同步测量。这些实验数据是进行发动机计算机仿真建模的基础，也是混合动力整车控制策略制定的依据。

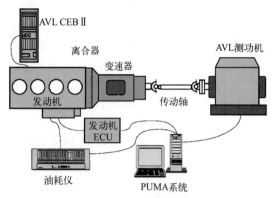

图 22-3　发动机实验及标定的台架结构

上述实验功能主要是发动机稳态实验功能。发动机动态性能包括启动性能、动态油耗、排放性能等。启动性能可以用启动时间来衡量，需要采集的数据包括发动机启动过程的时间、转速以及转矩。此外，后面系统优化可能需要动态油耗和排放。实验平台必须满足上述实验功能。

（2）电机系统实验及标定

电机系统实验及标定内容包括电机驱动外特性、再生制动外特性、效率特性、部分负荷特性等数据。这些数据是电机建模仿真及整车仿真的基础，也是整车控制策略制定的依据。

电机系统实验及标定的台架结构如图 22-4 所示。实验和标定过程中需要采集的数据包括电机的负荷率（相当于发动机的油门开度）、电机系统端电压和输入电流、电机系统输出的转速和转矩。这些数据的采集可通过恒和 PZ4000 功率计和测功机软件系统共同完成。

（3）动力电池系统实验及标定

动力电池是混合动力汽车的重要部件。它对混合动力汽车控制策略的研究和制定起着非常重要的作用。动力电池系统实验及标

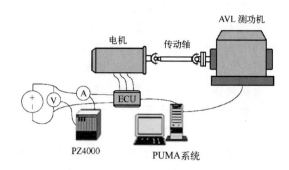

图 22-4　电机系统实验及标定的台架结构

定的目的是确定所选电池的特性，为控制策略与控制参数的确定提供依据。它的具体功能如下。

① 记录动力电池充放电过程的电压和电流历程曲线，获取电池系统充放电特性数据。

② 根据采集的实验数据，确定动力电池的容量特性。

③ 根据采集的实验数据，制定有效的、精度较高的 SOC 估测算法。

④ 确定电池 SOC 与电压、电流以及温度之间的关系。

动力电池系统实验及标定，直接决定了整车能量二次转换效率。这对整车控制和性能有着直接的影响。图 22-5 是动力电池系统实验及标定的台架结构。由于混合动力汽车上的电池组功率比较大，一个电池组通常由许多单体电池串接而成，因此单体的性能对整个电池组的性能有着至关重要的影响。除了对整个电池组的总电压和电流进行采集和监测外，实验中还需要对单体电池实施监测。本实验平台采用的是恒和 100 通道数据采集模块，可以满足对众多单体电池的检测要求。

（4）其他实验功能

混合动力汽车的驱动系统除了机-电混合类型外，还有电-电混合的类型（如燃料电池混合动力汽车）和电-液混合的类型。混合动力开发实验平台应具有上述混合类型的实验及标定功能。

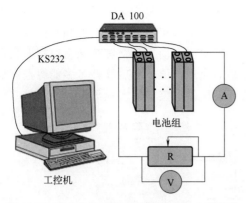

图 22-5　动力电池系统实验及标定的台架结构

22.1.2　整车台架实验功能

元件实验及标定功能仅仅是混合动力实验平台的基本功能，其另一大功能是取代整车开发平台，进行整车动力性、经济性以及排放性能实验，整车控制器原型的性能实验及整车控制算法验证实验。用实验开发平台取代整车开发平台可以大大加快整车研发的进度，节约整车研发成本，降低技术风险。整车台架实验功能包括控制器性能实验、控制算法验证实验以及整车性能实验，如图 22-6 所示。

图 22-6　台架实验平台整车实验功能

（1）整车性能实验功能

为了说明混合动力实验平台相对于传统实验台架和实车平台的优势所在，在此先对传统整车实验过程进行一些简单的分析。传统汽车的整车实验内容包括动力性、经济性和排放性能实验。整车动力性能实验过程是，实验样车遵照一定的实验规范，按概念设计阶段提出的各项动力性能要求，在适当的实验场地或转鼓上，在符合实验要求的实验环境中进行实验，如最大加速度实验、最

高车速实验和最大爬坡度实验等。整车经济性能实验过程是，实验样车按照规定的实验循环，在适当的实验场地或转鼓上，在符合实验要求的实验环境中，运行所规定的循环，采集从实验循环开始到实验循环结束整车行驶的距离、整车油耗等数据，最后计算处理得到整车经济性能结果。整车排放性能实验的过程与经济性实验相似，只是排放性能实验只能在转鼓上进行，测取的是污染物的排放量。

从传统汽车整车实验过程，不难发现：样车的试制是整车性能实验的必要条件和前提，整车性能实验必须具备场地、环境条件和设备条件。

这种以样车为实验对象获得整车性能实验结果的实验方法，工作量大、周期长、成本高，对实验场地和设备的要求高，且易受到实验环境和实验条件的限制。在样车试制完成后，对于整车驱动系统结构改动的余地很小，技术风险比较大，因而不能满足新型汽车，特别是混合动力汽车的研发要求。

通过模块化设计，混合动力实验平台只要添加整车惯量模拟模块、负载模拟模块和软件系统的工况循环闭环控制模块，就可以使整车性能实验越过样车试制阶段，无需专用实验场地，无需昂贵的转鼓设备，直接以新车型的驱动系统为实验对象，获取可靠的整车性能数据。

如图 22-7 所示为混合动力台架实验平台整车性能实验台架结构。针对不同的车型台架平台，只需更换动力输出模块，就可以做到一台多能，进行传统汽车、混合动力汽车的整车性能实验。

（2）整车控制器实验功能

混合动力台架实验平台除了取代实车平台进行整车性能实验的功能外，还可取代实车平台进行混合动力整车多能源控制器性能实验。控制器实验的目的是检验新开发的控制器硬件输入输出精度和可靠性，找出控制器的设计缺陷。此外，控制器实验的另一个

目的是检验软件和硬件的集成效果。

如图 22-8 所示为某混合动力公交客车控制器的实验台架结构。在该台架上进行了控制器数字量、模拟量的输入输出实验，通过恒和多通道数字示波器，采集输入输出数据并分析其精度和响应等。此外还检验了混合动力公交客车整车控制软件和硬件的集成度，表明混合动力公交客车该型控制器具有较高的应用价值，为后续整车多能源控制器的开发提供了宝贵的实验数据和经验。

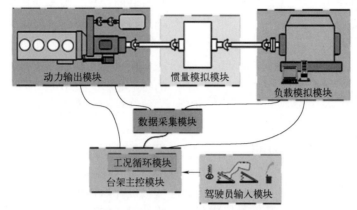

图 22-7　混合动力台架实验平台整车性能实验台架结构

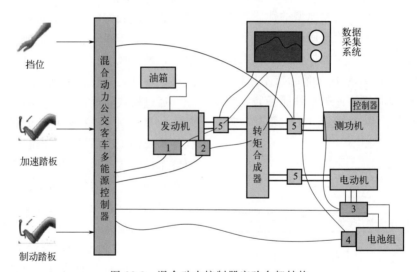

图 22-8　混合动力控制器实验台架结构

1—发动机控制单元；2—离合器控制单元；3—电机控制器；4—电池监控单元；5—转速转矩仪

除了进行某一特定控制器的实验，混合动力台架实验平台还可以进行控制器对比实验。实验中采用不同的控制器，在控制策略与控制参数及其他实验条件相同的条件下，对比实验结果，可以评价新开发的整车控制器优劣。

（3）整车控制策略实验功能

混合动力台架实验平台的另一项功能是整车控制策略实验。这一功能是在实现上述功能的基础上得到的。首先，实验平台必须具有十分可靠的混合动力驱动模块、整车惯量模拟模块、整车行驶阻力模拟模块、主控制模块；接着，采用不同的控制策略，进行整车性能实验；最后，才能根据实验结果评价控制策略的可行性和优劣。

台架实验平台的整车控制策略实验，大

大减少了以往用实车进行控制策略实验的工作量和强度，节约了成本，缩短了新车型开发的周期。同时，为整车控制策略的优化研究提供了一个通用的实验平台。上述提到的某混合动力公交客车的控制策略实验，就是在此类实验平台上进行的。由于当时实验条件的限制，只进行了稳态条件下控制策略的稳定性研究。

22.2　实验台架功能模块设计

基于对混合动力台架实验平台功能的细致分析，可以对台架实验平台进行模块划分与建设。根据模块化设计的思想，功能模块的划分应尽可能做到标准化与通用化。

本节将介绍两种混合动力台架实验平台模块划分思想。

22.2.1　按部件划分方案

图 22-9 所示为一种混合动力台架实验平台模块划分，以各动力总成为模块，以不同模块的组合实现一台多能的目标。具体模块如下：

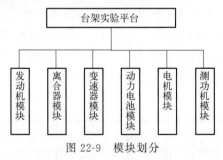

图 22-9　模块划分

① 发动机模块，包括发动机及其控制系统；

② 离合器模块，包括离合器及其控制系统；

③ 变速器模块，包括变速器及其控制系统；

④ 动力电池模块，包括动力电池及其管理系统；

⑤ 电机模块，包括电机及其控制系统；

⑥ 测功机模块，包括测功机及其控制系统。

利用上述全部或部分模块进行组合，可以形成以下若干种实验台方案。

① 混合动力汽车动力总成实验方案。其中，串联形式如图 22-10 所示，是由各模块组成的典型串联形式的混合动力汽车动力总成布置方案。典型并联形式和并联 S/A 形式的模块组合方式分别如图 22-11 和图 22-12 所示。

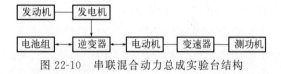

图 22-10　串联混合动力总成实验台结构

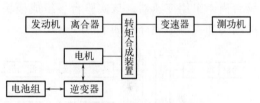

图 22-11　并联混合动力总成实验台结构

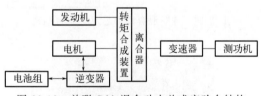

图 22-12　并联 S/A 混合动力总成实验台结构

② 纯电动汽车动力总成实验方案，如图 22-13 所示。

图 22-13　纯电动汽车动力总成实验台结构

③ 传统内燃机汽车动力总成实验方案，如图 22-14 所示。

④ 混合动力汽车关键动力总成单项台架实验方案，主要包括发动机台架实验和电

图 22-14　传统内燃机汽车动力总成实验台结构

机台架实验。其中，发动机台架实验可以用发动机模块和测功机模块组成发动机实验台。电机台架实验用的实验台如图 22-15 所示，这是组合形成的电机实验台结构。该实验台的特点是既可以进行电机电动状态的实验，也可以进行电机发电状态的实验。

图 22-15　电机实验台结构

目前，混合动力汽车动力总成实验台的并联形式（并联混合动力总成实验台见图 22-16 和图 22-17）已经搭建成功，并在该实验台上对所研制的混合动力城市客车多能源动力总成控制器进行了初步调试。考虑到调试的效率和目标，在初步调试中，该实验台尚未采用变速器。该实验台各组成模块的结构和控制原理介绍如下。

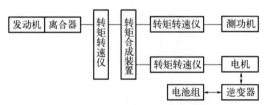

图 22-16　并联混合动力总成实验台结构

图 22-17　并联混合动力总成实验台

① 发动机模块　并联混合动力总成实

验台采用一汽大连柴油机厂生产的额定功率 81kW 的 CA498Z 型直喷柴油发动机。由于 CA498Z 发动机不是电控柴油机，故对其启动、停机和油量调节进行了简单的电控改造。启动和停机控制由工控机通过继电器操纵电磁阀实现，油量调节则由工控机通过步进电机拉动喷油泵齿条实现。

② 离合器模块　对 CA498Z 柴油机配用的膜片弹簧离合器进行了电控改造。执行机构采用电磁阀操纵气动装置实现。

③ 动力电池模块　实验台采用铅酸动力电池系统。该系统由 25 节额定工作电压为 12V、额定容量为 80A·h 的动力铅酸电池串联而成，额定输出电压为 300V。动力电池管理系统由工控机与电压、电流、温度传感器以及相关调节电路组成。动力电池管理系统对每一节电池的端电压、电流及温度进行监测，并按一定的算法计算动力电池 SOC，最后，向多能源动力总成控制器提供动力电池工作状态信号和 SOC 值。

④ 电机模块　实验台所用的电机是重庆电机厂生产的 27/60kW 三相交流感应电机。电机控制系统由中国科学院电工研究所研制。采用全数字矢量控制策略，工作电压 250/375V，开关频率 5kHz，冷却方式为水冷。

⑤ 转矩合成装置　如图 22-18 所示，该转矩合成装置由三个常啮合直齿轮构成，齿数分别为 43、40、27，电机输出至测功机端的传动比为 1.481。转矩合成装置采用飞溅方式润滑。

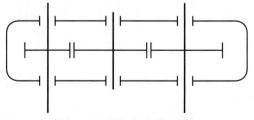

图 22-18　转矩合成装置结构

⑥ 测功机模块　由于条件的限制，实

验台所用测功机是在一旧式电力测功机基础上，加装变频调速系统改造而成。其特性是在 0～3500r/min 的转速范围内，能够以某一恒定转速工作，但动态响应时间较长。所以，该测功机只能作为吸功装置工作，无法动态模拟汽车行驶阻力。如果应用 AVL 测功机后，应该可以解决这一问题。

⑦ 多能源动力总成控制器　采用 Intel 16 位单片机 80C196KC 作为 CPU，利用 C 语言编程，实现并联电动助力型控制策略。其电路原理如图 22-19 所示。

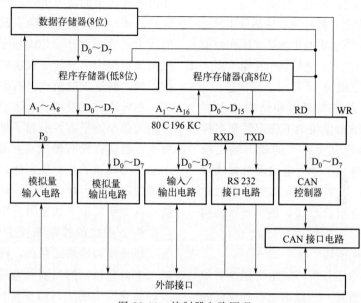

图 22-19　控制器电路原理

22.2.2　按功能划分方案

如图 22-20 所示为一种混合动力台架实验平台功能模块划分。现就图 22-20 各模块的组成内容和建设情况进行详细介绍。

（1）驾驶员输入模块

混合动力台架实验平台驾驶员输入模块由钥匙门、加速踏板、制动踏板和换挡手柄组成。该模块的作用是，将驾驶员的驾驶意图转换成电信号发送到整车主控制模块进行处理。

为了提高可靠性，实验平台的驾驶员输入模块均采用产品级的部件。钥匙门采用某公交客车的钥匙门，加速踏板和制动踏板采用韩国 ComeSys 公司的 F3-312-41 型踏板，换挡手柄采用某轿车的自动变速器的换挡手柄。

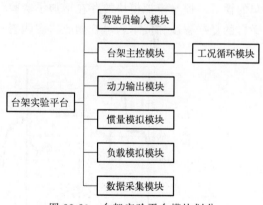

图 22-20　台架实验平台模块划分

（2）台架主控模块

这是实验平台的关键模块，必须具有很高的可靠性、通用性和实验可达性。该模块应不仅可以用于不同结构的整车实验，还应该具有快速实验的功能，最好能够采用模块化的编程语言。此外，主控模块还应具有丰富的 I/O 接口和强大的对外通信功能，以保证模块的通用性。

根据上述要求，混合动力台架实验系统采用具有国际先进水平的 dSPACE 公司的 Autobox 和 MicroAutobox 作为主控模块。只要与 Autobox 和 MicroAutobox 对比实验的结果达到要求，研发的混合动力多能源控制器就可以作为平台的主控模块。

除了硬件，台架主控模块软件部分还包括工况循环子模块。该模块的功能是保证在台架上实现特定的工况循环，进行整车性能实验。

（3）动力输出模块

由于混合动力汽车部件和结构的多样性，决定了动力输出模块的不确定性和多样性。一般机-电混合动力汽车的动力输出模块包括发动机、电机、动力电池和机械式自动变速器（AMT）。其他混合动力汽车的动力输出模块会随着混合形式、整车布置结构的不同而不同。

（4）惯量模拟模块

根据上面的功能分析，惯量模拟模块的功能是模拟整车惯量。从理论上讲，现代先进的瞬态和动态测功机已经完全可以模拟整车的惯量。惯量模拟模块的存在增加了实验平台的复杂程度和成本，尽管如此，实践表明，在实验平台上加入惯量模拟模块是必要的。出于通用性的考虑，惯量模拟模块应采用柔性设计思想。

① 惯量模拟模块的必要性　表现在如下几个方面。其一，加装飞轮组有利于保持台架系统转速的相对稳定。多次实验表明，在没有飞轮组的情况下，由于台架系统惯量较小，很小的转矩变化会引起台架系统转速的较大波动。如图 22-21 所示为 AVL 测功机调试过程中出现的一次实验结果，图中竖线左侧为转速控制模式，右侧为转矩控制模式。在转矩控制模式下，因动力源和测功机转矩的微小不平衡，引起了整个系统转速的突变，表明在没有惯量模拟模块的情况下，不易保持转速的相对稳定性，使整个系统的转速控制变得困难。其二，加入惯量模拟模块可以避免复杂的加速阻力矩的计算，从而提高整个系统的控制精度和响应速度。其三，惯量模拟模块的存在，可使负载模拟模块（下面介绍）的控制大大简化。在加速阶段，负载模拟模块只需模拟输出空气阻力、爬坡阻力和滚动阻力；在减速阶段测功机除了模拟输出上述三种阻力外，只需模拟输出机械制动阻力矩即可。

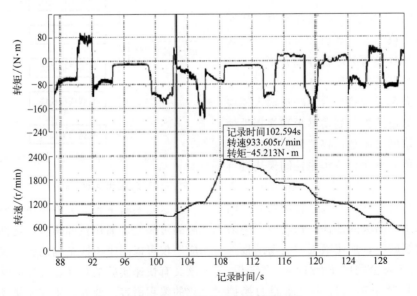

图 22-21　没有飞轮组台架系统转速

综合分析利与弊，混合动力台架实验平台加装惯量模拟模块是必要的。

② 惯量模拟模块的设计计算 综合分析优劣，台架实验平台惯量模拟模块拟采用锻钢制造的飞轮。考虑到飞轮组的通用性，飞轮采用多片设计。每一片飞轮的惯量，等于某一种常见车型的整车惯量转换到主减速器输入轴处的等效惯量。

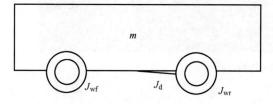

图 22-22　整车惯量转化示意

参照图 22-22，整车惯量包括整车平移质量的惯量、车轮的转动惯量和主减速器的转动惯量。驱动系统的转动惯量由于真实地存在，故不用进行等效计算。整车惯量等效计算的任务是将整车平移质量 m 和前、后车轮的转动惯量 J_{wf} 与 J_{wr}，以及差速器的转动惯量 J_d，转换成主减速器输入端的当量转动惯量（传动系统类型为后驱），亦即主减速器输入端处的当量转动惯量是整车平移质量 m 和前、后车轮的转动惯量 J_{wf} 与 J_{wr} 以及差速器的转动惯量 J_d 之和。最后，等效到主减速器输入端处的整车等效惯量按下式计算。

$$J = \frac{mr^2 + J_w + J_d}{i_o^2} \qquad (22\text{-}1)$$

式中，m 为整车质量，kg；r 为车轮滚动半径，m；J_w 为从动轮和驱动轮转动惯量之和，kg·m²；J_d 为差速器的转动惯量，kg·m²；i_o 为主减速器速比。

将 6 种车型的参数代入上式，计算得到飞轮主片的惯量数值，见表 22-1。为了更加精确地模拟整车惯量，还设计若干片惯量等于 1kg·m² 的小片，以便进行调整。

表 22-1　各片飞轮的转动惯量

飞轮片数	1	2	3	4	5	6
转动惯量 /(kg·m²)	9	12	31	20.7	16.8	9

为了保证通用性，设计飞轮组轴和联轴器应能承受的最大静转矩在 5000N·m 以上。在转速 0～3500r/min 的范围内，有良好的动平衡。实验平台上所有机械连接的联轴器，均按图 22-23 所示的结构和端面尺寸设计。

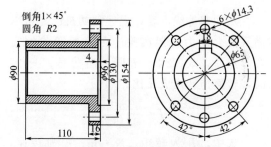

图 22-23　飞轮组两端联轴器结构尺寸

（5）负载模拟模块

该模块的功能是为元件实验、标定以及整车实验提供必要的负载。对此功能进行细化，负载模拟模块必须具备如下功能：

① 较大的功率、适当的转速和转矩范围，能够满足上述实验功能的需要；

② 具有恒转速、恒转矩以及根据外部负荷命令输出转矩的能力；

③ 响应快，精度高；

④ 具有实时数据采集和分析功能。

根据上述具体要求，混合动力台架实验平台采用 AVL 公司的瞬态测功机及 PUMA 软件系统负载模拟模块作为主体。图 22-24 是测功机及其软件系统的实物照片。考虑汽车的功率等级，测功机系统选用最大恒定功率 220kW，最大瞬时功率 275kW，转速范围 0～3500r/min；在 0～1125r/min 为恒转矩外特性，1125～3500r/min 为恒功率外特性；转矩瞬态响应时间为 0.1s。PUMA 软件系统不但具有实时数据采集和分析功能，还具有模块化编程能力，可以快速实现预定的实验目标。预留的 I/O 和数字接口可以满足软件系统与外部通信的需要。

图 22-24　测功机及其软件系统

从功率等级上看，上述测功机已经可以满足混合动力台架实验平台一般实验的需要。然而，式（22-2）表明，当功率 P 一定时，转速与转矩成反比。

$$P = \frac{Tn}{9549} \qquad (22\text{-}2)$$

式中，T 为转矩，$N \cdot m$；n 为转速，r/min。

因此，上述选用的测功机无法满足高转速发动机转速的需要，也无法满足大吨位车辆重载工况的转矩需要。由于惯量模拟模块的存在，在驱动时，测功机需要模拟道路阻力（包括滚动阻力和坡度阻力）和空气阻力，等效到主减速器输入端处的转矩；在制动时，测功机还要输出摩擦制动力，等效到主减速器输入端处的转矩。

此外，$0 \sim 3500 r/min$ 的转速范围，对于混合动力客车已经应用有余，但可能无法满足高速发动机的实验要求。因此，实验平台负载模拟模块还应包括转速调节系统。

为了提高可靠性，转速调节系统选用一款产品级的六挡变速器（速比见表 22-2）作为转速调节系统的主体，再设计辅助结构，如支架等。图 22-25 所示为转速调节系统结构示意。由于两端连接的联轴器端面尺寸已经采用标准设计，故根据需要可以将转速调节系统正向安装或反向安装。

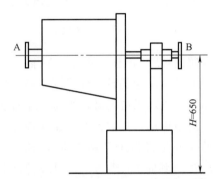

图 22-25　台架转速调节系统结构示意

表 22-2　转速调节系统挡位和变速器速比

挡位	速比	挡位	速比
一挡	7.285	五挡	1.0
二挡	4.193	六挡	0.847
三挡	2.485	倒挡	6.777
四挡	1.563		

综上所述，混合动力台架实验平台负载模拟模块包括测功机系统和转速调节系统两部分。

（6）数据采集模块

由于混合动力汽车部件与结构的多样性，在台架实验平台上进行的实验内容也丰富多样。因此，实验平台信号与数据类型也各种各样，采集的通道数量也不尽相同。这些因素决定了数据采集模块内容的多样性，子模块也比较分散。如图 22-26 所示为数据采集模块包含的子模块。瞬态油耗仪用于测量发动机的油耗；排放分析仪用于分析尾气排放；dSPACE 数据采集模块用于采集显示模拟量、数字量和 CAN 总线传输的数据；测功机数据采集模块用于采集转矩、转速和测试环境数据；数字示波器用于多通道模拟量数据类型的同步测量；功率分析计用于效率实验功率数据的采集分析；100 通道模拟量采集模块 DA100 用于动力电池系统的采集检测。此外还有其他类型的传感器，用于实验平台数据的采集和监测。目前混合动力台架实验平台已经具备了比较先进、比较完备的数据采集模块。

总之，经过一段时间的建设，混合动力台架实验平台上述各模块已经完成，可以对所有混合动力汽车开展一系列的实验，包括元件实验和整车实验。

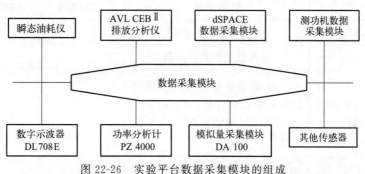

图 22-26　实验平台数据采集模块的组成

22.3　实验台架设计与测试

在进行了实验台架的功能分析和功能模块设计后，即可根据实验的具体需求设计不同的实验台架。然后，在搭建的混合动力汽车实验台架上进行实验，并根据实验记录的数据对实验结果进行分析。由于混合动力汽车整个实验过程与传统汽车实验差别较大，所以，对实验结果的分析方法也有所不同。本节以不同的混合动力台架实验实例为讨论对象，简要阐述其基本原理和实验结果，旨在指导现阶段混合动力汽车实验，也为今后制定混合动力实验规范打下基础。

针对前面介绍的 MPC5xx 芯片在混合动力汽车 CAN 通信的应用，以及混合动力台架实验平台两种模块划分思想，进行具体实验台架设计与测试的应用举例分析。

22.3.1　CAN 通信的台架实验

台架实验是进行混合动力汽车实车调试的前提。因此，以 MPC5xx 芯片多能量管理及控制单元（HCU）与其他各总成的控制单元通过 CAN 通信来进行数据传输，HCU 的指令实时得到执行，而发动机、电机、动力电池等控制单元的系统状态信息通过 CAN 通信向 HCU 发送，由于 CAN 通信的特点，它可以通过为不同 MSG 定义不同 ID 号来标识实际物理信号。表 22-3 是根据 SAEJ1939 协议定义的 HCU 与发动机控制单元进行通信的具体信号，它们的 ID 号为 0C000011Hex。同样，由 HCU 传送到电机的信息 ID 号为 0CFE4927Hex，而由电机到 HCU 的 MSG 定义为 0CFE2749Hex。

整个台架控制系统及 CAN 通信原理如图 22-27 所示。由于该混合动力汽车的结构为并联式，其电机转速，按变速器的速比 2∶1 关系，即为发动机转速的 2 倍。图 22-28 是分别由 AMT 控制单元与发动机控制单元及电机控制单元，通过 CAN 通信向 HCU 发送的信号。从图 22-28(b) 可以看出，根据 CAN 协议，由不同控制单元向 HCU 传送的信息被 HCU 正确接收了，即电机转速为发动机转速的 2 倍，且从 HCU 向各控制单元发送的控制命令，由 CAN 通信被正确地送达并正确执行。如图 22-28(a) 所示，车速和挡位显示与实际情况符合。这进一步说明由 MPC5xx 控制器构成的 HCU，可靠正确地与其他各控制单元进行 CAN 通信，保障了控制的实时性，满足了实际控制要求。

表 22-3 HCU 与发动机 ECU 之间的通信协议

字节	位	信号说明	有效范围	物理值	偏移量
1	8,7	00＝运行；01＝停机			
	6,5	取代控制模式优先权			
	4,3 转速控制情况	00＝在驱动桥分离或非闭锁情况下瞬态过程优化；01＝在驱动桥分离或非闭锁情况下稳态过程优化			
	2,1 取代控制模式	00＝取代控制取消；01＝转速控制，控制转速到目标值；10＝转矩控制，控制转矩到目标值/电子踏板有效范围物理值偏移量；11＝速度/转矩限制控制			
2	8～1 低 8 位	目标转速，转速限制	0～8031.875 r/min	0.125 (r/min)/bit	0
3	8～1 高 8 位				
4	8～1	目标转矩，转矩限制	0～255	1/bit	0
5～8	8～1	未定义			

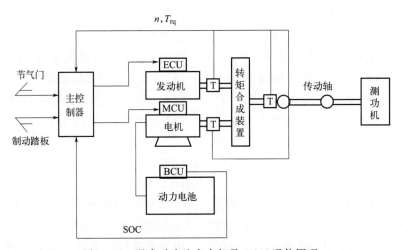

图 22-27　混合动力汽车台架及 CAN 通信原理

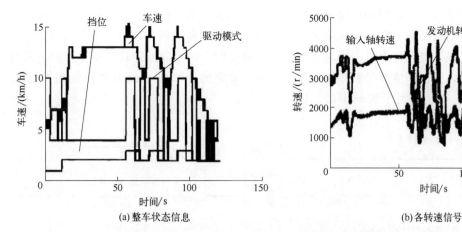

(a) 整车状态信息   (b) 各转速信号

图 22-28　台架 CAN 通信实验结果

22.3.2　主要部件典型实验

根据实验台架功能模块设计中按部件划分的方案，利用上述并联式混合动力汽车动力总成实验平台，对混合动力城市客车多能源动力总成控制器进行初步调试。所完成的

电机台架实验，充分证明了实验平台模块化设计思想的可行性与有效性。

（1）电机台架实验

利用图 22-15 所示的电机实验台架结构简图，可以对电机负荷特性与效率特性进行测试。如图 22-29 所示为实验获得的并联混合动力总成实验台电机效率特性曲线。

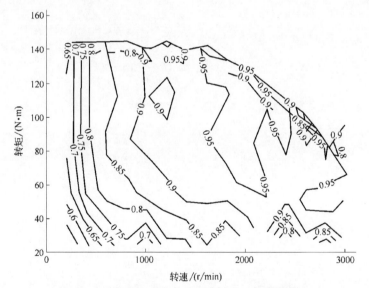

图 22-29　并联混合动力总成实验台电机效率特性

（2）混合动力城市客车多能源动力总成控制器实验

利用搭建的并联混合动力总成实验台，对所研制的混合动力城市客车多能源动力总成控制器进行了初步调试。限于篇幅，仅以

图 22-30 为例。图 22-30 是当 SOC 值在控制上、下限之间小幅变化时，随着加速踏板位置的改变，发动机和电机输出转矩模拟值与实验值的比较。当加速踏板踩下幅度较小时，整车所需转矩较小，并且 SOC 值大于

控制下限，电机单独工作；当加速踏板踩下幅度中等时，发动机开始工作，电机停止工作；当加速踏板踩下幅度较大时，发动机输出转矩达到上限，但仍不能满足整车驱动需要，同时，由于 SOC 值大于控制下限，因此电机进入助力状态。可以看到，发动机和电机转矩的模拟值与实验值吻合情况较好。实验证明，该控制器的软、硬件研制是成功的，制定的并联电动助力型控制策略是可行的。

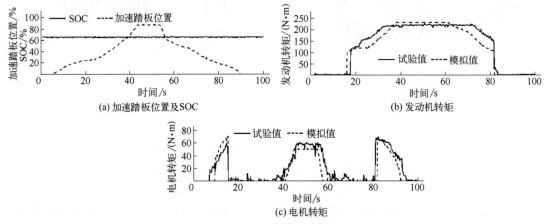

(a) 加速踏板位置及SOC

(b) 发动机转矩

(c) 电机转矩

图 22-30 并联混合动力总成实验台驱动工况

扫一扫

本章小结

第 23 章　动力系统测试技术

本章将深入探讨如何在此实验台架上进行动力系统的测试技术，并将展示如何利用已设计和建立的实验台架来实施实验测试，对新能源汽车的动力系统进行全方位分析。这些测试技术将包括稳定性、效率和性能测试，它们是评估和改进动力系统设计的关键环节。

新能源汽车动力总成各级测试系统所采用的硬件设备与传统车辆测试系统相比，存在一些差异。如，新能源汽车特有的双向充放电设备，既可以在电池测试时用作负载（俗称 E-Load 电子负载），又可以在台架测试时模拟电池（称为电池模拟器），某些双通道型的充放电设备既可以同时独立使用 2 个通道（如 2 个通道各用于一款电池的测试），又可以将 2 个通道并联起来获得更大的功率，还可以利用 1 个通道模拟动力电池、另 1 个通道模拟低压电池进行 DC/DC 的测试。

传统汽车发动机和变速器的运行相对独立，较容易单独进行测试，而新能源汽车的各控制系统之间存在大量的信号交互，如果只是部分子系统的试验，测试平台必须能模拟与这些子系统有数据交互的其他控制器，根据运行工况的需要收发相应的信号。如进行电驱动系统测试时，既需要模拟整车控制器 HCU，根据工况要求和电机实际转速、转矩向电机控制器 MCU 发送转矩分配指令，还需要模拟动力电池发送的功率限值等特殊信号，甚至模拟不同 SOC 下的电压变化。而多数传统试验台只具备信号监测，不具备信号发送功能，即使可以发送信号也只是简单按照信号定义数据库（如 CAN-DBC）

发送预设的默认值；有些只能按照工况变化进行简单的计算，涉及类似 Checksum 的复杂通信校验编码逻辑时，还需要再辅以 CANoe 等专业通信节点模拟工具。

（1）控制系统测试平台

传统汽车的控制系统大多由供应商开发制造，主机厂的测试以验收为主。新能源汽车控制策略复杂，需要多系统协调，涉及多个供应商共同协作开发。目前很多主机厂采用自主开发模式，测试范围很广，选用的测试设备类型多，测试工作量大，对测试精度要求很高。以荣威 550PHEV 为例，因其整车和变速器控制器 HCU 是自主进行应用软件开发，所以从模块在环（module in loop）、模型在环（model in loop）、软件在环（software in loop）到硬件在环（hardware in loop）等各测试阶段都需要专业的测试工具。

硬件在环 HIL 测试采用了柔性平台，即可拆成 2 套相对独立的 HIL 系统，同时进行单 ECU 的 HIL 测试（HCU-HIL、BMS-HIL、MCU-HIL 等）和多 ECU 的集成 HIL 测试（通道数覆盖动力总成级需求），也可以合并成一个更大的系统用于整车级 HIL 测试，如在 PT-ECUs 基础上增加仪表、ABS 等混动直接相关控制器。需要注意的是，BMS-HIL 因为要模拟大量电池模块甚至电芯，模拟信号通道数需求非常大；而 MCU-HIL 因为要模拟电机，则需要特定的高频板卡（频率远高于传统发动机 ECU 要求）。另外还需要注意的是，发动机和变速器类型基本稳定，相应的模型往往可以直接采用标准模型（成熟的商业模型），只需要根据产品特性修改相关参数配置即可，如将发动机缸数从 4 改为 6、变速器挡位从 5 挡改为 6 挡等。而目前各类电池和电机差异却较大，其控制系统的 HIL 平台必须根据模拟对象特性进行个性化建模。

（2）动力电池测试平台

动力电池是新能源汽车的核心部件，但目前很少有主机厂自己生产制造电芯，一般根据整车需求设计（容量、接口尺寸等）采购成熟的电芯进行组装或采购整个电池包，因此主机厂的测试工作往往以系统电气性能测试和验收抽样检测为主，一般只需要电子负载和环境舱等设备对电池进行能量、容量、充放电功率、内阻、能量效率、循环寿命、无负载和储存中容量损失等基本性能测试。此外主机厂应具备多通道电芯测试平台（小功率电子负载和环境舱），以用于电芯一致性分析和不同电芯的差异对比，特别是便于进行电池产品的选型。如果需要对电池包内各电芯的一致性进行测试，还应配备多通道的温度和电压的数据采集模块。

（3）电机驱动系统测试平台

电机驱动系统是新能源电动汽车的核心之一，主机厂需要对其进行一些自主测试，特别是在产品筛选阶段，或电机和电力电子 PEB 等关键零部件来自不同供应商的情况下。在图 23-1 所示的电机驱动系统测试平台上，利用测功机模拟电机负载（转矩、负荷、特定车速等），利用电子负载模拟动力电池（不同 SOC、电压、极限功率等），配合功率分析仪（交直流电-电转换效率、转矩、转速、电-机械转换效率等）、热成像仪等辅助工具，可以进行电机转矩-转速特性曲线、制动能量回馈、效率、温升、超速、高效区、堵转等各项性能测试。需要注意的是，因为电机的高转速特性，电机与测功机的连接必须严格控制对中度，且最好采用柔性联轴器保护两端（异常情况下联轴器先损坏）。另外电机可双向旋转，所以其测功机需放开防反转锁定。

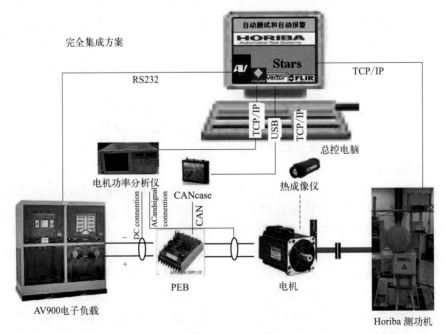

图 23-1　电机驱动系统测试平台

（4）电驱动变速器测试平台

电驱动变速器 EDU 总成测试平台（图 23-2）的主体与传统变速器总成台架相似，利用一个驱动测功机（drive prime）模拟发动机，2 个负载测功机（load dyno）模拟车轮。因为通过皮带或链条箱等增速机构会导致效率或精度的损失，所以高性能试验一般在驱动测功机与变速器直连的台架上进行，但所需的紧凑型驱动测功机成本较高。

（5）ePT 混动动力总成测试平台

ePT 混动动力总成测试是实车试验前的最后一个验证环节，重点考核发动机、变速器（含电机）、电池、电控系统的协同和整体性能。由于采用了真实发动机，其测试平台只需要 2 个负载测功机（load dyno）来模拟车轮载荷。但因为测试对象较多，需监测的信号较复杂，台架主控需要能够与试验件的电控系统实时交互，以便及时了解试验件状态，控制试验进度和系统安全。图 23-3 为 ePT 混动动力总成自动化测试平台。

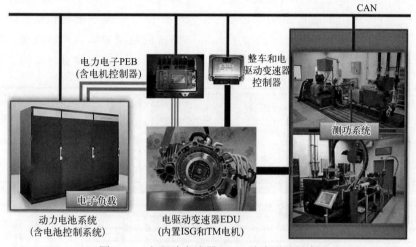

图 23-2 电驱动变速器 EDU 总成测试平台

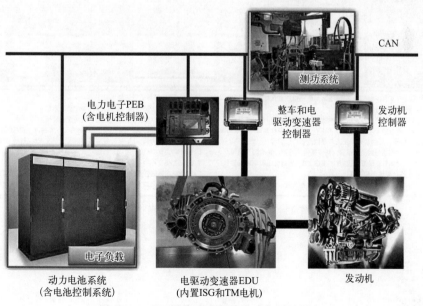

图 23-3 ePT 混动动力总成自动化测试平台

通过增加 NI 和 ETAS 等第三方辅助工具，可以将一个传统车辆的动力总成试验台升级为 ePT 混动动力总成自动化测试平台。其中 NI 工具主要用于信号转换（如将测功机转速转换为车速等）和自动监测，ETAS工具主要用于与被试件系统进行数据交换（向控制器发送指令、监测被控对象的温度和压力等）。图 23-4 为应用 Labview 软件设计的系统操作显示界面。

传统台架的发动机一般只需要配备冷却系统，对于混动台架上的发动机温控设备应具备加热功能，以避免纯电动工况下因发动机停机而导致的水温下降过快（台架温控回路比实车长很多），从而不能按试验规范要求迅速进入下一工况。同时，传统汽车的台架实验启动后发动机持续运转，而混动台架发动机时停时动，因此其台架燃油供给系统的管路设计必须相应优化，以避免产生大负荷发动机启动瞬间管路拥塞等问题。

如果配备了辅助工具，该测试平台上还可以进行 NVH 测评、动力总成适配（如不同的发动机与 EDU 组合）、整车故障模拟复现排查、匹配标定等其他工作。如发动机停机时间过长，会导致催化转换器温度过低使转换效率下降，停机时间过短又会导致经济性下降。如果在催化转换器前、后各增加一路排放数据采集，就可以在试验台架上进行优化标定，找到停机时间的最佳平衡点。

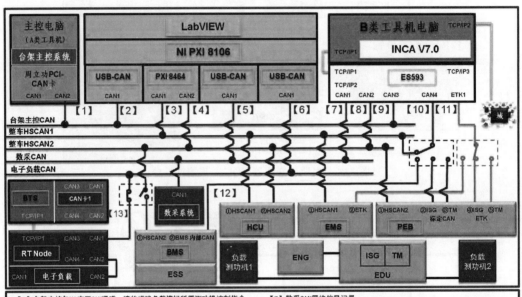

图 23-4　ePT 自动化测试平台操作界面

扫一扫

本章小结

第7篇

新能源汽车电池及电源管理

　　新能源汽车的崛起标志着对动力电池的极大需求，而对动力电池的具体要求和性能评价成为推动新能源汽车发展的核心因素。首先，新能源汽车对动力电池提出了高度苛刻的要求，这不仅关系到汽车性能，更关系到新能源汽车在市场竞争中的地位。首要的要求是高能量密度和高功率密度，动力电池必须同时兼顾这两个方面的性能，以满足新能源汽车对于高性能、长续驶里程的需求。其次，为了确保动力电池的可靠性和安全性，必须对其性能进行全面评价。因此，建立科学、全面的评价体系，对动力电池进行严格的性能测试和评估，是确保新能源汽车性能的重要保障，了解市场上常用的几款典型的动力电池也是至关重要的。锂离子电池、燃料电池等在结构组成、工作原理、特点等方面各具独特之处。锂离子电池以其高能量密度、轻重量的优势成为主流选择，深入了解这些典型电池的特性，有助于制定更科学合理的动力电池选择策略，满足不同车型和应用场景的需求。最后，动力电池管理系统的相关内容更是不容忽视的一环。系统架构、控制策略和系统设计的合理性直接关系到整个能源系统的效率和稳定性。通过详细掌握动力电池管理系统的各个方面，能够更好地实现对电池的监控、调控，提高充电效率、延长电池寿命，从而为新能源汽车的可持续发展奠定坚实基础。

　　基于以上背景，本篇以新能源汽车用动力电池为研究对象，首先概述新能源汽车对动力电池的具体要求以及动力电池的性能评价方法；其次，对市场上常用的几款典型的动力电池（围绕结构组成、工作原理、特点等方面）展开叙述；最后，详细介绍动力电池管理系统的相关内容，包括系统架构、控制策略及系统设计等方面。

在完成了第 23 章对新能源汽车的动力系统测试技术的详细探讨后，我们已经对如何在实验台架上进行各项测试有了深入的理解。第 24 章将专注于介绍新能源汽车的心脏——动力电池。将讨论动力电池的性能指标、电动汽车对动力电池的具体要求，以及动力电池的性能评价方法。这些知识点不仅对汽车制造商至关重要，也有利于帮助消费者理解电池如何影响电动汽车的性能和可靠性。

24.1 动力电池的性能指标

动力电池的性能参数主要包括电压、容量、内阻、能量、功率、输出效率、自放电率、放电倍率和使用寿命等，根据不同类型的电池，这些性能参数也会有所不同。

（1）电压

电压分为端电压、开路电压、额定电压、充电终止电压和放电终止电压等。

① 端电压　端电压是指电池正极与负极之间的电位差。

② 开路电压　电池在开路条件下的端电压称为开路电压，即电池在没有负载情况下的端电压。开路电压取决于电池正负极材料的活性、电解质和温度条件等，而与电池的几何结构和尺寸大小无关。

③ 额定电压　额定电压是电池在标准规定条件下工作时应达到的电压。常用电池单体额定电压见表 24-1。

表 24-1　常用电池单体额定电压

电池类型	额定电压/V
铅酸电池	2.0
镍镉电池	1.2
镍锌电池	1.6
镍氢电池	1.2
锌空气电池	1.2
铝空气电池	1.4
钠硫电池	2.0
锰酸锂电池	3.7
磷酸铁锂电池	3.2
三元锂电池	3.7

④ 充电终止电压　当蓄电池充满电时，极板上的活性物质已经达到饱和状态。在这种情况下，继续充电不会导致电池电压上升，这个时候的电压被称为充电终止电压。根据不同类型的电池，充电终止电压也会有所不同，例如铅酸蓄电池的充电终止电压为 2.7~2.8V，金属氢化物镍蓄电池的充电终止电压为 1.5V，锂离子蓄电池的充电终止电压为 4.25V。

⑤ 放电终止电压　放电终止电压是指电池放电时允许的最低电压。在一定标准的放电条件下，电池的电压会逐渐降低，当电池不宜再继续放电时，电池的最低工作电压被称为放电终止电压。如果电压低于放电终止电压后电池继续放电，电池两端电压会迅速下降，形成深度放电，极板上形成的生成物在正常充电时就不易再恢复，从而影响电池的寿命。放电终止电压和放电率有关，放

电电流直接影响放电终止电压。在规定的放电终止电压下，放电电流越大，电池的容量会越小。举例来说，金属氢化物镍蓄电池的放电终止电压为1V，而锂离子蓄电池的放电终止电压为3V。

（2）容量

电池容量是指在一定的放电条件下（包括放电率、温度、充电终止电压等）电池所能放出的电量，通常用字母 C 表示。电池容量等于放电电流与放电时间的乘积，常用单位有安时（A·h）或毫安时（mA·h）。电池容量是衡量电池性能的重要指标之一，反映了电池存储和释放电能的能力，对于用户来说，电池容量越大，电池可以提供的电能就越多，使用时间也就更长。

① 电池容量的分类　按照不同条件分为理论容量、实际容量、标称容量与额定容量。

a. 理论容量是把活性物质的质量按法拉第定律计算而得到的最高理论值，即假定活性物质全部参加电池的成流反应所能提供的电量，用 C_0 表示。法拉第定律指出，电流通过电解质溶液时，在电极上发生化学反应的物质的量与通过的电量成正比：

$$Q = \frac{zmF}{M} \qquad (24\text{-}1)$$

式中，Q 为电极反应中通过的电量，C；z 为在电极反应式中的电子计量系数（无量纲）；m 为发生反应的活性物质的质量，g；M 为活性物质的摩尔质量，g/mol；F 为法拉第常数，C/mol。

b. 实际容量是指电池在实际应用工况下放电，电池实际放出的电量，用 C 表示，它等于放电电流与放电时间的乘积，单位为 A·h，其值小于理论容量。由于受放电率的影响较大，因此常在字母 C 的右下角以阿拉伯数字标明放电率，例如，$C_{20} = 50$A·h，表明在 20 倍放电率下的容量为 50A·h。

恒电流放电时：

$$C = IT \qquad (24\text{-}2)$$

恒电阻放电时：

$$C = \int_0^T I \, \mathrm{d}t \qquad (24\text{-}3)$$

式中，I 为放电电流，A；T 为放电至终止电压的时间，h。

c. 标称容量用来鉴别电池的近似安时值。

d. 额定容量也称为保证容量，是按国家或有关部门颁布的标准，在一定的放电条件下（如温度、放电率、终止电压等）应该放出的最低限度的容量，用 C_g 表示。

由于电池内阻的存在，活性物质的利用率总是小于 1，因此，化学电池的实际容量、额定容量总是低于理论容量。

② 电池容量的影响因素　电池的实际容量取决于电池中活性物质的多少和活性物质的利用率。活性物质质量越大，活性物质利用率越高，电池的容量也就越大。影响电池容量的因素很多，常见的有放电率、温度、终止电压、极板的几何尺寸等。

a. 放电率对电池容量有显著影响。随着放电倍率的增大，蓄电池的可用容量会逐渐减少。换言之，使用更大的放电电流将导致计算出的电池容量减小。举例来说，一块容量为 10A·h 的电池，以 5A 的电流放电时可使用 2h，即 5×2＝10A·h；而以 10A 的电流放电时只能使用 47.4min，折合 0.79h，因此其容量仅为 10×0.79＝7.9A·h。所以，对于特定电池在不同放电倍率下，其可用容量也会有所不同。故在讨论容量时，必须考虑放电的倍率，或者简单地说就是使用多大的电流进行放电。

b. 温度对电池容量有显著影响。一般情况下，随着温度的降低，蓄电池的可用容量也会减少。在蓄电池生产标准中，通常会规定一个额定标准温度（常见为 25℃），负极板受低温影响比正极板更为敏感。当电解液的温度降低时，其黏度增大，离子受到较大的阻力，扩散能力下降，电解液电阻增加，从而导致电化学反应的阻力增加，充电接受能力下降，因此蓄电池的容量也会减少。

c. 终止电压对电池容量具有重要影响。一旦电池放电至特定电压后，其产生的电压会急剧下降，实际获得的能量十分有限。如果长期深度放电，将极大地损害电池。因此，必须在特定电压值时终止放电，这一电压被称为放电终止电压。设定适当的放电终止电压对于延长蓄电池的使用寿命至关重要。

d. 极板的几何尺寸对电池容量有着显著影响。在活性物质的量一定的情况下，增加与电解液直接接触的极板的几何面积可以增加电池的容量。同时，极板的厚度、高度和面积都会对电池的容量产生影响。具体而言，一是极板厚度对电池容量的影响：增加极板的厚度会导致硫酸与活性物质接触面减小，降低活性物质的利用率，从而减小电池的容量。二是极板上下两部分的活性物质利用率差异：放电初期，极板上部的电流密度比下部高出 $2\sim2.5$ 倍，随着放电时间的推移，这种差别逐渐减少，但上部电流密度仍大于下部。这也说明了极板几何面积的增加能够提高活性物质的利用率，从而增加电池的容量。因此，在相同的电池壳体和活性物质质量条件下，采用薄极板并增加极板片数，即增加了有效反应面积，从而提高了活性物质的利用率，进而增加了电池的容量。

（3）内阻

① 内阻的定义　电流通过电池内部时受到阻力，使电池的工作电压降低，该阻力称为电池内阻。

② 内阻的特性　电池内阻不是常数，在放电过程中受到活性物质的组成、电解液浓度、温度变化和放电时间的影响。电池内阻包括欧姆内阻 R_Ω 和电极在电化学反应时所表现出的极化内阻 R_f，两者之和称为电池的全内阻 $R_内$：

$$R_内 = R_\Omega + R_f \qquad (24\text{-}4)$$

欧姆内阻 R_Ω 由电极材料、电解液、隔膜的内阻及各部分零件的接触电阻组成，遵守欧姆定律。极化内阻 R_f 指化学电源的正极与负极在电化学反应进行时由于极化所引起的内阻，受活性物质的本性、电极的结构、电池的制造工艺和温度的影响，电池产生极化现象的原因有欧姆极化、浓度极化和电化学极化。

欧姆极化是指在充电和放电过程中，为了克服电池内部的欧姆电阻，需要额外施加一定的外加电压，以推动离子迁移并维持电流。随着电流增大，在充电过程中欧姆极化会导致蓄电池温度升高。浓度极化是指电流通过电池时，生成物和反应物的扩散速度比化学反应速度慢，导致极板附近电解质溶液浓度不均匀，即电解液浓度从电极表面到中部分布不均匀。电化学极化是由于在电极上进行的电化学反应速率落后于电极上电子运动速率所引起的现象。

电池内阻很小，需要专门仪器才能准确测量。一般所说的电池内阻是指充电态内阻，即指电池充满电时的内阻。相对应的是放电态内阻，指电池充分放电后的内阻。一般来说，放电态内阻比充电态内阻大而且较不稳定。电池内阻越大，消耗的能量就越多，使用效率也就越低。内阻很大的电池在充电时会发热严重，导致温度急剧上升，对电池和充电器产生影响。随着电池使用次数增多，由于电解液消耗和内部化学活性下降，电池内阻会有不同程度的增加。

（4）能量

动力电池的能量是指在一定放电制度下电池所能输出的电能，单位是 $W \cdot h$ 或 $kW \cdot h$，它影响电动汽车的行驶里程。动力电池的能量分为总能量、理论能量、实际能量、比能量、能量密度、充电能量和放电能量等。

① 总能量　电池的总能量是指蓄电池在其寿命周期内电能输出的总和。

② 理论能量　理论能量是电池的理论容量与额定电压的乘积，指在一定标准所规定的放电条件下电池所输出的能量。

③ 实际能量　实际能量是电池实际容量与平均工作电压的乘积，表示在一定条件下电池所能输出的能量。

④ 比能量　比能量，又称质量比能量，是指电池单位质量所能输出的电能，通常以 W·h/kg 为单位。比能量常用于比较不同电池系统的性能。比能量可分为理论比能量和实际比能量两种。

a. 理论比能量：指 1kg 电池反应物质完全放电时理论上能够输出的能量。

b. 实际比能量：指 1kg 电池反应物质实际输出的能量，考虑了各种因素影响后的结果。

由于各种因素的影响，电池的实际比能量通常远小于理论比能量。比能量是电池性能的综合指标，反映了电池的质量水平。电池的比能量对于电动汽车的整车质量和续驶里程具有重要影响，是评估电动汽车动力电池是否能够满足预期续驶里程的关键指标。

⑤ 能量密度　能量密度也称体积比能量，是指电池单位体积所能输出的电能，单位是 W·h/L。

⑥ 充电能量　充电能量是指通过充电机输入蓄电池的电能。

⑦ 放电能量　放电能量是指蓄电池放电时输出的电能。

（5）功率

电池的功率是指电池在一定放电制度下，单位时间内所输出能量的大小，单位为 W 或 kW。电池的功率决定了电动汽车的加速性能和爬坡能力。功率分为比功率和功率密度。比功率是指单位质量电池所能输出的功率，也称质量比功率，单位为 W/kg 或 kW/kg。功率密度是指单位体积电池所能输出的功率，也称体积比功率，单位为 W/L 或 kW/L。

（6）输出效率

动力电池作为能量存储器，充电时把电能转化为化学能储存起来，放电时把电能释放出来。在这个可逆的电化学转换过程中有一定的能量损耗，通常用电池的容量效率和能量效率来表示。容量效率是指电池放电时输出的容量与充电时输入的容量之比；能量效率是指电池放电时输出的能量与充电时输入的能量之比。

（7）自放电率

自放电率是指电池在存放期间容量的下降率，即电池无负荷时自身放电使容量损失的速度。自放电率用单位时间容量降低的百分数表示。

（8）放电倍率

电池放电电流的大小常用"放电倍率"表示，即电池的放电倍率用放电时间表示或以一定的放电电流放完额定容量所需的小时数来表示。由此可见，放电时间越短，即放电倍率越高，则放电电流越大。放电倍率等于额定容量与放电电流之比。根据放电倍率的大小，可分为低倍率（<0.5C）、中倍率（0.5~3.5C）、高倍率（3.5~7.0C）、超高倍率（>7.0C）。

（9）使用寿命

使用寿命是指电池在规定条件下的有效寿命期限。当电池发生内部短路或损坏而无法使用，或者其容量达不到规范要求时，电池就算失效，此时电池的使用寿命终止。电池的使用寿命包括使用期限和使用周期。

① 使用期限　指电池可供使用的时间，包括了电池的存放时间。

② 使用周期　指电池可供重复使用的次数。

循环寿命是评价蓄电池使用技术经济性的重要参数。一次充电和放电称为一个循环，或者一个周期。循环寿命是指在一定放电制度下，二次电池的容量降至某一规定值之前，电池所能耐受的循环次数。举例来说，铅酸蓄电池的循环寿命通常为 300~500 次；而锂离子电池的使用周期较长，可充放电 1000 次以上。

24.2 新能源汽车对动力电池的要求

随着环保意识的不断提高，新能源汽车已经成为未来汽车发展的趋势。作为新能源汽车核心部件之一的动力电池，在新能源汽车发展过程中扮演着重要角色。动力电池是新能源汽车的能量来源之一，它的性能直接影响着车辆的使用性能和安全性能。因此，新能源汽车对动力电池的要求越来越高。

（1）不一致性低

不一致性是动力电池的表现形式之一，不一致性主要是指同一规格型号的单体电池组成电池组后，其电压、荷电量、容量及其衰退率、内阻及其变化率、寿命、温度影响、自放电率等参数存在一定的差别。根据使用中动力电池组不一致性扩大的原因和对动力电池组性能的影响方式，可以把动力电池的不一致性分为容量不一致性、内阻不一致性和电压不一致性。

① 容量不一致性　动力电池组在出厂前的分选试验可以保证单体电池初始容量一致性较好，在使用过程中可以通过电池单体单独充放电来调整单体电池初始容量，使之差异性较小，所以初始容量不一致不是电动汽车电池成组应用的主要矛盾。在动力电池组实际使用过程中，容量不一致主要是动力电池初始容量不一致和放电电流不一致综合影响的结果。

② 内阻不一致性　动力电池内阻不一致使得电池组中每个单体在放电过程中热损失的能量各不相同，最终会影响单体电池的能量状态。

③ 电压不一致性　电压不一致的主要影响因素是并联组中动力电池的互充电，当并联组中一节动力电池电压低时，其他电池将给此电池充电。这种连接方式会使低压电池容量在小幅增加的同时高压电池容量急剧降低，能量将损耗在互充电过程中而达不到预期的对外输出。

（2）比能量高

为了提高新能源汽车的续驶里程，人们要求新能源汽车上的动力电池尽可能储存多的能量，但电动汽车又不能太重，其安装电池的空间也有限，这就要求电池具有较高的比能量。

（3）比功率大

为了能使新能源汽车在加速行驶、爬坡能力和负载行驶等方面与燃油汽车相竞争，就要求电池具有较高的比功率。

（4）充放电效率高

电池中能量的循环必须经过"充电—放电—充电"的循环，高的充放电效率对保证整车效率具有至关重要的作用。

（5）相对稳定性好

电池应当在快速充放电和充放电过程变工况的条件下保持性能的相对稳定，使其在动力系统使用条件下能达到足够的充放电循环次数。

（6）使用成本低

电动汽车主要是靠动力电池提供动力来源，如果动力电池价格高、操作不方便、难维护，电动汽车更换动力电池的费用会相对提高，使用起来就会非常不划算。所以，除了降低电池的初始购买成本外，还要提高电池的使用寿命以延长其更换周期。

（7）安全性好

电池在正常情况下不会引起自燃或燃烧，并且在发生碰撞等事故时也不会对乘员造成伤害是非常重要的安全考量。

动力电池的安全包括本质安全、主动安全和被动安全三个方面。

① 本质安全　通过设计和制造过程中的严格控制，定义安全边界，确保电池具有本质安全性。

② 主动安全　重点在于建立完善的电池系统，利用人工智能、大数据、云平台等

先进技术手段，提升电池管理、预警、充电控制以及寿命预测与评估的技术水平，从而主动降低潜在安全风险。

③ 被动安全　目前很多企业采取加隔热方式来防止热蔓延，包括模块热蔓延甚至整个电池包的热蔓延。此外，一些企业还在电池上方加装消防接口，以增强对热蔓延的防范措施。

综合来看，电池安全是新能源汽车发展中的关键问题之一，各种安全措施的综合应用有助于提高动力电池的安全性能，确保电池在使用过程中不会出现意外事故，从而保障乘员和车辆的安全。

24.3　动力电池的性能测试与评价

对于锂动力电池的测试的主要目的是全面掌握电池的各种性能，对各型动力电池进行全方位的评价，为电池的设计、生产制造、使用等提供指导。国内外有许多关于动力电池的测试标准和规范。一般而言，动力电池的测试包括以下几类：电池基本特性测试、安全/滥用测试和科学研究性测试。

① 特性测试　具体包括容量测试、放电性能测试、功率特性测试、内阻特性测试及寿命测试等。

② 安全/滥用测试　具体包括机械安全测试、电气安全测试、热安全测试，例如，在电池不起火、不爆炸的情况下，进行短路、挤压、针刺、跌落、热冲击等试验。

③ 科学研究性测试　主要是对电池状态进行估计与评估等研究性试验，例如，大电流充放电特性测试、HPPC脉冲测试及动态模拟工况循环测试等。

表 24-2 详细列举了 TÜV 南德意志集团应用的电池测试项和指标，具体可分为电气测试、机械测试、环境测试、寿命测试、滥用测试、电磁兼容测试等。

表 24-2　动力电池测试内容

测试内容	指标	测试内容	指标
电气测试	电力可用性 容量/能量密度 自放电测试 快速充放电 动态放电性能 参数测量 能量效率 腐蚀 高加速寿命试验及高加速应力筛选	机械测试	挤压 碰撞 振动/冲击 跌落 高度模拟 喷射 翻车 针刺/穿刺试验
环境测试	热滥用 高温存储 极热/极寒 温度循环/冲击	寿命测试	动态耐久性试验 寿命循环试验 环境循环测试 振动循环测试
滥用测试	浸水 短路(外部、内部部分) 过充 燃烧试验 强制放电	电磁兼容测试	辐射干扰 辐射抗扰性 传导干扰 传导抗扰性

以下列举了几种典型的动力电池性能测试项。

（1）动力电池充放电性能测试

① 动力电池充电性能测试 动力电池充电性能主要是指充电效率、充电最高电压和耐过充能力等。

a. 充电效率是指电池在充电时充入电池的电能与所消耗的总电能之比，以百分数表示。充电电流的大小、充电方法、充电时的温度直接影响充电效率。充电效率高表示电池接受充电的能力强，一般充电初期充电效率较高，接近 100%，充电后期由于电极极化增加，充电效率下降，电极上伴随有大量的气体析出。

b. 充电最高电压是指在充电过程中电池所能达到的最高电压。充电电压越低，说明电池在充电过程中的极化就越小，电池的充电效率就越高，电池的使用寿命就有可能更长。

c. 动力电池应具有良好的耐过充能力，即使电池处于极端充电条件下，也能拥有较为优良的使用性能。

② 动力电池放电性能测试 电池的放电性能受到放电时间、电流、环境温度、终止电压等因素的影响。不同的放电方法包括恒流放电、恒阻放电、恒压放电、恒压恒流放电、连续放电和间歇放电等，其中恒流放电是最常见的一种方法。

放电电流的大小直接影响电池的放电性能，在标注电池的放电性能时，应当清楚标明放电电流的数值。另外，电池的工作电压是衡量其放电性能的重要指标，放电曲线反映了整个放电过程中工作电压的变化情况，通常以中点电压来表示工作电压的大小。中点电压指的是在额定放电时间的中点时刻电池的工作电压，主要用于评估电池在高倍率放电情况下的性能。

动力电池的充放电性能可以通过专用的电池充放电性能测试仪进行测试，这有助于全面了解电池的性能表现，并为相关行业提供参考与指导。

（2）电池容量的测试

电池容量的测试方法与电池放电性能的测试方法基本相同，包括恒流放电、恒阻放电、恒压放电、恒压恒流放电、连续放电和间歇放电等。通过这些方法，可以根据放电的时间和电流的大小来计算电池的容量。例如，在恒流放电中，电池的容量等于放电电流和放电时间的乘积。需要注意的是，恒流放电的电池容量不仅与放电电流有很大关系，还受放电温度、充电制度、搁置时间等因素的影响。

为了准确评估电池容量，可以利用专用的电池容量检测仪进行测试。这些设备可以帮助对电池的容量进行精确测量，从而为电池相关领域的设计和使用提供重要依据。

（3）电池循环寿命的测试

电池循环寿命是衡量电池性能的一个关键参数。在一定的充放电制度下，电池容量降至某一规定值之前，电池所能承受的循环次数，即为电池的循环寿命。影响电池循环寿命的因素包括电极材料、电解液、隔膜、制造工艺、充放电制度、环境温度等。在进行寿命测试时，需要严格控制测试条件。

通常情况下，在一定的充放电条件下进行循环，并检测电池容量的衰减。当电池容量降至额定容量的 80% 时（对于不同类型的电池可能有所不同，例如锂离子电池通常是 80%），则终止实验，此时的循环次数就是电池的循环寿命。

对于不同类型的电池，循环寿命的测试规定会有所不同，具体可参考相应国家标准或国际电工委员会（International Electrotechnical Commission，IEC）制订的标准。为了测试电池的寿命，可以使用专用的电池循环寿命检测设备，这些设备可以帮助准确评估电池的循环寿命，为电池相关领域提供重要依据和指导。

（4）电池内阻、内压的测试

电池内阻是指电池在工作时，电流通过

其内部时所遇到的阻力。一般分为交流内阻和直流内阻两种类型。由于充电电池的内阻通常较小，测量直流内阻时会受到电极极化的影响而产生极化内阻，因此无法得出真实数值；而通过测量交流内阻可以消除极化内阻的影响，从而获取更准确的内阻数值。交流内阻测试方法是利用电池等效于一个有源电阻的特性，给电池施加 1000Hz、50mA 的恒定电流，对其电压进行采样、整流和滤波等处理，从而精确测量其阻值。专门的内阻仪可用于进行这种测试。

电池内压是由于充放电过程中产生的气体形成的压力，主要受电池材料、制造工艺、结构、使用方法等因素影响。通常情况下，电池内压会维持在正常水平。然而，在过充电或过放电的情况下，电池内压可能会升高，这可能会引发安全问题，因此需要注意监测和控制电池的内压。

（5）高低温环境下电池性能的测试

电动汽车动力电池在不同的环境温度下使用时，高温或低温都会对电池的充电或放电性能产生影响。因此，需要分别对各种温度下的电池充放电性能进行测试。根据《电动汽车用锂离子蓄电池》（QC/T 743—2006）的规定，在 −20℃ 的低温、20℃ 的常温和 55℃ 的高温下应进行放电性能的测试。具体要求如下。

在 −20℃ 时，电池的容量应不低于额定值的 70%。

在 55℃ 时，电池的容量应不低于额定值的 95%。

在 20℃ 下的高倍率放电时，对于能量型电池，其容量应不低于额定值的 90%；对于功率型电池，其容量应不低于额定值的 80%。

这些测试所需的仪器和充放电性能测试方法基本相同，只是需要在恒温箱中测定不同温度下的电池性能。通过这些测试可以全面了解电池在不同温度条件下的性能表现，为电动汽车动力电池的实际应用提供重要参考。

（6）自放电及储存性能的测试

自放电，又称为荷电保持能力，指的是在电池处于开路状态时，在一定环境条件下，储存的电量的保持能力。通常来说，自放电主要受到制造工艺、材料和储存条件等因素的影响。自放电率是衡量电池性能的重要参数之一。一般而言，电池在较低的储存温度下，其自放电率也会降低，但需要注意的是，过低或过高的温度均有可能对电池造成损坏，影响其正常使用。

当电池充满电后，在开路状态下经过一段时间后存在一定程度的自放电现象，这被认为是正常的。对于电池制造商和用户来说，了解并控制电池的自放电特性对于正确评估和管理电池的性能和寿命至关重要。

（7）电池安全性能测试

电池的安全性能测试项目非常多，不同类型电池的安全性能测试项目也不同，可根据相关标准选择测试。

扫一扫

本章小结

在第 24 章中，详细介绍了动力电池的参数、新能源汽车对于动力电池的要求及动力电池的测试与评价等相关内容。铅酸蓄电池技术悠久，但是在某些应用领域仍然有其重要地位。在本章中，将聚焦于铅酸动力电池，解析铅酸蓄电池的工作原理、构成以及其独特的特点，这为理解不同电池技术之间的优势和局限性提供了首要视角。

25.1　铅酸蓄电池的工作原理

（1）铅酸蓄电池电动势的产生

① 铅酸蓄电池充电后，正极板是二氧化铅（PbO_2），在硫酸溶液中水分子的作用下，少量二氧化铅与水生成可离解的不稳定物质——氢氧化铅 $[Pb(OH)_2]$，氢氧根离子在溶液中，铅离子（Pb_2^+）留在正极板上，故正极板上缺少电子。

② 铅酸蓄电池充电后，负极板是铅（Pb），与电解液中的硫酸（H_2SO_4）发生反应，变成铅离子（Pb_2^+），铅离子转移到电解液中，负极板上留下多余的两个电子。可见，在未接通外电路时（电池开路），由于化学作用，正极板上缺少电子，负极板上有多余电子，两极板间就产生了一定的电位差，这就是电池的电动势。

（2）铅酸蓄电池放电过程的电化学反应

① 铅酸蓄电池放电时，在蓄电池的电位差作用下，负极板上的电子经负载进入正极板形成电流，同时在电池内部进行化学反应。

② 负极板上每个铅原子放出两个电子后，生成的铅离子（Pb_2^+）与电解液中的硫酸离子 SO_4^{2-} 反应，在极板上生成难溶的硫酸铅（$PbSO_4$）。

③ 正极板的铅离子（Pb^{4+}）得到来自负极板的两个电子后，变成正二价铅离子（Pb^{2+}），与电解液中的硫酸根离子（SO_4^{2-}）反应，在极板上生成难溶的硫酸铅（$PbSO_4$）。正极板水解出的氧离子（O^{2-}）与电解液中的氢离子（H^+）反应，生成稳定物质水。

④ 电解液中存在的硫酸根离子和氢离子在电场的作用下分别移向电池的正负极，在电池内部形成电流，整个回路形成，蓄电池向外持续放电。

⑤ 放电时，H_2SO_4 浓度不断下降，正负极板上的硫酸铅（$PbSO_4$）增加，电池内阻增大（硫酸铅不导电），电解液浓度下降，电池电动势降低。

⑥ 化学反应式为

$$PbO_2（正极活性物质）+$$
$$2H_2SO_4（电解质）+Pb（负极活性物质）\rightarrow$$
$$PbSO_4（正极生成物）+$$
$$2H_2O（电解液生成物）+PbSO_4（负极生成物）$$

$$(25-1)$$

（3）铅酸蓄电池充电过程的电化学反应

① 充电时，应外接一直流电源（充电机或整流器），使正负极板在放电后生成的物质恢复成原来的活性物质，并把外界的电能转变为化学能储存起来。

② 在正极板上，在外界电流的作用下，硫酸铅被离解为正二价铅离子（Pb^{2+}）和

硫酸根离子（SO_4^{2-}），由于外电源不断从正极吸取电子，所以正极板附近游离的正二价铅离子（Pb^{2+}）不断放出两个电子来补充，然后变成正四价铅离子（Pb^{4+}），并与水继续反应，最终在正极板上生成二氧化铅（PbO_2）。

③ 在负极板上，在外界电流的作用下，硫酸铅被离解为正二价铅离子（Pb^{2+}）和硫酸根离子（SO_4^{2-}），由于负极不断从外电源获得电子，所以负极板附近游离的正二价铅离子（Pb^{2+}）被中和为铅（Pb），并以绒状铅的形式附着在负极板上。

④ 电解液中，正极不断产生游离的氢离子（H^+）和硫酸根离子（SO_4^{2-}），负极不断产生硫酸根离子（SO_4^{2-}），在电场的作用下，氢离子向负极移动，硫酸根离子向正极移动，形成电流。

⑤ 充电后期，在外电流的作用下，溶液中还会发生水的电解反应。

⑥ 化学反应式为

$$PbSO_4（正极活性物质）+2H_2O（电解质）$$
$$+PbSO_4（负极活性物质）\longrightarrow$$
$$PbO_2（正极生成物）+2H_2SO_4$$
$$（电解液生成物）+Pb（负极活性物质）$$

$$(25-2)$$

（4）铅酸蓄电池充放电后电解液的变化

① 铅酸蓄电池放电时，电解液中的硫酸不断减少，水逐渐增多，溶液密度下降。

② 铅酸蓄电池充电时，电解液中的硫酸不断增多，水逐渐减少，溶液密度上升。

③ 实际工作中，可以根据电解液密度的变化来判断铅酸蓄电池的充电程度。

25.2 铅酸蓄电池的构成

一般来说，铅酸蓄电池主要由正极板、负极板、隔板、电解液、蓄电池槽（容器）

和其他零部件组成，如图 25-1 所示。

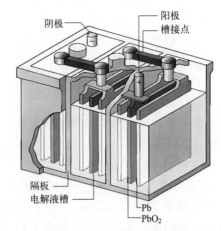

图 25-1 铅酸蓄电池的结构

① 极板 由活性物质和起支撑作用的导体板栅组成，分为正极板和负极板，板栅一般由铅锑合金、铅钙合金组成，正极板活性物质为 PbO_2，颜色为棕色、棕褐色、棕红色，负极板活性物质为海绵状金属铅（Pb），颜色为灰色、浅灰色、深灰色。

② 隔板 放在蓄电池正、负极板之间，由允许离子穿过的电绝缘材料构成。它能完全阻挡正负极短路，通常有 PE 隔板、橡胶隔板、塑料隔板、复合玻璃纤维隔板、10G 隔板、AGM 隔板等。

③ 电解液 含有移动离子的液相或固相物质，其有导电作用，并参加成流反应。铅酸蓄电池电解液的密度与它所用的场所有关，相对而言，用于电动汽车电池的电解液密度要大一些。

④ 蓄电池槽 容纳蓄电池群组、电解液而不受电解液腐蚀的容器，一般由硬橡胶或塑料制成。

⑤ 其他零部件 电池盖、螺纹液孔塞、安全阀、顶盖、正负极头等。

上面简要介绍了铅酸蓄电池的构成，这里对构成中的部分部件进行进一步解释与补充说明。

（1）板栅合金

板栅是铅酸蓄电池的主要组成部件，分

为浇铸板栅和拉网板栅两种类型。

浇铸板栅是通过将加热熔化的铅合金倒入板栅模具中，在重力作用下冷却成形，然后经过加工而成。而拉网板栅则是通过在冲床上对一定宽度的铅带进行加工，制造出规定的长方形孔，并经过拉伸成形。这两种板栅常用的材料包括铅锑合金和铅钙合金。它们在铅酸蓄电池中起着重要作用，影响着电池的性能和寿命。

（2）电解液与活性物质

① 铅酸蓄电池电解液　铅酸蓄电池的电解液是由密度为 $1.84g/cm^3$ 的浓硫酸和纯净水配制而成。硫酸是一种强氧化剂，它与水有高度的亲和力，在溶解过程中放出大量热量。因此，在配制电解液时，操作人员需要佩戴护目镜、耐酸手套，穿胶鞋或靴子，并戴好橡胶围裙。在开始配制前，要确保容器清洁干净。为防止酸液溅到皮肤上，应提前准备 5% 的氢氧化钠或碳酸钠溶液以及一些清水，以便在溅上酸液后可以迅速使用这些溶液进行清洗，然后用清水冲洗。

另外，选择电解液的浓度时还需要考虑蓄电池的工作环境温度。在寒冷的温度下，电解液的浓度应该高一些；而在高温条件下，电解液的浓度可以适当降低。一般情况下，在 25℃ 的电解液温度下，密度约为 $1.28g/cm^3$。在其他温度下，可以按照特定的计算公式［式（25-3）］来确定电解液的密度。

$$\rho = D_a - D_t + 0.0007(t - 25) \quad (25-3)$$

式中，D_a 为 25℃ 时的密度，g/cm^3；D_t 为实际温度时的密度，g/cm^3；t 为测定时电解液的温度，℃。

配制时，估算好浓硫酸和水的需要量，先把水倒入容器内，然后将浓硫酸缓缓倒入水中，并不断搅拌溶液。刚配制的溶液温度很高，不可马上注入蓄电池内，要等温度降到 40℃ 以下，再测量溶液浓度并调整到标准值，最后注入蓄电池内。

② 铅酸蓄电池电解液密度和颜色异常现象的分析　在电池的充放电过程中，电解液密度应该在 $1.070 \sim 1.290g/cm^3$ 之间变化。充电时，电解液密度增大，而放电时，电解液密度减小。电解液密度过大容易导致极板硫酸盐化和板栅腐蚀，而密度过小则会影响放电容量。

当电池使用后，电解液在没有损失的情况下密度偏小，充电中电解液密度变化不明显或保持不变时，这可能表明极板发生了硫酸盐化现象，需要进行消除硫酸盐化的处理。在电池充好电后搁置期间，如果密度迅速减小，表示电池存在严重的自放电现象，电解液中可能存在较多杂质，此时应更换电解液。另外，如果电解液的颜色、气味异常，并且出现浑浊、沉淀等现象，可能是由于电解液不纯，电池内部积聚了尘土或其他杂质，以及活性物质严重脱落所致。在这种情况下，需要更换电解液并清洗电池内部。同时，要注意控制电池的充放电流不应过大，充电时电解液温度也不应过高，以防止活性物质进一步脱落。

（3）隔膜

目前电动汽车使用的铅酸蓄电池循环寿命相对较短。为了促进新能源汽车产业的健康快速发展，改进电池内部电极材料的性能以提高蓄电池的循环使用寿命至关重要。国内外许多研究机构致力于通过改进隔膜来提高蓄电池的复合效率。

一些研究尝试直接在隔膜中加入聚丙烯短纤维、特种聚酯纤维和其他有机物等物质，以增加隔膜的透气性，从而提高复合效率。然而，这种方法虽然有效地提高了复合效率，却也增加了热失控的风险。因此，尽管这些改进措施可以带来一定效果，但实际效果并不十分理想。在未来的研究和开发中，需要综合考虑隔膜的透气性、安全性以及复合效率等因素，寻求更加可靠和安全的改进方案，以提高铅酸蓄电池的循环寿命，推动新能源汽车产业朝着更加可持续和高效的方向发展。

25.3 铅酸蓄电池的特点

不同于其他类型的电池，铅酸蓄电池的使用特点与其充放电特性密不可分，也正是因为如此，在某种程度上限制了铅酸蓄电池的应用与推广。

（1）铅酸蓄电池的充电特性及过充电

铅酸蓄电池的充电特性指的是在恒流充电过程中，蓄电池的端电压、暂时电动势、静止电动势和电解液密度随充电时间的变化关系。蓄电池充电终了的主要标志包括：单体电池的端电压升高到 2.7V 左右而不再升高；电解液密度不再增大；电解液中出现大量气泡，呈现所谓"沸腾"状态。

铅酸蓄电池的过充电是指在充电的任一时间内，只要充电电流大于电池当时的可接受电流，便会产生大量析气现象，即电池发生了"过充电"。过充电不仅会造成充电效率降低和电解液失水，而且还会造成负极板的损伤，对铅酸蓄电池的工作容量和工作寿命有显著的影响。因此，控制充电过程中的电流以及及时监测电池的充电状况对于保护铅酸蓄电池的性能至关重要。

（2）铅酸蓄电池的放电特性及过放电

在铅酸蓄电池放电过程中，大部分时间电池端电压会稳定下降，表明电池释放的能量与电池端电压降低之间存在一定关系。然而，在放电末期会出现一个转折电压点，此时电池端电压急剧下降。这是因为电解液中的硫酸浓度已经很低，导致电解质扩散到极板的速度跟不上放电速度。在电解质不足的情况下，极板的电动势急剧降低，引起电池端电压的下降。此时应该停止放电，否则会导致电池过放电。

过放电会导致电池内部大量硫酸铅被吸附到蓄电池负极表面，造成负极的硫酸盐化。由于硫酸铅是绝缘体，其形成将显著影响蓄电池的充放电性能。硫酸盐化越多，则蓄电池内阻增加越快，导致电池的充放电性能恶化，进而缩短蓄电池的寿命。因此，为了延长铅酸蓄电池的寿命，需要避免过放电，及时停止放电以保护电池内部结构和性能。

（3）铅酸蓄电池的特点

① 铅酸蓄电池的优点。

a. 电压为 2.0V，常用电池中电压最高。

b. 价格低廉。

c. 可制成各容量、各形状的蓄电池。

d. 高倍率放电性能良好，可用于发动机启动。

e. 高、低温性能良好，可在－40～60℃条件下工作。

f. 易于浮充使用，没有记忆效应。

g. 易于识别荷电状态。

h. 电能效率高达 60%。

② 铅酸蓄电池的缺点。

a. 比能量低。

b. 使用寿命短，使用成本高。

c. 充电时间长。

d. 存在铅污染。

扫一扫

本章小结

在第 25 章详细介绍了铅酸电池的工作原理及系统构成等诸多方面。接下来，在第 26 章中将引导探索碱性动力电池，主要关注于镍镉电池和镍氢电池。该类型电池以电池能量密度高、自放电小、耐充电性好、储存性能较好、易于实现小型化等特有的优势，使得其在新能源汽车动力电池市场中占据了一定份额。在本章中，将详细分析这两种电池的特性和适用场景，为读者提供更全面的镍电池技术知识。

26.1　镍镉电池

镍镉电池是 EV 和 HEV 首选电池之一，因其碱性氢氧化物中含有金属镍和镉而得名。镍镉电池具有轻便、抗振的特点，并且具有工作电压平稳、能够带电充电并可以快速充电、过充电和过放电性能好、有高倍率的放电特性、瞬时脉冲放电率大和深度放电性能好的特性。此外，镍镉电池采用全封闭外壳，在真空环境中正常工作，低温性能较好，能够长时间存放。

26.1.1　镍镉电池的分类及特点

镍镉电池按电极的结构和制造工艺分为有极板盒式、无极板盒式和双极性电极叠层式 3 种类型，具体如下所述。

（1）有极板盒式

有极板盒式电极是将正负极活性物质填在穿孔的镀镍钢带做成的袋式或管式壳子里，广泛使用在 5～1000A·h 容量的蓄电池里。

（2）无极板盒式

无极板盒式包括压成式、涂膏式、烧结式和半烧结式。

① 压成式　活性物质直接用干粉法压成。

② 涂膏式　活性物质用黏结剂制成膏状涂在骨架上。

③ 烧结式　先用镍粉烧成骨架，然后将活性物质填充在多孔基板孔中。

④ 半烧结式　正极为烧结式，负极为涂膏式。

（3）双极性电极叠层式

双极性电极叠层式镍镉电池的一边为负极，一边为正极，中间为浸有电解液的隔膜，然后叠层。

镍镉电池优缺点都比较明显，主要特性如下。

① 使用寿命长　镍镉电池循环使用寿命长，可达到 2000 次或 7 年以上。

② 密封性能好　镍镉电池采用全封闭外壳，密封圈使用的是特殊材料，再加上密封剂的作用，因此使用过程中不会有电解液漏出的现象，也不需要补充电解液；由于采用完全密封式，镍镉电池可以在真空环境中正常工作。

③ 自放电小　镍镉电池储存寿命长而且限制条件少，经长期储存后仍可正常充电。长时间放置不会使性能劣化，当充完电后即可恢复原来的特性。

④ 大范围温度适应性　镍镉电池可以应用于较高或较低的温度环境。高温型电池可以在 70℃ 或者更高温度的环境中使用。相比于其他类型电池低温性能也

良好。

⑤ 内阻小、可供大电流充放电 镍镉电池可根据应用需要进行快速充放电。

⑥ 电压稳定，放电曲线平稳。

⑦ 耐过充、过放电 与其他种类电池相比，镍镉电池可耐过充、过放电，操作简单方便。

26.1.2 镍镉电池的结构及工作原理

镍镉电池因其碱性氢氧化物中含有金属镍和金属镉而得名。镍镉电池的结构如图 26-1 所示。

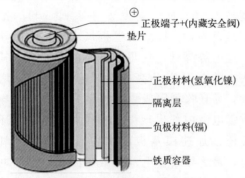

图 26-1 镍镉电池的结构

（1）正极

镍镉电池正极材料为氢氧化镍和石墨粉的混合物，充电时为 NiOOH，放电时为 $Ni(OH)_2$。

（2）负极

镍镉电池的负极材料为海绵状镉粉或氧化镉粉以及氧化铁粉。氧化铁粉的作用是使氧化镉粉有较高的扩散性，增加极板的容量。

（3）电解液

镍镉电池的电解液通常为氢氧化钠或氢氧化钾溶液。为了增加蓄电池的容量和循环寿命，通常在电解液中加入少量的氢氧化锂（每升电解液加 $15\sim20g$）。

镍镉电池的充放电过程反应如下。

正极充放电反应为：

$$NiOOH+H_2O+e^- \underset{充电}{\overset{放电}{\rightleftharpoons}} Ni(OH)_2+OH^-$$

$$(26\text{-}1)$$

负极充放电反应为：

$$Cd+2OH^- -2e^- \underset{充电}{\overset{放电}{\rightleftharpoons}} Cd(OH)_2$$

$$(26\text{-}2)$$

电池总反应为：

$$Cd+2NiOOH+2H_2O \underset{充电}{\overset{放电}{\rightleftharpoons}}$$
$$Cd(OH)_2+2Ni(OH)_2 \quad (26\text{-}3)$$

① 镍电极的反应机理 镍电极充电时，电极中的 $Ni(OH)_2$ 颗粒表面的 Ni^{2+} 失去一个电子成为 Ni^{3+}，电子通过正极中的导电网络和集流体向外电路转移；同时 $Ni(OH)_2$ 颗粒表面晶格 OH^- 中的 H^+ 通过界面双电层进入溶液，与溶液中的 OH^- 结合生成 H_2O。上述反应首先是发生在 $Ni(OH)_2$ 颗粒的表面层，使得表面层中质子（H^+）浓度降低，而颗粒内部仍然保持较高浓度的 H^+。由于浓度梯度，H^+ 从颗粒内部向表面扩散。

镍电极充电时由于质子（H^+）在 $NiOOH/Ni(OH)_2$ 颗粒中扩散系数小，颗粒表面的 H^+ 浓度降低，在极限情况下会降低到 0，这时表面层中的 NiOOH 几乎全部转化为 NiO_2。电极的电势不断升高，反应如下：

$$NiOOH+OH^- \longrightarrow NiO_2+H_2O+e^-$$

$$(26\text{-}4)$$

由于电极电势的升高，导致溶液中的 OH^- 被氧化，发生如下反应：

$$4OH^- -4e^- \longrightarrow O_2\uparrow+2H_2O$$

$$(26\text{-}5)$$

因此在充电过程中，镍电极上会有 O_2 析出，但这并不表示充电过程已经全部完成。通常情况下，在充电后不久镍电极就会开始析氧，在极限情况下，表层中生成的 NiO_2 并非以单独的结构存在于电极中，而是掺杂在 NiOOH 晶格中。NiO_2 不稳定，会因发生分解而析出氧气。

$$4NiO_2 + 2H_2O \longrightarrow O_2 \uparrow + 4NiOOH$$

(26-6)

② 镉电极的反应机理　镉电极的放电反应机理是溶解-沉淀机理。放电时镉（Cd）被氧化，生成 $Cd(OH)^{3-}$ 进入溶液，然后再形成 $Cd(OH)_2$ 沉积在电极上。镉（Cd）电极的放电反应机理是首先发生 OH^- 的吸附：

$$Cd + OH^- \longrightarrow Cd-OH_{吸附} + e^-$$

(26-7)

随着电极电势的不断提高，镉进一步被氧化，生成 $Cd(OH)^{3-}$ 进入溶液：

$$Cd-OH_{吸附} + 2OH^- \longrightarrow Cd(OH)_3^- + e^-$$

(26-8)

当界面溶液中 $Cd(OH)^{3-}$ 过饱和时，$Cd(OH)_2$ 就沉淀析出。

$$Cd(OH)_3^- \longrightarrow Cd(OH)_2 \downarrow + OH^-$$

(26-9)

生成的 $Cd(OH)_2$ 附着在电极表面上形成疏松多孔的 $Cd(OH)_2$，有利于溶液中的 OH^- 继续向电极内部扩散，使内部的海绵状镉也通过溶解-沉淀过程转化为 $Cd(OH)_2$，实现内部活性物质的放电。

26.1.3　镍镉电池的基本性能

（1）充放电性能

镍镉电池的标准电动势约为 1.3V，额定电压为 1.2V，平均工作电压在 1.20～1.25V 范围内。新鲜充满电的镍镉电池开路电压较高，可达到 1.4V 以上；放置一段时间后，开路电压会下降至约 1.35V。对镍镉电池以 0.5C 进行充电时，开始时电压约为 1.3V，随着充电进行，电压缓慢上升至 1.4～1.6V，并稳定一段时间。当电池充满，容量达到 100％后，电压会先急剧上升，然后下降。在放电过程中，镍镉电池的放电曲线通常平稳，只有在放电结束时电

电压会突然下降。当以 0.2C 放电时，电压会稳定在 1.2V 左右。总体来说，镍镉电池的充电和放电特性具有一定的规律性和稳定性。

（2）倍率持续放电特性

镍镉电池允许大电流放电而不会损坏，允许放电倍率在 10C 以上。大电流放电时，电压下降很快，电池可放出的能量下降。

（3）高低温放电性能

在一定范围内，温度的升高会导致镍镉电池的容量增加，因为温度升高有利于提高电极反应速率和减小极化程度。相反，温度的降低会增加电解液的电阻，从而导致镍镉电池的容量降低。然而，当温度超过 50℃时，会发生一系列不利的影响。首先，正极会发生析氧现象，这会导致过电势降低，使得正极充电不完全。其次，随着温度升高，镉的溶解度也会增大，易迁移到隔膜中形成镉枝晶，从而导致蓄电池内部出现微短路。此外，高温环境还会加速镍基板的腐蚀以及隔膜的氧化，最终导致蓄电池失效。因此，镍镉电池在高温环境下存在诸多问题，包括容量损失、极化加剧、金属镉迁移等，这些都会对电池的性能和寿命产生负面影响。在实际应用中，需要注意控制镍镉电池的工作温度，避免过高的温度对电池造成损害。

（4）耐过充电和过放电性能

镍镉电池具有很好的耐过充电和过放电的能力。1C 恒电流持续充电 2h，或强迫过放电不超过 2h，蓄电池不会损坏。

（5）记忆效应

记忆效应是指镍镉电池由于长期不彻底充电、放电，在电池内留下痕迹，降低电池容量的现象。比如，镍镉电池长期只放出 80％的电量后开始充电，一段时间后，蓄电池充满电后也只能放出 80％的电量。

这里需要说明的是：

① 记忆效应的产生原因　在传统工艺中，镍镉电池的负极通常采用烧结式结构，

其中的镉晶粒相对较粗。如果在镉镍电池完全放电之前重新对其进行充电，那么镉晶粒容易聚集成块，导致电池在放电时形成次级放电平台。电池会记录这一放电平台，并在下一次循环中将其作为放电的终点。尽管电池实际上可能具有更高的容量，可以使电池放电至更低的水平，但在随后的放电过程中，电池只会记住这种较低容量。因此，每次不完全的放电都会加深这种效应，导致电池的容量逐渐变得更低。这意味着电池的可用容量会逐渐减少，且这种效应在每次使用中都会得到加深。这种现象被称为记忆效应，它是镉镍电池特有的一种性能衰退机制。为了减轻记忆效应的影响，一般建议对镍镉电池进行定期的充放电循环，以帮助恢复其可用容量。另外，在实际使用中，尽量避免在电池未完全放电的情况下进行充电，可以一定程度上延缓记忆效应对电池性能的影响。

② 记忆效应的预防　要防止镍镉电池记忆效应的产生，应将电池使用到没电再充电，或在有放电功能的充电器上先行放电。切勿将还有电的电池重复充电，以避免记忆效应的产生。

③ 记忆效应的消除方法　要消除记忆效应有两种方法：一是采用小电流深度放电；二是采用大电流充放电几次。在实际应用中，消除记忆效应的方法有严格的规范和操作流程，操作不当会适得其反。

26.2　镍氢电池

镍氢电池是 20 世纪 90 年代发展起来的一种新型电池。它的正极活性物质主要由镍制成，负极活性物质主要由储氢合金制成，是一种碱性蓄电池。镍氢电池具有高比能量、高功率，适合大电流放电、可循环充放电、无污染，被誉为"绿色电源"。

26.2.1　镍氢电池的特点

镍氢电池具有无污染、高比能、大功率、快速充放电、耐用性等许多优异特性。与铅酸蓄电池相比，镍氢电池具有比能量高、质量小、体积小、循环寿命长的特点。

① 比功率高。目前商业化的镍氢功率型电池能达到 1350W/kg。

② 循环次数多。目前应用在电动汽车上的镍氢动力电池，80% 放电深度（DOD）循环可达 1000 次以上，为铅酸蓄电池的 3 倍以上，100%DOD 循环寿命也在 500 次以上，在混合动力汽车中可使用 5 年以上。

③ 无污染。镍氢电池不含铅、镉等对人体有害的金属，为 21 世纪"绿色环保电源"。

④ 耐过充过放。

⑤ 无记忆效应。

⑥ 使用温度范围宽。正常使用温度为 −30～55℃，储存温度为 −40～70℃。

⑦ 安全可靠。短路、挤压、针刺、安全阀工作能力、跌落、加热、耐振动等安全性、可靠性试验无爆炸、燃烧现象。

26.2.2　镍氢电池的结构和工作原理

镍氢电池由正极、负极、极板、隔膜、电解液等组成。它包括以镍的储氢合金为主要材料的负极板，具有保液能力和良好透气性的隔膜，碱性电解液、金属壳体、安全阀及其他部件具备自动密封功能。在图 26-2 所示的圆柱形镍氢电池中，正负极板相互隔离并呈螺旋状卷绕在壳体内，壳体通过盖帽进行密封，且壳体与盖帽之间使用绝缘材料的密封圈进行隔离。这种设计使得镍氢电池具有较高的安全性和稳定性，适用于各种应用场景。

镍氢电池的正极是活性物质氢氧化镍，负极是储氢合金，电解质采用氢氧化钾，

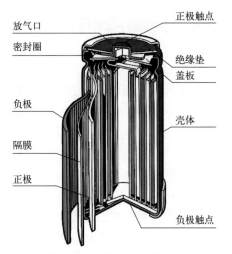

图 26-2　镍氢电池的结构

在正负极之间设置隔膜，共同构成一个镍氢单体电池。在金属铂的催化作用下，完成充电和放电可逆反应。镍氢电池的极板有两种类型：发泡体和烧结体。发泡体极板的镍氢电池在出厂前必须进行预充电，且放电电压不能低于0.9V。此外，发泡体极板的镍氢电池工作电压通常较不稳定。为了避免发泡体镍氢电池老化导致内阻增加，镍氢电池在出厂前必须进行预充电处理。预充电可以对镍氢电池进行激活，确保其性能稳定、内阻低。这些步骤有助于提高镍氢电池的循环寿命和性能表现。因此，在生产和使用镍氢电池时，预充电过程是非常重要的一环。

镍氢电池正极的活性物质为 NiOOH（放电时）和 $Ni(OH)_2$（充电时），负极的活性物质为 H_2（放电时）和 H_2O（充电时），电解液采用30%的氢氧化钾溶液。发生电化学反应过程中，负极反应式如下：

$$x H_2O + M + x e^- \underset{\text{放电}}{\overset{\text{充电}}{\rightleftharpoons}} x OH^- + MH_x$$

$$(26-10)$$

正极反应式：

$$Ni(OH)_2 + OH^- \underset{\text{放电}}{\overset{\text{充电}}{\rightleftharpoons}} NiOOH + H_2O + e^-$$

$$(26-11)$$

电池总反应式：

$$x Ni(OH)_2 + M \underset{\text{放电}}{\overset{\text{充电}}{\rightleftharpoons}} x NiOOH + MH_x$$

$$(26-12)$$

26.2.3　镍氢电池的使用性能

通常情况下，电池在特定电流下进行充放电时，会使用曲线来表示电池的端电压和温度随时间的变化，这些曲线称为电池的特性曲线。充放电电流的大小通常用充放电倍率表示，即充放电倍率等于充放电电流除以额定容量。例如，如果一个额定容量为100A·h的电池以20A的电流放电，则其放电倍率为0.2C。这种方式可以帮助描述电池在不同条件下的工作性能，并对电池进行合理的使用和设计。

（1）镍氢电池的充电特性

镍氢电池的充电特性曲线如图26-3所示，通常可分为三段。首先，电压上升较快，然后趋于平缓。这是由于 $Ni(OH)_2$ 的导电性较差，但充电产物 NiOOH 的导电性是前者的10倍，因此充电初期，电压迅速上升。随着 NiOOH 生成，充电电压上升速率减慢，电压变得相对稳定。随着充电过程的进行，当充电容量接近电池额定容量的75%时，储氢合金中的氢原子扩散速度减慢。由于氧在储氢合金中的扩散速度受负极反应速度的限制，并且此时正极开始逐步析出氧气，因此充电电压再次呈现快速上升的趋势。当充电量超过电池设计容量之后就进入了过充电阶段。在这个阶段，正极析出的氧会在负极储氢合金表面进行还原和去极化，使负极电位正移，电池温度迅速升高。加之镍氢电池反应温度系数为负值，因此电池的充电电压就会下降。这些特性曲线有助于理解镍氢电池在充电过程中的行为，对于电池的设计、管理和使用具有重要意义。

镍氢电池常用恒流充电的方式进行充电，在充电过程中电池所达到的最高电压是镍氢电池的一个重要指标。充电电压越低，说明电池在充电过程中的极化越小，电池的充电效率就越高，电池的使用寿命就可能越长。采用该方法，充电过程的终点控制是一个非常实际的问题。充电终点控制的方式主要有以下几种。

① 定时控制　设置一定的充电时间来控制充电终点，一般设定要充入 110% 额定容量所需的时间来控制。

② TCO，即最高温度控制　考虑电池的安全和特性应当避免高温充电，一般电池温度升高到 60℃ 时应停止充电。

③ 电压峰值控制　充电过程中电池的电压达到峰值并保持，即 $\Delta V = 0$，据此来判断充电的终点。

④ T/dt，即温度变化率控制　通过检测电池温度变化率峰值来判断充电的终点。

⑤ ΔT，即温度差控制　温度差为电池充满电时温度与环境温度之差。

⑥ ΔV，即电压降控制　当电池充满电时，电压达到峰值后会下降一定的值，据此判断充电终点。

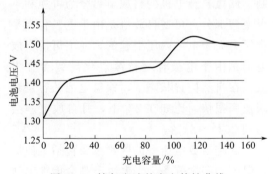

图 26-3　镍氢电池的充电特性曲线

（2）镍氢电池的放电特性

镍氢电池的工作电压为 1.2V，指的是其放电电压的平台电压。这是镍氢电池的一个重要性能指标。镍氢电池的放电性能会随着放电电流、温度和其他因素的改变而变化。电池的放电特性受电流、环境温度等因素影响，一般情况下，电流越大，温度越低，电池的放电电压和放电效率就会降低。长期大电流放电也会对电池的寿命造成一定

影响。

截止电压一般设定在 0.9～1V 之间。如果截止电压设置得太高，则电池容量无法被充分利用；反之，如果设置得太低，则容易引起电池过放，可能损害电池性能甚至缩短电池寿命。因此，合理设定截止电压对于维护镍氢电池的性能和延长电池寿命至关重要。

（3）镍氢电池的容量特性

电池的实际容量受到理论容量的限制，但与实际放电机制和应用工况密切相关。在高倍率下即大电流放电条件下，电极会出现极化增强，内阻增加，导致放电电压迅速下降，电池的能量效率降低，因此电池的实际容量通常低于额定容量。而在低倍率放电条件下，放电电压下降缓慢，电池实际释放的容量常常高于额定容量。

镍氢电池的充电电流、搁置时间、放电终止电压以及放电电流等因素都会对放电容量产生影响。因此，在不同的使用情况下，电池的实际容量可能会有所变化。了解这些因素如何影响电池性能可以帮助优化电池的设计和应用，并确保充分利用其电池容量，延长电池寿命，提高系统性能。

① 充电电流对放电容量的影响　在充电负极反应方程中，消耗电荷生成氢氧化镍，这些消耗的电荷无法再被释放利用，因此电池的充电效率总是小于 100%。随着充电电流倍率增大，电极极化加剧，会导致镍氢电池中氧气析出的复合反应加剧，进而降低充电效率和放电容量。

基于这个反应原理，放电容量随着充电过程的进行也会发生变化。随着电池的充电状态 SOC 升高，电池可放电容量会增加。初期，可放电容量增加较快；然而随着充电过程中复合反应的出现，可放电容量增加速度会减缓；最终，可放电容量将达到一个稳定值。

② 搁置时间对放电容量的影响　搁置时间对镍氢电池放电容量的影响本质上是由

于电池的自放电问题。这种自放电是由金属氧化物的不稳定性引起的。这种不稳定性在刚充完电或高荷电状态时尤为明显，而后逐渐趋于平衡和稳定。因此，随着搁置时间的延长，镍氢电池的放电容量会下降，而且在搁置开始阶段，容量下降较快。

③ 放电电流对放电容量的影响　电池内阻主要包括欧姆内阻和电化学极化内阻两部分。欧姆内阻对于特定的电池来说也是一个定值，电化学极化内阻则与发生电化学反应时的极化状态有关，而放电电流是影响电极极化状态的一个重要因素。放电电流增大，电极极化也增大，电化学极化内阻就大，其端电压就相对较低。对于相同的放电终止电压来说，最终反映为放电容量测试结果较低。

④ 放电终止电压对放电容量的影响　放电终止电压直接影响放电时间，而放电容量实际是放电电流与放电时间的乘积，因而放电容量随放电终止电压的降低而增加。但镍氢电池的放电电压不能无限地降低，一般选定在 0.9V 左右。过低将出现过放电现象，影响镍氢电池的使用寿命。

（4）镍氢电池的内压和温度特性

镍氢电池内部压力产生的基本原因是在充放电过程中，正极析出氧气，负极析出氢气，从而导致电池内部压力升高。通常情况下，镍氢电池的内部压力会保持在正常水平，不会引起安全问题。然而，在过度充电或过度放电的情况下，电池内部压力可能会升高到一定程度，从而带来安全问题。镍氢电池的内部压力与充电方式和充电状态密切相关。在电池充电状态未达到 100% 之前，内部压力增长较为平缓；但当超过 100% 时，内部压力会急剧增加。因此，过度充电的镍氢电池存在潜在的安全风险。

试验数据表明，随着电池的充放电循环次数增加，内部压力也会逐渐上升，同时电池中氢气和氧气的比例也会发生变化。另外，电解液的量也会影响电池内部压力，电

解液过多会导致内部压力升高。在中高温环境下，镍氢电池由于温度升高，有利于合金中氢原子的扩散，提高了合金的动力学性能。此外，随着温度升高，电解液中 KOH 的电导率也增加，这会提高电池的放电容量。然而，当温度超过 45℃ 时，尽管电解质的电导率增加、电流迁移能力增强，但电解液中水分蒸发加快，增加了电解液的欧姆内阻，两者相互抵消，导致放电容量不再增加。

因此，镍氢电池的存储温度应在 −20～45℃ 之间，最佳存储温度为 10～25℃。低于 −20℃ 时，电解液可能会凝固，导致电池内阻变大，不可逆变化可能会发生。而高于45℃ 时，电池的自放电速率会加快，电解液中的副反应会产生气体，导致整个电池老化、容量衰减，甚至可能在短时间内失效。

（5）镍氢电池的自放电和储存性能

电池的自放电主要受多方面因素影响，包括电极材料、制造工艺、储存条件等。在镍氢电池中，自放电主要受储氢合金电极控制。储氢合金电极的自放电可分为可逆和不可逆两部分。可逆自放电是由于电极合金平台压力大于电池内压引起的，而不可逆自放电则是由于电极合金持续氧化导致合金失效。在自然搁置状态下，镍氢电池的容量衰减速率很快，比如在 2℃ 下，月自放电率会达到 20%～25%。

影响自放电速率的因素主要包括电池储存温度和湿度等条件。温度升高会增加电池内正负极材料的反应活性，加快电解液中离子传导速度，同时降低隔膜等辅助材料的强度，从而提高自放电反应速率。过高的温度可能破坏电池的化学平衡，导致不可逆反应，严重影响电池性能。湿度对自放电速率的影响类似，高湿度环境也会加快自放电反应。一般来说，在低温和低湿条件下，电池的自放电率较低有利于储存，但过低温度可能引起电极材料不可逆变化，降低电池性能。

针对镍氢电池自放电率高的情况，可以通过选用改善材料组成、电解液和隔膜材料的方法，以及优化合成方式等来降低自放电率。例如，使用丙烯酸改性的聚丙烯（PP）隔膜可改善荷电保持能力。另外，选择合适的合金组分使其平台压力小于内部压力，有助于降低电池的可逆自放电。

电池的储存性能是指在一定条件下储存一段时间后电池主要性能参数的变化，包括容量下降、外观变化和渗液情况等。国家标准通常规定了电池容量下降、外观变化和漏液比例的限制。电池在储存过程中容量下降主要是由电极的自放电引起的。高自放电率对电池储存不利，因此镍氢电池通常遵从即充即用的原则，不宜长时间闲置。

镍氢电池的存放条件为：存放区应保持清洁、凉爽、通风；温度应为 $10 \sim 25^{\circ}C$；一般不应超过 $30^{\circ}C$；相对湿度以不大于 65% 为宜。除了合适的储存温度和湿度条件外，必须注意的还有以下两点。

① 长期放置的电池应该采用荷电状态储存，一般可预充 $50\% \sim 100\%$ 的电量后储藏。

② 在储存过程中，要保证至少每 3 个月对电池充电一次，以恢复到饱和容量。这是因为放完电的电池（放电到终止电压）在储存的过程中，一方面会继续自放电造成过放，另一方面电池内的正负极、隔膜和辅助材料经常会发生严重的电解液腐蚀和漏液现象，对电池的整体性能造成致命的损害。

（6）镍氢电池的循环寿命

镍氢电池的循环寿命受多种因素影响，包括充放电湿度、温度和使用方法等。根据 REC 标准进行充放电时，镍氢电池的充放电循环寿命可以超过 500 次。在电动车辆上的应用中，一般采用浅充浅放的应用机制，即将电池的 SOC（state of charge）控制在 $40\% \sim 80\%$ 之间。因此，在这种使用方式下，镍氢电池的使用寿命可以达到 5 年以上，甚至可能超过 10 年。

这表明，通过采取合适的充放电策略和控制 SOC 范围，可以显著延长镍氢电池的使用寿命。同时，在工业化生产中，制造商也不断改进材料和工艺，以提高镍氢电池的循环寿命。

总的来说，在适当的条件下和正确的使用方式下，镍氢电池可以实现较长的使用寿命，符合电动汽车等领域的需求。镍氢电池失效的原因有多方面，主要归纳如下。

① 电解液的损耗　镍氢电池的电解液在电池的充放电循环过程中会在电极和隔膜中重新分配，增加了它们的表面积和孔隙率并导致电极膨胀，电池内压增大，从而导致气体（氢气和氧气）的泄漏，最终导致电解液的损耗。电解液的损耗将导致电池溶液内阻增大，电导率降低。

② 电极材料的改变　镍氢电池经一定次数的充放电循环后，负极中的锰、铝元素会发生偏析溶解，负极储氢合金表面逐渐被腐蚀氧化，在电极表面形成一层氢氧化物，合金体积发生膨胀、收缩，最后导致合金粉化，严重影响了电池在充放电过程中的吸氢放氧性能。

③ 隔膜的变化　随着电池充放电循环次数的增加，电池的隔膜结构会发生变化，隔膜的电解液保持能力下降，电池自放电增加，电池寿命降低。另外，从电池电极上脱落下来的电极材料逐渐堵塞隔膜上的孔隙，严重影响镍氢电池中气体的渗透传输，进而增大了电池内阻，影响电池充放电性能，导致电池失效。

扫一扫

本章小结

继对镍镉和镍氢两种碱性电池的探讨之后，本章将转向现代新能源汽车动力电池领域的主导技术——锂离子动力电池。这种电池的负极是石墨等材料，正极用磷酸铁锂、钴酸锂、钛酸锂等，锂离子电池不仅体积小，能量密度高，而且具有较长的循环寿命，这使它成为当前和未来动力电池技术发展的焦点。本章将仔细解析锂离子电池的构成、工作原理、分类及其发展趋势等内容，为读者揭示为何随着新能源汽车的发展和普及，锂离子电池在新能源汽车领域发挥越来越重要的作用。

27.1　锂离子电池的构成

典型的锂离子电池由正负电极以及浸泡在有机电解液中的隔膜组成。电极通常由涂覆有金属箔（集流体，通常是铜或铝）的复合材料构成，整个电池则通过密封来隔绝空气。复合电极一般由作为锂离子嵌入化合物的活性物质、提高电子导电性的导电剂，以及将这些物质黏合在一起的黏合剂组成。在锂离子电池中，常用石墨作为负极的活性材料，而正极则通常采用含锂的过渡金属氧化物。

锂离子电池主要由电芯和保护板 PCM（动力电池一般称为电池管理系统，即 BMS）组成。电芯相当于锂离子电池的核心，而管理系统相当于其大脑。电芯主要由正极材料、负极材料、电解液、隔膜和外壳构成。保护板主要由保护芯片（或管理芯

片）、MOS 管、电阻、电容和 PCB 板等组成。这些部件共同协作，确保锂离子电池的正常运行和安全性。

27.1.1　锂离子电池正极材料

正极材料一直是锂离子电池的核心，对于锂离子电池的性能和成本具有至关重要的影响。正极材料在锂离子电池中承担着决定能量密度、充放电倍率、安全性等关键指标的重要作用，并且通常也是商业化锂离子电池中主要的锂离子来源。常见的正极材料包括锰酸锂、磷酸铁锂、钴酸锂、镍酸锂和镍钴锰酸锂（三元锂）等。

每种正极材料都有其理论能量密度，因此选择不同的正极材料将直接影响电芯的能量密度上限。同时，正极材料的用量设计和加工制作过程中的振实密度也会对电芯的最终能量密度产生影响。为了发挥最佳性能，正极材料需要在材料组成优化的前提下，进一步优化其晶体结构、颗粒结构与形貌、颗粒表面化学、材料堆积密度和压实密度等物理化学性质。此外，在制造过程中还需要严格防止微量金属杂质的引入，以确保材料的稳定性和高质量、大规模生产的可行性。

因此，对正极材料进行优化，包括组成、结构和制备工艺等方面的改进，对于提高锂离子电池的性能、降低成本，以及实现稳定的大规模生产具有重要意义。正极材料通常应满足如下要求。

① 比能量高。能量越高，电动汽车续驶里程越远。

② 比功率大。功率越高，电动汽车加

速、爬坡性能越好。

③ 自放电少。这是电动汽车安全性的决定因素。

④ 价格低廉。价格便宜，使得锂离子电池的成本足够低。

⑤ 使用寿命长。

⑥ 安全性好。

⑦ 对环境的污染小，易于回收利用。

未来锂离子电池正极材料的发展方向如下。

① 在动力电池领域，锰酸锂和磷酸铁锂是最有前途的正极材料，二者相对钴酸锂具有更强的价格优势，并具有更佳的热稳定性和安全性。

② 在通信电池领域，三元锂和镍酸锂是最有可能成为替代钴酸锂的正极材料。三元锂相对钴酸锂具有更高的安全性和比价优势，而镍酸锂容量更大。

常见的锂离子电池正极材料及其性能比较见表27-1。

表 27-1　常见锂离子电池正极材料及其性能比较

项目	磷酸铁锂	锰酸锂		钴酸锂	镍酸锂	镍钴锰酸锂（三元锂）
材料主成分	LiFePO$_4$	LiMn$_2$O$_4$	LiMnO$_2$	LiCoO$_2$	LiNiO$_2$	LiNiCoMnO$_2$
理论能量密度 /(W·h/L)	170	148	286	274	274	278
实际能量密度 /(W·h/L)	130～140	100～120	200	135～140	190～210	155～165
电压/V	3.2～3.7	3.8～3.9	3.4～4.3	3.6	2.5～4.1	3.0～4.5
循环次数	＞2000	＞500	差	＞300	差	＞800
过渡金属	非常丰富	丰富	丰富	贫乏	丰富	贫乏
环保性能	无毒	无毒	无毒	钴具有放射性	镍具有毒性	镍、钴具有毒性
安全性能	好	良好	良好	差	差	尚好
使用温度/℃	−20～75	＞50 快速衰减	高温不稳定	−20～55	—	−20～55

27.1.2　锂离子电池负极材料

负极材料是电池在充电过程中，锂离子和电子的载体，起着能量的储存与释放的作用。在电池成本中，负极材料占了5%～15%，是锂离子电池的重要原材料之一。目前全球锂电池负极材料仍然以天然/人造石墨为主，新型负极材料如中间相碳微球（MCMB）、钛酸锂、硅基负极、HC/SC、金属锂的应用也在快速增长中。如图27-1

所示为锂离子电池负极材料。

（1）锂离子电池对负极材料的要求

① 大量 Li$^+$ 能够快速、可逆地嵌入和脱出，以便得到高的容量密度。

② Li$^+$ 嵌入、脱出的可逆性好，主体结构没有或者变化很小。

③ 在 Li$^+$ 嵌入、脱出过程中，电极电位变化尽量小，这样电池的电压不会发生显著变化，可保持较平稳地充电和放电。

④ 电极材料具有良好的表面结构，固体电解质中间相（solid electrolyte interface

film，SEI 膜）稳定、致密，在形成 SEI 膜后不与电解质等发生反应。

⑤ Li$^+$ 在电极材料中具有较大扩散系数，变化小，便于快速充放电。

⑥ 锂离子在负极基体中的插入氧化还原电位尽可能低，接近金属锂的电位，从而使电池的输入电压增高。

⑦ 插入化合物应有较好的电子电导率和离子电导率，这样可以减少极化并能进行大电流充放电。

⑧ 从实用角度而言，材料应具有较好的经济性以及对环境的友好性。

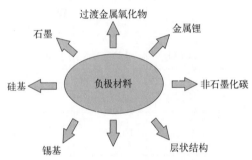

图 27-1　锂离子电池负极材料

（2）锂离子电池负极材料的分类

锂离子电池负极材料分为碳类负极材料和非碳类负极材料两大类。如图 27-2 所示为锂离子电池负极材料分类。

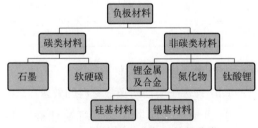

图 27-2　锂离子电池负极材料分类

如图 27-3 所示为碳类负极材料分类，碳类负极材料又分为石墨类负极材料和非石墨类负极材料。

① 石墨类负极材料　石墨是一种非金属矿物质，具有许多特性，如软滑、耐高温、耐氧化、抗腐蚀、强度大、韧性好、自润滑、导热和导电等，在各行业得到广泛应

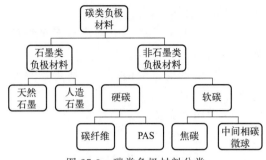

图 27-3　碳类负极材料分类

用，如冶金、机械、电气、化工、纺织和国防等领域。在锂离子电池中，石墨常被应用作为负极材料。

石墨主要分为天然石墨和人造石墨两种。天然石墨需要经过处理才能用于锂离子电池的负极，通常包括氧化处理和机械研磨等方法。而人造石墨则是通过将有机物（气态、液态、固态）转变成石墨而制备的。尽管石墨作为负极材料有许多优点，但也存在一些缺点。比如，石墨的低电位可能与电解质形成界面膜，导致析锂现象；石墨的离子迁移速度较慢，从而限制了充放电倍率。此外，石墨具有层状结构，在锂离子插入和脱嵌过程中会发生 10% 左右的形变，影响了电池的循环寿命。

在锂离子电池的开发中，针对石墨材料的这些不足之处，科研人员正在不断研究和改进，以提高锂离子电池的性能和循环寿命。同时，也在探索其他更先进的负极材料，以满足日益增长的电池材料需求。

② 非石墨类负极材料　非石墨类负极材料主要包括硬碳和软碳。软碳是易于石墨化的无定型碳，具有低结晶度、小晶粒尺寸和大晶面间距等特点，因此与电解液相容性好。然而，软碳在首次充放电时存在较高的不可逆容量和较低的输出电压，通常不直接作为负极材料使用，而被用作制造天然石墨的原料，如石油焦、针状焦等。

硬碳也称为石墨化碳，是高分子聚合物热解而成的碳材料，在高温下（约 3000℃）难以发生石墨化。硬碳包括树脂碳（如酚醛

树脂、环氧树脂、聚糠醇等）、有机聚合物热解碳（如 PVA、PVC、PVDF、PAN 等）和碳黑（乙炔黑）等。硬碳有利于锂的嵌入而不引起结构显著膨胀，具有良好的充放电循环性能。

相较于常规碳类材料，硬碳具有较大的容量、优良的循环性能、安全性能和高倍率特性，但首次效率较低（约 85%），电压平台较硬碳略低。改进硬碳的思路主要包括提高首次效率（降低比表面积，形成更规则的硬碳；表面包覆，控制 SEI 膜形成）以及提高材料吸收率。这些改进措施有望进一步提升硬碳作为负极材料的性能和降低成本，推动其在锂离子电池中的应用。

③ 硅基负极材料　硅作为目前发现的理论克容量最高的负极材料，具有广阔的应用前景。硅的成功应用将会显著提升电池的能量密度，可能实现一次充电续驶 1000km。硅的理论容量高达 4200 mA·h/g，是石墨（372mA·h/g）的 10 倍多，同时其电压平台也略高于石墨，这意味着在充电时析锂的可能性较小。此外，相比于石墨，硅在安全性能上具有很大优势，并且地壳中丰度较高，来源广泛，价格便宜。

然而，硅作为负极材料存在一个主要缺点，即易膨胀的体积效应。在充放电过程中，硅会发生超过 300% 的体积变化，导致材料结构破坏、机械粉化以及电极材料间和电极材料与集流体的分离，从而导致电池容量迅速衰减和循环性能恶化。由于这一缺点，目前硅的商业化应用受到限制。

针对硅充放电膨胀问题，目前的研究方法包括纳米硅、多孔硅和硅基复合材料等。其中，利用复合材料各组分之间的协同效应，如硅、碳复合材料，可实现优势互补，是当前重要的研究方向，包括包覆型、嵌入型和分散型等。这些研究方向有望克服硅的体积膨胀问题，推动其在锂离子电池中的商业化应用。

④ 锂金属负极材料　锂是密度很小的金属之一，其标准电极电位为 −3.04V，理论比容量为 3860mA·h/g，仅次于硅的理论比容量 4200mA·h/g。锂在锂硫电池（2600W·h/kg）、锂空气电池（11680W·h/kg）等应用领域具有广泛的潜在应用前景。

锂金属电池具有很高的容量表现，但在实际使用中存在锂枝晶、负极沉淀和负极副反应等问题，严重影响电池的安全性，因此目前处于概念性阶段。另外，硫是自然界中存在非常广泛的元素，锂硫电池因具有较高的能量密度（2600W·h/kg），有望成为下一代锂电池研发的重要方向，可能在未来推动电池技术的进一步发展。

⑤ 钛酸锂负极材料　钛酸锂是一种具有尖晶石结构的材料，其电位平台为 1.5V，拥有三维离子扩散通道和晶格稳定性，理论容量为 176mA·h/g。该材料具有高安全性、高倍率和长寿命等特点。

高安全性表现在钛酸锂负极材料在使用过程中不会析出锂，耐受过充、过放，且在高温和低温条件下性能优异。高倍率则指钛酸锂相对于石墨具有更高的离子扩散系数，在 25℃ 时，锂离子在钛酸锂中的扩散系数比石墨高出一个数量级。长寿命特点则表现在钛酸锂负极材料具有晶格稳定性和结构稳定性，在充放电过程中体积变化微乎其微，不形成固体电解质界面（SEI 膜），因此不会受到 SEI 膜破损所引起的负面影响。

（3）锂离子电池负极材料的发展趋势

① 锂离子电池负极材料未来将向着高容量、高能量密度、高倍率性能、高循环性能等方面发展。

② 现阶段锂离子动力电池负极材料基本都是石墨类碳负极材料，对石墨类碳负极材料进行表面包覆改性，增加其与电解液的相容性，减少不可逆容量，增加倍率性能，也是当下提升锂离子电池负极材料的一个重点。

③ 对负极材料钛酸锂进行掺杂，提高电子、离子传导率是现阶段一个重要的改进方向。

④ 硬碳、软碳、合金等负极材料，虽然有较高的容量，但是循环稳定性问题还在困扰着我们，对其的改性研究仍在探索改善中，由于市场对高能量密度电芯的需求增加，可能会促进该类材料的研发和应用。

⑤ 锂金属负极虽然具有很高的能量密度，但是其固有的锂枝晶等安全问题尚无行之有效的解决办法，其大规模的实际应用尚需时日。

27.1.3 锂离子电池电解液

电解液是锂离子电池的四大主要组成部分之一，是实现锂离子在正负极迁移的媒介，对锂电池容量、工作温度、循环效率以及安全性都有重要影响。通常电解液占电池质量和体积的比重分别为15%、32%，其对纯度及杂质的含量要求非常高，生产过程中需要高纯的原料以及必要的提纯工艺。

（1）电解液的构成

锂离子电池电解液主要由有机溶剂、锂盐和添加剂3类物质组成，如图27-4所示。

① 有机溶剂，即环状碳酸酯（PC、EC）、链状碳酸酯（DEC、DMC、EMC）、羧酸酯类（MF、MA、EA、MA、MP）等。

② 锂盐，即 LiPF6、LiBF4、LiBOB、LiDFOB 等。

③ 添加剂，即成膜添加剂、导电添加剂、阻燃添加剂、过充保护添加剂、改善低温性能的添加剂、多功能添加剂等。

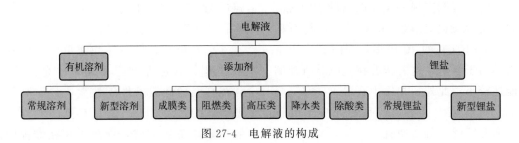

图 27-4 电解液的构成

（2）有机溶剂

常见的可用于锂电池电解液的有机溶剂主要分为碳酸酯类溶剂和有机醚类溶剂，如图27-5所示。为了获得性能较好的锂离子电池电解液，通常使用含有两种或两种以上有机溶剂的混合溶剂，使其能够取长补短，得到较好的综合性能。

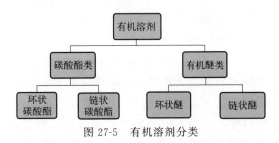

图 27-5 有机溶剂分类

有机溶剂需要具有以下性质：

① 介电常数高，对锂盐的溶解能力强；

② 熔点低，沸点高，在较宽的温度范围内保持液态；

③ 黏度小，便于锂离子的传输；

④ 化学稳定性好，不破坏正负电极结构或溶解正负电极材料；

⑤ 闪点高，安全性好，成本低，无毒、无污染。

（3）锂盐

锂盐分为常规锂盐和新型锂盐两种，锂盐需要具有以下性质：

① 有较小的缔合度，易溶解于有机溶剂，保证电解液高离子电导率；

② 阴离子有抗氧化性及抗还原性，还原产物利于形成稳定低阻抗 SEI 膜；

③ 化学稳定性好，不与电极材料、电解液、隔膜等发生有害副反应；

④ 制备工艺简单，成本低，无毒、无污染。

不同种类的锂盐介绍如下。

① LiPF6 是应用最广的锂盐，它的单一性质并不是最突出，但在碳酸酯混合溶剂电解液中具有相对较优的综合性能。LiPF6 有以下突出优点：a. 在非水溶剂中具有合适的溶解度和较高的离子电导率；b. 能在 Al 箔集流体表面形成一层稳定的钝化膜；c. 协同碳酸酯溶剂在石墨电极表面生成一层稳定的 SEI 膜。但是 LiPF6 热稳定性较差，易发生分解反应，副反应产物会破坏电极表面的 SEI 膜，溶解正极活性组分，导致循环容量衰减。

② LiBF4 是常用锂盐添加剂。与 LiPF6 相比，LiBF4 的工作温度区间更宽，高温下稳定性更好，且低温性能也较优。

③ LiBOB 具有较高的电导率、较宽的电化学窗口和良好的热稳定性。其最大优点在于成膜性能，可直接参与 SEI 膜的形成。

④ LiDFOB 结构上 LiDFOB 是由 Li-BOB 和 LiBF4 各自半分子构成，综合了 Li-BOB 成膜性好和 LiBF4 低温性能好的优点。与 LiBOB 相比，LiDFOB 在链状碳酸酯溶剂中具有更高的溶解度，且电解液电导率也更高。其高温和低温性能都好于 LiPF6，且与电池正极有很好的相容性，能在 Al 箔表面形成一层钝化膜，并抑制电解液氧化。

（4）添加剂

添加剂用量少、效果显著，是一种经济实用的改善锂离子电池相关性能的方法。通过在锂离子电池的电解液中添加较少剂量的添加剂，就能有针对性地提高电池的某些性能，例如可逆容量、电极/电解液相容性、循环性能、倍率性能和安全性能等，在锂离子电池中起着非常关键的作用。

① 电解液添加剂应具备的特点。

a. 在有机溶剂中溶解度较高。

b. 少量添加就能使一种或几种性能得到较大的改善。

c. 不与电池其他组成成分发生有害副反应而影响电池性能。

d. 成本低廉，无毒或低毒性。

② 添加剂的功能分类。

a. 导电添加剂。通过与电解质离子进行配位反应，促进锂盐溶解，提高电解液电导率，从而改善锂离子电池倍率性能。由于导电添加剂是通过配位反应作用的，故又称为配体添加剂，根据作用离子不同可分为阴离子配体、阳离子配体及中性配体。

b. 过充保护添加剂。指提供过充保护或增强过充忍耐力的添加剂。过充保护添加剂按照功能分为氧化还原对添加剂和聚合单体添加剂两种。目前氧化还原对添加剂主要是苯甲醚系列，其氧化还原电位较高，且溶解度很好。聚合单体添加剂在高电压下会发生聚合反应，释放气体，同时聚合物会覆盖于正极材料表面中断充电。聚合单体添加剂主要包括二甲苯、苯基环己烷等芳香族化合物。

c. 阻燃添加剂。作用是提高电解液的着火点或终止燃烧的自由基链式反应阻止燃烧。添加阻燃添加剂是降低电解液易燃性、增大锂电池使用温度范围、提高其性能的重要途径之一。阻燃添加剂的作用机理主要有两种：一是通过在气相和凝聚相之间产生隔绝层，阻止凝聚相和气相的燃烧；二是捕捉燃烧反应过程中的自由基，终止燃烧的自由基链式反应，阻止气相间的燃烧反应。

d. SEI 成膜添加剂。作用是促进在电极材料表面形成稳定有效的 SEI 膜。SEI 膜的性能极大地影响了锂离子电池的首次不可逆容量损失、倍率性能、循环寿命等电化学性质。理想的 SEI 膜在对电子绝缘的同时允许锂离子自由进出电极，能阻止电极材料与电解液进一步反应且结构稳定，不溶于有机溶剂。

③ 添加剂的发展趋势　电解液未来的主要发展方向是开发匹配高电压正极的电解液，兼顾高容量硅碳负极，避免硅负极在循环过程中体积膨胀带来的 SEI 膜反复破裂、再生导致的电解液过量消耗等问题。添加剂是电解液的价值核心，其对电解液的浸润性、阻燃性、成膜性等均有显著的影响，也是高性能电解液开发的关键。

27.1.4　锂离子电池的隔膜

在锂离子电池的结构中，隔膜是关键的内层组件之一，如图 27-6 所示，由经特殊成形的高分子薄膜制成。这种薄膜具有微孔结构，可以让锂离子自由通过，但阻止电子通过。隔膜的离子传导能力直接影响电池的整体性能，其隔离正负极的作用可限制电流在过度充电或温度升高时的增加，以防止电池短路引起爆炸。此外，隔膜还具有微孔自闭保护功能，对电池使用者和设备提供安全保护。

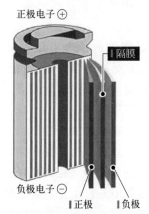

正极电子 ⊕

隔膜

负极电子 ⊖

正极　负极

图 27-6　锂离子电池隔膜的构成

隔膜的性能直接影响电池的界面结构、内阻等，从而影响电池的容量、循环寿命和安全性能等。优异性能的隔膜对提高电池的综合性能至关重要。

隔膜材料通常是非导电的，并且其物理和化学性质对电池性能具有重要影响。不同类型的电池会采用不同的隔膜材料。对于锂离子电池来说，由于其中含有有机溶剂的电解液，因此需要选用耐有机溶剂的隔膜材料。通常情况下，锂离子电池采用高强度薄膜化的聚烯烃多孔膜作为隔膜材料。这些特定材料能够满足电池的要求，确保电池稳定、高效地运行。

（1）锂离子电池隔膜的主要作用

① 隔离正负极，并使电池内部的电子不能自由穿过。

② 能够让电解液中的离子在正负极间自由通过。

（2）对锂离子电池隔膜的要求

① 具有电子绝缘性，保证正负极的机械隔离。

② 有一定的孔径和孔隙率，保证低电阻和高离子电导率，对锂离子有很好的透过性。

③ 由于电解质的溶剂为强极性的有机化合物，隔膜必须耐电解液腐蚀，有足够的化学和电化学稳定性。

④ 对电解液的浸润性好并具有足够的吸液保湿能力。

⑤ 具有足够的力学性能，包括穿刺强度、拉伸强度等，但厚度尽可能小。

⑥ 空间稳定性和平整性好。

⑦ 热稳定性和自动关断保护性能好。动力电池对隔膜的要求更高，通常采用复合膜。

（3）锂离子电池隔膜的性能

① 在电池体系内，其化学稳定性好，所用材料能耐有机溶剂。

② 机械强度大，使用寿命长。

③ 有机电解液的离子电导率比水溶液低，为减少电阻，电极面积必须尽可能大，因此隔膜很薄。

④ 当电池体系发生异常时，温度升高，为防止产生危险，在快速产热温度（120～140℃）开始时，热塑性隔膜发生熔融，微孔关闭，变为绝缘体，防止电解质通过，从而达到阻断电流的目的。

⑤ 从锂离子电池的角度而言，能被有机电解液充分浸渍，而且在反复充放电过程中能保持高度浸渍。

（4）锂离子电池隔膜材料分类

① 多孔聚合物薄膜（如聚丙烯 PP、聚乙烯 PE、PP/PE/PP 膜）。

② 无纺布（玻璃纤维无纺布、合成纤维无纺布、陶瓷纤维纸等）。

③ 高空隙纳米纤维膜。

④ Separion 隔膜。

⑤ 聚合物电解质。

（5）隔膜制备方法

隔膜制备方法分为干法和湿法两类。

① 干法　是将聚烯烃树脂熔融、挤压、吹膜制成结晶性聚合物薄膜，经过结晶化处理、退火后，得到高度取向的多层结构，在高温下进一步拉伸，将结晶界面进行剥离，形成多孔结构，可以增加薄膜的孔径。干法有单向拉伸和双向拉伸两种方式。

② 湿法　又称相分离法或热致相分离法，将液态烃或一些小分子物质与聚烯烃树脂混合，加热熔融后，形成均匀的混合物，然后降温进行相分离，压制得到膜片，再将膜片加热至接近熔点温度，进行双向拉伸使分子链取向，最后保温一定时间，用易挥发物质洗脱残留的溶剂，可制备出相互贯通的微孔膜材料。

相比之下，湿法隔膜的力学性能更好，膜层厚度可以做得更薄，其生产线的自动化程度更高，可以连续生产，并且具有更高的生产率。在动力锂离子电池领域，湿法隔膜在性能和安全程度方面有着超越干法的显著优势，有利于提高动力电池的能量密度，更能够适应当前新能源汽车动力电池逐渐向高能量密度化发展的趋势，符合锂离子电池发展的技术路线。

27.1.5　锂离子电池外壳

锂离子电池的外壳通常采用钢壳、铝壳、镀镍铁壳（用于圆柱电池）和铝塑膜（软包装）等材料。早期方形锂离子电池大多采用钢壳，但由于钢壳质量能量比低且安全性较差，逐渐被铝壳和软包装锂离子电池取代。铝壳设计有方角和圆角两种，一般采用铝锰合金材质，含有 Mn、Cu、Mg、Si、Fe 等合金成分。这些合金各自发挥不同作用，如 Cu 和 Mg 提高强度与硬度，Mn 增加耐腐蚀性，Si 增强热处理效果，Fe 提高耐高温强度。

铝壳的合金构造注重安全性能，通过材质厚度和膨胀系数来体现。铝壳相较于钢壳更轻的原因在于其可以制造更薄的外壳。根据锂离子电池的工作机理，在充电和放电过程中，正极和负极会产生体积膨胀，适当的合金配方可以降低膨胀系数。

在柱式锂离子电池领域，许多厂商选择钢壳作为外壳材料，因为钢质的物理稳定性和抗压性优于铝壳。通过对各个厂家的设计结构进行优化和内部安全装置的放置，钢壳柱式电池的安全性得到提升。

27.2　锂离子电池的特点

（1）电压高

锂离子电池的电压是镍镉电池、镍氢电池的 3 倍，是铅酸电池的近 2 倍，这也是锂离子电池比能量高的一个重要原因。组成相同电压的动力电池组时，锂离子电池使用的串联数目会大大少于铅酸电池和镍氢电池。

（2）质量小、体积小

锂离子电池质量是相同能量铅酸电池的 $1/4\sim1/3$，体积是铅酸电池的 $1/3\sim1/2$。

（3）寿命长

锂离子电池循环次数可达 1000～3000 次。以容量保持 60% 计，电池组 100% 充放电循环次数可以达到 600 次以上，使用年限可达 5～8 年，寿命为铅酸电池的 2～3 倍。随着技术的进步，设备的更新，锂离子电池的寿命会越来越长，其性价比也会越来越高。

（4）自放电率低

自放电率每月不到 5%。

（5）工作温度范围宽、低温性能好

锂离子电池可在 -40～+55℃ 工作，而水溶液电池（铅酸电池、镍氢电池）在低温时，由于电解液流动性变差会导致性能大大降低。

（6）无记忆效应

每次充电前不必像镍镉电池、镍氢电池一样需要放电，可以随时随地进行充电。电池充放电深度对电池的寿命影响不大，可以全充全放。

（7）无污染

铅酸电池和镉镍电池存在有害物质铅和镉，而锂离子电池中不存在有毒物质，因此被称为"绿色电池"。

（8）价格高

相同电压和相同容量的锂离子动力电池价格是铅酸电池的 3～4 倍，主要原因是锂离子电池正极材料的价格高。

（9）安全隐患

锂离子动力电池能量高，材料稳定性差，在使用过程中可能会出现发热、燃烧现象，比较容易出现安全问题。因此锂离子电池必须有特殊的保护电路，以防过充。

（10）电池的关键参数

锂离子电池由于其特性，不能过充、过放、过流、过温，因此在使用时必须考虑安全性和电池寿命问题，并做好相关保护。常用的关键参数包括额定容量（表示电池能储存的电荷量，以毫安时或安时表示）、额定电压、充电截止电压、放电截止电压、工作温度范围、放电倍率和循环寿命等。电压情况在不同厂商中差异不大，工作温度和放电倍率因电池本身和厂家而异。了解和控制这些参数对于保证锂离子电池的安全性和延长

其寿命至关重要。

27.3 锂离子电池的分类

一般而言，锂离子电池可以分成两个大类：一次性不可充电电池（又称为锂原电池）和二次充电电池（又称为锂蓄电池）。不可充电电池如锂二氧化锰电池、锂-亚硫酰氯电池。

二次充电电池可以根据不同的情况分类。

① 按外形分　方形锂电池（普通手机电池）、圆柱形锂电池（电动工具的 18650 锂电池）和纽扣式锂离子电池。

② 按外包材料分　铝壳锂电池、钢壳锂电池、软包电池。

③ 按电解液状态分　锂离子电池（LIB）、聚合物电池（PLB）和全固态锂离子电池（目前还处于试验阶段）。

④ 按用途分　普通电池和动力电池。

⑤ 按性能特性分　高容量电池、高倍率电池、高温电池、低温电池等。

⑥ 按正极材料分　磷酸铁锂电池、锰酸锂电池、三元锂电池。

下面针对几种典型的锂电池进行介绍。

（1）磷酸铁锂电池

磷酸铁锂电池是指用磷酸铁锂作为正极材料的锂离子电池，现在主要方向是用作动力电池，相对 Ni-H、Ni-Cd 电池有很大优势，尤其是在循环性能、环保性能、安全性能、原料成本及应用领域。磷酸铁锂电池充放电效率为 88%～90%，而铅酸电池约为 80%。

磷酸铁锂电池优势如下。

① 超长寿命　长寿命铅酸电池的循环寿命在 300 次左右，最高也就 500 次，而磷酸铁锂动力电池，循环寿命可达到 2000 次。

同质量的铅酸电池是"新半年、旧半年、维护维护又半年"，最多也就 1.5 年时间，而磷酸铁锂电池在同样条件下使用，将达到 7～8 年。综合考虑，性能价格比将为铅酸电池的 4 倍以上。

② 使用安全　磷酸铁锂完全解决了钴酸锂和锰酸锂的安全隐患问题，钴酸锂和锰酸锂在强烈的碰撞下会产生爆炸，对消费者的生命安全构成威胁。而磷酸铁锂已经过严格的安全测试，即使在最恶劣的交通事故中也不会产生爆炸。

③ 可大电流 $2C$ 快速充放电　在专用充电器下，$1.5C$ 充电 40min 内即可使电池充满，启动电流可达 $2C$，而铅酸电池现在无此性能。

④ 耐高温　磷酸铁锂电热峰值可达 350～500℃，而锰酸锂和钴酸锂只在 200℃ 左右。

⑤ 大容量　具有比普通电池（铅酸等）更大的容量，为 5～1000A·h（单体）。

⑥ 无记忆效应　可充电池经常处于充满不放完的条件下工作，容量会迅速低于额定容量值，这种现象叫做记忆效应。像镍氢、镍镉电池存在记忆性，而磷酸铁锂电池无此现象，电池无论处于什么状态，可随充随用，无须先放完再充电。

⑦ 绿色环保　该电池不含任何重金属与稀有金属（镍氢电池需稀有金属），无毒（SGS 认证通过），无污染，符合欧洲《关于限制在电子电器设备中使用某些有害成分的指令》（restriction of hazardous substanus，RoHS）规定，为绝对的绿色环保电池。铅酸电池中却存在着大量的铅，在其废弃后若处理不当，将对环境造成二次污染，而磷酸铁锂材料无论在生产及使用中，均无污染。

（2）锰酸锂电池

锰酸锂是一种具有较好前景的锂离子电池正极材料之一。与传统的钴酸锂等正极材料相比，锰酸锂具有资源丰富、成本低、无污染、安全性好和良好的倍率性能等优点，因此被认为是理想的动力电池正极材料。然而，锰酸锂存在循环性能较差和电化学稳定性不足等问题，这限制了其产业化应用。

锰酸锂主要分为尖晶石型锰酸锂和层状结构锰酸锂两种形式。尖晶石型锰酸锂具有结构稳定性，易于工业化生产，目前市场上的产品大多采用这种结构。尖晶石型锰酸锂属于立方晶系，其理论比容量为 148mA·h/g。由于其具有三维隧道结构，锂离子可以可逆地从尖晶石晶格中脱嵌，不会导致结构塌陷，因此表现出优异的倍率性能和稳定性。

尽管锰酸锂的应用仍然存在一些挑战，但其资源、成本和安全性等优势使其在锂离子电池领域备受关注，并且随着技术的进步和改进，未来可能会进一步提高其循环性能和电化学稳定性，实现更广泛的产业化应用。

（3）三元锂电池

三元锂电池是指使用锂镍钴锰三元正极材料的锂电池。在锂离子电池中，正极材料有多种选择，包括钴酸锂、锰酸锂、镍酸锂、三元材料和磷酸铁锂等。三元材料综合了钴酸锂、镍酸锂和锰酸锂三类材料的优点，具有高容量、低成本和良好安全性等特性，在小型锂电池领域逐步占据市场份额，并且在动力锂电池领域具有良好的发展前景。

在锂离子电池中，钴金属是一种必不可少的材料，但由于其价格昂贵和具有毒性，近年来面对"少钴化"的趋势，以镍盐、钴盐、锰盐为原料制备的镍钴锰酸锂三元材料受到推崇。尽管三元材料中仍然需要钴的作用，但通常质量分数控制在 20% 左右，从而降低了成本。

特斯拉最早将二元锂电池应用于电动汽车上，采用了将数万个 3.4A·h 的松下 18650 型电池组装而成的电池包，从而获得较长的续驶里程和高的电池容量。此外，三元材料的应用范围广泛，已经扩展到智能手机、可穿戴设备和充电宝等产品中。随着国内外厂商加大生产力度，以三元材料为正极材料的锂离子电池逐渐取代商用钴酸锂的趋势十分明显。

27.4 锂离子电池的工作原理

锂离子电池的工作原理基于所谓的"摇椅"机理。在充电时，由外部电流驱动，锂离子从正极材料晶格中脱出，穿过电解质溶液和隔膜后嵌入负极；而在放电时，锂离子从负极脱出，通过电解质和隔膜，重新嵌入到正极材料晶格中。整个充放电过程中，锂离子在正负极之间来回移动。

从电化学角度描述，锂离子电池的充电过程中，锂离子从正极材料中释放出来，通过电解质、隔膜，最终嵌入到负极材料中。随着时间推移，正极逐渐变得贫锂，负极则逐渐变得富锂。放电时，锂离子从负极脱出，经过电解质后再次嵌入到正极，此时正极成为富锂状态。为了保持正负极电荷平衡，在外部电路中，负极的电子通过负极集流体、外部导线传输至负载。

锂离子电池的工作原理如图 27-7 所示。这种"摇椅"机理使得锂离子能够高效地在正负极之间往返移动，实现充放电过程，是锂离子电池能够有效存储和释放电能的基础。

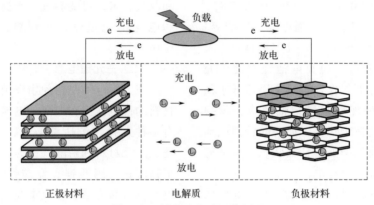

图 27-7　锂离子电池工作原理

锂离子电池在放电过程的电化学反应式如下。

负极反应式：

$$\mathrm{Li}_x \mathrm{C}_n \longrightarrow n\mathrm{C} + x\mathrm{Li} + x\mathrm{e} \qquad (27\text{-}1)$$

正极反应式：

$$\mathrm{Li}_{1-x}\mathrm{MO}_2 + x\mathrm{Li} + x\mathrm{e} \longrightarrow \mathrm{LiMO}_2 \qquad (27\text{-}2)$$

电池总反应式：

$$\mathrm{Li}_{1-x}\mathrm{MO}_2 + \mathrm{Li}_x\mathrm{C}_n \longrightarrow \mathrm{LiMO}_2 + n\mathrm{C} \qquad (27\text{-}3)$$

锂离子电池在充电过程的电化学反应式如下。

负极反应式：

$$n\mathrm{C} + x\mathrm{Li} + x\mathrm{e} \longrightarrow \mathrm{Li}_x\mathrm{C}_n \qquad (27\text{-}4)$$

正极反应式：

$$\mathrm{LiMO}_2 \longrightarrow \mathrm{Li}_{1-x}\mathrm{MO}_2 + x\mathrm{Li} + x\mathrm{e} \qquad (27\text{-}5)$$

电池总反应式：

$$\mathrm{LiMO}_2 + n\mathrm{C} \longrightarrow \mathrm{Li}_{1-x}\mathrm{MO}_2 + \mathrm{Li}_x\mathrm{C}_n \qquad (27\text{-}6)$$

式中，M 为 Co、Ni、Fe、Mn 等；正极化合物有 LiCoO_2、LiNiO_2、$\mathrm{LiMn}_2\mathrm{O}_4$、$\mathrm{LiFePO}_4$ 等；负极化合物有 LiC_x、TiS_2、WO_3、$\mathrm{V}_2\mathrm{O}_5$ 等。

27.5 锂离子电池行业发展趋势

锂电池是以锂金属或锂合金为正极材料，使用非水电解质溶液的电池。与锂电池不同的是，锂电池是一次性使用的电池，而锂离子电池则是可充电的电池。锂离子电池的工作原理依赖于锂离子在正负极之间的来回移动。在充电时，施加在电池两极的电势迫使正极的化合物释放出锂离子，通过隔膜到达负极的碳材料中。在放电时，锂离子从负极的碳材料中析出，重新结合到正极的化合物中，这种锂离子的移动产生了电流。

随着电动汽车市场的快速增长，中国的锂离子电池产业也保持快速增长态势，行业创新不断加速，新产品、新技术不断涌现，各种新型电池技术也相继问世。这些进步有望推动电池技术和产业的发展，为清洁能源和可持续发展做出积极贡献。

① 锂离子电池产业正在不断迈向成熟，涌现出众多创新技术。无模组设计、刀片电池和弹夹电池等系统结构创新技术已经实现规模化应用，而高镍无钴电池、固态/半固态电池等前沿技术也取得了突破。同时，随着技术的进步，动力电池的能量密度不断攀升。三元方形电池的能量密度接近 300W·h/kg，软包电池已经达到 330W·h/kg，而半固态电池的能量密度已经突破 360W·h/kg，预计未来锂硫电池的能量密度有望达到 600W·h/kg。

特别值得关注的是，液态电解质锂离子电池存在热失控的风险，因此氧化物电解质有望成为高性能电池的重要选择。未来的电池将朝着更高的比能量发展，整个电芯从液体向着更安全的混合固液电池和全固态电池发展。与此同时，具有更高比能量的高镍和富锂锰基正极将成为发展的重要方向，以满足乘用车续驶里程达到 1000km 以及电动飞机的需求；另外，改性锰酸锂、磷酸铁锂、镍锰尖晶石等正极材料，搭配高容量的负极材料，将为实现 600km 纯电动汽车续驶提供解决方案。这些技术的进步表明锂离子电池行业仍然充满了发展潜力，为未来清洁能源和电动交通领域提供了更加可靠和高效的能源存储解决方案。

② 推动"双碳"目标的实现将加快电池回收的进程。电池具有高回收价值，即使是退役电池也可以通过回收和再利用来延长其使用寿命。即使在电池报废后，仍然可以回收其中的锂、钴和镍等重要资源。金属的循环利用以及电池中的铝和铜的回收利用对于供应链安全和减少碳排放具有关键意义。

目前主要有三种电池回收方法：物理回收、火法回收和湿法回收。物理回收可以降低整个电池生产链的碳排放；火法回收的回收量可能较少且能耗较大；湿法回收的能耗较低，但存在液体溶剂污染物排放等问题。

据有关机构预计，到 2030 年，电池材料回收将形成规模；到 2050 年前后，原始矿产资源和回收资源的供给量将达到相当水平。从更长期来看，回收资源将逐步完全替代对原始资源的需求，这将有助于减少对新资源的开采，降低环境影响，并为可持续发展做出重大贡献。

③ 未来电池行业的重要发展方向包括轻薄化、高能量密度、高安全性和快速充电。近年来，消费类电子产品朝着时尚轻薄化、人体工学外形设计和移动互联性增强的方向发展。在消费类电子产品中，随着射频频段扩张、像素密度提升和处理器性能增强，能耗和发热问题日益凸显，这使得对于锂离子电池的需求越发迫切，希望它们具有重量轻、体积小、容量大、能量密度高、尺寸可定制、安全性能好和可快速充电的特点。

同时，面对电动汽车和储能市场的快速发展，动力电池的高安全性、高比能量、长寿命和快速充电等性能也备受消费者关注。因此，未来电池行业必须不断推动技术创新，以满足不同领域对于电池的新要求，从而为清洁能源和电动交通领域提供更加可靠和高效的能源存储解决方案。

④ 技术的不断进步将进一步推动电池行业的发展。例如，电动自行车和低速电动车将越来越多地采用锂离子电池来取代传统的铅酸电池。在消费电池应用领域，5G 技术的成熟和大规模商业化应用将推动智能移动设备的更新换代需求。此外，可穿戴设备、无人机、无线蓝牙音箱等新兴电子产品的兴起也将为消费电池带来新的市场需求。在储能电池应用领域，电网储能、基站备用电源、家庭光储系统、电动汽车光储式充电站等领域都具有较大的成长空间。

因此，可以预见，锂离子电池行业将继续迎来广阔的发展空间，而随着各种新兴技术和产品的普及，电池行业将持续受益于不断增长的市场需求。

扫一扫

本章小结

在应用最为广泛的锂离子电池的介绍之后，本章将转向市场极具使用前景的新型电池——燃料电池。不同于普通的化学电源，燃料电池是电化学反应器，燃料输入带来电能不断输出，反应产物完全无公害，没有理论上的热机效率限制，能量利用率高，被认为是 21 世纪理想的新型能源。因此，本章将仔细解析燃料电池的分类、工作原理、系统组成、使用特点及系统发电原理等内容，为读者揭示各型各类燃料电池的技术特点。

28.1　燃料电池概述

燃料电池（fuel cell）是一种通过氧气或其他氧化剂进行氧化还原反应，将燃料中的化学能转换为电能的发电装置。燃料和空气分别被送入燃料电池后，正极和负极将输出电能。尽管从外表看，燃料电池与蓄电池类似，都有正、负极和电解质等部分，但燃料电池无法像蓄电池那样通过充电来储存能量，而仅仅是通过消耗燃料来输出电能。

最常见的燃料为氢气，有时也会使用一些碳氢化合物如天然气（甲烷）作为燃料。燃料电池汽车相较于传统电池车辆，需要稳定的氧气和燃料来源以确保运行和供电。由于燃料电池的化学反应过程不会产生有害物质，因此燃料电池汽车被认为是无污染的汽车。在能源利用和环境保护方面，燃料电池汽车被视为理想的交通工具。

燃料电池技术通过减少废气排放和能源消耗来改善全球气候环境，因此具有良好的发展前景。随着制造成本、瞬态响应和低温性能等方面的改进，各种类型的燃料电池已经问世。质子交换膜燃料电池（PEMFC）和固体氧化物燃料电池（SOFC）在混合动力电动汽车上的应用也受到了关注。

28.2　燃料电池的分类

燃料电池的分类有多种方法，可以依据其运行机理、电解质类型、工作温度、燃料种类、燃料使用类型的不同进行分类。

（1）按燃料电池的运行机理分

根据燃料电池运行机理的不同，燃料电池可分为酸性燃料电池和碱性燃料电池。

（2）按电解质类型分

根据燃料电池中使用的电解质种类不同，燃料电池可分为质子交换膜燃料电池（PEMFC）、碱性燃料电池（AFC）、磷酸燃料电池（PAFC）、熔融碳酸盐燃料电池（MCFC）、固体氧化物燃料电池（SOFC）、直接甲醇燃料电池（DMFC）、再生型燃料电池（RFC）、质子陶瓷燃料电池（PCFC）。

① 质子交换膜燃料电池（proton exchange membrane fuel cell，PEMFC）　该电池的电解质为离子交换膜，薄膜的表面涂有可以加速反应的催化剂（如金属铂），其两侧分别供应氢气及氧气。由于 PEMFC 的唯一液体是水，因此腐蚀性很小，且操作温度为 80～100℃，安全上的顾虑较低。其缺点是，作为催化剂的铂价格昂贵。PEMFC 是轻型

汽车和家庭应用的理想电力能源，它可以替代充电电池。

② 碱性燃料电池（alkaline fuel cell，AFC）　碱性燃料电池的设计与质子交换膜燃料电池的设计基本相似，但其电解质为稳定的氢氧化钾基质。操作时所需温度并不高，转换效率好，可使用的催化剂种类多且价格便宜，例如银、镍等。但是，在最近各国燃料电池开发中，碱性燃料电池却无法成为主要开发对象，其原因在于电解质必须是液态，燃料也必须是高纯度的氢才可以。目前，这种电池对于商业化应用来说过于昂贵，其主要为空间研究服务，包括为航天飞机提供动力和饮用水。

③ 磷酸燃料电池（phosphoric acid fuel cell，PAFC）　因其使用电解质为 100% 浓度的磷酸而得名。操作温度为 150~220℃，因温度高所以废热可回收再利用。其催化剂为铂，因此，同样面临铂价格昂贵的问题。到目前为止，该燃料电池大都使用在大型发电机组上，而且已商业化生产，但是，成本偏高是其未能迅速普及的主要原因。

④ 熔融碳酸盐燃料电池（molten carbonate fuel cell，MCFC）　其电解质为碳酸锂或碳酸钾等碱性碳酸盐。在电极方面，无论是燃料电极还是空气电极，都使用具有透气性的多孔质镍。该燃料电池操作温度为 600~700℃，因温度相当高，致使在常温下呈现白色固体状的碳酸盐熔解为透明液体，废热可回收再利用，其发电效率高达 75%~80%。此种燃料电池不需要贵金属当催化剂，适用于中央集中型发电厂，目前在日本和意大利已有应用。

⑤ 固体氧化物燃料电池（solid oxide fuel cell，SOFC）　其电解质为氧化锆，因含有少量的氧化钙与氧化钇，稳定度较高，不需要催化剂。一般而言，此种燃料电池操作温度约为 1000℃，废热可回收再利用。固体氧化物燃料电池对目前所有燃料电池都有的硫污染具有最大的耐受性。由于使用固态的电解质，这种电池比熔融碳酸盐燃料电池更稳定。其效率约为 60%，可供工业界用来发电和取暖，同时也具有为车辆提供备用动力的潜力。缺点是构建该种燃料电池的耐高温材料价格昂贵。

⑥ 直接甲醇燃料电池（direct methanol fuel cell，DMFC）　直接甲醇燃料电池是质子交换膜燃料电池的一种变种，它直接使用甲醇在阳极转换成二氧化碳和氢，然后如同标准的质子交换膜燃料电池一样，氢再与氧反应。这种电池的工作温度为 120℃，比标准的质子交换膜燃料电池略高，其效率大约为 40%。其使用的技术仍处于研发阶段，但已成功地显示出可以用作移动电话和笔记本电脑的电源。其缺点是当甲醇低温转换为氢和二氧化碳时，要比常规的质子交换膜燃料电池需要更多的铂催化剂。

⑦ 再生型燃料电池（regenerative fuel cell，RFC）　再生型燃料电池的概念相对较新，但全球已有许多研究小组正在从事这方面的工作。这种电池构建了一个封闭的系统，不需要外部生成氢，而是将燃料电池中生成的水送回到以太阳能为动力的电解池中分解成氢和氧，然后将其送回到燃料电池。目前，这种电池的商业化开发仍有许多问题尚待解决，例如成本、太阳能利用的稳定性等。美国航空航天局（NASA）正在致力于这种电池的研究。

⑧ 质子陶瓷燃料电池（protonic ceramic fuel cell，PCFC）　这种新型燃料电池的机理是：在高温下，陶瓷电解材料具有很高的质子电导率。它利用质子（即氢离子）在电解质中传递，可以在 300~600℃ 的温度下工作，且不会产生水蒸气影响燃料利用率。因此，PCFC 被认为是最有潜力的陶瓷燃料电池类型。

目前已商业化生产的各类型燃料电池的特点及应用情况如表 28-1 所示。

表 28-1　各类型燃料电池的特点及应用情况

类型	英文缩写	电解质	燃料	氧化剂	应用
碱性燃料电池	AFC	氢氧化钾溶液	氢气	氧气	航天设备等
质子交换膜燃料电池	PEMFC	质子交换膜	氢气	空气	汽车等
磷酸燃料电池	PAFC	磷酸	天然气、氢气	空气	发电厂等
熔融碳酸盐燃料电池	MCFC	碳酸钾	天然气、石油气	空气	发电厂等
固体氧化物燃料电池	SOFC	固体氧化物	天然气	空气	发电厂、汽车等

从表 28-1 可见，应用于汽车的燃料电池有质子交换膜燃料电池和固体氧化物燃料电池。质子交换膜燃料电池由于具有工作温度低、功率密度大、启动快、使用寿命长、结构简单等特点而得到迅速发展。

（3）按工作温度分

按照工作温度的不同，燃料电池可分为高温燃料电池、中温燃料电池和低温燃料电池。

① 高温燃料电池的工作温度一般在 500℃以上　这种燃料电池具有较高的能量效率和较长的使用寿命，但其对温度的要求较高，且需要较长的启动时间。常见的高温燃料电池有熔融碳酸盐燃料电池（工作温度为 650℃）和固体氧化物燃料电池（工作温度为 1000℃）等。

② 中温燃料电池的工作温度一般在 200℃左右　这种燃料电池具有较高的能量效率和较低的成本，但其对温度的要求也较高，且需要较长的启动时间。常见的中温燃料电池有磷酸燃料电池（工作温度为 200℃）等。

③ 低温燃料电池的工作温度一般在 200℃以下　这种燃料电池具有较低的成本和较短的启动时间，但其能量效率相对较低。常见的低温燃料电池有碱性燃料电池（工作温度为 100℃）和质子交换膜燃料电池（工作温度为 100℃以内）等。

（4）按燃料种类分

根据燃料电池使用燃料种类的不同，燃料电池可分为氢燃料电池、甲醇燃料电池、乙醇燃料电池、天然气燃料电池等。

① 氢燃料电池　氢燃料电池是利用氢气和氧气作为燃料和氧化剂的燃料电池。其工作原理是氢气通过燃料电池的阳极进入，与氧气发生反应，产生电能和水蒸气。这种燃料电池具有高能量密度、低污染等特点，是未来能源技术的重要发展方向之一。

② 甲醇燃料电池　甲醇燃料电池是利用甲醇作为燃料的燃料电池。甲醇通过燃料电池的阳极进入，在催化剂的作用下被氧化，产生电流、水和二氧化碳。这种燃料电池具有较高的能量密度和较低的成本，但其工作温度较高，且对甲醇的纯度要求较高。

③ 乙醇燃料电池　乙醇燃料电池是利用乙醇作为燃料的燃料电池。乙醇通过燃料电池的阳极进入，在催化剂的作用下被氧化，产生电流、水和二氧化碳。这种燃料电池具有可再生、环保等特点，但其能量密度较低，且对乙醇的纯度要求较高。

④ 天然气燃料电池　天然气燃料电池是利用天然气作为燃料的燃料电池。天然气通过燃料电池的阳极进入，在催化剂的作用下被氧化，产生电流、水和二氧化碳。这种燃料电池具有较高的能量密度和较低的成本，但其工作温度较高，且对天然气的纯度要求较高。

（5）按燃料使用类型分

根据燃料电池燃料使用类型的不同，燃料电池可分为三类：第一类是直接式燃料电池，即燃料（如氢气、甲醇和水合肼等）直接参与反应；第二类是间接式燃料电池，其燃料通过某种方法把甲烷、甲醇或其他类化合物转变成氢气或富含氢的混合气后再供给燃料电池；第三类是再生燃料电池，是指把电池生成的水经适当方法分解成氢气和氧气，再重新输送给燃料电池。

28.3 燃料电池的基本组成和工作原理

（1）燃料电池的基本组成

燃料电池的主要构成组件为电极（electrode）、电解质隔膜（electrolyte membrane）与集电器（current collection）等。

① 电极 燃料电池的电极是进行燃料氧化反应和还原剂还原反应的地方。电极分为阳极和阴极，厚度通常为 $200\sim500\mu m$。与一般电池中的平板电极不同，燃料电池的电极是多孔结构。这种设计是为了增加电极表面积，提高实际工作电流密度并降低极化效应，因为燃料电池所使用的燃料和氧化剂大多是气体（例如氧气、氢气等），而气体在电解质中的溶解度不高。

目前，高温燃料电池的电极主要由催化剂材料制成，例如固态氧化物燃料电池（SOFC）的 Y203-stabilized-ZrO₂（YSZ）和熔融碳酸盐燃料电池（MCFC）的氧化镍电极等。而低温燃料电池主要由气体扩散层支撑一薄层催化剂材料构成，例如磷酸燃料电池（PAFC）和质子交换膜燃料电池（PEMFC）的铂电极。这些电极的材料和结构对燃料电池的性能和稳定性起着重要作用，对于燃料电池的实用化具有关键意义。

② 电解质隔膜 电解质隔膜的主要功能是分隔氧化剂与还原剂，并传导离子，故电解质隔膜越薄越好，但亦需顾及强度。就现阶段的技术而言，其一般厚度在数十毫米至数百毫米。至于电解质隔膜的材质，目前主要朝两个方向发展，其一是先以石棉（asbestos）膜、碳化硅（SiC）膜、铝酸锂（LiAlO₃）膜等绝缘材料制成多孔隔膜，再浸入熔融锂-钾碳酸盐、氢氧化钾与磷酸等中，使其附着在隔膜孔内；另一则是采用全氟磺酸树脂（例如 PEMFC）及 YSZ（例如 SOFC）。

③ 集电器 集电器又称作双极板（bipolar plate），具有收集电流、分隔氧化剂与还原剂、疏导反应气体等功用。集电器的性能主要取决于其材料特性、流场设计及加工技术。

（2）燃料电池的工作原理

燃料电池的电极材料通常是惰性的，不会在电池反应过程中被消耗，但具有催化特性。相比之下，普通电池通常使用金属负极（或阳极），而燃料电池中的负极材料或燃料通常是气态或液态物质，由于这些"燃料"与传统内燃机使用的燃料基本相同，因此广泛称为"燃料电池"。

相对于传统的内燃机，燃料电池利用氢、碳或化石燃料发电，具有更高的效率和较少的污染。典型的应用包括氢-氧燃料电池，可用于市政电源、调节电网负载平衡、分散或现场发电以及电动车辆等领域。接下来我们以氢-氧燃料电池为例来说明燃料电池的原理。

氢-氧燃料电池反应是电解水的逆过程，其反应原理如图 28-1 所示。另外，只有燃料电池本体不能工作，还必须有一套相应的辅助系统，包括反应剂供给系统、排热系统、排水系统、电性能控制系统及安全装置等。燃料电池及其配套系统如图 28-2 所示。

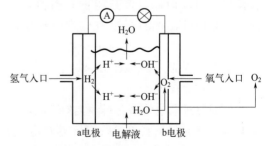

图 28-1 氢-氧燃料电池反应原理

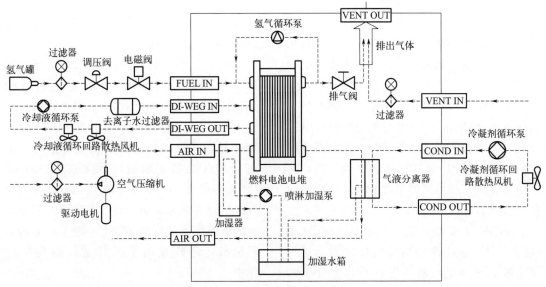

图 28-2　燃料电池及其配套系统

燃料电池通常由形成离子导电体的电解质板、两侧配置的燃料极（阳极）和空气极（阴极）、两侧气体流路构成，气体流路的作用是通过燃料气体和空气（氧化剂气体）。

在实用的燃料电池中因工作的电解质不同，经过电解质与反应相关的离子种类也不同。磷酸燃料电池（PAFC）和 PEMFC 反应中与氢离子（H^+）相关，发生的反应为

燃料极：

$$H_2 \longrightarrow 2H^+ + 2e^- \qquad (28-1)$$

空气极：

$$2H^+ + \frac{1}{2}O_2 + 2e^- \longrightarrow H_2O \quad (28-2)$$

电池反应：

$$H_2 + \frac{1}{2}O_2 \longrightarrow H_2O \qquad (28-3)$$

在燃料极中，供给的燃料气体中的 H_2 分解成 H^+ 和 e^-，H^+ 移动到电解质中与空气极侧供给的 O_2 发生反应。e^- 经由外部的负荷回路，再返回到空气极侧，参与空气极侧的反应。

一系列的反应促成了 e^- 不间断地经由外部回路，就构成了发电。并且从反应式可以看出，除 H_2 和 O_2 生成的 H_2O 外没有其他的反应，似乎 H_2 所具有的化学能全部

转变成了电能。但实际上，由于存在一定的电阻，会引起部分热能产生，由此减少了转换成电能的比例。引起这些反应的一组电池称为组件，产生的电压通常低于 1V。因此，为了获得大的输出功率需采用组件多层叠加的办法形成高电压堆。组件间的电气连接以及燃料气体和空气之间的分离，采用了称为隔板的、上下两面中备有气体流路的部件，PAFC 和 PEMFC 的隔板均由碳材料组成。大的输出功率由总的电压和电流的乘积决定，电流与电池中的反应面积成正比。

PAFC 的电解质是浓磷酸水溶液，而 PEMFC 的电解质是质子导电性聚合物膜。这两种燃料电池的电极均采用碳的多孔体，并使用 Pt 作为催化剂以促进反应。由于燃料气体中的 CO 会对燃料电池产生中毒影响，因此在 PAFC 和 PEMFC 应用中必须限制燃料气体中 CO 的含量，特别是对于低温工作的 PEMFC 更需要严格控制，这可能会降低电池性能。

PAFC 的基本组成和反应原理是：燃料气体或城市煤气添加水蒸气后送到改质器，将燃料转化成 H_2、CO 和水蒸气的混合物，然后通过移位反应器将 CO 和水进一步经过

催化剂作用转化成 H_2 和 CO_2。处理后的燃料气体进入燃料堆的负极（燃料极），同时将氧输送到燃料堆的正极（空气极）进行化学反应，利用催化剂的作用迅速产生电能和热能。

相对于 PAFC 和 PEMFC，熔融碳酸盐燃料电池（MCFC）和固态氧化物燃料电池（SOFC）不需要催化剂，可以直接使用以 CO 为主要成分的煤气化气体作为燃料，并且还具有易于利用高质量排放气体构成联合循环发电等特点。

MCFC 主要由电极反应相关的电解质（通常为 Li 与 K 混合的碳酸盐）和上下与其相接的 2 块电极板（燃料极与空气极），以及两电极各自外侧流通燃料气体和氧化剂气体的气室、电极夹等构成，电极为镍系的多孔质体，气室的形成采用抗蚀金属。电解质在 $600\sim700℃$ 的工作温度下呈现熔融状态，形成离子导电体。

MCFC 的工作原理：空气极的 O_2 和 CO_2 与电解质接触，生成 CO，电解质将 CO 移到燃料极侧，与作为燃料供给的 H^+ 相结合，放出 e^-，同时生成 H_2O 和 CO_2。发生的化学反应为

燃料极：

$$H_2+CO_3^{2-} \longrightarrow H_2O+CO_2+2e^-$$

$$(28-4)$$

空气极：

$$CO_2+\frac{1}{2}O_2+2e^- \longrightarrow CO_3^{2-} \quad (28-5)$$

电池反应：

$$H_2+\frac{1}{2}O_2 \longrightarrow H_2O \quad (28-6)$$

从燃料极被释放出来，通过外部回路返回到空气极，使燃料电池不断地进行发电。对于 MCFC 而言，其最大特点是需要含有 CO 的碳酸气体作为氧化剂供给。在电池内部填充催化剂，并开发了一种直接在电池内部改质天然气主成分 CH_2 产生 H_2 的方法。当燃料为液化石油气时，其

主要成分 CO 和 H_2O 反应生成 H_2，因此可以等效地将 CO 用作燃料。隔板通常使用 Ni 和不锈钢制造。

SOFC 主要由陶瓷材料构成，电解质通常采用 ZrO_2（氧化锆），稳定化的 YSZ（氧化钇稳定氧化锆）使用 Y_2O_3（氧化钇）作为导电体。电极中，燃料极采用 Ni 与 YSZ 复合多孔体金属陶瓷构成，空气极采用 LaMnO（氧化镧锰），隔板采用 LaCrO（氧化镧铬）。为了避免由于电池形状不同而导致的热膨胀差异引起裂纹等问题，开发了在较低温度下运行的 SOFC。除了常见的平板型外，还开发出了圆筒型以避免应力集中。

SOFC 中发生的化学反应为

燃料极：

$$H_2+O_2 \longrightarrow H_2O+2e^- \quad (28-7)$$

空气极：

$$\frac{1}{2}O_2+2e^- \longrightarrow O^{2-} \quad (28-8)$$

电池反应：

$$H_2+\frac{1}{2}O_2 \longrightarrow H_2O \quad (28-9)$$

燃料极：H_2 经电解质而移动，与 O_2 反应生成 H_2O 和 e^-。空气极：O_2 和 e^- 生成 O^{2-}。电池反应同其他燃料电池一样，由 H_2 和 O_2 生成 H_2O。在 SOFC 中，因其属于高温工作型，因此，在无其他催化剂作用的情况下可直接在内部将天然气主成分 CH_2 改质成 H_2 加以利用，并且煤气的主要成分 CO 可以直接作为燃料利用。

28.4 燃料电池的特点

（1）燃料电池与蓄电池的区别

燃料电池实际上就是一个电化学反应器，虽然也是通过活性物质（燃料及氧化

剂）的电化学反应产生电能，但是它与普通化学蓄电池不同，不同之处主要有以下几点。

① 燃料电池通过电化学反应转化为电能的活性物质不在其内部，而是从其外部输入。

② 燃料电池放电过程所消耗的活性物质无须通过充电来还原，只需要向电池内不断输入燃料及氧化剂，并将电化学反应产物及时排出即可持续提供电能。

③ 燃料电池本体只决定电池的输出功率，而燃料电池能量的大小则取决于外部可输入的燃料和氧化剂。因此，燃料电池的比能量可以很高，而续驶里程主要取决于燃料的储备容量。

④ 燃料电池的内部结构和系统的控制比较复杂，尤其是放电控制不如普通化学电池方便。

（2）燃料电池与原动机辅助动力单元的区别

原动机辅助动力单元由燃油发动机和发电机组成，燃料的化学能通过燃烧转化为热能，再由热能转化为机械能，最后通过发电机转化为电能。燃料电池则是将燃料和氧化剂直接转化为电能。相比于原动机辅助动力单元，其具有以下特点。

① 燃料电池的燃料通过电化学反应直接转化为电能，没有燃烧转化为热能的过程，因而无燃料燃烧排放物，对环境污染很小。

② 燃料电池的氧化还原反应不在同一地点，在负极进行氧化反应，在正极进行还原反应；而发动机燃料燃烧所进行的氧化还原反应在同一地点，反应后释放热能。由于燃料电池的能量转换过程不受卡诺循环的限制，也无须通过机械能转换为电能，所以能量转换效率高。

③ 燃料电池无内燃机的工作噪声，也无机械传动装置的工作噪声，因此，燃料电池本身的工作噪声很小。

（3）燃料电池的优点

① 发电效率高、环境污染少　燃料电池发电设备产生 1000kW·h 的电能，其排放物大部分是水分，排放污染性气体少于 28g。燃料电池运用能源的方式大幅优于燃油发动机排放大量危害性废气的方案。

② 能量转化效率高　燃料电池直接将燃料的化学能转化为电能，中间不经过燃烧过程。燃料电池系统的燃料-电能转换效率在 45%～60%，而火力发电和核电的效率在 30%～40%。

③ 安装地点灵活　燃料电池电站占地面积小，建设周期短，电站功率可根据需要由电池堆组装，十分方便。燃料电池无论作为集中电站还是分布式电站，或是作为小区、工厂、大型建筑的独立电站都非常合适。

④ 负荷响应快，运行质量高　燃料电池在数秒内就可以从最低功率变换到额定功率。

⑤ 高可靠度供电　燃料电池可架构于输配电网络之上作为备援电力，也可独立于电网之外。在特殊的场合下，模块化的设置（串联安装几个完全相同的电池组系统以达到所需的电力）可提供极高的稳定性。

（4）燃料电池的缺点

① 燃料电池造价偏高。

② 反应/启动性能差。燃料电池的启动速度尚不及发动机。

③ 碳氢燃料无法直接利用。除甲醇外，其他的碳氢化合物燃料均需要经过转化器、一氧化碳氧化器处理产生纯氢气后，方可供燃料电池利用。这些设备增加了燃料电池系统的成本。

④ 氢气储存技术达不到要求。燃料电池汽车的氢燃料是以压缩氢气为主，车体的载运量受限，每次充填量仅为 2.5～3.5kg，尚不足以满足现今汽车单程 480～650km 的续驶里程要求。

28.5 燃料电池发电系统结构原理

独立的燃料电池堆不能直接用于汽车发电，它必须与燃料供给与循环系统、氧化剂供给系统、水/热管理系统以及一个协调各系统工作的控制系统组成燃料电池发电系统，简称燃料电池系统。

燃料电池系统通常通过计算机进行控制，在 FCEV 的运行过程中，通过 CAN 总线系统传递和反馈信息，经过计算机处理，以确保燃料电池正常运行。燃料电池控制器会根据车辆所需的电功率来控制燃料电池组的燃料供应、电池温度调节（冷却）、湿度调节，从而控制发电功率，最终通过单向 DC/DC 转换器输出发电产生的电能。

FCEV 是以燃料电池为主要电源、电机为唯一驱动模式的电动车辆。由于受到燃料电池启动速度较慢和无法通过充电储存电能的限制，FCEV 需要额外的辅助电源来提供启动所需的电能和储存制动反馈能量。在 FCEV 上的关键设备包括单向 DC/DC 转换器、驱动电机及传动系统、蓄电池等。

（1）以氢气为燃料的燃料电池系统

以氢气为燃料的燃料电池系统包括氢气供应、管理和回收系统，氧气供应和管理系统，水循环系统，电力管理系统等，如图 28-3 所示。

① 氢气供应、管理和回收系统　对于气态氢的储存装置，通常采用高压储气罐进行装载。为了确保燃料电池汽车在一次充气后能够行驶足够的里程，需要使用多个高压储气罐来储存气态氢气。一般轿车需要 2～4 个高压储气罐，而大客车则需要 5～10 个高压储气罐。相比之下，液态氢虽然具有更高的能量密度，但由于处于高压状态，需要使用高压储氢罐储存，并配备低温保温装置

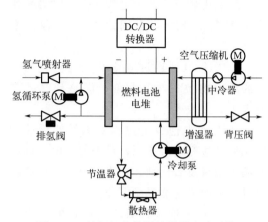

图 28-3　以氢气为燃料的燃料电池系统

以维持低温，这种保温装置是一个复杂的系统。

当使用不同压力的氢气（如高压气态氢和高压低温液态氢）时，需要采用不同的氢气储存容器、减压阀、调压阀、安全阀、压力表、流量表、热交换器和传感器等设备进行控制。此外，还需要对各种管道、阀门和仪表的连接点采取严格的防泄漏措施。从燃料电池中排出的水中可能含有少量未反应的氢气。在正常情况下，排放的氢气含量应低于 1%，可以通过氢气循环泵将这部分氢气回收利用。

② 氧气供应和管理系统　氧气可通过两种方式获得：一是从空气中提取氧气，二是从氧气罐中获取。对于从空气中获取氧气的方法，需要使用压缩机来增加氧气的压力，以提高燃料电池反应速率。在燃料电池系统中，配套的压缩机需要符合特定的性能要求。压缩机的质量和体积会增加燃料电池发电系统的整体质量、体积和成本，并且压缩机消耗的功率会降低燃料电池的效率。此外，空气供应系统中的各种阀门、压力表、流量表等接头需要采取防泄漏措施。

另外，在空气供应系统中还需要对空气进行加湿处理，以确保空气具有适当的湿度。

③ 水循环系统　燃料电池发电系统在反应过程中会产生水和热量。为了处理这些

反应生成的水和热量，需要使用冷凝器、气水分离器、水泵等设备组成水循环系统。其中，一部分水可以用于空气加湿。此外，还需要安装一个冷却系统，以确保燃料电池正常运行。

燃料电池通过燃料的电化学反应来发电，只要不断提供燃料，就能持续发电。燃料电池的工作温度通常在 $60 \sim 100℃$ 之间（燃料电池组出口温度约为 $80℃$）。排放热量的方式包括电池组本体外部冷却、冷却介质通过内部管道循环、电极气体通过外部冷却器循环、电解液通过外部冷却器循环等方法。

电机和控制器的允许冷却液温度为 $55 \sim 60℃$，与燃料电池的最佳工作温度相差较大，因此不能将电机、电机控制器和燃料电池的冷却系统串联，需要单独的冷却装置。燃料电池汽车通常采用高、低温两套冷却循环回路：高温回路用于加热器和散热器，低温回路用于冷却电机和控制器。燃料电池的冷却介质为去离子水（由电池本身决定），需要去离子装置。由于冷却水温度在 $100℃$ 以下且与外界温度差异小，故燃料电池汽车所需的散热器体积较大。

④ 电力管理系统　燃料电池所产生的是直流电，需要经过 DC/DC 转换器进行调压，在采用交流电机的驱动系统中，还需要用逆变器将直流电转换为三相交流电。以氢气为燃料的燃料电池发电系统的各种外围装置的体积和质量约占燃料电池发电系统总体积和质量的 $1/3 \sim 1/2$。

（2）以甲醇为燃料的燃料电池系统

在以甲醇为燃料的燃料电池系统中，用甲醇供应系统代替了上述氢气供应系统。其包括甲醇储存装置，甲醇供应系统的泵、管道、阀门、加热器及控制装置等。

① 甲醇储存装置　甲醇可以用普通容器储存，不需要加压或冷藏，可以部分利用内燃机汽车的供应系统，这有利于降低 FCEV 的使用费用。

② 改质器　改质器是将甲醇用改质技术转化为氢气的关键设备。不同的碳氢化合物采用不同的改质技术，在改质过程中的温度、压力会有所不同，例如甲醇用水蒸气改质法的温度为 $621℃$，用部分氧化改质法的温度为 $985℃$，用废气改质法的第一阶段温度为 $985℃$，第二阶段温度为 $250℃$。FCEV 在用甲醇经过改质产生的氢气作燃料时，就需要对各种改质方法进行分析，选择最佳改质技术和最适合 FCEV 配套的改质器。

③ 燃烧器、加热器和蒸发器　甲醇进入改质器之前，要用加热器加热甲醇和纯水的混合物，使甲醇和纯水的混合物一起受高温（$621℃$）热量的作用，蒸发成甲醇和纯水的混合气，然后进入改质器。

④ 氢气净化器　改质器所产生的氢气因为含有少量的 CO，所以必须对氢气进行净化处理。净化器中用催化剂来控制，使氢气中所含的 CO 被氧化成 CO_2 后排出，最终进入 PEMFC 的氢气中的 CO 的含量不超过 10^{-5}。甲醇经过改质后所获得的氢气作为燃料时，燃料电池的效率为 $40\% \sim 42\%$。

以甲醇为燃料的燃料电池系统中的氧气供应、管理系统，反应生成的水和热量的处理系统以及电力管理系统与以氢气为燃料的燃料电池系统基本相同。

（3）燃料电池汽车电源复合结构

纯燃料电池汽车只有燃料电池一个能量源。这种结构中燃料电池的额定功率大，成本高，对冷启动时间、耐启动循环次数、负荷变化的响应等提出了很高的要求。

为了提高燃料电池汽车的性能，采用以下两种电源复合结构。

① 燃料电池＋动力电池联合驱动（FC＋B）结构　如图 28-4 所示，在 FC＋B 结构中，有燃料电池和动力电池（或超级电容器）两个动力源。通常燃料电池系统输出车辆常规速度行驶时所需的平均功率，而动力电池装置用来提供峰值功率以补充车辆在加

速或爬坡时燃料电池输出功率能力的不足。这样动力系统的动力性增强，运行状态比较稳定，因此它的总体运行效率得到提高。

② 燃料电池＋动力电池＋超级电容器联合驱动（FC＋B＋C）结构 现代 FCEV上采用了燃料电池＋动力电池＋超级电容器的混合电源，超级电容器具有大电流的充电和放电特性，恰好弥补了蓄电池的不足，可以避免在回收制动反馈的能量时，电流过大造成的蓄电池的热失控和发生安全事故。

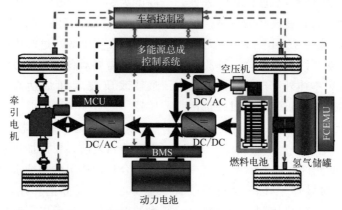

图 28-4 燃料电池＋动力电池联合驱动结构

（4）燃料电池汽车混合动力系统

燃料电池汽车混合动力系统有仅单向 DC/DC 燃料电池混合动力系统和单、双向两 DC/DC 燃料电池混合动力系统两种。

① 仅单向 DC/DC 燃料电池混合动力系统 这种系统通常在燃料电池和电机控制器之间安装一个单向 DC/DC 转换器，燃料电池的端电压通过 DC/DC 转换器的升压或降压与系统直流母线的电压等级进行匹配。尽管系统直流母线的电压与燃料电池功率输出能力之间不再有耦合关系，但 DC/DC 转换器必须将系统直流母线的电压维持在最适宜电机系统工作的电压点（或范围）。仅单向 DC/DC 燃料电池混合动力系统也称为能量混合型动力系统，如图 28-5 所示，由于动力电池组在使用中电压下降，因此这时能量主要由燃料电池来维持。

② 单、双向两 DC/DC 燃料电池混合动力系统 该系统结构所采用的电力电子装置只有电机控制器，燃料电池和辅助动力装置都直接并接在电机控制器的入口，也称为功率混合型动力系统，如图 28-6 所示。

辅助动力装置扩充了动力系统总的能量

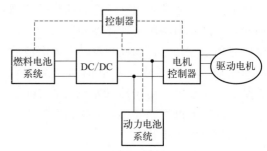

图 28-5 能量混合型动力系统

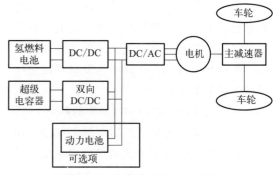

图 28-6 功率混合型动力系统

容量，增加了车辆一次加氢后的续驶里程，扩大了系统的功率范围，减轻了燃料电池承担的功率负荷。许多插电混合的燃料电池汽车也经常采用这样的装置，这种插电式混合动力汽车将有效地减少氢燃料的消耗。另外，辅助动力装置（蓄电池组或超级电容器）的存在使系统具备了回收制动能量的能力，并且增加了系统运行的可靠性。在系统设计中，在辅助动力装置和动力系统直流母线之间添加了一个双向 DC/DC 转换器，使对辅助动力装置充放电的控制更加灵活、易于实现。由于双向 DC/DC 转换器可以较好地控制辅助动力装置的电压或电流，因此它还是系统控制策略的执行部件。燃料电池和辅助动力装置之间对负载功率的合理分配还可以提高燃料电池的总体运行效率，双向 DC/DC 转换器可使电机的工作电压维持在高压，提高电机的效率。

扫一扫

本章小结

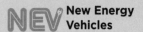

在深入探讨了锂离子动力电池和燃料电池这类使用广泛的动力电池之后，本章将介绍一些其他类型的电池，包括飞轮电池、超级电容器和锌空气电池等。虽然它们在当前的市场中可能不如锂离子电池应用普遍，但在特定应用中，这些技术却显示出不同的潜力和优势。通过对这些备选电池技术的探讨，读者可以更好地了解各种电池技术如何相互补充，共同推动新能源汽车行业的进步。

29.1 飞轮电池

29.1.1 飞轮电池的储能原理

"飞轮"作为一种储能元件，其实已被人们利用了数千年，古老的纺车、工业革命时期的蒸汽机、近代的机器、自行车等装置上经常可见它的身影，以往主要是利用它的惯性来均衡转速和闯过"死点"。普通的飞轮是由钢（或铸铁）制成的，比较笨重，储能也有限。例如，欲使一个发电能力为100万千瓦的电厂均衡发电，储能飞轮需用钢材150万吨。另外要使飞轮转动起来以及将其储存的机械能释放出来，还需要一套复杂的电力电子装置，因而飞轮储能方法一直未能得到广泛的应用。

近年来，随着以下三项技术的飞速发展：一是高能永磁及高温超导技术的出现；二是高强度复合材料碳纤维的问世；三是电力电子技术的飞速发展，使得飞轮储能技术取得突破性进展。20 世纪 90 年代，人们提出超高速飞轮的概念，使飞轮这种储能装置变成一种实用的动力电池成为可能。飞轮电池是一种新兴的电能存储技术，它是一种物理电池，突破了化学电池的局限，与燃料电池技术等都是近年来出现的有很大发展前景的储能技术。飞轮电池储存能量和释放能量原理示意如图 29-1 所示。

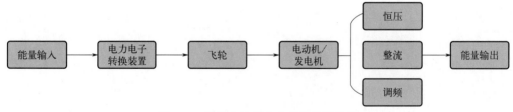

图 29-1　飞轮电池储存和释放能量示意

飞轮之所以能够储能是基于飞轮以一定角速度旋转时，可以存储动能的基本原理。飞轮储存的转动动能 E 可用下式计算：

$$E = \frac{j\omega^2}{2} \qquad (29\text{-}1)$$

式中，j 为飞轮的转动惯量，其大小与飞轮的尺寸和质量有关，飞轮的直径越大，质量越大，转动惯量就越大，但飞轮的轮体质量过大时，会增加机械的质量，影响到飞轮的转速，给飞轮的转动带来困难，当转速过高时，过重的轮体也更容易引发撕裂等事故；ω 为飞轮转动的角速度。

由式(29-1)可知，要想使飞轮在旋转时能储存更多的能量，除了要适当增加飞轮的直径和质量外，还要尽可能地提高飞轮的转速。

29.1.2 飞轮电池的结构

飞轮电池的结构示意如图 29-2 所示。实际使用的飞轮装置中，主要包括以下部件：飞轮、轴和轴承、电机、真空容器和电力电子转换器。

（1）飞轮

飞轮作为飞轮电池装置的核心部件，直接影响整个装置的储能能力。飞轮在真空环境中运转，理论上转速可达 20 万转/分。目前实际工作中，飞轮的转速约为 5 万转/分。由于离心力的作用，传统金属制飞轮难以承受如此高的转速，容易发生解体现象。因此，飞轮通常由碳纤维缠绕的钢圈制成，碳纤维复合材料的密度仅为 1.6g/cm³ ，但强度可达 2000MPa 以上。相较于高性能钢，使用碳纤维制成的飞轮可以减小 60% 以上的质量，这种材料制成的飞轮具有很高的强度，质量约为 5kg，有助于减轻整个系统的重量。这种高速飞轮储存的能量，如果被集中释放，大约可以为动力系统提供 60kW 的能量。

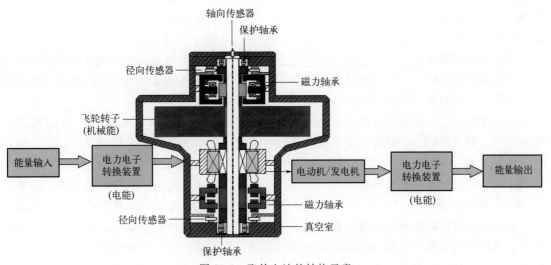

图 29-2 飞轮电池的结构示意

（2）集成电机

飞轮电池虽然是一种物理电池，但与化学电池类似的是也有"充电"和"放电"两种工作模式。在充电时，飞轮电池中的电机以电动机形式运转，通过电力电子装置将电能供给电动机，电动机带动飞轮高速旋转，相当于用电能给飞轮电池"充电"，带动飞轮加速，将电能转化为机械动能储存在高速旋转的飞轮体中。随后，电机会维持一个恒定的转速，直到接收到释放能量的控制信号。

在放电状态下，高速旋转的飞轮驱动电机运转，此时电机以发电机状态工作，完成从机械动能到电能的转换，释放储存的能量。经过电力电子装置的转换，释放的电能可以提供给需要不同频率和电压等级的用电设备。由于飞轮的能量输入系统和输出系统不是同时工作的，通常设计时将电动机和发电机集成在一起，使用一台电机来实现这个过程。

因此，飞轮电池的充电、停止和放电三种状态分别实现了电能的输入、储存和输出过程。这种工作模式使得飞轮电池在能量存储和释放方面具有较大的灵活性和效率。

（3）电力电子转换装置

电力电子转换装置通常是指由MOS-FET和IGBT组成的双向逆变器，它可以根据飞轮电池系统的需要，将交流电转换成直流电或将直流电转换成交流电。例如，在需要时可以通过外部交流电源或者在车辆制动时，对飞轮电池进行充电，此时是将交流电转换成直流电。而在飞轮电池放电时，电力电子转换装置则根据负载的需求将不同频率、不同电压等级的电能输出。

这一装置不仅实现了电能类型的转换，还决定了飞轮装置的能量输入/输出量大小。将输入/输出转换器合并成一个单元可以显著减小系统的体积和质量，这有助于提高系统的紧凑性和移动性。

（4）磁悬浮轴承

为了减少空气摩擦，提高飞轮电池的能量转换效率，电机和飞轮都使用磁力轴承，飞轮转子在运动时由磁力轴承等实现转子无接触支承，即飞轮在工作状态下处于完全磁悬浮状态，因此这种轴承至少可以使用20年，且在使用过程中不需要润滑。

（5）真空容器

为了防止飞轮在高速旋转时出现碎裂的情况，飞轮电池需要一个非常坚固的外壳来容纳飞轮。该外壳内部设有真空腔，其中的真空设备用来保持容器内维持 $1\times10^{-7}\,bar$ 的真空度。这种真空状态不仅可以减少飞轮和电机转子运转时产生的空气摩擦，还可以避免转子产生爆裂或定子与转子相碰时发生意外。

由此可见，飞轮电池系统主要包括三个核心部件，即飞轮、电动机-发电机集成和双向电力电子转换装置。整个飞轮电池技术涉及复合材料科学、电机技术、电力电子技术、磁悬浮技术、超真空技术、微电子控制系统等多个学科，具有明显的多学科交叉和系统集成特点。这种多学科融合的特性使得飞轮电池技术具有更广泛的应用前景，并且在能源存储领域发挥着重要作用。

29.1.3 飞轮电池的优势与不足

（1）飞轮电池的优点

① 能量密度高，功率密度大 飞轮电池的储能密度可达 $100\sim200\,W\cdot h/kg$，比镍氢电池大2～3倍；功率密度可达 $5000\sim10000\,W/kg$，高于一般化学蓄电池和内燃机，也远远超过锂离子电池。

② 能量转换效率高 因为采用了无接触主动磁悬浮轴承，飞轮轮轴和轴承之间无摩擦，飞轮本体在真空容器内高速旋转，机械损耗几乎可以忽略不计，飞轮电池输入/输出的能量转换效率可达95%左右。

③ 充、放电速度快 飞轮电池能在十几分钟内完成快速充电且能量储存时间长，并且不存在其他化学电池经常快充会影响电池寿命的问题。

④ 损耗低，无需维护 一般的机械轴承使用寿命和转速会受到很大的限制，通常3～4年就需要更换轴承，而磁悬浮轴承和真空环境使飞轮电池几乎无需维护。除非轮子破坏了无法使用，否则它将一直不停地运转下去。就算机器有损耗，损耗的也只是部分配件，维护成本十分有限。

⑤ 无污染 飞轮电池是一种物理电池，为纯机械结构，不会像内燃机那样产生排气污染，同时也没有化学蓄电池的化学反应过程，不会引起腐蚀，也无废料的处理回收问题。在整个的使用和维护过程中，不会产生任何化学材料垃圾。

⑥ 使用寿命长 一般的储能电池充放电次数有限，而飞轮电池不受重复深度放电影响，可以无数次充放电，预期使用寿命可达20年以上，可供电动汽车行驶500万千米。整个电池的使用寿命远远长于各种化学蓄电池。

⑦ 体积小，重量轻 飞轮直径二十多

厘米，总质量只有十几千克左右。

⑧ 工作温度范围宽　不像化学电池那样对环境温度有一定的要求，飞轮电池对环境温度没有严格要求。

（2）飞轮电池的不足

① 成本高　目前制造飞轮电池所需的碳纤维材料还很贵，导致成本比较高，当前还不能广泛地应用在汽车和其他行业中。

② 存在一定的能量浪费问题　飞轮电池一旦充电，飞轮就会不停地转动下去。当没有负载接入时，飞轮处于停止工作状态，但并不是飞轮停转了，而是飞轮在空转，白白浪费了一定的能量。例如给一辆飞轮电池汽车充电后，在其有效的续驶里程范围内，若该汽车因某种原因停止行驶了一段时间，则在这段时间内，飞轮仍然在转动，但它提供的能量并没有供给汽车来使用，而是被浪费掉了。不过由于没接负载，能量损失不会太大，相对来说比某些蓄电池的自放电率还要低。也可以给飞轮电池配备辅助的化学充电电池，当不需要用电时，可把飞轮转动的电能充进化学电池中，但是这样又增加了汽车或设备的质量，带来了一些新的问题。

③ 结构复杂，技术要求高　飞轮电池的结构里包含多个关键部件，涉及磁悬浮技术，还有集成式高速电机的性能与控制、复合材料技术、真空技术、电力电子技术等，这些部件和相关技术的要求都比较高。

29.2 超级电容器

29.2.1 超级电容器的工作原理

超级电容器是在 20 世纪七八十年代发展起来的一种通过极化电解质来储能的电化学元件。它的结构与电解电容器比较类似，主要的区别在于电极材料。它不同于传统的

化学电源，是一种介于传统电容器与电池之间的具有特殊性能的电源，主要依靠双电层的特殊结构来储存电能。

超级电容器的电极多为多孔碳基材料，该材料的多孔结构使它每克质量的表面积可达几千平方米，吸附面积大，静电储存多。在相对的两个碳多孔电极之间填充电解质溶液，当外加电压加到超级电容器的两个极板上时，极板的正极板存储正电荷，负极板存储负电荷，而电解质溶液中的正负离子将由于电场作用，在电解液与电极间的界面上形成相反的电荷，以平衡电解液的内电场，从而形成两个集电层，我们把这种电荷分布层称为双电层，整个电容器相当于两个电容器串联，如图 29-3 所示。而且电解液与多孔电极间的界面距离不到 1nm，这样巨大的表面积加上电荷间极小的距离，使得这种电容器具有很大的容量，大多数超级电容器可以做到法拉级，一般情况下电容值范围可达 1～5000F，因此称为超级电容器，利用这种电容器进行大电量的储能成为可能。在实际使用过程中，还可以通过串联或者并联的结构来提高输出电压或电流。

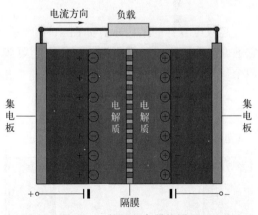

图 29-3　超级电容器的原理

普通电容器是由两个彼此绝缘且相互平行的金属板组成，在两块金属板之间用绝缘材料隔离。电容的计量单位为"法拉"（F），电容器的容量只取决于电容器极板的正对面积，与面积的大小成正比，而与电容

器极板的厚度无关。另外，电容器的电容量还与电容器极板间的间隙大小成反比，如式（29-2）所示。普通电容器的电容值很小，一般为毫法（mF）或微法（μF）数量级。

$$C = \frac{\varepsilon S}{d} \qquad (29\text{-}2)$$

式中，ε 为绝缘介质的介电常数，F/m；S 为电容器极板表面积，$\mathrm{m^2}$；d 为电容器极板间隙的距离，m。

普通电容器中储存的电能来源于电荷在两块极板上的分布，电容器极板上所储存的电量 q 与电压成正比，所储存的能量如式（29-3）所示。

$$E = \frac{CU^2}{2} \qquad (29\text{-}3)$$

式中，U 为电容器极板间的电压降，V。

可见，若想要电容器能储存更多的能量，必须增大极板面积 S 或减少极板间隙距离 d，或提高极板间的电压，但这个提高空间是有限的，导致普通电容器的电荷储存量和能量储存量都较小。

29.2.2 超级电容器的结构与分类

超级电容器的结构示意如图 29-4 所示。它通常包含双电极、电解液、集电极、隔膜四个部件。

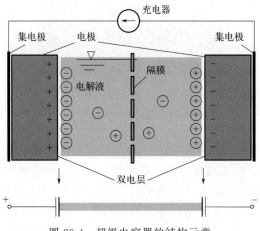

图 29-4　超级电容器的结构示意

（1）双电极

超级电容器包含一个正极，一个负极，它们是用活性炭材料或碳纤维等材料制作成的多孔化电极，多孔化的结构使得这种电容器具有很大的表面积，因此电容值可达到普通电容器的 1000 倍以上。

（2）电解液

电解液采用碳酸类或乙腈类等有机电解质配制，电解质溶液填充在相对的两个多孔化碳电极和隔膜分离出来的孔隙之间。超级电容器就是利用活性炭多孔电极和电解质组成的双电层结构获得超大的电容量的。当在电极两端施加电压时，相对的多孔电极上分别聚集正负电子，而电解质溶液中的正负离子将由于电场作用分别聚集到与正负极板相对的界面上，从而形成双电层。

（3）集电极

在超级电容器产品的结构中，集电极扮演着连接和固定电容卷芯与金属外壳的重要桥梁的角色，用于拓展电流路径，是超级电容器的关键组成部分之一。集电极通常采用铝箔、泡沫镍等材料。在超级电容器的生产过程中，集电极需要与正负极板进行焊接，焊接面积应尽可能大，并且需要具备足够的焊接强度。目前，集电极与金属外壳的连接方法主要采用激光焊接或超声波焊接技术。

（4）隔膜

超级电容器的隔膜位于两个多孔炭电极之间，与电极一起完全浸润在电解液中。隔膜具有以下作用和特点。

① 隔离作用：阻止电子传导，防止正负极直接接触导致内部短路。

② 极低的面电阻：使得导电离子能够快速通过隔膜中的孔隙在正负极之间传递形成电流，有效降低大电流充放电时的发热和输出负载电压下降。

③ 良好的电解液浸润和储存能力。

④ 孔隙尽可能小于电极表面活性物质的最小粒径。

⑤ 在电解液中具有稳定的化学性质、

尺寸稳定性、一定的机械强度和热稳定性。

需要注意的是，隔膜材料必须与超级电容器所采用的电极材料和电解液配套。目前，大多数超级电容器所采用的隔膜材料是具有高电化学稳定性和优良热稳定性的聚偏氟乙烯（PVDF）和聚丙烯腈（PAN）。

超级电容器作为新型的电池，一般可以从结构、材料、性能等多方面进行分类。目前，主要根据超级电容器的原理和所使用的电解质来进行分类。

① 根据超级电容器原理分类　根据原理，超级电容器可分为双电层型超级电容器和赝电容型超级电容器两大类。

a. 双电层型超级电容器。在这种类型的超级电容器中，一对电极浸泡在电解质溶液中，在外加电场作用下，电极表面与电解质接触的界面电荷会重新排列，并形成一个电荷数量与电极表面剩余电荷数量相等但符号相反的对垒界面层，这两个相对的电荷层相当于平行板电容器的两个平板。能量以静电荷的形式储存在电极-电解质表面。常见的双电层材料主要是各种碳类材料，如活性炭、碳纤维、碳纳米管和石墨烯等。

b. 赝电容型超级电容器。这种类型的超级电容器通常使用金属氧化物和导电聚合物作为电极材料。在充放电过程中发生高度可逆的化学吸附或氧化还原反应，电极能够储存和释放大量电荷，电极系统的电压随电荷转移的量呈线性变化，呈现出电容特征。这类超级电容器具有较高的能量密度，但目前大多数仍处于研究阶段，应用较为有限。

② 根据超级电容器电解质分类　根据超级电容器电解质的不同，可以将其分为水性电解质超级电容器和有机电解质超级电容器两大类。

a. 水性电解质超级电容器。水性电解质是指溶解在水溶液中能导电的化合物。水性电解质可以分为酸性、碱性和中性三种类型，它们的组成各不相同。例如，酸性电解质通常由 36％ 的硫酸（H_2SO_4）水溶液构成；碱性电解质以水为溶剂，由氢氧化钾（KOH）、氢氧化钠（NaOH）等强碱配制而成；中性电解质以水为溶剂，通常采用氯化钾（KCl）、氯化钠（NaCl）等盐类配制而成，常用于作为电解液中氧化锰的电极材料。

b. 有机电解质超级电容器。有机电解质一般选择以高氯酸锂为主的锂盐、以季铵盐为主的 TEABF4 等作为电解质。有时根据需要可能会添加碳酸丙二醇酯（PC）、乙腈（ACN）等有机溶剂，电解质在溶剂中接近饱和溶解度。

29.2.3　超级电容器的优势与不足

（1）超级电容器的优点

① 输出功率密度高　超级电容器目前的输出功率密度已高达 300～5000W/kg，是铅酸蓄电池比功率的 5～10 倍。

② 充电速度快，充电所需时间很短且不会损坏电池　由于不存在电能与化学能之间的转换过程，超级电容器可以数十秒到数分钟内快速充电，充电 10min 即可充到其额定容量的 95％ 以上。例如，一个 3V/12000F 超级电容器在 30s 内即可充满电，2.8V/30000F 超级电容器充电时间也在 1min 内。而现在铅酸蓄电池的充电时间至少需要几个小时，若在如此短的时间内将其充满电将是极危险或是几乎不可能的。这个充电效率也大大高于锂电池。

③ 循环使用寿命极长　超级电容器储存的是物理电荷，而不是像电池那样发生化学反应，这种储能过程是可逆的，并且没有"记忆效应"，因此理论上来说超级电容器应有无限的循环寿命。虽然目前受到隔膜影响、电解液稳定性等因素限制，其实际使用充放电循环寿命也已达蓄电池的 25～100 倍，深度充放电循环使用次数可达 50 万次，这个数字意味着若每天对超级电容器充放电 20 次，也可连续使用 68

年。而目前锂离子电池的充放电循环寿命只有 1000 次左右。

④ 能量转换效率高　超级电容器不需要经过电能与化学能的转化损耗，而是电能与电能之间的转换，转换过程中能量损失小，可以大电流放电，其大电流能量循环效率可达 90%。

⑤ 绿色环保　制造超级电容器采用的是安全、无毒的廉价金属，在其使用、储存以及回收过程中也没有污染，可全部回收利用，即该产品实现了零排放，若能大范围推广应用，将能大大缓解城市的大气污染，因此超级电容器是一种理想的绿色环保电源。而铅酸蓄电池、镍镉电池的材料中均包含重金属，对环境会造成很大的污染。

⑥ 安全性能好　目前应用最广泛的锂离子电池由于采用了易燃的有机电解质溶剂，虽然采取了很多的安全措施，但当电池因为某种原因短路时，尤其是在夏天车内温度较高时，电池仍然存在自燃或爆炸的风险。而超级电容器采用的是水系电解液，构成材料中不存在易燃易爆物质，制造工艺严格，当电池过充或短路时也不会导致致命危险，受到外部剧烈撞击或燃烧也不会引起爆炸，使用安全可靠。

⑦ 工作温度范围宽，尤其是超低温特性好　超级电容器具有很好的高低温性能与环境适应性，在 $-40 \sim 70℃$ 之间都能正常使用，已经超越了锂离子电池。温度对超级电容器的寿命影响很大，一般来说，超级电容器的环境温度每升高 10℃，其寿命就会缩短一半。因此若能保持在低温环境中使用，则能大大延长其使用寿命。

⑧ 充放电性能好　超级电容器对电路结构的要求较低，不需要设置特殊的充放电控制电路，线路简单。可以大电流充放电，如 2700F 的超级电容器额定放电电流不低于 950 A，放电峰值电流可达 1680A，一般蓄电池不可能做到如此高的放电电流。超级

电容器的荷电状态（SOC）与电压构成简单的函数，剩余电量可方便地检测和显示。在电压稳定的情况下也不会过充电，安全系数高，长期使用基本免维护，过充、过放不会影响超级电容器的使用寿命。

⑨ 工作电压范围宽　超级电容器在其额定电压范围内可以被充电至任意值，工作电压可以从几伏到几百伏。而电池则受自身化学反应限制工作在较窄的电压范围，例如铅酸蓄电池的工作电压在 $1.8 \sim 2V$；镍氢电池的工作电压在 $1.1 \sim 1.5V$；锂离子电池的工作电压在 $2.75 \sim 3.6V$。

⑩ 性价比高　超级电容器的寿命很长，使用过程中无需维护，用于纯电动汽车的全寿命费用约为锂离子电池的 1/3，使用超级电容器的电动车综合运营成本大大低于普通蓄电池和锂离子电池。

（2）超级电容器的不足

① 比能量低　比能量决定了电动汽车的续驶里程，目前超级电容器的能量密度只有 $2 \sim 10W \cdot h/kg$，不但低于镍氢电池和锂离子电池，甚至比铅酸蓄电池（$20 \sim 40W \cdot h/kg$）还低。产生这一现象的主要原因是超级电容器允许大电流的快速充电且自放电速率较高，这个致命的缺点极大地制约了超级电容器的应用，目前超级电容器充电 3min 可续驶 20km 左右，单独使用主要用在公交车和有轨电车上。

② 电解质易泄漏　超级电容器如果安装位置不合理或者使用不当时，容易出现电解质泄漏等现象，使超级电容器的结构受到破坏。

③ 使用电路存在局限性　与普通的铝电解电容器相比，超级电容器的内阻较大，不适合用在交流电路中，目前仅限于在直流电路中使用。

④ 成本较高　由于超级电容器是一种新型电池，发展历史不长，技术尚不成熟，市场尚未普及，制造成本、设备运行的成本等都相对较高，综合成本较高。

$$Zn+2OH^- \longrightarrow ZnO+H_2O+2e^-$$

$$(29\text{-}5)$$

总电池反应式：

$$Zn+\frac{1}{2}O_2 \longrightarrow ZnO \qquad (29\text{-}6)$$

29.3 锌空气电池

29.3.1 锌空气电池的工作原理

锌空气电池原理示意如图 29-5 所示，锌空气电池主要由空气电极、电解液和锌阳极构成。正极材料采用多孔活性炭，其中所吸附空气中的氧作为正极活性物质；使用的电解质是碱性的氢氧化钾（KOH）；金属锌作为负极活性物质；铂或其他材料作为催化剂。

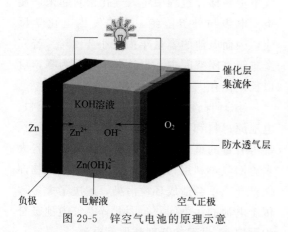

图 29-5　锌空气电池的原理示意

空气中的氧气经过多孔电极扩散层扩散到达催化层，在催化剂的作用下与水发生反应，吸收电子，生成氢氧根离子，负极的锌与电解液中的氢氧根离子发生电化学反应，生成 $Zn(OH)_4^{2-}$ 和水，并释放出电子，电子被集电层收集起来，在外电路中产生电流。

锌空气电池工作过程中发生的化学反应式如下。

正极反应式：

$$\frac{1}{2}O_2+H_2O+2e^- \longrightarrow 2OH^- \qquad (29\text{-}4)$$

负极反应式：

29.3.2 锌空气电池的结构与分类

锌空气电池作为化学电池的一种，其也具有电池的一般结构，主要由以下几部分组成。

① 正极　正极的构成材料是多孔的活性炭，电池壳体上的孔可让空气中的氧进入腔体附着在碳上。

② 负极　负极是金属锌或者锌合金的粉末或小颗粒与电解液的混合物，呈糊状，糊状的锌粉在正极端被空气中的氧氧化。

③ 电解液　锌空气电池中所用的电解液是碱性的高浓度氢氧化钾水溶液，溶液中含有能减缓锌腐蚀的无机缓蚀剂或有机缓蚀剂。

④ 隔膜　锌空气电池正极和负极之间必须放置一层绝缘的聚合物多孔隔膜用于隔离两极间固体粉粒的移动，防止正极与负极间发生短路。常选用的隔膜材料是聚烯烃、玻璃纸等一种材料或多种材料的复合物。

⑤ 绝缘和密封衬垫　绝缘和密封衬垫采用尼龙材料制成，可有效防止电解液泄漏。

⑥ 催化剂　目前锌空气电池所用的催化剂大多采用铂和氧化铱这样的贵金属制成。

⑦ 电池外壳　锌空气电池的外壳采用镍金属制成，具有良好的防腐性。

⑧ 空气流通保障系统　空气流通保障系统可调节进入锌空气电池正极的空气量，当不使用电池时，可自动切断空气，避免浪费锌原料。

⑨ 电池组热管理系统　电池组热管理系统保证在不同的环境温度下锌空气电池组

能够可靠、长期、稳定地工作。

应用在新能源汽车上的锌空气电池根据充电方式及其应用特点的不同，主要分为以下三类。

① 直接再充式锌空气电池　这种方式是指像其他的化学电池一样直接对锌空气电池的锌电极充电，但这个充电过程进行得十分缓慢，而且锌电极在碱性水溶液中容易发生自放电，充放电循环过程中还容易发生电极变形和枝晶问题，最终导致电极逐渐失效。因此，这种充电方式的锌空气电池几乎很少使用。

② 机械充电式锌空气电池　机械充电是指在锌空气电池完全放电后，将电池中用过的锌电极取出，换入新的锌电极，或者将整个电池组进行完全更换。新的锌电极更换完毕后，意味着"充电"就完成了。整个过程控制在 $3\sim5min$ 内，"充电"时间极短，非常方便。还可随车携带一些锌电极，避免必须要到充电站才能更换，为使用带来了更大的便利。更换下来的氧化锌可在专门的工厂进行回收处理，实现锌的再生循环和绿色环保无污染生产。

③ 注入式锌空气电池　注入式锌空气电池的基本原理与机械充电式锌空气电池类似，本质上其实都是更换锌电极活性物质。这种电池是将配制好的锌膏源源不断地通过挤压或压力输送入电池内，同时将反应完毕的混合物抽取到电池外，这样电池系统只需携带盛放锌膏的燃料罐就可实现车辆的连续行驶。

29.3.3　锌空气电池的优势与不足

（1）锌空气电池的优点

① 能量密度高　锌空气电池不存在"存储器效应"，因此具有更高的能量密度，理论上锌空气电池的质量比能量为 $340W\cdot h/kg$，体积比能量为 $1050W\cdot h/L$，是现在所有化学电源中最高的。实际比能量已达到铅酸蓄电池（比能量 $20\sim50W\cdot h/kg$）的 5 倍以上，比锂电池高出一倍而质量只有锂电池的一半。一个砖块大小的锌空气电池所包含的能量可媲美一纸箱传统电池，电动汽车若采用锌空气电池能够明显地提高续驶里程。

② 容量大　空气电极的活性物质氧气直接来自周围的空气，材料不需要占用电池空间，在相同质量或体积的情况下，与其他传统电池相比锌空气电池能储存更多的负极反应原料，因而容量就会高出很多，是其他电池的 $3\sim10$ 倍，是所有实用电池体系中最高的。大型锌空气电池的电荷量可达到 $500\sim2000A\cdot h$。

③ 储存寿命长，自放电率极低　锌空气电池在储存过程中将入气孔密封起来，使空气电极与外界隔绝，无法发生电化学反应，因而电池的容量年损失小于 2%。若完全置于密闭空间中，自放电率几乎为零，可以长期保存。

④ 环保性能好　锌在循环使用过程中，电池原材料和主要反应产物不包含铅、汞、镉等有毒的重金属物质，不会污染环境且大多可回收再利用，用过的部分电池废弃物即使抛弃也不会造成环境污染，解决了大多数传统电池的污染问题，因此锌空气电池被誉为面向 21 世纪的新型环保型电池。

⑤ 充电方便　其他化学电池如铅酸蓄电池、镍氢电池和锂离子电池等都需要较长的充电时间，充电时间长、充电频繁以及需要相应的充电设施都给用户带来不便。而锌空气电池的电量来源于锌和氧气发生化学反应后产生的电能，确切地说，这是一个发电的过程，类似于充电，在电池用完后，只需要更换封装好的锌粉或电池锌板，这在几分钟内就可以完成，甚至比加油更加方便，相当于换电。因为锌粉可以通过现有的加油站、超市等渠道销售，便于携带，并不需要大量建设专门的"充电站"。

⑥ 放电性能好　成组的锌空气电池具

有良好的一致性，充电和放电均匀；允许大电流放电，电池的容量基本不受放电强度和温度的影响，能在 $-20\sim80℃$ 的温度范围内正常工作；锌空气电池单体放电电压变化小，能在 1.3V 左右持续较长的放电时间。

⑦ 使用安全方便　锌空气电池能够有效地防止因泄漏、短路引起的起火或爆炸，对人体不会造成伤害和危险，安全性好；常压下即可操作，不需要外在的压力平衡设计，且电流、电压、功率根据需要可任意调节，使用方便。

⑧ 综合成本低　由于制造锌空气电池的材料都比较普通，正极活性物质氧气来自空气，无需任何成本而且取之不尽；负极活性物质锌来源充足，价格便宜，并且可回收利用；整个电池的构造也不复杂，制造工艺简单，体积小，重量轻；除了催化剂较贵，没有其他高成本组件。这意味着锌空气电池从原料、制造到回收综合成本较低，几乎与普通的碱性锌-锰电池的成本差不多，约为锂电池价格的1/3。

（2）锌空气电池的不足

① 催化剂的问题　目前锌空气电池空气电极所使用的催化剂主要存在两方面的问题，一是催化剂的活性有待改进，催化剂本身的性能及添加量影响着电极性能的好坏，因而也间接制约了锌空气电池的推广；二是当前所采用的铂催化剂价格太贵，若换成炭黑、石墨和二氧化锰的混合物，成本虽然降低了但活性也随之降低，会影响锌空气电池的电压、使用寿命以及效率等性能。因此需要寻找一种活性非常高，又非常稳定且价格合适的催化剂。

② 锌电极的问题　锌本身是一种活泼的金属，锌电极在碱性溶液中热力学性质不太稳定，可能发生锌被腐蚀产生自放电析放出氢气的现象。锌电极钝化问题是制约锌空气电池性能的重要方面，解决这个问题的主要方法就是添加一些抑制剂。在锌空气电池的充放电过程中由于一些反应产物导致锌电极会出现枝晶的析出与生长，当充放电达到一定次数时锌枝晶会逐渐长大，可能会扎破隔膜使电池发生短路；锌空气电池在工作时是一个开放的体系，要求有足够的氧气供应。在非工作状态时，应密封将空气隔绝，否则锌电极容易直接氧化。

③ 电解液的问题　锌空气电池的外壳留有一个或多个空气孔，如果密封性不好（例如防水透气膜做得不好），电解液可能会因为水分蒸发而干涸；也可能会吸潮而使电解液变稀；也可能外界的 CO_2 会进入电池内部与电解质中的氢氧化钾反应形成碳酸盐，使电解液碳酸化，增大了电池内阻。这些情况都将改变电解液的性能，最终使电池性能下降。

④ 空气电极的寿命问题　空气电极是整个锌空气电池的能量转换器，是锌空气电池的核心部件。空气电极采用活性炭多孔结构，机械强度不高，长期浸泡在浓碱溶液中，工作时需暴露在空气中，容易吸附二氧化碳和空气中的粉尘等，这些因素严重影响了空气电极的性能及使用寿命。

⑤ 电池的发热和温升问题　当锌空气电池大电流放电时必然会产生大量的热量，从而引起电池温度的升高，若不加以处理肯定会影响电池的性能。如何将这部分热量排出电池体外或合理地加以利用就必须有很好的散热材料，这也是当前锌空气电池研究亟待解决的问题。

扫一扫

本章小结

在了解了不同类型的动力电池之后，本章将介绍与动力电池息息相关的电池管理系统（battery management system，BMS）。BMS 是确保电池安全、延长寿命以及维持性能的关键系统。本章将逐步解析 BMS 的基础构架、功能，介绍如何对动力电池进行有效管理（包括热管理和安全监控），并探讨 BMS 的控制策略以及系统可靠性设计，尽可能使读者能够全面且深入地了解 BMS 及其在新能源汽车中的作用。

30.1 电池管理系统的基本构成和功能

由于动力电池的能量和端电压受到限制，新能源汽车需要采用多块动力电池进行串联和并联组合。考虑到电池工作特性的非线性和时变性，以及复杂的使用条件和苛刻的使用环境，当动力电池作为新能源汽车的能量源时，必须确保其工作在合理的电压、电流和温度范围内。因此，需要对动力电池进行有效管理。特别是对于锂离子电池，有效的管理尤为重要。如果管理不善，不仅可能显著缩短动力电池的使用寿命，还可能引发严重的安全事故，如火灾等。因此，动力电池管理系统，简称电池管理系统（BMS），是新能源汽车的必备装置。BMS 负责监测和控制动力电池的各项参数，包括电压、电流、温度等，以确保电池的安全、可靠和高效运行。

电池管理系统是对动力电池组进行安全监控、管理的装置。电池管理系统通过对电

动汽车的动力电池参数进行实时监控、故障诊断、SOC 估算、行驶里程估算、短路保护、漏电监控、显示报警、充放电模式选择，并通过 CAN 总线与车辆集成控制器或充电机进行信息交互，保障新能源汽车高效、可靠、安全运行，增加续驶里程，延长使用寿命，降低运行成本。如图 30-1 所示为 Acrel 电池管理系统实物。

图 30-1 电池管理系统

电池管理系统在新能源汽车中扮演着至关重要的角色，它连接着动力电池和整车系统，是高效利用电池能量的关键。此系统不仅配合整车策略以确保车辆性能，还监控并确保动力电池的安全和高效运行。其主要组成部分包括电池管理系统控制单元（MCU）、电池单体电压和温度信号采集模块（BMU 模块）、总电流及总电压信号采集模块（U 模块）、整车通信模块、高压电安全系统（高压接触器熔断器）及电流均衡模块、热管理系统和检测单元（电流传感器、电压传感器和温度传感器）等。其均衡功能包括电池单体电压和温度的均衡，并具备监测碰撞和电池渗漏的功能，一旦监测到

影响安全的信号，管理系统将立即切断高压电供给。

电池管理系统的功能主要包括：数据采集、电池状态计算、能量管理、安全管理、热管理、均衡控制、通信功能和人机接口。如图 30-2 所示为电池管理系统的功能。

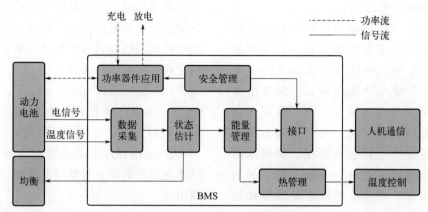

图 30-2　电池管理系统的功能

（1）数据采集

电池管理系统中的所有算法都依赖于采集的动力电池数据作为输入。采样速率、精度和前置滤波特性是影响电池系统性能的关键指标。一般来说，电动汽车电池管理系统的采样速率要求大于 200Hz（50ms）。数据采集的精度和速度是衡量电池管理系统优劣的重要因素，并为管理系统中的其他功能（如 SOC 状态分析、均衡控制、热管理等）提供基础数据进行分析和处理。通常，数据采集的对象包括电压、电流、温度等。

（2）电池状态计算

电池状态计算主要包括电池组荷电状态（state of charge，SOC）和电池组健康状态（state of health，SOH）两个方面。SOC 反映了动力电池组的剩余电量，是计算和估算电动汽车续驶里程的基础；而 SOH 则反映了电池技术状态、预计可用寿命等健康状态参数。准确估算电池 SOC 是防止动力电池过充和过放的关键依据，只有通过准确的 SOC 估算才能有效提高动力电池组的利用效率，保证电池组的使用寿命。在新能源汽车中，准确估算电池 SOC 具有保护电池、提高整车性能、降低对电池的要求以及提高电池的经济性等作用。

（3）能量管理

能量管理主要包括以电流、电压、温度、SOC 和 SOH 为输入进行充电过程控制，以 SOC、SOH 和温度等参数为条件进行放电功率控制两个部分。

（4）安全管理

安全管理主要用于监视电池电压、电流、温度等是否超过正常范围，防止电池组过充、过放。目前在对电池组进行整组监控的同时，多数电池管理系统已经发展到对极端单体电池进行过充、过放、过温等安全状态管理。

安全管理系统主要有以下功能：烟雾报警、绝缘检测、自动灭火、过电压和过电流控制、过放电控制、防止温度过高、在发生碰撞的情况下关闭电池。

（5）热管理

为了确保电池系统的性能和寿命，动力电池管理系统通常包含热管理系统。电池热管理系统旨在确保电池工作在适宜的温度范围内，由电池箱、传热介质、监测设备等部件组成。该系统的主要功能是准确测量和监控电池温度，有效散热和通风以维持电池组温度的均匀分布，防止电池过热。在低温条件下，系统能够快速加热电池组使其达到正常工作温度，并保持单体间温度均衡。对于大功率放电和高温条件下的电池使用，热管理尤为重要，可确保电池性能和安全运行。

（6）均衡控制

电池的不一致性会导致整个电池组的工作状态受最差电池单体决定。为了解决这一问题，在电池组的各个电池之间设置均衡电路，并实施均衡控制，以使各个单体电池的充放电情况尽量一致，从而提高整体电池组的工作性能。均衡管理有助于维持电池容量并控制放电深度。如果未对电池进行均衡控制，由于电池管理系统的保护功能设置，可能出现某个电池单体已充满电而其他电池未充满，或者某个具有最小电量的单体电池已停止放电而其他电池尚未达到放电截止限制的情况。一旦出现过充或过放，电池内部可能发生不可逆的化学反应，影响电池性能并缩短使用寿命。因此，均衡控制对于确保电池组的稳定运行和延长其寿命至关重要。

（7）通信功能

通过电池管理系统实现电池参数和信息与车载设备或非车载设备的通信，为充放电控制、整车控制提供数据是电池管理系统的重要功能之一，根据应用需要，数据交换可采用不同的通信接口，如模拟信号接口、PWM 信号接口、CAN 总线接口或 I2C 串行接口。

（8）人机接口

根据设计需要设置显示信息以及控制按键、旋钮等人机界面。

30.2 数据采集方法

30.2.1 单体电压检测方法

动力电池的数据采集主要包括电压采集、电流采集及温度采集等，其中，电压、电流和温度采集的方法各有不同。电池电压采集是动力电池组管理系统中的重要一环，其性能好坏或精度高低决定了系统对电池状态信息判断的准确程度，并进一步影响了后续的控制策略能否有效实施。常用的单体电压检测方法有以下 4 种。

（1）继电器阵列法

① 组成：端电压传感器、继电器阵列、A/D 转换芯片、光耦、多路模拟开关。

② 应用特点：适合在所需测量的电池单体电压较高而且对精度要求也较高的场合使用。

如图 30-3 所示为基于继电器阵列法的电池电压采集电路原理。其由端电压传感器、继电器阵列、A/D 转换芯片、光耦、多路模拟开关等组成。如果需要测量 n 块串联成组电池的端电压，就需要将 $n+1$ 根导线引到电池组中各节点。当测量第 m 块电池的端电压时，单片机发出相应的控制信号，通过多路模拟开关、光耦合继电器驱动电路选通相应的继电器，将第 m 和第 $m+1$ 根导线引到 A/D 转换芯片。通常开关器件的电阻都比较小，配合分压电路后，由于开关器件的电阻所引起的误差几乎可以忽略不计，而且整个电路结构简单，只有分压电阻和模数转换芯片和电压基准的精度能够影响最终结果的精度，通常电阻和芯片的误差都可以做得很小。因此，在所需要测量的电池单体电压较高而且对精度要求也较高的场合最适合使用继电器阵列法。

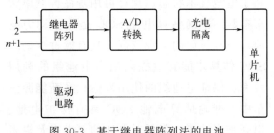

图 30-3　基于继电器阵列法的电池电压采集电路原理

（2）恒流源法

① 组成：运算放大器和场效应管组合构成减法运算恒流源电路。

② 应用特点：结构较简单，共模抑制能力强，采集精度高，具有很好的实用性。

恒流源法的基本原理是在不使用转换电阻的前提下，将电池端电压转化为与之呈线性变化关系的电流信号，以此提高系统的抗干扰能力。在串联电池组中，由于电池端电压也就是电池组相邻两节点间的电压差的存在，故要求恒流源电路具有很好的共模抑制能力，一般在设计过程中，多选用集成运算放大器来达到此种目的。出于设计思路和应用场合的不同，恒流源电路会有多种不同形式。

（3）隔离运放采集法

① 组成：隔离运算放大器、多路选择器等。

② 应用特点：系统采集精度高，可靠性强，但成本较高。

隔离运算放大器是用于对模拟信号进行电气隔离的器件，通常广泛应用于工业过程控制中的隔离器和各种电源设备中的隔离介质。它通常由输入和输出两部分组成，二者单独供电并以隔离层划分。信号经输入部分调制处理后通过隔离层，再由输出部分解调复现。

在电池单体电压采集电路中，隔离运算放大器非常适用。它能够将输入的电池端电压信号与电路隔离，从而避免外界干扰，提高系统的采集精度并增强可靠性。这种设计有助于确保准确的电压测量，并防止外部干扰对系统性能造成负面影响。

如图 30-4 所示为隔离运算放大器在 600V 动力电池组管理系统中的应用，其中共有 50 块额定电压为 12V 的水平铅酸电池，其端电压被隔离运放电路逐一采集。ISO 122 是美国 BB 公司采用滞回调制-解调技术设计的隔离放大器，采用精密电容耦合

技术和常规的双列式 DP 封装技术。ISO 122 的输入和输出部分分别位于壳体两边，中间用两个匹配的 1pF 电容形成隔离层，其额定隔离电压大于 1500V（交流 60Hz 连续），隔离阻抗大，并且具有高的增益精度和线性度，从而满足了实际应用要求。从图 30-4 中不难发现，ISO 122 的输入部分电源就取自动力电池组中，输出部分电源则出自电路板上的供电模块，电池端电压经两个高精密电阻分压后输入运放，与之呈线性关系的输出信号经多路复用器后交单片机控制电路处理。需要说明的是，在第 50 块电池的端电压采集电路中，一个反相器被加在隔离运放电路后，用于将输出信号由负变为正。还应指出，隔离运放采集电路虽然性能优越，但是较高的成本影响了其广泛应用。

（4）压/频转换电路采集法

① 组成：压/频转换器、选择电路和运算放大电路。

② 应用特点：压控振荡器中含有电容器，电容器的相对误差一般都比较大，而且电容越大相对误差也越大。当利用压/频转换电路实现电池单体电压采集功能时，压/频转换器的应用是关键，它是把电压信号转换为频率信号的元件，具有良好的精度线性度和积分输入等特点。

例如美国 FS 公司生产的高性价比集成芯片 LM331，即采用了新的温度补偿带隙基准电路，在整个工作温度范围以内和电源电压低到 4.0V 时都有极高的精度。该采集方法中，电压信号直接被转换为频率信号，随即就可以进入单片机的计数器端口进行处理，而不需 A/D 转换。此外，为了配合压/频转换电路在电池单体电压采集系统中的应用，相应的选择电路和运算放大电路也需加以设计，以实现多路采集的功能。这种方法所涉及的元件比较少，但是压控振荡器中含有电容器，而电容器的相对误差一般都比较大，而且电容越大相对误差也越大。

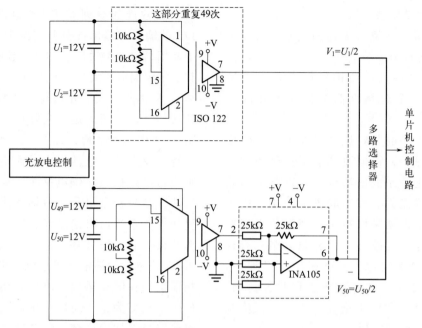

图 30-4　隔离运算放大器在动力电池组管理系统中的应用

30.2.2　动力电池温度采集方法

电池的工作温度不仅影响电池的性能，而且直接关系新能源汽车使用的安全问题，因此准确采集温度参数显得尤为重要。采集温度的关键是选择合适的温度传感器。目前使用的温度传感器有热敏电阻、热电偶、集成温度传感器等，因此，动力电池温度的采集方法也分为热敏电阻采集法、热电偶采集法和集成温度传感器采集法等。

（1）热敏电阻采集法

热敏电阻如图 30-5 所示。

① 原理：利用热敏电阻的阻值随温度的变化而变化的特性，用一个定值电阻和热敏电阻串联起来构成一个分压器，从而把温度的高低转化为电压信号，再通过模数转换得到温度的数字信息。

② 特点：热敏电阻成本低，但线性度不好，制造误差一般也比较大。

（2）热电偶采集法

热电偶如图 30-6 所示。

① 原理：采集双金属体在不同温度下

图 30-5　热敏电阻

产生不同的热电动势，再通过查表得到温度值。

② 特点：由于热电动势的值仅和材料有关，因此热电偶的准确度很高。但是因为热电动势都是毫伏等级的信号，所以需要放大，外部电路比较复杂。一般来说金属的熔点都比较高，故热电偶一般都用于高温的测量。

（3）集成温度传感器采集法

由于温度的测量在日常生产、生活中用得越来越多，因此半导体生产商们推出了很多集成温度传感器，如图 30-7 所示为 AD590

图 30-6　热电偶

型集成温度传感器。这些温度传感器虽然很多都基于热敏电阻，但在生产的过程中进行了校正，所以精度可以媲美热电偶，而且直接输出数字量，很适合在数字系统中使用。

图 30-7　AD590 型集成温度传感器

30.2.3　动力电池系统电流检测方法

电流作为动力电池管理过程中的一个重要参数，其检测是电池荷电状态评估的基础，也是电池安全保护的重要参考依据和电池能量管控的关键参数。因此，动力电池系统的电流检测是电池管理系统的关键功能，需要较高的性能和可靠性要求。电流检测技术按照原理可以分为直接式电流采集和间接式电流采集技术，实际上对应分流器方案和开环霍尔方案。这两种方案是当前动力电池系统最常用的方案，混合动力和纯电动乘用车动力电池系统常用分流器方案，商用车动力电池系统较为常用开环霍尔方案。此外，还有互感器方案、光纤传感器方案等。

（1）分流器方案

分流器检测传感器相对起步较晚，但其因自身结构形式、大动态、高精度、稳定性等特点在电动汽车领域也得到了快速的普及。分流器的原理是在母线回路中串联微欧级别的电阻，通过测量压降的形式，依据欧姆定律计算电流的大小。分流器方案的优势是响应时间快、精度高、线性度高、小电流采集也能确保精度、可以和总压做到很高的同步性，但是分流器方案也存在不隔离、对接口电路设计要求高、需要标定校准、需要考虑大电流温升带来的影响等劣势。

（2）开环霍尔方案

霍尔电流传感器具有丰富的产品家族，在高电压、大电流场景下应用极为广泛。开环霍尔方案的原理是采用霍尔器件之间检测原边导体中电流产生的磁场，经过线性放大之后输出电压信号，通过霍尔感应度特性的输出电压换算出电流的大小。霍尔方案的优势是器件本身隔离、结构紧凑、体积小、功率损耗低、接口电路简单、无需校准。同样，开环霍尔方案也存在着诸如响应时间慢、精度低、线性度差等技术问题。

（3）互感器方案

互感器方案只能用于交流电流测量。特点为通过开孔、导线传入，插入无损耗。其价格低且使用简单，故普及率高。

（4）光纤传感器方案

光纤传感器可以测量直流电流和交流电流，插入无损耗。不过，因光纤传感器价格昂贵，使其在控制领域的应用受到影响，普及率不高。

30.3　电量管理系统

30.3.1　准确估算蓄电池 SOC 的作用

电池电量管理是电池管理的核心内容之一，对于整个电池状态的控制、电动车辆续驶里程的预测和估计具有重要的意义。电池的电量通常通过 SOC 来实时确定。与此同时，SOC 也是防止动力电池过充和过放的主要依据，只有准确估算电池组的 SOC，才能有效地提高动力电池组的利用效率，保证电池组的使用寿命。在新能源汽车技术中，准确估算蓄电池 SOC 的作用包括以下 4 点。

（1）保护蓄电池

对于蓄电池来说，过充电和过放电都可能对电池造成永久性损害，严重缩短电池的使用寿命。通过提供准确的 SOC 值，整车控制策略可以将 SOC 保持在一定范围内（如 20%~80%），以防止电池过充或过放，从而确保电池的正常使用，延长电池的寿命。

通过控制 SOC 在合适的范围内，可以有效地降低电池的工作负荷，避免出现过充或过放情况，减少对电池的损害，延长电池的寿命。因此，提供准确的 SOC 值并采取相应的控制措施是非常重要的，可以保证电池的安全运行、延长电池的使用寿命，并提高新能源汽车整个系统的可靠性和经济性。

（2）提高整车性能

在没有提供准确 SOC 值的情况下，为了保证电池的安全使用，整车控制策略需要保守地使用电池，防止电池出现过充电和过放电的情况，这样就不能充分发挥电池的性能，从而降低了整车的性能。相反，准确估算蓄电池 SOC 的情况下，则有利于提高整车性能。

（3）降低对动力电池的要求

准确估算 SOC 可以充分发挥电池性能，降低对动力电池性能的要求。在准确估算 SOC 的前提下，可以更充分地利用电池性能，并因此减小对电池性能的设计余量。举例来说，在准确估算 SOC 的情况下，可能只需要选择容量为 40A·h 的动力电池组。相比之下，如果无法提供准确的 SOC 值，为了确保整车性能和可靠性，可能需要选择

60A·h 甚至更高容量的动力电池组。

因此，准确的 SOC 估算有助于最大限度地发挥电池性能，并且可以在设计时更精确地匹配电池容量。这样的做法不仅可以降低成本，还可以提高系统效率和整车的性能，从而对新能源汽车的发展和推广产生积极作用。

（4）提高经济性

选择较低容量的动力电池组可以降低整车的制造成本。同时，由于提高了系统的可靠性，后期的维护成本也大大降低。

30.3.2 电池 SOC 估算精度的影响因素

由于 SOC 的非线性，并且受到多种因素的影响，导致电池电量估计和预测方法复杂，准确估计 SOC 比较困难。电池 SOC 估算精度的影响因素主要有以下 5 个方面。

（1）充放电电流

充放电电流对应额定充放电工况，动力电池一般表现为大电流可充放电容量小于额定容量，小电流可充放电容量大于额定容量。

（2）温度

不同温度下电池组的容量存在着一定的变化，温度段的选择及校正因素直接影响电池性能和可用电量。

（3）电池容量衰减

电池容量在循环过程中会逐渐减少。因此，对电量的校正条件就需要不断地改变，这也是影响模型精度的一个重要因素。

（4）自放电

电池内部的化学反应会产生自放电现象，使其在放置时电量发生损失。自放电的大小主要与环境温度有关，需要按实验数据进行修正。

（5）一致性

电池组的建模和容量估算与单体电池有一定的区别，电池组的一致性差别对电

量的估算有重要的影响。电池组的电量是按照总体电池的电压来估算和校正的，如果电池差异较大，将导致估算的精度误差很大。

30.3.3 SOC估计算法

当前，动力蓄电池SOC的估计算法相对较多，常用的SOC估计算法包括以下几种。

（1）开路电压法

开路电压法是一种通过电池的开路电压（open circuit voltage，OCV）与电池内部锂离子浓度之间的变化关系来间接拟合出其与电池SOC之间的对应关系的方法。在实际操作中，需要将电池充满电量后以固定的放电倍率（一般取1C）进行放电，直到电池的截止电压时停止放电，然后根据该放电过程得到OCV与SOC之间的关系曲线。当电池处于实际工作状态时，可以根据电池两端的电压值，通过查找OCV-SOC关系表得到当前的电池SOC。

需要指出的是，开路电压法和放电试验法一样，并不适用于运行中的电池SOC估算。这是因为在电池系统实际运行时，电流的变化、温度变化等因素会影响电池的开路电压与SOC之间的关系，使得简单地依赖OCV-SOC关系表来估算SOC并不准确。因此，在实际运行中，需要结合其他方法和技术，如基于电流集成和卡尔曼滤波等算法，以提高电池SOC估算的准确性。图30-8所示为某型动力电池电压与容量的关系。

（2）容量积分法

容量积分法是通过对单位时间t内流入流出电池组的电量Q_M进行累积，以获得电池组每一轮放电能够放出的电量，从而确定电池SOC的变化。

$$SOC = \frac{Q_M - \int_0^t i\,dt}{Q_M} \qquad (30-1)$$

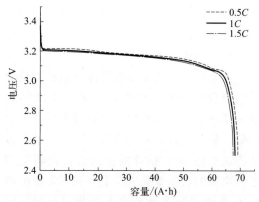

图30-8　某型动力电池电压与容量的关系

（3）电池内阻法

电池内阻有交流内阻（常称交流阻抗）和直流内阻之分，它们都与SOC有密切关系。准确测量电池单体内阻比较困难，这是直流内阻法的缺点。在某些电池管理系统中，通常将内阻法与安时计量法组合使用来提高SOC估算的精度。

（4）卡尔曼滤波法

卡尔曼滤波法的核心思想是对动力系统的状态进行最小方差意义上的最优估算。该方法适用于各种类型的电池，可以提供SOC的估计值，并给出SOC的估计误差。然而，卡尔曼滤波法的缺点在于电池SOC估计精度越高，电池模型越复杂，涉及的矩阵运算越多，实现起来越具有挑战性。此外，该方法在考虑温度、自放电率和放电倍率对容量的影响方面并不充分。

使用卡尔曼滤波法估算动力电池的SOC时，电池被转化为一个状态空间模型，在此模型中，SOC成为内部状态变量之一。通过建立线性离散系统，卡尔曼滤波法能够修正系统初始误差，有效抑制系统噪声，因此在复杂运行工况下的动力电池SOC估算中具有显著的应用价值。然而，卡尔曼滤波法存在两个主要缺陷：首先，其估算精度高度依赖于电池模型的准确性，由于动力电池本身呈现高度非线性特性，在经过线性化处理后可能存在误差，若模型建立不够准确，估算结果也可能不可靠；其次，该方法的算法复杂，计算量大，需要较长的计算周期，且对硬件性能要求严格。

（5）放电试验法

放电试验法是一种将目标电池进行持续的恒流放电直至达到电池的截止电压的方法。通过将放电过程所用的时间乘以放电电流值，得到电池的剩余容量。通常，这种方法作为电池 SOC 估算的标定方法或者应用于蓄电池的后期维护工作上。在不知道电池 SOC 值的情况下采用此方法相对简单、可靠，并且结果也比较准确，同时适用于不同种类的蓄电池。

尽管放电试验法可以在没有先验知识的情况下对电池 SOC 进行估算，并且相对简单且有效，但它也存在一些局限性。例如，在实际应用中，进行放电试验需要停机操作，并且可能会造成对电池的额外损耗。此外，该方法无法提供电池在放电过程中的实时 SOC 信息，因此在某些需要即时监测和控制的场景下可能并不适用。

（6）神经网络法

神经网络法是一种模拟人脑及其神经元用以处理非线性系统的新型算法。该方法无需深入研究电池的内部结构，而只需要从目标电池中提取大量符合其工作特性的输入与输出样本，并将这些样本数据输入到所建立的神经网络系统中，即可获得运行中的 SOC 值。相较于卡尔曼滤波法，该方法的后期处理相对简单，能够有效避免在卡尔曼滤波法中需要对电池模型进行线性化处理带来的误差，并且能够实时地获取电池的动态参数。然而，神经网络法的前期工作量较大，需要提取大量且全面的目标样本数据对系统进行训练，同时所输入的训练数据和训练方式会在很大程度上影响 SOC 的估算精度。此外，在电池温度、自放电率和电池老化程度不统一等因素的复杂影响下，长期使用该方法估算同一组电池的 SOC 值，其准确性也会受到影响。因此，尽管神经网络法具有一定的优势，但在动力电池的 SOC 估算工作中并不十分常见。

在实际应用中，可能需要综合考虑各种因素，并选择适合具体场景和需求的 SOC 估算方法。

30.4 均衡管理系统

电池组内的单体电池存在不一致性，这可能是由于生产工艺不稳定、使用环境不一致等因素造成的。这种不一致性会随着时间的推移和温度、振动等因素的作用而进一步恶化。均衡控制管理旨在通过采取措施来尽可能降低电池不一致性的负面影响，从而优化电池组整体放电效能，延长电池组整体寿命。

30.4.1 动力电池均衡控制方法

动力电池均衡控制方法多种多样，分类标准的不同会导致不同的分类结果。对均衡方案进行分类时没有绝对的标准，并且根据不同的分类标准，各种方法之间也没有明显的界线。例如，按照是否保护电荷的标准划分，一种方法可以属于"非耗散型均衡"，而按照作用过程划分则可以被称作"充电均衡"。各种方法之间也没有绝对的优胜者，应根据实际需求和成本预算等多方面因素选择最合适的方案。目前，非耗散型均衡、双向均衡等方案被认为是未来高性能均衡方案的主流。

综上所述，均衡控制管理对于优化电池组整体性能和延长寿命至关重要。在选择均衡方案时，需要考虑多种因素并选择最适合特定需求的方案。

（1）能量耗散型均衡与能量非耗散型均衡

按在均衡过程中，是否尝试对电池组的能量进行保护，可以将均衡控制方案分为耗散型均衡和非耗散型均衡两种。

① 能量耗散型均衡　能量耗散型均衡方案是一种通过利用并联电阻等方式将电池组中荷电状态较多的电池的能量消耗掉，直到与组内其他电池达到均衡的方法。其实现过程为定时检测各个单体电池的电压，当某些单体电池的电压超过电池组平均电压时，接通这些高能电池的并联电阻，使它们的一部分能量消耗在并联电阻上，直到它们的电压值等于电池组平均电压。耗散型均衡方案具有控制逻辑简单、硬件易实现、成本较低等优点，因此在早期均衡控制中得到广泛应用。然而，这种方法是以消耗电池组的部分能量为手段的。此外，电池电阻耗能的同时会产生热量，在电动汽车等应用中，可能存在通风不良导致过热的安全隐患。

因此，尽管能量耗散型均衡方案具有一些优点，但也存在一些显著的缺点，特别是在对安全性要求较高的应用场景中，在实际应用中，需要权衡考虑各种因素，进行选择。

② 能量非耗散型均衡　能量非耗散型均衡（无损均衡）是一种通过中间储能元件和一系列开关元件，将电池组中高荷电状态电池的能量转移到低荷电状态电池达到均衡的方案。这种方案通常涉及电容和电感等中间储能元件。非耗散型均衡可以弥补耗散型均衡的不足之处，但也存在控制逻辑复杂等缺点。需要注意的是，尽管非耗散型均衡致力于保留电动汽车电池中已有的电荷和能量，但由于器件损耗的原因，它并不能实现真正的无损。然而，在相同初始状态下，采用非耗散型均衡策略的总体能耗要比采用耗散型均衡策略小，因此非耗散型均衡被认为是未来发展的主流方向。

（2）集中式均衡与分布式均衡

按均衡电路的拓扑结构分类，主要分为集中式均衡方案和分布式均衡方案。集中式均衡方案指整个电池组共用一个均衡器，通过逆变分压等技术对电池组能量进行分配，以实现单体电池与电池组之间能量传递的方式。相对应地，分布式均衡方案中，每个均衡模块专门为个别电池服务。集中式均衡方案具有快速集中整个电池组的力量来转移能量给待均衡的个别电池的优势，所配置的公用均衡器性能较好，因此均衡速度较快。整体上看，集中式均衡模块的体积比分散式更小；然而，在集中式均衡方案中，各电池之间会形成竞争关系，多个电池的均衡操作不能并行进行，同时电动汽车电池与均衡器之间需要大量的线束连接，因此该方案在电池数量较多的情况下不太适用。集中式均衡方案适用于电池数量较少且对均衡速度要求较高的情况，而分布式均衡方案则适用于电池数量较多且更注重分散化管理的情况。在选择适合的均衡方案时，需根据实际情况综合考虑。

（3）放电均衡、充电均衡与双向均衡

按照均衡的作用过程不同，可将均衡控制管理分为放电均衡、充电均衡和双向均衡。

① 放电均衡　放电均衡方案是指在电池组放电过程中实现各个单体电池之间的能量均衡，以确保每个电池都能将其剩余容量放至0，避免出现一些电池已完全放空而其他电池仍有电量的情况。在放电结束后，通过恒定电流串联充电的方式对电池组进行充电，直到任何一个电池的剩余容量达到100%为止。这种方案可以保证每次充电的电量都能完全释放。然而，在充电过程中根据木桶原理，只能以最小容量的电池作为截止上限，因此无法充分利用整个电池组的容量。放电均衡方案的缺点包括能量损耗较大，不适合在任何时候开展（尤其当电池剩余容量较多时，进行放电均衡代价高）；另外，该方案需要将电池的剩余容量完全释放，提高了放电深度，可能影响电池的循环寿命。因此，在选择放电均衡方案时，需权衡考虑其优缺点，特别是对电池性能和寿命的影响。放电均衡方案应根据具体需求情况来确定最佳应用场景，并结合其他均衡方式或策略，以实现更加有效和持久的电池管理和维护。

② 充电均衡　充电均衡方案是指在电动汽车电池充电过程中采用上对齐均衡充电方案来实现各个单体电池之间的能量均衡，以确保充电过程中每个电池的容量都充至100%。这种方案可以确保每个单体电池在充电过程中都能够得到充分利用。然而，充电均衡方案并未对放电过程进行任何控制，其放电过程符合木桶原理，整个电池组的放电容量取决于容量最小的电池。与放电均衡方案相反，充电均衡方案适用于电池组处于任何荷电状态下。在选择充电均衡方案时，也需要根据具体应用场景和需求综合考虑。

③ 双向均衡　双向均衡方案综合了放电均衡和充电均衡两种方案的优点，通过在充电和放电过程中引入均衡控制来实现。这种方案既能确保每个电池在放电时达到SOC为0，又能保证每个电池在充电时达到SOC为100%。由于引入了放电均衡过程，这种方案同样存在能量损耗过多、容易损害电池等问题；然而，该方案有利于评估电池的最大容量（即有助于获取每个电池的最大容量），并可以在对新能源汽车进行维护时利用该方案对电池的健康状况进行诊断。

使用双向均衡方案需要权衡其优点和缺点，并结合实际需求和条件进行选择。在新能源汽车电池管理领域，这种方案可能对电池性能的评估和健康状态的监测具有重要意义，但同时需要注意在实际应用中可能带来的能量损耗和电池寿命影响。因此，在采用双向均衡方案时，需要综合考虑其对电池管理和维护的价值以及可能带来的成本与风险。

30.4.2　均衡方案典型实例

针对上述提到的各种均衡方案，在这里选取典型的能量耗散型均衡和能量非耗散型均衡方案进行详细举例。

其中能量耗散型均衡管理主要通过令电池组中能量较高的电池利用其旁路电阻进行放电的方式损耗部分能量，以期达到电池组能量状态的一致。

（1）能量耗散型均衡管理的特点

① 通过单体电池的并联电阻进行充电分流，从而实现均衡。

② 电路结构简单，均衡过程一般在充电过程中完成。

③ 由于均衡电阻在分流的过程中不仅消耗了能量，而且还会由于电阻的发热引起电路的热管理问题。

④ 只适合在静态均衡中使用，其高温升等特点降低了系统的可靠性，不适用于动态均衡。

⑤ 仅适合于小型电池组或者容量较小的电池组。

（2）恒定分流电阻均衡充电电路

① 每个电池单体上都始终并联一个分流电阻。

② 可靠性高，分流电阻的阻值大，通过固定分流来减小由于自放电导致的单体电池差异。

③ 无论电池充电还是放电过程，分流电阻始终消耗功率，能量损失大。

④ 一般在能够及时补充能量的场合适用。

（3）开关控制分流电阻均衡充电电路

① 工作在充电期间，可以对充电时单体电池电压偏高者进行分流，分流电阻通过开关控制。

② 当单体电池电压达到截止电压时，阻止其过充并将多余的能量转化成热能。

③ 由于均衡时间的限制，导致分流时产生的大量热量需要及时通过热管理系统耗散，尤其在容量比较大的电池组中更加明显。

能量非耗散型均衡管理利用储能元件和均衡旁路构建能量传递通道，将其从能量较高的电池直接或间接转移至能量较低的电池。可以分为能量转换式均衡和能量转移式均衡。

（1）能量转换式均衡

能量转换式均衡是一种通过开关信号实现的方法，用于在电池组充电过程中将电池组整体能量对单体电池进行能量补充，或将单体电池的能量向整体电池组进行能量转换。通常情况下，单体电池向整体电池组转换能量主要发生在电池组充电时。在充电过程中，检测各个单体电池的电压值，当单体电池的电压达到一定数值时，均衡模块开始工作。它通过分流单体电池中的充电电流来降低充电电压，然后将分流出的电流经模块转换反馈回充电总线，以达到电池单体间能量均衡的目的。此外，有些能量转换式均衡技术可以通过续流电感来完成单体电池和电池组之间的能量转换。

电池组整体能量向单体转换的方式，也称为补充式均衡。在充电过程中，首先通过主充电模块对电池组进行充电，并通过电压检测电路监控每个单体电池。当任一单体电池的电压过高时，主充电电路将关闭，随后补充式均衡充电模块开始对电池组进行充电。通过优化设计，均衡模块中的充电电压经过一个独立的转换器和一个同轴线圈变压器，为每个单体电池增加相同的次级绕组。这样，单体电压高的电池从辅助充电电路得到的能量少，而单体电压低的电池则从辅助充电器上得到的能量多，从而实现均衡目的。

然而，这种方式存在一些问题。由于次级绕组的一致性难以控制，即使次级绕组匝数完全相同，考虑变压器漏感以及次级绕组之间的互感，单体电池也不一定获得相同的充电电压。同时，同轴线圈也会存在一定的能量耗散。另外，这种方式只能实现充电均衡，对放电状态的不均衡无法起作用。因此，在应用补充式均衡时，需要认识到其存在的局限性，并结合实际情况进行评估，确保选择适合的均衡方案来满足特定需求。

能量转换式电路是一种通过开关电源来实现能量变换的电路。相对于能量转移式均衡电路来说，它的电路复杂程度降低了很多，成本也降低了。但对同轴线圈，由于绕组到各单体之间的导线长度和形状不同，变压比有差异，导致对每个单体电池均衡的不一致，有均衡误差。另外，同轴线圈本身由于电磁泄漏等问题，也消耗了一定的能量。

（2）能量转移式均衡

能量转移式均衡是一种电池均衡方法，利用电感或电容等储能元件，将能量从电池组中容量较高的单体电池，通过储能元件转移到容量较低的电池上。该电路通过切换电容开关传递相邻电池间的能量，或者通过电感储能的方式对相邻电池进行双向传递，以实现均衡的目的。这种均衡方式的优点在于能量损耗较小，但需要进行多次传输才能完成均衡过程，因此均衡时间较长，不太适用于多串的电池组。改进的电容开关均衡方式可以选择最高电压单体与最低电压单体之间进行能量转移，以加快均衡速度。然而，能量转移式均衡在实际电路中也存在一些挑战，需要对各个单体电池的电压进行检测判断，因此电路复杂且体积大、成本高。另外，能量的转移是通过储能媒介来实现的，存在一定的能量消耗和控制问题。因此，这种均衡方式一般应用于中大型电池组中。总的来说，能量转移式均衡是一种有效的均衡方法，但在实际应用中需要权衡其复杂性、成本和效率，以选择最适合的均衡方案。如图 30-9 所示为能量转移式均衡原理。

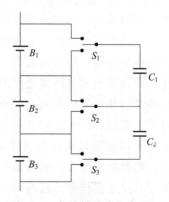

图 30-9　能量转移式均衡原理

30.5 热管理系统

30.5.1 动力电池内部的热传递方式

动力电池内部的热传递方式主要包括热传导、热对流和热辐射三种。在单体电池内部，热辐射和热对流的影响相对较小，因此热量的传递主要由热传导决定。电池自身吸热的多少与其材料的比热容有关，比热容越大，散热越多，电池的温升就会越小。如果电池的散热量大于或等于产生的热量，那么电池的温度就不会升高；但如果散热量小于所产生的热量，热量将在电池内部积累，电池的温度就会上升。在设计动力电池时，需要考虑如何有效地管理热量，包括优化电池材料的比热容，提高散热效率等措施，以确保电池在工作过程中能够保持合适的温度，避免温度过高对电池性能和寿命造成的负面影响。

（1）热传导

热传导是介质内部无宏观运动时的传热现象，指物质与物体直接接触而产生的热传递。在固体、液体和气体中均可发生热传导，但严格来说，只有在固体中才是纯粹的热传导。在流体中即使处于静止状态，也会由于温度梯度引起的密度差而产生自然对流。因此，在流体中，热对流和热传导通常同时发生。电池内部的电极、电解液、集流体等都是热传导介质。将电池视作一个整体时，电池内部以及电池与环境之间的界面层的温度和环境的热传导性质决定了环境中的热传导过程。有效管理电池内部的热传导是非常重要的，可以通过优化设计电池结构、材料选择、散热系统等方式来控制电池的温度，并确保其正常工作和延长寿命。在实际应用中，综合考虑热传导、热对流和热辐射等传热方式，可以更好地优化动力电池系统的热管理策略。

（2）热对流

热对流是指流体流经固体时流体与固体表面之间的热量传递现象。热对流是依靠流体质点的移动进行热量传递的，与流体的流动情况密切相关。电池内的热对流是指电池表面的热量通过环境介质（一般为流体）的流动交换热量，和温差成正比。

（3）热辐射

热辐射是指两个温度不同且互不接触的物体之间通过电磁波进行的换热过程，这种在物体表面之间由辐射与吸收综合作用下完成的热量传递是传热学的重要研究内容之一，自然界中的各个物体都在不停地向空间散发出辐射热，同时又在不停地吸收其他物体散发出的辐射热。电池内的热辐射主要发生在电池表面，与电池表面材料的性质相关。

30.5.2 动力电池的热管理策略

动力电池在充放电过程中会产生一定的热量，导致温度上升，进而影响电池的多个工作特性参数，如内阻、电压、SOC、可用容量、充放电效率和电池寿命。环境温度对电池的性能和寿命有着重要影响，过高或过低的温度都会直接影响动力电池的使用寿命和性能，并可能引发安全问题。以锂离子电池为例，电池的温度水平直接影响其在使用过程中的能量和功率性能，如图30-10所示。在较低温度下，电池的可用容量会急剧下降；而在极低温度下进行充电时，可能导致电压过充，引起内部析锂现象，甚至引发短路。制造缺陷或不当操作也可能导致电池局部过热，触发连锁放热反应，最终引发严重的热失控事件，如冒烟、起火甚至爆炸，威胁车辆驾乘人员的生命安全。

因此，对于动力电池系统，必须采取有效的热管理策略，包括优化设计散热系统、

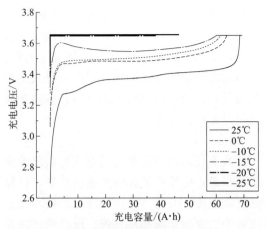

图 30-10　充电期间环境温度对电池充电电压
和充电容量的影响

温度监控、充放电控制等，以确保电池在适宜的温度范围内工作，保障其性能、寿命和安全性。同时，合理的使用和维护也是减少热失控风险的关键措施之一。

电池热管理（battery thermal management，BTM）是电池管理系统（BMS）的主要功能之一，通过导热介质、测控单元以及温控设备构成闭环调节系统，使动力电池工作在合适的温度范围之内，以维持其最佳的使用状态，用以保证电池系统的性能和寿命。因此电池热管理系统对动力电池系统而言是必需的。可靠、高效的热管理系统对车辆的可靠、安全应用意义重大。

动力电池热管理系统作为一套子管理系统，用来保证电池系统在适当的温度范围内工作，电池热管理系统的主要功能如下。

① 电池温度的准确测量和监控。

② 电池组温度过高时有效散热，防止产生热失控事故。

③ 低温条件下的快速加热。提升电池温度，确保低温下电池的充、放电性能和安全性。

④ 有害气体产生时的有效通风。

⑤ 保证电池组温度场的均匀分布。减小电池组内的温度差异，抑制局部热区形成，防止高温位置处电池过快衰减，延长电池组整体寿命。

目前新能源汽车动力电池系统的热管理主要可分为五类：自然冷却、风冷、液冷、直冷和热管相变材料冷却，其中自然冷却是被动式的热管理方式，风冷、液冷和直冷是主动式的热管理方式，三者的主要区别在于换热介质的不同。

（1）自然冷却

自然冷却没有额外的装置进行换热，通俗地讲就是靠自然风吹，例如比亚迪秦、比亚迪唐以及腾势等采用 LFP 电芯的车型上都采用了自然冷却。自然冷却的优势是结构简单、成本低、占用空间较小；缺点也比较明显：散热效率低、无法适应大功率充放电的冷却需求。因此，一般只用于运行工况缓和、对成本敏感的电动汽车。

（2）风冷

风冷是目前新能源汽车电池散热系统中应用最广泛的散热方法。它利用空气作为换热介质，通过散热风扇将来自车辆内部或者外部的空气引入动力电池箱，以冷却动力电池及其控制单元等组件。强制气流可以通过风扇产生，也可以利用行驶过程中的迎面风或者压缩空气等产生。一些知名汽车制造商如丰田、本田、日产和通用等都采用了风冷散热系统，国内各种类型的电动车用电源系统基本上也是采用风冷系统。风冷方式的优点包括质量相对较小、没有液体泄漏的可能、能有效通风排出有害气体、成本较低等。然而，风冷系统也存在一些缺点，例如与电池表面之间的热交换系数较低、冷却和加热速度慢、难以控制电池箱内部的温度均匀性、密封设计较为困难、防尘和防水效果较差等。在实际应用中，还需要结合其他散热手段或采用改进设计，以提高风冷系统的散热效率和温度控制性能。影响风冷散热的主要因素如下。

① 单体电池性能　电池的产热率、能量效率、容量和性能等要基本保持一致，否则，即使开始使用时，电池组温度均匀性非常好，但随着使用时间的延长，电池间的差

异也会变得越来越大，从而造成温度场的不均匀性逐渐扩大。

② 进、出风口位置　进、出风口位置对电池组的流场起着至关重要的作用。位置设置不当，直接影响整个流场的分布，温度均匀性不理想。风机是用来向电池组内鼓风，还是从电动汽车电池组内部引风，对电池箱内流场也会有很大影响。

③ 风机　要选好风机的类型、型号，其对将电池组整体温度保持在最佳范围内、降低能耗是很重要的。可以通过实验、理论计算和数值模拟的方法来估计压降、空气流量，帮助风机选型。当流动阻力小时，可以考虑选用轴流风机；当流动阻力大时，可以选择离心风机。同时，根据电池组的温度变化情况，从降低能耗考虑，适宜选择多挡位风机。

④ 流通面积　在流动方向上，通过不断缩小流通面积，使空气流速逐渐变大，与电池换热的换热系数也增大，而空气在流动过程中因为与经过的电池换热，温度不断升高，与电池的温差逐渐减小，平衡了上、下游散热条件，使得整体的换热效果基本一致。但流通面积降低，阻力加大，需要选择风压较高的风机。

⑤ 流场设计　流场设计的合理性直接影响电池模块之间的温度差异，例如串行通风与并行通风对电池组温差影响差别就比较大。

⑥ 电池包覆材料　可以使用不同的电池包覆材料，利用不同的材料厚度来改变单体电池的散热条件。在 Prius 的设计中，为了使各电池温度均匀，在电池表面包覆薄膜，使得越是位于上游侧的电池组件，其上包覆的薄膜筒直径越大，进一步提高温度均匀性。但是在一定程度上会增加电池箱体积和质量，且这种方法牺牲了部分散热性能来达到温度场的均匀，会加大散热负荷。

⑦ 电池组支撑材料　在保证电绝缘性和机械强度的条件下，尽量选用导热性能良好的支撑材料，增大导热在电池组散热中的比例，从而使电池组内温度场分布均匀化。作为电池模块的支撑固定架，既可以采用非金属材料，也可以采用金属材料，采用金属材料时需注意绝缘。

（3）液冷

液冷技术的原理是通过电池包内部的冷却液来带走电池在工作中产生的热量，以降低电池温度。简而言之，液冷系统技术在电池包中设置冷却液循环系统，通过循环冷却液体来调节电池的温度。当需要降温时，系统通入冷却液带走热量；而需要升温时，则通入加热液。

相比风冷系统，液冷系统对电池包的温度控制效果更优秀。液体介质与电池表面之间的热交换系数高，具有较快的冷却和加热速度，并且体积相对较小。然而，液冷系统的缺点在于结构相对复杂，需要水套、换热器等部件，质量较大，维修和保养较为复杂。随着使用环境对动力电池的要求不断提高，液冷技术逐渐成为各大车企的首选，尤其在大中型纯电动汽车中，液冷系统的使用率非常高，而在小型纯电动汽车和插电式混合动力汽车中，也越来越多地应用液冷技术，例如，特斯拉 Model S、帝豪 EV、江淮 IEV6E 等都采用了液冷技术，这显示了液冷技术在现代电动汽车中的重要性和广泛应用。

（4）直冷

直冷系统与液冷系统在结构上相似，但直冷系统会直接将汽车空调系统的制冷剂注入电池包内部。制冷剂在气液相变过程中能够吸收大量热量，更快速地带走电池内部的热量，因此其散热效率更高。据称，直冷系统相比液冷系统能够将换热效率提升 3 倍以上。一些车型如宝马 i3 采用了直冷系统。然而，直冷系统也存在一些缺陷。首先，它对系统的气密性要求较高，需要满足严格的气密性标准，这对生产制造工艺提出了更高的要求；其次，直冷系统的散热均匀性不易控制，易导致电芯温差过大，这可能影响电池的性能和寿命。因此，尽管直冷系统具有更高的散热效率，但在实际应用中需要综合考虑其优缺点，并根据具体需求选择最适合的散热方案。随着技术的发展和改进，直冷系统有望会在未来得到进一步完善，以解决其目前存在的一些缺陷，从而更好地服务于新能源汽车的散热需求。

（5）热管相变材料冷却

热管技术充分利用了热传导原理与相变介质的快速热传递性质，通过热管将发热物体的热量迅速传递到热源外。典型的热管由管壳、吸液芯和端盖组成，将管内抽成负压后充以适量的工作液体，使紧贴管内壁的吸液芯毛细多孔材料中充满液体后加以密封。管的一端为蒸发端（加热端），另一端为冷凝端（冷却端），当热管的一端受热时毛细管中的液体蒸发气化，蒸气在微小的压差下流向另一端放出热量凝结成液体，液体再沿多孔材料靠毛细力的作用流回蒸发端。如此循环不已，热量便由热管的一端传至另一端。如图 30-11 所示，热管在实现这一热量转移的过程中，包含了以下 6 个相互关联的主要过程。

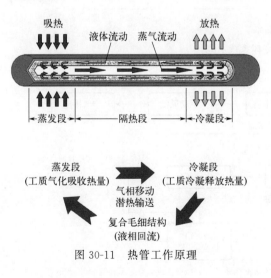

图 30-11　热管工作原理

① 热量从热源通过热管管壁和充满工作液体的吸液芯传递到（液-气）分界面。

② 液体在蒸发端内的（液-气）分界面上蒸发。

③ 蒸气腔内的蒸气从蒸发端流到冷凝端。

④ 蒸气在冷凝端内的气-液分界面上凝结。

⑤ 热量从（气-液）分界面通过吸液芯、液体和管壁传给冷源。

⑥ 在吸液芯内由于毛细作用使冷凝后的工作液体回流到蒸发端。

热管的工作液要具有较高的气化潜热、热导率，合适的饱和压力及沸点，较低的黏度及良好的稳定性。

30.5.3　典型的热管理实现方案

尽管当前新能源汽车动力电池系统的热管理方法主要分为风冷、液冷和直冷等类型，但是具体到某一类型，由于热管理系统的设计方案各异，其实现的方式仍然有所不同。下面详细介绍典型的风冷和液冷实现方案。

（1）串行通风与并行通风方式

按照散热风道结构（散热流场设计），风冷系统分为串行通风方式和并行通风方式两种。

串行通风方式一般是使空气从电池包一侧流往另外一侧，从而达到带走热量的效果。这时气流会将先流过地方的热量带到后流过的地方，从而导致两处温度不一致且温差较大。如图 30-12（a）所示为串行通风方式示意。

在并行通风方式下，模块间空气都是直立上升气流，这样能够更均匀地分配气流、均匀地带走热量，从而保证电池包中各处的散热一致性和电池包的温度均衡，不会出现串行通风时在一个区域内出现热量积累、温度较高等现象。如图 30-12（b）所示为并行通风方式示意。

（2）被动冷却系统和主动冷却系统

热管理系统按照是否有内部加热或制冷装置，分为被动冷却系统和主动冷却系统，如图 30-13 和图 30-14 所示。被动冷却系统直接将电池内部的热空气排出车体，成本较低，采取的设施相对简单；主动冷却系统相对复杂，通常具有一个内循环系统，并且根据电池系统内部的温度进行主动调节，以达到最大散热能力。主动冷却系统需要更大的附加功率，效果更好。

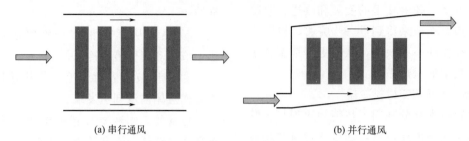

(a) 串行通风   (b) 并行通风

图 30-12　两种不同的风冷形式示意

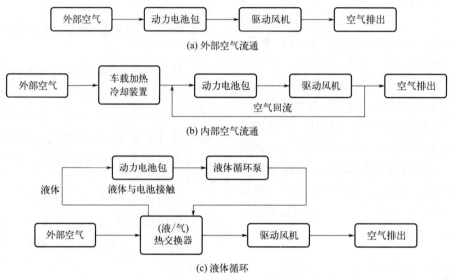

(a) 外部空气流通

(b) 内部空气流通

(c) 液体循环

图 30-13　被动冷却系统示意

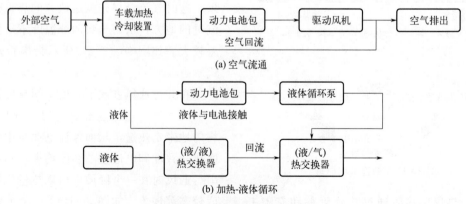

(a) 空气流通

(b) 加热-液体循环

图 30-14　主动冷却系统示意

30.6 电池热安全管理

电池的热安全管理不仅涉及电池的机械结构、材料属性，同时还包括电池的安全管理，通过有效的电池参数信息来限制锂离子电池进入非安全工作区。对于电池热安全管理，一般可以从单体电池的安全性设计、电池系统的安全防护及系统的安全优化设计等方面来全方位提升电池的热安全管理水平。

锂离子动力电池单体的安全性设计主要从锂离子电池的结构出发，分为安全的隔膜、安全的正极材料、安全的负极材料、安全的电解液以及安全的壳体等几个方面，如图30-15所示。

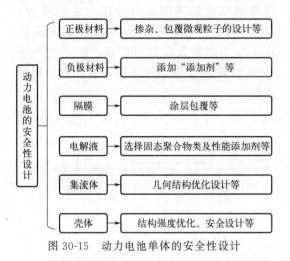

图 30-15 动力电池单体的安全性设计

（1）安全的隔膜

隔膜的安全性设计主要是从提高隔膜收缩、熔化温度，增强高温隔绝作用方面进行的，提高隔膜收缩、熔化温度可以保证高温条件下隔膜的完整性，而高温隔绝作用可以使隔膜微孔在高温条件下关闭，阻断锂离子（电流）的传播路径。目前，常用的方法是采用陶瓷涂层包覆或设计具有闭孔效应的隔膜材料。

（2）安全的正极材料

研究人员主要采用掺杂、包覆、微观粒子的结构设计以及金属原子的替代等方式来提高正极材料的安全性。例如，SUN 等开发了一种具有浓度梯度的高安全性锂离子电池正极材料，在这种材料中，每个粒子都有一个富含 Ni 的中心体和一个富含 Mn 的外层，随着接近表面，Ni 浓度降低，Mn 和 Co 浓度增加，半电池测试结果显示，该电池材料在高温和过充条件下，依然具有良好的循环性能；SASAKI 等基于 SEM 和原位 XRD 测量，在过充条件下研究了 Li（Ni，Co，Al）O_2 正极材料掺杂 Mg 后的形貌和结构变化，结果表明 Mg 会影响过充条件下 Li（Ni，Co，Al）O_2 正极材料的电化学稳定性，能够避免过充过程中微观粒子的破裂；DIPPEL 等利用线性电位扫描法和横流试验，研究了将 NHC-PF5 作为 NCM 三元电池材料添加剂时对于过充的保护作用，其研究发现，NHC-PF5 在 Li/Li＋半电池测试中，添加剂在 4.57V 时才被氧化，这表明 NHC-PF5 能够一定程度上保护 NCM 三元电池材料避免过充的危害，此外，该材料不会影响原有电池的循环寿命。

（3）安全的负极材料

目前，提高负极材料的安全性主要通过材料包覆，或在电解液中添加添加剂以提高 SEI 膜的稳定性。此外，某些新型高安全性材料也被用于锂离子电池负极的制备，例如碳纤维、合金材料等。MENKIN 等设计并制备了人工 SEI 膜以提高锂离子动力电池的安全性和循环性能。HERSTEDT 等在电解液中添加三五氟苯基硼烷阴离子受体来提高 SEI 膜的热稳定性；HOSSAIN 等研究了具有碳纤维负极的 5.5A·h 锂离子聚合物电池的过充行为特性，并基于 SEM 和 X 射线荧光谱分析了过充后电池的材料形貌和特性变化。结果发现，在过充过程中具有碳纤维负极材料的锂离子电池表现出较低的发热量，这对于防止锂离子电池过充热失控具有重要意义。

（4）安全的电解液

锂离子热失控发生过程中，大多数放热反应都有电解液的参与，因此电解液在锂离子电池热失控过程中起着关键性的作用，提高电解液的稳定性，对于热失控的防止具有重要意义。目前，提高电解液安全性的方法主要有添加阻燃剂、采用固态聚合类物质、采用离子液体和氧化还原钳制剂（redox shuttles）等。氟化碳酸乙烯（FEC）是研究最多的锂离子电解液添加剂（溶剂），最初的研究目的是改善 SEI 膜的成分和提高负极可逆的嵌入（脱）锂的库仑效率。同时，BENMAYZA 等研究发现，PEC 还可以提高 $Li[Ni_{0.8}Co_{0.15}Al_{0.015}]O_2$ 正极材料的热分解起始温度和减少放热。此外，与非氟化碳酸盐相比，PEC 可以通过降低可燃性提高电解液的安全性，并且，由于强碳-氟键的存在，其热稳定性也得到提高。近年来，科研人员研究发现，线性氟化碳酸酯，如（1-氟乙基）碳酸乙酯，也可能在提高锂离子电池电解液的安全性方面起决定性作用。对于锂离子电池常见的过充电危险，研究人员还在电解液中添加氧化还原钳制剂和具有特定电压隔绝作用的电解液添加剂来防止或延缓过充电对于电池的损害。

（5）安全的壳体设计

对于锂离子动力电池来说，目前使用的多为有机液体电解液，因此保证锂离子电池在极端冲击和长时间循环情况下的抗冲击能力和密闭性是保证其安全性的基础；此外，对于某些滥用情况，如过充、短路等，还要求其有特殊的安全保护装置，即安全阀、热熔丝（保险丝）和泄压开关等。例如，某型动力电池采用了薄壁式的安全阀，如图 30-16(c)、（d）所示是采用薄壁的整合式设计，与图 30-16(a) 所示的也有相似性，本质是突破薄弱环节。设计过程中，需要考虑电芯的长期压力增长过程，若电池遭遇滥用（如电池遭到挤压、穿透等异常情况造成电池短路时，内部压力急剧增加）的时候产生气体的内部压力大于设定值时，安全阀将立即开启泄压，而电池内部压力 EOL 值需要小于设定值时，安全阀将关闭密封。

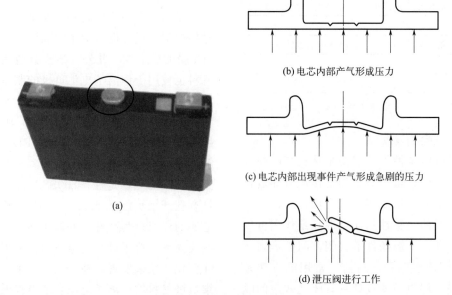

(a)

(b) 电芯内部产气形成压力

(c) 电芯内部出现事件产气形成急剧的压力

(d) 泄压阀进行工作

图 30-16　锂电池安全阀示例

动力电池系统安全防护和优化设计主要从电池系统出发，针对不同触发条件下，锂离子电池产生不同的热失控行为，在系统层级采取针对性的预防和补救措施。如图30-17所示，针对机械滥用、电滥用、热滥用等触发条件，分别从电池包结构和强度、过流过压设计及热管理设计等方面展开预防性和补救性防护和优化。

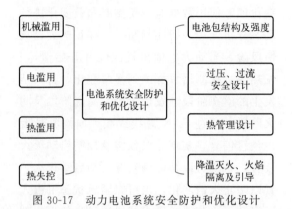

图 30-17　动力电池系统安全防护和优化设计

30.7　电安全管理系统

动力电池在车辆上工作应用，通常会遇到一些极端工况，比如持续的振动和冲击、涉水等，这不仅要求动力电池具有耐振动、耐冲击、耐跌落、耐盐雾等强度要求和满足防水、防尘等要求，同时，最主要的是通过电池安全管理系统应能实现电池包的高压断电保护、过流断开保护、过放电保护、过充电保护等功能。动力电池电安全管理系统的功能主要包括烟雾报警、绝缘检测、自动灭火、过充电控制、过放电控制、防止温度过高、在发生碰撞的情况下关闭电池等功能。

（1）烟雾报警

在车辆行驶过程中由于路况复杂及电池本身的工艺问题，可能由于过热、挤压和碰撞等原因而导致电池出现冒烟或着火等极端恶劣的事故，若不能及时发现并得到有效处理，势必导致事故的进一步扩大，对周围电池、车辆以及车上人员构成威胁，严重影响该车辆运行的安全性。动力电池管理系统中烟雾报警的报警装置应安装于驾驶员控制台，在接收到报警信号时，迅速发出声光报警和故障定位，以保证驾驶员能够及时接收报警器发出的报警信号。

由于烟雾的种类繁多，一种类型的烟雾传感器不可能检测所有的气体，因此通常只能检测某一种或两种特定性质的烟雾。烟雾传感器应用在动力电池上，需要在了解电池燃烧产生的烟雾构成的基础上进行传感器的选择。一般电池燃烧产生大量的 CO 和 CO_2，因此可以选择对这两种气体敏感的传感器。在传感器的结构上需要适应车辆长期应用的振动工况，防止因路面灰尘、振动引起的传感器误动作。

（2）绝缘检测

绝缘测试是通过对电池的正负电极和电池盒体进行测试，以确认电池系统是否存在漏电情况。漏电是指电流从电源正极或负极通过其他介质流入地面或其他部位，造成电池系统的电能浪费和安全隐患。通过进行绝缘测试可以及时发现电池系统的漏电情况，为电池的可靠使用提供保障。常见的绝缘检测方法如下。

① 漏电直测法　将万用表置于电流挡，串在电池组正极与设备壳体（或者地）之间，可检测电池组负极对壳体之间的漏电流；串在电池组负极与壳体之间，可检测电池组正极对壳体之间的漏电流。该方法简单易行，在现场故障检测、车辆例行检查中常用。

② 电流传感法　将电池系统的正极和负极动力总线一起同方向穿过电流传感器，

当没有漏电流时，从正极流出的电流等于返回电源负极的电流，因此，穿过电流传感器的电流为零，电流传感器输出电压为零，当发生漏电现象时，电流传感器的输出电压不为零。根据该电压的正负可以进一步判断该漏电电流是来自电源正极还是负极。应用这种检测方法的前提是待测动力电池组必须处于工作状态，要有工作电流的流入和流出，它无法在系统空载的情况下评价电池系统对地的绝缘性能。

③ 绝缘电阻表测量法　绝缘电阻表又称兆欧表，绝缘电阻表大多采用手摇发电机供电，故又称摇表，它的刻度是以绝缘电阻为单位的，是电工常用的一种测量仪表。用绝缘电阻表可直接测量绝缘电阻的阻值。

（3）自动灭火

动力电池工作后是必然要发热的，常态下是可控的，但是非常态下会失控。如果失控，可能会发生火灾。保障途径有两条：一是事前有预警，可提前进行人员干预；二是如果预警功能失效，必须有自动灭火功能。自动灭火系统主要由火情预警控制装置和专用新型气体自动灭火装置两部分组成。干预控制即火情发生紧急状态下自动高效灭火，具有多传感器复合探测、全周期火情探测、热失控监测分析预警、紧急控制灭火等特征，以探测预警智能控制的方式解决动力电池组火灾隐患，最大限度地保护新能源汽车及司乘人员安全。实际车载产品必须要求具有体积小巧、安装灵活、运维便捷、绿色环保、适应性强等优势特点；在功能（性能）上要求具有火灾探测预警、自启、人工启动等特点，满足灭火效率和效果要求。

① 动力电池组热失控预警的基本功能如下。

a. 火情早期准确识别。

b. 全周期火情探测记录。

c. 智能判断，联动灭火。

d. 数据黑匣子功能，数据追踪。

e. 灭火剂无残留，对电气设备无损害。

f. 长寿命，轻维护。

g. 开放接口，信息共享。

② 动力电池热失控预警与灭火系统原理。系统通过监测电池箱内部类 CO 气体、烟雾、温度、火焰各探测点的实时参数及其变化值，使用数据监测模型对参数变化进行动态分析处理，智能判断是否存在热失控火情风险。当动力电池出现故障并开始泄压、发热等，探测器可探测到异常变化，将火情发生的潜在阶段、发烟阶段、高温阶段及明火阶段，通过 CAN 总线或线束向驾驶员发出预警信号，实现分级预警及控制启动灭火装置。系统可以智能判断并自动启动灭火装置以防止火情恶化，也可在紧急状态下由人工启动灭火装置。灭火装置通过高效灭火剂在数秒内控制火情，最大限度地保护电池组安全。

③ 专用气体自动灭火装置。动力电池组专用气体自动灭火装置日常为无压力储存，灭火药剂具有防潮、耐温、抗腐蚀等优异性能。火灾发生时，装置通过电启动或感温启动方式引发灭火药剂发生作用，迅速产生大量亚纳米级固相微粒和惰性气体混合物，以高浓度烟气状立体全淹没式作用于火灾发生的每个角落，通过物理降温、化学抑制、稀释氧气多重作用，快速高效扑灭火灾，对环境及人员无毒害。

（4）过充电控制

过充电是指电池经一定充电过程充满电后，再继续充电的行为。由于在设计时，负极容量比正极容量要高，因此，正极产生的气体透过隔膜纸与负极产生的镉复合。故一般情况下，电池的内压不会有明显升高，但如果充电电流过大，或充电时间过长，产生的氧气来不及被消耗，就可能造成内压升高、电池变形、漏液等不良现象。同时，其电性能也会显著降低。

为了防止电池过充，需要对充电终点进行控制，当电池充满时，会有一些特别的信息可用来判断充电是否达到终点。一般有以下几种方法来防止电池被过充。

① 峰值电压控制　通过检测电池的峰值电压来判断充电的终点。

② dT/dt 控制　通过检测电池峰值温度变化率来判断充电的终点。

③ T 控制　电池充满电时温度与环境温度之差会达到最大。

④ V 控制　当电池充满电达到一峰值电压后，电压会下降一定的值。

⑤ 计时控制　通过设置一定的充电时间来控制充电终点，一般设定按充进130%标称容量所需的时间来控制。

⑥ TCO 控制　考虑电池的安全和特性应当避免高温（高温电池除外）充电，因此当电池温度升高至 60℃ 时应当停止充电。

30.8　数据通信系统

数据通信是电池管理系统的重要组成部分，其主要涉及动力电池管理系统内部、动力电池管理系统与车载主控制器和非车载充电机等设备间的通信等。此外，如果动力电池管理系统带有参数设定功能，还存在电池管理系统主控板与上位机的通信。

CAN 通信方式是现阶段电池管理系统通信应用的主流，RS-232、RS-485 总线等方式在电池管理系统内部通信中也有应用。CAN（controller area network）数据总线是一种极适合于汽车环境的汽车局域网。车载网络有几种，CAN 总线是德国 Bosch 公司为解决汽车监控系统中的复杂技术难题而设计的数字信号通信协议，它属于总线式串行通信网络。与同类车载网络相比，CAN 总线在数据传输方面具有可靠、实时和灵活的优点，现已成为汽车总线的主流技术和标准，被世界很多著名汽车制造厂商所采用。RS-232 是 IBM-PC 及其兼容机上的串行连接标准。在许多的途径中都能应用，比如用来连接打印机和鼠标，同时它也可以用于工业仪器仪表的连接。连线和驱动的改进也可以用其来实现，在日常生活中使用的 RS-232 传输速度或传输长度通常是超过标准值的。RS-232 只是局限于 PC 串口与设备之间的点对点通信。RS-485 总线标准规定了总线接口的电气特性标准即对于两个逻辑状态的定义：正电平在 2～6V，表示一个逻辑状态；负电平在 −2～ −6V，则表示另一个逻辑状态。数字信号采用差分传输方式，能够有效减少噪声信号的干扰。RS-485 总线标准对于通信网络中相关的应用层通信协议并没有做出明确的规定，则对于用户或者相关的开发者来说都可以建立对于自己的通信网络设备相关的所适用的高层通信协议标准。

在车载运行模式下，如图 30-18 所示为车载运行模式下的动力电池管理系统的结构，电池管理系统中央控制模块通过 CAN1 总线将实时的、必要的电池状态告知整车控制器以及电机控制器等设备，以便采用更加合理的控制策略，既能有效地完成运营任务，又能延长电池使用寿命。同时电池管理系统中央控制模块通过高速 CAN2 可以将电池组的详细信息告知车载监控系统，完成电池状态数据的显示和故障报警灯功能，为电池的维护和更换提供依据。

如图 30-19 所示为应急充电模式下的动力电池管理系统结构。充电机实现与电动汽车物理连接。此时的车载高速 CAN2 加入充电机节点，其余不变。充电机通过高速 CAN2 了解电池的实时状态，调整充电策略，实现安全充电。

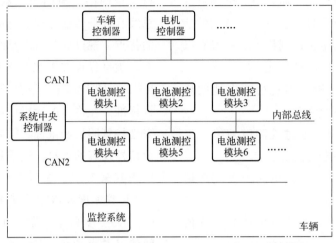

图 30-18　车载运行模式下的动力电池管理系统结构

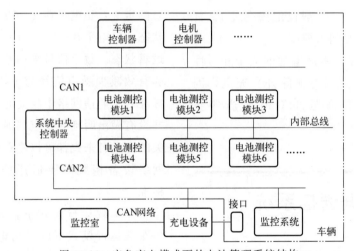

图 30-19　应急充电模式下的电池管理系统结构

30.9　电池组的峰值功率预测

电池峰值功率预测对于评估动力电池组在不同荷电状态下充放电功率极限能力，以及最优匹配电池组和车辆动力性能之间的关系具有重要意义。它有助于满足车辆的加速和爬坡性能，并最大限度地发挥电机再生制动能量回收功能。此外，电池峰值功率预测还有助于合理使用电池，避免电池出现过充/过放现象，延长电池使用寿命。

动力电池 SOP（state of power）是指电池在某一状态下能够以一个特定的时间长度维持吸收或维持释放的最大功率。其核心在于确保电池在不超过设计极限且不发生安全事故的前提下，给出电池所能提供的最大功率门限。然而，这一重要的电池运行参数无法通过直接测量获得。

目前，行业内关于电池 SOP 的估计方

法大致可分为三类：基于特征映射的 SOP 估计法、基于模糊神经网络的 SOP 估计法以及基于动态电池模型的 SOP 估计法。这些方法在实际应用中都具有一定的研究和应用价值，可以根据具体情况选择最适合的方法来进行电池峰值功率的预测和评估。

（1）基于特征映射的 SOP 估计法

基于特征映射的 SOP 估计法是一种利用储存在电池管理系统（BMS）中的离线特征映射库进行在线估计电池峰值功率（SOP）的方法。在这种方法中，电池的 SOP 离线特征映射库根据相关手册和标准规定下的实验数据获得，其中储存了 SOP 与多个电池状态参数（如荷电状态、温度、电压）以及功率脉冲输出参数（如输出功率持续时间）之间的关系。

由于电池特性会随着老化而发生改变，因此需要对 SOP 离线特征映射库进行在线自适应调整。在工程实际中，如果 BMS 检测到实测 SOP 值与映射库中相应的 SOP 参考值存在不可接受的偏差，就需要修正映射库中相应的 SOP 参考值，以提高未来 SOP 估计的精度。这种方法通过在运行过程中不断更新和调整离线特征映射库，能够更准确地估计动力电池的峰值功率，有助于保证车辆在各种工况下的安全性和性能稳定性。

这类方法的最大优点是简单直观、易于应用，但其缺点也尤为显著。一方面，电池是复杂的电化学储能系统，其响应强烈依赖于电池工作中的加载历史，离线建立的特征映射库将难以全面考虑电池的动态响应特性。另一方面，多维度的离线特征映射库意味着庞大的数据储存要求，这将进一步增加 BMS 的制造成本和储存负担。为了缓解庞大数据量的储存压力，韩国的学者 DoYounKim 等人采用多个拟合函数来逼近 SOP 特征映射库，从而在一定程度上降低了参数量的储存要求。

（2）基于模糊神经网络的 SOP 估计法

人工神经网络在非线性系统建模中具有良好的表现，能够学习系统输入输出的映射关系，并根据电池实时采集的数据逼近电池 SOP 的特性。然而，人工神经网络本质上是一种"黑箱模型"，这种特性可能为高度非线性的电池系统带来一定的风险，因为难以解释其内部运作机制。另一种常用的非线性系统建模方法是模糊推理系统，它能够根据人类的经验知识进行可执行逻辑语句的建模。然而，模糊推理系统通常缺乏自我学习能力，无法通过实时采样自我调节系统的参数，因此在复杂多变的电池 SOP 估计场合可能应用受限。人工神经网络和模糊推理系统各自具有优势和局限性。在实际应用中，可以根据具体情况选择最适合的建模方法，并结合其他技术手段来提高电池 SOP 估计的准确性和稳定性。

自适应神经模糊推理系统（ANFIS）是近年来的一种糅合上述两种方法的新型结构，兼有模糊推理系统和人工神经网络的优点，因此可用于高度非线性的电池系统。德国亚琛工业大学的 Christian Fleischer 等人利用电池的电流、温度以及荷电状态（SOC）等实时信息作为 ANFIS 的输入，通过预测该状态下电池的未来电压及温度，判断其能否满足需求功率，从而达到 SOP 估计的效果。这类方法充分依赖于训练样本，若拥有足够多且全面的训练数据样本，该算法能够达到相当高的估计精度。然而，即便是对于采用以在线学习的方式连续吸收训练样本数据的 ANFIS 方法，其训练域仍然经常集中在某个小区域，难以覆盖整个理想训练域。因此，考虑到训练样本难以理想化的不足，该类方法往往难以在工程实际当中得到充分的发挥。

（3）基于动态电池模型的 SOP 估计法

基于动态电池模型的 SOP 估计法被认为是目前最具前景的一类 SOP 估计方法。这种方法的核心思想是通过建立动态电池模型来模拟电池的电化学过程，从而推导出电池未来的极限功率能力。因此，这类方法的精度取决于电池模型的准确性。如果电池模型能够准确地描述电池的电化学过程，那么所估计的 SOP 就可以达到理想的效果。然而，截至目前，电池在每个状态下的具体电化学反应过程尚未完全得到认知，因此还没有找到最理想和最准确的电池动态模型。基于电池内部机理的电池电化学模型被认为是目前最全面和最准确的一类电池模型，可以较详细地描述电池内部的电化学反应过程，包括正极、隔膜、负极、电解液等反应情况。其中，美国加州大学伯克利分校的 Marc Doyle 等人基于多孔电极和浓溶液理论，建立了伪二维多孔电极模型（P2D 模型），获得了较高的模型精度，为电池电化学模型的发展奠定了基础。然而，P2D 模型由多个耦合的偏微分方程组和代数方程组构成，导致模型复杂度和运算强度高，难以直接用于实时的 SOP 估计。相比之下，简单直观的等效电路模型成为一种最适用于 SOP 估计的动态电池模型。等效电路模型利用传统的电路元件描述电池动态外特性，参数相对较少且易于推导状态空间方程，因此在 SOP 估计和 BMS 的实际工程中得到广泛应用。

30.10　BMS 控制策略

　　BMS 系统是用来管理动力电池的一套系统，它通过对电压、电流、温度以及电量等参数采集、计算进而控制动力电池的充放电过程，实现对电池的保护，保证动力电池能够在最佳的环境下发挥最好的性能。BMS 也是连接动力电池和电动汽车的重要纽带，BMS 控制策略的好坏直接影响动力电池的性能发挥，针对新能源汽车的 BMS 控制策略主要有以下几种，如图 30-20 所示。

　　本节重点从电源系统阐述整车上下电策略，从充放电系统阐述快慢充电策略、热管理策略，从高压互锁系统阐述互锁功能检测策略。

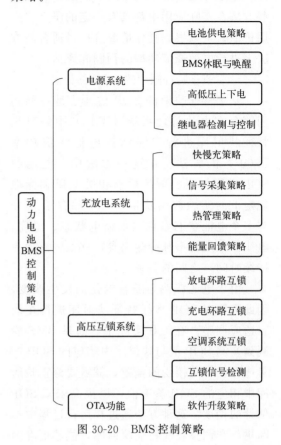

图 30-20　BMS 控制策略

30.10.1　整车上下电策略

　　（1）上电策略

　　当点火开关打到 ON 挡时，整车控制器、电机控制器、仪表、BMS 等自检。

　　① BMS 自检后确认：

　　a. 若插枪为充电状态时，BMS 发送插枪状态给 VCU，VCU 不执行上电程序；

　　b. 环路互锁检测端为低电位搭铁信号，若 BMS 未检测到搭铁信号，则发送环路互锁故障报文 c 给 VCU，VCU 不执行上电程序；

　　c. BMS 自检电池各个状态允许上电，发送电池状态允许上电报文 d 给 VCU。

　　② VCU 自检后确认：VCU 确认 BMS

的 a、b、c 状态允许上电，同时确认收到电机控制器已完成上电准备的可驱动报文 m，并检测到钥匙 ON 信号后发送继电器闭合报文 k 给 BMS 允许上电。

然后 BMS 启动，K4、K3、K2 预充电（图 30-21），检测电机电压，与总电压相比较，差值小于总电压的 10%（预充 90%）

时 K1 吸合，同时释放 K4，完成预充过程，BMS 向 VCU 发送预充完成报文 e，VCU 收到后向 MCU 发送可运行报文 r。若从上电开始到预充超过 3s 没完成，BMS 记录故障，停止预充，BMS 给 VCU 发送预充故障报文 e，VCU 向 MCU 发送关闭报文 r，不启动空调、PTC、DC/DC 等。

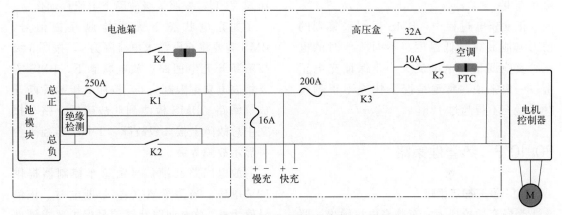

图 30-21　K2 预充电检测

（2）下电策略

当点火开关置于 OFF 挡位时，VCU 发出下电报文，向电机控制器发出关闭驱动的关闭报文 r，电机控制器完成关闭后给 VCU 发送转矩关闭报文 m。然后 VCU 给 BMS 发出关闭继电器报文 k，BMS 控制 K1、K2、K3 断开完成下电。

行车下电是行驶过程断高压，指在行车过程中，VCU 发送高压回路断开要求，VCU 进入错误状态（IGHOLD 状态），所有高压设备不使能，在 VCU 发送高压回路紧急断开指令后，BMS 立即响应，依次断开 K1/K2 继电器。

当出现 3 级故障，BMS 上报 VCU 告警后，若是未接收到下电指令，关断 K1/K2 继电器策略如下：BMS 需要延时切断，最大延时时间为 30s。

在下电过程中，若 BMS 的 12V 唤醒信号（包括 IGNOFF 和充电枪断开信号）丢失，BMS 需要按照原下电逻辑进行延时下电，数据存储完毕并在 12V 唤醒信号丢失

3s 内进入休眠。

30.10.2　快慢充电策略

插入快充或者慢充枪时，启动充电桩，当点火开关在 OFF 挡时，BMS 接通 12V 电源进行自检，检测到插枪报文给整车 CAN。

BMS 确认：a. 电池自身状态允许充电；b. 充电机的硬件、温度正常报文。

若 BMS 检测到 a、b 状态只要其中一个不满足，则发送关闭报文给交流充电机；若满足，则控制 K2、K4 吸合，达到预充电压后，K1 吸合，K4 释放，完成预充（参见图 30-21）。然后 BMS 发送允许充电最高电压 356V 和最大电流报文，并发送打开充电机命令报文，充电机发送启动报文给 BMS。充电机在充电过程中，充电机发送任何一个故障或充满电请求关闭时 BMS 立即关闭接触器 K1、K2。若充电过程中，打开点火开关（ON）时，VCU 收到 BMS 插枪报文 b

后，不执行上电程序。

若插枪前点火开关在 ON 挡且整车处于上高压状态时，BMS 检测慢充或快充报文 b 并发送给 VCU，VCU 立即向 MCU 发送关闭转矩输出报文 r，并向 BMS 发送继电器断开报文 k，BMS 立即向充电机发送关闭命令，强行切断 K1、K2、K3、继电器，停止充电。

正常充电过程中，BMS 根据采集到的动力电池最高最低温度、不同阶段时的电压，实施调整充电电流大小，保证充电正常。一般来说，常温情况下快充不得超过 2h，慢充不得超过 12h。

30.10.3　热管理策略

（1）慢充加热策略

当慢充插枪插入，车载充电机输出一路 12V 电源给 BMS 供电，当电池最低温度≤0℃时，闭合慢充继电器和加热继电器，启动加热系统。加热请求电压为 370V，加热请求电流为 3A。

当电池最低温度≥6℃时，延时 2s 断开加热继电器，恢复正常充电。若是充电过程中温度＜0℃，请求电流降为 3A，延时 2s 闭合加热继电器，实现循环加热。

当加热过程中温差＞15℃时，则停止加热。

（2）快充加热策略

当快充插枪插入，充电桩输出一路 12V 电源给 BMS 供电，当电池温度≤0℃时，先闭合快充继电器和加热继电器，再闭合总负继电器，启动加热系统。加热请求电压为 370V，加热请求电流为 5A。

当温度≥5℃时，延时 2s 断开加热继电器，恢复正常充电。若是充电过程中温度＜0℃，请求电流降为 3A，延时 2s 闭合加热继电器，实现循环加热。

当加热过程中温差＞15℃时，则停止加热。

30.10.4　高压互锁功能检测

高压互锁功能用于整个高压电路中互锁功能检测。BMS 上电时如果无法检测到高压互锁信号，则不允许上高压，BMS 运行中检测到高压互锁信号丢失，需要发送报文通知 VCU，按照 3 级故障下电流程动作。

如充电状态下无法检测互锁信号，BMS 需要将充电需求电流降为 0，按照 3 级故障断开充电回路；放电状态下，BMS 需要将放电功率限制为 0，按照 3 级故障断开放电回路。BMS 检测到此故障后，整车报文中总故障上报 3 级故障，T-box 监控平台将显示故障等级。

放电回路互锁信号由整车控制器提供 12V 电压，当整车 ACC 信号断电时，该信号值为 0，放电回路互锁信号保护要求硬件独立控制，当放电回路互锁信号所连接的接插件因维护拔出时，断开放电回路接触器，断开高压。

30.11　BMS 系统可靠性设计

根据 ISO26262 关于 BMS 的硬件设计要求，安全性相关功能有：BMS 电源（ASIL-C）；CAN 通信功能（ASIL-C）；绝缘电阻检测功能（ASIL-C）；高压继电器状态检测功能（ASIL-B）；温度、电流和电压采集功能（ASIL-A）。

在 BMS 功能安全概念阶段，电源模块、CAN 通信模块和高压模块的 ASIL 级别最高，为 ASIL-C 级别。ASIL-A 级别适用于温度、电压和电流采样模块，是最低的功能安全级别。无论是 ASIL-A 级还是 ASIL-C 级的硬件电路设计，都必须面对复杂恶劣的实车应用环境，只有结合可靠性设计，才能保证 BMS 长期稳定可靠的工作。

根据 ASIL 级别，本节主要针对 BMS 电源、CAN 通信功能、绝缘电阻检测功能可靠性设计进行简要介绍。

30.11.1　电源电路可靠性设计

电源的设计在电子设计中占有重要地位。目前的车载电压主要为 12VDC/24VDC，电压波动在 8～36V 之间。与其他电源相比，车载电源在工作环境效率和抗干扰能力方面有更高的要求，因此电源电路可靠性设计必须满足以下条件。

（1）工作电压范围宽，不受瞬态压降影响

由于在汽车上的使用，汽车的点火和加速可能会造成短暂的电池电压下降和损失，而这短暂的电压下降应该不会影响电源的工作。在 BMS 设计中，若电压范围为 6～18V，则保证正常工作电压范围内，暂达 24V、30min，均采用 40V 耐压元件直接连接电源。

（2）抗干扰能力强

由于车上有很多电子设备，所以 EMI 干扰比较大，用车载电源才能在高干扰条件下运行。

（3）效率问题

在狭小的汽车空间里，冷却将是一个主要问题。只有采用高效的电源，才能从根本上解决散热问题。

（4）适用温度范围宽

当汽车在户外启动时，电源周围的温度很低。在运行一段时间后，由于发动机的工作，会导致车用电源周围温度较高，因此要求车用电源工作温度范围较宽，需要选用汽车级电子元器件，满足 -40～105℃ 工作温度范围。选择集成稳压芯片作为稳定的电源模块是为了实现模块化设计并保证设计的可靠性。稳压电源包括线性稳压电源和开关电源两种类型。线性稳压电源能够通过调节稳压器的电压降来确保输出电压在一定范围内，并且由于稳压器在线性放大中是连续工作的，因此被称为线性电源。它具有结构简单、调节方便、输出电压稳定性强、纹波电压小等优点。然而，在负载电流较大、输出电压较低时，线性稳压电源的功耗较大，效率较低。另一种稳压电源是开关电源，通过调节管在饱和及截止状态下的间歇工作时间，利用电感器的储能来控制输出电压范围，即工作在开关状态。开关电源的稳压器工作在闭合或者饱和状态下，功耗较小。在这种情况下，系统需要 5V 的直流电源以及高稳定性的 5V 参考电压。针对这个需求，可以考虑使用适当的线性稳压器芯片来提供系统所需的 5V 电源和高稳定性的 5V 参考电压。同时，可以对系统的负载特性和功耗要求进行综合考量，选择合适的稳压电源方案，以满足系统对电源稳定性和效率的要求。

30.11.2　CAN 通信电路可靠性设计

电池管理系统通过通信网络实现电池管理系统与车辆控制器之间的数据交换，除此之外，还与快速充电设备和车辆充电设备进行通信，完成电池系统的充放电过程。通过功能安全分解，通信功能模块为 ASIL-C 级，其中可靠性设计尤为重要。

CAN 是一种具有串行多主通信协议的特殊局域网（LAN）。它支持分布式实时控制，具有安全性高、通信速度快等优点，非常适合在噪声和恶劣环境中使用。CAN 总线非常符合通信电路的功能安全设计，具有高可靠性、高安全性和高速通信能力等优点。msCAN（motorola saleable CAN）模块，也被称为 Freescale control LAN，与 Bosch 定义的 CAN2.0A 和 CAN2.0B 协议的 CAN 总线通信控制器非常一致。

具有 CAN 通信功能的电池管理系统接入车辆 CAN 总线网络后，满足了各种车辆动力总成电动控制器之间的大量实时数据交换和共享，车辆网络架构中的 BMS CAN 模块如图 30-22 所示。

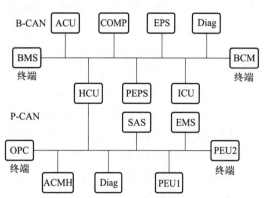

B-CAN

图 30-22　BMS 在 CAN 网络拓扑结构中的位置

CAN 通信电路设计示意如图 30-23 所示。TJA1042 是用于 CAN 信息收发的一种高速 CAN 收发器，是 CAN 控制器与物理总线之间的接口，为 CAN 控制器提供差分收发功能。TJA1042 有 8 个引脚，其中 1 为数据发送引脚，2 为电源接地引脚，3 为电源 VCC 引脚，4 为数据接收引脚，5 为共模稳定输出引脚，6 为 CAN 通信的 CAN 低引脚，7 为 CAN 通信的 CAN 高引脚，8 为标准模式控制输出引脚。TJA1042 是高速 CAN 收发器 TJA1040、PCA82C250 和 PCA82C251 的升级版，提高了电磁兼容性（EMC）和静电放电（ESD）性能。

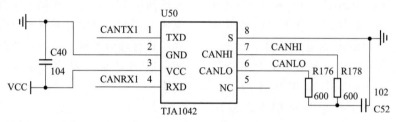

图 30-23　CAN 通信电路设计示意

为了提高 CAN 通信电路设计的可靠性，在考虑功能安全性的基础上，采用了终端分割的方法。该方法在使用 120Ω 终端电阻的同时，有效地滤除总线上的干扰，提高了通信电路的抗干扰能力和可靠性。由于 CAN 总线信号是差分的，信号本身具有很好的抑制共模干扰信号的能力，因此 CAN 总线具有很好的抗电磁干扰性能，但是 CAN 传输线不能减少电磁辐射，特别是共模辐射，故在 CAN 信号线上加一个共模滤波器，以防止射频能量从 CAN 线传导，导致共模发射。

对 TJA1042 与 CAN 总线之间的接口也设计了基于功能的安全措施。TJA1042 的 CANH 和 CANL 引脚分别通过一个 600Ω 的电阻连接到 CAN 总线上，这个电阻起到一定的限流作用，保护 TJA1042 不受过流的影响。在 CANH、CANL 与地之间并联两个小电容，可滤除母线上的高频率干扰，

提高母线抗电磁辐射能力。

30.11.3　绝缘电阻检测电路可靠性设计

动力电池在运行过程中具有较高的电压和大的充放电电流。高压电缆绝缘介质的老化或潮湿环境等因素可能会导致高压电路与汽车底盘之间的绝缘功能下降，从而产生漏电流回路，使得底盘电位电压升高，危及乘客的人身安全。因此，动力电池组的安全性一直是新能源汽车行业关注的重要问题。在这种情况下，绝缘检测对于新能源汽车行业具有重要意义。根据 ISO26262 标准对 BMS 系统的评估，绝缘检测模块被定级为 ASIL-C 级别，这意味着需要进行严格的可靠性分析。ASIL-C 级别要求高度的可靠性和安全性，需要认真分析和测试以确保满足相应的安全标准。因此，在设计和实施绝缘检测模

块时，需要特别重视可靠性工程和安全性工程，采取适当的技术手段来确保绝缘检测模块的高可靠性和稳定性，以保证其在动力电池系统中发挥有效的安全保护作用。

闭环高压直流电气系统的绝缘性能通常通过对地漏电电流的大小来评估。目前常用的漏电电流检测方法包括辅助功率法和电流传感法。在一些国内电力机车上使用的检漏装置中，采用110V直流检漏辅助蓄电池的辅助功率法。这种方法需要将未知高压直流电源的负极连接到辅助蓄电池上，并将辅助电源的负极接地，通过一点连接实现检测。当被测系统的绝缘性良好时，电池之间没有电流回路，漏电流为零。但是，当电缆绝缘老化或者环境潮湿时，可能会导致电池与电缆绝缘形成闭合回路，产生漏电流。这种方法存在复杂性高、难以区分正负电缆的问题。另一种方法是使用霍尔电流传感器进行漏电检测，这种方法适用于高压定向电流系统。通过将待测系统电源的正负极沿同一方向通过电流传感器，可以检测泄漏电流。当无泄漏电流时，传感器的总电流为零，输出电压为零；而当发生泄漏时，输出电压不为零，可以确定泄漏电流的来源。然而，这种方法要求待测电源必须处于工作状态，不能

评价系统在空载状态下的绝缘性能。不同的漏电检测方法各有优缺点，需要根据具体应用场景和要求选择适合的方法来评估绝缘性能。在直流供电系统中，电阻是描述介质绝缘性能和电导率的物理量，绝缘电阻越大表示绝缘性能越好。在设计中，采用绝缘电阻测试方法，确保绝缘性能能够满足车辆的实时检测要求，从而满足安全要求。目前，绝缘电阻的测试方法主要有两种，一种是用信号注入的方法来测量电阻，另一种方法是用外部电阻的开关测量。在此处设计中，采用信号注入法进行绝缘电阻测试。信号注入法是通过测量注入一定频率的直流电压信号后的反馈信号来测量绝缘电阻。对于复杂的真实车辆环境，采用脉冲法和差动桥法设计绝缘电阻测试，满足功能安全冗余设计要求和检测精度。

为了满足功能安全要求，对功能冗余机构的绝缘电阻检测电路同时设计了脉冲法和差分法。差分法是一种静态测量方法，可以有效地判断绝缘故障。脉冲法是一种动态测量方法，可以更精确地计算出绝缘电阻。将这两种方法结合起来，可以实现故障检测的全覆盖，保证设计的可靠性。

扫一扫

本章小结

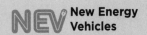
前述章节详细介绍了动力电池管理系统（BMS）的相关内容，在本章，将继续研究与电池相关的内容，即新能源汽车的充电管理。动力电池的充电过程关系到电池的使用寿命、车辆的续驶能力及充电效率。本章将详细介绍新能源汽车充电的类型、直流快充和交流慢充的充电原理，以及常见充电机的类型等内容，致力于保证读者在动力电池、动力电池管理系统与充电管理之间建立明晰的逻辑关系。

31.1　新能源汽车的充电类型

目前，我国的插电式混合动力汽车与纯电动汽车对使用的动力电池组采用补充充电或更换电池两种服务方式。家用车一般采用直流充电和交流充电方式，商用车一般采用换动力电池组的方式。插电式混合动力汽车与纯电动汽车充电系统包括车内组件和车外组件两大部分。车内组件包括充电接口、车载充电器等，车外组件包括交流电压网络、充电电缆外充电桩。

充电是新能源汽车使用过程中必不可少的环节，充电快慢影响着新能源汽车使用者的出行规律。根据新能源汽车动力电池组的技术特性和使用性质，在国际标准 IEC 61851-1 中（IEC 指国际电工委员会）规定了不同的充电类型。带充电系统的汽车可以根据电压、电流、充电插头标准、最大充电速率进行分类，主要有四种充电类型，如表 31-1 所示。

表 31-1　新能源汽车四种充电类型对比

充电方式	充电类型	额定电压/电流	与车辆通信	充电插头连接
交流充电	一级充电	220V AC/16A	无	插座
	二级充电	220V AC/8～16A	通过充电电缆内的模块	插座
	三级充电	220V AC/16～63A	通过充电站内的模块	交流充电桩
直流充电	直流快速充电	380V AC/30～300A	通过充电站内的模块	非车载充电机

根据充电电流大小及充电方式，交流充电可分为三种充电类型，各厂家的不同充电类型对应不同的充电导线或不同颜色的插头。

（1）一级交流充电

家用充电插座内不带控制导线和接近导线，一级交流充电无法与车辆建立通信，充电时无法限制和确认最大电流强度，因此大部分厂家都不采用。如图 31-1 所示。

图 31-1　一级交流充电

（2）二级交流充电

几乎所有插电式混合动力汽车和纯电动

汽车都配有二级充电电缆，通常存放在车辆的后备厢内。这种充电线的一端有标准的220V墙壁式插座插头，另一端则是J1772充电插头。二级交流充电电气原理如图31-2所示。根据标准要求，CC信号是充电插头和充电插座是否连接的判断信号，同时车辆根据CC的信号值，判断RC阻值，确定线束的容量。CP信号是判断供电设备的供电能力，通过PWM值确定。图31-2中的各电阻值和PWM值都必须满足标准要求，且控制器必须按照标准进行判断，以满足车辆在市场上的充电需求。

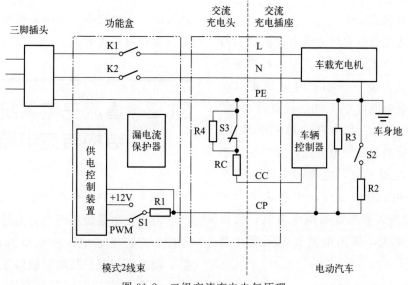

图 31-2 二级交流充电电气原理

在二级交流充电中，高压继电器、控制电路及充电电路中断装置（CCID）都被集成到集成式电缆箱中。CCID负责检测充电线在使用过程中是否存在漏电问题及其他故障，如果发现问题，则CCID会断开电路。对许多带充电系统的新能源汽车而言，二级交流充电通常是附近没有更大充电站的情况下的备用解决方案。对于纯电动续驶里程相对短的插电式混合动力汽车来说，二级交流充电已能满足充电需求，适用范围非常广，可设置在公寓、公共停车场及公共充电站等可长时间停放车辆的地方。因充电时间较长，可满足白天运行、晚上静置的车辆的充电需求。

（3）三级交流充电

通过充电站或充电桩进行交流充电时，一般采用三级交流充电。通过一个充电站/充电桩连接到交流电压网络，适用的充电电缆仅在充电站/充电桩与车辆充电接口之间形成电气连接，电气原理如图31-3所示。

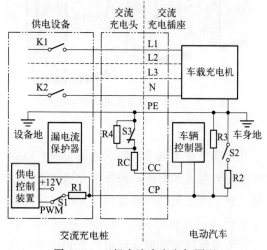

图 31-3 三级交流充电电气原理

三级交流充电电流范围很大，这取决于

动力电池的额定充电电流，以及充电站的额定充电电流。虽然三级交流充电设备的交流充电标准高达 63A，但许多三级交流充电站额定充电电流仅为 16～32A，甚至更低。大多数电动汽车可通过三级交流充电站在 8h 内完全充满电，这让三级充电站成为住宅和工作场所的理想充电选择。

（4）直流快速充电

直流快速充电指专门为插电式混合动力汽车和纯电动汽车的动力电池组进行快速充电的充电方式，能在 30min 内将 SOC（荷电状态，即剩余电量）从 10％提高到 80％，如图 31-4 所示，因此也称快速充电模式。但要使用这种类型的充电方式，动力电池组要能承受大电流充电，电流和电压一般在 150～400A 和 200～750V，充电功率大于 50kW。这种方式多为直流供电方式，地面的充电机功率大，输出电流和电压变化范围大。

图 31-4　一体式直流充电机快速充电
（30kW、60kW、120kW）

直流快速充电不使用车辆的车载充电器控制充电电压和电流，而是由充电桩直接控制。相比交流充电，直流快速充电通常需要在车辆和充电桩之间进行额外的通信。目前，大多数插电式混合动力汽车和纯电动汽车的动力电池组不适合直流快速充电。部分制造商认为频繁的直流快速充电操作会降低动力电池的容量。

虽然直流快速充电的充电速度非常快，其充电时间接近内燃机汽车加油的时间，但充电设备的安装要求和成本也非常高，且直流快速充电的电流、电压较高，短时间内对动力电池的冲击较大，容易令动力电池的活性物质脱落并使其发热，因此对动力电池散热方面的要求更高，并不是每种类型的新能源汽车都可快速充电。

31.2　直流充电系统的结构与充电原理

（1）直流充电系统结构

直流充电系统主要由直流充电口、高压电缆、充配电总成、预充接触器、预充电阻、动力电池及正负极接触器等组成。其主要功能是直流充电桩通过直流充电口连接后，直流充电口端子 S＋、S－实现与电池管理器进行信息交互，并最终通过高压电控总成（升降压模块升压后再经过高压配电箱或直接经过高压配电箱）给动力电池充电，或者通过充配电总成给动力电池充电。如图 31-5～图 31-7 所示为某新能源汽车厂商直流充电系统的部分组件。

图 31-5　充配电总成

图 31-6 直流充电口总成

图 31-7 高压直流接触器（温度传感器）

直流充电口总成外观如图 31-6 所示。直流充电口结构：除了有与直流充电枪对接的 9 芯（DC＋、DC－、PE、A＋、A－、S＋、S－、CC1、CC2）外，还在直流充电口上安装了温度传感器，如图 31-7 所示。温度传感器用以监测直流充电过程中充电口的温升情况，在监测温度较高时，BMS 会根据具体温度限制充电功率甚至禁止充电，防止直流充电口出现充电严重发热，甚至出现安全隐患的情况。

（2）直流充电原理

直流充电枪插枪后，直流充电柜检测到充电口上的 CC1 信号，然后输出 12V 低压辅助电源（A＋、A－），直流充电口 CC1 与 PE 间的电阻为 1kΩ。直流充电桩输出低压辅助电源直接供给直流充电继电器，继

器吸合后，BMS、高压配电箱等获得双路电源，如图 31-8 所示。

BMC 通过充电网 CAN-H 与 CAN-L 进行信息交互，检测到直流充电感应信号（即充电枪上 CC2 信号）后，控制电池包给高压电控总成充电进行预充。图 31-9 是电池系统内部简图，它里面包括了预充电路，其中 R 是预充电阻，K1 是预充继电器，C 是母线电容。

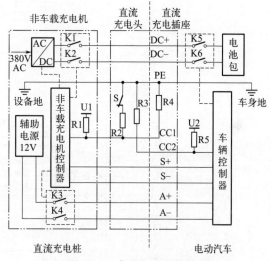

图 31-8 直流充电电气原理

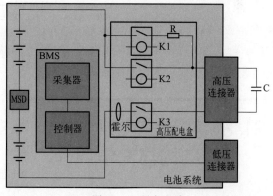

图 31-9 预充电路

直流充电桩输入高压直流电（DC＋、DC－），通过高压电控总成内的直流充电正、负极接触器给电池包充电。非直流升压高压原理如图 31-10 所示，直流升压高压原理如图 31-11 所示。

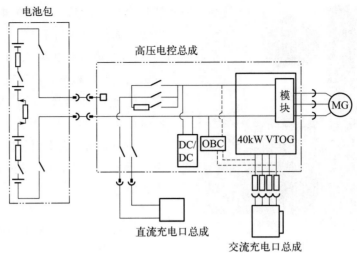

图 31-10　非直流升压高压原理

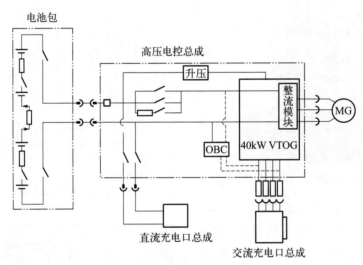

图 31-11　直流升压高压原理

31.3　交流充电系统的结构与充电原理

（1）交流充电系统结构

交流充电系统主要由交流充电桩、交流充电口、高压电缆、车载充电器、预充接触器、预充电阻、交流充电接触器和动力电池等组成，如图31-12所示。如图31-13和图31-14所示为某新能源汽车厂商交流充电系统的部分组件。

① 交流充电口　通过家用220V插座和交流充电枪接入交流充电口（图31-14），然后通过车载充电机或双向逆变器（简称VTOG）将220V/380V的交流电升压整流成高压直流电给动力电池充电。

② 温度传感器　其作用主要是在交流充电过程中监控充电口的温升情况，当监测到温度较高时，VTOG会根据具体温度限制充电功率或禁止充电，防止出现充电过热现象。交流充电温度检测电气原理如图31-15所示。

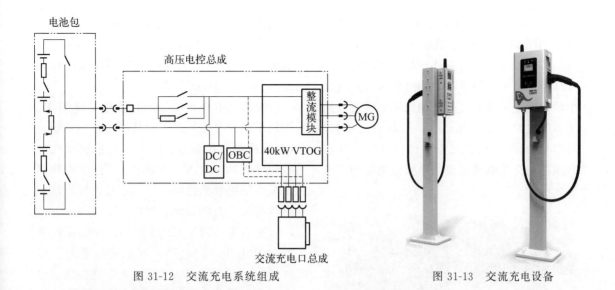

图 31-12 交流充电系统组成

图 31-13 交流充电设备

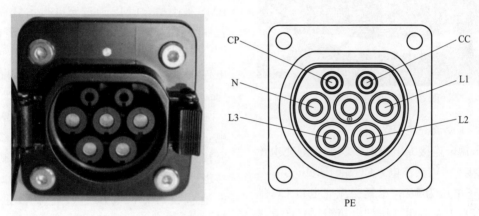

图 31-14 交流充电口

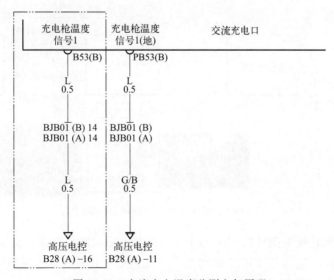

图 31-15 交流充电温度监测电气原理

③ 高压电控总成　主要是指双向逆变器，如图 31-16 所示，其作用是将动力电池输出的高压直流电逆变成三相可调电压、可变频率的三相交流电，驱动电机运转；可将车辆在减速或滑行时的三相交流电整流成高压直流电给动力电池充电。车辆在充电时，可以将单相/三相的交流电进行升压，并将升压后的交流电整流成高压直流电给动力电池充电。

图 31-16　双向逆变器

（2）交流充电原理

车辆未连接充电枪时，实测家庭充电枪（已连接 220V 交流电）CC 端子电压为 0V，CP 端子电压为 0V；车辆交流充电口 CC 端子电压为 12V（由高压配电箱提供），CP 端子电压为 0.6V，CC 端子与 PE 端子之间的电阻为 670Ω，PE 端子对地电阻为 0Ω，高压配电箱与 BMS 之间的充电连接线电压为 10.88V（由 BMS 提供）。

交流充电系统低压部分原理见图 31-17。连接家庭充电枪后，车辆从高压配电箱通过 CC 线供给交流充电口的 12V 电压会被充电枪拉低至约 9.47V（实测值），充电枪和高压配电箱接收到此电压拉低信号，即确认充电枪与交流充电口已连接好。

充电枪口通过 CP 线向高压配电箱提供约 12V 电压。同时高压配电箱将充电连接线的 10.88V（由 BMS 通过充电连接线供给高压配电箱）电压拉低到 3.27V（实测值），BMS 被唤醒，BMS 通过充电指示灯控制线控制组合仪表上红色充电指示灯点亮和通过 CAN 网络通知组合仪表多功能屏显示"充电连接中，请稍等……"。同时高压配电箱（也可能是 BMS）通过 CAN 网络通知 BCM（车身控制器）控制 IG3 继电器给 BMS 供电，预充开始时 BMS 控制负极接触器和预充接触器接通，预充结束时 BMS 控制负极接触器、正极接触器和主接触器接通，动力电池包约 400V 电压通过正负极供电线供出。

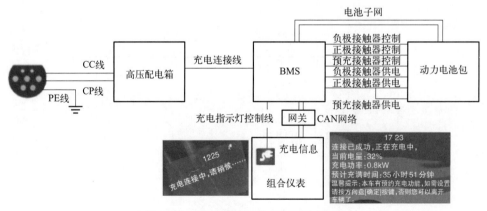

图 31-17　交流充电系统低压部分原理

高压配电箱将 CP 线电压从约 12V 拉低到 9.47V（实测值），充电枪 CP 口收到此电压拉低信号，向车辆交流充电口 L1 线和 N 线供出 220V 交流电到车载充电器，车载充电器将其转化为直流高压电供给到动力电池的正负极供电线，对动力电池进行充电

（图 31-18）。BMS 通过电池子网收集动力电池充电信息，在组合仪表多功能屏上显示"连接已成功，正在充电中"及相关充电信息。

充电过程中 CP 线为占空比的电压信号，高压配电箱会根据动力电池充电信息及时调整 CP 线的电压信号，充电枪依据该信号会相应调整充电功率。

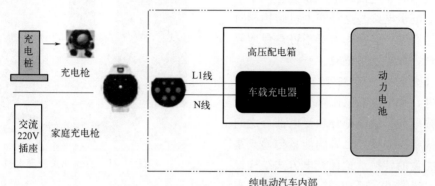

图 31-18　交流充电系统高压部分原理

31.4　新能源汽车的充电装置

新能源汽车的充电装置相当于传统燃油汽车的加油站，泛指将公共电网或发电装置的电能转变为车载动力电池组中的化学能的各种形式的变流装置的总称。充电机、充电桩、充电站及车载充电机等都应纳入新能源汽车充电装置的范畴。

31.4.1　充电机

充电机是与交流电网连接、为动力电池等可充电的储能系统提供电能的设备，一般由功率单元、控制单元、计量单元、充电接口、供电接口及人机交互界面等部分组成，实现充电、计量等功能，并扩展具有反接、过载、短路、过热等多重保护功能及延时启动、软启动、断电记忆自启动等功能。根据分类不同，新能源汽车充电机可分为多种类型，如表 31-2 所示。

表 31-2　充电机的类型

分类方式	充电机类型	
安装位置	车载充电机	非车载充电机
输入电源	单相充电机	三相充电机
连接方式	传导式充电机	感应式充电机

（1）车载充电机

如图 31-19 所示，车载充电机安装于新能源汽车上，通过插头和电缆与交流插座连接。车载充电机的优点是在动力电池需要充电的时候，只要有可用的供电插座，就可以进行充电。其缺点是受车上安装空间和质量限制，功率小，只能提供小电流慢速充电，充电时间一般较长。

图 31-19　车载充电机

按照连接方式的不同，车载充电机可分为传导式充电机和感应式充电机两种。其中传导式充电机的供电部分与受电部分有机械式的连接，即输出电能通过电力电缆直接连接到电动汽车的充电接口上，新能源汽车上不装备电力电子电路。这种充电机结构相对简单，容易实现，但操作人员不可避免地要接触到强电，容易发生危险。

感应式充电机（图 31-20）利用电磁能量传递原理，采用电磁感应耦合方式向新能源汽车传输电能，供电部分和受电部分之间没有直接的机械连接，二者的能量传递只是依靠电磁能量的转换。这种充电方式结构设计比较复杂，受电部分安装在新能源汽车上，受到车辆安装空间的限制，因此功率受到一定的限制，但由于不需要充电人员直接接触高压部件，其安全性高。

图 31-20　感应式充电机充电示意

（2）非车载充电机

非车载充电也称为地面充电及快速充电，指利用专用或通用充电器、专用或公共场所用充电站等对动力电池组进行充电。非车载充电机一般安装于固定的地点，与交流输入电源连接，直流输出端与需要充电的新能源汽车充电接口相连接，如图 31-21 所示。非车载充电机可以提供大功率电流输出，不受车辆安装空间的限制，可以满足新能源汽车大功率快速充电的要求。

通常非车载充电机的功率、体积和质量均比较大，以便适应各种充电方式，采用三相四线制 380V 供电，其典型的充电时间是 10～30min。非车载充电机与动力电池管理系统在物理位置上是分开的。

图 31-21　直流非车载充电机

非车载充电方式可分为接触式和非接触式两种。接触式充电也称为耦合式或传导式充电，就是将一根带插头的交流动力电缆线直接插到新能源汽车的插座中给电池充电。这种充电方式的优点是充电操作过程简单，不涉及电池存储、电池更换等操作。但车辆充电时间占用了较多的运行时间，不利于保持电池组的均衡性及可靠的寿命。非接触式充电也称无线充电或感应充电。目前，新能源汽车无线充电的实现方案是，将汽车停靠在配置有无线充电传感器（图 31-22）的城市路面或车库里，就可以不需要电源线为汽车充电。

图 31-22　无线充电

（3）对充电机的性能要求

为实现安全、可靠、高效地为动力电池组充电，充电机需要达到下述基本性能要求。

① 安全性　保证新能源汽车充电时操作人员的人身安全和动力电池组的充电安全。

② 易用性　充电机应具有较高的智能性，不需要操作人员对充电过程进行过多的干预。

③ 经济性　降低充电机的成本，对降低整个新能源汽车使用成本、提高运行效益、促进新能源汽车的商业化推广具有重要的意义。

④ 高效性　保证充电机在充电全功率范围内效率高，在长期使用中可以节约大量的电能。提高充电机能量的转换效率对新能源汽车全寿命经济性有重要的意义。

⑤ 对电网的影响低　由于充电机是一种高度非线性设备，应减少其在使用中对电网的影响。

31.4.2　充电桩

充电桩可以分为直流充电桩和交流充电桩，一般新能源汽车充满电需要 6~8h。智能交流充电桩和直流充电桩作为新能源汽车充电的辅助设备，实现提供充电接口、人机接口等功能，对新能源汽车的充电进行控制。充电桩实物如图 31-23 所示。

图 31-23　充电桩实物

充电桩主要服务对象为社会车辆和家庭用车，充电桩占地面积很小，路边只需要 $1m^2$ 的空地就能建设一个充电桩，成本很低，很适合在城市中的超市、停车场、住宅

小区等车辆密集停放的区域建设。充电桩固定在地面，利用专用充电接口，采用传导方式，为具有车载充电机的新能源汽车提供交流电能。如表 31-3 所示为对充电桩的主要结构及功能的描述。

表 31-3　充电桩主要结构及功能一览

结构	功能
计量装置	配置单相交流电能表，对充电桩输出电量进行计量，具有手动计费功能和计费装置接口
刷卡装置	IC 卡读卡装置，与充电桩内置的交流电能表进行通信
人机交互装置	显示各状态下的相关信息，包括运行状态、充电电量、计费信息等
其他	与上级管理系统之间的通信

充电桩系统主要由新能源汽车充电桩、集中器、电池管理系统、充电管理平台等构成，充电桩系统整体结构如图 31-24 所示。

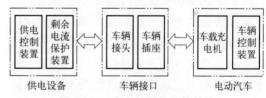

图 31-24　充电桩系统整体结构

电池管理系统实时与充电桩控制器进行信息交互，目的是监控电池的电压、电流和温度等状态参数，预测电池的容量（SOC），避免电池出现不良现象（过放电、过充电、过热和电池单体之间电压的不平衡），使电池的存储能力和循环寿命得到最大化的保证。

服务管理平台又称监控管理平台，主要对新能源汽车电池信息、IC 卡信息以及充电桩的信息等数据进行集中管理。如图 31-25 所示为新能源汽车充电监控管理系统与用户、充电桩之间的关系示意。综合来讲，服务管理平台的重要功能在于充电的管理和运营以及综合查询等。

服务管理平台作为用户与充电桩之间信息交换的桥梁，需具备以下功能。

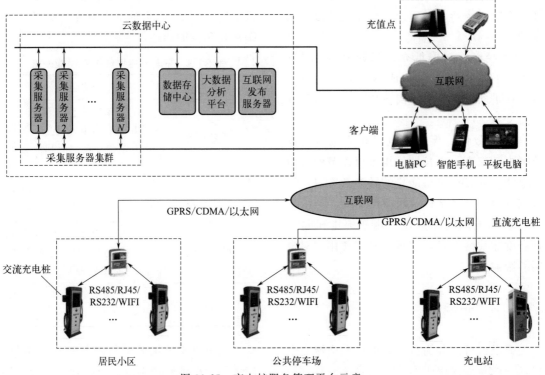

图 31-25　充电桩服务管理平台示意

（1）充电设施监控

系统提供充电桩实时监控数据的展示功能，方便用户直观了解充电桩最近的运行情况，可监测和查看充电桩的电压、电流、充电状态、充电记录等；还可实现充电设备的实时告警，即根据不同类型按级别进行报警处理，报警形式可以为声音报警、光报警等展现形式。

（2）数据采集管理

数据采集管理系统主要负责充电桩的数据采集，数据采集的方式主要分为主站主动采集和充电桩主动上报两种。支持 GPRS、CDMA 或网络的通信方式，使充电桩实现与主站通信，进行数据采集。由于充电桩发生的充电数据需通过网络方式进行传输，为保障数据的及时性、准确性和完整性，系统功能中应包含实时传输功能和断点续传功能，可采集停车场等社会单位的每个充电桩的电压、电流、工作状态、充电记录等。

（3）设备档案管理

设备档案是整个系统运行的基础信息资料，设备档案包括充电桩档案。建立完善的设备档案信息，是建设分布式充电设施管理系统，充分利用系统的功能来达到最终目的的保证。为满足系统档案管理的可扩展性及提高系统与第三方系统的兼容性，设备档案管理系统还可提供各种档案信息的接口扩展。

（4）车载 GPS 模块接口

通过安装在抢修班组车辆上的车载 GPS 模块与后台通信，采集到车辆所在位置、坐标与方向，根据车载 GPS 模块接口进行二次开发，并在百度地图中显示车辆信息，采集频率根据 SIM 流量与实际需要进行设定。接口基础数据有 GPS 定位时间、定位地点、车辆地点、车辆时速、经纬度、方向、定位结果。

（5）系统管理

系统管理主要是提供使用该系统的所有用户的基本信息及权限管理，包括操作用户管理、用户权限管理、设备组管理和用户操作日志查询等。系统管理一般是由系统管理员在系统建设初期和系统应用过程中，根据实际每个用户的工作需要对这些基本信息进行维护。

31.4.3 充电站

新能源汽车充电站在整个新能源汽车产业链中占据重要的位置，如图 31-26 所示。充电站按照功能可以划分为四个子模块：配电系统、充电系统、电池调度搜索系统及充电站监控系统。充电站给汽车充电一般分为三种方式：普通充电、快速充电及电池更换，快速充电多为直流充电。充电站的主要设备包括充电机、充电桩、有源滤波装置、电能监控系统。在高速公路沿线的服务区、大型充电站等地方选用的电源多是能产生600V/300A 直流电的充电桩。通常还要考虑包括使用环境等方面的因素，充电桩只有在产生较高电压和较大电流，并且功率也较大（约 100kW）时，才能保证新能源汽车的充电效率，这对充电的技术方法和安全性提出了较高要求。

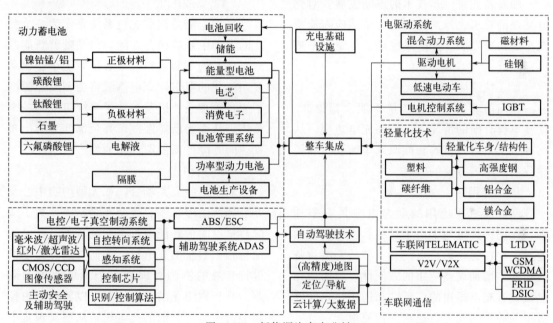

图 31-26　新能源汽车产业链

如图 31-27 所示为新能源汽车充电站结构示意，充电站主要由行车道、充电区、变配电装置、充电装置、监控装置等组成。公共充电站还包括营业场所。具有电池更换功能的充电站应包括备用电池存储、电池更换的设施及场所。充电站变配电装置由高压开关柜、变压器、低压开关柜等组成。充电站的基本功能应包括供配电、充电、监控、计量和通信，扩展功能包括计费等。表 31-4是充电站结构构成及其功能的描述。

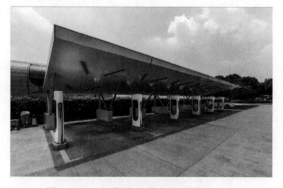

图 31-27　新能源汽车充电站结构示意

表 31-4　充电站结构构成及其功能一览

主体结构	构成设备	功能
配电站	高压配电和照明	10kV 供电电网,为充电机供电
配电系统	其他用电、配电	为照明、控制设备供电
充电机	交直变流器等	快速充电、日常补充充电
充电平台	充电插座、电池管理系统供电、电池管理系统内部网络、与充电机间通信网络等接口	电池充电配套设备
监控室	监控充电机运行状态、数据库管理等	

31.4.4　充电技术发展趋势

随着新能源汽车技术的不断发展,对充电系统的要求也越来越高,为了适应新能源汽车的快速发展,充电系统需要尽量向下述目标靠近。

（1）快速化

在当前动力电池比能量不能大幅提高、续驶里程有限的情况下,提高充电速度,从某种意义上可以缓解新能源汽车续驶里程短导致的使用不方便的问题。

（2）通用性

新能源汽车应用的动力电池具有多样性,在同种类电池中由于材料、加工工艺的差异也存在各自的特点。为了节约充电设备的投入,增加设备应用的方便性,就需要充电机具有充电适用的广泛性和通用性,能够对不同种类的动力电池组进行充电。

（3）智能化

充电系统应该能够自动识别电池类型、充电方式及电池故障信息,以降低充电人员的工作强度,提高充电安全性和充电工作效率。

（4）集成化

目前新能源汽车充电系统是作为一个独立的辅助子系统而存在的,但是随着新能源汽车技术的不断成熟,本着子系统小型化和多功能化的要求,充电系统将会和新能源汽车能量管理系统以及其他子系统集成为一个整体,从而为新能源汽车其余部件节约出布置空间并降低新能源汽车的生产成本。

（5）网络化

对于一些公共场合,如大型购物中心及办公场所的停车场、公交车总站等,为了适应数量巨大的新能源汽车充电需求,就必须配备相当数量的充电机,如何对这些充电机进行有效的协调管理是一个不可忽视的问题。基于网络化的管理体制可以使用中央控制主机来监控分散的充电机,从而实现集中管理、统一标准、降低成本的目的。

扫一扫

本章小结

新能源汽车驱动电机技术

驱动电机作为新能源汽车关键技术之一，其基础理论的概述对于深入理解和推动电机驱动系统的发展至关重要。电机学基础理论提供了关于电机运行原理和性能特性的基本认知，为理解驱动电机的核心机制奠定了基础。电机驱动系统是新能源车辆的心脏，不同类型的驱动电机对整车性能有着直接影响。列举新能源汽车中常见的几种典型驱动电机，如永磁同步电机、感应电机、异步电机等，有助于读者对不同电机类型的特点和适用场景有更全面的认识。由电机构成的新能源汽车电机驱动系统涉及电机与其他关键组件的协同工作，如电池、控制器等。关键技术则包括电机控制算法、能量管理系统等方面，这些技术的不断创新将直接影响到电机系统的性能和效率，推动电机技术创新的关键一步。此外，探讨新能源汽车用驱动电机的性能评估与检测方法，以及性能优化的方法和手段，是确保电机系统高效运行的重要环节。性能评估与检测方法可以通过实验测试、模拟仿真等手段，全面了解电机在不同工况下的性能表现。而性能优化的方法则包括电机设计的改进、控制算法的优化等方面，以提高电机的效率、降低能耗，从而更好地满足新能源汽车对动力系统的要求。

因此，基于上述背景，本篇以新能源汽车用驱动电机为研究对象，通过对电机学基础理论的深入概述、典型驱动电机的列举、电机驱动系统关键技术的论述，以及性能评估与检测方法、性能优化手段的深入探讨，以达到为新能源汽车电机系统的发展提供坚实的理论基础和技术支持的目的。

本章首先简略介绍电机学的基本原理和基础理论知识，理解电机学的定律和工作原理是掌握新能源汽车驱动系统的基础。随后，将深入介绍驱动电机技术，包括其工作原理和基本定律。了解驱动电机技术是设计和优化新能源汽车动力系统的前提。新能源汽车的产品质量与其电机驱动性能有很大关系，为更好地使用新能源汽车，需要对其电机驱动进行研究。

32.1 电机学基本定律

电机学是电气工程的重要分支，涉及电动机的原理、运行和控制。在电机学中，有一些基本的定律和规律，它们是理解和设计电动机系统的基础。在新能源汽车领域，驱动电机常用到的一些电机学的基本定律如下。

（1）安培环路定律（Ampere's law）

安培定律描述了电流通过导体产生的磁场，如图 32-1 所示。简而言之，它表明电流元素周围的磁场与电流成正比，方向由右手法则确定。

$$\boldsymbol{B} = \frac{\mu_0}{4\pi} \int \frac{\boldsymbol{I} \cdot \mathrm{d}l \times \boldsymbol{r}}{r^3} \quad (32\text{-}1)$$

其中，$\boldsymbol{B}$ 是磁感应强度，μ_0 是真空中的磁导率，$\boldsymbol{I}$ 是电流，$\mathrm{d}l$ 是电流元素的长度，$\boldsymbol{r}$ 是观察点到电流元素的距离。

（2）法拉第电磁感应定律（Faraday's law of electromagnetic induction）

法拉第电磁感应定律描绘了当磁场发生

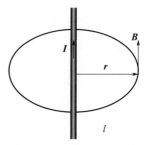

图 32-1　安培环路定律

变化时，感应电动势产生的现象。当磁通量穿过一个线圈时发生变化，该线圈中会产生感应电动势。设想一个匝数为 N 的线圈置于磁场中，当与线圈相连的磁通发生变化时，线圈内就会产生感应电动势。感应电动势的大小与线圈所连的磁场变化率成正比。若感应电动势的方向与磁通的方向符合右手螺旋法则，则感应电动势为：

$$\varepsilon = -\frac{\mathrm{d}\varPhi}{\mathrm{d}t} \quad (32\text{-}2)$$

式中，ε 是感应电动势，$\varPhi$ 是磁通量，t 是时间。

（3）洛伦兹力定律（Lorentz force law）

洛伦兹力定律描述了电荷在磁场中受到的力。电荷在磁场中运动时，受到的力与电荷的速度和磁场强度的乘积成正比。

$$\boldsymbol{F} = q(\boldsymbol{v} \times \boldsymbol{B}) \quad (32\text{-}3)$$

其中，$\boldsymbol{F}$ 是洛伦兹力，q 是电荷量，$\boldsymbol{v}$ 是电荷的速度，$\boldsymbol{B}$ 是磁场强度。

（4）电磁转矩定律（electromagnetic torque law）

电磁转矩定律描述了电动机中电流通过导体产生的转矩。这个定律是电机工作的基础，它表明导体在磁场中受到的洛伦兹力产生了机械转矩。

$$T = kIBlr \qquad (32\text{-}4)$$

其中，T 是电磁转矩，k 是比例常数，I 是电流，B 是磁感应强度，l 是导体的长度，r 是导体在磁场中的位置。

（5）动能定理（work-energy theorem）

动能定理描述了电机做功和其动能之间的关系。当电机在外力作用下做功时，它的动能发生改变。

$$W = \Delta KE \qquad (32\text{-}5)$$

其中，W 是功，ΔKE 是动能的变化。

（6）电机的可逆性原理

电机的可逆性原理表明电动机可以转变为发电机运行，也就是说，在原理上，电动机和发电机可以相互转换。这一原理建立在法拉第电磁感应定律和楞次定律的基础上。法拉第电磁感应定律说明磁通量的变化会在导体中引发感应电动势。这意味着当导体周围的磁场发生变化时，导体中就会产生感应电动势，这是电机运行的基本原理。通过在磁场中使导体内的电流流动，从而实现机械转动。楞次定律阐明感应电动势的方向总是阻碍着引起它的磁通量变化的方向。楞次定律确保能量守恒，使得机械能能够以电能的形式传递给电路。

一般地，用于将电能转换为机械能的电机称为电动机，用于将机械能转换为电能的电机称为发电机。即电机的能量转换具有可逆性，电机既可以作为电动机运行（将电能转换为机械能），也可以作为发电机运行（将机械能转换为电能）。采用平面坐标系的四个象限描述电机的工作状态，如图 32-2 所示。电机的可逆性原理表明，发电机和电动机只是一种电机具有的两种不同运行方式（发电运行和电动运行）。

这些基本定律奠定了电机学的基础，使我们能够深刻理解电机的运行原理，为新能源汽车驱动电机系统的设计、分析和控制提供了理论支持。在实践中，利用这些定律来优化电机系统的性能、提高效率，并满足不同应用的需求。

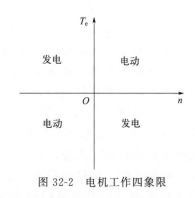

图 32-2　电机工作四象限

32.2　驱动电机

电机中的机电能量转换基于以下两个基本原理：一是磁通在绕组中感应电压，二是磁通与电流相互作用产生转矩。电机运行时，能量以电磁能的形式通过定子和转子之间的气隙传递。为了建立进行机电能量转换所需的气隙磁场，有两种方法：一是通过在电机绕组内通电产生磁场，例如普通的直流电机和同步电机，这种电励磁的电机需要专门的绕组和相应的装置，并需要持续供给能量以维持电流流动；另一种方法是利用永磁体产生磁场，永磁体材料具有固有的特性，经过预先磁化后不再需要外部能量就能在其周围空间建立磁场，这既简化了电机结构，又节约了能量。

常用的驱动电机一般可分为直流电机、交流电机、永磁电机和开关磁阻电机。下面对这四种电机进行详细介绍。

32.2.1　直流电机

在新能源汽车中，直流电机（DC machine）驱动系统扮演着重要的角色，它是一种历史悠久且使用频率高的驱动系统。这种电机驱动技术主要依赖于机械开关来实现驱动，通过调节电机中蓄电池的串联个数来改变电压，以此来调整速度。然而，这种调节方式存在一些缺点，例如效率低、可靠性差等。直流电机的使用在驾驶时可能会导致颠簸感，使乘车人感到不适。随着可控硅整流器技术的发展，这种驱动电机技术得到了升级，其使用效率大幅提高。现在可以通过 PWM 进行调节，以实现更高效的控制。此外，还有一些用于驱动控制的元件，尽管它们在一定程度上提升了使用效果，但其维护成本较高，能耗也相对较大。

（1）直流电机的工作原理

直流发电机原理示意如图 32-3 所示。图中，N 和 S 代表直流发电机固定的定子磁极，这些磁极上装有励磁绕组，通过通入直流电流来产生大小和方向恒定的磁通。在两个磁极之间有一个旋转的电枢铁芯，铁芯表面开有槽，用于安放电枢绕组。abcd 代表其中的一个单匝线圈，该线圈的首端 a 和末端 d 分别连接在两个可以随线圈一同旋转的换向片（换向器）上，并通过固定的电刷 A 和 B 与外电路相连。在原动机的驱动下，电机匀速旋转时，导体内会感应出交流电动势，而电刷 A 的电位始终高于电刷 B 的电位，因此电刷 A 和 B 两端将输出脉动的直流电动势。如果在两个电刷之间接入负载，则负载上的电流将是经过整流后的脉动直流电流。

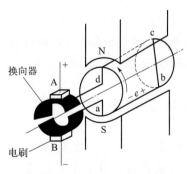

图 32-3　直流发电机原理示意

如果在图 32-3 中的电刷 A 和 B 之间连接直流电源，那么在电源的作用下，电流将

从电刷经过换向器流向电压绕组。电压绕组作为载流体，在磁场的作用下受到电磁力的影响，从而对转轴产生转矩，驱动转子旋转。在这种情况下，直流电机被用作电动机，其原理示意如图 32-4 所示。

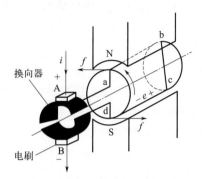

图 32-4　直流电动机原理示意

（2）直流电机的主要结构

直流电机由转子和定子两大主要部分组成，定子和转子是靠两个端盖联结的。如图 32-5 所示是直流电机剖面结构示意。

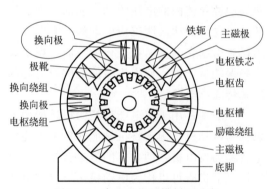

图 32-5　直流电机的横剖面示意

定子是用于产生磁场并提供机械支撑的部件，由主磁极、换向极、机座、端盖、轴承等构成，并包括连接外部电路的电刷装置。主磁极，又称为励磁磁极，通常是电磁式的，用于生成主磁场，由铁芯和套在铁芯上的励磁绕组组成，同时起到对励磁绕组的支撑作用。相邻的 N、S 主磁极铁芯之间安装有改善换向的换向磁极，并在换向磁极与磁轭铁芯之间装有非磁性板以调节换向磁路的磁阻。电刷装置作为直流电机的重要组成部分，连接外部电路和换向器，将电枢绕组

中的交流电流转换为外电路的直流电流，或将外电路的直流电流转换为电枢绕组中的直流电流，电刷被安装在电刷架上。

转子用于感应电动势和产生电磁转矩，由电枢铁芯、电枢绕组、换向器、转轴等组成。电枢绕组通常采用棉绕的圆铜线或扁铜线制成的纤维绝缘导线，并在电枢铁芯的外网均匀开槽，槽内放置电枢绕组。为防止电枢绕组在离心力的作用下从槽中甩出，槽内设有槽楔。电枢铁芯可以直接安装在轴上或安装在支架上。换向器，又称为整流子，由换向片组合而成，与电刷配合，将电枢绕组中的交流电流转换为外电路的直流电流，或将外电路的直流电流转换为电枢绕组中的交流电流。

（3）直流电机的电动动态方程与特性分析

对电动机运行时的状态进行分析，可以通过建模的方法，即对电动机运行时的电气关系进行电路等效。直流电动机在稳态运行时（稳态运行指电动机的电压、电流、转速不再发生变化），其电枢电路可以等效为图 32-6。

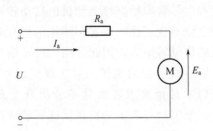

图 32-6　直流电动机稳态运行等效电路

则：
$$U = E_a + I_a R_a \qquad (32\text{-}6)$$

式中，U 为加在电枢回路两端的端电压，V；E_a 为电枢绕组在磁场中旋转产生的感应电动势，称为电动机的反电动势，V；I_a 为电枢绕组的电流，A；R_a 为电枢绕组的电阻，Ω。

式（32-6）称为直流电动机的电压方程。

由电动机理论可知：
$$E_a = K_e \Phi n \qquad (32\text{-}7)$$

式中，K_e 为电动机的电动势常数，是一个取决于电动机结构的常数；Φ 为电动机每极的磁通，Wb；n 为电动机的转速，r/min。

由式（32-7）可知，电动机的感应电动势与每极磁通成正比，与电动机的转速也成正比。式（32-7）称为直流电动机的电枢电动势方程。

直流电动机的电磁转矩可由式（32-7）得出：
$$T = K_T \Phi I_a \qquad (32\text{-}8)$$

式中，T 为电动机产生的电磁转矩，N·m；K_T 为电动机的转矩常数，也是一个取决于电动机结构的常数，并且 $K_T = 9.333 K_e$。

由式（32-8）可知，电动机的电磁转矩与每极磁通成正比，与电动机的电流成正比。由式（32-6）～式（32-8）可得：
$$n = \frac{U}{K_e \Phi} - \frac{R_a}{K_T K_e \Phi^2} T \qquad (32\text{-}9)$$

式（32-9）称为直流电动机的电磁转矩方程，它描述了电动机输出的电磁转矩与电动机转速之间的关系。对于他励直流电动机，在励磁电流 I_f 保持不变时，电动机的磁通 Φ 保持恒定。当电动机的电枢端电压 U 维持不变时，电磁转矩 T 与转速 n 之间存在着一种函数关系 $n = f(T)$，其对应的函数曲线可见于图 32-7 中。图 32-7 被称为他励直流电动机的机械特性曲线，或者称为外特性曲线。在曲线中，$n_0 = U/(K_e \Phi)$ 代表电动机的空载转速。在电动机稳态运行时，电磁转矩的大小将取决于负载转矩的大小。

当电动机在稳态运行时，若负载转矩突然增加，导致电动机减速，转速 n 将减小。根据式（32-7），减小的转速 n 将导致电动机的反电动势 E_a 减小，而根据式（32-6），这将导致电动机的电枢电流增大。进一步根据式（32-8），增大的电枢电流将导致电动机的电磁转矩增大，从而使电动机再次加速运

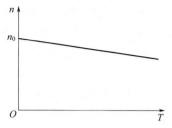

图 32-7　他励直流电动机的机械特性

行。然而，由于增大的电枢电流会导致功率消耗在电动机电枢电阻上增加，因此在电动机达到稳态时，其转速将不能完全恢复到原始值，而会略微下降。然而，由于电动机的电枢电阻 R_a 较小，因此其下降速度并不会很快，表现为稍微倾斜的直线机械特性。直线的斜率越小，表示机械特性越坚硬。

当电动机的电枢电压 U 和励磁电流 I_f 都处于额定值时，所得到的机械特性称为电动机的固有机械特性，也称为自然机械特性。若改变了电枢电压、励磁电流或电枢串联外电阻，则所得到的机械特性称为电动机的人为机械特性。

他励直流电动机的励磁电流与负载无关，而串励直流电动机的励磁电流与电枢电流相同，它将随负载的变化而变化。电压方程的电阻除电枢电阻 R_a 外，还有串励绕组的电阻 R_f。串励直流电动机的机械特性方程表达式仍为：

$$n = \frac{U}{K_e \Phi} - \frac{R_a + R_f}{K_T K_e \Phi^2} T \quad (32\text{-}10)$$

当电流较小，磁路不饱和时，磁通与电流成正比，$\Phi = K_\Phi I_a$（K_Φ 为励磁系数）。结合式（32-8）和式（32-10），可以合并得到：

$$n = \frac{\sqrt{K_T} U}{K_e \sqrt{K_\Phi T}} - \frac{R_a + R_f}{K_e K_\Phi} \quad (32\text{-}11)$$

此时的机械特性如图 32-8 左部曲线所示，可见转速随着电磁转矩的下降而快速降低，表现出较为柔软的特性。当电流增大，磁路饱和，磁通不再随电流的变化而变化，此时其机械特性与他励直流电动机的机械特

性非常相似，呈现为略微向下倾斜的直线。然而，串励直流电动机的电阻比他励直流电动机的电阻大一个串励绕组电阻，因此串励直流电动机的转速下降速度稍微大于他励直流电动机，如图 32-8 右部曲线所示。

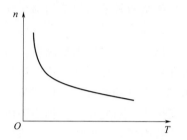

图 32-8　串励直流电动机的机械特性

由于串励直流电动机的机械特性较为柔软，因此随着负载转矩的增加，转速下降速度较快，不会因为负载过大而导致电动机过载。但是根据图 32-8，当负载转矩接近零时，电动机的转速将趋近于无穷大，因此串励直流电动机不允许空载运行，也不适合使用皮带传动，以防止皮带脱落导致"飞车"现象的发生。

串励直流电动机在启动时，磁路尚未完全饱和。尽管串励直流电动机的启动转矩与励磁电流不成正比，但它仍然比他励直流电动机的启动转矩大，因此适用于启动困难且不需要空载运行的机械。对于新能源汽车，由于启动转矩要求较大且不会出现空载情况，因此串励直流电动机在低速新能源汽车中有着广泛的应用。

当电动机的电磁转矩 T 方向改变时，电动机可以实现反向拖动运行。根据直流电动机的电磁转矩公式 $T = K_e I_a \Phi$，改变磁通 Φ 的方向或改变电枢电流 I_a 的方向都可以改变电磁转矩的方向，从而实现电动机的反转。在他励直流电动机中，励磁磁通 Φ 的方向由励磁电流 I_f 的方向决定，改变励磁电压 U_f 的方向就可以改变励磁电流 I_f 的方向。然而，他励直流电动机的励磁绕组匝数较多，具有较大的电感，因此反向磁通建立的过程较为缓慢，通常采用改变电枢电流

I_a 方向的方法来实现电动机的反转。

通常，新能源汽车的制动方式分为机械制动和电气制动两种。对于电动机而言，可以采用电气制动的方法。在电动机运行过程中，如果电磁转矩 T 与电动机转速 n 方向相同，则电动机处于拖动状态；如果电磁转矩 T 与电动机转速 n 方向相反，则电动机处于制动状态。电动机的电气制动方式包括能耗制动、回馈制动和反接制动。能耗制动时，切断供电电源，将电枢绕组两端接通，因为电动机转速不能突变，电枢电动势 E_a 也不变，从而产生制动转矩；反接制动时，通过反接供电电压，产生反向的电枢电流进行制动；回馈制动时，设法使电枢电动势 E_a 大于电枢电压 U，从而产生制动转矩，并使电动机向电源反馈电能。汽车在行驶过程中，大量的能量消耗在制动中，通过回馈制动，可以对一部分汽车动能进行回收利用，从而增加新能源汽车的续驶里程，这也是目前新能源汽车电动机技术研究的焦点之一。

如图 32-9 所示，电动机在正向电动运行时，电磁转矩 T 与转速 n 都为正，此时电动机工作在转矩-转速坐标系的第一象限；在反向电动运行时，电磁转矩 T 与转速 n 方向都为负，电动机工作在第三象限；如果转速方向为正而电磁转矩 T 方向为负，则电动机工作在正向运行的制动状态，此时电动机工作在第二象限；如果转速 n 方向为负，而电磁转矩 T 方向为正，则电动机工作在反向运行的制动状态，此时电动机工作在第四象限。如果电动机能够在四个象限内运行，则称其具有四象限运行能力，这是对新能源汽车电动机的基本要求之一。

（4）直流电动机的调速方法

根据直流电动机的自然机械特性曲线可得，电动机的转速与电磁转矩之间存在着单值关系。在稳态运行时，电动机的电磁转矩由负载转矩所决定，因此直流电动机在自然机械特性下的转速是无法控制的。如前所述，改变电动机的电枢电压、磁通或电枢回路电阻，可以改变电动机的机械特性曲线。因此，直流电动机的调速方法主要包括电枢降压调速、电枢回路串联电阻调速以及改变磁通调速等。在新能源汽车上，通常采用电枢降压调速和改变磁通调速方法。

当改变电动机的电枢电压时，将导致电动机的空载转速发生变化，而机械特性曲线的斜率不受影响。因此，电动机在不同的电枢电压下运行时，其机械特性曲线呈现为一组平行的直线。考虑到电动机无法在额定电压以上工作，因此只能通过降低电源电压来实现额定转速的调节。其机械特性曲线示意如图 32-10 所示。

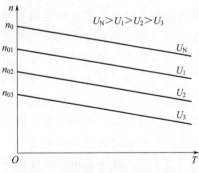

图 32-10　降低电枢电压时的机械特性

如果直流电动机的电枢电压保持不变，而改变电动机的磁通，则也可以影响电动机的机械特性。然而，由于电动机的磁通不能超过其磁路饱和状态时的最大磁通，因此只能通过减小磁通来进行调速。通过上述分析

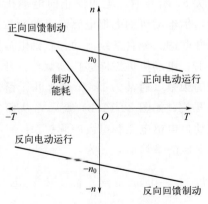

图 32-9　电动机的四象限运行

可知，如果降低磁通，将导致其空载转速增加，但同时也会改变机械特性曲线的斜率。他励直流电动机的弱磁调速曲线示意如图 32-11 所示，表示额定转速以上的向上调速情况。

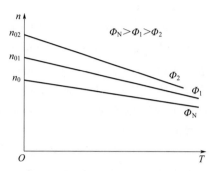

图 32-11　他励直流电动机弱磁调速机械特性

随着电力电子技术和微控制器技术的进步，直流电动机的降压调速和弱磁调速都可以实现无级调速。将这两种调速方式结合起来，可以实现双向调速：在基本速度以下采用降压调速，在基本速度以上采用弱磁调速。

电动机调速时所能承载的负载能力可以通过电动机允许输出的转矩和功率来表示。确定允许输出转矩和功率的大小是合理使用电动机的前提条件。当电动机在不同转速下运行时，若电枢电流保持不变，则电动机的使用最为合理。因此，用电枢电流不变时的允许输出转矩和功率来表示电动机的负载能力。在降低电源电压调速时，若保持电磁转矩不变，这种调速方式被称为恒转矩调速。在恒转矩调速下，电动机允许输出的转矩保持不变，与转速无关，而允许输出的功率与转速成正比。在电动机的弱磁调速中，若保持电磁转矩不变，这种调速方式被称为恒功率调速。在恒功率调速下，电动机允许输出的功率保持不变，与转速无关，而允许输出的转矩与转速成反比。图 32-12 展示了恒转矩调速和恒功率调速的配合方式：在基本速度以下采用恒转矩调速，降低电源电压，此时励磁磁通为额定状态；在基本速度以上采用恒功率调速，降低磁场磁通，此时电枢电压为额定值。

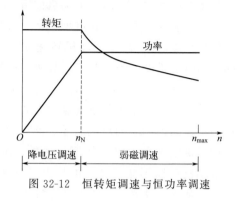

图 32-12　恒转矩调速与恒功率调速

需要强调的是，恒转矩调速和恒功率调速方式用于描述电动机采用特定调速方式时所能承载的负载能力，并不代表电动机的实际输出。在实际运行中，电磁转矩的大小取决于负载转矩的大小。恒转矩和恒功率的意义在于，若保持某些参数不变，则可实现恒转矩输出和恒功率输出。若电动机电流可以超过额定值运行，则可以利用此时的转矩和功率来确定恒转矩曲线和恒功率曲线。

（5）直流电动机的脉宽调制（PWM）控制

当需要对电动机的电枢电压进行控制时，PWM 控制方法已经成为主流。其控制原理如图 32-13 所示。

在图 32-13（a）中，当开关 S_1 闭合时，电源电压施加在电动机的电枢两端，使电动机旋转，同时电动机的电枢电感储存能量；当开关 S_1 断开时，电源停止向电动机提供能量，但电动机的电枢电感储存的能量通过反向并联的二极管继续流动，直到电流降为零之前，电动机仍然能够持续旋转。开关以极高的频率（通常为 1kHz 到十几千赫）不断地开关，如图 32-13（b）所示，从而实现对电动机电枢电压和电流的调控。

电压的平均值 U_{av} 为：

$$U_{av} = \frac{1}{T}\int_0^T u_a \mathrm{d}t = \frac{1}{T}\int_0^{t_{on}} U \mathrm{d}t = \delta U$$

（32-12）

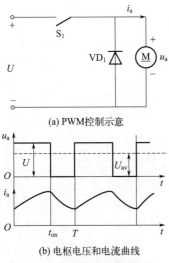

(a) PWM控制示意

(b) 电枢电压和电流曲线

图 32-13　PWM 控制原理

式中，δ 为占空比，即开关导通时间与导通周期的时间比，变化范围为 $0<\delta<1$。电枢电压的平均值 U_{av} 由电源电压和占空比所决定，这样，就可以通过控制占空比 δ 的大小来控制电动机的电枢电压，实现对电动机的调压控制。

当前，在 PWM 控制中，一种常见的做法是使用定频调制法来调节占空比的大小，即保持周期（或频率）不变，通过改变开关导通时间 t_{on} 来改变占空比的数值。在实际应用中，开关 S_1 通常是一种可控的开关管（一般采用 MOSFET 管或 IGBT 管），通过高频的 PWM 信号来控制其导通和关断，从而实现 PWM 控制。

对于新能源汽车的驱动电动机，通常需要实现四象限运行。通过采用如图 32-14 所示的 H 桥电路，可以实现对直流电动机的四象限运行控制以及制动方式的控制。在该电路中，$V_1 \sim V_4$ 表示开关管，而 $VD_1 \sim VD_4$ 则表示续流二极管。

对于图 32-14 所示的桥式电路，以电动机正向旋转为例，可以控制电动机工作在以下四种状态，并且不存在电流断续的状态。

① 电动状态　当 V_1、V_4 导通，V_2、V_3 关断时，电动机电绕组通过正向电流，

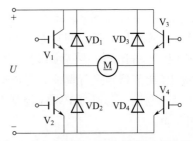

图 32-14　直流 PWM 控制的 H 桥电路

电动机工作在正向电动运行状态。

② 电动续流状态　当处于电动状态时，若 V_1 的 PWM 信号变为低电平时，V_1 管将关断，V_4 继续导通，此时电动机电枢的电压为零。由于电枢绕组存在感性，其电流不能突变，电枢绕组的自感电动势将克服反电动势 E_a 通过 V_4 与 VD_2 进行续流，电动机消耗存储在电感中的能量进入电动续流状态，此时电流将持续衰减。

③ 能耗制动状态　如果电动机续流结束时，将 V_2 管打开，V_4 管关断，此时因为电动机继续正向旋转，反电动势 E_a 方向不变，电动机在反电动势的作用下将通过 V_2、VD_4 产生一个反向的电流，电动机相当于工作在能耗制动的状态。

④ 再生制动状态　在能耗制动时，如果使 V_2 关断，电流失去续流通路将会迅速减小，电流的减小会感生出与电源电动势方向相反的感生电动势，通过二极管 VD_1、VD_4 对电源馈电，实现再生制动。

同样，电动机反向运行时也可以通过控制实现以上四种状态。

（6）直流电动机的转矩与转速控制

若要精确控制电动机的运行，必须能够控制其电磁转矩。因为电动机所受合力矩等于电磁转矩与负载转矩之差，而转速是力矩的积分，位置是速度的积分。只要电动机的电磁转矩受到控制，便可控制其速度或位置，实现对电动机动态行为的调节。在直流电动机中，当主磁极励磁磁通保持恒定时，电磁转矩与电枢电流呈线性关系。通过闭环

控制电枢电流，便可实现快速准确的转矩控制。控制系统框图如图 32-15 所示：检测电枢电流，计算实际转矩，将设定转矩 T^* 与实际转矩 T 相比较，然后通过转控制器（通常是 PI 调节器）进行调节，得出电动机电枢的设定电压，并通过 PWM 控制方式向电动机供电。

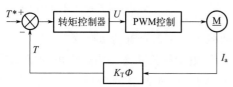

图 32-15　直流电动机的转矩闭环控制

32.2.2　交流感应电动机

交流感应电动机（AC induction motor）又称为异步电动机（asynchronous motor），以其结构简单、价格低廉、耐用可靠等特点，在大功率新能源汽车的驱动系统中广泛应用。它能有效地将汽车电池储存的电能转化为机械能，为汽车提供强劲动力。该电动机由三个主要部分组成：定子、转子和气隙。当定子内部绕组接通三相交流电源时，产生的旋转磁场切割转子，产生优异的转矩，为新能源汽车提供动力。这种电动机系统结构简单，安装和使用成本低，且安装过程迅速，性价比极高。同时，该电动机具有长久的使用寿命，维护成本较低，此外，还具备抗腐蚀性能，适用于各种复杂环境下的应用。

（1）交流感应电动机的工作原理

交流感应电动机由定子和转子两部分组成。定子包括定子铁芯、定子绕组和机座。定子铁芯是主要磁路的一部分，安装有三相对称绕组，通常以星形方式连接。转子由转子铁芯、转子绕组和轴承组成，也是主要磁路的一部分。转子绕组有笼型和绕线型两种，如图 32-16 和图 32-17 所示。笼型绕组是一种自动闭合的对称多相绕组，由插入每

个转子槽中的导条和两端的端环构成，每个导条形成一相绕组。由于笼型转子结构简单、制作方便且耐用，因此在新能源汽车上广泛采用笼型转子结构的交流感应电动机。

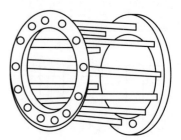

图 32-16　笼型转子绕组

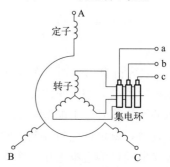

图 32-17　绕线型转子绕组

交流感应电动机的工作原理如图 32-18 所示，三相对称的定子绕组通上三相交流电之后，将在气隙上产生一个旋转磁场（详细分析可参考相关书籍），旋转磁场的转速 n_1 取决于电动机的磁极对数 p 和三相交流电的频率 f，即 $n_1 = 60f/p$。这个旋转磁场切割转子的绕组，在转子绕组中感应出感生电动势，产生感生电流，该电流与旋转磁场相互作用，产生电磁转矩，使转子跟随旋转磁场同方向旋转。如果转子的转速 n 与旋转磁场转速相同，那么旋转磁场与转子绕组没有相互运动，旋转磁场不再切割转子绕组，就不能在转子中产生感生电动势，也就不能产生转子电流和电磁转矩。因此，转子的转速 n 永远也赶不上旋转磁场的转速 n_1，不可能达到同步，这就是交流感应电动机也被称为"异步电动机"的原因。我们把 $\Delta n = n_1 - n$ 称为转速差，$s = \Delta n/n_1$ 称为转差率。一般交流感应电动机的转差率在 $0.02 \sim 0.05$。

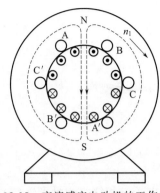

图 32-18　交流感应电动机的工作原理

感应电动机的额定值也有额定功率 P_N（kW）、额定电压 U_N（V）、额定电流 I_N（A）、额定转速 n_N（r/min）和额定频率 f（Hz）等参数，其中额定功率指电动机的输出功率，额定电压、额定电流是指额定运行时定子的线电压和线电流，额定转速指额定运行时转子的转速，额定频率指通入定子的三相交流电频率。

（2）交流感应电动机的特性分析

由电机理论可知，当通到交流感应电动机的三相交流电的电压、频率都为固定值时，其机械特性如图 32-19 所示。

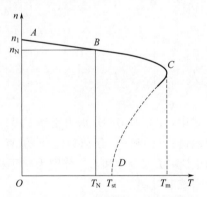

图 32-19　交流感应电动机的机械特性

A 为同步运行点，该点 $T=0$，$n=n_1$，此时电动机不能进行能量转换。

B 为额定运行点，此时电动机为额定运行状态。

C 为最大转矩点，该点时转矩达到最大值。此时所对应的转差率 s_m 为额定转差

率。在 $0<s<s_m$ 时，转矩随着转速的增加而减小；$s>s_m$ 时，转矩随着转速的减小而减小，如果电动机在此区域内工作，那么负载稍有扰动，就会造成电动机运行状态的不稳定，故电动机只能工作在 $0<s<s_m$ 区域内。

D 为启动点，所对应的转矩为启动转矩。可知该点的转矩小于电动机的最大转矩，这不符合汽车低速大转矩的要求。

综上所述，交流感应电动机在固定电压和频率时的运行状态不适于汽车牵引的要求，必须加以控制来改变其特性。

（3）交流感应电动机的矢量控制

直流电动机在维持主磁极励磁磁通恒定的条件下，其电磁转矩与电枢电流呈线性关系，因此可以通过调节电枢电流来实现准确的转矩控制。相比之下，交流感应电动机的定子电流与电磁转矩之间存在着复杂的非线性关系，因此无法像直流电动机那样简单地通过调节电枢电流来控制电磁转矩。此外，直流电动机的励磁电流和电枢电流可以独立控制，而交流感应电动机只能对定子进行控制，增加了控制的难度。针对交流感应电动机的常用控制方法包括变压变频控制、转差频率控制、矢量控制和直接转矩控制等几种。其中，矢量控制技术可以模拟直流电动机的调速特性，使得交流感应电动机在控制方面表现得更像直流电动机，因此成为高性能交流感应电动机的理想控制方法。

交流电动机的矢量控制模拟了直流电动机的转矩控制，通过对定子电流的解耦，将其分成两个正交分量：一个用于产生转子磁通的励磁分量，类似于直流电动机的励磁电流；另一个用于产生电磁转矩的转矩分量，相当于直流电动机的电枢电流。通过这种方式，可以将交流感应电动机的转矩控制模拟成直流电动机的转矩控制。

矢量控制首先要用到交流感应电动机的三种坐标系：三相静止坐标系 $A\text{-}B\text{-}C$、两相静止坐标系 $\alpha\text{-}\beta$ 和同步旋转坐标系 $M\text{-}T$，

如图 32-20 所示。

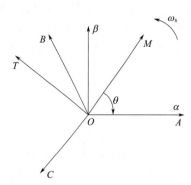

图 32-20 交流感应电动机的坐标系

交流感应电动机定子有三相对称绕组，其轴线分别为 A、B、C，彼此相差 $120°$ 电角度，这样便构成一个三相坐标系 A-B-C。两相坐标系 α-β 定义为 α 轴与 A 轴重合，β 轴超前 α 轴 $90°$。这两个坐标系空间位置固定不变，为静止坐标系。同步旋转坐标系 M-T 定义为 M 轴（magnetizalion）固定在转子磁链矢量上，T 轴（torque）超前 M 轴 $90°$，因此 M-T 坐标系和转子磁链量位置保持不变，一起在空间以同步角速度 ω_s 旋转。

通过分析可知，三相坐标系 A-B-C 下的定子电流 i_A、i_B、i_C 通过满足功率不变要求的三相/二相变换（Clarke 变换），可以变换为 α-β 坐标系下的等效电流 i_α、i_β。在已知转子磁链矢量与 A 轴夹角（即 M 轴与 α 轴夹角）的情况下，可以通过 M-T 坐标系和 α-β 坐标系之间的旋转二相/二相变换（Park 变换）得到 M-T 坐标系下的等效电流 i_M，i_T。Clarke 变换与 Park 变换都可以作相应的反变换，这两种变换及反变换公式如下。

① Clarke 变换（定子三相绕组为星形连接，并且无中线，满足 $i_A+i_B+i_C=0$）：

$$\begin{bmatrix} u_M \\ u_T \\ 0 \\ 0 \end{bmatrix} = \begin{bmatrix} R_s+L_sp & -\omega_sL_s & L_mp & -\omega_sL_m \\ \omega_sL_s & R_s+L_sp & \omega_sL_m & L_mp \\ L_mp & 0 & R_r+L_rp & 0 \\ \omega_fL_m & 0 & \omega_fL_r & R_r \end{bmatrix} \begin{bmatrix} i_M \\ i_T \\ i_m \\ i_t \end{bmatrix} \quad (32\text{-}18)$$

$$\begin{bmatrix} i_\alpha \\ i_\beta \end{bmatrix} = \begin{bmatrix} \sqrt{\dfrac{3}{2}} & 0 \\ \dfrac{1}{\sqrt{2}} & \sqrt{2} \end{bmatrix} \begin{bmatrix} i_A \\ i_B \end{bmatrix} \quad (32\text{-}13)$$

② Clarke 反变换：

$$\begin{bmatrix} i_A \\ i_B \end{bmatrix} = \begin{bmatrix} \sqrt{\dfrac{2}{3}} & 0 \\ -\dfrac{1}{\sqrt{6}} & \dfrac{1}{\sqrt{2}} \end{bmatrix} \begin{bmatrix} i_\alpha \\ i_\beta \end{bmatrix} \quad (32\text{-}14)$$

由于定子三相绕组为星形连接并且无中线，满足 $i_A+i_B+i_C=0$，故只需要检测 i_A 与 i_B 两项电流。

③ Park 变换：

$$\begin{bmatrix} i_M \\ i_T \end{bmatrix} = \begin{bmatrix} \cos\theta & \sin\theta \\ -\sin\theta & \cos\theta \end{bmatrix} \begin{bmatrix} i_\alpha \\ i_\beta \end{bmatrix} \quad (32\text{-}15)$$

④ Park 反变换：

$$\begin{bmatrix} i_\alpha \\ i_\beta \end{bmatrix} = \begin{bmatrix} \cos\theta & -\sin\theta \\ \sin\theta & \cos\theta \end{bmatrix} \begin{bmatrix} i_M \\ i_T \end{bmatrix} \quad (32\text{-}16)$$

式中，θ 为 M 轴与 α 轴之间的夹角。

上述各种坐标变换还可以实现定子电压的坐标变换。

交流感应电动机的磁链方程为：

$$\begin{bmatrix} \psi_M \\ \psi_T \\ \psi_m \\ \psi_t \end{bmatrix} = \begin{bmatrix} L_s & & L_m & \\ & L_s & & L_m \\ L_m & & L_r & \\ & L_m & & L_r \end{bmatrix} \begin{bmatrix} i_M \\ i_T \\ i_m \\ i_t \end{bmatrix}$$

$$(32\text{-}17)$$

式中，ψ_M 和 ψ_T 分别为定子的 M 轴和 T 轴磁链；i_M 和 i_T 分别为定子的 M 轴和 T 轴电流；L_s、L_r 和 L_m 分别为定子自感、转子自感和互感。

对于笼型电动机，转子电压为零，可得交流感应电动机的电压方程：

式中，u_M、u_T 分别为定子的 M 轴和 T 轴电压；R_s、R_r 分别为定子、转子绕组的电阻；ω_s、ω_f 分别为同步角速度和转差角速度；p 为微分算子。

电磁转矩方程：

$$T_e = p_n L_m (i_T i_m - i_M i_t) \quad (32\text{-}19)$$

式中，p_n 为电动机的磁极对数。

电动机运动方程：

$$\begin{cases} T_e = T_L + \dfrac{J}{P_n} \times \dfrac{d\omega_r}{dt} \\ \omega = \omega_r / p_n \\ \omega = \omega_r / p_n \end{cases} \quad (32\text{-}20)$$

式中，T_L 为负载转矩；J 为电动机的转动惯量；ω_r 为转子电角速度；ω 为转子角速度。

设 ψ_r 为转子总磁链，由于它与 M 轴方向一致，并与 T 轴垂直，故 $\psi_r = \psi_m$，$\psi_t = 0$。可得：

$$\psi_r = \frac{L_m}{1 + T_r p} i_M = L_m i_{Mm} \quad (32\text{-}21)$$

式中，$T_r = L_r / R_r$，i_{Mm} 为转子磁通励磁电流。

由方程（32-21）可得：

$$p\psi_r = \frac{L_m R_r}{L_r} i_M - \frac{R_r}{L_r} \psi_r \quad (32\text{-}22)$$

由上述方程可得：

$$\begin{cases} u_M = \left(R_s + \dfrac{L_m^2 R_r}{L_r^2} \right) i_M + \sigma L_s p i_M - \\ \qquad \omega_s \sigma L_s i_T - \dfrac{L_m R_r}{L_r^2} \psi_r \\ u_T = R_s i_T + \sigma L_s p i_T + \omega_s L_m \dfrac{\psi_r}{L_r} + \omega_s \sigma L_s i_M \\ T_e = \dfrac{p_n L_m \Psi_r i_T}{L_r} \\ \omega_f = \dfrac{L_m i_T}{T_r \psi_r} \end{cases}$$

$$(32\text{-}23)$$

式中，$\sigma = L_s - L_m^2 / L_r$。

由方程（32-22）与方程组（32-23），可

得量控制的基本方程为：

$$\begin{cases} T_e = p_n \dfrac{L_m}{L_r} \psi_r i_T \\ \psi_r = \dfrac{L_m}{1 + T_r p} i_M = L_m i_{Mm} \end{cases} \quad (32\text{-}24)$$

从方程组（32-24）可以看出，i_M 相当于直流电动机的励磁电流，用来产生磁场，为异步电动机的励磁分量；i_T 相当于直流电动机的电枢电流，用来产生电磁转矩。当磁场恒定的时候，调节 i_T 的大小就可以线性地控制电磁转矩的大小。方程（34-24）实现了定子励磁电流和定子转矩电流的完全解耦。

由于同步旋转坐标系 $M\text{-}T$ 的 M 轴方向被选为转子磁链方向，因此只有通过准确检测或计算出转子磁通矢量的位置和幅值，才能将定子电流矢量转换到 $M\text{-}T$ 坐标系上。磁通检测的方法通常分为直接法和间接法两种。直接法利用磁敏元件或探测线圈直接检测磁场。然而，由于电动机齿槽的影响，直接法检测的磁通信号在低速运行时会产生较大的脉动，因此在实际应用中较为困难。间接法则是利用电动机的电压、电流以及转速等信息，通过计算来间接获取转子磁通的位置信息。式（34-25）采用了电流模型法来进行磁场定向。

$$\begin{cases} T_r \dfrac{d|i_{Mm}|}{dt} + |i_{Mm}| = i_M \\ \omega_s = \omega_r + \dfrac{1}{T_r} \times \dfrac{i_T}{|i_{Mm}|} \end{cases} \quad (32\text{-}25)$$

（4）交流感应电动机的特点及应用

与直流电动机相比，交流感应电动机的结构更为简单，体积更小，重量更轻，且寿命更长。特别是笼型交流感应电动机，其更加可靠耐用，甚至无需维护。此外，交流感应电动机具有很高的转速和广阔的调速范围。在低速运行时，它能够提供大转矩，而在高速时表现出较高的效率。尽管交流感应电动机的控制相对较为复杂，其控制性能曾一度较差，但近年来随着电力电子技术和数

字信号处理器技术的不断进步，以及全球学者对交流感应电动机控制技术的深入研究，其控制性能大幅提升，已接近甚至达到了直流电动机的控制水平，能够满足新能源汽车对动力性的要求。就成本而言，交流感应电动机本身的成本较直流电动机更低，尽管其控制器的成本较高，但随着电力电子技术的不断进步，控制器的成本也在逐渐降低。在新能源汽车领域，交流感应电动机已经广泛应用，特别是在高速大功率的新能源汽车上，其应用前景非常广阔。

32.2.3 永磁同步电机

随着新能源汽车的不断发展，各种新技术层出不穷，其中永磁同步电机（permanent magnet synchronous machine，PMSM）驱动技术在新能源汽车中发挥着重要作用。永磁同步电机具有诸多优点，不仅具有高达 95% 的使用效率，而且体积小、重量轻，大大降低了安装难度。此外，这种电机无噪声，拥有简单的组成结构，能够显著降低经济成本。永磁同步电机还具有转子结构，可在一定程度上减少机械磨损并延长电机的使用寿命。

（1）永磁电机的转子结构

永磁电机的转子结构采用永久磁铁作为磁极，无需励磁绕组，因而使电机结构得以简化。永久磁铁的安装形式多样，包括表面贴装径向式、插入式等不同类别，示例如图 32-21 所示。为了便于分析，我们将磁极轴线称为 d 轴（直轴），将相邻两个磁极之间的中心线称为 q 轴（交轴）。

根据图 32-21（a）所示，表面贴装式磁极是将永久磁铁贴装在转子圆柱形铁芯表面，这种结构相对简单。由于永久磁铁的磁导率接近空气的磁导率，d 轴与 q 轴的磁阻基本相同。将磁铁贴在转子表面会增大定转子铁芯间隙，即磁路的磁阻增大，不过定子电流对转子磁场的影响（即"电枢反应"）

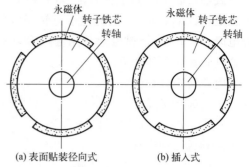

(a) 表面贴装径向式　　　(b) 插入式

图 32-21　永磁电机转子结构的 2 种主要类型

也会相应降低。至于图 32-21（b）所示的嵌入式磁极，它是将永久磁铁嵌入转子表面以下，结构同样简单。这种结构造成转子铁芯呈多齿形状，导致 d 轴与 q 轴磁阻明显不同，d 轴磁阻较大而 q 轴磁阻较小，这可以产生额外的磁阻转矩，有利于改善运行性能。

此外，还有一种内装式的转子结构，它将磁铁埋入转子铁芯内部，结构较为复杂，但具有较高的机械强度，使得设计 10000r/min 以上的超高速电机成为可能。同时，定转子铁芯间隙较小，磁阻较小，且 d 轴与 q 轴磁阻差别很大，因此具有较大的磁阻转矩。为了进一步增大 d 轴与 q 轴的磁阻差，常常将内置永磁铁设计成多层形式。这种结构较为复杂，但永磁电机的磁阻转矩更大，有利于提高调速控制性能。具有这种转子的电机也称为永磁磁阻同步电机。

（2）永磁同步电机的工作原理

永磁同步电机属于交流同步电机的一种，其定子结构与异步电机相同，都是由三相绕组组成，而转子则由铁芯和永久磁铁构成。当定子通入三相交流电时，会产生旋转磁场，而转子上的永久磁铁则会被定子磁场吸引而旋转。

同步电机与异步电机的主要区别在于，异步电机的转子转速永远小于旋转磁场的转速，这两者总是不同步的；而同步电机的转子转速总是等于旋转磁场的转速，两者保持严格的同步。旋转磁场的同步转速 n_1 与定

子交流电频率 f_1 以及定子与转子磁极对数 p 的关系与异步电机相同。同步电机的工作原理可通过图 32-22 来说明。定子的 A、B、C 三相绕组每相只画了一个线圈，即 A-A′、B-B′、C-C′，当这些绕组通以三相交流电时，形成的旋转磁场只有一对磁极。转子也是只有一对磁极的永久磁铁。实际中，同步电机可能不止一对磁极，但定子与转子的磁极对数相同。由于定子与转子磁场相互吸引的结果，若转子没有负载，则其磁极应与定子磁极轴线完全对齐。但当转子带有负载运行时，由于负载的阻力作用，转了的磁极轴线会落后于定子磁极轴线一个角度 θ，该角度称为功率角。在这种情况下，气隙中的磁力线会被拉伸和扭曲，产生电磁转矩。这个电磁转矩与负载转矩平衡，并驱动转子保持同步旋转。

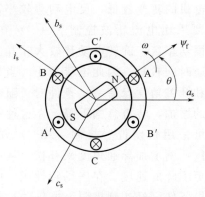

图 32-22　永磁同步电机原理

需要指出的是，即使使用普通铁芯制成的转子形状，具有明显的磁极结构，它也能够承受一定的负载。这是因为磁极形状的铁芯在定子旋转磁场的作用下会被磁化并受到磁场的吸引。如果受到负载阻力，转子的轴线与定子旋转磁场的中心线之间也会产生一定的角度差，从而使转子能够与旋转磁场同步转动。然而，与永久磁铁转子相比，这种转子的负载承受能力较小。这种由磁极形状所决定的电磁转矩称为磁阻转矩或凸极转矩，而由永久磁铁产生的电磁转矩则称为永磁转矩（也称为基本电磁转矩）。

32.2.4　开关磁阻电机

开关磁阻电机（switched reluctance machine，SRM）是新能源汽车中非常先进的一种技术，这种电机结构非常简单，使用效率超过 90%，甚至能达到 27000r/min，具有非常高的效率。它可以很好地控制新能源汽车的速度，也能运用低的功率去实现高转矩，这在一定程度上能减少能源的消耗。但是其中也具有一些缺点，如转矩较大、在运行过程中会出现比较大的噪声等。

（1）开关磁阻电机的结构

开关磁阻电机由双凸极的定子和转子组成，其定子、转子的凸极均由普通的硅钢片叠压而成。定子极上绕有集中绕组，把沿径向相对的两个绕组串联成一个两级磁极，称为"一相"；转子既无绕组又无永磁体，仅由硅钢片叠成。开关磁阻电机的结构如图 32-23 所示。

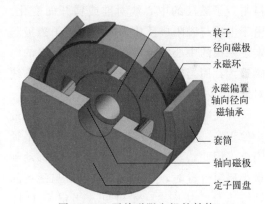

图 32-23　开关磁阻电机的结构

开关磁阻电机有多种不同的相数结构，如单相、两相、四相及多相等，且定子和转子的极数有多种不同的搭配。低于三相的开关磁阻电机一般没有自启动能力。相数多有利于减小转矩脉动，但结构复杂，主开关器件多，成本增高。目前应用较多的是四相 8/6 极结构和三相 6/4 极结构。下面以四相 8/6 极结构的开关磁阻电机为例进行介绍。

（2）开关磁阻电机的工作原理

开关磁阻电机的工作原理如图 32-24 所示。

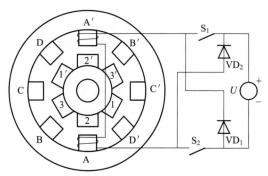

图 32-24　开关磁阻电机的工作原理

S_1、S_2—电子开关；

VD_1、VD_2—二极管；U—直流电源

电机的定子和转子都具有凸极形状，并且极数不同，转子由叠片组成，配备有位置检测器并提供转子位置信号，确保定子绕组按照一定的顺序通电和断电，以维持电机的连续运转。开关磁阻电机的磁阻随着转子磁极与定子磁极的中心线对准或错开而变化。由于电感与磁阻成反比，因此当转子磁极与定子磁极的中心线位置重合时，相绕组的电感最大；而当转子磁极与定子磁极的中心线对准时，相绕组的电感最小。

开关磁阻电机的运行原理符合"磁阻最小原理"，即磁通总是沿着磁阻最小的路径闭合。因此，具有特定形状的铁芯在移动到最小磁阻位置时，必须使其主轴线与磁场的轴线重合。从图 32-24 可见，当定子 D-D′ 极励磁时所产生的磁力使得转子旋转到转子极轴线 1-1′ 与定子极轴线 D-D′ 重合的位置，并使得 D 相励磁绕组的电感最大。如果以图 32-24 中定子和转子的相对位置作为起始位置，然后依次通电给 D-A-B-C 相绕组，转子将会以逆时针方向连续旋转；反之，如果依次通电给 B-A-D-C 相绕组，则电机将会顺时针方向转动。因此，开关磁阻电机的转向与相绕组的电流方向无关，而仅取决于相绕组通电的顺序。

开关磁阻电机的运行特性可分为三个区域：恒转矩区、恒功率区和串励特性区，如图 32-25 所示。

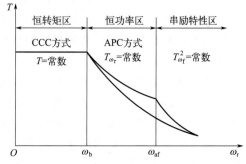

图 32-25　开关磁阻电机的运行特性

开关磁阻电机通常在恒转矩区和恒功率区运行。在这两个区域内，电机的实际运行特性可以通过控制条件来调节，从而实现任意所需的实际运行特性。在恒转矩区，电机的转速较低，反电动势较小，因此需要采用电流斩波控制（CCC）方式。而在恒功率区，旋转电动势较大，开关器件导通时间较短，因此电流较小。当外加电压和开关角度保持一定条件时，随着角速度的增加，转矩急剧下降。在这种情况下，可采用角度位置控制（APC）方式，通过按比例增加导通角度来补偿，从而延缓转矩下降的速度。在串励特性区，电机的可控条件已经达到极限，电机的运行特性不再可控，呈现出自然的串励运行特性。通常情况下，电机不会运行在这个区域。

电机的运行还涉及第一个和第二个临界运行点。采用不同的可控条件匹配可以得到两个临界点的不同配置，从而获得各种所需的机械特性。第一临界转速是指开关磁阻电机开始运行于恒功率特性的临界转速，也被定义为开关磁阻电机的额定转速，对应的功率即为额定功率。第二临界转速是能够获得额定功率的最高转速，是恒功率特性的上限。当可控条件达到极限时，再增加转速将导致输出功率下降。

（3）开关磁阻电机与其他电机相比具有的优点

① 可控参数多，调速性能好。可控参数有主开关开通角、主开关关断角、相电流幅值和直流电源电压，控制方便，可四象限运行，容易实现正转、反转和电动、制动等特定的调节控制。

② 结构简单，成本低。开关磁阻电机转子无绕组，也不加永久磁铁，定子为集中绕组，比传统的直流电机、永磁电机及异步电机都简单，制造和维护方便，它的功率变换器比较简单，主开关元件数较少，电子器件少，成本低。

③ 损耗小，运转效率高。开关磁阻电机的转子不存在励磁及转差损耗，功率变换器元器件少，相应的损耗也小；控制灵活，易于在很宽转速范围内实现高效节能控制。

④ 启动转矩大，启动电流小。在27%额定电流的情况下就能达到100%的启动转矩。

（4）开关磁阻电机的缺点

由于开关磁阻电机的特殊结构和工作方式，其也存在如下一些缺点。

① 转矩脉动现象较严重。

② 振动和噪声相对较大，特别是在负载运行的时候。

③ 电机的出线头相对较多，还有位置检测器出线端。

④ 电机的数学模型比较复杂，其准确的数学模型较难建立。

⑤ 控制复杂，依赖于电机的结构。

32.2.5 新能源汽车用驱动电机的基本要求与参数对比

驱动电机是新能源汽车驱动系统的核心部件，其性能好坏直接影响驱动系统的性能。新能源汽车中驱动电机需要满足以下基本要求。

① 要有高功率密度和高效率。新能源汽车由于电池的使用增加了整车的质量，而新能源汽车电池容量又十分有限，为了增加续驶里程，高功率密度和高效率的驱动电动机在新能源汽车里显得尤其重要。

② 具有较长的寿命和高可靠性，维修方便。

③ 体积小，以适合汽车有限的空间要求。

④ 电动机应具有较宽的调速范围，在低速运行时能提供大转矩，以满足启动和爬坡的要求；低转矩运行时能达到较高的速度，以满足汽车在平坦的路面高速行驶的要求。

⑤ 瞬时功率大，过载能力强，过载系数应为3～5。

⑥ 控制系统应控制准确、快速。

⑦ 新能源汽车用电动机驱动系统应能够在汽车减速时实现再生制动，将能量回收并反馈给蓄电池，使得新能源汽车具有最佳能量的利用率，并且再生制动时应高效、可靠。

⑧ 噪声小，以满足乘坐的舒适性。

⑨ 电磁辐射小，具有较好的电磁兼容性。

⑩ 价格低廉，适于大规模生产制造。

基于上述介绍的新能源汽车用各种驱动电机的工作原理和特性，对各种驱动电机的相关参数进行对比和分析，如表32-1所示。

表 32-1　新能源汽车驱动电机的参数对比

参数	直流电机	交流异步电机	永磁同步电机	开关磁阻电机
效率	低	一般	高	一般
经济性	低	高	一般	高
结构坚固程度	低	高	一般	高
功率密度	低	一般	高	一般

续表

参数	直流电机	交流异步电机	永磁同步电机	开关磁阻电机
可靠性	低	高	一般	高
尺寸与重量	大、重	一般、一般	小、轻	小、轻

扫一扫

本章小结

由表 32-1 可以看出，在新能源汽车电机驱动性能对比中，永磁同步电机和开关磁阻电机的综合性能还是比较好的，既具有非常高的经济性，同时也具有尺寸小和重量轻的特点，能够更好地帮助汽车节省空间，同时也能够降低汽车的成本，有利于实现经济、环保的发展目标。

在了解驱动电机的基本定律之后，本章将重点介绍驱动电机系统。驱动电机系统由驱动电机和电机控制器组成，驱动电机系统与整车等关联对象存在多种耦合方式，驱动电机系统中电机和控制器之间也有不同的机械和电气耦合方式。在新能源汽车中，由于驱动电机部分或者全部替代传统的燃油发动机，新能源汽车的动力源也呈现多种组合形式，因此，驱动电机系统构型形式多样。根据不同的分类方式，目前驱动电机系统的构型主要有以下几类。

① 根据所应用的汽车类型，可分为混合动力驱动和纯电驱动。

② 根据车辆动力分布方式，可分为集中式驱动和分布式驱动。

③ 根据电气系统和控制器的布置方式，可分为独立式控制器和多功能集成控制器。

了解驱动电机系统构型的种类、结构及特点，有助于从宏观上了解驱动电机系统在整车中所处的位置、功率需求以及运行环境等，为设计出"系统最优"的驱动电机系统奠定基础。

33.1 驱动电机系统的研究现状和发展趋势

自20世纪80年代以来，随着电动汽车产业的迅速发展，国内外的研究机构和企业纷纷投入电动汽车驱动电机系统的研发工作。经过多年的努力，国内外驱动电机系统的技术水平都取得了显著进步。国外自20世纪80年代起便开始了对驱动电机系统的研究，并已建立起相对完善的研发体系和生产制造体系，推出了一系列具有竞争力的驱动电机产品。我国则是从20世纪90年代开始对电机系统的研究，尤其是自2001年起，科学技术部实施了一系列为期五年的重大专项计划，通过国家发展和改革委员会、财政部、工业和信息化部等部门的政策支持，我国的电动汽车产销量连续多年居于全球首位，占据全球市场的50%以上。随着电动汽车行业的快速发展，我国的驱动电机系统技术及其产业化也取得了长足的进步，具体表现在以下几个方面：

① 建立了较为完善的永磁同步驱动电机系统和异步驱动电机系统的开发平台；

② 开发出功率（峰值功率）等级在10~250kW之间的风冷和水冷异步驱动电机系统以及永磁同步驱动电机系统，已大规模应用于纯电动、混合动力商用车、乘用车和物流车，并有部分产品批量出口到欧美国家；

③ 电机的功率密度、最高效率和最高转速等主要性能指标与国外产品相当，具体指标见表33-1和表33-2，分别为"十二五"和"十三五"国家科技支撑计划规定的驱动电机系统主要指标；

④ 电机和控制器的制造工艺水平和批量制造能力达到国际先进水平；

⑤ 驱动电机系统的功能安全性和电磁兼容性等方面日益完善；

⑥ 电机和控制器的主要材料及零部件实现了国产化，关键材料和元器件如IGBT芯片、SiC芯片和模块、控制芯片以及轴承等有了替代产品并已部分批量应用。

表 33-1 "十二五" 国家科技支撑计划规定的驱动电机系统主要指标

指标	要求
电机功率密度/(kW/kg)	≥1.8
控制器质量密度/(kVA/kg)	≥4.0
系统最高效率/%	≥93
驱动电机系统高效区(n≥80%)/%	≥65

表 33-2 "十三五" 国家重点研发计划规定的驱动电机的主要指标

驱动电机类型	项目		指标
驱动电机 (高效轻量化乘用车)	量产	峰值功率密度(≥30s)	≥3.2kW/kg
		连续功率密度	>2.2kW/kg
		最高转速	≥12000r/min
		驱动电机系统最高效率	>93%
	下一代	峰值功率密度(≥30s)	≥4kW/kg
		连续功率密度	>2.5kW/kg
		最高转速	≥15000r/min
		驱动电机系统最高效率	>92%
商用车电机 (高效高转矩密度)	驱动电机峰值转矩密度(≥60s)		≥18N·m/kg
	连续转矩密度		>10N·m/kg
	电机最高效率		>96%
	最高转速(直驱)		3200r/min
轮毂电机 (A级和A00级 纯电动轿车)	轮毂电机峰值功率密度(≥30s)		≥2.5kW/kg
	峰值转矩密度		18N·m/kg
	连续功率密度		>1.8kW/kg
	驱动电机系统最高效率		>90%
	最高转速		1500r/min
量产轮边电机 (A级和A00级 纯电动轿车)	峰值功率密度(≥30s)		≥3.2kW/kg
	峰值转矩密度		18N·m/kg
	连续功率密度		>2.0kW/kg
	驱动电机系统最高效率		>92%
	最高转速		12000~15000r/min

经过多年的技术研发和市场应用，驱动电机系统的技术水平已经取得了显著进步，基本上能够满足当前电动汽车的使用需求。然而，与用户对未来零部件性能的要求相比，仍存在一定差距。驱动电机系统的发展目标是进一步提升"6H1L"（即功率密度、效率、

安全性可靠性、环保性、智能化、低成本）方面的内容。为了实现这一目标，各国都提出了具体的发展目标，其中包括美国能源部提出的《2025年电机电控发展路线图》和中国汽车工程学会于2020年发布的《节能与新能源汽车技术路线图2.0》。表33-3列出了美国《2025年电机电控发展路线图》中针对100kW功率等级的驱动电机系统提出的关键技术指标。而表33-4和表33-5则分别展示了我国《节能与新能源汽车技术路线图2.0》中对驱动电机系统和电驱动总成提出的关键技术指标。

表33-3 驱动电机系统关键技术指标目标值（美国2025年计划）

指标	2020年	2025年
驱动电机功率密度/(kW/kg)	1.6	≥5.7
驱动电机体积密度/(kW/L)	5.7	≥50
控制器体积密度/(kW/L)	13.4	≥100
驱动系统最高效率/%	95	≥97
驱动电机成本/(美元/kW)	4.7	3.3
控制器成本/(美元/kW)	3.3	3.7
驱动电机系统的可靠性	15年/15万mi	15年/30万mi

注：1mi=1.609344km。

表33-4 驱动电机系统关键技术指标目标值（中国）

部件	指标	2025年	2030年	2035年
乘用车用驱动电机	功率密度/(kW/kg)	≥5.0	≥6.0	≥7.0
	高效区（效率超过80%）/%	≥90	≥93	≥95
	成本/(元/kW)	≤28	≤25	≤20
乘用车用控制器	功率密度/(kW/L)	≥40	≥50	≥70
	成本/(元/kW)	≤30	≤25	≤20

表33-5 电驱动总成关键技术指标目标值（中国）

部件	指标	2025年	2030年	2035年
纯电动驱动电机系统总成	功率密度/(kW/kg)	≥2.0	≥2.4	≥3.0
	综合使用效率(CLTC)/%	≥87	≥88.5	≥90
机电耦合总成	质量	相对于2020年降低20%	相对于2020年降低35%	相对于2020年降低50%
	综合使用效率/%	≥83	≥84.5	≥86
商用车驱动电机	转矩密度/(N·m/kg)	≥20	≥24	≥30
商用车控制器	功率密度/(kW/L)	≥30	≥40	≥60
轮毂电机	峰值转矩/(N·m/kg)	≥20	≥24	≥30
轮边电机	功率密度/(kW/kg)	≥5	≥6	≥7

注：CLTC为China light-duty vehicle test cycle，中国轻型汽车行驶工况。

33.2 混合动力系统用驱动电机系统构型

在混合动力系统中，车辆的动力或来自驱动电机，或来自发动机，或者由二者同时提供动力，驱动电机系统的能量来源于储能系统或者发电机系统。混合动力系统分为串联式、并联式、混联式和插电式。每种混合动力系统的构型各异，驱动电机系统的工作特性各异。混合动力系统对驱动电机系统的主要影响要素包括电机的安装方式、传动方式、功率需求，发动机的振动及热辐射影响程度等。

（1）串联式混合动力系统

图 33-1 为串联式混合动力系统的基础构型。在串联式混合动力系统中，发动机驱动发电机，发电机发出的电经整流后给控制器供电，或者控制器由储能系统供电。串联式混合动力车辆的全部动力均由电动机提供，是"纯电驱动模式"，发动机的工作状态不受行驶工况的限制，可以始终工作在一个较为稳定高效的区域，使发动机油耗在最低值。

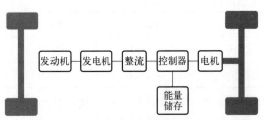

图 33-1　串联式混合动力系统的基础构型

（2）并联式混合动力系统

并联式混合动力系统的动力由发动机或者驱动电机提供，驱动电机和发动机"并联"工作。在并联式混合动力系统中，典型的特征是只有一个电机。当整车需求功率较大并且超过发动机输出功率时，电机工作，与发动机共同驱动车辆。而当整车需求功率较小时，电机可以单独驱动车辆或从发动机获得部分能量给电池充电，使得发动机在车辆行驶中处在较为经济的工作区域内。根据电机放置的位置不同，并联式混合动力系统共有六种构型。

① P0 构型的电机一般称为 BSG（belt-driven starter generator），位于发动机前端，通过皮带和发动机曲轴连接，一般用于自动启停、微混、48V 弱混系统中。从位置上看，其位于变速箱和离合器的前端。图 33-2 为 P0 系统的基础构型。

② P1 构型的电机又称为 ISG（启动/发电一体化电机），固定在发动机上，发动机的曲轴作为 ISG 的转子。该构型可以实现启停、制动能量回收等，但无法实现纯电运行。从位置上看，电机位于变速箱前端。图 33-3 为 P1 系统的基础构型。

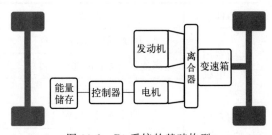

图 33-2　P0 系统的基础构型

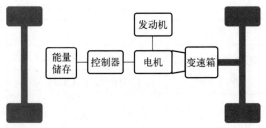

图 33-3　P1 系统的基础构型

③ P2 构型的电机在离合器之后、发动机与变速箱之间，可以采用减速齿轮、皮带传动等多种方式与变速箱输入轴连接，并实现纯电驱动。图 33-4 为 P2 系统的基础构型。

④ P3 构型的电机置于变速箱的输出

端。图 33-5 为 P3 系统的基础构型。

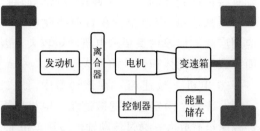

图 33-4　P2 系统的基础构型

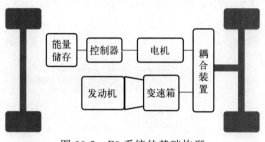

图 33-5　P3 系统的基础构型

⑤ P4 构型的电机置于变速箱之后，与发动机的输出轴分离。一般将电机放在驱动桥上，直接驱动后车轮。图 33-6 为 P4 系统的基础构型。

⑥ PS 构型是介于 P2 构型和 P3 构型之间的一种构型，又称 P2.5 构型，电机位于变速箱内部。

（3）混联式混合动力系统

混联式混合动系统中车辆动力也是由发动机或者电机提供的，但其结合了串联式混合动力系统和并联式混合动力系统的优点，二者的工作模式都可以实现。车辆低速行驶时，主要以串联方式工作，而在高速行驶时，主要以并联方式工作，所以混联式混合动力汽车适应各种工况，使得车辆在不同工况下，动力系统都能工作在最优状态。但混联式混合动力系统结构更为复杂，对整车控制策略要求较高，成本相对也较高。混联式混合动力系统构型较多，图 33-7 为混联式混合动力系统最为常用的基础构型。

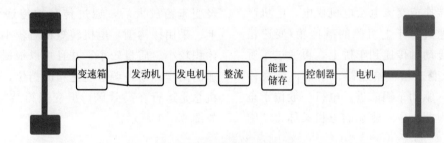

图 33-6　P4 系统的基础构型

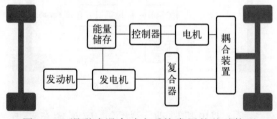

图 33-7　混联式混合动力系统常用的基础构型

（4）插电式混合动力系统

插电式混合动力系统在各种混合动力系统基础上增加了为储能系统（如动力电池）充电的供电系统，从而可以通过外部电源对车载动力电池进行充电，以增加车辆的行驶里程。

33.3　集中式驱动和分布式驱动

集中式驱动是指一根车轴上两个车轮的动力由一个电机提供，而分布式驱动是指同一车轴上两轮的动力分别来自不同的电机，如图 33-8 所示。

（1）集中式驱动

如图 33-9 所示为集中式驱动的基础构

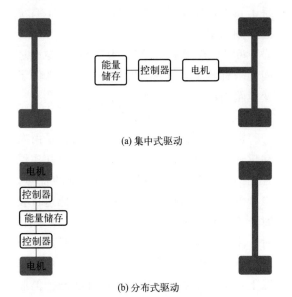

(a) 集中式驱动

(b) 分布式驱动

图 33-8　集中式驱动和分布式驱动

型。在该构型中，电机与车辆行进方向平行布置（纵向布置）。以牵引工况为例，电机的转矩传递路径即传动链为：控制器由储能系统（如动力电池）供电，将来自储能系统的直流电转换成交流电给电机供电，电机产生的转矩通过位于电机侧的减速箱/变速箱（如有）、传动轴传递到车桥上，再通过车桥的减速箱/变速箱、差速器、车轴，最终传递到轮胎，驱动车辆前进。电机一般位于车辆中央，因此集中式驱动的电机又称为"中央电机"。

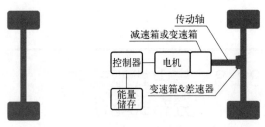

图 33-9　集中式驱动基础构型示意

从图 33-9 可以看出，该构型包含电机侧减速箱/变速箱、车桥、传动轴等关联对象。当电机与这些关联对象，尤其是减速箱/变速箱采用不同的耦合方式时，便派生出不同的构型。

① 直驱式　在该构型中，取消了电机侧的减速箱/变速箱，电机的转矩通过传动轴直接传递到车桥上。这种构型结构简单，不需要减速箱/变速箱，在目前的商用车中应用广泛。但该构型要求电机转矩较大，因而导致电机的体积大、质量大。

② 电机＋减速箱　在该构型中，电机一侧安装一个固定速比的减速箱，电机转矩经减速箱被放大，通过传动轴传递到车桥上。采用该构型，电机转矩相对较小，因而电机体积较小、质量较小，如图 33-10 所示。

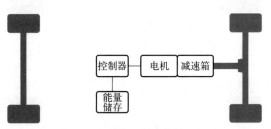

图 33-10　电机＋减速箱构型示意

③ 电机＋变速箱　在该构型中，电机侧安装一个 2～4 挡的变速箱，电机的转矩经变速箱放大后，通过传动轴传递到车桥上。采用该构型，电机转矩相对较小、电机体积较小、质量较小，并且可以根据车辆转速的同步，通过调节变速箱的挡位，保证电机总是运行在高效区，但变速箱结构复杂，如图 33-11 所示。

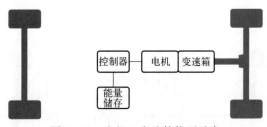

图 33-11　电机＋变速箱构型示意

④ 双电机驱动　为了适应车辆在爬坡和高速运行等极端工况下所需的高转矩和高转速，电机必须具备相应的性能。然而，实际上，大部分情况下车辆都运行于低负荷状态，这导致了"大马拉小车"的问题，即电机的尺寸过大，质量增加，且无法有效地运行在高效率区。为解决这一问题，一种解决

方案是在车辆上配置两台电机，由不同的控制器分别供电。根据具体的行驶工况，动态地选择是由单个电机工作还是两个电机同时工作。在负荷较轻时，采用单电机驱动，而在负荷较重时，则采用双电机驱动，以确保每台电机都能始终处于高效率运行状态。图33-12展示了双电机驱动的典型结构，其中，图33-12(a)显示了两台电机通过耦合装置驱动后轴，而图33-12(b)则展示了两台电机分别驱动前轮和后轮。此外，当车辆需要更高动力输出，而一台电机无法满足需求，也可采用双电机驱动，分别驱动前轮和后轮。

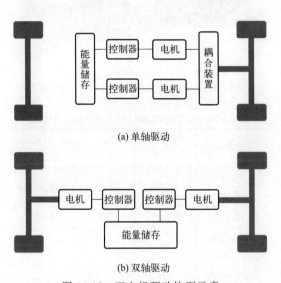

(a) 单轴驱动

(b) 双轴驱动

图 33-12　双电机驱动构型示意

（2）分布式驱动

分布式驱动的车辆驱动力分别来自不同的电机。根据每辆车上轮子的动力数量，可分为单轴驱动和全轴驱动，如图33-13所示。

与集中式驱动相比，分布式驱动具有如下优势：取消了中央机械式差速器、半轴等机构，提升了传动效率，传动机构的体积和质量大幅度减小；同时，可降低车辆地板高度；由于电机分散布置在车辆两侧（或轮内），可实现车内的低地板通道。

根据电机是否带减速箱，分布式驱动

图 33-13　全轴驱动示意

又可分为直驱和带减速箱驱动；根据电机是否在轮毂内，分布式驱动还可分为轮毂驱动和轮边驱动。当采用直驱时，电机一般在轮毂内，而采用轮边驱动时，一般带有减速箱。

① 轮边驱动　轮边驱动即电机装在车轮内侧面以单独驱动该车轮，在车桥两侧分别设置一套"电机＋减速箱"。轮边驱动要与车桥集成在一起才能形成一个完整的驱动系统，如图33-14所示。

图 33-14　轮边驱动车桥

德国采埃孚股份公司（以下简称采埃孚公司）是率先开发商用车用轮边驱动车桥的企业，该公司的轮边驱动技术最早用于沃尔沃商用车。比亚迪公司的轮边驱动车桥在2014年也相继问世。表33-6为采埃孚公司和比亚迪公司轮边驱动车桥参数。

表 33-6　采埃孚公司和比亚迪公司
轮边驱动车桥参数

参数	采埃孚公司	比亚迪公司
额定轴荷/kg	13000	13000
峰值功率/kW	240	318

续表

参数	采埃孚公司	比亚迪公司
额定功率/kW	160	160
最大输出转矩/(N·m)	10500	18400
总减速比	22.63	22.63
最高车速/(km/h)	80	80
直流母线电压/V	576	576

② 轮毂驱动 轮毂驱动是将电机、传动装置和制动装置集成后置于车轮内，集成为所谓的"电动轮"，电机则称为"轮毂电机"。与轮边驱动相比，轮毂驱动的最大特点是将动力装置也整合到车轮内，集成度更高，提升了传动效率，给车辆布置释放更多的空间。

根据电机是否带减速箱，轮毂驱动又分为直驱和带减速箱驱动两种驱动方式。

a. 直驱。直驱是指电机直接驱动车轮行驶，其特点是电机采用外转子结构，电机定子与悬架连接，电机转子与轮胎连接，车轮随转子一起旋转。目前在乘用车和商用车上均有轮毂电机产品的应用。在乘用车方面，典型的产品有 Protean 和 Elaphe 等公司的轮毂电机。图 33-15 为这两家公司的轮毂电机。在商用车方面，典型的产品有 E-traction 公司、Lohr 公司和 ZAWheel 公司的产品。图 33-16 是 E-traction 公司的轮毂驱动产品。表 33-7 为 Protean 公司、Elaphe 公司和 E-traction 公司代表性轮毂电机参数的比较。

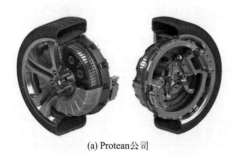

(a) Protean公司

(b) Elaphe公司

图 33-15 乘用车用轮毂电机

图 33-16 E-traction 公司商用车用轮毂电机及驱动桥

表 33-7 各公司代表性轮毂电机参数比较

参数	Protean 公司	Elaphe 公司	E-traction 公司
轮毂电机型号	PD18	M700	SM500/3
应用车型	乘用车	乘用车	商用车
额定功率/kW	54	40	113
峰值功率/kW	75	60	182
额定转矩/(N·m)	650	400	2700
峰值转矩/(N·m)	1000	700	6000
最高转速/(r/min)	1600	1500	485
直流母线电压/V	400	400	540
绝缘系统热分级	180	180	180
防护等级	IP67	IP67	IP67
冷却方式	水冷	水冷	水冷
质量/kg	38	39	500

在直驱方式中，大部分只在轮毂中集成电机，但也有的集成了控制器模块及制动盘，典型产品有 Lohr 公司和 Protean 公司的产品，如图 33-17 和图 33-18 所示。

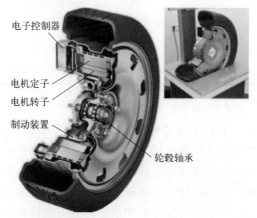

图 33-17　Lohr 公司轮毂驱动系统

图 33-18　Protean 公司轮毂驱动系统

b. 带减速箱驱动。在带减速箱的驱动方式中，电机的输出转矩通过减速机构传动到车轮，以推动车辆前进。内转子轮毂电机和轮边电机在传动结构上已经趋于一致，都采用内转子电机与减速箱相结合的方式。它们的区别在于一个将电机置于轮毂内部，而另一个则将电机安装在轮边。相对于直接驱动轮毂的方式，带减速箱驱动方式的电机转速较高，因此具有功率密度更高、体积更小、重量更轻、输出转矩更大、爬坡性能更好等优点。然而，其缺点是增加了减速箱后的结构复杂性，并且散热不易、噪声较大。在电动汽车领域，米其林公司的轮毂电机是典型的带减速箱驱动产品，如图 33-19 所示。在该系统中，电机与减速箱、车轮悬挂减振机构等组成了动态吸振轮毂驱动系统，利用驱动电机系统自重吸振原理，抑制了车辆悬挂系统对驱动轮接地性和车身平顺性的不利影响。然而，该系统的主要缺点是悬挂机构占用了原本就有限的轮毂内部空间，增加了电机设计的难度。

图 33-19　米其林公司的轮毂电机及配套车型

33.4　中央集成桥

在新能源汽车中采用的电机中置式集中驱动方案中，电机（加上减速箱）通过万向轴将转矩传递到车桥。所用的车桥与传统汽车的车桥相似，包括主减速箱、差速器、传动装置和桥壳等组件。通过车桥的增扭、降速并改变转矩传递方向，电机的转矩被转换成车辆的动力。这种方案的优点在于可以利用成熟的车桥设计，设计变动量较小，但传动链较长，传动效率较低。为了提高机械传动效率并缩短传动链，可以将电机与传统的车桥联合集成，形成集成式电驱动桥，电机位于桥的中央，因此也被称为中央集成桥。

这种集成式电驱动桥是典型的集中电驱动。

采用中央集成桥的集中电驱动具有以下优势：减小机械传动链长度，提高传动效率，节省空间，可以提供更灵活的整车结构布置；充分利用电机宽转速范围的优势；将分散的零部件集成化，节约成本，为整车提供系统解决方案。

根据电机布置方式的不同，中央集成桥衍生出垂直轴式、平行轴式和同轴式三种构型。

（1）垂直轴式

在垂直轴式中，电机与车轴垂直，省去了传动轴，电机直接与桥壳减速箱连接。整个中央集成桥由电机、桥壳主减速箱、差速器、桥壳及半轴等零部件组成。这种构型的特点在于动力由电机输出到桥壳主减速箱，再由差速器输出到两端的车轮，传动链较短，传动效率高。然而，由于一般仍然使用传统车桥主减速箱，速比的提升受到限制，因此电机转速不能过高，电机功率密度无法大幅提升。

垂直轴式驱动由于对传统车桥改动量小，且使用可靠，因此在商用电动汽车上得以广泛应用，包括采埃孚公司、艾科泰公司和美驰公司等都有产品推出，如图 33-20 所示。表 33-8 为美驰公司 8t 垂直轴式中央集成桥参数。

图 33-20　垂直轴式中央集成桥

表 33-8　美驰公司 8t 垂直轴式中央集成桥参数

参数	数值	参数	数值
额定轴荷/kg	8000	总减速比	15.3
最大功率/kW	150	最高车速/(km/h)	70

续表

参数	数值	参数	数值
额定功率/kW	90	直流母线电压/V	550
最大输出转矩/(N·m)	10400	额定效率/%	＞90
最大反拖力矩比/%	100	适用车型	8～9m 公交车

（2）平行轴式

在平行轴式构型中，电机与车轴平行，中央集成桥由电机、减速箱、差速器和桥壳及半轴等零部件组成。这种构型具有结构紧凑、占用空间小、传动链短、传动效率高等优点。电机直接平行于桥壳布置，减速箱可以采用圆柱齿轮，因此在成本、精度和 NVH（噪声、振动和刚度）等方面具有明显的优势。然而，由于电机悬挂于桥壳一侧，增加了对桥壳支撑处的额外倾覆力矩，可能导致桥壳的振动并降低其疲劳寿命。

目前陕西汉德车桥有限公司（以下简称汉德公司）、东风德纳车桥有限公司（以下简称东风德纳）和方盛车桥（柳州）有限公司等均推出了相应的平行轴式中央集成桥。图 33-21 为汉德公司 8t 平行轴式中央集成桥产品的结构示意，表 33-9 为该中央集成桥的参数。

图 33-21　平行轴式中央集成桥

表 33-9　汉德公司 8t 平行轴式中央集成桥参数

参数	数值	参数	数值
额定轴荷/kg	8000	总减速比	17.81
最大功率/kW	205	最高车速/(km/h)	70

参数	数值	参数	数值
额定功率/kW	91	直流母线电压/V	550
最大输出转矩/(N·m)	12400	额定工况效率/%	＞90
最大反拖力矩比/%	100	适用车型	8～9m公交车

（3）同轴式

在同轴式构型中，电机与车轴共轴，中央集成桥由电机、减速箱、差速器和桥壳及半轴等部件组成。这种设计使得电机与减速箱集成，安装在两车轮之间，使得整个车桥的重心与车轮的行驶中心在同一条直线上。这种构型具有传动效率高、传动链最短、节省驱动系统空间、方便整车布局等优点。然而，由于集成度较高，导致结构较为复杂，同时电机的散热和维护也更加困难。目前，这种构型主要应用于小型载货轻卡。图33-22展示了东风德纳同轴式中央集成桥的产品示意，表33-10则列出了该中央集成桥的相关参数。

图33-22　同轴式中央集成桥

表33-10　东风德纳同轴式中央集成桥参数

参数	数值	参数	数值
额定轴荷/kg	3500	总减速比	17.4
最大功率/kW	135	最高车速/(km/h)	100
额定功率/kW	75	直流母线电压/V	350
最大输出转矩/(N·m)	5394	额定效率/%	＞90
最大反拖力矩比/%	100	适用车型	4.5t物流车/6m轻客

33.5　一体化驱动传动

电动汽车的电机、变速器和控制器一体化系统是目前十分可行的电动驱动系统设计方案。相对于独立的电机驱动系统，一体化驱动控制系统可以综合协调地控制电机和变速器，从而最大限度地改善电机的输出动力特性，扩大电机转矩输出范围。通过这种方式，在提升电动车辆的动力性能的同时，能够使电机更有效地运行在高效的经济工作区域内。集成化的电动汽车动力传动系统一体化方案主要包括以下几个方面。

① 动力传动系统的一体化　传统的电动汽车电机、传动装置和控制器通常是分开独立的部件，用于实现车辆的行驶驱动。动力系统的集成化意味着将电机和传动装置整合为一个总成部件，同时由电机控制器对驱动电机的正常运转进行控制。控制器通常采用微控制器、集成驱动板或控制板等来实现驱动控制、热控制和远程通信控制。

② 驱动系统和散热系统的一体化　随着电动汽车动力系统的体积越来越小，功率密度越来越大，系统的散热需求变得日益重要。因为电机和控制器功率板都需要进行散热，因此将它们设计成一个共同的散热系统，以协同工作，可以简化整个驱动系统的结构。

③ 驱动系统、散热系统和系统结构的一体化　在前述两种方案的基础上，进一步提出了系统结构上的集成化。这意味着将驱动电机、电机控制器、各种散热系统等进行高度的集成，统一成一个独立的单元。这种设计不仅使整个系统的体积更加轻巧，提高了功率密度，而且简化了系统的安装和使用过程。

例如，电动汽车一体化动力传动系统通

常可划分为以下两种类型。

（1）平行轴式一体化驱动传动系统

电机的动力通过变速器、主减速器、差速器和半轴传递至车轮。以上汽 EDU 电驱系统为例，如图 33-23 所示，它由一个 ISG 电机（主要用于发电）、一个 TM 电机（主要用于驱动），以及一个 2 挡变速器组成，通过精巧的结构实现混联驱动。发动机、ISG 发电机和 TM 电机同轴布置。发动机直接与 ISG 电机连接，并通过离合器 C1 连接 2 挡变速器。另一端，TM 电机通过离合器 C2 与 AMT 连接，动力最终经由 2 挡变速器传递至车轮。

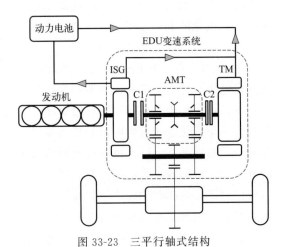

图 33-23　三平行轴式结构

（2）同轴式一体化驱动传动系统

同轴式一体化驱动传动系统将电机、变速器和驱动桥集成为一个总成，通常被称为三合一电动驱动车桥。电机和减速器安装在同一轴线上，电机的输出轴驱动减速器的主传动装置，主传动装置再将动力传至差速器。差速器的两个输出齿轮分别与左右两半轴连接，将三合一电动驱动车桥的驱动动力通过半轴传送至左、右两侧的传动轴，从而驱动车轮旋转，使车辆行驶。示例如图 33-24 所示。

如图 33-25 所示，电动驱动车桥的电机总成相对于车桥同轴布置。定子固定在车辆的底盘车架上。电动驱动车桥具有减速装

图 33-24　三合一电动驱动车桥

置，其输入构件连接到转子减速装置，沿车桥轴线方向布置，与电机安装成一个整体。电机的另外一侧安装有差速器，差速器的输入部件通过空心轴连接到减速装置的输出端。空心轴延伸穿过电机的转子。差速器采用常规的机械差速器结构，其将电机的驱动力矩分配在左右两侧的输出半轴上。输出半轴连接传动轴，最后将动力传至左右驱动轮上。

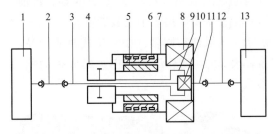

图 33-25　三合一电动驱动车桥传动过程示意
1,13—车轮；2,12—传动轴；3,11—半轴；
4—减速装置；5—转子；6—定子；7—电机总成；
8—控制器；9—空心轴；10—差速器

一体化动力传动的控制思想阐述如下。

电动汽车一体化动力传动控制系统旨在根据驾驶员的意图和车辆行驶环境的变化，自动调节基础动力传动系统的传动比和工作状态，以实现传动系统效率的最佳和车辆整体性能的最优。其核心控制思想在于根据驾驶员的操作输入（如加速踏板、制动踏板、操纵手柄等）以及车辆的状态（包括电机转速、车速、挡位等），依据适当的控制规律（如换挡规律、电机的启停规律等），借助相应的执行机构和电子装置对车辆的动力传动

系统进行联合操纵，以达到最佳的动力输出效果。该集成式驱动模式，如图 33-26 所示，将电机和变速器一体化控制，对于纯电动车辆的动力性、安全性和舒适性等方面具有重要影响，因此，采用理论方法解决电动车辆驱动系统一体化控制问题是关键技术之一。

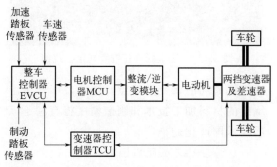

图 33-26　电动汽车动力传动系统一体化控制示意

33.6　驱动电机系统关键技术

对新能源汽车而言，提高电机驱动系统的效率、功率密度、安全性与可靠性成为新能源汽车电机驱动系统的主要研究方向，也是我国政府和企业进行政策制定和未来发展规划的重点对象。当前电机驱动系统的关键技术如下。

33.6.1　驱动控制器关键技术

电机驱动控制器在新能源汽车中扮演着连接电池和电机的重要角色，是电机驱动及其控制系统的核心组件。其中，高性能功率半导体器件、智能门极驱动技术以及器件级集成设计方法的应用，对实现电机控制器的高功率密度、低能量损耗和高效率设计至关重要。此外，为了确保电机控制器产品具备高标准的电磁兼容性（EMC），功能安全性

和可靠性设计也是必不可少的。

（1）高功率半导体器件技术

电机控制器的发展主要围绕功率半导体器件展开，目前正向着宽禁带半导体（如 SiC、GaN 等）、定制化模块封装和双面冷却集成等方向发展。尽管硅基 IGBT 仍是主流选择，但新材料如 SiC 器件具有更优异的性能，包括高热导率、耐高温性和更低的损耗等，这对提高整车的百公里耗电量和续驶里程至关重要。同时，新型封装技术也在提高功率模块的性能和寿命方面发挥重要作用。

（2）智能门极驱动技术

门极驱动技术是电机控制器中的核心部分，它精确地控制功率半导体器件的开关过程，以实现最佳的电机性能。智能门极驱动技术的应用，尤其是主动门极控制和监控诊断功能，有助于充分发挥功率半导体器件的性能，降低损耗、提升电压利用率，并确保器件的健康状态在线评估，从而实现电机控制器的高安全性和高可靠性设计。

（3）功率组件的集成设计

为满足新能源汽车对高功率密度、长寿命和高可靠性的要求，器件级集成设计成为电机控制器发展的新趋势。该设计方法旨在优化电机各个器件之间的物理结构，实现机、电、热、磁等方面的最佳设计。需求集成设计技术将整车和电驱动系统的需求延伸至器件设计领域，从而实现整车续驶里程的增加或电池容量需求的降低。

（4）其他关键技术

除上述三大关键技术以外，还有下述几个关键技术需要在未来的新能源汽车产业引起重视。

① EMC 与可靠性设计是实现新能源汽车电机控制器产业化的关键技术，EMC 与可靠性设计是评价电力电子产品的关键指标。

② 汽车功能安全设计可以消除或显著降低由电子与电气系统的功能异常而引起的

各类整车安全风险。

③ 电机控制器产品的可靠性设计。电机控制器作为新能源汽车的核心驱动单元，其可靠性指标直接影响着整车的驾乘体验与市场口碑。

这些技术的应用能够确保电机控制器的正常运行和驾驶安全，同时提高整车的驾驶体验和市场竞争力。

33.6.2　驱动电机关键技术

新能源汽车采用电动机取代传统的内燃机作为动力输出部件。随着新能源汽车对驱动电机宽调速范围、高功率密度、高效率等性能要求的提高，稀土永磁体励磁的永磁同步电机技术逐渐取代传统直流电机、感应电机驱动技术，作为新能源汽车的主流驱动电机解决方案。但是，随着驱动电机功率密度和效率的不断提高，传统结构和传统工艺制造的永磁同步电机也逐渐难以满足当前市场的竞争需求，各大传统主机厂和新兴造车势力迫切需要寻找新的技术解决方案。

（1）扁铜线技术

发卡式（也称为扁铜线）定子绕组如图 33-27 所示。采用发卡式定子绕组可以提高电机定子的槽满率，从而提高电机的功率密度。此外，发卡式定子绕组的端部尺寸较短，因而拥有更低的铜损以及更好的散热性能。当前该类电机的生产技术、设备和专利，主要由日本、意大利和德国等传统汽车强国所引领。从 2018 年开始，国内的深圳市汇川技术有限公司、松正电动汽车技术股份有限公司等电动汽车零部件供应商也陆续发力，推出了自己的扁铜线电机产品。

然而，相对于传统圆铜线绕组而言，扁铜线绕组的高频趋肤效应显著。对于大功率驱动电机，发卡式定子绕组带来的环流损耗也更加突出。发卡式绕组的生产工艺复杂，扁铜线弯折后绝缘层容易损坏，产生缺口或破面。降低发卡式定子绕组的趋肤效应和涡

图 33-27　发卡式（扁铜线）定子绕组

流损耗是当前研究的热点。提高发卡式定子绕组的材料加工技术和制造精度将有利于该项技术国产化的推广。

（2）多相永磁电机技术

多相电机在输出相同功率时的母线电压低于传统的三相电机，且具有更小的转矩脉动和更强的容错能力，因此适用于对噪声、振动、声振粗糙度（NVH）要求高的新能源汽车电驱系统。以双三相永磁同步电机为例，电机的两套绕组在空间上相距 30°电角度，消除了 5 次与 7 次谐波磁势，大大减少了电机的转矩脉动。同时，双三相永磁同步电机两套绕组采用隔离中线设计，相比 4 相与 5 相电机，降低了系统的阶次，便于分析与控制，在电机与控制器发生故障时，控制算法不需要大的更改即可实现对电机系统的容错运行控制，因此双三相永磁同步电机也成为了新能源汽车电机驱动系统研究的热点。

（3）永磁同步磁阻电机技术

永磁同步磁阻电机是"永磁同步电机＋磁阻电机"的融合，与传统永磁同步电机相比，其永磁体磁链较小、磁阻转矩较大，是一种少稀土/无稀土永磁电机方案。同时，其不但拥有很高的转矩电流比、很高的功率密度、较低的磁饱和问题，还具有更宽广的高效率调速范围。因此，该技术路线已经被应用于宝马公司的 i3 和 i8 系列车型，如图 33-28 所示。

永磁同步磁阻电机是当前业界普遍看好

的技术路线，但是其也面临着转子结构设计复杂、制造工艺复杂、制造设备成本高、最优电流角度变化大等问题，是当前研究的重点和难点。因此，该技术的发展对于一些严重依赖廉价稀土永磁体、研发能力和制造加工能力差的企业将是不小的冲击。

图 33-28　宝马 i3 车用永磁同步磁阻电机

（4）轮毂电机技术

轮毂电机的形式多样，但国内外的研究多集中在外转子轮毂电机。轮毂电机的应用能够给新能源汽车带来一系列明显优势：省掉了变速器、传动轴、差速器等机械传动部分，可以实现四轮分布式驱动，且留下更多的底盘空间给电池包。但是，驱动电机的轮毂化目前还面临着一系列新的挑战，比如大大增加了簧下质量和车轮的转动惯量、较难处理电机的防水和防尘问题、散热问题和较复杂的驱动控制算法等。当前，Protean、Elaphe 等国外企业推出了一系列产品样机，如图 33-29 所示，并和国内亚太机电股份有

图 33-29　Elaphe 公司的 110kW 液冷轮毂电机

限公司、万安科技股份有限公司等企业进行了国产化合作。而国内以湖北泰特机电有限公司为首的企业也紧随其后推出了一系列针对大型商用车辆和特种车辆的轮毂电机方案。

（5）永磁体散热技术

永磁体性能的稳定对于车用驱动电机的输出性能具有至关重要的作用。而工作温度的升高往往会导致永磁体产生退磁，从而降低驱动电机的转矩输出能力。过高的永磁体工作温度还会导致驱动电机的高效率运行区域缩小、功率因数减小。针对该问题，国内外学者在永磁电机的永磁体温度监测技术方面做了较多理论研究。但是在新能源汽车驱动电机中，使用性能稳定的低成本温度传感器来提供必需的温度监测功能依然是当前唯一的可靠选择。

目前针对电机散热方式的研究，往往都是基于定子和端部绕组的分析，若能从电机转子的角度来研究电机的散热结构和散热方式，对于提高新能源汽车的动力稳定性有重要意义。此外，研制应用于高功率密度电机的耐高温永磁体则能从根本上解决永磁体高负荷、高温工况下的磁性能退化问题。

（6）其他技术

在新能源汽车电机驱动领域，未来还需要具体关注的领域有超级铜线技术、串并联绕组切换电机技术、高耐压绝缘材料技术、局部去磁化技术。此外，我国在高速轴承技术、无刷电励磁同步电机技术、电机电控深度集成等多个方面和西方发达国家仍然有着较大的差距，需要我国在未来产业布局和科研项目中进行重点攻关。

扫一扫

本章小结

得益于第 33 章对于电机驱动系统结构与关键技术的详细介绍，本章将围绕驱动电机性能评估与检测展开叙述。在本章，重点探讨驱动电机的性能指标和参数，介绍性能检测的测试方法、性能测试所使用的方法，帮助读者了解如何评估和验证电机的性能指标是否满足特定的应用要求。性能检测是保障电机在实际应用中能达到设计要求的重要环节，同时也是不断改进电机设计的基础。

34.1 驱动电机性能参数

驱动电机的性能参数主要包括最大功率、最大转矩和效率等，具体如下。

① 最大功率是指驱动电机在满负载工况下所能输出的功率，通常以千瓦（kW）为单位。最大功率是衡量驱动电机动力性能的关键指标之一，直接影响新能源汽车的加速性能、最高车速和爬坡能力等。

② 最大转矩是指驱动电机在满负载工况下所能输出的转矩，通常以牛·米（N·m）为单位。最大转矩是衡量驱动电机转矩性能的关键指标之一，直接影响新能源汽车的爬坡能力、超车能力和悬挂性能等。

③ 效率是指驱动电机将输入的电能转化为输出的机械能的比例，通常以百分比表示。电机的效率是衡量电机能量利用效率的重要指标，决定驱动电机的能量消耗和热量损失等。

除了以上 3 个主要性能参数，驱动电机还有一些其他的性能参数，例如电机的最高转速、额定电压、转矩常数、功率密度和热效应等。这些参数也都会影响驱动电机的性能表现和使用寿命。驱动电机的性能参数直接影响新能源汽车的性能表现，因此需要对其进行全面的测试和优化，以提高新能源汽车的性能水平。

34.2 驱动电机性能测试

驱动电机作为新能源汽车的核心部件之一，其性能测试是保证新能源汽车动力性能和经济性的重要手段。驱动电机的性能测试主要包括台架实验和道路试验两种方式，这两种方式各有优缺点，应根据实际情况选择适合的测试方式。

（1）台架实验

台架实验是将驱动电机装配在测试台架上进行测试，是驱动电机性能测试的常用方法。其主要优点是能够提供高度可控的实验环境，可以更精确地评估驱动电机的性能。台架实验的测试参数包括最大功率、最大转矩、效率、最高转速、启动性能、调速性能等。台架实验需要使用专业的测试设备和测试软件，测试精度和重复性都比较高。

台架实验并不能完全模拟驱动电机在实际车辆中的工作状态，可能无法考虑到各种路况和驾驶行为对驱动电机性能的影响。因此，台架实验得出的测试结果可能与实际使用中的驱动电机性能存在一定的差距。另外，台架实验所需的设备和场地比较大，测试成本较高，需要具备相应的测试技术和专业知识。

（2）道路试验

道路试验是将驱动电机装配在实际车辆上进行测试，能够更真实地反映驱动电机在实际使用中的性能。道路试验的测试参数包括最大功率、最大转矩、效率、加速性能、最高车速、续驶里程等。道路试验可以考虑到车辆的不同行驶状态和驾驶习惯对驱动电机性能的影响，从而获得更加真实的测试结果。

道路试验也存在一些不足之处。首先，道路试验受到天气、路况等多种因素的影响，测试结果可能会有一定的波动性。其次，道路试验需要相应的测试路线和测试场地，测试成本相对较高。最后，道路试验的测试时间和测试数据较为复杂，需要专业技术人员进行处理和分析。

总的来说，台架实验和道路试验都是驱动电机性能测试的有效手段。台架实验主要适用于对驱动电机各项性能参数进行精确测量，可以作为驱动电机研发和性能优化的重要手段；而道路试验更加适合评估驱动电机在实际车辆中的性能表现和使用寿命等。通常情况下，驱动电机的测试应该结合台架实验和道路试验，以获得更全面、真实、可靠的测试数据。无论是台架实验还是道路试验，都需要具备一定的测试设备和测试技术。驱动电机测试设备包括电机测试台、转矩传感器、转速传感器、功率计、电源控制器等，测试技术包括电机控制技术、数据采集技术、数据分析处理技术等。测试人员需要具备相应的理论知识和实际经验，能够熟练操作测试设备和分析测试数据。

除了以上测试手段，还有一些新兴的测试方法正在逐渐发展，例如基于仿真平台的虚拟实验、基于人工智能的数据挖掘等。这些方法可以通过计算机模拟的方式进行测试，避免了传统测试手段的一些缺陷，具有测试周期短、测试成本低等优点。总之，驱动电机的性能测试是新能源汽车开发和应用

的重要环节，能够为新能源汽车的研发和性能优化提供科学的依据。未来，随着测试手段和技术的不断发展，驱动电机性能测试将更加精准、高效、可靠。

34.3 驱动电机性能优化手段及技术

驱动电机性能优化是提高新能源汽车性能的重要手段之一。驱动电机的性能优化主要包括提高电机效率、提高电机的最大功率和最大转矩、降低电机的噪声和振动等方面。

（1）提高电机效率

提高电机效率是驱动电机性能优化的重要手段之一。电机效率的提高可以通过降低电机内部损耗和提高电机的输出功率来实现。降低电机内部损耗可以通过优化电机的电磁设计和材料选择来实现，而提高电机的输出功率则可以通过提高电机的转速和增加电机的永磁体强度等手段来实现。提高电机效率可以降低电机的能量消耗，从而提高新能源汽车的续驶里程和经济性能。

（2）提高电机最大功率和最大转矩

提高电机的最大功率和最大转矩也是驱动电机性能优化的重要手段。提高电机的最大功率可以通过增加电机的铜线截面积和改善电机的冷却系统来实现，而提高电机的最大转矩可以通过增加电机的永磁体强度和改善电机的磁路设计来实现。提高电机的最大功率和最大转矩可以提高新能源汽车的加速性能、最高车速和爬坡能力等。

（3）降低电机噪声和振动

降低电机的噪声和振动也可促进驱动电机性能得到优化。降低电机的噪声和振动可以通过优化电机的机械结构设计和控制策略来实现。例如，采用无刷电机可以降低电机的机械噪声和振动，采用磁悬浮技术可以减

少电机的机械损失和噪声。此外，合理设计电机控制策略可以有效减少电机的噪声和振动，提高驱动电机的使用寿命。一些典型的驱动电机性能优化技术如下。

（1）磁场控制技术

磁场控制技术是一种优化驱动电机性能的有效手段。通过控制电机的磁场分布和磁场强度，可以有效提高电机的效率和输出功率。磁场控制技术在感应电机和永磁同步电机上的应用表现不同。感应电机采用变频控制技术，通过调节电机的频率和电压来控制电机的磁场强度和转速。感应电机的控制策略分为电压控制和磁场定向控制两种。电压控制是根据电机的电阻、电感和电容等参数，调节电压和频率来控制电机的转速和输出功率。磁场定向控制是通过控制电机的磁场方向和大小来实现对电机输出功率和转矩的精确控制。永磁同步电机则采用磁场定向控制技术，通过调节电机的转子位置和定子电流来控制电机的输出功率和转矩。磁场定向控制技术可以采用 FOC（field oriented control）和 DTC（direct torque control）两种方式实现。FOC 通过控制电机的磁场方向和大小来实现对电机输出功率和转矩的精确控制。DTC 则是通过对电机的电流和电压进行直接控制，来实现对电机输出功率和转矩的精确控制。磁场控制技术可以有效提高电机的效率和输出功率，同时还能降低电机的噪声和振动。与传统的开环控制相比，磁场控制技术能够提高电机的响应速度和控制精度，从而更好地满足电机在实际工作中的需要。

（2）非铁磁材料

非铁磁材料是一种优化电机永磁体材料的有效手段。与传统的铁氧体和钕铁硼永磁材料相比，非铁磁材料具有磁导率高、磁滞损耗小、容易磁化等优点。采用非铁磁材料制作永磁体可以提高电机的磁能密度和输出功率，从而提高电机的最大功率和最大转矩。

（3）动态电流控制技术

动态电流控制技术是一种优化电机控制策略的有效手段。动态电流控制技术可以实现对电机输出功率和转矩的精确控制，可以提高电机的响应速度和控制精度。动态电流控制技术可以采用预测控制和反馈控制两种方式实现。预测控制可以通过数学模型来预测电机的输出功率和转矩，反馈控制则采用传感器来实时检测电机的输出功率和转矩。

（4）轻量化设计技术

轻量化设计技术是一种优化电机机械结构的有效手段。轻量化设计技术可以采用先进的材料和结构设计，减小电机的质量和体积，提高电机的功率密度和输出功率。轻量化设计技术可以采用复合材料、镁合金等轻质材料，采用结构优化设计和优化制造技术等手段实现。

扫一扫

本章小结

新能源汽车热管理技术

　　研究整车热量状态并合理控制温度场对于降低新能源汽车综合能耗、提升乘坐舒适性、延长关键零部件的寿命具有重要意义。热管理相关技术并不是一项全新的技术，所有与温度相关、涉及热量传递的情况都需要研究其热管理。热管理的本质是通过热量传递实现对温度的控制，形成合理的温度场。因为汽车零部件数目众多，各种工艺技术相对复杂，所以关于新能源汽车的热管理一直以来都是众多科研人员的研究热点。汽车热管理行业集热学、力学、电气等多种学科知识于一体，涉及锻造、焊接、装配等多项工艺，存在较高的技术壁垒。无论是传统燃油汽车还是新能源汽车，整车的热管理对燃油经济性、乘坐舒适性等都有很大影响，整车热量管理分析对于优化汽车性能、提升车辆寿命都有着至关重要的作用。传统燃油汽车主要包含的是空调系统和发动机系统的热管理，目的是使整车各零部件处于合适的温度，保障车辆发挥最佳的性能。新能源汽车因为动力源构型繁多，耦合机/电/液系统复杂，所以在热管理方面比传统燃油车更加复杂。除了发动机热管理与传统汽车相类似之外，新能源汽车热管理还包括动力电池热管理以及电机电控热管理。此外，由于新能源汽车自身关键部件，例如电池、电机等对温度的敏感性比传统燃油汽车更强，动力系统关键部件的热特性与整车动力输出及能量消耗息息相关，因此单一的热管理和单一的能量管理便无法保证整车性能达到最佳。

　　基于以上背景，本篇以插电式混合动力物流车为研究对象，首先对新能源汽车热管理技术进行概述，其次对新能源汽车热管理系统设计与建模方法、热管理系统控制策略和计及热特性的整车能量管理策略等方面进行详细介绍。

新能源汽车热管理具有非常广阔的市场前景。目前，中国新能源汽车热管理市场的规模较小。根据中商产业研究院发布的《2023—2028年中国新能源汽车热管理系统行业发展洞察与市场前景预测研究报告》以及《2024—2028年新能源汽车热管理市场及企业调研报告》的相关数据，2023年中国新能源汽车热管理系统市场规模为657亿元～705亿元，2024年突破了亿元，预计到2027年，市场规模将达到1158亿元～1243亿元。新能源热管理行业有望成为新能源产业链细分领域中待挖掘的投资"金矿"。不过目前新能源汽车热管理方面研究仍不够深入，导致新能源汽车动力系统节能潜力未得到充分挖掘。

虽然新能源汽车热管理方面还有许多技术等待突破，但是对于这一领域已有不少研究。从实际角度，整车热管理系统一方面对车辆各部件起着温度调控作用，另一方面也是车辆的重要耗能系统；建立热管理系统模型能够对动力系统各部件的温度实现反馈和控制，是开展计及热特性的新能源汽车能量管理研究的基础。新能源汽车热管理系统从管理对象角度可分为发动机热管理系统、动力电池热管理系统以及电机电控热管理系统。

发动机处于低温状态会造成润滑油黏度升高、燃油雾化不良，导致系统运行阻力增大、燃料燃烧不充分，进而使发动机燃油经济性以及排放性能变差。研究发现，当发动机未经充分预热时其效率会显著降低，且污染物排放增多。热启动时一般汽油发动机的典型负荷效率为20％～25％，而在冷启动时，此数值将会降至约9％。有美国科学家

预测，若进一步将温度降低至0℃，发动机油耗将额外增加13.5％。而发动机处于高温状态可能导致系统润滑失效，降低力学性能，严重时损坏油封，加剧零件磨损或膨胀卡滞，损坏接触表面，致使发动机报废，需采用发动机热管理系统对其温度加以调控，通过调节热管理系统中的冷却液流速可以达到这一目的。冷却液流速由冷却泵转速控制，而冷却泵转速与发动机转速成正比，因此冷却液流速只能通过恒温阀调节。不过研究发现此种方式调节能力较差，约95％的运行时间发动机都被过度冷却。于是很多公司都使用电子水泵来独立于发动机转速对冷却液流速进行调节。国外有团队使用一种脉冲冷却液流动策略来控制电子水泵的开闭，以便仅在需要时启动，能够在电子水泵的基础上进一步降低冷却系统能耗。

动力电池性能对于温度较为敏感，而动力电池不可避免地会在高温或低温环境下工作，故其热管理系统要兼具冷却和加热功能。高温环境会导致动力电池出现热失控，加快电池寿命衰减，限制充放电速率等问题，影响其工作性能。为使电池在高温环境下维持在良好的工作温度范围内，包括风冷、液冷以及相变冷却等方式在内的电池冷却技术应运而生。风冷技术以冷却空气为介质，通常以对流形式传热，主要包括串行和并行两种冷却方式。并行方式可使流过各个电池模组表面的冷却空气流量大致相同，散热效果及模组间温度一致性较串行方式更佳。在风冷系统逐渐无法满足电池包冷却需求的趋势下，研究者们进一步研发了液冷系统，以冷却液为介质，对电池包进行冷却。

将以油为介质的液冷方式与风冷方式进行了实验对比，结果表明，在电池产热量为30W的工况下，液冷方式与风冷方式相比电池包表面温度降低近10℃。国内北京理工大学的科研团队对某特种车辆热管理系统提出了一种分流式冷却系统，可以对高温回路与低温回路中冷却液温度、冷却液质量流量、风扇转速等参数分别进行控制，提高系统散热效率。

驱动电机及其电控系统是混合动力汽车的关键部件，其性能直接影响到车辆的动力、能耗、舒适性等方面。驱动电机及其电控系统工作时，由于铁芯损耗、绕组损耗等会产生大量热量，这些热量若不能及时散出，将会使驱动电机及其电控系统产生温升，温度的上升不但影响其工作效率，还会影响寿命，严重时甚至烧毁，导致整车无法正常运行，危及乘客生命安全。为避免驱动电机及其电控系统过热导致的不良后果，应加强对电机/电控热管理技术的重视。

基于车辆进一步节能以及系统集成化的设计要求，近些年来新能源汽车整车集成热管理的研究逐渐受到国内外研究者的青睐。这一概念最初提出于20世纪90年代，主要用于解决武器装备、军用车辆空调、发动机、电机与动力电池的温度控制问题，此方案通过多回路耦合优化了热管理系统在特殊工况下的换热性能，通过提高能量利用率降低了系统能耗，近年来逐渐向民用化方向发展。

奥迪Q7etronPHEV在进行整车热管理集成的基础上还应用了热泵技术，实验表明具有热泵参与的加热过程会变得更快、更高效，并使得整车纯电续驶里程提高10%。如图35-1所示为奥迪Q7etronPHEV的热管理系统架构，其中实线表示的回路为制冷剂回路，可通过热泵空调系统实现对乘员舱以及动力电池的冷却和加热；虚线表示的回路为高温回路，在发动机停机时可通过热泵以及PTC进行加热；点划线表示的回路为低温冷却回路，通过对回路中各三通阀的控制，可以最大程度利用余热，从而节约能耗。目前适用于混合动力汽车的最佳热管理方案为液冷形式，电子水泵由于其节能及易于控制的优势通常作为液冷回路的动力源，同时因电池对工作温度的要求较为苛刻，故其热管理系统要兼有加热和冷却功能，电机/电控的热管理系统可实现一体化设计，而整车集成化的热管理系统在改善热管理效果的基础上又能够显著降低能耗。

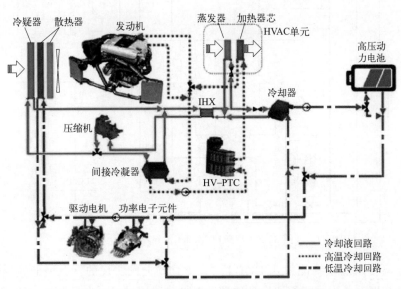

图 35-1 奥迪 Q7etronPHEV 的热管理系统架构

纯电动车集成化热管理系统形成了以空调系统为核心，在其换热器侧并联支路，利用空调系统的制冷功能为电池、电机/电控系统降温或利用电机/电控系统余热进行乘员舱制热的方案，实现了热管理子系统间的协同管理。为解决低温环境下传统PTC车内制热时能耗高、制热效率低的问题，新能源汽车通常采用热泵空调系统。当前纯电动车大多采用PTC加热器满足其制热需求，国内对电动汽车空调能耗评估结果显示：在冬季温度较低时使用PTC加热器能耗较高，整车续航下降将近30%。为解决低温环境下车辆制热能耗高的问题，近年来相关技术人员逐渐开发热泵系统。不同于PTC加热器"制造热"，热泵系统是"搬运"周围介质的热量，因此其消耗的能量较低。在相同环境下测试了纯电动汽车热泵系统与PTC加热器单独制热时的能耗：PTC加热器比热泵系统多消耗13.5%～20.8%的电量；热泵系统的能效比能达到2～4，而同等条件下的PTC理论最大值仅为1。因此，热泵系统在纯电动汽车上得到了广泛的应用，

表35-1为目前国内外应用热泵系统的相关车型。

表 35-1　应用热泵系统的相关车型

上市时间	应用车型	代表车系
2019 年	蔚来 ES6	国产
2018 年	荣威 Ei5	国产
2018 年	长安 CS75PHEV	国产
2017 年	大众 e-golf	德系
2017 年	丰田 Prius Prime	日系
2014 年	起亚 Soul	韩系

特斯拉针对整车热管理系统做了许多研究，并将热泵系统应用到 Model Y 上。Model Y 在使用低压 PTC 加热器的同时增加热泵系统，将电池系统、驱动系统与功率电子 PCS 整合，通过"热泵＋PTC 电辅助"的方式实现整车制热，其热泵系统如图 35-2所示。整车控制器根据相关参数（环境信息、电池 SOC 以及行驶目的地等）决定当前整车热管理模式，并将热管理系统划分为12 种模式。

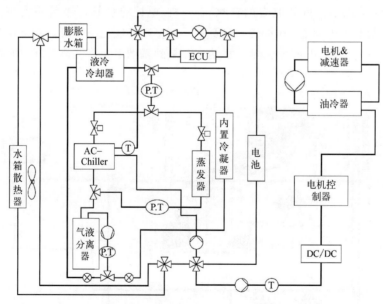

图 35-2　特斯拉 Model Y 热泵系统

根据外界温度以及系统能效比 COP 决定热泵系统参与度。各模式间的切换是通过

8 向换向阀实现的：在极低温场景下，PTC加热器通过消耗电量制热，COP 值为 1；在

中温段，采用"热泵＋PTC"混合制热模式，该模式下由于热泵系统的参与，整车COP值为1～2；温度较高时则完全依赖热泵系统进行制热，此时系统COP值维持在1.5～5之间。

大众汽车的e-golf车型也为其空调系统采用热泵系统，具体结构如图35-3所示。由于传统的四通阀为铜制式，而车辆部件多为铝制，因此两者的焊接性差、稳定性低，存在高低压制冷剂泄漏的风险，因此该款车型采用三换热器结构：两个热交换器布置在HAVC中，另一个布置在发动机舱。根据热源的不同，该构型有三种制热方式：从空气中吸热、利用冷却回路的余热以及同时从空气与冷却回路中吸收热量，通过三种模式的切换，增加了低温下车辆的制热选择，降低了热管理系统能耗。

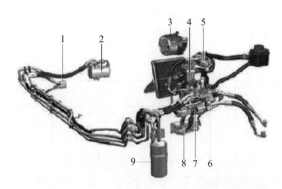

图35-4　宝马i3热泵系统
1—电子膨胀阀（蓄电池）；2—电动压缩机；
3—鼓风机；4—电加热器；5—电子膨胀阀（蒸发器）；
6—制冷剂截止阀（冷凝器-干燥器）；
7—制冷剂截止阀（压缩机-换热器）；
8—热泵换热器；9—储液干燥器

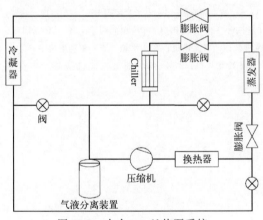

图35-3　大众e-golf热泵系统

宝马i3车型的热泵系统如图35-4所示，该热泵系统包括三个换热器。整车采用分段制热方法：在外界环境温度较低时采用热泵系统制热，在极低温条件下使用"热泵＋PTC"的混合制热模式。测试表明：在获得相同5kW热量的情况下，PTC加热器需要消耗5.5kW的电能，而同等条件下热泵系统仅需消耗2.5kW的电量。

近几年在传统热泵系统的基础上，有科研团队针对纯电动汽车提出了一种低温热泵系统，其结构如图35-5所示。运用闪发补

气技术解决了低温下压缩机排气温度较高的问题，同时减少其过热损失。新增的补齐回路确保制冷剂保持恒定的质量流量，新系统与传统的热泵系统相比能提供更多的制热量；通过电机冷却液辅助制热，提高了系统的整车热效率。

综合来看不难发现，新能源汽车空调系统、电池及电机/电控系统的工作特性都与温度有着密切的关系，因此，将各子系统进行能量和管路的集成，构建综合性整车热管理系统，能够更好地协调车辆各部分热负荷关系，高效利用电池能量，实现系统间的协同管理，对提升整车热管理系统能效、降低电池工作负荷具有重要意义。

对于新能源汽车特别是部件繁多的插电式混合动力汽车来说，能量管理与热管理是影响其油耗的重要因素。一方面，插电式混合动力汽车的燃油经济性高度依赖于能量管理策略；另一方面，随着汽车电动化的发展及消费者对舒适性要求的日益提高，插电式混合动力汽车的热管理系统更为复杂，热管理系统的能耗占比较高，对整车燃油经济性的影响也较为明显。同时，汽车需要适应各种温度环境，而汽车动力系统的工作性能受温度影响明显，对动力系统进行控制的同时

考虑温度因素有利于降低整车能耗，故开展计及热特性的能量管理策略研究是进一步发挥系统节能优势的有效手段。

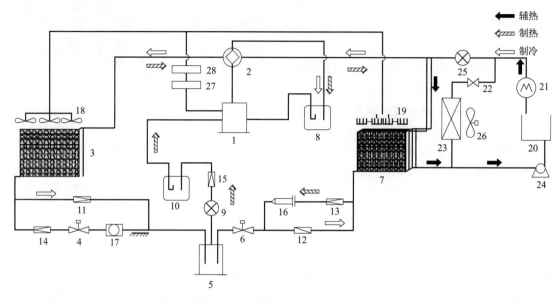

图 35-5　新型低温热泵系统构型

1—压缩机；2—四通换向阀；3—车室外换热器；4—电子膨胀阀 A；5—高压储液器；6—电子膨胀阀 B；7—车室内换热器；8—气液分离器 A；9—电磁阀 A；10—气液分离器 B；11—单向阀 A；12—单向阀 B；13—单向阀 C；14—单向阀 D；15—单向阀 E；16—干燥过滤器；17—视液镜；18—轴流风机；19—贯流风机；20—水箱；21—驱动电机 A；22—电磁阀 B；23—换热器；24—泵；25—电磁阀 C；26—冷却风机；27—驱动电机 B；28—逆变器

扫一扫

本章小结

在新能源汽车的设计过程中，热管理系统的建模是一个不可忽视的环节。通过建立数学模型和利用先进的仿真工具，工程师能够预测热流分布、温度变化以及不同工况下的系统性能。这一过程不仅有助于优化设计方案，还能够在实际应用中减少研发成本和时间。本章将搭建研究对象动力系统的机-电-热耦合仿真模型，在传统动力系统建模的基础上对部件的热特性进行分析，为热管理系统模型的建立以及计及热特性的能量管理策略研究奠定基础。同时，针对每个系统各组成部分及工作原理、涉及的热力学循环以及计算公式进行详细介绍。

36.1 动力系统构型与工作模式

研究对象为某插电式行星混联混合动力物流车，其动力系统构型如图 36-1 所示。该系统主要包含发动机、动力电池、MG1

电机、MG2 电机以及行星齿轮机构等部件。其中，发动机与行星齿轮机构的行星架相连，MG1 电机与行星齿轮机构的太阳轮相连，MG2 电机与行星齿轮机构的齿圈相连，最终，动力经由齿圈传递至输出轴进而驱动车轮。

研究对象的整车基本参数及各部件基本参数如表 36-1 和表 36-2 所示。

表 36-1　整车基本参数

整车参数	数值
整车总质量/kg	4495
整备质量/kg	2560
风阻系数	0.5375
迎风面积/m^2	6
滚动阻力系数	$0.0076+0.000056v$
驱动桥速比	6.833
轮胎滚动半径/m	0.376

表 36-2　各部件基本参数

部件	参数	数值
发动机	最大功率/kW	80
	最高转速/(r/min)	3200
MG1 电机	峰值功率/kW	58
	最高转速/(r/min)	5000
MG2 电机	最大功率/kW	66
	最高转速/(r/min)	4900
动力电池	额定电压/V	670
	电池容量/(A·h)	22

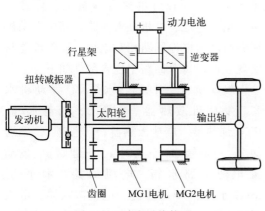

图 36-1　动力系统构型

从电能的参与程度角度考虑，该系统可划分为纯电动、功率分流、再生制动以及机械制动四种工作模式。

（1）纯电动模式

此模式中，发动机与 MG1 电机均停机不工作，仅有动力电池为 MG2 电机供电驱动车辆，此模式适用于 MG2 电机单独工作能够满足功率需求且电池 SOC 较高的情况。

（2）功率分流模式

当 MG2 电机单独工作无法满足功率需求或电池 SOC 较低时，系统进入功率分流模式。此模式下功率分流路径如图 36-2 所示。行星齿轮机构将发动机输出功率进行分流，一部分经太阳轮传递给 MG1 电机驱动其发电；另一部分经齿圈传递给 MG2 电机再传递到输出轴；还有一部分直接以机械功率形式传递至输出轴，此部分功率无二次转化，效率较高。其中，MG1 电机发电产生的电能储存在动力电池中，若 MG1 电机发电功率小于 MG2 电机放电功率，则动力电池放电，否则动力电池充电。

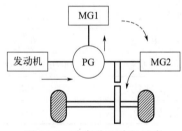

图 36-2　功率分流路径示意

（3）再生制动模式

当车辆减速时，可利用 MG2 电机进行动能回收，提高经济性。此模式下 MG2 作为发电机，将回收的动能转化为电能，同时将此部分能量储存在动力电池中。

（4）机械制动模式

当车辆制动且动力电池 SOC 过高或者车速过低时，出于保护动力电池以及提高能量回收效率的角度考虑，采用与传统纯燃油汽车相同的机械制动模式。在行星齿轮机构当中，在忽略系统内部摩擦损失和转动惯量的前提下，三个关键部件的转矩、转速关系如下。

$$T_s = \frac{T_c}{1+k} \qquad (36\text{-}1)$$
$$(1+k)\omega_c = k\omega_r + \omega_s$$

式中，T_s、T_c 分别为太阳轮、行星架的转矩；ω_c、ω_r、ω_s 分别为行星架、齿圈以及太阳轮的转速；k 为行星排特征参数，其值为齿圈与太阳轮齿数之比。

由式(36-1)及混合动力系统各部件与行星齿轮机构的连接关系，可得出输出轴与系统中各部件的转矩、转速关系，如式(36-2)所示。

$$T_{out} = T_e \frac{k}{1+k} + T_{MG2}$$
$$\omega_{out} = \frac{\omega_e(1+k) - \omega_{MG1}}{k} = \omega_{MG2} \qquad (36\text{-}2)$$

式中，T_{out}、T_e、T_{MG2} 分别为输出轴、发动机以及 MG2 电机的转矩；ω_{out}、ω_e、ω_{MG1}、ω_{MG2} 分别为输出轴、发动机、MG1 电机以及 MG2 电机的转速。

36.2　热管理系统方案设计

出于动力系统的热管理需求考虑，本节设计的热管理系统方案要分别能够实现对动力系统各部件高温冷却以及低温加热的功能，基于此建立了如图 36-3 所示的热管理系统架构。所设计的热管理系统包含发动机、动力电池、电机三大回路，其中发动机回路与动力电池回路相互耦合，冷却液能够实现互通，每个回路中包含部件如下。

发动机-电池回路：水泵 1、发动机水套、发动机散热器、水泵 2、电池水套、PTC 加热器、电池散热器、三通阀 1、三通阀 2、三通阀 3、三通阀 4、三通阀 5、发动机-电池回路水箱。电机回路：水泵 3、MG1 水套、MG2 水套、电机散热器、电机回路水箱。除以上各部件外，还在散热器前方布置冷却风扇来加强散热。

通过对各水泵、三通阀以及 PTC 加热器的控制，热管理系统能够实现多种加热、冷却模式，具体如下。

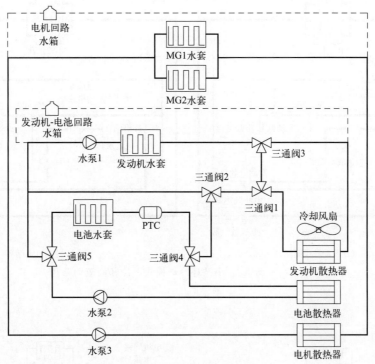

图 36-3　热管理系统架构

（1）发动机大/小循环冷却模式

此模式下各三通阀开启状态以及冷却液流动路径如图 36-4 所示，在各部件均有冷却需求时使用。其中，当发动机温度较低时发动机热管理系统进入小循环冷却模式，如图 36-4(a) 所示，此时为使发动机尽快升至正常工作温度，冷却液不经过发动机散热器，减少热量散失；当发动机温度达到一定阈值时，进入大循环冷却模式，如图 36-4(b) 所示，此时冷却液需流经发动机散热器来更好地为发动机散热，控制发动机大循环和小循环模式的三通阀 3 又可叫作节温器，其三个端口均可开启，起到分流作用，使冷却液一部分进入大循环，一部分进入小循环，通过对三通阀 3 开度（进入大循环冷却液流量与总的冷却液流量的比值）的调节实现对温度更加精准的控制。此外，通过对各水泵开关的控制，可以使热管理系统同时或单独为任一部件冷却。

（2）发动机为电池加热模式

发动机在工作时大部分能量以热能形式散失，为使热管理系统乃至整车实现高效运行，应当对发动机废热加以利用，例如在发动机温度较高且电池有加热需求时使用发动机废热为电池加热，此模式下各三通阀开启状态以及冷却液流动路径如图 36-5 所示。此模式同样可以分别在发动机大循环与小循环下实现，当发动机温度不高时，冷却液可经过发动机小循环后直接为电池加热，如图 36-5(a) 所示；当发动机温度较高时，流经发动机水套的冷却液温度也较高，此时若直接将冷却液用于加热电池，将会对电池产生热冲击，造成破坏，故使冷却液先经由发动机大循环在发动机散热器处降温，再为电池加热，从而对电池进行保护，如图 36-5(b) 所示。此模式下冷却液流向对电机回路无影响，电机可单独判断是否开启冷却模式。

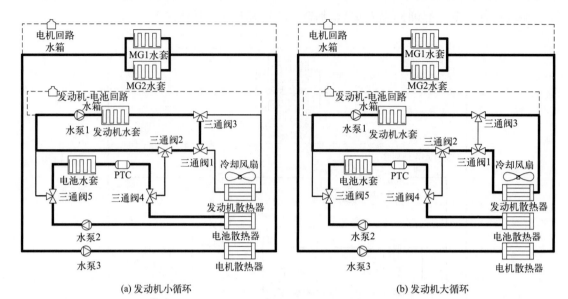

(a) 发动机小循环　　　　　　　　　　　　　(b) 发动机大循环

图 36-4　发动机大/小循环冷却模式下冷却液流动路径

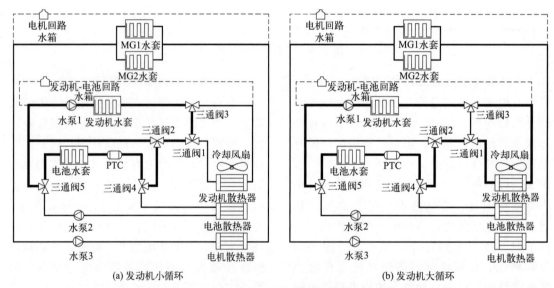

(a) 发动机小循环　　　　　　　　　　　　　(b) 发动机大循环

图 36-5　发动机为电池加热模式下冷却液流动路径

（3）电池 PTC 加热模式

因研究对象为一插电式混合动力物流车，电池容量较大，可实现纯电动行驶。纯电动模式下发动机不工作，无废热可利用，此时若电池仍有加热需求，需要寻求其他的加热方式。基于研究对象产品定位、系统成本以及加热效果考虑，在发动机废热不足时将采用 PTC 电加热器为电池加热。此模式下各三通阀开启状态以及冷却液流动路径如图 36-6 所示，PTC 电加热器和水泵 2 开启，此模式下发动机一般无散热需求，水泵 1 可关闭，电机同样可单独判断是否开启冷却模式。

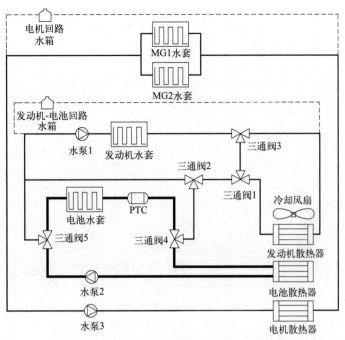

图 36-6　电池 PTC 加热模式下冷却液流动路径

36.3　动力系统产热模型

动力总成模型的建立方法一般包括理论建模法和实验建模法，出于汽车动力总成各部件机理复杂性以及提高模型仿真实时性的角度考虑，本节主要应用实验建模法，基于 Matlab/Simulink 软件平台分别搭建发动机、动力电池以及电机的仿真模型。为便于后续热管理系统建模以及计及热特性的能量管理策略研究，本节在传统动力系统建模基础上还将进行各部件产热模型的建立。

36.3.1　发动机模型

发动机是行星混联系统的重要动力源之一，对于整车动力性以及燃油经济性的仿真结果有着重要影响。发动机的实验法建模主要是利用实验采集数据，将输入值通过查表

或拟合等方式得到相应工况下的发动机输出值。为简化模型、提高运行效率，忽略发动机动态响应，利用实验台架测量稳态时发动机不同转矩与转速下的燃油消耗率，绘制发动机万有特性图，如图 36-7 所示，建立发动机稳态响应模型。根据图 36-7，可通过发动机转矩 T_e 和转速 ω_e 查表得到发动机燃油消耗率 b_e，进而可求得单位时间内发动机的燃油消耗量 $\dot{m}_f$。

由于考虑热特性对于整车燃油经济性的影响，因此，为保证模型的合理性，将温度对于油耗的影响也考虑进来。当发动机未经充分预热时油耗将会升高，故引入温度惩罚因子 $e(\theta_{eng})$ 来表征油耗随温度的变化关系，如式（36-3）所示。

$$\dot{m}_f(T,\omega,\theta_{eng})=\dot{m}_f(T,\omega)e(\theta_{eng})$$

（36-3）

温度惩罚因子 $e(\theta_{eng})$ 可用如下方法求得：

$$e(\theta_{eng})=\begin{cases}-a\theta_{eng}+b & \theta_{eng}<\theta_{engH}\\ 1 & \theta_{eng}\geqslant\theta_{engH}\end{cases}$$

（36-4）

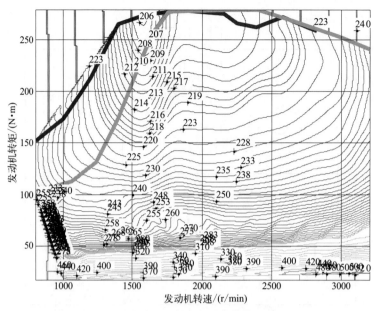

图 36-7　发动机万有特性

式中，θ_{engH} 为发动机水温的上限值，即发动机正常工作时的水温值。当发动机水温低于 θ_{engH} 时，说明发动机未经充分预热，此时的燃油消耗需通过温度修正系数 $e(\theta_{eng})$ 进行修正，$e(\theta_{eng})$ 可通过递减的一次函数进行表征，其斜率 a 和截距 b 可由实验测得；当实际水温不低于 θ_{engH} 时（由于有发动机冷却系统存在，发动机充分预热后水温等于 θ_{engH}，冷却系统失效时其温度可能会高于 θ_{engH}），说明发动机已经过充分预热，无需温度修正系数对其修正，此时 $e(\theta_{eng})$ 为 1。发动机的产热率 Q_e 计算如式（36-5）所示。

$$Q_e = \frac{\dot{m}_f h_u}{3600} \eta_e \qquad (36\text{-}5)$$

式中，h_u 为燃油热值，由于研究对象采用柴油发动机，h_u 取柴油低位发热量，为 42552kJ/kg；η_e 为发动机热效率。

36.3.2　动力电池模型

动力电池是另一个重要动力源，也是系统中重要的储能部件，其在工作过程中伴随着一系列复杂的电化学反应。为简化模型、提高仿真实时性，本小节建立目前广泛使用的等效内阻模型。等效内阻模型将动力电池简化为一个理想电压源与一个电阻的串联电路，如图 36-8 所示。图 36-8 中，U_{oc} 为电池的开路电压，R_{bat} 为等效内阻，I_{bat} 为电池内部电流，P_{bat} 为电池的输出功率。

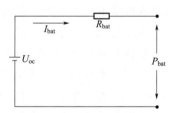

图 36-8　等效内阻电路原理

由图 36-8 易得，电池的输出功率 P_{bat} 为：

$$P_{bat} = U_{oc} I_{bat} + I_{bat}^2 R_{bat} \qquad (36\text{-}6)$$

电池内部电流 I_{bat} 可表示为：

$$I_{bat} = \frac{-U_{oc} + \sqrt{U_{oc}^2 + 4R_{bat} P_{bat}}}{2R_{bat}}$$

$$\qquad (36\text{-}7)$$

动力电池总能量 E_{bat} 为：

$$E_{bat} = Q_{bat} U_{oc} \qquad (36\text{-}8)$$

式中，Q_{bat} 为电池组容量。

在动力电池的建模中，同样应用了实验建模法来获得电池 SOC 与电压的关系，如图 36-9 所示。

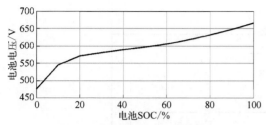

图 36-9　电池电压与 SOC 关系

动力电池在工作时，伴随着正负极电化学反应的进行会产生反应热和极化热，电解液的分解还会产生少量的副反应热，而电流在电池内部流动时又会造成焦耳热的产生，因此，电池的总产热 Q_b 可分为反应热 Q_R、极化热 Q_P、副反应热 Q_S 以及焦耳热 Q_J，即式（36-9）所示。

$$Q_b = Q_R + Q_P + Q_S + Q_J \quad (36\text{-}9)$$

其中 Q_R 计算如式（36-10）所示。

$$Q_R = \frac{1000(Q_{pos} + Q_{neg})}{F} I \quad (36\text{-}10)$$

式中，Q_{pos} 为正极单位反应热；Q_{neg} 为负极单位反应热；F 为法拉第常数，取 96485C/mol；I 为电池电流。

极化热 Q_P 由电池的极化作用产生，本质为化学反应过程当中分子的扩散运动所吸收的化学能，此部分能量可等效视为极化内阻的热损失，与焦耳热 Q_J 均可以欧姆定律表示，如式（36-11）所示，其中 R_P 为极化内阻，R_{in} 为电池内阻。副反应热 Q_S 的产生机理十分复杂且通常通过实验测定，但其数值一般相较于其他产热会低 1~2 个数量级，工程中通常将其忽略。

$$Q_P = I^2 R_P$$
$$\quad (36\text{-}11)$$
$$Q_J = I^2 R_{in}$$

36.3.3　驱动电机模型

本小节所用的混合动力系统为双电机系统，具有 MG1 和 MG2 两个电机，与发动机相同，建立稳态响应模型即可满足后续能量管理策略验证的需求。电机工作过程中的产热主要来自于定子绕组和定子铁芯，所产生的热量如式（36-12）所示，其中 Q_m 为电机产热，Q_{win} 为定子绕组产热，Q_{iro} 为定子铁芯产热。定子绕组产热可根据式（36-13）焦耳定律进行计算。

$$Q_m = Q_{win} + Q_{iro} \quad (36\text{-}12)$$
$$Q_{win} = \int I_{win}^2 r_{win} \, dt = \sum I_{win}^2 r_{win} \Delta t$$
$$(36\text{-}13)$$

式中，I_{win} 为绕组相电流；r_{win} 为绕组相电阻。

各相产热相加即得到总的定子绕组产热。Q_{iro} 可由经典的 Bertotti 产热分离模型计算，即将定子铁芯产热视为由电磁涡流损耗、磁滞损耗和附加损耗引起的产热，计算方法如式（36-14）所示，其中 Q_{vor} 为电磁涡流损耗产热，Q_{hys} 为磁滞损耗产热，Q_{exe} 为附加损耗产热。这三部分产热均与磁场交变频率、磁通密度以及各自的损耗系数有关，可由式（36-15）计算。

$$Q_{iro} = Q_{vor} + Q_{hys} + Q_{exe} \quad (36\text{-}14)$$
$$Q_{vor} = C_{vor} \left(\frac{f}{f_0}\right)^2 \left(\frac{B_m}{B_0}\right)^2$$
$$Q_{hys} = C_{hys} \left(\frac{f}{f_0}\right) \left(\frac{B_m}{B_0}\right)^{nb} \quad (36\text{-}15)$$
$$Q_{exe} = C_{exe} \left(\frac{f}{f_0}\right)^{1.5} \left(\frac{B_m}{B_0}\right)^2$$

式中，C_{vor} 为电磁涡流损耗系数；C_{hys} 为磁滞损耗系数；C_{exe} 为附加损耗系数；f/f_0 为当量磁场交变频率；B_m/B_0 为当量磁通密度；nb 为频率折算系数。

36.4　热管理系统模型

进行热管理系统建模的目的主要为控制

并反馈各部件温度并计算输出热管理系统能耗，无需建立复杂的热管理系统机理模型。本节基于图 36-10 所示的热管理系统架构，在 Matlab/Simulink 软件平台中对系统完成建模。

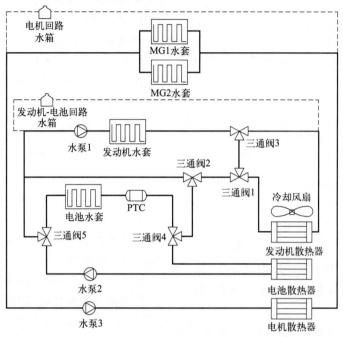

图 36-10　热管理系统架构

36.4.1　动态传热模型

动力系统各部件工作时的热量传递过程为一动态过程，若要获得各部件温度，需分析其产热、吸热及放热情况，建立各自的动态传热模型，而热管理系统不同的工作模式中传热过程也有所不同，故本小节依据热管理系统模式划分建立不同的动态传热模型。

（1）发动机大/小循环冷却模式

冷却模式下各部件工作时会有自身产热，放热包括通过各散热器的散热以及部件通过空气直接向周围环境的散热，动态传热模型如式（36-16）所示。

$$C_{\mathrm{C}i}\dot{\theta}_{\mathrm{C}i}=Q_i-Q_{ri}-Q_{\mathrm{env}} \quad (36\text{-}16)$$

式中，$C_{\mathrm{C}i}$ 为各部件热容；$\theta_{\mathrm{C}i}$ 为各部件水套处冷却液温度，近似视作各部件温度；Q_i 为各部件产热；Q_{ri} 为散热器散热功率；Q_{env} 为环境散热功率。

其中，Q_i 分别由式（36-5）、式（36-10）、式（36-13）求得，Q_{ri} 在散热器模型求得。环境散热包括热传导、热对流和热辐射三种形式，辐射传热可忽略，而热传导所散失的热量与对流形式相比也可以忽略不计，故仅考虑对流传热，计算如式（36-17）所示。

$$Q_{\mathrm{env}}=Ah\Delta t_{\mathrm{m}} \quad (36\text{-}17)$$

式中，A 为传热面积；Δt_{m} 为传热温差；h 为对流换热系数，其确定方法如式（36-18）所示。

$$h=\frac{\lambda}{l}Nu \quad (36\text{-}18)$$

式中，λ 为材料的热导率；l 为特征长度；Nu 为努塞尔数，无量纲参数，其计算方法如式（36-19）所示。

$$\begin{cases} Nu=0.664Re^{\frac{1}{2}}Pr^{\frac{1}{3}} \\ \qquad Re\leqslant 5\times10^5（层流）\\ Nu=0.037(Re^{\frac{4}{5}}-871)Pr^{\frac{1}{8}} \\ \qquad Re>5\times10^5（湍流） \end{cases}$$

$$(36\text{-}19)$$

首先需通过雷诺数 Re 判断传热过程为层流还是湍流，之后再通过 Re 以及普朗克数 Pr（材料的物性参数）计算出努塞尔数。雷诺数 Re 计算方法如式（36-20）所示，其中，u 为特征流速，l 为特征长度，v 为动力黏度。通过以上过程即可计算出对流换热系数 h，进而计算出环境散热功率 Q_{env}。

$$Re = \frac{ul}{v} \qquad (36-20)$$

（2）发动机为电池加热模式

此模式下电池工作会有自身产热，除此之外还会吸收发动机产热，散热包括通过发动机散热器的散热以及直接向周围环境的散热，动态传热模型如式（36-21）所示。

$$C_{Cb}\dot{\theta}_{Cb} = Q_b + Q_e - Q_{re} - Q_{env} \qquad (36-21)$$

（3）电池 PTC 加热模式

此模式下电池工作会有自身产热，吸热主要来源于 PTC 的加热，散热主要为直接向周围环境的散热，动态传热模型如式（36-22）所示。

$$C_{Cb}\dot{\theta}_{Cb} = Q_b + Q_{ptc} - Q_{env} \qquad (36-22)$$

36.4.2 散热器模型

散热器为热管理系统与周围环境实现热交换的主要渠道，是热管理系统中的重要部件，其散热功率的计算对整体模型的输出影响较大。散热器结构参数繁多，机理建模复杂，散热器建模的目标为可获得其散热功率，采用一种精度较高的回归模型形式计算散热器功率：

$$Q_r = c_1 m_{rc}^{o_1}(m_{ra}^{o_2} + c_2)(\theta_c - T_{env})^{o_3}$$
$$(36-23)$$

式中，m_{rc} 为流经散热器处的冷却液流量；m_{ra} 为冷却空气流量；θ_c 为散热器处冷却液的温度；c_1、c_2、o_1、o_2、o_3 均为待

定系数。

冷却空气流量 m_{ra} 的拟合模型为：

$$m_{ra} = \sum_{i=0}^{2}\sum_{j=0}^{2} a_{i,j} N_{fan}^i (t - t_d) v_{veh}^j$$
$$(36-24)$$

式中，$a_{i,j}$ 为拟合值；N_{fan} 为冷却风扇转速；v_{veh} 为车速；t_d 为冷却风扇作动处到发动机出口处冷却液温度响应的延时，近似为冷却液从散热器出口流动至发动机出口处的时间。

$$t_d = \frac{\rho_c V_d}{m_{ec}} \qquad (36-25)$$

式中，ρ_c 为冷却液密度；V_d 为散热器出口至发动机出口之间冷却液管路的容积；m_{ec} 为流经发动机水套的冷却液流量，与 m_{rc} 的关系见式（36-26）。其中，H_{th} 为三通阀 3 的开度。

$$m_{rc} = m_{ec} H_{th} \qquad H_{th} \in [0,1] \qquad (36-26)$$

36.4.3 系统能耗模型

通过动态传热模型和散热模型可以得到各部件的温度，本小节将对热管理系统能耗进行建模计算，系统整体能耗 P_{VTM} 计算方法如式（36-27）所示。

$$P_{VTM} = P_{pump} + P_{fan} + P_{ptc} \qquad (36-27)$$

式中，P_{pump} 为水泵能耗，P_{fan} 为冷却风扇能耗，P_{ptc} 为 PTC 加热器能耗。

水泵为冷却液的循环提供动力，需要消耗一定的能量，水泵能耗 P_{pump} 根据式（36-28）计算。

$$P_{pump} = \frac{m_{pc} H}{\eta_{pump}} \qquad (36-28)$$

式中，m_{pc} 为水泵处冷却液流量；H 为水泵扬程；η_{pump} 为水泵效率。其中，水泵的扬程 H 与冷却液流量 m_{pc} 具有特定关系，本小节所采用的水泵型号为 FLE100-P1201A，其水泵特性曲线可查取相关手册，如图 36-11 所示。

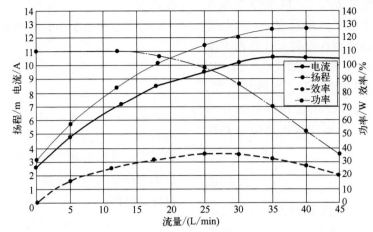

图 36-11　水泵特性曲线

冷却风扇能耗 P_{fan} 涉及的参数难以获取，采用机理模型计算难度较大且精度难以保证，而各冷却风扇供应商在开发产品时均会通过实验测定功耗曲线。本小节示例所采用的是霍顿 MS9-600 型冷却风扇，其能耗曲线如图 36-12 所示。PTC 加热器的能耗 P_{ptc} 计算如式（36-29）所示。需求功率 P_{req} 取决于电池实际温度与目标温度的温差等因素，具体的计算方法参考式（36-30）。

$$P_{ptc} = \frac{P_{req}}{\eta_{ptc}} \qquad (36-29)$$

式中，P_{req} 为需求功率，η_{ptc} 为 PTC 加热器的效率。

$$P_{req} = \frac{d(m_b C_{Cb} \Delta T)}{dt} \qquad (36-30)$$

式中，m_b 为电池质量；ΔT 为电池实

际温度与目标温度的温差。

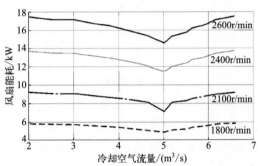

图 36-12　冷却风扇能耗曲线

PTC 加热器效率 η_{ptc} 计算方法见式（36-31）。

$$\eta_{ptc} = \frac{C_{Cb} m_b \dfrac{dT_{Cb}}{dt}}{P_{ptc}} \qquad (36-31)$$

本章所研究的范例中有多种模式，不同模式适合在不同工况下使用。为保证系统在各种工况下均能对各部件温度实现良好控制，本章基于 Stateflow 工具箱设计了热管理系统的模式切换控制策略，使系统能够完成在不同条件下向预设模式的切换。

37.1　控制策略设计与开发

本节所设计的热管理系统面向发动机、电池、电机三大部件，模式依据不同对象及其热管理需求具体做如下划分：针对发动机，缺省模式（STB）、水冷模式（LC）；针对电池，缺省模式（STB）、水冷模式（LC）、发动机加热模式（EH）、PTC加热模式（PTC）；针对电机，缺省模式（STB）、水冷模式（LC）。结合车辆实际工况，各模式之间切换关系如图37-1所示。

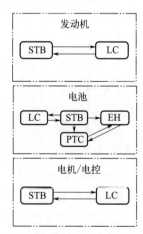

图 37-1　热管理系统模式切换示意

37.1.1　模式切换规则设计

基于各部件最佳运行温度以及发动机废热回收功能的考虑，制定了如表 37-1 所示的系统模式切换条件。

表 37-1　热管理系统模式切换条件

热管理对象	模式切换	切换条件
发动机	STB-LC	发动机启动
	LC-STB	发动机关闭
电池	STB-LC	电池温度高于 35℃
	LC-STB	电池温度 15～35℃
	STB-EH	电池温度低于 0℃ 且发动机温度高于 50℃
	STB-PTC	电池温度低于 0℃ 且发动机温度低于 50℃
	EH-PTC	电池温度低于 0℃ 且发动机温度低于 50℃
	PTC-EH	发动机温度高于 50℃
	PTC-STB	电池温度 15～35℃
	EH-STB	电池温度 15～35℃
电机	STB-LC	电机温度高于 60℃
	LC-STB	电机温度低于 60℃

37.1.2　控制策略搭建

本小节搭建的模式切换控制策略模型分为模式判断、模式切换以及目标输出三大模块，如图 37-2 所示。其中，模式判断模块主要功能为根据所输入的系统当前状态变量来确定系统此时所处的模式并判断需要切换到的模式，输出"A-B"式的模式切换需求到下一模块；模式切换模块根据上一模块输出的模式切换需求通过 Stateflow 工具箱切换到相应模式，并输出对应的模式代码和触发事件；目标输出模块根据模式切换模块输出代码对应的系统模式，通过事件触发控制相应模式的模块工作，并输出热管理系统所计算的各部件温度、系统能耗等变量。接下来对每个模块进行介绍。

在模式判断模块 Mode Judge 中分别建立发动机、电池以及电机热管理系统的模式判断模型，对应不同的热管理子系统，如图 37-3 所示，根据各部件温度综合判断各子系统所处的热管理模式。每个子模块内部集成表 37-1 所示的各模式切换条件，该模块根据输入综合判断此时系统所满足的模式切换条件，并将满足条件的模式切换项输出为 1，其余项输出为 0。

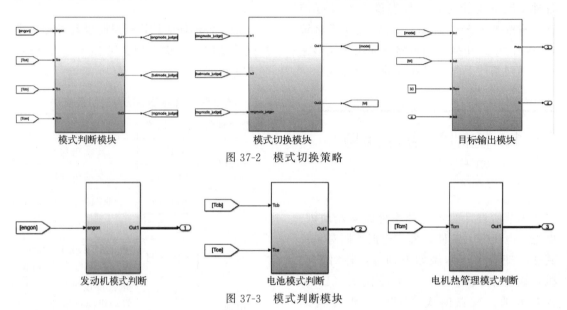

图 37-2　模式切换策略

图 37-3　模式判断模块

模式切换模块 Mode Switch 中同样建立了发动机、电池以及电机热管理系统三个子模块，该模块根据上一模块即模式判断模块传递来的各子系统中的模式切换需求，由 Stateflow 完成对应的模式切换，同时向下

一模块输出切换到的模式代码以及事件，其构成如图 37-4 所示。

各子模块内部集成了如图 37-3 所示的各模式切换关系，在 Stateflow 中的表现形式如图 37-5 所示。

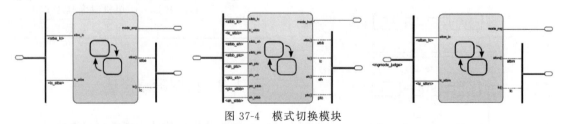

图 37-4　模式切换模块

在模式切换模块确定各子热管理系统模式的基础上，进入目标输出模块 Target Output，该模块仍然根据热管理作用对象的不同，整体划分为发动机、电池与电机热

管理系统三个子模块，如图 37-6 所示。该模块根据输入的模式编号触发对应的热管理模式子系统，子系统内集成各模式下的部件温度、系统能耗等算法，计算后将目标输出。

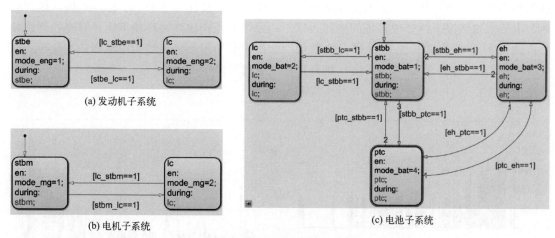

(a) 发动机子系统

(b) 电机子系统

(c) 电池子系统

图 37-5　热管理系统模式切换

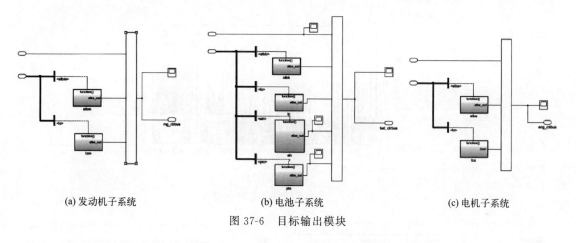

(a) 发动机子系统

(b) 电池子系统

(c) 电机子系统

图 37-6　目标输出模块

37.2　热管理系统仿真验证

本节选取了对加速度以及减速度进行调整的世界重型商用车辆瞬态循环（China-world transient vehicle cycle，C-WTVC）作为循环工况，并分别选取 30℃ 以及 −25℃ 两个温度工况，验证热管理系统的冷却和加热功能能否满足需求，并比较两温度工况下热管理系统的能耗。在该工况下发动机、电池以及两电机的产热情况如图 37-7 所示。由图可见，动力系统各部件工作时产热功率较大，热管理系统对于动力系统各部件维持

适宜工作温度至关重要。

随后对高温以及低温环境下热管理系统的温度控制情况进行分析。目前行业公认的各部件高效运行温度区间为：发动机 85～95℃，电池 24～30℃，电机 50～60℃。如图 37-8 所示为低温环境下系统对各部件的温度控制情况，如图 37-9 所示为高温环境下的温度控制情况。

由图 37-8、图 37-9 可以看出，无论是在高温环境还是低温环境下，热管理系统均能在一定时间内使动力系统各部件温度达到高效运行温度区间，低温环境下由于起始温度与目标温度差值较大且环境热损失较多，各部件达到目标温度时间均慢于高温环境下。在保证各部件温度的前提下，模型又分别计算了高低温环境下的热管理系统能耗，

低温环境下又分别计算了有无利用发动机废热为电池加热情况下热管理系统的能耗，以分析此模式对于系统节能的贡献，结果如表 37-2 所示。由表 37-2 可以看出，热管理系统能耗在整车占比中并不低，并且低温环境下由于使用了 PTC 为电池加热，热管理系统能耗相比高温环境下明显升高，而在使用了利用发动机废热为电池加热功能后，系统能耗降低 23.0%。

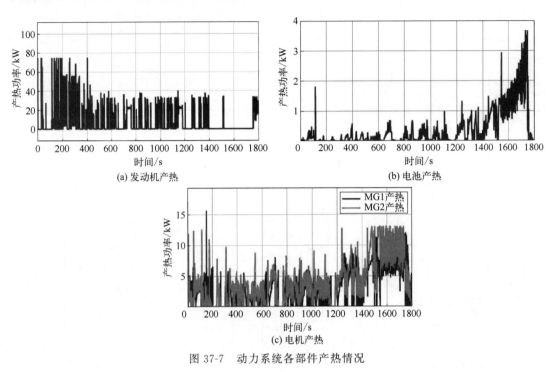

(a) 发动机产热 　　(b) 电池产热

(c) 电机产热

图 37-7　动力系统各部件产热情况

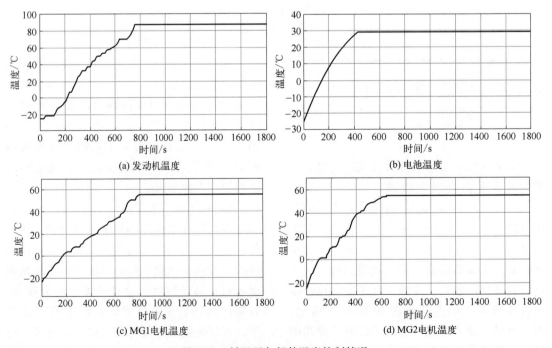

(a) 发动机温度 　　(b) 电池温度

(c) MG1电机温度 　　(d) MG2电机温度

图 37-8　低温下各部件温度控制情况

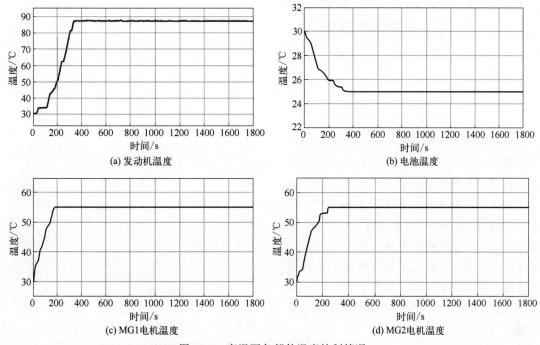

(a) 发动机温度

(b) 电池温度

(c) MG1电机温度

(d) MG2电机温度

图 37-9　高温下各部件温度控制情况

表 37-2　热管理系统能耗

项目	高温环境	低温环境 （无发动机废热回收）	低温环境 （有发动机废热回收）	低温环境废热回收 系统能耗优化
热管理系统能耗	$4.79×10^3kJ$	$9.43×10^3kJ$	$7.26×10^3kJ$	23.0%
整车能耗占比	7.04%	12.77%	9.83%	—

扫一扫

本章小结

本章在前述章节所建立的动力系统模型以及热管理系统模型基础上进行计及热特性的能量管理策略研究，基于插电式混合动力系统特性，控制策略在全工况内遵守 CD-CS（CD，charge deplete，电量消耗；CS，charge sustaining，电量维持）原则，为便于整车经济性优化，在 CS 阶段采用等效燃油消耗最小策略，并在随后对 CS 阶段进行计及热特性的优化，提出融合系统热特性的自适应等效因子调整方案。

38.1 CD-CS 能量管理策略

插电式混合动力汽车的显著特点之一为电池容量较大且能从外部电网中获取廉价电能。出于提高整车经济性考虑，可在车辆行驶时优先使用电能，使电池 SOC 呈下降趋势，进入电量消耗阶段，当电池 SOC 降低至一定阈值时，系统进入电量维持阶段，此阶段的策略与非插电式混合动力系统相同，要在维持电池 SOC 平衡的前提下获得最佳燃油经济性，其全阶段的 SOC 变化示意如图 38-1 所示。

在电量消耗阶段，系统可能以两种驱动模式运行，若动力电池和电机能够满足动力性需求，则采用纯电动驱动模式，若无法满足，则需要启动发动机辅助驱动，但总体仍以电机功率输出为主，即以电机为主的驱动模式。纯电动驱动模式下，仅有 MG2 电机驱动车轮，直至电池 SOC 下降至阈值，此

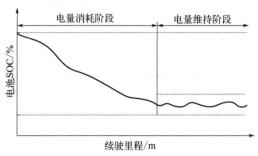

图 38-1 SOC 变化示意

模式不涉及动力源切换，行驶平顺性佳，且在车辆层面能够实现零排放，但由于动力源单一，动力性不佳，需要匹配更大容量的电池和更高功率的电机，增加系统成本；以电机为主的驱动模式下总体动力分配仍以电驱动为主，当 MG2 电机能够满足总体动力需求时仍然采用纯电动驱动，仅在动力需求超出 MG2 电机驱动能力范围之外时启动发动机进行助力，补偿超出部分的动力需求，由于发动机的介入，电池 SOC 下降速率将降低，此模式由于可启动发动机进行动力补偿，能够弥补纯电动驱动模式动力性不佳的短板，但此模式下发动机出力较少，难以维持在高效区间工作，且发动机排放性能较差。

所以，需要根据整车动力性需求以及动力系统匹配情况综合选择合适的电量消耗阶段驱动模式。为此，首先验证所研究对象在纯电动驱动模式下能否满足 C-WTVC 工况的动力性需求，结果如图 38-2 所示，车速跟随情况良好，能够满足动力性需求，故在电量消耗阶段采用纯电动驱动模式。在制动方面，仅当车辆电池 SOC 过高或者车速过低时，采用机械制动模式，其他情况均采用再生制动模式。

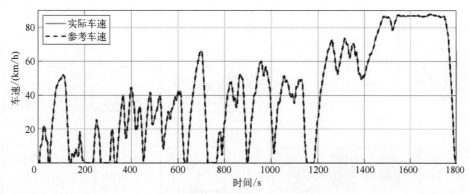

图 38-2　纯电动驱动下车速跟随情况

在电量维持阶段，控制策略需要协调各动力源之间的动力分配，使之在维持电池 SOC 平衡的前提下达到最佳的燃油经济性，此阶段内采用功率分流驱动模式，此模式下控制器通过算法确定各动力源最佳的功率分配方案，若车辆总输出功率大于需求功率，则将发动机多余功率通过 MG1 电机转变为电能储存在动力电池中，同时要使电池 SOC 在一较低水平上保持平衡。制动时的策略与电量消耗阶段一致。

38.2　融合系统热特性的自适应等效油耗最小策略

本节将开展融合系统热特性的自适应等效油耗最小能量管理策略（thermally adaptive-ECMS，TAECMS）研究，其总体架构如图 38-3 所示。

① 能量管理策略根据循环工况计算出整车需求驱动功率，在此基础上耦合热管理系统功率构成整车的需求功率。

② 根据 TAECMS 算法对动力系统各部件进行功率分配，分配功率时除考虑电池 SOC 外还计及了温度的影响，温度获取方式如下：首先确定初始功率分配方案，功率分配方案确定后由产热模型计算各部件产热

量；再由热管理系统控制策略根据产热量以及环境温度等变量控制热管理系统各部件的运行状态；最后由热管理系统将各对象的冷却液温度反馈至能量管理策略，同时热管理系统控制策略输出功率以进行整车需求功率的计算。

③ 根据能量管理策略的综合功率分配方案对动力系统各部件以及传动机构的工作状态进行控制。这项融合系统热特性的自适应等效油耗最小策略的主要特点体现在：在整车需求功率中耦合了热管理系统功率，将其作为需求功率的一部分进行优化；在进行功率分配时考虑了系统温度，有助于提高工作效率，进一步挖掘节油潜力。

等效因子调整方案研究分两步进行：首先进行自适应等效因子初始值选取，随后进行融合系统热特性的等效因子自适应调整方法研究。

（1）自适应等效因子初始值离线计算

自适应等效因子初始值的离线迭代方法采用二分法，离线近似最优初始值具体求解方法如下。

① 确定等效因子上下限，在此范围内选取迭代计算初始值。

② 计算此等效因子下的电池 SOC 轨迹。

③ 判断所定义的 SOC 容许偏差 δ 是否小于由电池 SOC 轨迹得到的 SOC 仿真初始值 SOC_{t0} 和终了值 SOC_{tf} 之差的绝对值，即是否满足式（38-1）。

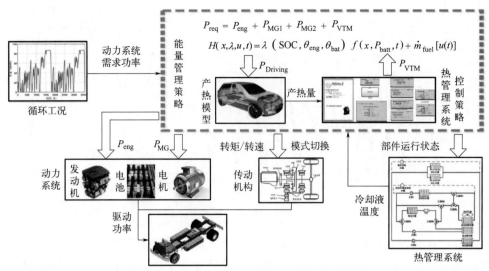

$$P_{req} = P_{eng} + P_{MG1} + P_{MG2} + P_{VTM}$$

$$H(x,\lambda,u,t) = \lambda\left(SOC, \theta_{eng}, \theta_{bat}\right) f(x, P_{batt}, t) + \dot{m}_{fuel}[u(t)]$$

图 38-3　融合系统热特性的自适应等效油耗最小策略架构

$$|SOC_{t0} - SOC_{tf}| < \delta \qquad (38\text{-}1)$$

若满足，则说明电池 SOC 的仿真始末差值小于所设阈值，认为在仿真过程中该阶段下电池 SOC 达到平衡，将当前等效因子作为离线求得的等效因子近似最优初始值输出；若不满足，则需继续进行迭代计算，下一步计算等效因子的取值范围由二分法确定，直至所求得的电池 SOC 轨迹满足容许偏差的要求，则停止计算，将当前等效因子作为离线近似最优初始值输出。

（2）融合系统热特性的自适应等效因子调整

在确定了自适应等效因子初始值的基础上，不同的自适应调整方法会造成不同的等效因子实时取值，进而对油耗仿真结果产生巨大影响，因此，合理的自适应等效因子调整方法是保证 TAECMS 算法合理性和有效性的关键。本节在考虑电池 SOC 反馈的基础上又进一步融合系统热特性，提出融合系统热特性的自适应等效因子优化调整方法。该方法的形成分为两步，首先建立基于电池 SOC 反馈的调整方案，其次引入温度惩罚系数对等效因子进行实时修正。为保证在电量维持阶段实现电池 SOC 平衡，等效因子的自适应调整可基于当下 SOC 与电量维持阶段初始 SOC 的误差，其离散形式为：

$$s(k+1) = s(k) + W_{SOC}\left|x_T - \overline{x}\right| \qquad (38\text{-}2)$$

式中，$s(k+1)$、$s(k)$ 分别为第 $k+1$ 次、第 k 次的等效因子取值；W_{SOC} 为修正系数；$|x_T - \overline{x}|$ 为 T 时刻电池 SOC 与参考值之差的绝对值。基于电池 SOC 反馈的自适应等效因子调整方案的基本思路为：当电池 SOC 处于较低水平时，应尽量减少电量的消耗，此时车辆应更多依靠发动机驱动，说明当前使用电池供能成本更高，单位时间内电池等效油耗也就越高，等效因子 s 应更大；当电池 SOC 处于较高水平时，为追求节油最大化，应尽量增加电量的消耗，此时车辆需求更多的电机驱动，说明使用电池供能成本更低，单位时间内电池等效油耗也就越低，此时等效因子 s 应更小。通过电池 SOC 均衡控制系数的调整即可实现电池 SOC 的平衡。

在上述方法的基础上，进一步提出融合系统热特性的等效因子调整方案：当发动机温度超出一定范围时，其工作效率会下降，因此，在进行功率分配时还应考虑发动机温度因素，尽可能少地使其工作在低效区间，具体实现手段为在等效因子中引入发动机温度惩罚系数 α_{Teng}，如式（38-3）所示。

$$s(SOC, \theta_{eng}) = s(SOC)\alpha_{Teng} \qquad (38\text{-}3)$$

式中，$s(SOC)$ 为基于电池 SOC 反馈调节得到的等效因子，可由式（38-2）得出。

发动机在较低温度下燃油消耗率较高且排放性较差，故出于改善经济性和排放性能考虑，当发动机处于较低温度时应减少对发动机的功率分配，等效因子应适当降低，此时发动机温度惩罚系数 α_{Teng} 应小于1，而传统方式计算发动机油耗时往往取发动机正常工作温度工况，即在 $85\sim95℃$ 情况下。有研究表明，当发动机温度达到80℃时，温度对油耗产生的影响可以忽略，并且在本章的介绍当中，发动机热管理系统对发动机温度进行了控制，发动机温度可保持在最佳工作区间，不考虑温度超限时的油耗变化情况，因此当发动机达到80℃后温度惩罚系数 α_{Teng} 取1。而当发动机温度低于80℃时，不同的 α_{Teng} 取值将会影响等效因子的计算，进而影

响发动机工作状态。本章以 $-25℃$ 环境温度工况为例，在 C-WTVC 工况内对 α_{Teng} 取值进行了探究。α_{Teng} 取值越大，策略会倾向于为发动机分配越多的动力，发动机输出能量也就越多，如图 38-4 所示，此时，一方面发动机处于低温状态，效率较低，发动机在低效状态下动力输出增强会降低整个工况内发动机的平均热效率；另一方面，由于发动机工作更加积极，自身产热也会更多，在此作用下发动机会更快速升温使其尽快脱离低温低效的工作状态，α_{Teng} 取值与发动机温度变化关系如图 38-5 所示，此效应又会使整个工况内发动机平均热效率升高。在以上两方面因素的共同影响下，在某温度下可能存在使发动机平均热效率最高的 α_{Teng} 取值，此值即可作为该温度下的最佳 α_{Teng} 取值。

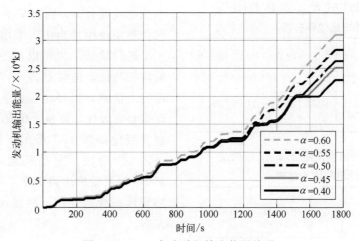

图 38-4 α_{Teng} 与发动机输出能量关系

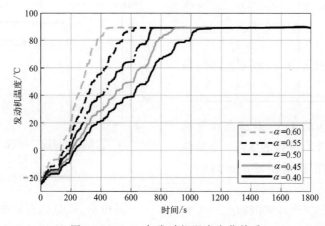

图 38-5 α_{Teng} 与发动机温度变化关系

为验证以上分析，本章又对不同 α_{Teng} 下的发动机平均热效率进行了定量计算，发动机平均热效率 $\overline{\eta}_e$ 计算如式（38-4）所示。

$$\overline{\eta}_e = \frac{E_{\text{eng}}}{h_u \int \dot{m}_f \mathrm{d}t} \qquad (38\text{-}4)$$

式中，E_{eng} 为发动机总的输出能量；h_u 为柴油热值；$\dot{m}_f$ 可由前述得出。

计算结果如表 38-1 所示，结果表明，—25℃下 α_{Teng} 取 0.50 时发动机的平均热效率最高，达到 20.9%，在 0.50 附近其他 α_{Teng} 取值求得的发动机平均热效率均更低，因此可将 0.50 作为 —25℃ 下 α_{Teng} 最佳取值。同理，在各个温度下均能找到使发动机平均热效率最高的 α_{Teng} 取值，如表 38-2 所示。

表 38-1　—25℃时 α_{Teng} 取值与发动机平均热效率关系

α_{Teng} 取值	0.40	0.45	0.50	0.55	0.60
发动机平均热效率/%	19.1	19.8	20.9	19.6	18.8

表 38-2　不同温度下最佳 α_{Teng} 取值及发动机平均热效率

发动机温度/℃	—25	—10	5	20	35	50	65
α_{Teng} 取值	0.50	0.61	0.70	0.87	0.93	0.94	0.98
发动机平均热效率/%	20.9	22.8	24.8	27.0	29.6	32.8	36.9

将各温度下最佳的 α_{Teng} 取值点在坐标系中描出，经过拟合，得到的 α_{Teng} 与发动机温度 θ_{eng} 关系如图 38-6 所示，近似呈二次函数关系。

$$\alpha_{\text{Teng}} = -0.000045\theta_{\text{eng}}^2 + 0.00073\theta_{\text{eng}} + 0.71 \qquad (38\text{-}5)$$

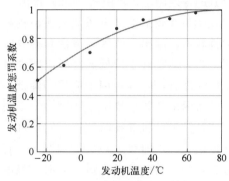

图 38-6　发动机温度惩罚系数

38.3　离线仿真测试

本节将计及热特性的能量管理策略应用于插电式混合动力物流车动力系统模型以及热管理系统模型当中，采用 C-WTVC 循环工况进行验证。为突出 CD-CS 策略在两个阶段的特性，选取 10 个 C-WTVC 循环工况进行了仿真，以环境温度为 30℃ 为例，验证策略有效性。在整个仿真工况中，发动机温度变化如图 38-7 所示，车辆在 4288s 时进入 CS 阶段，发动机启动，开始升温；4603s 时发动机达到正常工作温度，随后在热管理系统的作用下将温度控制在了 89℃ 左右。

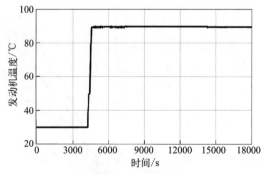

图 38-7　发动机温度变化

其电池 SOC 轨迹如图 38-8 所示，可以看出电池 SOC 轨迹体现出了 CD-CS 策略中明显的 CD 和 CS 阶段，在 CD 阶段电池 SOC 由 0.8 下降至 0.3，在 4288s 进入了 CS 阶段，并能够将电池 SOC 维持在 0.3 左右。

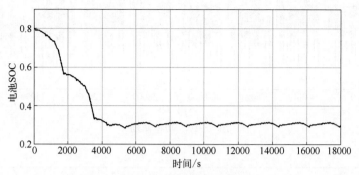

图 38-8　电池 SOC 轨迹

车速跟随情况如图 38-9 所示，可以看出，无论是在 CD 阶段还是 CS 阶段，且无论发动机处于低温状态还是正常工作温度状态，实际车速曲线均能与参考车速曲线基本重合，车速跟随情况良好。

混合动力系统的总输出功率与总需求功率对比如图 38-10 所示，可以看出，系统在 CD 阶段和 CS 阶段以及发动机各种温度状态下总输出功率均能与需求功率基本一致，能够满足车辆动力性需求。

发动机和电池的实际输出功率如图 38-11 所示，由于前一阶段系统处于 CD 阶段，以纯电模式运行，车辆动力完全来源于动力电池，发动机处于停机状态，故其输出功率为零。在 4288s 时，电池 SOC 降低至阈值 0.3，系统进入 CS 阶段，车辆动力同时来源于发动机和动力电池，此时发动机介入，由图 38-11 可以看出，由于发动机分担了一部分功率，电池的输出功率有所减少。

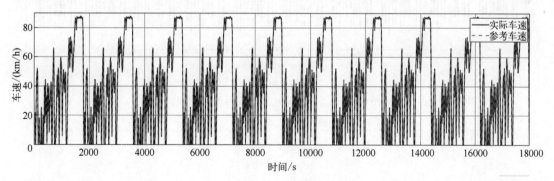

图 38-9　车速跟随

选取 CS 阶段的第一个循环工况即 5400~7200s 区间研究等效因子的自适应调节过程，此区间内等效因子以及电池 SOC 的变化过程如图 38-12 所示，电池 SOC 的参考值为 0.3。由图 38-12 可见，当电池 SOC 较大时等效因子趋向于减小，使电池分担更多的功率，以使 SOC 降低；反之则等效因子趋向于增大，使发动机分担更多的功率，以使 SOC 增大。在等效因子自适应调节机制下，策略在每个工况内均能使电池 SOC 平衡，达到良好的电池电量维持效果。

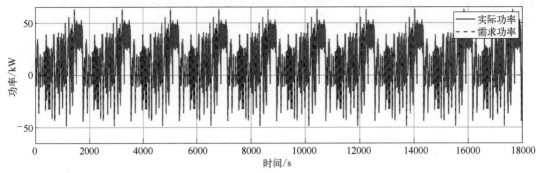

图 38-10　功率跟随

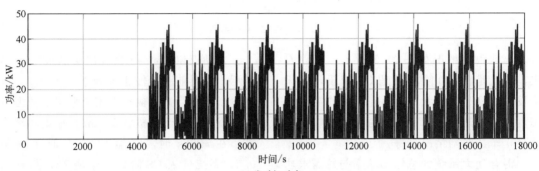

(a) 发动机功率

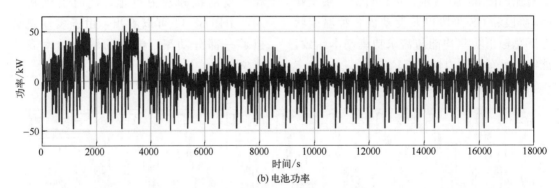

(b) 电池功率

图 38-11　发动机和电池的实际输出功率

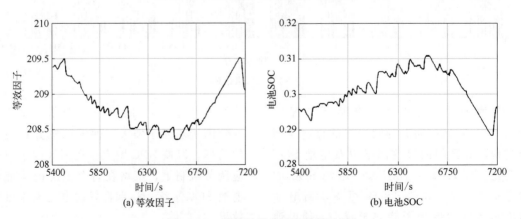

(a) 等效因子　　　　　　　　　　　(b) 电池SOC

图 38-12　等效因子自适应调整过程

38.4 策略对比分析

为验证优化策略在燃油经济性上的贡献，本节将特别在高温（30℃）以及低温（−25℃）工况下对 TAECMS 与 AECMS 进行详细对比分析（二者的区别仅为是否计及热特性，仿真结果的差异仅由此因素引起），并与基于规则的能量管理策略（Rule-based）、定等效因子等效燃油消耗最小策略（ECMS）的油耗进行对比，从而论证 TAECMS 的节油效果。以 30℃ 测试工况为例说明 TAECMS 的节油原理，TAECMS 与 AECMS 的发动机功率、等效因子及电池

SOC 对比情况如图 38-13 所示。由图 38-13 可知，系统在 4288s 时进入 CS 阶段，即启动功率分流模式，发动机开始工作，策略开始发挥作用。发动机启动初期温度较低，此时发动机工作油耗较大，为使油耗尽量降低，此时策略会减小等效因子，进而降低发动机输出功率，系统倾向于电功率输出，导致电池 SOC 略有降低。当发动机达到正常工作温度后，通过 SOC 反馈调节机制，适当增加发动机输出功率以维持电池 SOC 平衡。TAECMS 的节油机理为：当发动机低温油耗较高时降低发动机输出功率，以维持电池 SOC 平衡，当发动机升至正常温度时再增加其输出功率，以此尽量避开发动机低温低效工作区间，达到降低整体油耗的目的。

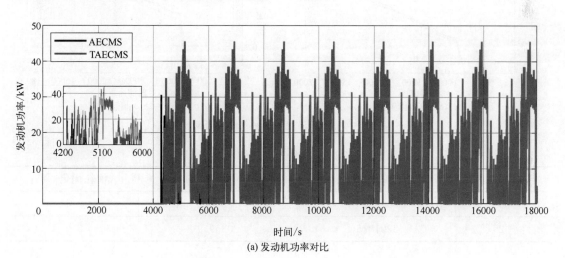

(a) 发动机功率对比

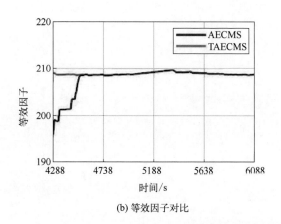

(b) 等效因子对比

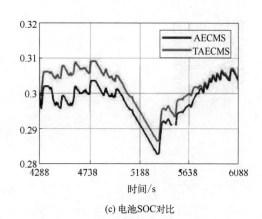

(c) 电池SOC对比

图 38-13　两种策略下发动机功率、等效因子以及 SOC 变化

TAECMS 和 AECMS 在 30℃ 以及 −25℃ 下的油耗对比如图 38-14 所示。因研究对象为一插电式混合动力汽车，电池容量相对于非插电式混合动力汽车较大，在测试工况内允许电池有一定的电量消耗，车辆的整体能耗由油耗和电耗两部分组成，但本节均在电池初始 SOC 为 0.8、终了 SOC 约为 0.3 的前提下得出，不同策略的电耗基本一致，故仅对比发动机油耗即可说明车辆的经济性。由图 38-14 可知，仿真初期车辆处于 CD 阶段，以纯电模式行驶，此时发动机油耗为 0，进入到 CS 阶段的初期，由于发动机温度较低，瞬时油耗较大，总油耗增长较快，在环境温度为 30℃ 时 AECMS 算法的总油耗 16065.0g，采用了 TAECMS 算法后油耗降至 15676.2g，此温度下考虑系统热特性后油耗优化了 2.4%；由于 −25℃ 时发动机工作温度更低且低温工作时间更长，其总油耗也更高，AECMS 算法的总油耗达到了 22010.6g，采用 TAECMS 的油耗降至 20859.9g，此温度下考虑系统热特性后油耗优化了 5.2%，油耗对比结果如表 38-3 所示。

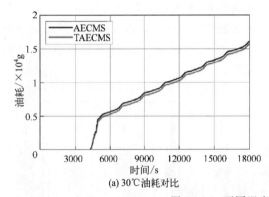
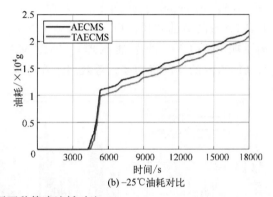

(a) 30℃ 油耗对比　　　　(b) −25℃ 油耗对比

图 38-14　不同温度下两种策略油耗对比

表 38-3　热管理系统能耗对比

环境温度/℃	AECMS 策略油耗/g	TAECMS 策略油耗/g	油耗优化/%
30	16065.0	15676.2	2.4
−25	22010.6	20859.9	5.2

扫一扫

本章小结

第10篇

新能源汽车的节能技术

新能源汽车如何节能、其节能潜力多大，是新能源汽车领域的一个普遍的基础性研究课题。新能源汽车有多种类型，其中插电式混合动力汽车因在纯电动行驶功能基础上又具备混合动力基本属性，故而相较于其他类型新能源车辆存在构型繁多、设计更复杂、控制更困难等技术难点，因此，研究（插电式）混合动力汽车基本属性被认为是新能源汽车技术研究的重要突破口。从驱动能量形式分析，纯电动汽车可被看作是混合度为零的混合动力汽车，而燃料电池汽车则是电与电混合的混合动力汽车，因此新能源汽车节能的本质均能以混合动力的形式进行定义。换句话说，对新能源汽车节能研究的实质的重要突破口是研究混合动力系统的节能机理，具体而言，即考查混合动力汽车能量消耗特点，并单独分析各节能途径对节能的贡献率，以获知整车的最大节能潜力。

混合动力汽车节能途径可以归结为两个方面，一是整车设计，二是整车控制。通过深入研究混合动力汽车的节能机理，定量地分析每种节能途径的贡献，可以为整车性能改善与技术方案的选择指出明确方向。

例如，通过节能机理分析可预测消除怠速对节能的贡献，如果通过消除怠速的手段能够达到节能指标要求，整车设计方案就可选择成本较小、改动较少的ISG（集成启动与发电）方案，从而缩短混合动力汽车的研发周期，降低开发成本。另外，通过节能机理的研究，可考核各节能措施的应用价值并为动力总成设计提供依据。例如，传统城市公交客车运行过程中启停频繁，导致大量能量通过制动系统的摩擦以热能的形式散发到大气中，不仅造成制动系统的过度磨损，还对环境造成一定污染。

混合动力公交客车可通过设计复式制动系统进行制动力的合理分配，并尽最大可能回收再生制动能量；复式制动系统能为混合动力客车带来多少节能贡献，其性能是否高于传统的制动系统，以及如何选择电机的参数，以最大程度回收制动能量等问题，均可通过节能机理研究给出明确的答案。另外，节能机理研究还能定量考核降低发动机功率对整车的节能贡献，为混合动力汽车发动机选择提供理论依据。

目前，国内尚未针对混合动力汽车的节能机理进行过深入细致的研究，更鲜有相关文献和报道对混合动力汽车多节能途径进行定量深入考查，国外对混合动力汽车能量消耗特点及节能机理进行深入研究的也并不多见。

为了分析混合动力汽车在确定工况下的能量消耗特点以及不同节能措施的节能贡献，本书在确定车辆功率流关系的基础上建立了不同部件的能量计算模型。然而，混合动力汽车功率需求的大小直接影响车辆的能量消耗，因此，准确地计算出需求功率对分析混合动力汽车节能机理至关重要。本章首先给出了一般的传统功率计算方法，然后针对传统功率计算方法的不足，提出一种直接通过加速性指标，设计整车动力源总功率的合理实用的求解方法。

39.1 需求功率的计算方法

由动力性求解汽车总功率需求的传统方法，一般是通过理论与仿真相结合，采用逐步迭代的方法来确定。

传统功率计算方法从保证汽车预期最高车速的角度，初步选择汽车总的需求功率。传统计算方法中，以最高车速作为动力性指标中的重要一项，也能够反映出汽车的加速和爬坡能力。依据车辆的最高车速，用滚动阻力功率 P_f 与空气阻力功率 P_w 之和来估算车辆的最大需求功率。

$$P_1 = P_f + P_w = \frac{1}{3600\eta_t}\left(Mgfv + \frac{C_D A}{21.15}v^3\right)$$

$$(39\text{-}1)$$

式中，P_1 为车辆以最大车速行驶时的总功率；C_D 为空气阻力系数；A 为汽车迎风面积；f 为汽车滚动阻力系数；η_t 为传

动系统的机械效率；M 为满载质量；g 为重力加速度；v 为车速。

为了确保车辆能够满足设计中的爬坡度的要求，计算出车辆以一定的速度在一定的坡度上行驶时，车辆的需求功率还需要考虑车辆的坡度阻力功率 P_i，如式（39-2）所示。

$$P_2 = P_f + P_w + P_i$$

$$= \frac{1}{3600\eta_t}\left(Mgfv\cos\theta + \frac{C_D A}{21.15}v^3 + Mgfv\sin\theta\right)$$

$$(39\text{-}2)$$

式中，P_2 为车辆以一定的速度在一定的坡度上行驶的总功率；θ 为道路坡度角度；η_t 为传动系统的机械效率。

最终，采用 P_1 和 P_2 中的较大值作为整车功率的功率需求值。由于该传统的功率计算方法仅考虑了车辆的最高车速和爬坡性能的要求，依据该公式计算出来的最大功率不是总能满足车辆加速性要求。因此，一般情况下，还需要进行以下几步才能最终确定出正确的整车需求功率。

① 先结合附件功率初定一个最大功率，然后依据该参数进行混合动力汽车各个动力源参数的匹配。

② 得到各部件的参数后，在仿真软件中建立混合动力汽车整车模型，进行仿真，求解当前车辆的加速时间。

③ 当仿真得到的加速时间不符合车辆设计要求时，对需求功率进行修改，然后重复上述步骤①和②，直到仿真的结果达到设计要求规定的加速时间时，需求功率才能够被确定下来。

这种传统的求解汽车总功率需求的方法，通过理论与仿真相结合，采用逐步迭代

的方法一方面不直观，另一方面也存在往返周期长的问题。

为了解决上述问题，本节探讨一种依据加速时间计算需求功率的方法，并详细推导此种方法的理论方程，探讨方程中的影响系数，再与汽车的加速过程仿真曲线进行综合对比，寻求并验证该方法的合理性和实用性。

（1）实用的功率计算方法

对于大多数汽车，动力源最大功率往往是由加速性能指标决定，即只要加速性指标得到满足，其他动力性指标同时也会满足。例如，设计某传统汽车时，为保证其加速和爬坡性能，发动机的最大功率选定约为车辆以 100km/h 在平路上行驶时需求功率的 10 倍，或者是在 6％坡度上以 100km/h 行驶时需求功率的 3～4 倍。如图 39-1 所示为质量 1000kg 的汽车在水平路加速过程所需功率与匀速（100km/h）过程所需功率的仿真对比，即加速功率与高速匀速功率需求对比，可见整车加速功率需求远大于高速匀速行驶功率需求。

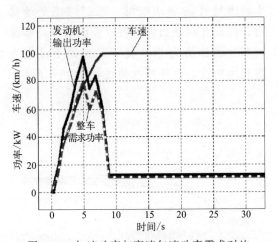

图 39-1　加速功率与高速匀速功率需求对比

（2）车辆加速性理论方程

依据车辆加速性指标直接求解动力源总功率时，首先做如下假设。

① 动力源输出特性曲线为等功率曲线［传统汽车的多挡变速，纯电动汽车（EV）

的电机外特性均近似等功率］。

② 忽略加速过程的滚动阻力与空气阻力（对于低速加速过程，道路阻力项数值很小）。根据此假设，汽车的动力平衡方程如式(39-3) 所示，其中，F、v 分别为动力源的驱动力与车速；M 为整车质量。

令常功率数值为 P，公式推导如下。

$$a = \frac{F}{M} = \frac{\mathrm{d}v}{\mathrm{d}t} \xrightarrow{F(v)=\frac{A}{v}} \frac{P}{Mv} \quad (39\text{-}3)$$

$$= \frac{\mathrm{d}v}{\mathrm{d}t} \xrightarrow{B=\frac{P}{M}} B\,\mathrm{d}t = v\,\mathrm{d}v$$

$$\int_0^{t_\mathrm{m}} B\,\mathrm{d}t = \int_0^{v_\mathrm{m}} v\,\mathrm{d}v \quad (39\text{-}4)$$

$$2B = \frac{v_\mathrm{m}^2}{t_\mathrm{m}} = \frac{v^2}{t} \rightarrow v = v_\mathrm{m}\left(\frac{t}{t_\mathrm{m}}\right)^{0.5} \quad (39\text{-}5)$$

因此，汽车起步加速过程车速曲线可以按下式来近似表示。即

$$v = v_\mathrm{m}\left(\frac{t}{t_\mathrm{m}}\right)^x \quad (39\text{-}6)$$

式中，x 为拟合系数，一般为 0.5 左右；t_m、v_m 分别为加速过程的时间和末车速；t 为时间；v 为时间为 t 时刻的当前车速。

（3）加速性理论方程影响系数分析

由上述可见，利用式(39-6) 表示汽车加速过程车速曲线，可方便地估计汽车的动力性。式(39-6) 中的系数 x 的取值会影响理论整车加速过程与汽车实际加速过程的拟合程度。相关资料对此系数进行的论述，认为 x 的大致范围为 0.47～0.53。因为汽车动力源的外特性本身就是近似等功率曲线，若车辆的加速性比较好，即大于等功率曲线，说明汽车加速性好，则系数 x 取值小。当系数 x 取不同数值时，该曲线变化规律根据上述理论公式(39-6) 可知，它就是一条指数函数 a^x 变化曲线，当 a 小于 1 时，x 越小，指数函数值越大，即汽车加速的车速越高。对比曲线仿真，验证了这一结论，如图 39-2 所示。

通过上述推导与对比可知：将拟合系数

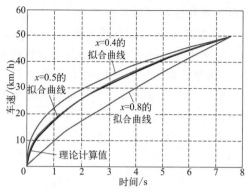

图 39-2 加速曲线拟合比较

x 取值定为 0.5 是通过假设为理想恒功率源，并忽略滚动阻力与空气阻力得到的。对于实际情况：当考虑阻力时，车速增加较慢，则拟合系数 $x > 0.5$，拟合系数越大说明车辆阻力越大；当不考虑阻力时，或对于动力性强的汽车，其动力源外特性比恒功率特性曲线靠外，则拟合系数 $x < 0.5$，越小说明其动力性越强。

（4）动力源总功率

依据上述加速性理论方程，可推导出直接由加速性指标求动力源总功率的方法。假设整车在平坦路面加速，根据整车加速过程动力学方程，其瞬态过程总功率如下。

$$P_{all} = P_j + P_f + P_w$$
$$= \frac{1}{3600\eta_t}\left(\delta M v \frac{dv}{dt} + Mgfv + \frac{C_D A}{21.15}v^3\right)$$

（39-7）

式中，P_{all} 为加速过程总功率；P_j 为加速功率；P_f 为滚动阻力功率；P_w 为空气阻力功率；δ 为旋转质量换算系数。

由于假设加速过程中动力源最大输出功率为恒功率，所以整个加速过程的动力输出平均功率与动力源最大功率相同，即

$$P_{all} = \frac{W}{t_m} = \frac{\int_0^{t_m}(P_f + P_j + P_w)dt}{t_m}$$
$$= \frac{1}{3600 t_m \eta_t}\left(\delta M \int_0^{v_m} v\,dv + Mgf\int_0^{t_m} v\,dt + \frac{C_D A}{21.15}\int_0^{t_m} v^3\,dt\right)$$

（39-8）

令 $v = v_m\left(\dfrac{t}{t_m}\right)^{0.5}$ 代入式（39-8）得到：

$$P_{all} = \frac{1}{3600 t_m \eta_t}\left[\delta M \frac{v_m^2}{2} + Mgf\int_0^{t_m}\right.$$
$$\left. v_m\left(\frac{t^{0.5}}{t_m^{0.5}}\right)dt + \frac{C_D A}{21.15}\int_0^{t_m} v_m^3\left(\frac{t^{1.5}}{t_m^{1.5}}\right)dt\right]$$

（39-9）

化简得到

$$P_{all} = \frac{1}{3600 t_m \eta_t}\left(\delta M \frac{v_m^2}{2} + \right.$$
$$\left. Mgf \frac{v_m}{1.5 t_m} + \frac{C_D A v_m^3}{21.15 \times 2.5}t_m\right)$$

（39-10）

汽车动力源输出功率的主要项为第一项（加速功率）。一般整车的加速功率需求远大于其他两项。

（5）驱动外特性假设

为了说明上述理论计算公式能否应用到汽车动力源功率设计中，假设某一驱动电机，其外特性尽可能按等功率曲线输出，但由于实际动力源不可能完全做到等功率输出，譬如，某纯电动汽车动力源为近似等功率输出特性的驱动电机。匹配两挡变速器后，假设此时动力源外特性曲线的最高转速与基速的比值为 30，使其动力源更接近于等功率曲线，该外特性曲线如图 39-3 所示。

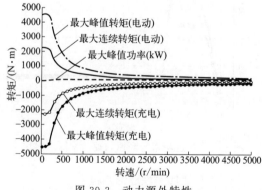

图 39-3 动力源外特性

根据此动力源外特性，分别进行理论计算与仿真，并分别就考虑与不考虑汽车加速过程的其他阻力（滚动阻力与空气阻力），

对比不同的计算方法求解的整车加速性能。

（6）仿真结果与理论对比

对于上述近似等功率特性的动力源驱动整车行驶，仿真曲线、理论积分计算加速曲线与拟合曲线对比，如图 39-4 所示。

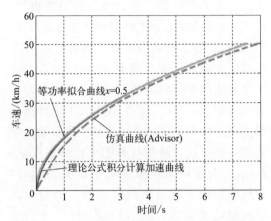

图 39-4　不同方法对加速功率计算和车速预测

可见，上述各条加速过程曲线吻合较好，特别是等功率拟合曲线与理论积分法基本完全吻合，而它们与实际仿真曲线在加速后期吻合也较好。在上述三条曲线的基础上增加实际的阻力项，即考虑整车的空气阻力与滚动阻力时，利用不同的计算方法对其加速曲线与加速时间进行计算，结果对比如表 39-1 所示。

表 39-1　不同计算方法加速过程曲线对比

计算方法	0～50km/h 加速时间/s	与仿真结果偏差/s	误差率/%
真实动力源实际仿真曲线	7.9	—	—
等功率动力源忽略阻力拟合曲线法 $x=0.5$	7.51	0.39	4.9
真实动力源忽略阻力理论积分法	7.51	0.39	4.9
真实动力源不忽略阻力理论积分法	8.17	0.27	3.4

四种计算方法的汽车加速曲线对比如图 39-5 所示。

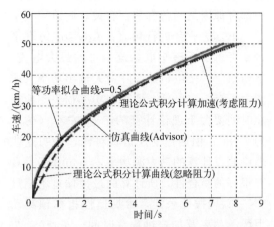

图 39-5　四种计算方法加速车速曲线对比

上述结果表明，用汽车理论公式法计算出的加速车速和等功率拟合出的加速车速曲线非常吻合。汽车理论公式法是通过逐一迭代积分求解，即通过对动力源外特性驱动力求解后，求得加速度，利用加速度倒数积分得加速曲线。这种方法与等功率拟合曲线的计算方法均是在一种假定理想状态下（即没有考虑阻力项）进行的，因此，它们之间只是在加速初期偏差稍大，而其后完全吻合。这是由于汽车理论公式法计算时不是完全按等功率（这里假设的动力源基速 170r/min 以下为恒转矩，不可能无穷大），因此低速加速时车速稍低。

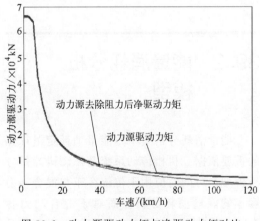

图 39-6　动力源驱动力矩与净驱动力矩对比

而理论计算与仿真的加速曲线有一定偏差，产生偏差原因之一在于仿真过程并没有忽略加速过程的滚动阻力与空气阻力；还有一部分原因是与仿真平台有关，此研究是基于 Advisor 平台进行仿真。Advisor 仿真平台要考虑实际整车电系统本身的最大电流、电压限制，使电机的实际最大输出功率（或能力）有一定降低，即存在功率损失，使加速时间要大于理论计算的 7.5s 左右（仿真为 7.9s）。但通过上述仿真对比，表明这些理论假设计算的动力源功率，与仿真还是具有很好的吻合性，所计算的最大偏差不超过 5%。说明按此公式，由加速性指标预测动力源总功率及加速过程（时间、车速），与实际仿真情况的偏差控制在工程允许的误差范围内。

进一步分析考虑或不考虑汽车加速过程中的阻力影响的情况。如图 39-6 所示，考虑阻力的理论计算曲线与不考虑阻力的理论计算曲线，在低速时吻合非常好。对比两驱动力与去除阻力后的净驱动力，如图 39-6 所示。可见，由于低速阻力小的原因，两者驱动力接近，因此加速曲线非常吻合，在高速时由于空气阻力增加，使两者之间的吻合性不如低速时好。考虑阻力后，按理论积分计算的加速曲线与 Advisor 仿真曲线还是比较接近。理论计算的加速时间 $0\sim50\text{km/h}$ 为 8.17s，与 Advisor 仿真的 7.9s，其偏差更小些，仅为约 3%。

39.2 能量消耗分析模型

能量消耗分析模型是能量消耗定量计算的重要依据。机械传动系统及发动机能量分析模型，可同时应用于传统客车与混合动力客车的能量消耗分析。而对于混合动力客车，还需建立电系统（包括电机、逆变器及电池）的能量计算模型。混合动力汽车的能量消耗是通过对各动力总成的功率积分计算得到的，因此，能量消耗计算以研究其功率流为基础。传统客车与混合动力客车的能量消耗分析都是以传动系统之间功率流为基础，因此，为了研究混合动力客车的节能机理，须建立这些动力总成的能量消耗计算模型。

如图 39-7 所示为并联式混合动力客车的功率流关系示意。图中，$v(t)$、$h(t)$ 为工况要求的车速和坡度，即车速、坡度对时间的历程；$\dot{v}_t$、$w(t)$ 为由工况车速计算的加速度及传动系统转速，为基于汽车动力学方程，由车速、坡度计算的车轮功率要求；$P_{dl}(t)$ 为机械驱动系统功率要求；$f_{dl}(t)$ 为机械驱动系统功率损失函数；$P_t(t)$ 为合成器功率需求；$P_e(t)$、$P_m(t)$、$P_s(t)$ 分别为发动机、电机和电池功率需求；$f_e(t)$、$f_m(t)$、$f_s(t)$ 分别为发动机燃油消耗函数、电机效率（损失）函数和电池效率函数；$E(t)$ 为电池能量。

在上述功率流关系图中，汽车动力学模型主要是通过循环工况的要求车速或坡度（一般坡度为零）计算整车需求驱动力。该需求驱动力传递到车轮时，要受地面附着极限的限制，因此，它包括整车与车轮的建模，而机械传动系统的建模可以通过等效轴模型来简化。动力源模型分为发动机与电系统两大部分，而电系统模型又包括电机、逆变器和电池能量计算模型。

下面将分别对其进行讨论。

（1）整车动力学建模

由于城市公交客车为后轮驱动型，假设汽车在坡度为 α 的路面上，建立汽车后轮驱动动力学模型，并根据汽车驱动或制动附着极限来限制整车车速。

如图 39-8 所示为整车在坡度为 α 的路面上加速，在迭代步骤 dt 时间内，初始速度 v_0［由工况车速 $v(t)$ 迭代计算而得］，在极限附着力 F_{max} 的驱动力下所能产生的最大末速度为 v_t。

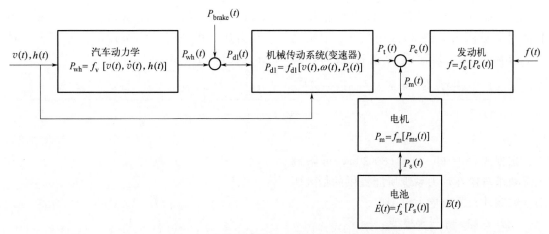

图 39-7　并联式混合动力客车的功率流关系

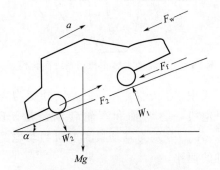

图 39-8　后轮驱动受力示意

根据力的平衡方程

$$F_{max} - F_w - F_f - F_i = Ma \quad (39\text{-}11)$$

$$F_{max} = F_2 \quad (39\text{-}12)$$

$$W_2 \mu_{max} = \left[Mg(1-f_{wt})\cos\alpha + \right.$$

$$\left. Mg\frac{h_g}{L}\sin\alpha + Ma\frac{h_g}{L} \right] \mu_{max}$$

$$(39\text{-}13)$$

式中，F_w 为空气阻力，N；F_f 为滚动阻力，N；F_i 为坡度阻力，N；F_{max} 为极限附着力，是由驱动后轮所能产生的最大力限制，N；F_2 为后轮驱动力，N；M 为整车质量，kg；g 为重力加速度，9.81m/s²；a 为汽车加速度，m/s²；W_1、W_2 分别为前后轮轴荷，N；f_{wt} 为前轮载荷系数；h_g 为质心高度，m；L 为前后轴距，m；α 为坡度弧度值；μ_{max} 为路面最大附着系数。

空气阻力 F_w、滚动阻力 F_f 和坡度阻力 F_i 计算式分别如下。

$$F_w = 0.5\rho C_D A v_{aver}^2 \quad (39\text{-}14)$$

$$F_f = Mg\alpha(f_1 + f_2 v_{aver})\cos\alpha$$

$$(39\text{-}15)$$

$$F_i = Mg\sin\alpha \quad (39\text{-}16)$$

加速度 a 和迭代步骤内的平均速度 v_{aver} 分别为：

$$a = \frac{v_t - v_0}{dt} \quad (39\text{-}17)$$

$$v_{aver} = \frac{v_t + v_0}{2} \quad (39\text{-}18)$$

式(39-14)~式(39-18)中，ρ 为空气密度，kg/m³；f_1、f_2 分别为前后轮滚动阻力系数，与轮胎压力成正比；C_D 为风阻系数；A 为迎风面积，m²；v_{aver} 为迭代步骤内的平均速度，m/s。

将式（39-14）~式（39-18）分别代入式(39-13)，化简可得，当后轮达到附着极限时，汽车在迭代步骤末所能达到的最大速度

$$v_t = \frac{Mg\mu_{max}(1-f_{wt})\cos\alpha + Mg\mu_{max}\dfrac{h_g}{L}\sin\alpha\quad\dfrac{M\mu_{max}v_0 h_g}{L\,dt}\quad Mg(f\cos\alpha+\sin\alpha)-0.5Mgf_2 v_0\cos\alpha-\dfrac{1}{8}\rho C_D A v_0^2+\dfrac{Mv_0}{dt}}{\dfrac{3}{8}\rho C_D A v_0 + 0.5Mgf_2 v_0\cos\alpha+\dfrac{M}{dt}-\dfrac{M\mu_{max}h_g}{L\,dt}}$$

$$(39\text{-}19)$$

对于制动情况，同样分析当后轮发生制动附着极限时，图 39-8 中的 F_2 为制动力，方向相反，其他受力情况相同，即

式（39-13）同样适应制动情况。因此，制动力达到极限时，汽车在迭代步骤末所能达到的最小车速

$$v_t = \frac{Mg\mu_{\max}(f_{wt}-1)\cos\alpha - Mg\mu_{\max}\dfrac{h_g}{L}\sin\alpha + \dfrac{M\mu_{\max}v_0 h_g}{L\,dt} - Mg(f\cos\alpha+\sin\alpha) - 0.5Mgf_2 v_0\cos\alpha - \dfrac{1}{8}\rho C_D A v_0^2 + \dfrac{Mv_0}{dt}}{\dfrac{3}{8}\rho C_D A v_0 + 0.5Mgf_2 v_0\cos\alpha + \dfrac{M}{dt} + \dfrac{M\mu_{\max}h_g}{L\,dt}}$$

（39-20）

根据式（39-19）和式（39-20），可限制工况要求车速在动力系统所能提供的最大驱动（或制动）限制能力范围内。

（2）车轮能量计算模型

车轮能量消耗 E_{wh} 是通过对车轮驱动或制动功率进行积分计算得到的，即

$$E_{wh} = \frac{1}{3600}\int P_{wh}\,dt \qquad (39\text{-}21)$$

对于驱动情况

$$P_{wh} = \frac{T_{wh}\omega_{wh}}{1000} = \frac{F_t r\omega_{wh}}{1000} \qquad (39\text{-}22)$$

对于制动情况

$$P_{wh} = \frac{T_b\omega_{wh}}{1000} \qquad (39\text{-}23)$$

式中，E_{wh} 为车轮能量消耗，kW·h；ω_{wh} 为车轮转速，rad/s；T_{wh}、T_b 分别为车轮驱动力矩与制动力矩，N·m；F_t 为车轮驱动力，N；r 为车轮半径，m。

后轮驱动力须小于极限附着力，即 $F_t \leqslant F_{\max}$。

（3）机械传动轴等效模型

混合动力客车节能机理研究，主要考虑的能量消耗分析模型为车轮与动力源模型，中间机械部件的能量流，可简化为机械传动固有效率与固有转速比关系进行转换，即可以把总机械传动系统的模型按图 39-9 所示来简化。它相当于四个力矩作用到等效驱动轴上：发动机转矩 T_e、电机转矩 T_m、制动力矩 T_b 和有效负载力矩 T_1。等效驱动轴的转动惯量 J_{eq} 可根据牛顿力学第二原理与转动惯量等效原则，按式（39-24）计算。

$$J_{eq} = J_e K_e^2 + J_m K_m^2 + J_{wh}K_{wh}^2 + r^2 M K_{wh}^2 + J_s$$

（39-24）

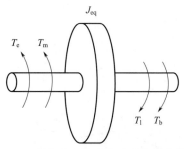

图 39-9　混合动力客车传动系统简化模型

式中，J_e、J_m、J_s、J_{wh} 分别为发动机、电机、驱动轴和车轮转动惯量；K_e、K_m、K_{wh} 分别为发动机、电机与车轮到驱动轴的速比。

（4）发动机能量计算模型

发动机能量消耗建模可归类为两种，一种为发动机理论模型，即在发动机各特征参数已知的条件下，利用热力学知识及燃料燃烧模拟求得发动机各输出参数；另一种为发动机实测模型，对实际选定的发动机进行实测，建立起数据库（发动机输出转矩、转速、燃油消耗率），利用查表法或数据拟合法模拟发动机的工作特性。发动机理论模型具有应用范围广的特点，无需对发动机进行预先的测试，但模型建立比较困难，需要考虑的实际因素比较多。发动机实测模型比较简单，精确度也比较高，但需要预先确定出发动机的选型。本书采用的是发动机实测模型。

① 发动机使用外特性建模　发动机使用外特性下输出转矩 T_e 是转速 ω_e 的函数，常用以下多项式表示。

$$T_e = \sum_{i=0}^{k} a_i \omega_e^i \qquad (39\text{-}25)$$

系数可直接由 Matlab 提供的函数 IN-TERPER1 通过一维线性插值进行计算。

② 发动机燃油消耗特性建模 发动机燃油消耗特性为发动机转矩 T_e 与转速 ω_e 的函数，可采用以下数学模型：

$$b_e = \sum_{j=0}^{s} \sum_{i=0}^{j} a_k T_e^i \omega_e^{j-1} \quad (39\text{-}26)$$

式中，b_e 为发动机有效燃油消耗率，g/(kW·h)；a_k 为拟合系数，$k = 0.5(j+1)(j+2)-j-1+i$；s 为曲面拟合阶数。

可由 Matlab 提供的函数 INTERPER2 通过二维线性插值进行计算。这样，发动机的能量消耗可由燃油消耗率（fuel_ratio）积分进行求解，而燃油消耗率则可通过由驱动系统所计算的发动机功率（或由转矩与转速）确定，如下所示。

$$\text{fuel\_ratio} = \frac{b_e(T_e,\omega_e)P_e(t)}{3600} \quad (39\text{-}27)$$

式中，fuel_ratio 为燃油消耗率，g/s；$P_e(t)$ 为发动机功率，kW，即 $P_e(t) = \dfrac{T_e \omega_e}{1000}$。

（5）电机能量计算模型

与发动机能量积分统计建模方法一样，建立电机稳态效率模型。由于不用考虑其动态控制过程，可以用直流电机模型来进行研究，而交流电机可以通过其交直轴等效变换为近似直流电机，因此，仅以直流电机的能量关系进行建模。

电机的工作原理如图 39-10 所示。电机的感应电动势与转矩满足如下关系式

$$E = K_1 I_f \omega_r \quad (39\text{-}28)$$
$$T_m = K_1 I_f I_a \quad (39\text{-}29)$$

式中，ω_r 为电机转子转速，rad/s；I_a、I_f 为电机定子、转子电流，A；E 为电机感应电动势，V；T_m 为电机转矩，N·m；K_1 为电机结构参数常量。

电机定、转子的电压关系式如下。

$$U_a - E = I_a R_a + L_a \frac{dI_a}{dt} \quad (39\text{-}30)$$

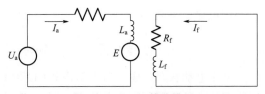

图 39-10　电机等效模型

$$U_f = I_f R_f + L_f \frac{dL_f}{dt} \quad (39\text{-}31)$$

式中，R_a、R_f 为电机定子、转子电阻，Ω；L_a、L_f 为电机定子、转子电感，H；U_a、U_f 为电机定子、转子电压，V。

通过上述方程，建立了电机的能量关系式，即可计算其输入、输出的机械功率与电功率。通过对其进行积分，便可以实现其能量的统计。也可根据其输出与输入功率的比值计算电机工作点的效率，即电机的稳态工作效率，如图 39-11 所示。

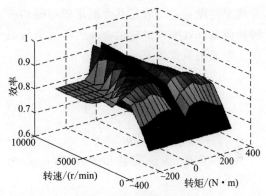

图 39-11　电机效率特性

一般地，电机的功率流如图 39-12 所示。

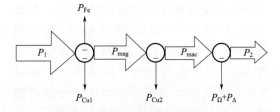

图 39-12　电动机的功率流

P_1—输入功率；P_{Cu1}—定子铜损；

P_{Fe}—定子铁损；P_{mag}—电磁功率；

P_{Cu2}—转子铜损；P_{mac}—总机械功率；

P_Ω—机械损耗功率；P_Δ—附加损耗功率；

P_2—输出功率

则电机工作效率为

$$\eta = \frac{P_2}{P_1} \times 100\% \qquad (39\text{-}32)$$

对于电动状态，输入功率是由式(39-31)所确定的定子电压与电流的乘积，输出功率为电机转子转速与转矩的乘积；对于发电状态，其方向正好相反，输入功率为电机转矩与转子转速之积的机械功率，输出功率为定子电压与电流之积的电功率。

（6）电机逆变器能量计算模型

逆变器功率关系如图 39-13 所示。逆变器的主要功能是通过电力电子元器件，控制电池向电机输出所需的变频电流。对于直流电机，逆变器主要是通过调节电压（升压或降压）来控制电机电流；对于交流电机，逆变器主要是产生所需频率和相位的相电压。因此，可以把逆变器看作是一个具有功率损失的变换设备，并假定其为恒定效率的功率转换设备（效率为恒定值 η_c）。其功率与电压、电流关系式如下。

$$P_c = \begin{cases} \eta_c \dfrac{I_a U_a}{1000} & I_a < 0 \\[2mm] \dfrac{I_a U_a}{1000\eta_c} & I_a \geqslant 0 \end{cases} \qquad (39\text{-}33)$$

式中，P_c 为逆变器功率，kW；η_c 为逆变器效率，%。

（7）动力电池能量计算模型

由于混合动力汽车的能量计算要对电池 SOC 进行校正，即电池模型主要根据其逆变器功率要求来计算动力电池 SOC，存在如图 39-13 所示逆变器功率流关系和图 39-14 所示的关系。其中，P_c 为逆变器要求的功率。动力电池 SOC 定义为：通过对动力电池功率的积分得到其消耗的电能量，然后与其能量容量的比值。其建模流程如图 39-15 所示。

其中，积分环节的初始值为电池的初始能量，由于假定电系统正功率是放电，即电系统能量减少，而负值为充电即电池能量增加。因此，图 39-15 中首先要用负号。限定

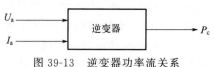

图 39-13　逆变器功率流关系

图 39-14　电池 SOC 输入输出关系

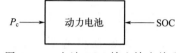

图 39-15　动力电池 SOC 计算能量流关系

环节主要将动力电池输出功率限制在电池的 P_{bmax} 与 P_{bmin} 范围内，其中，P_{bmax} 为电池的最大输出功率，P_{bmin} 为最小再生充电功率。假定动力电池的充放电效率为恒定值 η_b，BatCap 为动力电池的电能容量，其大小为动力电池电压与电容（C）的乘积，则动力电池能量流可由下述表达式描述。

$$P_c = \begin{cases} P_{bmin} & P_c < P_{bmin} \\ P_c & P_{bmin} \leqslant P_c \leqslant P_{bmax} \\ P_{bmax} & P_c > P_{bmax} \end{cases}$$

$$(39\text{-}34)$$

$$P_b = \begin{cases} -\eta_b P_c & P_c < 0 \\[2mm] \dfrac{-P_c}{\eta_b} & P_c \geqslant 0 \end{cases} \qquad (39\text{-}35)$$

$$\text{SOC} = \frac{1}{3600\text{BatCap}} \int P_b \, dt \quad (39\text{-}36)$$

式中，η_b 为动力电池充放电效率，%；P_b 为动力电池功率，kW；BatCap 为动力电池电能容量，kW·h，$\text{BatCap} = \dfrac{CU_a}{1000}$；$C$ 为动力电池容量，A·h。

上述能量消耗模型可应用于传统客车与混合动力客车的能量消耗分析，为混合动力汽车的节能途径和节能机理研究提供了对比依据。

39.3　基于工况的油耗分析方法

在能量消耗模型的基础上，分析车辆燃油消耗的特征，主要对车辆行驶过程中发动机工作点的分布进行研究。根据工况燃油消耗的仿真结果，考查发动机的输出转速、转矩、燃油消耗率等，即研究发动机工作点的分布及工作点在发动机 Map 图上的分布特性。早期针对发动机工作点分布的研究，主要从发动机二维分布点着手，只能定性得到其工作点在发动机 Map 图上的分布特性，很难直观和定量地分析发动机 Map 图上工作的时间比例及所消耗的燃油比例。

本节针对发动机工作点在其 Map 图上的分布特性，利用统计分析的方法对其进行以下定量研究。

① 研究发动机不同工作点（区域）的时间比例，探求发动机负荷的时间分布情况。

② 研究发动机不同工作点（区域）累计消耗燃油分布，寻找主要消耗燃油的工作点（区域）。

上述定量分析可为发动机 Map 图设计及汽车节能方向提供更有实际价值的指导。

扫一扫

本章小结

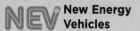

如前所述，传统型汽车的能量分析是混合动力汽车节能机理研究的重要基础。分析某混合动力客车的基准样车（即传统公交客车），在不同城市循环工况下能量消耗和燃油经济性，所研究的传统客车参数如表 40-1 所示。

表 40-1　传统客车的参数

类别	项目	数值
整车	总质量/kg	15000
	整备质量/kg	11000
	轴距/mm	5600
	轮距(前/后)/mm	2020/1847
	风阻系数 C_D	0.65
	迎风面积/m²	6.5
	外形尺寸(长×宽×高)/mm	11400×2480×2950
发动机	排量/L	7.127
	缸数	6
	最大热效率/%	40.89
	最大转矩/(N·m)	680(转速为 1400～1500r/min 时)
	最大功率/kW	157(转速为 2500r/min 时)
	最高转速/(r/min)	2500
传动系统速比	一挡	7.285
	二挡	4.193
	三挡	2.485
	四挡	1.563
	五挡	1.000
	超速挡	0.847
	倒挡	6.777
	驱动桥	6.333
轮胎	规格	10.00-20
	滚动半径/mm	509

40.1 典型循环工况的分析

整车燃油经济性在不同工况下的差别较大,其燃油经济性须针对与该车相适应的循环工况来进行研究。本节选择六个典型城市的公交客车循环工况,如图 40-1 所示为其车速-时间历程曲线。对于工况曲线,可通过以下特征值来进行研究:工况总运行时间 $T_{cyc}(s)$、行驶距离 $D(km)$、平均车速 v_{avg} (km/h)、最高车速 $v_{max}(km/h)$、最大加速度 $a_{max}(m/s^2)$ 及最大特定功率 $K_{max}(m^2/s^3)$(特定功率定义为 $2va$,表示单位质量

的整车动能变化率,v 为车速,a 为加速度)。其中,运行时间 $T_{cyc}(s)$ 可从工况数据直接得到,而循环工况的行驶距离 D、平均车速 v_{avg}、最高车速 v_{max}、最大加速度 a_{max}、最大特定功率 K_{max} 均可通过车速-时间历程曲线通过积分获得,其计算式分别如下。

$$D = \frac{1}{3600} \int_0^{T_{cyc}} v \, dt \qquad (40\text{-}1)$$

$$v_{avg} = \frac{1}{T_{cyc}} \int_0^{T_{cyc}} v \, dt \qquad (40\text{-}2)$$

$$v_{max} = \max(v) \qquad (40\text{-}3)$$

$$a_{max} = \max(dv/dt) \qquad (40\text{-}4)$$

$$K_{max} = \max\left(\frac{2v \, dv}{3.6 \, dt}\right) \qquad (40\text{-}5)$$

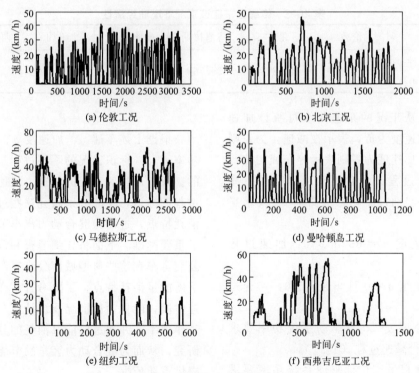

图 40-1　城市公交客车循环工况

按上述公式进行计算便可得到这些城市客车循环工况特征参数,结果如表 40-2 所示。其中各列代表不同典型城市公交客车循环工况。从循环时间和距离看,伦敦客车(London bus)和马德拉斯客车(Madras bus)城市循环工况较长,而北京客车(Bei-

Jing bus)、曼哈顿岛客车（Manhattan bus）及西弗吉尼亚客车（Wvucity bus）城市循环工况比较接近，纽约客车（New York bus）城市循环工况运行的时间和距离最短。同时，这些城市循环工况的最高车速都不高，在 40～60km/h 之间，平均车速更低，只有 6～23km/h，但加速性较高，最大加

速度在 1.1～2.8m/s² 之间，这反映了城市公交客车起车、加速、停车频繁的特征。分别针对这些工况，计算该传统客车的燃油经济性，结果如表 40-3 所示。可见，不同循环工况下，同一传统客车的燃油经济性的差别很大。

表 40-2　典型城市公交客车循环工况参数统计

工况	伦敦	北京	马德拉斯	曼哈顿岛	纽约	西弗吉尼亚
T_{cyc}/s	3288	1925	2689	1089	600	1408
D/km	12.123	7.237	17.486	3.324	0.989	5.317
$v_{avg}/(km/h)$	13.269	13.526	23.401	10.977	5.925	13.586
$v_{max}/(km/h)$	41.949	46.725	62.543	40.708	49.557	57.639
$a_{max}/(m/s^2)$	1.313	1.090	1.730	2.056	2.771	1.143
$K_{max}/(m^2/s^3)$	15.397	18.861	34.376	23.907	37.107	19.578

表 40-3　传统客车在该工况下燃油经济性

工况	伦敦	北京	马德拉斯	曼哈顿岛	纽约	西弗吉尼亚
燃油经济性 /(L/100km)	56.471	40.224	39.763	69.576	120.466	49.527

另外，从工况的车速曲线可统计加速度：如果加速度为负，表示在减速，为正则表示加速，加速度为零则表示停车或匀速行驶。而减速过程又包含制动减速和滑行减速，可进一步通过驱动系统功率 P_r 要求来判断。

① 加速度 $a = dv/dt > 0$：加速过程（T_{acc}）。

② 加速度 $a = 0$ 且车速 $v > 0$：匀速过程（T_{even}）。

③ 加速度 $a < 0$ 且驱动系统功率要求 $P_r = 0$：滑行减速过程（T_{slide}）。

④ 加速度 $a < 0$ 且驱动系统功率要求 $P_r < 0$：制动减速过程（T_{brake}）。

⑤ 车速 $v = 0$：停车过程（T_{stop}）。

驱动系统功率要求 P_r，可利用车轮功率要求 P_{wh} 来代替。

$$P_r = P_{wh} \qquad (40\text{-}6)$$

根据上述车速 v、加速度 a、车轮需求功率 P_{wh}，标识工况的不同过程是非常重要的。只有通过对工况的加速、减速及怠速等过程的标识，才能分别研究这些过程的能量消耗特点，进而为混合动力汽车节能研究打下重要基础。下面将详细考查和分析该传统公交客车在这些典型城市公交客车循环工况下的能量消耗特点，主要考查其在制动和怠速时段，能量消耗情况及统计整车传动系统工作效率，并通过对能量消耗的分离及定量研究，从而为混合动力客车的节能机理研究提供重要依据。

（1）整车制动工况下的能量损耗

典型城市客车循环工况都包含有制动过程，分析传统客车在制动工况下的能量消耗，可为混合动力技术回收再生制动能量研

究提供依据。对于某一给定循环工况下的整车性能仿真，当功率要求为负时，说明整车正在进行制动。对所有负功率进行积分求和即为该工况制动过程的总能量消耗 E_{brake}。

$$E_{brake} = \frac{1}{3600} \int_0^{T_{brake}} P_{wh} dt \quad (40-7)$$

式中，P_{wh} 为车轮功率需求，kW；E_{brake} 为车轮制动能量，kW·h；T_{brake} 为制动减速过程时间，s。

根据上述约束，其表达式如下。

$$T_{brake} = \sum t \,|\, (dv/dt<0) \,\&\, (P_{wh}<0) \quad (40-8)$$

则制动时间比例为

$$\beta_{Tbrake} = \frac{T_{brake}}{T_{cyc}} \times 100\% \quad (40-9)$$

对所有发动机输出功率求和，代表该工况下总的驱动能量要求 E_{cyc}，其计算公式如下。

$$E_{cyc} = \frac{1}{3600} \int_0^{T_{cyc}} P_e dt \quad (40-10)$$

式中，P_e 为发动机输出功率，kW；E_{cyc} 为总驱动能量需求，kW·h。

总制动能量消耗 E_{brake} 与总驱动能量需求 E_{cyc} 的比值代表车轮最大制动能量百分比

$$\beta_{Ebrake} = \frac{E_{brake}}{E_{cyc}} \times 100\% \quad (40-11)$$

根据上述分析，对传统城市客车在典型城市工况下的动力源（发动机）输出能量和车轮制动能量分别进行计算，并求其制动能量百分比，结果如表 40-4 所示。

表 40-4　制动情况消耗的能量统计

工况	伦敦	北京	马德拉斯	曼哈顿岛	纽约	西弗吉尼亚
$\beta_{Tbrake}/\%$	29.55	31.83	15.58	37.80	66.22	35.77
$E_{cyc}/(kW \cdot h)$	17.458	5.455	19.408	5.190	1.878	5.737
$E_{brake}/(kW \cdot h)$	-3.429	-0.892	-3.185	-0.955	-0.359	-0.850
$\beta_{Ebrake}/\%$	19.64	16.35	16.41	18.40	19.14	14.82

从表 40-4 可以看出，针对每一个典型城市循环工况，制动工况所消耗的能量占总消耗能量百分比都在 14％ 以上。其中，伦敦客车城市循环工况和纽约客车城市循环工况的最大制动能量占总能量约 20％，北京客车城市循环工况下最大制动能量为总消耗能量的 16％。

（2）发动机怠速模式下燃油消耗

对发动机怠速燃油消耗的定量研究，首先要标识出循环工况内的怠速过程。这可从典型城市公交客车循环工况的车速历程来判断。由于所研究的客车装备自动机械变速器（automatic mechanical transmission，AMT），在滑行减速过程离合器处于接合状态，发动机转速较高，而在制动减速过程（踩制动踏板）

离合器分离，发动机迅速回到怠速状态，所以传统客车只有在停车和制动减速过程中，发动机处于怠速状态。因此，发动机怠速燃油消耗需要统计这两个过程的能量消耗。从车速 v、加速度 a、工况车轮功率要求 P_{wh} 标识怠速过程，计算发动机怠速时间 T_{idle}（s）。

$$T_{idle} = \sum t(v=0) \,|\, (dv/dt<0) \,\&\, (P_{wh}<0) \quad (40-12)$$

怠速时间内燃油消耗量

$$L_{idle} = \int_0^{T_{idle}} \frac{fuel\_ratio}{\rho_{fuel}} dt \quad (40-13)$$

总燃油消耗量

$$L_{cyc} = \int_0^{T_{cyc}} \frac{fuel\_ratio}{\rho_{fuel}} dt \quad (40-14)$$

式中，L_{idle}、L_{cyc} 为怠速和总燃油消耗量，L；ρ_{fuel} 为燃油密度，g/L。

怠速时间比率 β_{Tidle} 与怠速燃油消耗比率 β_{Lidle} 分别为：

$$\beta_{\text{Tidle}} = \frac{T_{\text{idle}}}{T_{\text{cyc}}} \times 100\% \qquad (40\text{-}15)$$

$$\beta_{\text{Lidle}} = \frac{L_{\text{idle}}}{L_{\text{cyc}}} \times 100\% \qquad (40\text{-}16)$$

按上述公式，计算传统城市客车在典型城市循环工况下发动机怠速时间比率及怠速燃油消耗比率，结果如表 40-5 所示。

表 40-5　发动机怠速时间及燃油消耗统计

工况	伦敦	北京	马德拉斯	曼哈顿岛	纽约	西弗吉尼亚
T_{idle}/s	1791	929	1114	590	481	645
L_{idle}/L	1.876	0.977	1.204	0.620	0.505	0.674
L_{cyc}/L	6.847	2.912	6.924	2.292	1.146	2.631
$\beta_{\text{Tidle}}/\%$	54.45	48.24	41.41	54.13	80.03	45.78
$\beta_{\text{Lidle}}/\%$	27.40	33.56	17.38	27.06	44.04	25.62

通过表 40-5 可以看出，不管是在国内的北京客车城市循环工况，还是国外其他主要城市工况，公交客车循环工况的制动减速及停车怠速占的比例均较大，怠速时间占总循环工况时间均在 40% 以上。更为甚者，纽约客车城市循环工况的怠速时间甚至高达 80%，说明该城市的交通状况非常拥挤。由于传统客车在制动减速和停车过程中，发动机一直处于怠速状态，其所消耗的燃油占总燃油消耗的 17%～44%，如表 40-5 的最后一行所示。其中，纽约客车城市循环工况有约 44% 的燃油消耗在怠速段内，北京客车城市循环工况也有约 33.6% 的燃油消耗在怠速段内。

40.2　整车传动系统工作效率

整车传动系统工作效率主要与三方面有关，即发动机的峰值效率 η_{fcpk}、发动机部分负荷效率因数 F_{fcpart} 和机械传动系效率 η_t。其中，η_{fcpk} 为发动机的峰值热效率与最大机械效率之积，对于选定的发动机，其

为一定值；F_{fcpart} 为在某一工况下发动机的平均效率 η_{fcmean} 与 η_{fcpk} 的比值，因为绝大部分时间内发动机并不工作在峰值效率点，因此，F_{fcpart} 代表了发动机在某一工作过程内的平均效率和峰值效率的差别情况；η_t 为机械传动系效率，主要指变速器效率与后桥效率之积，为车轮输出能量与其变速器输入能量比，对于传统汽车为车轮输出能量与发动机输出轴输出能量的比值（忽略离合器效率）。

$$\eta_t = \frac{\int_0^{T_{\text{cyc}}} P_{\text{wh}}\, dt}{\int_0^{T_{\text{cyc}}} P_e\, dt} \times 100\% \qquad (40\text{-}17)$$

因此，整车传动系统总体效率 η_{veh} 为三者之积，即

$$\eta_{\text{veh}} = \eta_t F_{\text{fcpart}} \eta_{\text{fcpk}} \qquad (40\text{-}18)$$

按上述公式，分析整车在典型城市工况下的效率，计算结果如表 40-6 所示。从表中可以看出，整车的总体效率其实并不高，在 4%～17% 之间。虽然该传统客车选用的发动机为效率较高的柴油发动机，其峰值效率 η_{fcpk} 达到 40.89%，但从表 40-6 中的部分效率因数 F_{fcpart} 反映来看，平均效率离发动机峰值效率偏差较大，这说明绝大部分时间发动机并不在其峰值效率附近工作，因

此，尽管整车机械传动系统效率 η_t 较高，但整车总体工作效率 η_{veh} 并不高，最大的也只有 17% 左右，也就说明发动机本身的高效特点并没有充分发挥出来。

表 40-6 整车传动系统工作效率统计

工况	伦敦	北京	马德拉斯	曼哈顿岛	纽约	西弗吉尼亚
$\eta_{fcpk}/\%$	40.89	40.89	40.89	40.89	40.89	40.89
$F_{fcpart}/\%$	40.33	31.14	44.64	30.82	11.43	30.71
$\eta_t/\%$	93.30	92.60	92.82	92.75	91.09	92.99
$\eta_{veh}/\%$	15.39	11.79	16.94	11.69	4.26	11.68

40.3 能量消耗特点及混合动力节能途径

通过对典型城市公交客车循环工况进行分析，并对整车在这些工况下的能量消耗情况作了详细定量的研究，结果表明，发动机怠速消耗较多燃油，占总燃油消耗量的 17%~44%；整车在制动过程消耗的能量占总消耗能量的 14%~20%；整车效率不高的关键原因在于发动机的部分效率因数过小，没有充分发挥发动机的峰值效率。因此，若减小发动机功率，并控制发动机在高效区工作，则发动机的负荷率得到提高，相应燃油经济性可以得到改善。

同时，上述分析表明，混合动力技术可以从以下途径来改善整车的燃油经济性：

① 选择较小的发动机，从而提高发动机部分负荷效率；

② 改善控制策略，使发动机工作在高效区，以改善整车的燃油消耗；

③ 取消发动机怠速，以节省燃油消耗；

④ 对制动能量进行再生回收。

扫一扫

本章小结

通过传统型城市客车的能量消耗特点分析，可对比研究其混合型城市客车的能量消耗与节能机理，并从混合动力汽车四大节能途径分别进行深入定量研究。在本章，以混合动力城市客车为例，表41-1为上述传统公交客车和基于该传统型设计的某一混合动力城市客车参数对比，混合型客车的结构形式为双轴并联式，整车参数包括电机、发动机等。可见，基于传统城市公交客车，混合动力客车发动机由原来的6缸发动机变为4缸发动机，功率从原来的157kW变为117kW，减小了约25%。

表41-1　混合型与传统型城市客车参数对比

项目		传统城市客车	混合城市客车
整车参数	质量/kg	15000	15000
	变速器	6挡手动	6挡AMT
	风阻系数 C_D	0.65	0.65
	迎风面积/m²	6.5	6.5
	滚动阻力系数	0.008	0.008
发动机参数	缸数	6	4
	排量/L	7.11	4.98
	最大热效率/%	40.89	40.94
	最大功率/kW	157(2500r/min 时)	117(2300r/min 时)
	最大转矩/(N·m)	680(1400～1500r/min 时)	578(1400r/min 时)
仿真性能	发动机最大功率/kW	157	117
	电机最大功率/kW	—	30
	总功率/kW	157	147
	0～60km/h 加速时间/s	25.6	25.9

同时从该城市客车的加速性仿真对比可知，由于混合动力客车与传统客车总功率大小基本一样，所以动力性基本相同，0～60km/h加速时间都在25s左右。因此，该混合动力客车与传统客车具有同等功率等级，从而在进行该混合动力客车与传统客车节能分析过程中，其二者具有可比性。

41.1　再生制动能量回收的节能贡献

传统客车在典型城市工况下制动能量消

耗 E_{brake} 占总能量 E_{cyc} 的比值在 14%～20% 之间，但并不是所有制动能量都能够通过混合动力技术完全回收，其受到下述条件的约束。

① 前后轴荷系数的影响。对于后驱式客车，其后轴荷大约占总轴荷的 60%～80%。

② 再生制动系统回收效率，主要是受电机、逆变器及电池的反向工作效率的影响。

③ 受电机及电池最大工作功率的约束。当制动功率大于其中任何工作极限功率时，则不能实现完全回收，另外，由于电系统本身的功率损失，太小的制动功率也不宜回收。

根据下式计算其制动功率 P_{brake}。

$$P_{\text{brake}}(t) = P_{\text{wh}}\big|_{P_{\text{wh}}<0} = \frac{w_{\text{wh}}(t)T_{\text{wh}}(t)}{1000}$$

（41-1）

式中，P_{brake} 为制动功率，kW；$w_{\text{wh}}(t)$ 为转速，r/min。

根据式（41-1）计算该城市客车在典型城市工况下的制动功率分布情况，如图 41-1 所示，其中，虚线为车速，实线对应制动功率。可见，所有工况下的最大制动功率均不超过 60kW，而且大部分制动功率集中在 30kW 以下。因此，混合动力客车在选择电机时应当充分考虑这种分布特点。

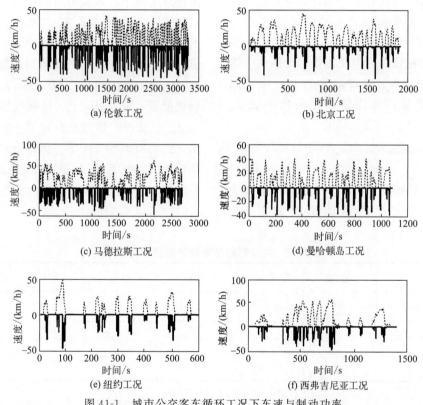

图 41-1 城市公交客车循环工况下车速与制动功率

该混合动力客车电机功率选择为 30kW，如表 41-1 所示。这样，当制动功率大于 30kW 时，超出的那部分能量无法回收，但同时，若制动功率太小，考虑到再生制动系统功率损失，并防止其频繁波动，能量不宜回收（这里假定小于 5kW 可不回收）。因此，制动功率在 5～30kW 之间的那部分能量可通过电机进行回收，则有效制动能量 $E_{\text{Effect\_brake}}$（kW·h）及其占总制动能量比率 $\beta_{\text{Effect\_brake}}$ 的百分比为

$$E_{\text{Effect\_brake}} = \frac{1}{3600} \int_0^{T_{\text{cyc}}} P_{\text{brake}} \, \mathrm{d}t$$
$$-30 \leqslant P_{\text{brake}} \leqslant -5$$
$$(41\text{-}2)$$

$$\beta_{\text{Effect\_brake}} = \frac{E_{\text{Effect\_brake}}}{E_{\text{brake}}} \times 100\% \quad (41\text{-}3)$$

理论上，前后制动力（或制动能量）分配应按理想制动力曲线（I曲线）来进行，但对于混合动力汽车，由于在传统汽车摩擦制动力基础上增加了再生制动，即相当于要合理设计其复式制动系统，其研究工作非常复杂。为简化起见，本节仅按照前后制动能量与轴荷大小成比例进行分配，并尽可能多地回收再生制动能量。根据该车实际轴荷分配情况，后轮载荷为整车质量的70%左右，则后轮制动总能量应占总制动能量约70%（前轮摩擦制动能量为30%不能回收）。能量从后驱动轮到后桥、变速器、电机及电池整个过程的平均效率设定为80%，则可回收的制动能量占总能量消耗的比率 β_{regen} 应为

$$\beta_{\text{regen}} = \beta_{\text{Ebrake}} \beta_{\text{Effect\_brake}} \times 80\% \times 70\%$$
$$(41\text{-}4)$$

由上述分析可知，整个工况燃油消耗为 L_{cyc}（L），所产生的驱动总能量为 E_{cyc}（kW·h），通过再生制动回收分析，其可回收的制动能量 $E_{\text{Effect\_brake}}$ 以电能形式保存下来，如果这部分能量释放传递给车轮［设定电能量从电池到电机、变速器、后桥、车轮的平均转换效率为80%，相当于发动机可少输出 $0.8E_{\text{Effect\_brake}} \times 70\% \times 80\%$（kW·h）能量］，其可对应节省的燃油消耗为 L_{brake}。

$$L_{\text{brake}} = \frac{0.8E_{\text{Effect\_brake}} \times 70\% \times 80\%}{E_{\text{cyc}}} L_{\text{cyc}}$$
$$(41\text{-}5)$$

即节省的燃油消耗比率 β_{Lbrake} 为

$$\beta_{\text{Lbrake}} = \frac{L_{\text{brake}}}{L_{\text{cyc}}} = 0.8\beta_{\text{regen}} \quad (41\text{-}6)$$

对于该混合动力汽车，计算其在典型城市循环工况下，制动时可回收制动能量及其利用比率，结果如表41-2所示。由表41-2所计算的制动能量利用比率 $\beta_{\text{Effect\_brake}}$ 可见，所有循环工况下的有效制动能量比率都较高，达67%～82%。表41-3为所计算的制动能量百分比 β_{Ebrake}、可回收制动能量比率 β_{regen} 及回收燃油百分比 β_{Lbrake}。可以看出，在所有循环工况下，该混合动力客车可回收的制动能量占驱动消耗总能量的5.6%～8.5%，由此而节省的燃油消耗在4.5%～6.7%之间。

表 41-2 再生制动有效制动能量利用比率

工况	伦敦	北京	马德拉斯	曼哈顿岛	纽约	西弗吉尼亚
$E_{\text{Effect\_brake}}$/(kW·h)	2.623	0.731	2.264	0.727	0.272	0.576
E_{brake}/(kW·h)	3.429	0.892	3.185	0.955	0.359	0.850
$\beta_{\text{Effect\_brake}}$/%	76.51	81.91	71.08	76.14	75.61	67.71

表 41-3 可回收的制动能量及节省的燃油比率

工况	伦敦	北京	马德拉斯	曼哈顿岛	纽约	西弗吉尼亚
β_{Ebrake}/%	19.64	16.35	16.41	18.40	19.14	14.82
β_{regen}/%	8.41	7.50	6.53	7.85	8.10	5.62
β_{Lbrake}/%	6.73	6.00	5.23	6.28	6.48	4.49

41.2 消除怠速的节能贡献

由上述分析可知，对于传统客车，整车在制动减速和停车过程中，发动机处于怠速状态，由此计算的整车制动减速和停车怠速两种状态下的燃油消耗之和，即发动机怠速过程的燃油消耗为 $17\%\sim44\%$。而对于混合动力客车，通过对发动机的高速断油控制（制动减速段怠速）以及混合动力技术可实现对停车怠速控制，以消除发动机的怠速，达到节省 100% 怠速燃油消耗的理想状态。

针对上述城市公交客车循环工况，分别分析停车段怠速燃油消耗和制动减速段燃油消耗，以进一步分析混合动力客车消除怠速的节能贡献。

城市公交客车停车段时间比例 β_{Tstop} 和制动减速段时间比例 β_{Tbrake} 计算如下。

$$\beta_{Tstop} = \frac{T_{stop}}{T_{cyc}} \times 100\% \qquad (41\text{-}7)$$

$$\beta_{Tbrake} = \frac{T_{brake}}{T_{cyc}} \times 100\% \qquad (41\text{-}8)$$

式中，$T_{stop} = \sum t(v=0)$。

则怠速段时间比例为 $\beta_{Tidle} = \beta_{Tstop} + \beta_{Tbrake}$。

停车段怠速燃油消耗百分比 β_{Lstop} 和制动减速段燃油消耗百分比 β_{Lbrake} 由式(41-9)和式(41-10) 求得

$$\begin{aligned}\beta_{Lstop} &= \frac{L_{stop}}{L_{cyc}} \times 100\% \\ &= \frac{1}{L_{cyc}} \int_0^{T_{stop}} \frac{fuel\_ratio}{\rho_{fuel}} dt \times 100\%\end{aligned}$$

$$(41\text{-}9)$$

$$\begin{aligned}\beta_{Lbrake} &= \frac{L_{brake}}{L_{cyc}} \times 100\% \\ &= \frac{1}{L_{cyc}} \int_0^{T_{brake}} \frac{fuel\_ratio}{\rho_{fuel}} dt \times 100\%\end{aligned}$$

$$(41\text{-}10)$$

按上述公式分别计算典型城市公交客车循环工况下，制动怠速与停车怠速段内的发动机燃油消耗，结果如表 41-4 所示。可见，相对传统客车，混合动力客车消除怠速可节省 $17\%\sim44\%$ 的燃油。其中，北京客车城市循环工况能够节省约 33.6% 的燃油，而纽约客车城市循环工况节省最多达 44%。另外，从所计算的停车段怠速消耗燃油 β_{Lstop} 来看，即使不通过发动机的高速断油控制，仅由混合动力技术实现停车怠速控制，怠速节省燃油占总消耗燃油的 $6\%\sim35\%$，如表 41-4 的最后一行所示。其中，由于马德拉斯城市循环工况停车时间较短，其节省的燃油较少（只有约 5.7%）；而对于纽约客车城市循环工况，由于其停车怠速时间最长，因此节省燃油也最多（约 35%）；对于北京客车城市循环工况，通过停车怠速控制能节省燃油消耗约 20%。可见，对于混合动力城市客车，消除怠速的节能效果是相当可观的。

表 41-4 怠速时间与燃油消耗比率

工况	伦敦	北京	马德拉斯	曼哈顿岛	纽约	西弗吉尼亚
β_{Tbrake}	24.90	16.41	25.83	16.33	13.81	10.01
β_{Tstop}	29.55	31.83	15.58	37.80	66.22	35.77
β_{Tidle}	54.45	48.24	41.41	54.13	80.03	45.78
β_{Lidle}	27.40	33.56	17.38	27.06	44.04	25.62
β_{Lbrake}	13.55	13.04	11.61	9.40	8.99	6.79
β_{Lstop}	13.85	20.52	5.77	17.66	35.05	18.83

41.3 减小发动机排量的节能贡献

发动机排量减小对混合动力汽车节能机理研究，可通过仿真技术来考查。首先，假定该混合动力客车无再生制动、无怠速控制及发动机区域控制。然后，计算仅由减小发动机提高部分负荷率，由此带来整车效率的提高以及燃油经济性的改善。其具体实现可通过仿真软件 Advisor 的再开发，修改其中的控制模块及相关 m 文件，实现对该混合动力客车无怠速、无再生制动及发动机区域控制情况下的仿真。

按上述控制思想，对该混合动力客车燃油经济性进行计算（通过零 SOC 校正），分别分析了该混合动力客车在典型城市循环工况下的发动机部分效率因数、机械传动系统效率（变速器能量输入包括发动机与电机的能量）及整车总效率，统计结果如表 41-5 所示。

表 41-5 混合动力城市客车传动系统工作效率及燃油经济性

工况	伦敦	北京	马德拉斯	曼哈顿岛	纽约	西弗吉尼亚
发动机峰值效率/%	40.94	40.94	40.94	40.94	40.94	40.94
部分负荷效率因数/%	41.02	35.64	49.60	34.33	15.67	33.54
机械传动系统效率/%	92.85	91.95	92.40	92.43	90.70	92.65
总体工作效率/%	15.59	13.42	18.76	12.99	5.82	12.72
部分负荷效率因数改善/%	1.71	14.45	11.12	11.39	37.08	9.22
总的效率改善/%	1.31	13.81	10.72	11.13	36.68	8.92
燃油经济性/(L/100km)	48.63	32.74	34.07	60.13	97.12	41.55
燃油消耗减少/%	13.88	18.61	14.32	13.58	19.38	16.11

从表 41-5 可以看出，和传统客车情况一样，循环工况对该混合动力城市客车的传动系统效率及燃油经济性的影响也很大。由于混合动力客车发动机排量减小，各循环工况下的发动机部分负荷效率因数均得到了改善。改善最明显的是纽约客车城市循环工况，发动机部分负荷效率从 11％被提高到 15％左右，而传统客车在此工况下，发动机大部分时间工作在怠速段，其负荷率严重偏低，相当于只有约 11％的机会发动机工作在峰值效率点。当混合动力客车发动机减小后，同样工况下，从仿真结果来看，发动机有超过 15％的机会工作在峰值效率点，即

它的部分负荷效率因数提高到了 37％。

图 41-2 比较了传统客车和混合动力客车在纽约客车城市循环工况下发动机实际工作点分布。可见，传统客车发动机大部分时间在离其高效区（80％负荷率附近效率较好）偏远的地方工作，在 80％负荷以上的高效区域工作的概率只有 39％，因而导致部分负荷效率因数偏低，而混合动力客车的发动机工作点落在 80％负荷以上的高效区工作的概率为 50％，即工作点落在中高负荷率的概率得到提高。因此，混合动力客车的发动机部分负荷效率因数得到了较大提高，使得混合动力客车即使在无发动机区域

控制、无怠速控制及无再生制动能量回收的情况下，其整车效率提高幅度相比其他工况为最大，即整车总传动系统效率从原来的1.31%提高到36.68%，总的效率改善幅度为36%。

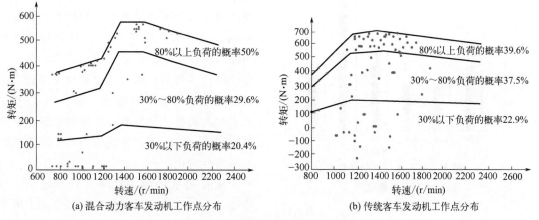

(a) 混合动力客车发动机工作点分布　　　　(b) 传统客车发动机工作点分布

图 41-2　纽约客车城市循环工况下
发动机工作点分布对比

不过应注意，整车总效率增益值和燃油经济性增益值并不完全相同。部分原因是在混合动力汽车中，电机和电池参与工作，使得发动机效率增益被能量多次流动造成的能量损失所抵消，还有一部分原因是发动机排量大小不同，其万有特性存在较大差别，因此，导致该工况下的燃油消耗仅降低了约20%，如表 41-5 最后一行所示。

对于其他城市工况，减小发动机使发动机的负荷率均得到了提高，从而整车效率提高 2%～14%，燃油经济性改善 13%～19%。对于北京客车城市循环工况，传统客车与混合动力客车发动机工作点分布如图 41-3 所示。由图 41-3 可见，混合型客车相对传统型，发动机在中高负荷的工作概率明显提高。如图 41-4 所示为仅通过减小发动机功率节能的情况下混合动力客车相对于传统型客车的燃油经济性对比。由此可见，减小发动机的排量对整车的节能效果非常明显。

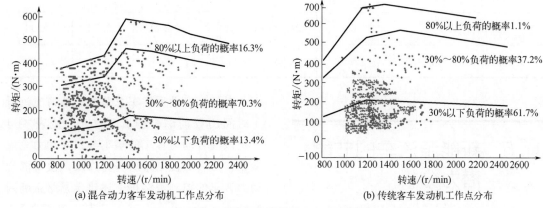

(a) 混合动力客车发动机工作点分布　　　　(b) 传统客车发动机工作点分布

图 41-3　北京客车城市循环工况下发动机
工作点分布对比（仅减小发动机排量）

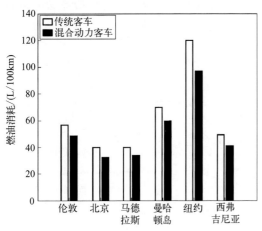

图 41-4　城市公交客车燃油经济性对比
（仅减小发动机排量）

41.4　发动机工作区域控制的节能贡献

　　由于减小发动机排量是由混合动力汽车本身设计所决定，因此其他节能途径对燃油经济性的贡献都包含在了减小发动机的节能贡献中。所以，对该混合动力客车进行发动机工作区域控制节能分析及仿真计算时，首

先假定混合动力客车无怠速消除及无再生制动回收，并在此基础上进行燃油经济性计算；然后减去上述减小发动机的燃油经济性改善值，就是混合动力客车单独发动机区域控制所带来的节能贡献。应用仿真软件 Advisor，通过修改相应控制策略参数，可控制发动机在设定的高效区域内工作，并进行燃油经济性仿真计算，通过相减便得到发动机区域控制对整车节能的贡献。表 41-6 显示了在发动机区域控制（无发动机怠速及无再生制动）情况下，各城市循环工况下的燃油经济性对比。

　　从表 41-6 的燃油经济性计算可见，与传统客车的燃油经济性相比，混合动力客车燃油消耗降低 16％～21％。单独考查发动机区域控制时的节能贡献，如表 41-6 中，分离后燃油消耗减少值，即燃油消耗减少1％～3％。对于北京客车城市循环工况，其燃油消耗改善为 2.68％。可见，发动机高效区控制的节能效果并不显著，主要由于发动机高效工作是通过电机对电池充电增加发动机的负荷率来实现的，这使得整个传动系统的功率损失增大，使整车总体效率改善并不明显。

表 41-6　混合动力城市客车在发动机区域控制时的燃油经济性

工况	伦敦	北京	马德拉斯	曼哈顿岛	纽约	西弗吉尼亚
燃油经济性/(L/100km)	47.19	31.66	32.98	58.44	95.51	40.56
燃油消耗减少/%	16.43	21.29	17.05	16.01	20.72	18.11
分离后燃油消耗减少/%	2.55	2.68	2.73	2.43	1.33	2.00

41.5　新能源汽车的节能潜力分析

　　在上述节能途径和节能机理分析的基础

上，对该混合动力客车总节省燃油情况进行了时间历程的综合仿真。首先，按表 41-1 设定该混合动力客车的整车参数和动力总成参数，然后对控制策略进行修改，使得混合动力客车的控制策略按上述建模思路正确判断怠速工况，并在怠速时控制发动机关闭；同时，按上述节能机理分析的简化比例来设定制动能量回收系数；控制策略采用逻辑门限值策略，协调发动机在高效区域内工作；综合仿真结果包含减小发动机的节能，因此，仿真结果综合了混合动力客车的节能途径下的总节能潜力。

如表41-7所示为该混合动力客车在典型城市循环工况下的燃油经济性的综合仿真结果，并与上述全部节能途径的节能贡献情况进行对比。可见，通过合理的假设，对基于原传统客车改装成的混合动力客车，在各个城市循环工况下，其燃油消耗的降低都超过30%。对于伦敦客车城市循环工况，其能够节省燃油约36%；而对于中国北京客车城市循环工况，该混合动力客车能够节省燃油约40%；对于纽约客车城市循环工况，节省燃油最高（超过56%）。可见，混合动力客车的节能效果是非常显著的。

表 41-7　混合动力客车总节能潜力仿真与分析结果对比

不同城市工况		伦敦	北京	马德拉斯	曼哈顿岛	纽约	西弗吉尼亚
综合仿真结果	仿真燃油消耗/(L/100km)	36.09	23.87	27.73	43.29	52.55	29.91
	燃油消耗总下降率/%	36.09	40.65	30.26	37.78	56.38	39.61
节能机理分析结果	减小发动机功率/%	13.88	18.61	14.32	13.58	19.38	16.11
	发动机区域控制/%	2.55	2.68	2.73	2.43	1.33	2.00
	制动回收/%	6.73	6.00	5.23	6.28	6.48	4.49
	消除怠速/%	13.85	20.52	5.77	17.66	35.05	18.83
	总增益/%	37.01	47.81	28.05	39.95	62.24	41.43

表41-7下半部分同时累积统计了上述节能机理分析的各节能途径的节能效果，并统计其总增益，如表41-7的最后一行所示，这就是在上述合理假设与理论分析下的混合动力客车最大节能潜力。其中，对于纽约客车城市循环工况，最大节能潜力达到约62%；而对于中国北京客车城市循环工况，该混合动力客车最大节能潜力约为48%。

从仿真和分析结果对比来看，百公里燃油消耗下降率大多数小于节能机理分析的总节能增益值。造成这种差异的主要原因是：通过节能机理分析并做合理简化进行的节能贡献分析，没有考虑其在时域上受其他部件间相互制约的限制；而在仿真过程中，并不完全与节能机理分析所简化的情况一样，它要受各总成实际运行情况的限制（如再生制动回收效率随工作点变化等因素）。因此，造成节能机理分析的节能总增益和综合仿真结果值并不完全相等。

通过表41-7可知，该混合动力城市公交客车各节能途径，对燃油经济性的改善程度各不相同，如图41-5所示，从图中可见，减小发动机排量与消除怠速对整车的节能效果最为明显。减小发动机是混合动力汽车的设计技术，而消除怠速是其控制技术，混合动力汽车节能机理研究揭示了无论设计，还是控制，对整车的节能都具有重要的影响。

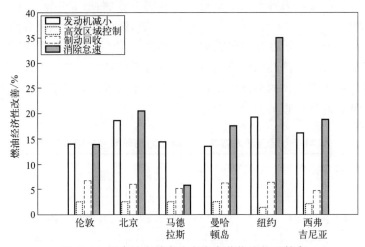

图 41-5　混合动力城市公交客车节能途径贡献率

扫一扫

本章小结

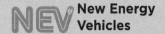

第11篇

新能源汽车的智能能量管理

在移动互联、大数据等技术的推动下，汽车产业正向智能化、网联化快速融合发展。早在2015年中华人民共和国国务院印发的《中国制造2025》里，智能网联汽车便已经被当作汽车产业未来转型升级的重要方向。与此同时，面对日益突出的燃油供求矛盾和环境污染问题，我国针对节能与新能源汽车相继出台相关发展规划和技术路线。可以预见，关于先进节能技术的研究将是节能汽车研究领域的重点，网联化、电动化的融合将成为节能与新能源汽车领域重要的发展方向。而混合动力汽车是一个复杂的非线性多动力源系统，如何基于车联网提取可利用信息，采用有效的智能控制方法，对混合动力汽车的能量管理策略进行优化控制，实现各动力源更高效合理的工作，进而逐步提高混合动力汽车在不同路况、不同地区的节能水平和适应性，是当前智能网联混合动力汽车研究的关键，也是当前网联化、电动化、智能化技术在混合动力汽车领域融合发展的行业需求。

基于以上背景，本篇通过分析车联网平台数据特点和问题，介绍行驶工况数据处理方法，针对实际车辆复杂行驶工况数据，提出基于能耗特征的数据挖掘方法，对车联网数据进行有效利用。在此基础上，结合数据挖掘结果，介绍两种智能能量管理策略：一是从提升策略对于工况信息的利用程度出发，建立基于行驶工况信息的分层优化自适应智能能量管理策略；二是从适应性较强的学习型智能算法角度，建立固定线路全局优化的深度强化学习能量管理策略。两种策略都提升了混合动力车辆能量管理策略的最优性和工况适应性。通过创新性地、有效地挖掘车联网信息并用于能量管理优化控制，充分发挥车辆混合动力系统的节能潜力，为汽车深度节能技术的发展奠定基础。

混合动力车辆是一个复杂的非线性多动力源系统，如何基于车联网提取可利用信息，采用有效的智能控制方法，对混合动力汽车的能量管理策略进行优化控制，实现各动力源更高效合理的工作，进而逐步提高混合动力汽车在不同路况、不同地区的节能水平和适应性是当前智能网联混合动力汽车研究的热点与关键问题，也是当前网联化、电动化、智能化技术在混合动力汽车领域融合发展的行业需求。特别是在商用客车领域，因使用环境的特殊性，国家政策法规已明确规定必须安装车载终端产品，因此车联网迅速在商用客车内掀起热潮，宇通、厦门金龙、福田等商用车企业也纷纷推出车联网产品。

车联网平台能够实时监控车辆运行状态，每天会产生大量的动态数据，为获取行驶工况数据提供了条件，但受限于当前通信技术和运营成本，车联网平台数据存在数据缺失和噪声的质量问题，如何有效处理并获取可利用、有价值的数据是当前该领域的共性需求。本章以某商用混合动力公交客车作为研究对象展开相关介绍，基于商用客车企业车联网平台，获取固定线路运行的公交客车行驶工况数据，分析车联网平台数据特点及所获取行驶工况数据存在的问题，结合大数据处理理论基础，从缺失数据估计和噪声数据清洗两个主要方面进行数据分析与处理，并给出行驶工况数据处理方法的评价指标，合理评价所采用的数据处理方法的效果，为后续行驶工况数据挖掘提供可靠的数据基础。同时，本章所介绍的内容可对车联网领域的数据传输优化改进、海量高并发数

据的处理方法提供实际参考及借鉴意义。

42.1　车联网信息下汽车行驶工况数据获取

本节依托某商用客车企业车联网平台，首先对车联网系统的组织架构、设备特点进行分析，选取典型线路的混合动力公交客车作为行驶数据采集的试验对象，获取一周内的行驶工况数据并针对数据质量问题研究进行介绍，为后续开展数据处理工作奠定基础。

42.1.1　新能源汽车车联网平台介绍

某客车企业新能源客车车联网运营生态链如图42-1所示，包括用户端、产品层、产业链三个方面。车联网平台组织架构从产品层面分为前端车辆和后端平台两个部分。其中，前端车辆终端设备和后端车联网监控平台构成新能源客车车联网的核心技术。

车联网系统架构原理及应用如图42-2所示。该客车车联网系统通过前端车辆设备采集车辆运行数据、驾驶员行为等信息，同时接收车辆的全球定位系统（global positioning system，GPS）定位信息，通过4G/5G无线通信网将数据信息实时传递到后端监控平台（车联网平台）。远程监控数据平台中心通过智能技术将海量数据进行实时分析、整理，实现对车辆的远程监控管理

及调度，还可提供客车安全管理、油耗分析、驾驶行为建议、故障预警与远程诊断，为客车提供了高效的管理工具。

前端车辆设备的核心技术包括汽车电控与总线技术、传感器检测与信息融合技术和车载网络终端技术。其中，车联网车载终端设备（telematics box，T-Box）是车载网络终端技术的核心设备，承担着车辆与外界通信的桥梁作用。该客车采用的车联网车载终端设备如图 42-3 所示，硬件原则上包括蜂窝通信模块、eSIM 卡、微处理器（micro processor unit，MPU）、微控制器（micro control unit，MCU）、控制器局域网络（controller area network，CAN）收发器和存储器等。车载终端设备相关参数如表 42-1 所示。

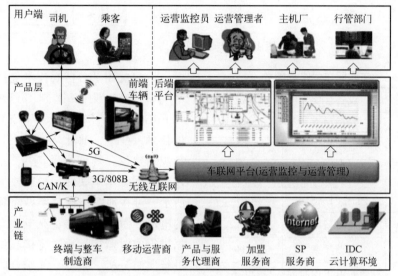

图 42-1　某客车企业车联网运营生态链

图 42-2　车联网系统架构原理及应用

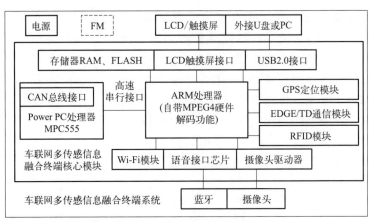

图 42-3　车联网车载终端设备

表 42-1　车联网车载终端参数

主要组成部分	设备性能	参数
蜂窝通信模块	通信速率	峰值 2Mb/s
	通信制式	5G、4G、3G
微处理器（MPU）	内存	256MB
	闪存 FLASH	4GB
卫星导航系统定位模块	定位精度	10m
	刷新频率	≥5Hz
备用电池	异常断电工作时间	2h
	电池容量	600mA·h
存储器	数据储存时间间隔	≤30s
	存储容量	8GB

后端监控平台核心技术包括无线通信技术［4G/5G、射频识别（radio frequency identification，RFID）、Wi-Fi 等］，无线定位技术（GPS、北斗等），云计算技术（路径规划建议、智能交通调度、云搜索）等。该新能源客车车联网远程监控平台如图 42-4 所示。可在地图车辆监控界面对新能源车辆的电池、整车控制器、充电状态、里程等数据进行实时监控，通过将接收到的海量数据进行实时分析、整理，并结合国内外先进管理思想将驾驶员行为、油耗数据、车辆运行情况、维修保养等内容以直观的图表报告展现出来。

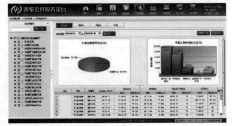

图 42-4　某新能源客车车联网远程监控平台

42.1.2 基于车联网的行驶工况数据获取

基于车联网平台的行驶工况数据获取原理如图 42-5 所示，行驶工况数据通过 T-Box 采集车辆状态信息，由通信网络上传到车联网平台的数据库。因此，车联网平台的行驶工况数据能够反映线路交通状况和车辆行驶特征，原始行驶数据愈充分，其表征的行驶工况特征则愈客观。基于此，开展的工况信息数据挖掘所得工况信息也愈具有表征性。本章选取具有代表性运营线路的混合动力公交客车作为原始行驶数据获取的试验对象，经过车联网平台历时一周的监控管理，获取了客车行驶工况数据，为后续开展工况信息挖掘及能量管理策略奠定充分的数据基础。

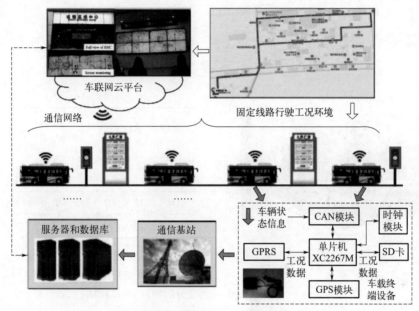

图 42-5　基于车联网平台的行驶工况数据获取原理

本章选择的行驶工况数据获取的试验线路如图 42-6 所示。该试验线路具有典型运营线路的特点，线路包括城市拥堵路况、次干道生活区低速行驶路况、主干道的中速行驶路况和城郊区快速路况，每天早高峰、平峰、晚高峰以及节假日出行特征较明显的线路，试验公交线路的详细特征如表 42-2 所示。

表 42-2　车联网车载终端参数

公交线路特征	线路特征参数
运营距离/km	16.8
停靠站点/个	43
线路时间/min	约 50
每天运营时间/h	7

续表

公交线路特征	线路特征参数
获取周期/s	10

根据车联网车载终端设备特点的介绍，车速信号来自于整车 CAN 总线，信号分辨率为 1km/h，精度较低，因此计算所得的车辆加速度结果误差较大，无法真实地反映客车实际车速变化。根据双行星排式混合动力系统转速特性关系及传动比和转速关系，基于主电机转速计算得到的车速，相比 CAN 总线获取的车速信号精度更好。因此，基于车联网平台同时获取了主电机的转速，车速和主电机转速变化趋势如图 42-7 和图 42-8 所示，车联网平台下获取的部分工况数据如表 42-3 所示。

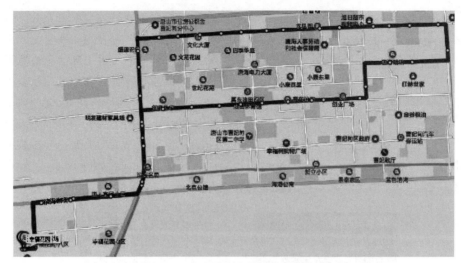

图 42-6　试验所选取的公交客车线路

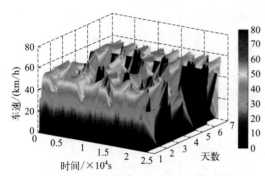

图 42-7　7 天行驶工况信息-车速变化

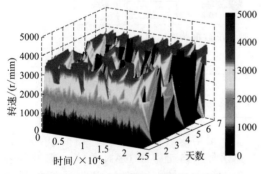

图 42-8　7 天行驶信息-主电机的变化

表 42-3　基于车联网平台获取的工况数据

车联网平台时间 （年/月/日）	时间/s	车速 /(km/h)	主电机 转速 /(r/min)
…	…	…	…
2018/12/15 6:30:15	200	0	0
2018/12/15 6:30:25	210	1	61

车联网平台时间 （年/月/日）	时间/s	车速 /(km/h)	主电机 转速 /(r/min)
2018/12/15 6:30:35	220	1	61
2018/12/15 6:30:45	230	4	244
2018/12/15 6:30:53	238	20	1340
2018/12/15 6:30:56	241	20	1340
2018/12/15 6:31:05	250	28	1864
2018/12/15 6:31:15	260	30	2010
2018/12/15 6:31:25	270	25	1705
2018/12/15 6:31:35	280	25	1645
2018/12/15 6:31:50	295	22	1462
…	…	…	…

42.1.3　车联网平台下行驶工况数据质量问题

根据 42.1.1 小节中对新能源客车车联网平台的介绍可知，车联网平台数据的获取基于车载终端设备及通信设备网络，数据质量受到终端设备性能及网络环境质量的影响。由于传感器、CAN 总线等设备以及通信网络质量易受到工作环境、硬件条件、运行成本等因素的影响，从而导致所获取的行驶数据出现质量问题。对获取的一周内的行驶工况数据质量问题进行统计分析，结果如表 42-4 所示。

表 42-4　车联网平台下行驶工况数据质量问题

数据质量问题分类	问题具体描述	所占比例/%
数据缺失	车速数据的精度低，数据数量存在随机间断性的缺失	73
数据噪声	主电机转速信号存在波动，噪声数据明显	22
数据重复和不一致	车速和主电机转速存在同时间数据重复或不一致的情况	5

由表 42-4 可知，当前车联网平台下行驶工况数据质量问题主要包括三类，数据缺失、数据噪声、数据重复和不一致。数据缺失和数据噪声问题为车联网平台行驶工况数据的主要问题，其中数据缺失问题所占比例最大，而数据重复和不一致问题的占比相对较少。

（1）数据缺失问题

当前车联网平台行驶工况数据存在的数据缺失问题，主要包括数据数量和精度的缺失，如表 42-5 所示。由表可见，数据上传时间存在随机间断性缺失，对数据上传时间进行统计，时间间隔大多集中在 10～15s。此外，车速和主电机转速数据精度缺失，当前车速数据和主电机转速精度分别为 1km/h 和 1r/min，并不能满足行驶工况数据的要求。

表 42-5　车联网平台下行驶工况数据缺失情况

车联网平台时间（年/月/日）	时间/s	车速/(km/h)	主电机转速/(r/min)
...	...	...	...
2018/12/15 6：33：05	375	27	1827
2018/12/15 6：33：15	385	32	2132
2018/12/15 6：33：27	397	25	2132

续表

车联网平台时间（年/月/日）	时间/s	车速/(km/h)	主电机转速/(r/min)
2018/12/15 6：33：35	405	31	2071
2018/12/15 6：33：50	420	29	1920
2018/12/15 6：34：02	432	29	1949
...	...	...	...

导致上述问题的原因主要在于以下两个方面。

① 通信网络由于流量和运营成本的限制因素，无法实现车辆参数实时数据的上传；此外，道路交通设施的传输线路故障，或者天气恶劣、隧道、高楼遮挡效应等其他环境因素都会导致 GPS 定位导航数据发生飘逸现象，从而造成数据缺失。

② 数据精度缺失。由于车联网平台上获取的行驶工况车速信号来自于客车 CAN 总线，车速 CAN 总线信号精度为 1km/h，精度较低造成车速数据精度失真，从而导致车速信号精度缺失严重。

（2）数据噪声问题

由车联网平台获得车速工况数据，计算得到的加速度会出现严重的波动现象，此处随机选取一段工况数据进行说明，所计算的加速度如图 42-9 所示。此外，由于机械传动部件存在间隙，导致电机转速信号波动严重，噪声明显。车速、电机信号在数据采集、传输过程中都会存在异点噪声数据。

（3）数据重复和不一致问题

数据重复和不一致，是指由于多数据源数据融合错误或数据上传不标准的缩写等，

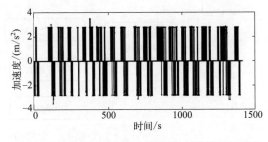

图 42-9　车联网平台行驶工况数据所计算的加速度

导致车联网平台数据库中包含行驶工况数据重复、不一致的记录情况，如表 42-6 所示。出现在同一时间下车速和主电机转速数据不一致的情况，此类问题数据相对较少，在进行数据处理前首先应将此类问题数据进行预测处理，即首先对重复和不一致的数据进行筛选，对明显错误进行剔除，消除此问题数据。后续数据处理工作将重点介绍对缺失数据的估计和噪声数据的滤波清洗内容。

表 42-6　车联网平台下行驶工况数据重复和不一致

车联网平台时间 （年/月/日）	时间/s	车速 /(km/h)	主电机 转速 /(r/min)
…	…	…	…
2018/12/15 9:54:38	3220	29	1920
2018/12/15 9:54:48	3230	29	1949
2018/12/15 9:54:48	3230	35	2314
…	…	…	…

42.2　车联网平台下行驶工况数据缺失与数据噪声处理

　　基于 42.1.3 小节中对车联网行驶工况数据主要问题的分析，本节重点是解决工况数据缺失和噪声的处理问题。本节针对工况缺失数据，建立合适方法进行数据估计，主要探究在不同缺失时间间隔下，算法对缺失数据量的估计能力，进一步为数据传输优化改进提供实际参考。针对行驶工况存在异点噪声数据的问题，结合车联网平台行驶工况数据特点，选择合适的噪声数据清洗滤波方法进行分析与验证。常用的数据缺失和噪声处理方法如图 42-10 所示。

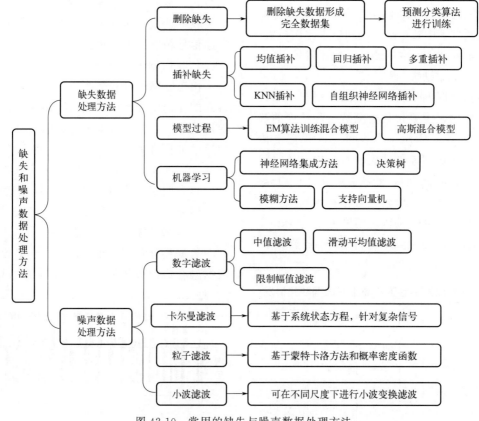

图 42-10　常用的缺失与噪声数据处理方法

当前常用缺失数据处理方法包括删除缺失数据的记录、插补缺失数据、基于模型过程和基于机器学习算法的缺失数据处理。其中，插补缺失数据方法能够近似补全数据，而基于机器学习算法的缺失处理则是直接对带有缺失数据的数据集进行训练，常用的有神经网络集成方法、支持向量机方法等。基于车联网行驶工况缺失数据的特点，本节将采用插补缺失与神经网络集成方法对行驶工况缺失数据进行估计。

常用噪声数据处理方法包括数字滤波、卡尔曼滤波、粒子滤波和小波滤波。其中，数字滤波技术如中值滤波对于消除随机脉冲干扰效果明显，但对高频噪声的效果有限；滑动平均值滤波能够有效处理高频噪声，但会导致有效信息的丢失；卡尔曼滤波理论上能够获得信号的最佳滤波，但是依赖系统的状态方程，不适用于本章针对单一信号的滤波；小波滤波可以在不同尺度进行小波变换，获得各尺度的低频和高频分量，有效对噪声数据进行分解，充分保留原始信息。因此，拟选用小波滤波方法进行数据噪声处理。

42.2.1 基于插补与神经网络的缺失数据估计方法

缺失数据估计方法基本步骤如图 42-11 所示。根据 42.1 节对车联网平台数据缺失问题的分析，缺失数据估计处理主要包括两部分：首先针对车联网行驶工况数据精度缺失问题，利用双行星排式混合动力系统转速特性关系及传动比和转速关系，通过主电机转速计算得到车速，其相比 CAN 总线的车速信号精度更好，信息保留更充分；其次，对于数据数量的缺失，结合车联网平台数据缺失数量的特点，本小节继续介绍一种基于插补与神经网络集成的缺失数据估计方法。

基于插补与神经网络集成的缺失数据估计方法，首先在数据预处理过程中使用插补

算法对缺失数据进行插补，其次基于插值数据与真实数据误差建立神经网络误差修正模型，并利用神经网络误差修正模型插补数据进行修正，从而得到最终缺失数据估计值。

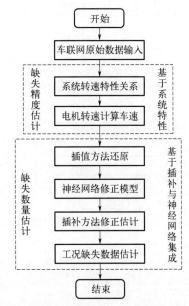

图 42-11　车联网平台行驶工况数据缺失估计方法

42.2.2 基于小波变换的噪声数据滤波方法

基于前面论述的小波滤波方法的优点，建立基于小波变换的噪声数据滤波方法，如图 42-12 所示。首先，对原始车联网行驶工况数据进行预处理，基于小波变换原理进行小波多尺度分解，根据各尺度下小波去噪效果评价，确定小波变换的分解尺度，在此基础上开展小波逆变换重构信号，从而得到小波滤波后的车速。

小波分解和重构的算法具体如下：设 $\Psi(t) \in L^2(R)$ 表示平方可积的实数空间，其傅里叶变换为 $\hat{\Psi}(\omega)$，当满足允许条件 $\int_R \dfrac{|\hat{\Psi}(\omega)|^2}{|\omega|} \mathrm{d}\omega < \infty$ 时，$\Psi(\omega)$ 称为一个基本小波，对于任意的函数 $f(t) \in L^2(R)$ 的连续小波变换为

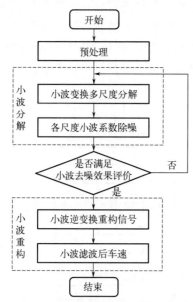

图 42-12 基于小波变换的噪声数据滤波方法

$$W_f(a,b) = |a|^{-\frac{1}{2}} \int_R f(t) \overline{\Psi}\left(\frac{t-b}{a}\right) \mathrm{d}t$$

(42-1)

式中，a 为尺度因子；b 为平移因子，改变连续小波的位移；$W_f(j,t)$ 是 $f(t)$ 的离散小波变换，离散方法是 $a=2^j$，$b=k2^j$，$j,k \in Z$，其中 Z 为整数集。

设 $\varphi(t)$ 和 $\Psi(t)$ 分别是函数 $f(t)$ 在分辨率 2^{-j} 逼近下的尺度函数和小波函数，则其离散逼近 $A_i f(t)$ 和细节部分 $D_i f(t)$ 可分别表示为

$$A_i f(t) = \sum_{k=-\infty}^{\infty} C_{j,k}\varphi_{j,k}(t) \quad (42-2)$$

$$D_i f(t) = \sum_{k=-\infty}^{\infty} D_{j,k}\Psi_{j,k}(t) \quad (42-3)$$

式中，$C_{j,k}$ 和 $D_{j,k}$ 分别为分辨率下的粗糙系数和细节系数。结合 Mallat 算法的思想有

$$A_i f(t) = A_{j+1} f(t) + D_{j+1} f(t)$$

(42-4)

式中，$A_{j+1} f(t) = \sum_{m=-\infty}^{\infty} C_{j+1,m}\varphi_{j+1,m}(t)$，

$D_{j+1} f(t) = \sum_{m=-\infty}^{\infty} D_{j+1,m}\Psi_{j+1,m}(t)$。其中

$$C_{j+1,m} = \sum_{k=-\infty}^{\infty} h^*(k-2m)C_{j,k}, \ D_{j+1,m} = \sum_{k=-\infty}^{\infty} g^*(k-2m)C_{j,k}。$$

由于尺度函数 $\varphi(t)$ 是标准的正交基，$\Psi(t)$ 为标准正交小波，因而有

$$(\varphi_{j,k},\varphi_{j+1,m}) = h^*(k-2m) \quad (42-5)$$

$$(\varphi_{j,k},\Psi_{j+1,m}) = g^*(k-2m) \quad (42-6)$$

由以上各式可得

$$C_{j,k} = \sum_{m=-\infty}^{\infty} h(k-2m)C_{j+1,k} + \sum_{m=-\infty}^{\infty} g(k-2m)D_{j+1,k}$$

(42-7)

引入无穷矩阵 $\boldsymbol{H} = [H_{m,k}]_{m,k=-\infty}^{\infty}$ 和 $\boldsymbol{G} = [G_{m,k}]_{m,k=-\infty}^{\infty}$，其中 $H_{m,k} = h^*(k-2m)$ 且 $G_{m,k} = g^*(k-2m)$，则

$$\boldsymbol{C}_{j+1} = \boldsymbol{H}\boldsymbol{C}_j, \boldsymbol{D}_{j+1} = \boldsymbol{G}\boldsymbol{C}_j \quad (j=0,1,\cdots,J)$$

(42-8)

$$\boldsymbol{C}_j = \boldsymbol{H}^*\boldsymbol{C}_{j+1} + \boldsymbol{G}^*\boldsymbol{D}_{j+1} \quad (j=J,\cdots,2,1,0)$$

(42-9)

式中，$\boldsymbol{H}^*$ 和 $\boldsymbol{G}^*$ 分别是 $\boldsymbol{H}$ 和 $\boldsymbol{G}$ 的对偶算子，式 (42-8) 便是 Mallat 的塔式分解算法，式 (43-9) 为重构算法。低通滤波器 H 实现函数 $f(t)$ 的逼近，带通滤波器 G 作用为抽取 $f(t)$ 的细节 D_j，基于此，完成滤波器 H 和 G 的设计。

42.2.3 行驶工况噪声数据清洗方法

根据小波变换的噪声数据滤波方法，分别得到不同小波分解尺度下的车速和加速度的变化曲线，选取整个工况的某段细节详细分析，如图 42-13 所示。

通过对比车联网平台数据（时间间隔为 5s，图中 net5s）、真实车速以及小波滤波的车速和加速度的变化曲线，可以看出，随着小波分解尺度的增大，车速和加速度变化曲

线更为平滑，滤波效果更加明显，特别是在加速度变化在三尺度和五尺度小波分解下，加速度仍有明显的抖动情况。七尺度和九尺度下加速度的抖动情况明显消除，但是，九尺度小波分解的加速度曲线过于平滑，很多加速度峰值地方已经滤掉，并不能真实反映车辆真实的情况。

因此，最终选择七尺度作为小波分解的分解尺度，通过小波逆变换重构信号，最后的小波滤波结果即为整个工况的滤波结果，如图 42-14 所示。

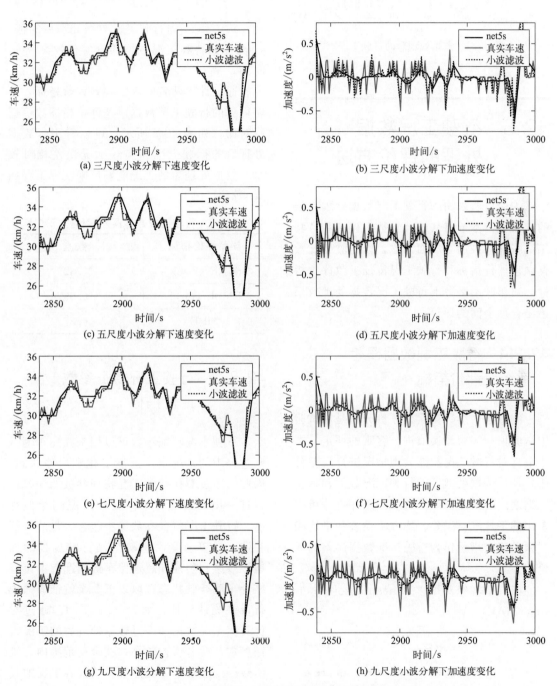

(a) 三尺度小波分解下速度变化

(b) 三尺度小波分解下加速度变化

(c) 五尺度小波分解下速度变化

(d) 五尺度小波分解下加速度变化

(e) 七尺度小波分解下速度变化

(f) 七尺度小波分解下加速度变化

(g) 九尺度小波分解下速度变化

(h) 九尺度小波分解下加速度变化

图 42-13　不同尺度小波分解下速度和加速度滤波情况

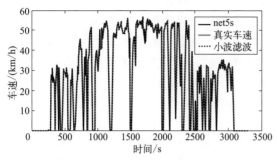

图 42-14　数据处理后的行驶工况

42.3　行驶工况数据处理的评价方法

为衡量所采用的行驶工况数据处理方法的有效性，本节将从统计学数据误差和行驶工况特征参数两个层面考虑，以行驶工况数据误差评价指标和行驶工况特征参数评价指标，对车联网平台下行驶工况数据处理效果给出合理全面的评价。

42.3.1　行驶工况数据误差评价指标

统计学中的数据误差评价分析是对试验中试验值与客观真实值进行客观的评定。本小节将对行驶工况数据处理情况进行误差分析，评价数据处理后的行驶工况数据和真实数据之间的误差情况。选取误差评价分析中常用的平均绝对误差、均方根误差和平均相对误差三个指标作为行驶工况数据误差的评价指标。

（1）平均绝对误差（mean absolute error，MAE）

$$MAE = \frac{1}{N} \sum_{i=1}^{N} |x_i - y_i| \quad (42\text{-}10)$$

（2）均方根误差（root mean square error，RMSE）

$$RMSE = \sqrt{\frac{1}{N} \sum_{i=1}^{n} (x_i - y_i)^2}$$

$$(42\text{-}11)$$

（3）平均相对误差（mean relative error，MRE）

$$MRE = \frac{1}{N} \sum_{i=1}^{N} \frac{|x_i - y_i|}{x_i} \quad (42\text{-}12)$$

式中，x_i 为行驶工况数据处理后的值；y_i 为原始行驶工况数据的真实值；N 为每时刻。

通过计算两者的三个误差评价指标，并将得到的行驶工况数据误差评价指标数值进行对比，如表 42-7 所示。可以看出，数据处理后的行驶工况和实际工况误差相对较小，数据处理后的工况能够反映实际工况的真实情况。

表 42-7　行驶工况数据误差评价指标对比

误差评价指标	数值
MAE/(m/s)	0.42
RMSE/(m/s)	0.33
MRE	0.27

42.3.2　行驶工况特征参数评价指标

行驶工况特征参数可以用来描述车辆行驶过程中的加速度、速度变化和启停状态，因此，通过对比行驶工况特征参数的误差可以进一步详细说明不同行驶工况的相似程度。行驶工况特征参数集中包含大量的特征参数，为较为全面反映车辆行驶过程的加速、减速、匀速和怠速停车等情况，本小节结合车辆行驶状态选取以下 9 个特征参数进行误差统计对比，如表 42-8 所示。通过对比真实工况数据和经过数据处理后的工况特征参数，两者误差较小，在合理范围内，说明数据处理后的工况能够反映实际工况的真实情况。

表 42-8 行驶工况数据误差评价指标对比

工况特征参数指标	真实工况	数据处理后工况	误差
平均车速/(km/h)	30.3	30.2	0.1
平均巡航车速/(km/h)	19.6	19.3	0.3
最高车速/(km/h)	58.2	58	0.2
平均加速度/(m/s^2)	0.32	0.3	0.02
最大加速度/(m/s^2)	1.8	1.75	0.05
平均减速度/(m/s^2)	−0.31	−0.29	0.02
怠速比例/%	10.3	10	0.3
加速比例/%	46.4	46.2	0.2
均速比例/%	18.5	18.4	0.1

扫一扫

本章小结

第42章中针对车联网平台获取的行驶工况数据，通过数据处理方法已得到能够反映车辆实际运行的有效数据。公交客车运行线路相对固定，如何从这些有效的大量数据中挖掘公交客车行驶工况规律及特征，为能量管理策略提供全面的、有价值的行驶工况信息是本章介绍的重点。目前，公交客车固定行驶线路的工况特征与能耗特性的关系缺乏有效合理的分析方法，且公交客车行驶工况数据的挖掘多从单一维度考虑，导致行驶工况信息挖掘不足，有效利用效率较低。为解决该问题，本章基于能耗特性对固定线路行驶特征参数进行分析，从行驶工况数据的历史和未来两个维度考虑，提出采用基于能耗特性与线路特征参数的固定线路行驶工况合成方法，和基于能耗特性与线路特征参数

的未来行驶工况智能预测方法，开展公交客车行驶工况的数据挖掘。

43.1 数据挖掘理论在行驶工况数据中的应用

数据挖掘是指从大量的、随机的实际数据中，提取隐含在其中的有用信息和知识的过程。数据挖掘分为有指导的数据挖掘和无指导的数据挖掘。具体而言，分类、估值和预测属于有指导的数据挖掘，关联规则和聚类属于无指导的数据挖掘。常用的数据挖掘技术方法包括聚类分析、分类预测、回归预测、关联分析等，如图43-1所示。

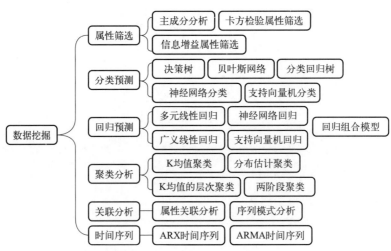

图43-1 常用数据挖掘技术方法

基于以上数据挖掘理论及相关技术方法，本章将介绍针对车联网平台数据处理后的固定线路公交客车行驶工况信息所开展的

数据挖掘工作，具体内容如图43-2所示。首先针对公交客车能耗特性进行公交线路行驶工况特征参数分析，筛选得到与能耗特性

和线路特征参数相关的关键参数，在此基础上，从行驶工况数据信息的历史和未来两个维度考虑，介绍基于能耗特性与线路特征参数的固定线路行驶工况合成和基于能耗特性与线路特征参数的未来行驶工况智能预测方法，进而可开展固定线路公交客车行驶工况数据挖掘工作。

基于能耗特性的公交线路行驶工况特征参数分析，主要应用数据挖掘中的回归分析、统计分析、数据相关性判断以及数据显著性检验等方法，得到与公交客车行驶工况能耗特性与线路特征相关的关键参数。

基于上述分析得到能耗特性与线路特征参数，开展公交客车固定线路典型行驶工况合成：应用 K-means 聚类算法分析进行工况聚类分析，应用分类分析对运动学片段进行划分，采用马尔科夫方法得到工况合成结果。

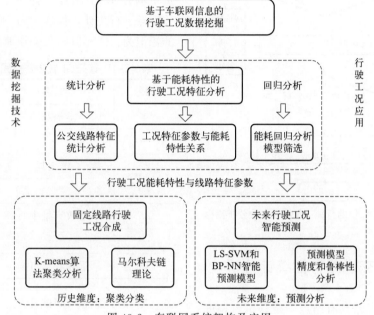

图 43-2　车联网系统架构及应用

基于能耗特性与线路特征参数开展未来行驶工况智能预测，主要依据数据挖掘技术中的回归预测分析算法进行未来行驶工况预测，本书采用支持向量机回归与神经网络回归组合的预测方法，最后介绍针对预测模型精度和鲁棒性的对比分析。

43.2 基于能耗特性的公交线路行驶工况特征参数分析

行驶工况是混合动力客车能量管理策略设计的前提和依据，行驶工况特征影响整车能耗特性，因此行驶工况特征参数与能耗特性的关系分析至关重要。为了评价行驶工况及开展工况特征分析，本节将结合固定线路公交客车行驶特点，确定基于公交线路特点的行驶工况特征参数集，采用回归分析方法选取与能耗特性相关的特征参数，利用相关性分析方法并剔除高度相关的冗余参数，确定与能耗特性相关的工况特征，从而为行驶工况合成和未来行驶工况预测奠定工况特征参数基础。基于能耗特性的行驶工况特征参数分析流程如图 43-3 所示，下面针对各关键步骤进行论述。

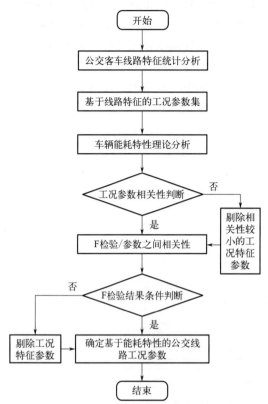

图 43-3　基于能耗特性的行驶工况特征参数分析流程

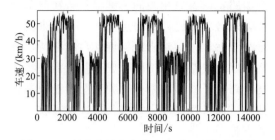

图 43-4　所采集的公交客车行驶工况部分数据

幸福花园、国土局、行政审批中心、远通农贸市场等 43 个站点。针对 102 公交线路相关特点进行统计，如表 43-1 所示。线路类型的标记为：0—郊区，1—快速路，2—市区。

表 43-1　曹妃甸 102 公交线路相关特点

编号	站名	线路类型
1	幸福花园	郊区
···	···	···
22	国土局	市区
···	···	···
35	行政审批中心	快速路
···	···	···
43	远通农贸市场	郊区

43.2.1　公交线路特征统计分析

公交客车线路具有站点固定、定点调度发车的运行特点，运行时间和行驶工况都呈现一定的规律性，线路特征对车辆行驶状态也会产生影响。基于车联网平台所获取并处理后的公交线路行驶工况的部分数据如图 43-4 所示。可见，公交线路行驶工况存在较为明显的规律性，每个循环工况的行驶特点呈现较高的相似性。因此，首先针对公交线路特点，选择相应的量化评价指标作为公交线路的特征参数。

公交线路特征主要包括公交线路站间线路类型、红绿灯数、站间距离的变化情况。本章所采用的数据为唐山市曹妃甸 102 线路，是从曹妃甸幸福花园站至远通农贸市场，属于城郊-市区线路类型。102 线路平均运行时间约 50min，里程约 17km，涵盖

对 102 线路站间的距离、站间红灯数进行标记，统计结果如图 43-5 所示。部分站

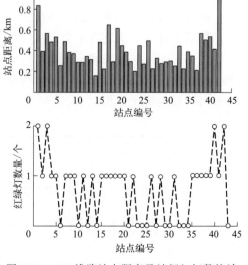

图 43-5　102 线路站点距离及站间红灯数统计

点信息及站间距离如图 43-6 所示。其中，102 线路快速段的公交站间平均距离相对较长；市区段公交站间的红绿灯的平均个数最高，其次为郊区段的公交站点。

43.2.2 基于公交客车线路特点的行驶工况特征参数集

基于上述分析对公交线路特征的统计，

考虑公交线路特点对行驶工况的影响，将固定线路公交客车行驶工况特征参数进行分类，包括公交线路特征参数、行驶工况特征参数两大类，分别与公交线路特点、速度、加速度、车速与加速度的乘积、行驶距离和行驶时间等相关。针对上述基于公交线路特点的特征参数，给出公交线路特征参数的计算方法说明。公交线路的线路特征描述如图 43-7 所示。

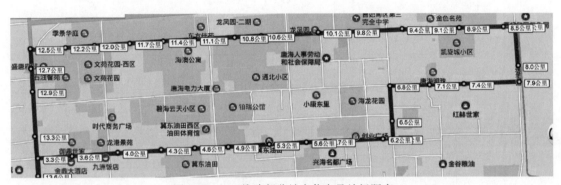

图 43-6　102 线路部分站点信息及站间距离

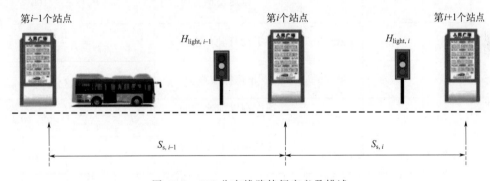

图 43-7　102 公交线路特征定义及描述

基于 43.2.1 小节中对公交线路特征的统计分析，定义公交线路特征参数包括：站间平均车速 v_s、站间最高车速 v_{smax}、站间加速度均值 a_{savgp}、站间减速度均值 a_{savgn}、因此线路停车次数 S_s、站间红灯密度 ρ_{sr}、站点密度 ρ_s 可表示为：

$$S_s = \frac{n_{stop,i}}{S_{s,i}} \qquad (43\text{-}1)$$

$$\rho_{sr} = \frac{H_{light,i}}{S_{s,i}} \qquad (43\text{-}2)$$

$$\rho_s = \frac{1}{S_{s,i} + S_{s,i-1}} \qquad (43\text{-}3)$$

式中，$H_{light,t}$ 为站间红灯次数，$S_{s,i}$ 为站间距离；$n_{stop,i}$ 为停车次数。

最终，初步选定 30 个参数作为公交客车线路特点的工况特征参数集，如表 43-2 所示。

表 43-2　基于公交线路特点的工况特征参数定义及计算方法

编号	分类	符号	单位	表示含义	计算方法
1	公交线路特征参数	v_s	km/h	站间平均车速	$v_s = \dfrac{1}{k}\sum\limits_{m=1}^{k}v_m$
2		v_{smax}	km/h	站间最高车速	$v_{smax}=\{v_1,v_2,\cdots,v_i\}_{max}$
3		a_{savgp}	m/s²	站间加速度均值	$a_{savgp}=\dfrac{1}{k}\sum\limits_{m=1}^{k}a_m,a_m>0$
4		a_{savgn}	m/s²	站间减速度均值	$a_{savgn}=\dfrac{1}{k}\sum\limits_{m=1}^{k}a_m,a<0$
5		S_s	—	线路停车次数	$S_s=\dfrac{n_{stop,i}}{S_{s,i}}$
6		ρ_{sr}	—	站间红灯密度	$\rho_{sr}=\dfrac{H_{light,i}}{S_{s,i}}$
7		ρ_s	—	站点密度	$\rho_s=\dfrac{1}{S_i+S_{i-1}}$
8		P_i	—	怠速比例	$P_i=\dfrac{t_i}{T}\times100$
9		P_a	—	加速比例	$P_a=\dfrac{t_a}{T}\times100$
10		P_c	—	巡航比例	$P_c=\dfrac{t_c}{T}\times100$
11		P_d	—	减速比例	$P_d=\dfrac{t_d}{T}\times100$
12	车辆行驶特征参数	v_{mr}	km/h	平均行驶车速	$v_{mr}=\dfrac{1}{k}\sum\limits_{m=1}^{k}v_m$
13		v_{std}	km/h	车速标准差	$v_{std}=\sqrt{\dfrac{1}{k}\sum\limits_{i=1}^{k}(v_i-v_{mr})}$
14		f_{va}	m²/s³	速度乘以加速度的方差	$f_{va}=\dfrac{1}{n}\sum\limits_{i=1}^{n}(va_i-va_{me})^2$
15		va_{avg}	m²/s³	速度乘以加速度的平均值	$va_{avg}=\dfrac{1}{n}\sum\limits_{i=1}^{n}va_i$
16		a_{max}	m/s²	最大加速度	$a_{max}=\{a_1,a_2,\cdots,a_T\}_{max}$
17		a_{std}	m/s²	加速度标准差	$a_{std}=\sqrt{\dfrac{1}{k}\sum\limits_{i=1}^{k}(a_i-\overline{a}_{avg})}$
18		$P_{t_{0\sim10}}$	—	0～10km/h 车速比例	$P_{t_{0\sim10}}=\dfrac{t_{0\sim10}}{T}\times100$
19		$P_{t_{10\sim20}}$	—	10～20km/h 车速比例	$P_{t_{10\sim20}}=\dfrac{t_{10\sim20}}{T}\times100$
20		$P_{t_{20\sim30}}$	—	20～30km/h 车速比例	$P_{t_{20\sim30}}=\dfrac{t_{20\sim30}}{T}\times100$

编号	分类	符号	单位	表示含义	计算方法
21	车辆行驶特征参数	$P_{t_{30\sim40}}$	—	$30\sim40\mathrm{km/h}$ 车速比例	$P_{t_{30\sim40}}=\dfrac{t_{30\sim40}}{T}\times100$
22		$P_{t_{40\sim50}}$	—	$40\sim50\mathrm{km/h}$ 车速比例	$P_{t_{40\sim50}}=\dfrac{t_{40\sim50}}{T}\times100$
23		$P_{t_{50\sim60}}$	—	$50\sim60\mathrm{km/h}$ 车速比例	$P_{t_{50\sim60}}=\dfrac{t_{50\sim60}}{T}\times100$
24		$P_{t_{0\sim20}}$	—	$0\sim20\mathrm{km/h}$ 车速比例	$P_{t_{0\sim20}}=\dfrac{t_{0\sim20}}{T}\times100$
25		$P_{t_{30\sim50}}$	—	$30\sim50\mathrm{km/h}$ 车速比例	$P_{t_{30\sim50}}=\dfrac{t_{30\sim50}}{T}\times100$
26		S	km	行驶里程	
27		T	s	行驶时间	
28		a_{decmax}	m/s²	最大减速度	$a_{\mathrm{decmax}}=\{a_1,a_2,\cdots,a_i\}_{\max}$
29		$va_{\max}$	m²/s³	速度乘以加速度的最大值	$va_{\max}=\{va_1,va_2,\cdots,va_T\}_{\max}$
30		a_{decs}	m/s²	减速度标准差	$a_{\mathrm{decs}}=\sqrt{\dfrac{1}{k}\sum\limits_{i=1}^{k}(a_i-a_{\mathrm{savgn}})}$

43.2.3 车辆能耗特性与工况特征关系分析

车辆在循环工况行驶中所需的能量为车轮处驱动车辆的驱动能量，常用比能量来衡量不同行驶工况下所消耗的能量，也称为比能耗。由于上述定义基于传统车辆特点给出，而混合动力客车能够实现制动能量的回收，相应改变了车轮处消耗的能量，因此本小节将结合再生制动功能给出混合动力客车比能耗的定义和理论推导。

车辆在行驶工况中的比能量描述为车辆车轮处的驱动能量与行驶里程的比值，是衡量车辆对行驶工况中能量需求的指标，比能量越高表明车辆对于需求的能量越大。

根据上述定义，比能量的表达式为

$$\overline{F}_{\mathrm{trac}}=\frac{1}{x_{\mathrm{tot}}}\int_{t\in\tau_{\mathrm{trac}}}F(t)v(t)\mathrm{d}t \tag{43-4}$$

式中，$F(t)$ 为车轮处纵向动力学的驱动力；x_{tot} 为行驶工况的总里程。

由于采集的行驶工况数据地处华北平原地区，忽略坡度对车辆的影响，比能量可以表示为克服行驶阻力之和的比能量，则有

$$\overline{F}_{\mathrm{trac}}=\overline{F}_{\mathrm{air}}+\overline{F}_{\mathrm{r}}+\overline{F}_{\mathrm{m}} \tag{43-5}$$

式中，$\overline{F}_{\mathrm{air}}$、$\overline{F}_{\mathrm{r}}$、$\overline{F}_{\mathrm{m}}$ 分别为克服空气阻力、滚动阻力和加速阻力的比能量，具体如下。

$$\overline{F}_{\mathrm{air}}=\frac{1}{x_{\mathrm{tot}}}\int_{t\in\tau_{\mathrm{trac}}}\frac{1}{2}\rho_{\mathrm{a}}c_{\mathrm{d}}A_{\mathrm{f}}v^3(t)\mathrm{d}t$$

$$\tag{43-6}$$

$$\overline{F}_{\mathrm{r}}=\frac{1}{x_{\mathrm{tot}}}\int_{t\in\tau_{\mathrm{trac}}}mgf_{\mathrm{r}}v(t)\mathrm{d}t \tag{43-7}$$

$$\overline{F}_{\mathrm{m}}=\frac{1}{x_{\mathrm{tot}}}\int_{t\in\tau_{\mathrm{trac}}}\delta ma(t)v(t)\mathrm{d}t \tag{43-8}$$

从上述分析可以看出，比能耗与行驶工况特征参数式存在相应的关系，定义用于评

估行驶特点的度量指标参数 $\phi[v(t)]$、$\varphi[v(t)]$、$\gamma[v(t)]$ 如下。

$$\phi[v(t)]=\frac{\overline{F}_{air}}{\frac{1}{2}\rho_a c_d A_f}=\frac{1}{x_{tot}}\int_{t\in\tau_{trac}}v^3(t)\mathrm{d}t \tag{43-9}$$

$$\varphi[v(t)]=\frac{\overline{F}_{rooll}}{mgc_r}=\frac{1}{x_{tot}}\int_{t\in\tau_{trac}}v(t)\mathrm{d}t=\frac{x_{trac}}{x_{tot}} \tag{43-10}$$

$$\gamma[v(t)]=\frac{\overline{F}_m}{m}=\frac{1}{x_{tot}}\int_{t\in\tau_{trac}}a(t)v(t)\mathrm{d}t \tag{43-11}$$

式中，x_{trac} 为循环行驶工况中驱动过程行驶的距离。

结合混合动力系统再生制动功能，给出混合动力客车比能耗的定义如下。

$$\overline{F}_{t,hev}=\begin{bmatrix}\overline{F}_{t,hev1}\\\overline{F}_{t,hev2}\\\vdots\\\overline{F}_{t,hev30}\end{bmatrix}=\begin{bmatrix}1 & x_{1,1} & x_{1,2} & \cdots & x_{1,30}\\1 & x_{2,1} & x_{2,2} & \cdots & x_{2,30}\\\vdots & \vdots & \vdots & \vdots & \vdots\\1 & x_{30,1} & x_{30,2} & \cdots & x_{30,30}\end{bmatrix}\times\begin{bmatrix}\beta_0\\\beta_1\\\vdots\\\beta_{30}\end{bmatrix}+\begin{bmatrix}\alpha_1\\\alpha_2\\\vdots\\\alpha_{30}\end{bmatrix} \tag{43-13}$$

由上述回归模型得出工况特征参数与比能耗的对应关系的散点，如图 43-8 所示。

由图 43-8 可见，站间加速度均值、最大减速度、减速度标准差等特征参数与车辆比能耗呈现明显的线性相关性。为了进一步量化分析工况样本的比能量与特征参数之间的相关性，需要计算车辆比能量与每个工况特征参数之间的相关系数，首先定义相关系数矩阵：

$$\boldsymbol{\rho}=\begin{bmatrix}\rho_{11} & \rho_{12} & \cdots & \rho_{1n}\\\rho_{21} & \rho_{12} & \cdots & \rho_{2n}\\\vdots & \vdots & & \vdots\\\rho_{n1} & \rho_{n2} & \cdots & \rho_{nn}\end{bmatrix} \tag{43-14}$$

式中，ρ_{ij} $(i,j=1,2,\cdots,n)$ 为因变量 y 与自变量 x 之间的相关系数，其中 $\rho_{ij}=\rho_{ji}(i,j=1,2,\cdots,n)$，其计算表达式为：

$$\overline{F}_{t,hev}=\overline{F}_{trac}-\xi(\overline{F}_{air}+\overline{F}_r+\overline{F}_m) \tag{43-12}$$

式中，ξ 为再生制动回收比例。混合动力客车制动能量回收受到轴荷、电机效率、电池充电功率等因素的影响。

从上述分析可知，混合动力系统的比能耗也与车速、加速度、行驶里程等呈现相关性。为更加细致地分析基于固定线路混合动力公交客车的比能耗，需要全面开展基于公交线路特点的行驶工况特征参数集的量化分析，进而找到与比能耗相关的关键特征参数。基于此，运用 43.1 节中介绍的数据挖掘理论中的相关性分析、回归分析方法建立基于公交线路特点的工况特征参数与比能耗之间的多元回归分析模型，假设车辆比能耗 $\overline{F}_{t,hev}$ 与工况特征参数 x_1，x_2，$\cdots$，x_{30} 的线性回归模型如下。

$$\rho_{y,x}=\frac{\mathrm{Cov}(y,x)}{\sigma_y\sigma_x} \tag{43-15}$$

式中，$\mathrm{Cov}(y,x)$ 为因变量 y 与自变量 x 之间的协方差；σ_y、σ_x 分别为 y 的方差和 x 的方差。$\rho_{ij}=-1$ 时，表示 x_i 与 x_j 完全负相关，$\rho_{ij}=1$ 时，表示 x_i 与 x_j 完全正相关。计算得到各特征参数与比能耗的相关系数如图 43-9 所示。

由图 43-9 可见，站间正向加速度、站间平均车速、速度乘以加速度的方差等参数呈正相关，站间减速度、巡航比例时间等参数呈负相关。为了剔除与车辆比能耗相关性不大的特征参数，本章选取 $|\rho_{ij}|\geqslant 0.5$ 的特征参数作为与车辆比能耗相关的特征向量参数，定义该线路工况与车辆比能耗相关的特征向量为：

$$\boldsymbol{X}=\{v_s,a_{savgp},a_{savgn},S_s,\\P_c,f_{va},va_{avg},a_{std},a_{decmax}\} \tag{43-16}$$

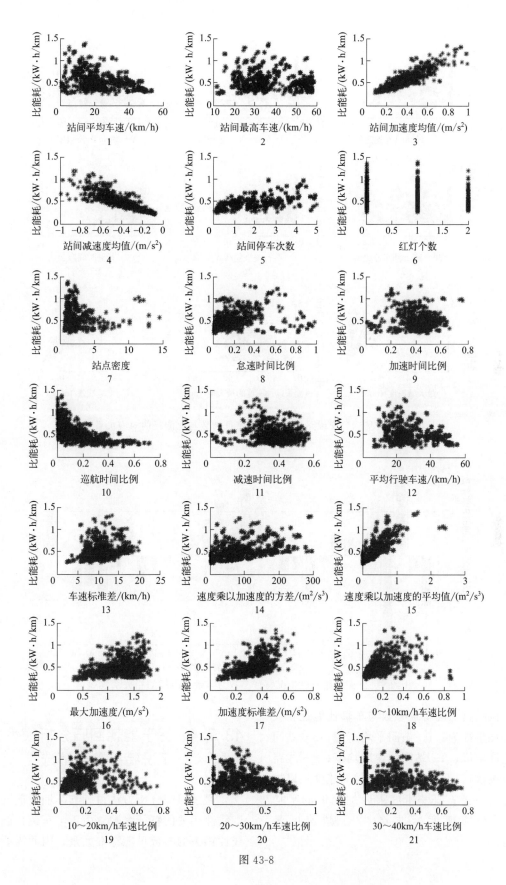

图 43-8

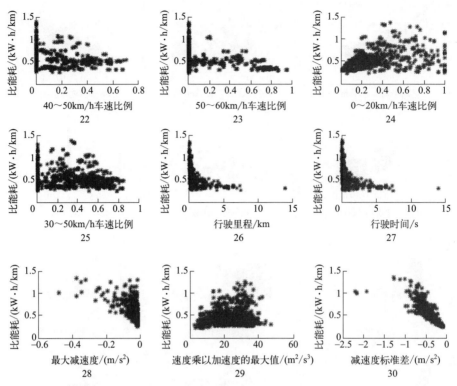

图 43-8 基于公交线路特点的工况特征参数与比能耗的对应关系

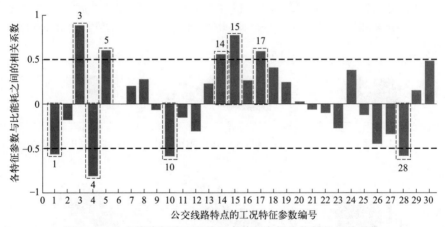

图 43-9 公交线路行驶工况特征参数与车辆比能耗的相关系数

该线路工况特征参数与车辆比能耗相关的特征参数为：1—站间平均车速；3—站间加速度均值；4—站间减速度均值；5—线路停车次数；10—巡航比例；14—速度乘以加速度的方差；15—速度乘以加速度的平均值；17—加速度标准差；28—减速度最大值。

43.2.4 基于能耗回归分析模型的工况特征参数筛选

通过回归分析方法得到与车辆比能耗高度线性相关的特征参数。由于与车辆比能耗线性相关的参数可能存在冗余，因此需要对初步得到的参数集进行降维，以减少后续特征参数应用时的复杂程度。首先，定义任意两个工况特征参数之间的相关系数为：

$$\varphi_{ij} = \frac{\sum\limits_{k=1}^{N}(x_{ki}-x_i)(x_{kj}-x_j)}{\sqrt{\sum\limits_{k=1}^{N}(x_{ki}-x_i)^2}\sqrt{\sum\limits_{k=1}^{N}(x_{kj}-x_j)^2}}$$

（43-17）

式中，$\varphi_{ij}(i,j=1,2,\cdots,n)$ 为任意两个特征参数 x_i 与自变量 x_j 之间的相关系数，其中 $\varphi_{ij}=\varphi_{ji}(i,j=1,2,\cdots,n)$。由此计算得到与比能量相关的特征参数之间的相关系数如表 43-3 所示。表中编号对应图 43-9 中的特征参数的编号。

表 43-3　与比能量相关的特征参数之间的相关性分析

φ_{ij}	1	3	4	5	10	14	15	17	28
1	1								
3	0.36	1							
4	0.2	0.63	1						
5	0.56	0.55	0.33	1					
10	0.74	0.56	0.50	0.46	1				
14	0.38	0.39	0.70	0.13	0.04	1			
15	0.03	0.72	0.88	0.21	0.36	0.81	1		
17	0.04	0.76	0.47	0.3	0.24	0.44	0.66	1	
28	0.27	0.45	0.61	0.53	0.36	0.27	0.45	0.24	1

当两个变量之间的相关系数的绝对值大于或等于 0.8 时，认为二者高度相关，可以相互替换。基于表 43-3 的结果，针对与比能耗相关的特征参数，定义与其高度相关的特征参数集合 U 如下。

$$U=\{4,14,15\}$$（43-18）

针对高度相关的特征集 U，进一步采用 F 检验的方法，比较两个特征参数对于因变量比能耗的影响。根据回归系数显著性 F 检验原理，通过总偏差平方和的分解式，得到 F 检验统计量公式为：

$$F = \frac{\sum\limits_{i=1}^{n}(\dot{y}_i - \overline{y})^2/p}{\sum\limits_{i=1}^{n}(y_i - \dot{y}_i)^2/(n-p-1)}$$

（43-19）

设定显著性水平 α，当 $F > F_\alpha(p, n-p-1)$ 时，认为在显著性水平 α 下，因变量与自变量之间有显著的线性关系，即回归方程是显著的。

综上，通过设定显著性水平 α，对特征参数 4—站间减速度均值、14—速度乘以加速度的方差、15—速度乘以加速度的平均值开展 F 检验得出：15—速度乘以加速度的平均值与车辆比能耗的显著水平明显高于其他两个特征参数，因此剔除其他两个特征参数。

最终，定义该线路工况与车辆比能耗相关的特征向量为：

$$\boldsymbol{X} = \{v_s, a_{savgp}, S_s, P_c, \\ va_{avg}, a_{std}, a_{decmax}\}$$

（43-20）

与车辆比能耗相关的该线路工况特征参数为：1—站间平均车速；3—站间加速度均值；5—线路停车次数；10—巡航比例；15—速度乘以加速度的平均值；17—加速度标准差；28—减速度最大值。

43.3 基于能耗特征与线路特征参数的固定线路行驶工况合成

基于43.2节能耗特性和公交线路特点确定的行驶工况特征参数的分析，结合固定线路公交客车行驶工况数据的历史维度考虑，采用了基于能耗特性与线路特征参数的固定线路行驶工况合成，如图43-10所示。主要包括：首先根据上述分析的工况特征参数，基于K-means算法开展工况聚类分析，确定运动学片段的划分；然后利用马尔科夫方法进行固定线路的工况合成。

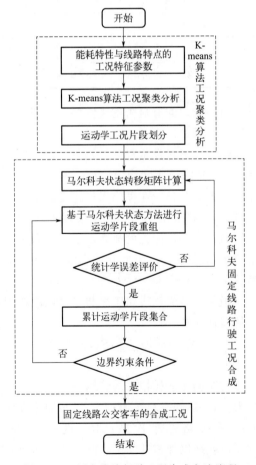

图43-10　固定线路行驶工况合成方法流程

43.3.1 基于K-means算法的工况聚类分析

行驶工况运动学片段划分是进行马尔科夫工况合成方法的基础，运动学片段的分类数量决定了马尔科夫状态转移矩阵的维度，分类数量不同将会导致状态转移矩阵的不同，进而产生不同的典型工况合成结果，影响合成结果的准确性和代表性。

行驶工况的运动学片段划分通常采用聚类分析方法进行，工程研究具有良好的应用基础。43.1节数据挖掘方法中已给出聚类分析基本介绍，结合行驶工况运动学片段划分的特点，本小节将选择基于划分方法的聚类分析。K-means算法是划分方法聚类分析的典型算法，适用于大样本数据，可以克服谱系聚类的缺陷，使分类结果更加合理。因此，本小节将采用基于K-means算法进行行驶工况运动学片段的聚类分析。

首先，给出运动学片段相同分类的依据，邻近性度量指标欧几里德距离（简称欧氏距离）的定义。假设两个样本 x_i 和 x_j，两者的欧氏距离为：

$$D_{ij} = \left[\sum_{m=1}^{k} (x_{im} - x_{jm})^2 \right]^{\frac{1}{2}} \quad (43\text{-}21)$$

式中，x_{im} 和 x_{jm} 的特征向量分别用 $(x_{i1}, x_{i2}, \cdots, x_{ik})$ 和 $(x_{j1}, x_{j2}, \cdots, x_{jk})$ 表示。收敛条件满足准则函数：

$$\mathrm{SSE}_{kmeas} = \sum_{k=1}^{K} \sum_{x \in C_i} \mathrm{dist}(X, c_i)^2$$

$$= \sum_{k=1}^{K} \sum_{x \in C_i} \| X - c_i \|$$

$$(43\text{-}22)$$

式中，$\mathrm{dist}(X, c_i)$ 为对象 X 与簇的代表 c_i 之差；dist 表示 D 中任意两对象间的欧氏距离；SSE_{kmeas} 表示 D 中所有对象的误差平方和；c_i 为对应 C_i 的聚类中心。

为合理地对聚类效果进行评价分析，通常采用轮廓系数评估法（silhoiette coeffi-

cient，SC）。假设数据 x 与 x' 所属簇的其他
对象之间的平均距离定义为 $a(x)$，$b(x)$ 是
x 到不属于 x' 的所有簇的最小平均距离，则
$a(x)$、$b(x)$ 和轮廓系数 $S(i)$ 分别定义如下。

$$a(x) = \frac{\sum\limits_{x' \in C_{i}, x \neq x'} \| x - x' \|}{|C_i| - 1} \quad (43\text{-}23)$$

$$b(x) = \min_{C_j; 1 \leqslant i \leqslant K, x' \neq x} \left(\frac{\sum\limits_{x' \in C_j} \| x - x' \|}{|C_j|} \right)$$

$$(43\text{-}24)$$

$$S(i) = \frac{b(i) - a(i)}{\max[b(i), a(i)]}$$

$$= \begin{cases} 1 - \dfrac{a(i)}{b(i)} & a(i) > b(i) \\ 0 & a(i) = b(i) \\ \dfrac{b(i)}{a(i)} - 1 & a(i) < b(i) \end{cases}$$

$$(43\text{-}25)$$

式中，$a(i)$ 表示第 i 个样本与同一聚
类结果中其他样本的最大距离；$b(i)$ 表示
第 i 个样本与其他聚类中所有样本的最小
距离。

基于轮廓系数可以确定最佳的聚类中心
个数。通过数据内聚度和分离度来表征聚类
分析效果。$S(i)$ 越接近于 1，说明该样本
分类结果越合理；$S(i)$ 越接近于 −1，则
该样本分类越不准确；若 $S(i)$ 接近于 0，
说明该样本处于在两个聚类结果的边界
位置。

结合上述聚类效果的轮廓系数评估方法，
计算得到运动学聚类类别分别为 3 类、5 类、
7 类和 9 类的轮廓系数，如图 43-11 所示。

由图 43-11 可见，工况片段聚类类别为
7 和 9 时，轮廓系数小于 0 的明显较多；工
况片段的聚类类别为 3 和 5 时，轮廓系数小
于 0 的部分相对较少，聚类效果较好。而由
于工况片段的聚类类别较少时，并不能全面
地对固定线路公交客车行驶工况进行细致分
类，从而影响马尔科夫工况合成的效果。综
上分析，本章选定聚类类别为 5 类。

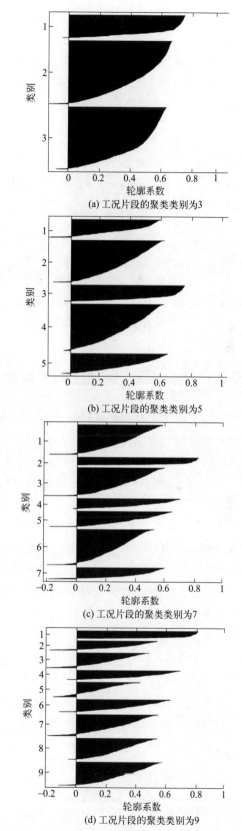

(a) 工况片段的聚类类别为3

(b) 工况片段的聚类类别为5

(c) 工况片段的聚类类别为7

(d) 工况片段的聚类类别为9

图 43-11　工况片段不同聚类类别下的轮廓系数

为了更直观地理解真实工况的构成，绘制出基于工况运动学片段的聚类分析结果在车速-平均加速-巡航比例三维坐标下的坐标图，以展现工况划分的结果，如图43-12所示。

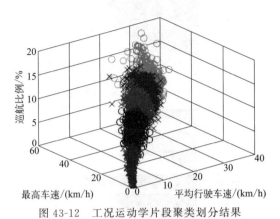

图 43-12　工况运动学片段聚类划分结果

43.3.2　马尔科夫链状态转移矩阵

车辆行驶工况过程是随时间变化的离散马尔科夫过程，因此行驶工况具有马尔科夫性。假设该系统由随机状态序列 $[X_1,X_2,X_3,\cdots,X_n]$ 组成，那么该系统的马尔科夫性可以表示为：

$$P(X_{n+1}=x_{n+1}\,|\,X_1=x_1,X_2=x_2,\cdots,$$
$$X_n=x_n)=P(X_{n+1}=x_{n+1}\,|\,X_n=x_n)$$

$$(43\text{-}26)$$

式中，X_n 为马尔科夫链的状态空间，即对应各个行驶工况的分类集合。

定义条件概率 $p_{ij}=P(X_{n+1}=j\,|\,X_n=i)$，当一个马尔科夫链具有 k 个状态时，该系统将拥有 k^2 个状态转移概率，如式（43-27）所示。

$$\boldsymbol{P}=\begin{bmatrix} p_{11} & p_{12} & \cdots & p_{1j} & \cdots & p_{1n} \\ p_{21} & p_{22} & \cdots & p_{2j} & \cdots & p_{2n} \\ \vdots & \vdots & \ddots & \vdots & \ddots & \vdots \\ p_{i1} & p_{i2} & \cdots & p_{ij} & \cdots & \cdots \\ \vdots & \vdots & \ddots & \vdots & \ddots & \vdots \\ p_{n1} & p_{n2} & \cdots & p_{nj} & \cdots & p_{nn} \end{bmatrix}$$

$$(43\text{-}27)$$

式中，$\boldsymbol{P}$ 即为马尔可夫链的状态转移矩阵，状态转移矩阵 $\boldsymbol{P}$ 中所有项都非负。状态转移概率 p_{ij} 的物理意义表征为：系统当前阶段处于第 i 类运动学片段时，下一阶段转移到第 j 类运动学片段的概率。

考虑行驶工况数据样本较大，本小节采用最大似然估计实现状态转移概率矩阵的计算。对于大量可重复观测结果，若 N_{ij} 为观测得到的从第 i 类运动学片段转移到第 j 类运动学片段，那么可以利用最大似然估计得到 p_{ij} 的计算式。

$$p_{ij}=\frac{N_{ij}}{\sum\limits_{j}p_{ij}} \qquad (43\text{-}28)$$

$$\sum_{j}p_{ij}=\sum_{j}P(X_{n+1}=x_j\,|\,X_n=x_i)=1,\forall i$$

$$(43\text{-}29)$$

43.3.3　公交线路行驶工况合成结果分析

第 42 章中通过对车联网平台获取的数据进行数据处理，得到处理后的固定线路公交客车一周的工况数据，数据量每天大约 7h。以此作为行驶工况合成算法的输入，基于本章所采用的固定线路行驶工况合成方法，最终得到可以代表该公交线路的典型行驶工况，工况合成结果如图43-13所示。由图可知，合成工况的最高车速小于 60km/h，运行时间约 3000s，与线路实际工况特征基本一致。

为衡量合成工况方法的有效性，应从行驶工况特征参数和行驶工况的车速-加速度联合概率密度两个层面考虑，对比分析固定线路合成工况数据和原始工况数据，从而对固定线路行驶工况合成方法做出合理性评价。

行驶工况特征参数的选择应较为全面地反映车辆行驶过程的加速、减速、匀速和怠速停车等情况，此处基于 43.3.2 小节中选取的工况特征参数评价指标，得到合成工况数据和原始工况数据的对比结果，如表 43-4 所示。

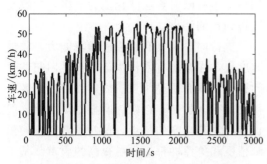

图 43-13 固定线路行驶工况合成结果

表 43-4 行驶工况数据误差评价指标对比

行驶工况特征参数	原始工况数据	合成工况数据	相对误差
平均车速 /(km/h)	32.3	32.1	0.2
最高车速 /(km/h)	56.8	56.5	0.3
车速标准差 /(km/h)	15.4	15.3	0.1
平均加速度 /(m/s^2)	0.26	0.25	0.01
最大加速度 /(m/s^2)	1.95	1.90	0.05
平均减速度 /(m/s^2)	−0.289	−0.29	0.001
怠速比例/%	11.6	11.2	0.4
加速比例/%	44.2	44.5	0.3
巡航比例/%	25.5	25.0	0.5

通过对比原始工况数据和合成工况数据的工况特征参数，发现两者误差在 0.5 以内，说明合成工况能够较好地反映该固定线路的行驶工况特征。此外，由于车速-加速度联合概率密度能更加准确地描述行驶工况中的任意一点状态。因此，进一步对比原始数据工况与合成工况数据的车速-加速度联合概率密度，如图 43-14 所示。可见，两者车速-加速度联合概率密度分布基本一致。

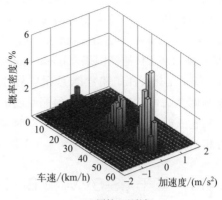

(a) 原始工况数据

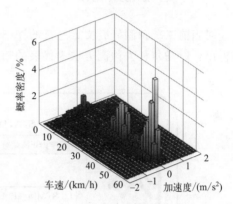

(b) 合成工况数据

图 43-14 车速-加速度联合概率密度对比

综上，通过以上对比行驶工况特征参数的误差和行驶工况的车速-加速度联合概率密度分布，可以得出合成工况能够较好地反映原始工况的数据特征，从而说明本章所采用的固定线路行驶工况合成方法的有效性和合理性。

43.4 基于能耗特征与线路特征参数的未来行驶工况智能预测

基于上述章节的能耗特性和公交线路特点确定的行驶工况特征参数，本节利用数据挖掘技术中的预测分析算法进行未来行驶工况预测。为解决当前工况预测精度的问题，将采用一种基于最小二乘支持向量机（least squares support vector machines，LS-SVM）预测和 BP 神经网络（back propagation neural network，BP-NN）误差修正的智能预测算法，并对影响工况预测精度的因素，从输入时间窗、预测时域和滚动时域进行分析讨论。

43.4.1　基于 LS-SVM 和 BP-NN 的智能预测模型

对当前工况预测研究文献进行的详细调研得出：以马尔科夫预测方法为代表的随机预测方法存在车速预测精度不足的问题，神经网络预测方法能获得较高的预测精度，但训练样本有限时算法泛化能力下降，导致无法得到预期结果。

支持向量机具有较强的学习能力，收敛速度快，在解决有限样本、非线性回归估计问题领域具有明显优势。固定线路公交客车行驶工况，虽然存在较为明显的规律性，但也存在复杂多变的特点，这对预测模型的预测精度和鲁棒性都提出了很高的要求。基于此，本小节将采用一种基于 LS-SVM 的预测方法，同时结合 BP-NN 对预测值进行修正的未来工况智能预测模型，具体方法如图 43-15 所示。

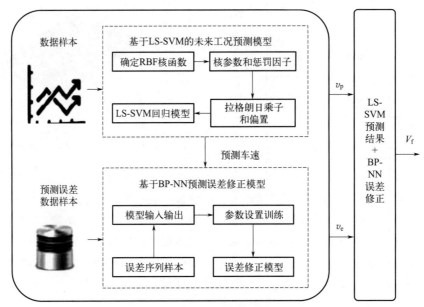

图 43-15　基于 LS-SVM 和 BP-NN 的
未来行驶工况智能预测模型

LS-SVM 和 BP-NN 的未来行驶工况智能预测模型，其核心思想为：基于 LS-SVM 工况预测模型，得到未来工况的预测值，由于预测的车速与实际真实值仍存在一定的偏差，用 BP-NN 建立预测值与误差之间的非线性拟合关系，对预测结果进一步修正，减小误差，更加接近真实车速。最终预测结果表示为：

$$v_f = v_p + v_e \qquad (43\text{-}30)$$

首先说明 LS-SVM 工况预测模型建模的核心思想，假设给定一组训练样本集 $\{(x_i, y_i)\}$，$i = 1, \cdots, n$，其中，n 为训练样本的容量，$x_i \in R^n$ 为样本输入向量，$y_i \in R$ 为相应的输出值。通过非线性映射 $\phi(x)$，将训练样本映射到高维特征空间，此时回归函数为

$$f(x) = \omega \phi(x) + b \qquad (43\text{-}31)$$

式中，ω 为权向量；b 是偏执量；$\phi(x)$ 为从低维空间到高维空间的映射。LS-SVM 的最优回归估计函数是在一定约束条件下的最小化泛函，即

$$\min_{\omega,e} : J(\omega,e) = \frac{1}{2}\omega^{\mathrm{T}}\omega + \frac{1}{2}C\sum_{i=1}^{N}e_i^2$$

$$(43\text{-}32)$$

$$\text{s. t. } y_i = \omega^{\mathrm{T}}\varphi(x_i) + b + e_i, i = 1, 2, \cdots, l$$

$$(43\text{-}33)$$

式中，e_i 为误差；$e_i \in R^{l \times 1}$ 为误差向量；C 为正则化参数，控制误差的惩罚程度。

基于拉格朗日乘子法将问题转化到其对偶空间并进行优化求解，引入拉格朗日乘子 λ，$\lambda \in R^{l \times 1}$，上式转化为：

$$
\begin{bmatrix}
0 & 1 & \cdots & 1 \\
1 & K(x_1,x_1)+C^{-1} & \cdots & K(x_1,x_M) \\
\vdots & \vdots & \ddots & \vdots \\
1 & K(x_M,x_1) & \cdots & K(x_M,x_M)+C^{-1}
\end{bmatrix}
$$

式中，K 为适应的核函数，且 $K(x_i, x_j) = \phi(x_i)^{\mathrm{T}}\phi(x_j)$。用原空间中的核函数代替高维特征空间的点积运算，可得 LS-SVM 回归估计函数模型为：

$$f(x) = \sum_{i=1}^{n}\lambda_i K(x_i,x) + b \qquad (43\text{-}37)$$

式中，λ_i 和 b 可通过式(43-36)利用最小二乘法求出。$K(x_i,x) = \phi(x_i)^{\mathrm{T}}\phi(x)$ 为 LS-SVM 的核函数，表示从样本输入空间，通过非线性映射到高维空间的核函数。

基于径向基函数（radial basis function，RBF）的核函数解析计算简单等优点，本小节采用 RBF 核函数作为 LS-SVM 模型中的核函数。选定核函数为 RBF 径向基核函数，由此可得：

$$K(x_i,x_j) = \exp\left(-\frac{\|x_i - x_j\|}{2\sigma^2}\right)$$

$$(43\text{-}38)$$

$$L(\omega,b,e,\lambda) = J(\omega,e) -$$
$$\sum_{i=1}^{l}\lambda_i[\omega^{\mathrm{T}}\phi(x_i) + b + e_i - y_i]$$

$$(43\text{-}34)$$

进一步，根据卡罗许-库恩-塔克（KKT）条件，可得：

$$
\begin{cases}
\dfrac{\partial J}{\partial \omega} = 0 \rightarrow \omega = \sum_{i=1}^{l}\lambda_i\phi(x_i) \\[2mm]
\dfrac{\partial J}{\partial b} = 0 \rightarrow \sum_{i=1}^{l}\lambda_i = 0 \\[2mm]
\dfrac{\partial J}{\partial e_i} = 0 \rightarrow \lambda_i = Ce_i \\[2mm]
\dfrac{\partial J}{\partial \lambda_i} = 0 \rightarrow \omega^{\mathrm{T}}\phi(x_i) + b + e_i - y_i = 0
\end{cases}
$$

$$(43\text{-}35)$$

消去 ω 和 e，则上式可用矩阵形式表示为：

$$
\begin{bmatrix}
b \\ \lambda_1 \\ \vdots \\ \lambda_M
\end{bmatrix}
=
\begin{bmatrix}
0 \\ y_1 \\ \vdots \\ y_M
\end{bmatrix}
\qquad (43\text{-}36)
$$

式中，x_j 为第 j 个高斯基函数的中心；σ 为标准化参数，决定高斯函数中心点的宽度。

建立 BP-NN 模型拟合预测值与误差之间的非线性关系，主要依据三层结构反向神经网络输入层、隐含层和输出层，如图 43-16 所示。应用三层结构的 Sigmoid 激励函数，BP-NN 可以拟合任意精度非线性函数。BP-NN 模型的基本关系如下。

$$a^1 = \text{tansig}(n) = \frac{e^n - e^{-n}}{e^n + e^{-n}} n = Wa^0 + b$$

$$(43\text{-}39)$$

式中，a^1 和 a^0 分别为输出神经元的当前层和上层；W 为权重因子；b 为偏置值。

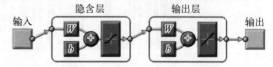

图 43-16　BP-NN 的结构示意

43.4.2 未来工况智能预测模型对比

本小节所提出的未来工况智能预测模型本质上属于一种基于数据驱动的预测算法，数据样本的数量和质量对于预测结果的影响明显。因此，首先对用于工况预测的数据样本进行说明。第 42 章中通过对车联网获取的数据进行数据处理后，得到处理后固定线路公交客车一周的工况数据，如图 43-17 所示。43.2 节中对于公交线路特征进行统计分析得出，线路行驶工况存在较为明显的规律性，每个循环工况的行驶特点呈现较高的相似性，根据七天的工况数据样本可以看出，行驶工况中有较为明显的停止周期。公交客车的最大速度小于 60km/h，公交客车每天正常行车时间在 7h 以下。

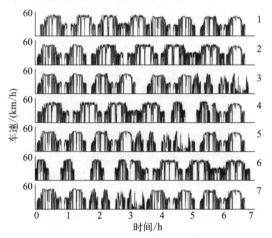

图 43-17　固定线路公交客车七天行驶工况数据信息

基于以上行驶数据，选择六天的数据作为训练样本，随机选择其中一天中的一个工况循环作为测试。LS-SVM 模型的输入参数包括工况特征参数和临界点过去相邻车速，其中工况特征参数为 43.2 节中确定与比能耗相关的工况特征参数，输出为预测时域内的未来行驶工况车速。

根据前述 BP-NN 的预测修正算法原理，确定其训练模型的输入输出参数，输入为 LS-SVM 模型的预测结果，输出为 LS-SVM 预测值和真实值的差值，通过 BP-NN 建立预测值与预测误差的拟合关系。

为充分验证本章提出的预测模型的效果，与常用的智能预测方法进行对比分析，同时建立 SVM 工况预测模型、RBF-NN 工况预测模型和 BP-NN 工况预测模型，首先以预测未来工况 3s 车速为例进行对比说明分析，预测结果如图 43-18 所示。可以看出，增加预测误差修正后，预测结果更加接近实际车速，预测效果得到进一步提升。

为合理对比评价四种预测方法的预测效果，对比四种预测方法的均方根误差（RMSE），如图 43-19 所示。

由图 43-19 可见，所提出的基于 LS-SVM 和 BP-NN 的智能预测模型预测结果的均方根误差相对较小，预测效果更好，预测车速更加接近真实车速，SVM 预测模型和 BP-NN 预测模型的预测结果相对接近，其中 SVM 预测模型要优于 BP-NN 预测模型。

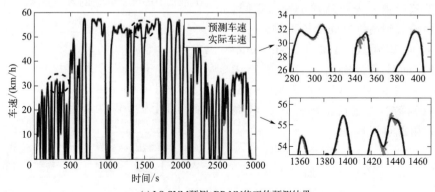

(a) LS-SVM预测+BP-NN修正的预测结果

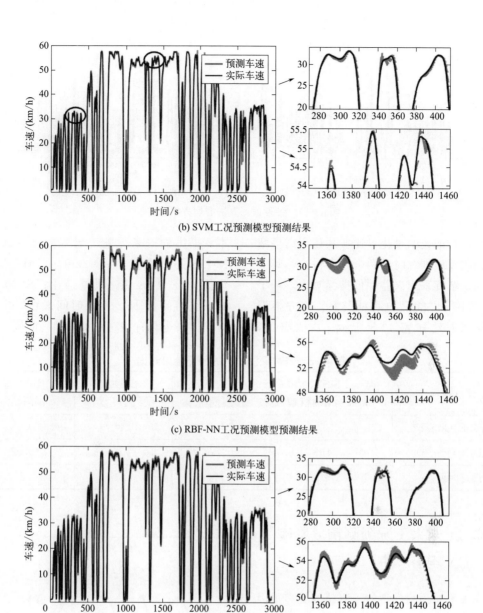

(b) SVM工况预测模型预测结果

(c) RBF-NN工况预测模型预测结果

(d) BP-NN工况预测模型预测结果

图 43-18　不同工况预测模型预测结果的对比分析

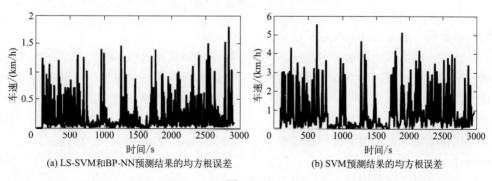

(a) LS-SVM和BP-NN预测结果的均方根误差　　(b) SVM预测结果的均方根误差

图 43-19

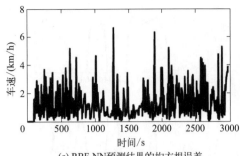
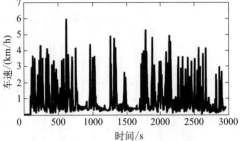

(c) RBF-NN预测结果的均方根误差 　　　　　(d) BP-NN预测结果的均方根误差

图 43-19　各种预测算法的均方根误差

为进行细致的量化对比，从预测结果精度和预测模型训练时间两个方面讨论，其中预测结果精度采用误差评价指标对比，基于 43.3 节中给出的平均绝对误差、均方根误差，结果对比如表 43-5 所示。由表可见，本章提出的未来行驶工况智能预测模型的 RMSE 的平均值为 0.22km/h，MAE 的平均值为 0.16km/h，误差最小；SVM 模型的训练时间为 1h，训练时间最短，本章提出的方法也具有相对较少的训练时间。

表 43-5　各种预测算法的预测结果对比

评价指标	基于 LS-SVM 和 BP-NN 预测模型	SVM 预测模型	RBF-NN 预测模型	BP-NN 预测模型
RMSE/(km/h)	0.22	0.84	1.30	0.98
MAE/(km/h)	0.16	0.77	1.19	0.92
训练时间/h	1.2	1	1.4	2

43.4.3　未来工况预测精度影响因素分析

未来工况预测模型的预测精度受多重因素影响，在智能预测算法中，样本输入时间窗、预测时域和滚动更新时域是三个核心参数，对于预测模型性能的影响如图 43-20 所示。从而，探究预测时域和滚动更新时域对预测精度的影响、确定最佳的时域长度十分重要。基于此，本小节将从输入时间窗、预测时域和滚动更新时域三个方面探究其对预测精度的影响。

（1）输入时间窗对预测结果精度的影响

为分析样本输入时间窗对预测精度的影响，假设样本输入参数的数量一定时，同时保证预测时域和滚动更新时域一致，仅更改

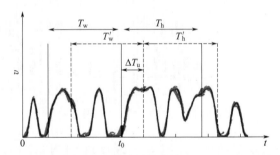

图 43-20　预测算法中影响预测精度的时间序列参数

T_w—输入时间窗；T_h—预测时域；ΔT_u—滚动更新时域

样本的输入时间窗，探究其变化对预测结果精度的影响。分别设置三组不同的样本输入时间窗的仿真测试例，具体如下。

① Case1：输入时间窗为 90s，预测时域为 10s，滚动更新时域为 1s。

② Case2：输入时间窗为 70s，预测时域为 10s，滚动更新时域为 1s。

③ Case3：输入时间窗为 50s，预测时域为 10s，滚动更新时域为 1s。

三个仿真测试例的工况预测结果如图 43-21 所示。不同样本输入时间窗下工况预测结果对比如表 43-6 所示。

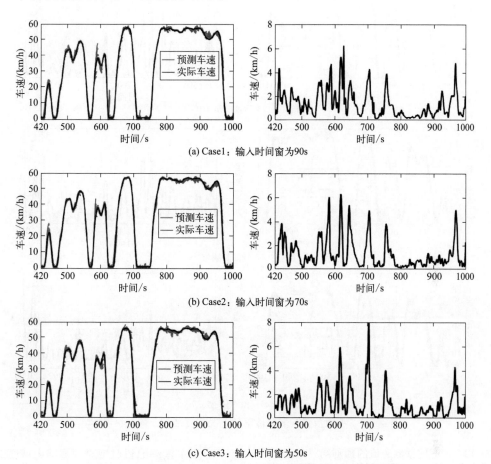

(a) Case1：输入时间窗为90s

(b) Case2：输入时间窗为70s

(c) Case3：输入时间窗为50s

图 43-21　不同样本输入时间窗的工况预测结果及均方根误差

表 43-6　不同样本输入时间窗对
工况预测精度的影响

项目	Case1	Case2	Case3
输入时间窗/s	90	70	50
RMSE/(km/h)	1.26	1.25	1.36
MAE/(km/h)	1.10	1.09	1.17
训练时间/min	26	35	43

由表 43-6 可以看出，Case1、Case2 和 Case3 之间的均方根误差变化不大。但是输入时间窗缩短会增大训练样本的数量，导致模型训练时间成本增加。因此，通过上述测试例对比分析得出，样本输入时间窗的变化对工况预测精度的影响较小。

（2）预测时域对预测结果精度的影响

为探究预测时域对预测结果精度的影响，假设样本输入参数、滚动更新时域时间一致，更改预测时域长度探究其变化对预测结果精度的影响，分别设置不同的预测时域长度，具体如下。

① Case1：预测时域为 10s，输入时间窗为 70s，滚动更新时域为 1s。

② Case2：预测时域为 15s，输入时间窗为 70s，滚动更新时域为 1s。

③ Case3：预测时域为 20s，输入时间窗为 70s，滚动更新时域为 1s。

以上三个测试例的工况预测结果如

图 43-22 所示。不同预测时域的工况预测结果对比分析如表 43-7 所示。

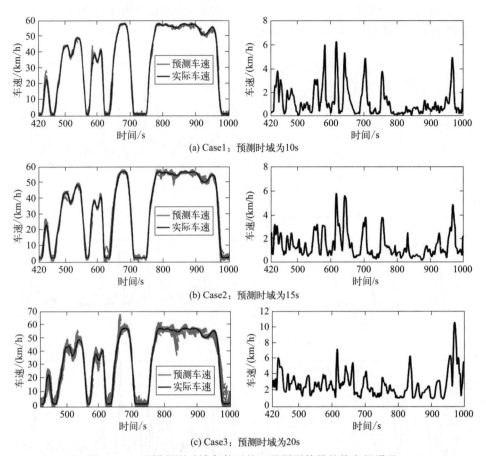

(a) Case1：预测时域为10s

(b) Case2：预测时域为15s

(c) Case3：预测时域为20s

图 43-22　不同预测时域条件下的工况预测结果及均方根误差

表 43-7　不同预测时域的预测结果对比

项目	Case1	Case2	Case3
预测时域/s	10	15	20
RMSE/(km/h)	1.25	1.53	2.74
MAE/(km/h)	1.09	1.27	2.15
训练时间/min	35	46	50

由图 43-22 和表 43-7 可以看出，随着预测时域的增加，预测结果的误差逐渐增大。但是预测时域增加相当于模型的输出增大，进而增加了模型训练的复杂程度，导致模型训练时间成本增加。因此，通过上述测试例对比分析得出，预测时域的增大会导致工况预测误差增大。

（3）滚动更新时域对预测结果精度的影响

为探究滚动更新时域对预测结果精度的影响，同样首先给出合理的假设，假设样本输入参数、输入时间窗和预测时域时间一致，更改滚动更新时域长度，探究其变化对预测结果精度的影响，分别设置不同的滚动更新时域长度，具体如下。

① Case1：滚动更新时域为 1s，输入时间窗为 70s，预测时域为 10s。

② Case2：滚动更新时域为 3s，输入时间窗为 70s，预测时域为 10s。

③ Case3：滚动更新时域为 5s。输入时间窗为 70s，预测时域为 10s。

三种情况的预测结果如图 43-23 所示。不同样本输入时间窗下工况预测结果对比，如表 43-8 所示。

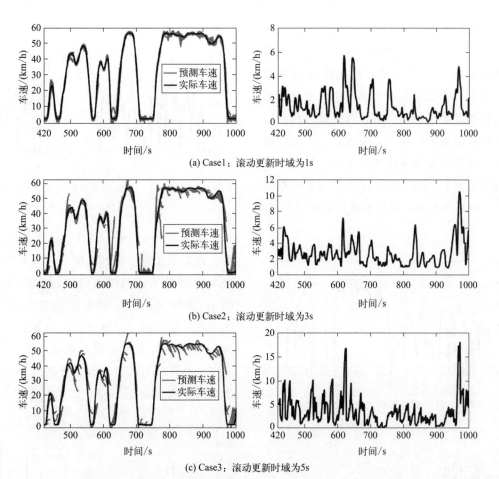

(a) Case1：滚动更新时域为1s

(b) Case2：滚动更新时域为3s

(c) Case3：滚动更新时域为5s

图 43-23　不同滚动更新时域条件下的工况预测结果及均方根误差

表 43-8　不同滚动更新时域的预测结果对比

项目	Case1	Case2	Case3
滚动更新时域/s	1	3	5
RMSE/(km/h)	1.53	2.61	3.50
MAE/(km/h)	1.27	1.73	2.88
训练时间/min	46	35	28

由图 43-23 和表 43-8 可以看出，随着滚动更新时域的增加，预测结果误差呈现较为明显的增大趋势。但滚动更新时域增加相当于模型的样本数量减少，进而降低了模型训练的复杂程度，使得模型训练时间成本降低。因此，通过上述测试例对比分析得出，滚动更新时域的增大由于缩减了预测模型样本数量，导致工况预测误差明显增大。

通过对工况预测精度的影响因素分析，发现样本输入时间窗的变化对工况预测精度的影响较小，预测时域和滚动更新时域对工况预测精度影响明显。随着预测时域的增加，预测结果的误差逐渐增大，但是预测时域增加相当于模型的输出增大，进而增加了模型训练的复杂程度，导致模型训练时间成本增加。滚动更新时域对工况预测精度影响最为明显，滚动更新时域扩大导致预测误差增大。基于上述分析，最终确定未来工况预测模型的三个关键参数分别为：输入时间窗为 90s，预测时域为 10s，滚动更新时域为 1s。

43.4.4　未来工况预测模型的鲁棒性分析

城市公交客车线路固定、定时发车的特

点，使公交客车行驶工况呈现明显的相似和规律，但受到天气、驾驶行为、交通变化等因素的影响，行驶工况必然呈现不同的特点。因此，需要对工况预测模型在变化因素下的鲁棒性进行验证分析，以保证其预测结果对控制策略的可靠性。考虑以上因素，获取工况预测模型训练样本之外的一段行驶工况进行验证，如图 43-24 所示。基于本章提出的工况预测模型，得到预测结果如图 43-25 所示。

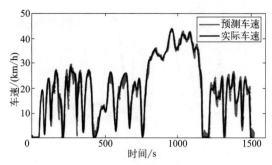

图 43-25　行驶环境变化情况下的
工况预测结果

由图 43-25 可得，所建立的工况预测模型，在工况预测模型训练样本之外的不同行驶环境情况下，仍能较好地进行预测。由图 43-26 可知，均方根误差的最大值小于 7km/h，绝大部分预测结果的均方根误差在 5km/h 以内，由此说明本章建立的工况预测模型具有较好的鲁棒性，能适应工况变化带来的影响。

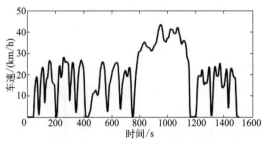

图 43-24　不同驾驶员在行驶环境
变化情况下的工况数据

扫一扫

本章小结

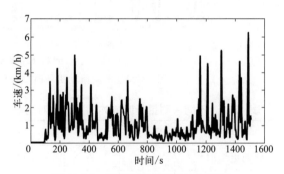

图 43-26　行驶环境变化情况下工况
预测结果的均方根误差

行驶工况信息影响能量管理策略的最优性和适应性，是混合动力汽车能量管理策略设计时考虑的重要因素。城市公交客车行驶线路虽然相对固定，但由于受天气、交通状况等因素的影响使行驶工况也存在多变性，基于固定规则的能量策略和基于固定工况信息的优化能量策略都存在难以达到期望的最优控制效果的问题，原因之一在于这类能量管理策略多从工况信息单一维度考虑，对工况信息的利用程度较低，进而影响了策略最优性和适应性的控制效果。因此，如何提高能量管理策略对行驶工况信息的利用程度，进而提升策略的最优性和适应性是本章的重点。针对上述存在的问题，本章将继续以商用混合动力公交客车作为研究对象，介绍一种功率分流式混合动力构型及其功率分流特性，并介绍适用于该混动构型的能量管理方法；结合第43章得到的车联网工况信息数据挖掘结果，基于最优化理论和自适应智能控制原理，介绍一种基于工况信息的分层优化自适应智能能量管理策略，探究工况信息利用程度对于能量策略最优性和适应性的影响，进而为智能能量管理策略的研究提供新的研究思路。

44.1 行星式混合动力公交客车功率分流特性及其能量管理

本章所介绍的智能能量管理算法应用对象为一种功率分流式混合动力构型，该混合动力构型系统兼具串联和并联混合动力系统的优点，可实现发动机转速和转矩与车轮的双重解耦，有突出的节能潜力，是当前最具竞争力的混合动力系统之一。目前，基于行星排的功率分流式混合动力系统已在公交客车上得到成功应用推广。本节基于该双行星排式混合动力公交客车，首先介绍其构型特点，分析其功率分流特性；同时，为充分验证说明本章所要介绍的智能能量管理策略效果，对当前工程实际应用的基于规则能量管理策略和全局最优解的动态规划能量管理策略两者的设计方法进行介绍，从而为后续智能能量管理策略的选定提供对比及评价的基准。

44.1.1 双行星排功率分流式混合动力系统构型

所介绍的功率分流式混合动力公交客车及其双行星排式混合动力系统如图44-1所示。该款车型是目前10m级混合动力公交客车市场的典型车型，所采用的双行星排式功率分流混合动力系统取得了显著节能效果。

双行星排功率分流式混合动力客车动力系统构型如图44-2所示，包括发动机、电机MG1、电机MG2、动力电池和双行星排耦合机构PG1与PG2。发动机曲轴与前排PG1的行星架相连，电机MG1与前排PG1的太阳轮相连，前排PG1的齿圈实现动力输出；后排PG2的齿圈锁止，电机MG2与后排PG2太阳轮相连，由后排PG2的行星架实现动力输出；前排PG1的齿圈与后排PG2的行星架固连，将前行星排与后行星排的动力耦合，输入到主减速器，并最终输出到车轮。

图 44-1　某功率分流式混合动力公交客车及其混合动力总成

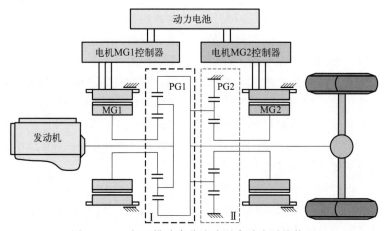

图 44-2　双行星排功率分流式混合动力系统构型

根据双行星排式混合动力系统的运动学关系，假设系统内部无损失，则前行星齿轮机构 PG1 的基本转速、转矩关系如下。

$$\begin{cases} T_{S1}:T_{R1}:T_{C1}=1:k_1:-(1+k_1) \\ (1+k_1)\omega_{C1}=k_1\omega_{R1}+\omega_{S1} \end{cases}$$

(44-1)

式中，T_{S1}、ω_{S1} 为前行星排太阳轮的转矩和转速；T_{C1}、ω_{C1} 为前行星排中行星架处的转矩和转速；T_{R1}、ω_{R1} 为电机 MG2 的转矩和转速；k_1 为前行星排的特征参数。

同理分析，可以得到后行星排机构 PG2 的运动学关系，由于后排齿圈锁止转速恒为零，转速和转矩关系如下。

$$\begin{cases} T_{S2}=\dfrac{-T_{C2}}{1+k_2} \\ (1+k_2)\omega_{C2}=\omega_{S2} \end{cases}$$

(44-2)

式中，T_{S2}、ω_{S2} 为后行星排太阳轮的转矩和转速；T_{C2}、ω_{C2} 为后行星排中行星架处的转矩和转速；k_2 为后行星排的特征参数。

根据混合动力系统各动力源与双行星排耦合机构的连接关系，可以得到系统输出转矩、转速的关系如下。

$$\begin{cases} T_{out}=T_e\dfrac{k_1}{1+k_1}+T_m(1+k_2) \\ \omega_{out}=\dfrac{\omega_e(1+k_1)-\omega_g}{k_1}=\dfrac{\omega_m}{1+k_2} \end{cases}$$

(44-3)

式中，T_{out}、ω_{out} 为主减速器处的转矩

和转速；T_m、T_e 为电机 MG2 和发动机的转矩；ω_e、ω_g、ω_m 为发动机、电机 MG1 和电机 MG2 的转速。

该款混合动力公交客车整车参数和系统部件参数分别如表 44-1 和表 44-2 所示。

表 44-1　整车基本参数

参数	数值
整备质量/kg	12500
满载质量/kg	16500
外形尺寸(长×宽×高)/m	10.5×2.5×3.2
迎风面积/m²	6.6
风阻系数	0.55
滚动阻力系数	0.0065
主减速器速比	4.88
轴距/m	6.1
车轮半径/m	0.512

表 44-2　双行星排式混合动力系统部件参数

混合动力系统部件	参数	数值
发动机	峰值转矩/(N·m)	802
	峰值转速/(r/min)	2300
	峰值功率/kW	147
电机 MG1	额定/峰值转矩/(N·m)	160/320
	额定/峰值转速/(r/min)	3000/6000
	额定/峰值功率/kW	50/100
电机 MG2	额定/峰值转矩/(N·m)	400/900
	额定/峰值转速/(r/min)	2000/6000
	额定/峰值功率/kW	84/188
电池	最大容量/(A·h)	47.3
	内阻/Ω	0.08
	标称电压/V	600
行星排	前行星排特征值	2.63
	后行星排特征值	1.65

44.1.2　双行星排式混合动力系统功率分流状态分析

当前，针对行星式动力耦合系统的运动状态分析理论主要有杠杆法和 D 矩阵方法。相比于 D 矩阵方法，杠杆法基于杠杆模型原理直接地分析得到行星机构的动力学关系，具有简便清晰的特点。因此，本小节采用杠杆法对双星排式混合动力系统的功率分流状态进行分析。行星排机构的杠杆模型如图 44-3 所示，图中太阳轮、齿圈和行星架分别用 S，R 和 C 表示，纵坐标表示转速，定义向上为正转速方向。

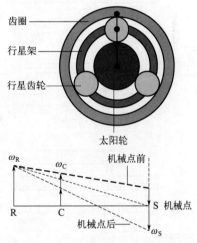

图 44-3　行星齿轮机构及杠杆模型

为方便分析系统功率分流情况，首先给出系统机械点和分离因子的概念。系统机械点即为当电机 MG1 转速为零时系统所处的工作点，此时系统电功率为零，发动机功率完全由机械路径输出。根据系统动力学关系，可以得到电机 MG1 功率与发动机功率之间的关系，如式(44-4) 所示。

$$P_g = [\omega_e(1+k_1) - \omega_{R1}k_1]\frac{T_e}{1+k_1}$$

$$= P_e - T_e\omega_e\frac{\omega_{R1}}{\omega_e}\times\frac{k_1}{1+k_1}$$

(44-4)

式中，P_e 为发动机功率；P_g 为电机 MG1 功率。

定义系数 δ，令 $\delta = \dfrac{\omega_{R1}}{\omega_e} \times \dfrac{k_1}{1+k_1}$，则

$$P_g = P_e(1-\delta) \tag{44-5}$$

式中，系数 δ 即为分离因子，可以用来表示系统中电功率、机械功率与发动机输出功率之间的关系。假设在系统电量平衡，即输出功率为零的前提条件下，当 $\delta=1$ 时，电机 MG1 的电功率为零，系统中发动机输出功率完全由机械路径输出；当 $\delta>1$ 时，电动率为负，电机 MG1 转速为负，电机

MG1 电动，电机 MG2 发电，系统工作在机械点之前；当 $\delta<1$ 时，此时电功率为正，电机 MG1 发电，电机 MG2 电动，系统工作在机械点之后。

行驶工况的复杂性导致系统工作状态的非线性，电池常处于充电或者放电状态。因此，系统功率分流情况需充分考虑电池的充电、放电过程。假设电池功率为 P_{bat}，电机 MG1、电机 MG2、前行星排、后行星排的效率分别为 η_g、η_m、η_{r1}、η_{r2}，各种功率分流情况具体如图 44-4 所示。各部件工作情况及系统输出如表 44-3 所示。

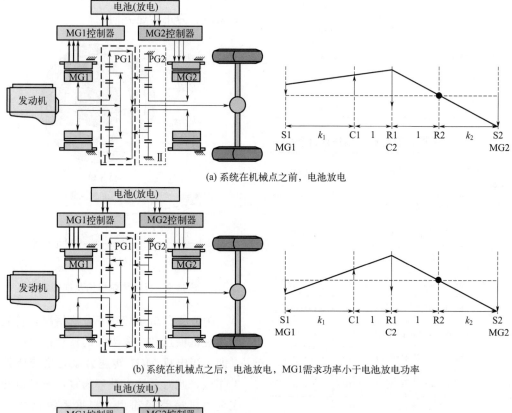

(a) 系统在机械点之前，电池放电

(b) 系统在机械点之后，电池放电，MG1需求功率小于电池放电功率

(c) 系统在机械点之后，电池放电，MG1需求功率大于电池放电功率

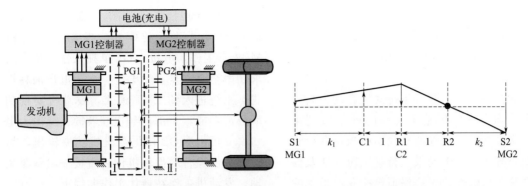

(d) 系统在机械点之前，电池充电，MG1需求功率小于电池放电功率

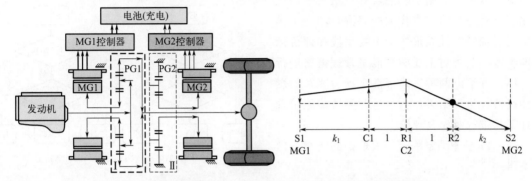

(e) 系统在机械点之前，电池充电，MG1需求功率大于电池放电功率

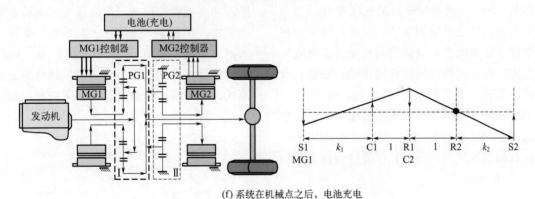

(f) 系统在机械点之后，电池充电

图 44-4　考虑电池的充电、放电过程的系统功率分流情况

表 44-3　双行星排系统功率分流及工作状态

模式	电池/电机 MG1/电机 MG2 工作状态	系统输出功率
(a)	电池放电，MG1 发电，MG2 电动	$[P_e\eta_{R1}(1-\delta)\eta_g+P_{bat}]\eta_m\eta_{R2}+P_e\eta_{R1}\delta$
(b)	电池放电，MG1 电动，MG2 电动	$[P_e(1-\delta)/(\eta_{R1}\eta_g)+P_{bat}]\eta_m\eta_{R2}+P_e\delta\eta_{R1}$
(c)	电池放电，MG1 电动，MG2 发电	$[P_e(1-\delta)/(\eta_{R1}\eta_g)+P_{bat}](\eta_{R2}\eta_m)+P_e\delta\eta_{R1}$
(d)	电池充电，MG1 发电，MG2 电动	$[P_e\eta_{R1}(1-\delta)\eta_g-P_{bat}]\eta_m\eta_{R2}+P_e\eta_{R1}\delta$
(e)	电池充电，MG1 发电，MG2 发电	$[P_e\eta_{R1}(1-\delta)\eta_g-P_{bat}]/\eta_m\eta_{R2}+P_e\delta\eta_{R1}$
(f)	电池充电，MG1 电动，MG2 发电	$[P_e(1-\delta)/(\eta_{R1}\eta_g)-P_{bat}]/(\eta_{R2}\eta_m)+P_e\delta\eta_{R1}$

44.1.3 双行星排式混合动力系统能量管理策略

通常情况下，双行星排式混合动力公交客车工程实际应用基于规则的能量管理策略，该策略具有良好的在线实时控制和计算负荷小等优点，但受限于行驶工况多变及标定方法的局限性，无法保证策略获取最优的经济性效果；而基于动态规划算法的全局优化能量管理策略，常作为探究混合动力车辆全局燃油经济性能最优的重要手段和评价标准。本小节将对上述两种能量管理策略进行介绍，并给出两种策略下混合动力客车的燃油经济性仿真结果，为之后开展智能能量管理策略进行对比与评价。

（1）基于固定逻辑门限规则的能量管理策略

基于固定逻辑门限规则的能量管理策略（RB-EMS），主要考虑行星混联混合动力系统的转速转矩双解耦功能，使发动机工作在最优工作曲线上，保证发动机始终在高效区工作。所介绍的行星混联混合动力系统具有以下几种典型工作模式（纯电动、混合动力、再生制动与机械制动）和两种主要的工作状态（驱动状态与制动状态）。各模式及工作状态的切换规则和能量管理策略切换逻辑如图 44-5 所示。

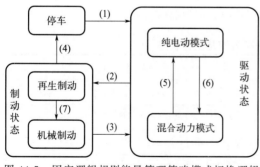

图 44-5　固定逻辑规则能量管理策略模式切换逻辑

① 驱动模式　驱动模式包括纯电动模式和 EVT 混合动力模式，默认进入纯电动模式，模式切换条件如图 44-6 所示。系统进入到纯电动行驶模式，发动机和电机 MG1 不工作，电机 MG2 单独工作，整车需求功率全部来自动力电池，属于电量消耗模式。系统进入到 EVT 模式，发动机实现功率分流功能，一部分经电机 MG1 转化为电功率，再由 MG2 转化为机械功率输出，另一部分流经行星齿轮机构后直接输出到驱动轴。发动机工作在最优工作曲线上。

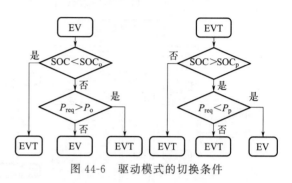

图 44-6　驱动模式的切换条件

② 制动模式　制动模式包括机械制动模式和再生制动模式，默认优先进入再生制动模式，切换条件如图 44-7 所示。系统进入到再生制动模式，MG2 电机制动，回收制动能量补充到电池；系统进入到机械制动模式，利用机械制动器制动，无能量回收。

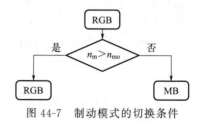

图 44-7　制动模式的切换条件

（2）基于动态规划算法的全局优化能量管理策略

动态规划算法是一种基于求解多阶段决策最优化问题的全局优化方法，其通过对各阶段控制变量和状态变量的遍历搜索获取全局最优结果。由于对控制变量和状态变量所有可能都进行详尽全面搜索，动态规划算法可以得到在既定的已知工况下的全局最优结果。动态规划算法的全局优化能量管理策略能够获得给定已知工况下的全局最优结果，也常作为一种评价最优性的评价参考标准。

基于动态规划算法建立双行星排式混合动力系统的全局优化能量管理策略，首先应明确双行星排式混合动力系统的全局优化问题。

$$\begin{cases} \min_{u(t)} J[u(t)] \\ \text{s.t.} \\ \dot{x}(t) = F[s(t), u(t), t] \\ s(0) = xs_0 \\ s(t_f) \in [s_{f,\min}, s_{f,\max}] \\ s(t) \in [s_{\min}, s_{\max}] \\ u(t) \in [u_{\min}, u_{\max}] \end{cases} \quad (44\text{-}6)$$

式中，$J[u(t)]$ 为 t 时刻的成本函数；$s(t)$ 为 t 时刻的系统状态变量；$s(0)$ 与 $s(t_f)$ 分别表示初始时刻与终止时刻对应的状态变量；$u(t)$ 为 t 时刻对应的系统控制变量；$s_{f,\min}$ 与 $s_{f,\max}$ 分别表示终止时刻系统状态变量的下限值与上限值；$s_{\min}$ 与 $s_{\max}$ 分别表示除终止点之外的 t 时刻系统状态变量的下限值与上限值；$u_{\min}$ 与 $u_{\max}$ 分别表示 t 时刻系统控制变量的下限值与上限值；$F[s(t), u(t), t]$ 表示系统数学模型。

根据动态规划算法中的贝尔曼优化理论，首先将全局优化问题进行多阶段的离散化。

$$J[s(k)] = f[s(k), u(k)] + \varepsilon \Delta \text{SOC}(k)^2 \quad (44\text{-}7)$$

式中，$J[s(k)]$ 为第 k 步时的成本函数；$f[s(k), u(k)]$ 为状态变量和控制变量确定的燃油消耗量；$\Delta \text{SOC}(k)$ 为时间步骤 k 处 SOC 的变化；ε 表示惩罚因子。将成本函数扩展到整个工况时域时，得到：

$$J[s(0)] = J[s(N)] + \sum_0^{N-1} \{f[s(k), a(k)] + \varepsilon \Delta \text{SOC}(k)^2\} \quad (44\text{-}8)$$

式中，$J[s(0)]$ 为从状态 $s(0)$ 到状态 $s(N)$ 的累计成本；$J[s(N)]$ 表示终止时刻 N 的成本函数。

最优控制序列 $\pi^* = \{u^*(0), u^*(1), \cdots, u^*(N-1)\}$ 可通过最小化累计成本 $J_N[s(0)]$ 得到，最优累计成本函数表示为：

$$J_N^*[s(0)] = \min(J[s(N)] + \sum_0^{N-1} \{f[s(k), u(k)] + \varepsilon \Delta \text{SOC}(k)^2\}) \quad (44\text{-}9)$$

基于最优性原理，对于第 N 步最优性决策过程中，无论在时间步骤 k 选择哪个动作 $u(k)$，控制序列 $\pi^* = \{u^*(k+1), u^*(k+2), \cdots, u^*(N-1)\}$ 仍然是从状态 $s(k+1)$ 到状态 $s(N-1)$ 的最优控制序列。根据上述原则，控制变量 $u(k)$ 的确定应该满足式(44-10)。

$$J_{N-k}^*[s(k)] = \min\{J_{N-(k+1)}^*[s(k+1)] + f[s(k), u(k)] + \varepsilon \Delta \text{SOC}(k)^2\} \quad (44\text{-}10)$$

式(44-10) 为动态规划算法的贝尔曼方程。当 $k = N-1$ 时，递推方程式(44-10) 变为：

$$J_1^*[s(N-1)] = \min\{J^*[s(N)] + f[s(N-1), u(N-1)] + \varepsilon \Delta \text{SOC}(N-1)^2\} \quad (44\text{-}11)$$

根据上述递推方程，逐步逆递推可反求出最优控制序列。上述动态规划算法的具体求解过程如图 44-8 所示。

（3）仿真结果

基于 44.3 节中固定公交线路合成行驶工况的结果，分别对基于固定逻辑门限的规则能量管理策略（RB-EMS）和基于动态规划算法的全局优化能量管理策略（DP-EMS）进行仿真分析，得到两种策略的行驶工况跟随情况，如图 44-9 所示。可见，RB-EMS 和 DP EMS 都能实现良好的工况跟随效果，满足行驶工况对动力性的要求。

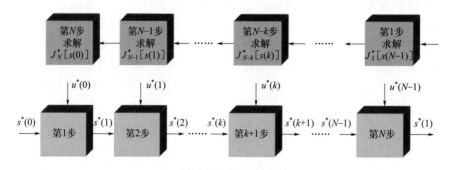

图 44-8　动态规划算法的求解过程

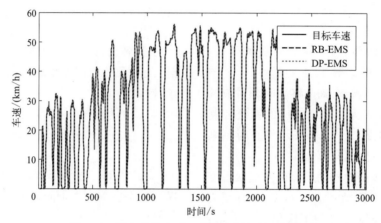

图 44-9　固定线路合成工况的车辆工况跟随效果

两种策略燃油经济性结果如表 44-4 所示。在维持电池 SOC 平衡的条件下，DP-EMS 相比于 RB-EMS，在固定线路合成工况下油耗降低了 2.47L/100km，燃油经济型提升约 14.4%。DP-EMS 取得更加明显的燃油经济性效果。

表 44-4　RB-EMS 和 DP-EMS 燃油经济性

能理管理策略	油耗 /(L/100km)	初始 SOC/%	终止 SOC/%
RB-EMS	17.12	50	50.31
DP-EMS	14.65	50	50.02

44.2　分层优化自适应智能能量管理策略概述

根据国内外研究基础分析得出，能量管理策略的最优性和适应性可以通过提升策略对行驶工况环境信息利用程度来得到改善。具备高度融合的行驶环境信息及高效优化算法的能量管理策略更能适应复杂多变的工况环境，从而有效提升能量管理策略的最优性和适应性。因此，如何提高能量管理策略对行驶工况信息的利用程度、如何结合固定公交线路特点从全局规划和局部实时的优化角度，完善能量管理策略的优化方法，是分层优化自适应智能能量管理策略的核心内容。下面将介绍分层优化自适应能量管理策略的具体内容和架构。

44.2.1 分层优化自适应能量管理策略研究内容

基于工况信息的分层优化自适应智能能量管理策略，核心是应用最优化理论和自适应智能控制原理，结合工况信息数据挖掘得到的历史数据合成工况和未来预测工况两个维度信息，从全局角度和局部角度对能量管理策略进行优化，提升能量管理策略的最优性；并基于工况自适应控制思想，提升能量管理策略对于工况复杂多变的适应性。分层优化自适应能量管理策略研究内容逻辑如图 44-10 所示。具体研究内容如下。

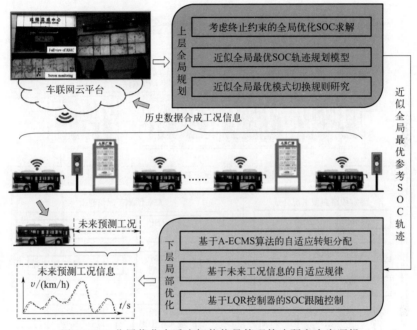

图 44-10　分层优化自适应智能能量管理策略研究内容逻辑

① 基于本书第 43 章固定线路公交客车的行驶工况信息数据挖掘结果，介绍分层优化控制的工况信息利用架构，主要从全局规划和局部实时的优化方法角度考虑，实现对基于历史数据的固定线路合成工况和未来工况预测数据的合理使用，提升能量管理策略对于行驶工况信息的利用程度。

② 针对城市公交客车的固定线路行驶的特点，基于历史数据的固定线路合成工况信息，介绍固定线路工况全局规划最优控制，实现动态规划全局优化算法的自动化实施并提升算法效率；介绍近似全局最优的模式切换规则和近似全局最优 SOC 轨迹规划

模型，实现系统工作模式、动力电池电量的合理使用。

③ 针对公交线路工况变化的不确定性，从局部实时优化的角度考虑，介绍基于 A-ECMS 算法的自适应转矩分配控制，建立合理的自适应规律和 SOC 跟随控制策略，保证动力源转矩分配的自适应实时优化。

44.2.2 分层优化自适应智能能量管理策略架构

基于上述研究分析，本节建立分层优化自适应智能能量管理策略架构，如图 44-11

所示。分层优化自适应智能能量管理策略包括：a. 上层控制基于固定线路合成工况，从全局优化角度得到工作模式切换规则和最优 SOC 轨迹，确定最佳的纯电动和混合动力工作模式的时间比例，实现电能合理分配；b. 下层控制基于未来预测工况，采用自适应等效燃油消耗最小策略，从局部优化角度对动力源转矩进行自适应分配。

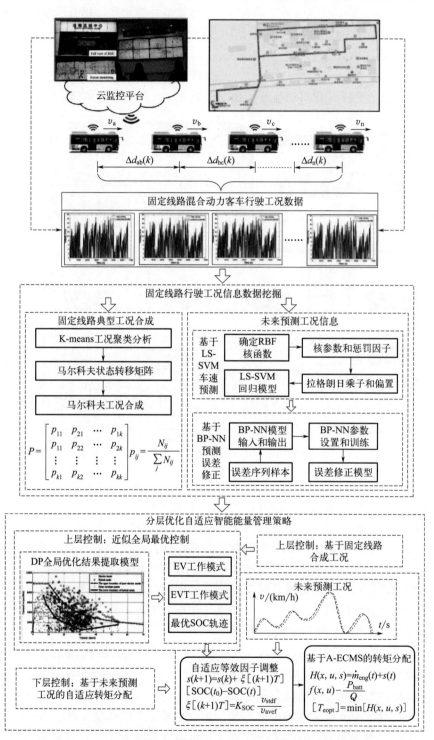

图 44-11　基于工况信息的分层优化自适应智能能量管理策略架构

44.3 基于固定线路合成工况的近似全局最优控制

针对城市公交客车固定线路的行驶特点，基于固定线路客车的行驶工况信息，开展固定线路合成工况的全局规划近似最优控制，所建立的近似全局最优控制逻辑如图 44-12 所示。首先，基于固定线路公交客车行驶工况信息，采用本书 43.3 节方法得到固定线路合成工况，在合成工况条件下，采用考虑终止约束的全局优化算法进行行驶工况的全局规划求解；根据全局优化的结果，采用门限值和模糊神经网络模型建立的近似最优模式切换规则提取模型，得到近似全局最优的工作模式切换规则，确定纯电动模式和混合动力模型最佳工作时间比例；采用神经网络模型建立的近似最优 SOC 轨迹规划模型，得到近似最优 SOC 轨迹。

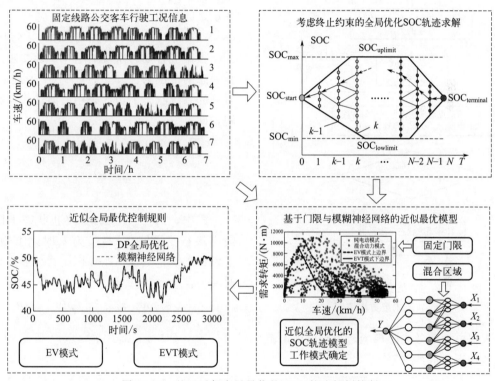

图 44-12　基于近似全局最优的 SOC 轨迹规划控制

44.3.1 考虑终止约束的全局优化 SOC 轨迹求解

功率分流式混合动力系统具有电量平衡的要求，基于动态规划的能量管理策略需要采用罚函数米满足系统的状态约束条件。而在当前已有研究中多数都是凭借经验反复调试罚函数来满足系统终止状态的约束条件，由于该过程依赖于研究人员的经验，不确定性因素大，造成大量的时间成本，且不利于动态规划算法能量管理策略的自动化实施。此外，由于固定线路公交的行驶工况也存在随机性，进一步限制了上述方法的鲁棒性和可行性。

为提高动态规划算法能量管理策略的效率，同时保证车联网云平台应用的可实施性，本小节将基于前期工作介绍一种考虑终止约束边界计算的全局优化 SOC 轨迹求解方法，流程如图 44-13 所示。首先，根据终止状态约束开展计算系统上下边界，得到每一时刻状态变量的边界约束，进而在后向迭代计算中考虑上下边界约束条件，最终在每个时刻的状态约束内完成动态规划算法迭代过程，从而保证系统电量平衡的要求。

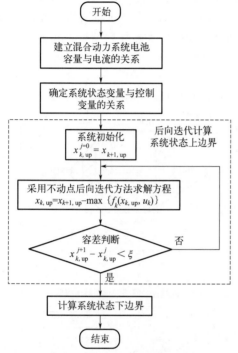

图 44-13 考虑终止约束的全局优化
SOC 轨迹求解方法流程

根据电池等效内阻模型，得到电池电流和电池功率之间的关系：

$$I_{bat} = \frac{-E + \sqrt{E^2 + 4r_{int}P_{bat}}}{2r_{int}} \quad (44\text{-}12)$$

$$\begin{cases} E = U + I_{bat}r_{int} \\ I_{bat} = \dfrac{\mathrm{d}Q_{bat}}{\mathrm{d}t} \\ SOC = \dfrac{Q_{bat}}{Q_{max}} \end{cases} \quad (44\text{-}13)$$

式中，E 为开路电压；U 为电压；I_{bat} 为电流；r_{int} 为等效内阻；Q_{bat} 为电池容量；Q_{max} 为电池最大容量；SOC 为电池荷电状态。

由式（44-13）可以得到容量与电流的关系：

$$Q_{bat}(k+1) = Q_{bat}(k) + I_{bat}\Delta t \quad (44\text{-}14)$$

根据式（44-13）还可以得到状态变量与控制变量的关系，即

$$SOC(k+1) = \left[\frac{-E + \sqrt{E^2 + 4r_{int}P_{bat}}}{2r_{int}}\right]\frac{\Delta t}{Q_{max}} + SOC(k) \quad (44\text{-}15)$$

根据式（44-15），系统状态变量与控制变量之间的关系可以表示为：

$$x_{k+1} = f_k(x_k, u_k) + x_k \quad (44\text{-}16)$$

根据混合动力系统的电量平衡要求，终止状态的范围为已知量，$k = N-1$ 到 $k = 0$ 时刻的系统状态上边界采用后向迭代计算求解，即

$$\begin{aligned} &x_{k,up} = \min_{x_k, u_k} x_k \\ &\text{s.t.} \quad f_k(x_{k,up}, u_k) + x_{k,low} = x_{k+1} \end{aligned} \quad (44\text{-}17)$$

式中，$x_{k,up}$ 为 k 时刻终止状态上限的最小状态变量值；$x_{k,low}$ 为 k 时刻上边界。考虑状态变量 SOC $\in [0,1]$，式（44-17）可改写为：

$$\begin{aligned} x_{k,up} &= \min_{x_k, u_k}\{x_{k+1} - f_k(x_{k,up}, u_k)\} \\ &= x_{k+1,up} - \max\{f_k(x_{k,up}, u_k)\} \end{aligned} \quad (44\text{-}18)$$

式中，$x_{k+1,up}$ 为已知量，初始值为上边界约束 $x_{f,min}$，仅 $x_{k,up}$ 和 u_k 为未知变量，采用不动点迭代方法进行求解，求解流程如下：

① 初始化：$x_{k,up}^{j=0} = x_{k+1,up}$，其中 j 为 k 时刻求解状态量上边界的迭代次数。

② 开始迭代计算，直到达到特定的容差：$x_{k,up}^{j+1} - x_{k,up}^{j} < \xi$，即

$$x_{k,up} = x_{k+1,up} - \max\{f_k(x_{k,up}, u_k)\} \quad (44\text{-}19)$$

考虑状态变量 SOC 的数量级，取 $\xi =$

10^{-5}，在完成 k 时刻上边界求解后，重复上述步骤①和②，继续求解得到 $k-1$ 时刻的上边界，直到 $k=0$。

系统状态下边界的求解过程与计算系统状态上边界的方法相同。考虑终止状态约束的 SOC 迭代求解过程，如图 44-14 所示。

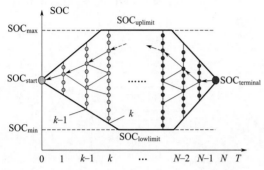

图 44-14　考虑终止状态约束的 SOC 迭代求解过程

考虑终止状态约束的 SOC 迭代求解结果如图 44-15 所示。对比未考虑终止状态约束的 SOC 求解轨迹，通过多次调试罚函数，花费大量时间才使得 SOC 终值接近 50%，SOC 收敛到 51.8% 并未实现严格意义上的电量平衡。两种全局优化算法的效率对比如表 44-5 所示。可见，采用的考虑终止状态约束的 SOC 求解过程能够较好实现电量平衡，省去了大量调试罚函数的工作，提升了算法效率。

表 44-5　两种全局优化效率的对比

全局优化算法	初始/终止 SOC/%	调试时间/h
未考虑终止状态约束	50/51.8	3
考虑终止状态约束	50/50.05	0.8

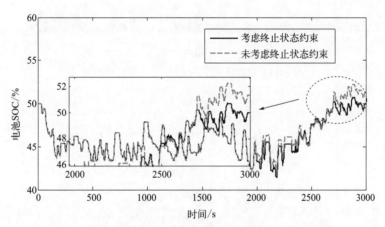

图 44-15　考虑终止状态约束的全局优化 SOC 求解结果

44.3.2　基于近似全局最优的模式切换规则提取

混合动力系统的工作模式决定系统各部件的工作状态，在制动模式规则一定的条件下，纯电动模式和混合动力模式决定发动机和动力电池输出功率，成为影响 SOC 轨迹变化的主要因素，因此要获得近似最优的 SOC 轨迹需要对全局优化结果的纯电动模式和混合动力模式切换规则进行有效提取。

当前针对优化方法控制规则提取的研究，多集中于通过观察经验方法进行提取，该方法存在不利于优化控制规则的自动实施和应用的问题。而且行驶工况随机性和复杂性的特点，以及车辆参数的变化都会对这类方法提取规则结果的通用性、最优性和鲁棒性提出严峻挑战。

基于现有控制规则提取方法的不足之处，从提取规则方法的通用性、最优性和鲁棒性角度考虑，本小节将介绍一种基于全局优化结果以及门限值和模糊神经网络模型的控制规则提取方法。最终将全局优化结果转化为优化控制规则，实现在线近似最优控制。

DP 全局优化结果中纯电动模式和混合动力模式的分布情况如图 44-16 所示。可以看出两种工作模式都有较为明显的分布特点，纯电动模式多分布于低速较小需求转矩区间，混合动力模式分布于较高车速大需求转矩区间，两者存在明显重叠区域。

根据前面所介绍的规则提取方法，首先对纯电动模式和混合动力模式的工作点进行群体特性分析，基于离群点检测方法去除两种模式下的异常点及凸包算法确定纯电动模式上边界和混合动力模式下边界，最终在车速和需求转矩坐标系下确定纯电动模式的上边界和混合动力模式的下边界，如图 44-17 所示。

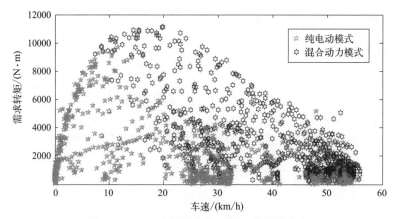

图 44-16　DP 全局优化的结果工作模式分布

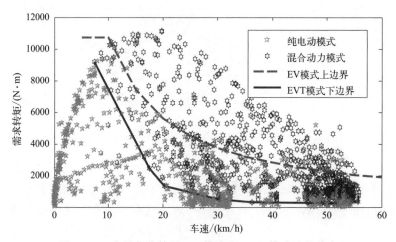

图 44-17　全局优化结果 EV 模式和 EVT 模式边界分布

针对 EV 和 EVT 两种模式边界之间的重叠混合区域工作模式的确定，本小节将介绍采用神经网络模型进行控制规则的提取方法。首先，定义车速-需求转矩工作区间的纯电动模式的工作时间占比 δ_{ev}，进行统计分析得到如图 44-18 所示的结果。由于车速、需求转矩、SOC 对工作模式的影响较大，此外车速-需求转矩工作区间的纯电动工作模式时间占比 δ_{ev} 也决定着系统工作模式选择，最终选定以上四个参数作为神经网络算法的输入。由于输入参数 δ_{ev} 基于数学统计，基于此，选择车速、需求转矩、SOC

和 δ_{ev} 作为神经网络控制规则提取模型的输入，模型的输出为系统驱动时的工作模式。所建立的基于神经网络的控制规则提取模型结构原理如图 44-19 所示。

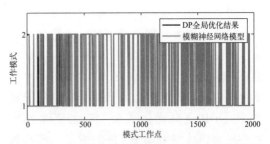

图 44-20 基于模糊神经网络的控制规则提取结果

表 44-6 两种模式切换规则提取方法的对比

项目	EV 工作时间比例/％	EVT 工作时间比例/％
DP 优化结果	46	64
门限值与神经网络模型	43	67

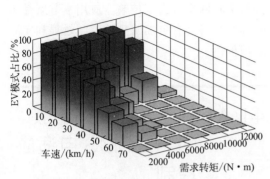

图 44-18 纯电动模式工作时间占比统计

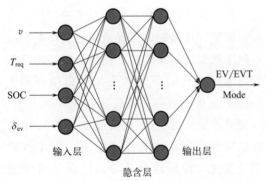

图 44-19 基于神经网络算法控制规则提取模型

基于合成工况的 DP 结果以及随机选择该固定线路工况信息 4 天的行驶工况，可以得到全局优化结果作为神经网络模型的训练样本数据，通过神经网络模型训练，得到固定线路合成工况下全局优化控制规则提取结果，如图 44-20 所示。所建立的模糊神经网络控制规则提取模型的结果与 DP 全局优化的结果基本一致。

进一步对 DP 全局优化结果和模糊神经网络模型的 EV 模式、EVT 模式工作时间比例进行统计，对比结果如表 44-6 所示。可见所提出的基于门限值与模糊神经网络模型的规则提取方法，能够近似获得与 DP 相近的模式切换规则。

44.3.3 基于近似全局最优的 SOC 轨迹规划模型

由于固定线路公交客车行驶工况呈现较为明显的规律性特点，行驶工况的特征对于混合动力系统的最优 SOC 轨迹产生一定影响，因此分析两者之间的关系，为近似最优 SOC 轨迹模型的建立奠定参数基础。基于固定线路合成工况特征，对影响 SOC 轨迹的特征参数进行分析，基于第 43 章中所涉及的数据挖掘理论中的相关性分析、回归分析方法建立工况特征参数与最优 SOC 轨迹的多元回归分析模型，得出特征参数序列 Y。

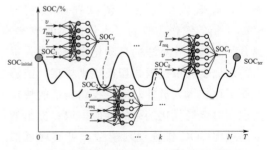

图 44-21 近似全局最优的 SOC 轨迹规划模型

建立模糊神经网络模型如图 44-21 所示。定义模糊神经网络模型的输入参数为车速、特征参数序列、需求转矩、上一时刻 SOC，输出为全局最优 SOC，训练样本基于合成工况以及随机选择该固定线路工况信息 3 天 DP 全局优化结果。近似最优 SOC 轨迹模型训练结果如图 44-22 所示。模糊神经网络模型训练结果与 DP 全局优化结果比较接近。近似最优 SOC 轨迹模型训练误差如图 44-23 所示。训练误差大多位于 ±1% 以内，只有几个点误差接近 2%。以上训练结果说明，本小节介绍的模糊神经网络模型能够得到近似最优 SOC 轨迹。

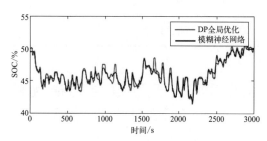

图 44-22　近似最优 SOC 轨迹模型训练结果

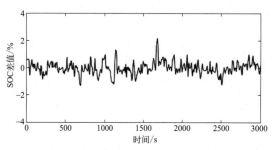

图 44-23　近似最优 SOC 轨迹模型训练误差

本节介绍的固定线路合成工况的近似全局最优控制，考虑了终止状态 SOC 的约束条件，有效减少了反复调试罚函数实现 SOC 平衡的工作，节约了大量的时间成本，提升了全局优化算法的自动化实施效率；提出的近似全局最优模式切换规则模型，能够方便工程技术人员针对固定线路特征的快速实现和对全局优化结果的近似提取；提出的全局最优 SOC 轨迹规划模型，可实现近似最优 SOC 轨迹的规划，简化并降低 DP 全局优化算法的复杂性，有效实现 DP 全局优化算法的在线应用。

综上，本节所介绍的近似全局最优控制方法，将随着通信技术特别是 5G 商用及域控制器的推广，实现车辆实时线路工况的数据与车联网平台云端传输。应用本节所介绍的方法，将具有更加明显的控制效果和实际应用价值。

44.4　基于未来工况预测的 A-ECMS 自适应控制

固定线路行驶的公交客车虽然线路固定，但行驶工况仍存在变化及不确定性，为提高能量管理策略的工况适应性，降低工况不确定及变化对策略最优性的影响，本节从局部实时优化的角度考虑，介绍一种基于 A-ECMS 算法的自适应转矩分配控制方法，以实现行星式混合动力系统动力源转矩的自适应优化分配，进而适应公交客车行驶工况变化，保证混合动力系统转矩分配最优性，从而提升控制策略的实时性和工况适应性。

基于此，下层控制策略建立基于未来工况预测的自适应等效油耗最小化策略架构如图 44-24 所示。基于模糊神经网络建立的近似全局最优 SOC 模型，得到近似全局最优的 SOC 轨迹，再根据固定线路工况进行未来工况预测，由得到的未来预测工况和最优的 SOC 轨迹，根据未来预测工况的等效因子适应规律实现等效因子的调整，进而通过 A-ECMS 算法自适应调整动力源转矩的分配规则，同时为实现最优的 SOC 跟随控制，设计线性二次型调节器（linear quadratic regulator，LQR）控制器，保证最优 SOC 轨迹的跟随。

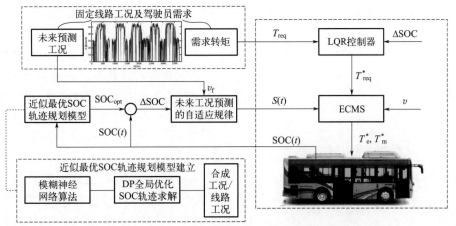

图 44-24　基于未来工况预测的 A-ECMS 自适应控制架构

44.4.1　基于 PMP 的等效燃油消耗最小策略

等效燃油消耗最小策略是基于庞特里亚金极值原理（Pontryagin's maximum principle，PMP）的局部实时优化方法，可以全局行驶工况未知的情况，通过等效因子（equivalent factor，EF）将电能消耗转化为等效燃料消耗，在满足混合动力系统约束条件下，使混合动力系统的瞬时等效燃料消耗达到最小化。庞特里亚金极值原理的核心思想是，使最优控制变量满足哈密顿函数达到极小。其中，哈密顿函数定义为：

$$H(x,\lambda,u,t)=L(x,u,t)+\lambda^T f(x,u,t)$$
$$(44-20)$$

式中，x、u 分别为系统状态变量和控制变量；$L(x,u,t)$ 为系统成本函数；$f(x,u,t)$ 为系统状态变量函数，$\dot{x}(t)=f(x,u,t)$。λ 协变量表示为：

$$\lambda^T(t)=[\lambda_1(t),\lambda_2(t),\cdots,\lambda_n(t)]$$
$$(44-21)$$

假设函数 $f(x,u,t)$ 和 $H(x,u,t)$ 关于 x、u 和 t 是连续的，则最优控制变量可通过哈密顿函数对 λ_i 和 r_i 分别求偏微分得到，即

$$\dot{x}_i=\frac{\partial H(x,\lambda,u,t)}{\partial \lambda_i}\quad(44-22)$$

$$\lambda_i=\frac{\partial H(x,\lambda,u,t)}{\partial x_i}\quad(44-23)$$

由此，极小值最优问题的求解问题，即为控制变量在约束条件内的哈密顿函数极小值问题，则

$$\min_{u\in U}H(x,\lambda,u,t)\quad(44-24)$$

最优控制变量的边界约束条件如下。

$$x(t_0)=x_0,\lambda(t_f)=0\quad(44-25)$$

式（44-25）表示：$x(t_0)$ 为初始时刻的状态变量，终值状态 $x(t_T)$ 自由时，确定的最优解的约束条件。

综上，根据 PMP，控制变量 u^* 成为约束条件内的极小值，应满足的两个必要条件如下。

① 在每个时刻下优化问题的哈密顿函数在 u^* 的控制规律下都达到极小，即

$$H(x,\lambda,u,t)\geqslant H(x,\lambda,u^*,t),$$
$$\forall u(t)\neq u^*(t)\quad(44-26)$$

② 对于协变量有

$$\dot{\lambda}=-\frac{\partial H}{\partial x}=-\frac{\partial f(x,u,t)}{\partial x}\quad(44-27)$$

基于上述庞特里亚金最小值原理的分析，给出双行星排式混合动力系统的能量管理优化问题的描述：由于双行星排式混合动力系统能量消耗有发动机、电机 MG1 和电机 MG2，而两电机电能的能量主要来源于动力电池，因此，混合动力汽车能量管理的优化目标可看成发动机和电池在行驶工况中

总的能耗最小化，具体表示为

$$\begin{cases} \min\left\{ J = \displaystyle\int_{t_0}^{t_f} H_{\text{fuel}}(P_e, P_{\text{batt}}, s)\,\mathrm{d}t \right\} \\ \text{s. t.} \\ \omega_{\text{emin}} \leqslant \omega_e \leqslant \omega_{\text{emax}} \\ \omega_{\text{gmin}} \leqslant \omega_g \leqslant \omega_{\text{gmax}} \\ \omega_{\text{mmin}} \leqslant \omega_m \leqslant \omega_{\text{mmax}} \\ T_{\text{emin}} \leqslant T_e \leqslant T_{\text{emax}} \\ T_{\text{gmin}} \leqslant T_g \leqslant T_{\text{gmax}} \\ T_{\text{mmin}} \leqslant T_m \leqslant T_{\text{mmax}} \end{cases}$$

(44-28)

式中，$H_{\text{fuel}}(P_e, P_{\text{batt}}, s)$ 为双行星排式混合动力系统的优化成本函数；ω_e 为发动机转速；ω_{emax}、ω_{emin} 分别为发动机转速上限、下限值；ω_g 为电机 MG1 的转速；ω_{gmax}、ω_{gmin} 分别为电机 MG1 转速上限、下限值；ω_m 为电机 MG1 的转速；ω_{mmax}、ω_{mmin} 分别为电机 MG2 转速上限、下限值；T_e 为发动机转矩；T_{emax}、T_{emin} 分别发动机转矩的上限、下限值；T_g 为电机 MG1 转矩；T_{gmax}、T_{gmin} 分别电机 MG1 转矩的上限、下限值；T_m 为电机 MG2 转矩；T_{mmax}、T_{mmin} 分别电机 MG2 转矩的上限、下限值。

根据上述分析，优化成本函数 $H_{\text{fuel}}(P_e, P_{\text{batt}}, s)$ 可以表示为：

$$H(x, u, s) = \dot m_{\text{eng}}(t) + \dot m_{\text{batt}}(t)$$

$$= \dot m_{\text{eng}}(t) + s(t) f(x, u) \frac{P_{\text{batt}}}{Q}$$

(44-29)

式中，$s(t)$ 为将电池电能转化为等效油耗的等效因子；$f(x, u)$ 为 SOC 修正函数；P_{batt} 为动力电池的需求功率；Q 为柴油低热值。

电池的需求功率，可结合电池充放电过程，用电机 MG1 和电机 MG2 的功率来表示。因此，结合 44.1.2 小节中对双行星排式混合动力系统功率分流情况的分析，系统工作过程有六种状态，如图 44-25 所示。情况 1、2 和 3 是电池放电过程中的三种状态，情况 4、5 和 6 对应于三种电池充电。

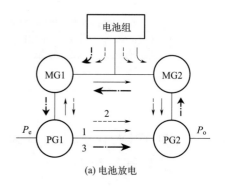

(a) 电池放电

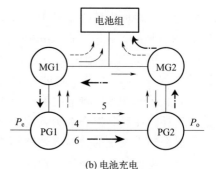

(b) 电池充电

图 44-25　双行星排式混合动力系统功率分流情况

根据行星式混合动力系统功率分流情况，电池的需求功率可表示为：

$$P_{\text{batt}} = \frac{P_m}{(\eta_g \eta_{\text{inv}})^{k_g}} + \frac{P_m}{(\eta_m \eta_{\text{inv}})^{k_m}}$$

(44-30)

$$k_i = \begin{cases} 1 & P_i > 0 \\ -1 & P_i \leqslant 0 \end{cases} \quad i = \{m, g\}$$

(44-31)

式中，P_m 为电机 MG2 功率；P_g 为电机 MG1 功率；η_{inv} 为电机逆变器效率；η_m 为电机 MG2 效率；η_g 为电机 MG1 效率。

根据上述分析，优化成本函数可表示为：

$$H = \begin{cases} \dot{m}_{\mathrm{e}}(t) + s(t)f(x,u)\dfrac{\dfrac{P_{\mathrm{g}}}{\eta_{\mathrm{g}}\eta_{\mathrm{inv}}} + \dfrac{P_{\mathrm{m}}}{\eta_{\mathrm{m}}\eta_{\mathrm{inv}}}}{Q}, & P_{\mathrm{g}} > 0, P_{\mathrm{m}} > 0 \\[3ex] \dot{m}_{\mathrm{e}}(t) + s(t)f(x,u)\dfrac{\dfrac{P_{\mathrm{g}}}{\eta_{\mathrm{g}}\eta_{\mathrm{inv}}} + P_{\mathrm{m}}\eta_{\mathrm{m}}\eta_{\mathrm{inv}}}{Q}, & P_{\mathrm{g}} > 0, P_{\mathrm{m}} \leqslant 0 \\[3ex] \dot{m}_{\mathrm{e}}(t) + s(t)f(x,u)\dfrac{P_{\mathrm{g}}\eta_{\mathrm{g}}\eta_{\mathrm{inv}} + \dfrac{P_{\mathrm{m}}}{\eta_{\mathrm{m}}\eta_{\mathrm{inv}}}}{Q}, & P_{\mathrm{g}} \leqslant 0, P_{\mathrm{m}} > 0 \\[3ex] \dot{m}_{\mathrm{e}}(t) + s(t)f(x,u)\dfrac{P_{\mathrm{g}}\eta_{\mathrm{g}}\eta_{\mathrm{inv}} + P_{\mathrm{m}}\eta_{\mathrm{m}}\eta_{\mathrm{inv}}}{Q}, & P_{\mathrm{g}} \leqslant 0, P_{\mathrm{m}} \leqslant 0 \end{cases} \tag{44-32}$$

式中，$\dot{m}_{\mathrm{e}}(t)$ 为燃油消耗量；$s(t)$ 为某时刻的等效因子；$f(x,u)$ 为某时刻状态变量 SOC 和控制变量的函数。

基于庞特里亚金极值原理，根据行星式混合动力系统特性和等效燃油消耗最小优化问题的描述，设计自适应等效燃油消耗最小策略算法流程，如图 44-26 所示。

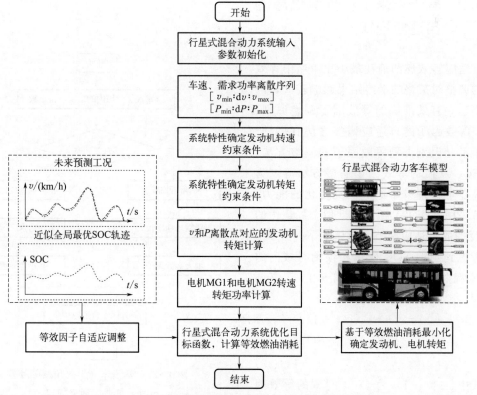

图 44-26　自适应等效燃油消耗最小策略算法设计流程

自适应等效燃油消耗最小策略算法设计流程核心思想如下。

① 由车速、电机 MG1 的转速范围，根据双行星排转速特性关系确定发动转速范围；根据车速、需求功率，以及电机 MG2 的外特性确定发动机转矩的下限。

② 根据发动机外特性确定的发动机转速范围，结合双行星排转速特性关系确定的

发动机转速范围，取两者交集确定最终发动机转速寻优范围，由确定的发动机工作点确定发动机燃油消耗量。

③ 根据确定的发动机工作点，确定电机 MG1、电机 MG2 的工作点并计算电池等效的燃油消耗量，最后根据等效燃油消耗最小的目标函数计算最优的发动机转速和转矩，再根据行星式混合动力系统转矩关系，得到电机 MG2 的转矩。

④ 等效燃油消耗计算中采用自适应的等效因子，等效因子的自适应调整原则，是结合未来行驶工况特征和近似最优的 SOC 轨迹制定，具体自适应等效因子的调整原理将在 44.4.2 小节中进行详细分析。

44.4.2 基于未来工况预测信息的自适应规律

自适应等效燃油消耗最小化策略中等效因子的调整对策略的最终结果影响较大，因此需要建立有效准确的等效因子调整原则。当前，等效因子的自适应调整方法有多种，如基于工况识别类型等效因子的调整方法、基于 SOC 反馈的等效因子调整方法等。为了提高能量管理策略适应工况变化的能力，本小节采用基于工况预测和近似全局最优的 SOC 反馈的自适应调节，具体如下。

考虑到当前 SOC 变化和预测时域内的行驶工况特征，采用等效因子自适应调节，即

$$s(k+1)=s(k)+\psi[(k+1)T]$$
$$[\text{SOC}_{\text{opt}}(t)-\text{SOC}(t)]$$
$$(44-33)$$

式中，$s(k+1)$ 为 $k+1$ 时刻的等效因子；$s(k)$ 为 k 时刻的等效因子；$\text{SOC}_{\text{opt}}(t)$ 为近似全局优化的 SOC；$\text{SOC}(t)$ 为当前时刻的 SOC；$\psi[(k+1)T]$ 表示为：

$$\psi[(k+1)T]=H_{\text{SOC}}\frac{v_{\text{stdf}}}{v_{\text{avef}}} \quad (44-34)$$

式中，H_{SOC} 为常数；v_{stdf} 是预测时域

速度的标准差；v_{avef} 是预测时域速度的平均值。

$$v_{\text{stdf}}=\sqrt{\frac{\sum\limits_{j=1}^{N}(v_j-\overline{v})^2}{N}} \quad (44-35)$$

$$v_{\text{avef}}=\frac{\sum\limits_{j=1}^{N}v_j}{N} \quad (44-36)$$

式中，v_j 为预测时域内每时刻的车速；N 为预测时域车速采样个数；$\overline{v}$ 为预测时域内的平均车速。

基于未来预测工况的等效因子调整算法流程如图 44-27 所示。为了在一定程度上描述行驶工况的变化，定义行驶工况参数 ρ 如下。

$$\rho=\frac{v_{\text{stdf}}}{v_{\text{avef}}} \quad (44-37)$$

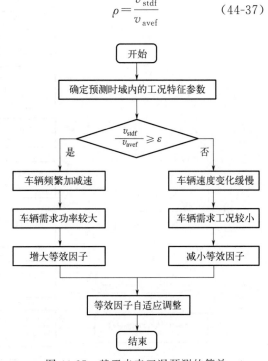

图 44-27　基于未来工况预测的等效因子自适应调整规律

同时，定义可标定参数 ε 作为衡量行驶变化程度的大小，当 $\rho \geqslant \varepsilon$ 时，行驶工况变化明显，车辆处在频繁加减速的状态；当 $\rho < \varepsilon$ 时，车辆速度变化缓慢。

基于未来工况预测的等效因子自适应调

整规律，具体如下：当预测时域内存在 $\rho \geqslant \varepsilon$ 时，表示车辆在未来行驶工况处于不断加减速状态，系统需求功率较大，应增大等效因子，提供更多的电能，使发动机运行在高效的区间；当预测时域内存在 $\rho < \varepsilon$ 时，表示车辆在未来行驶工况中速度变化缓慢，系统需求功率较小，应减小等效因子。

44.4.3　基于 LQR 控制器的 SOC 跟随策略

全局优化得到最优 SOC 轨迹，实现电能合理分配使用。分层优化自适应智能能量管理策略，上层控制得到了近似全局最优的控制，为实现与全局最优近似的电能分配，接近全局优化的结果，下层控制增加了对于最优 SOC 跟随的控制，需要实现近似 SOC 轨迹的跟随控制，从而保证分层优化自适应能量管理策略的最优性。

实现近似最优 SOC 轨迹的跟随，其核心思想为：基于系统状态变量的反馈控制，在系统状态反馈控制中，线性二次型调节器（LQR）具有算法简单、易于在线应用、响应速度快的特点。因此，本小节将介绍一种基于 SOC 最优轨迹跟随策略，并利用线性二次型调节器，实现近似全局最优的 SOC 跟随控制。本小节将介绍的 LQR 控制器如图 44-28 所示。

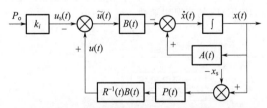

图 44-28　SOC 跟随控制的 LQR 控制器设计

以电池 SOC 为状态变量，需求功率为控制变量，系统的状态空间方程如下。

$$\begin{cases} \dot{x}(t) = Ax(t) + B(x,t)u(t) \\ y(t) = Cx(t) \end{cases}$$

$$(44\text{-}38)$$

式中，$A = 0$，$C = 1$；$B(x,t) = K$（SOC）；系统状态变量 $x(t) = \mathrm{SOC}(t)$，系统控制变量 $u(t) = P_{\mathrm{req}}(t)$。

根据系统输出期望值 $y_{\mathrm{r}}(t)$ 定义 SOC 跟随控制的误差：$e(t) = y_{\mathrm{r}}(t) - y(t)$，进而结合线性二次型最优控制原理，可建立系统综合控制性能指标，如式（44-39）所示。

$$J(u) = \frac{1}{2} \int_{t_0}^{t_f} \left[e^{\mathrm{T}}(t) Q e(t) + u^{\mathrm{T}}(t) R u(t) \right] \mathrm{d}t$$

$$(44\text{-}39)$$

式中，Q 和 R 分别为状态变量与控制变量的偏差权重系数；$J_1 = e^{\mathrm{T}}(t) Q e(t)$ 表示系统跟随最优 SOC 的能力；$J_2 = u^{\mathrm{T}}(t) R u(t)$ 表示用于调整系统控制变量的范围，防止出现严重的超调现象。

基于庞特里亚金极小值原理得出，使输出误差稳定在零附近时的最优控制变量如下。

$$u^*(t) = -R^{-1} B^{\mathrm{T}} \left[P(t) x(t) - g(t) \right]$$

$$(44\text{-}40)$$

式中，$P(t)$ 和 $g(t)$ 是极小值原理应用过程中产生的矩阵，可以根据黎卡提方程求解，即

$$\begin{cases} \dot{P} = -PA - A^{\mathrm{T}} P + PBR^{-1} B^{\mathrm{T}} P - C^{\mathrm{T}} Q C \\ \dot{g} = -[A - BR^{-1} B^{\mathrm{T}} P]^{\mathrm{T}} g - C^{\mathrm{T}} Q y_{\mathrm{r}} \end{cases}$$

$$(44\text{-}41)$$

$$\begin{cases} P(t_f \to \infty) = 0 \\ g(t_f \to \infty) = 0 \end{cases} \quad (44\text{-}42)$$

式中，$P(t_f \to \infty) = 0$ 和 $g(t_f \to \infty) = 0$ 为边界约束条件。

假设系统达到稳态的情况下，$\dot{P}(t) = 0$。此时，黎卡提方程将进一步简化为代数方程，即

$$\begin{cases} \dot{P} = \dfrac{b^2}{r} P^2 - q = b^2 P^2 - 1 \\ \dot{g} = \dfrac{b^2}{r} Pg - q y_{\mathrm{r}} = b^2 Pg - y_{\mathrm{r}} \end{cases}$$

$$(44\text{-}43)$$

由于状态空间方程中系数矩阵 $B(x,t)$ 实

际是随 SOC 变化的变量，可以利用式(44-43)分别求解得到 $P(x,t)$ 和 $g(x,y_r,t)$。令 $U_s(t)=R^{-1}B^Tg(x,y_r,t)$、$K(t)=-R^{-1}B^TP(x,t)$，那么跟随最优 SOC 的最优控制即为 $u^*(t)=U_s(t)+K(t)x(t)$，进而得到 LQR 控制器设计。

44.5 分层优化自适应智能能量管理策略验证与分析

本节将上述介绍的分层优化自适应智能能量管理策略（hierarchical optimal intelligent energy management strategy，HO-EMS）进行仿真。为验证 HO-EMS 的控制效果，本节将结合固定线路合成工况和随机工况，分别从能量管理策略的最优性和工况适应性两个方面进行验证分析，并与基于动态规划的全局优化能量管理策略（DP-EMS）和基于固定逻辑规则的能量管理策略（RB-EMS）进行对比分析。

44.5.1 分层优化自适应智能能量管理策略最优性

在固定线路合成工况条件下，所介绍的分层优化自适应智能能量管理策略，工况跟随性仿真结果如图 44-29 所示，目标车速和实际车速基本完全一致，表明所介绍的能量管理策略在合成工况条件下能够满足行驶工况对动力性的需求。

HO-EMS 与 DP-EMS 策略的电池 SOC 变化对比如图 44-30 所示。终止时刻的电池 SOC 为 49.71%，可见，HO-EMS 策略能有效实现行星式混合动力系统电量平衡。

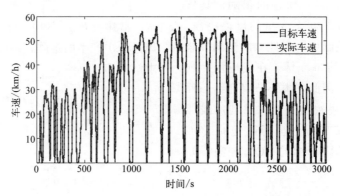

图 44-29　固定线路合成工况下 HO-EMS 的工况跟随性

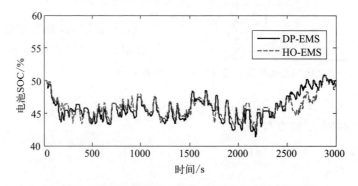

图 44-30　固定线路合成工况下 HO-EMS 的 SOC 变化

对比 DP-EMS 策略的 SOC 变化趋势，HO-EMS 无法完全跟随 DP-EMS 策略的 SOC 变化，实现两者一致，但是 HO-EMS 仍具有与 DP-EMS 策略相似的 SOC 变化趋势。由于分层优化控制策略的下层控制中采用了基于 LQR 控制器的 SOC 跟随策略，取得了良好的控制效果。为进一步说明策略 SOC 的跟随效果，对比未采用 LQR 跟随策略的 SOC 变化趋势，如图 44-31 所示。未采用 LQR 跟随策略 SOC 与 DP-EMS 的相差较大，无法实现 SOC 的跟随。

未来预测工况对于 SOC 变化以及与等效因子调整的影响，如图 44-32 所示。下层控制采用的基于未来预测信息的 A-ECMS 策略，较好地实现了等效因子的自适应调整。

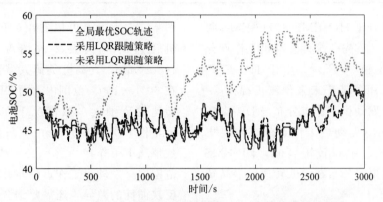

图 44-31　采用与未采用 LQR 控制器 SOC 跟随策略效果对比

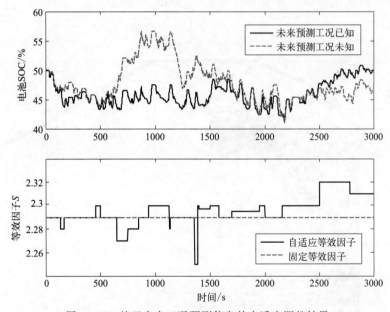

图 44-32　基于未来工况预测信息的自适应调整结果

为了评估 HO-EMS 的燃油经济性，与 44.1.3 节所介绍的 DP-EMS 和 RB-EMS 进行对比讨论分析。三种策略的燃油经济性结果如表 44-7 所示。在 SOC 终止值为 50% 的前提条件下，HO-EMS 相比于 RB-EMS 在合成工况条件下油耗结果降低了 1.94L/100km，节油效果明显，节油率为 11.33%。HO-EMS 与 DP-EMS 结果较为接近，取得了与 DP-EMS 较为相似的燃油经济性结果。由于 HO-EMS 对 DP-EMS 的优化控制规则进行了提取，因此仿真时间显著优于 DP-EMS。

表 44-7　三种策略的燃油经济性对比

能量管理策略	油耗/(L/100km)	初始 SOC/％	终止 SOC/％	仿真时间
RB-EMS	17.12	50.00	50.31	3min
DP-EMS	14.65	50.00	50.02	0.8h
HO-EMS	15.18	50.00	49.81	4.5min

为了详细对比 HO-EMS 和 DP-EMS 两种策略的特点，首先，统计发动机工作点分布情况，如图 44-33 所示。由于 HO-EMS 的转矩分配采用了基于未来预测工况的 A-ECMS 策略，发动机工作点分布与 DP-EMS 不同。HO-EMS 发动机工作点分布主要集中于中高转速、中高转矩区间，DP-EMS 发动机工作点更多分布在中低转速、中高转矩区间。

进一步，量化对比不同策略的发动机工作点分布以及时间比例分布，如图 44-34～图 44-36 所示。可以看出，HO-EMS 发动机转速的范围大多数情况下在 1200～1600r/min，发动机负荷大多数情况下工作在 60％～100％范围内。而 DP-EMS 发动机转速的范围大多数情况下在 800～1000r/min 和 1200～1400r/min，发动机负荷大多数情况下工作在 20％～60％和 80％～100％范围内。发动机工作点分布并不能完全直接反映油耗的差异，还需要结合系统能量消耗进行深层分析，这部分将在后面进行详细论述。

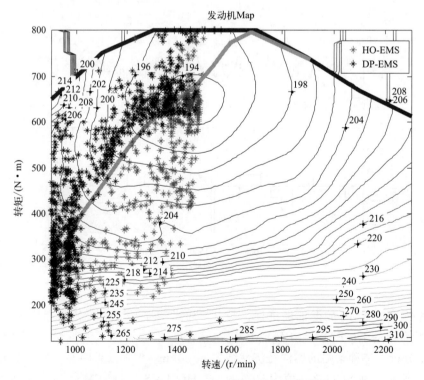

图 44-33　HO-EMS 和 DP-EMS 发动机工作点对比

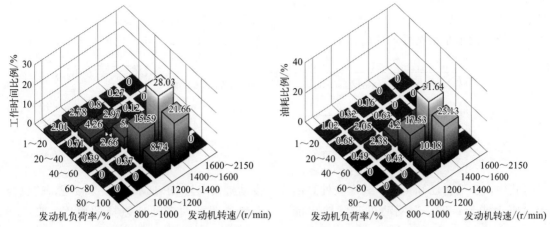

图 44-34　HO-EMS 发动机工作点分布

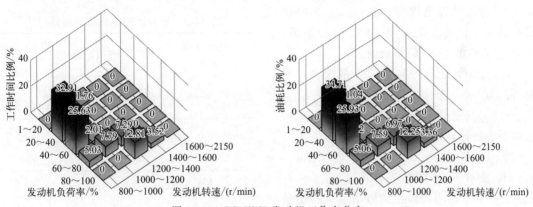

图 44-35　DP-EMS 发动机工作点分布

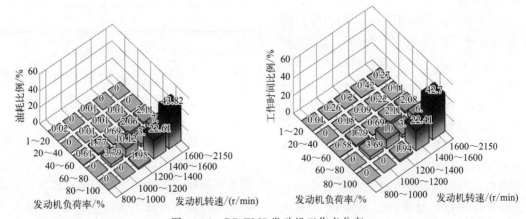

图 44-36　RB-EMS 发动机工作点分布

为全面比较分析和评价三种能量管理策略的节能水平，从混合动力系统内部能量流动角度，定量分析不同策略对于系统节能提升的原因。此处，引入混合动力系统平均综合传动效率的概念，将混合动力系统划分为动力源、传动系统和车体三个核心模块，动力源包括发动机和电池，行星式传动系统包括电机 MG1、电机 MG2 和机械传动装置。若在系统电池电量平衡要求的前提下，混合

动力系统平均综合传动效率定义为循环工况总驱动能量与发动机实际提供能量和电池再生制动回收能量之和的比值，即

$$\eta_{tr} = \begin{cases} \dfrac{E_{wh}}{E_{ice} + E_{rgb}\eta_{bat,chrg}\eta_{bat,dischrg} + E_{bat,dischrg}\eta_{bat,dischrg}} & SOC_{end} < SOC_{ini} \\[3mm] \dfrac{E_{wh}}{E_{ice} + E_{rgb}\eta_{bat,chrg}\eta_{bat,dischrg}} & SOC_{end} = SOC_{ini} \\[3mm] \dfrac{E_{wh} - E_{bat,chrg}/(\eta_{bat,chrg}\eta_{tr})}{E_{ice} + E_{rgb}\eta_{bat,chrg}\eta_{bat,dischrg}} & SOC_{end} > SOC_{ini} \end{cases} \quad (44\text{-}44)$$

式中，E_{wh} 为已知工况下，车轮处总的理论驱动能量；E_{ice} 为发动机实际输出能量；E_{rgb} 为再生制动能量；$E_{bat,dischrg}$ 为电池放电能量；$E_{bat,chrg}$ 为电池充电能量；$\eta_{bat,chrg}$ 为电池充电效率；$\eta_{bat,dischrg}$ 为电池放电效率；SOC_{ini} 为电池 SOC 的初始值；SOC_{end} 为电池 SOC 的终止值。

① 当 $SOC_{end} < SOC_{ini}$ 时，系统动力源到传动系统的能量包括 E_{ice}、$E_{rgb}\eta_{bat,chrg}\eta_{bat,dischrg}$ 和 $E_{bat,dischrg}\eta_{bat,dischrg}$，传动系统的输出能量为 E_{wh}。

② 当 $SOC_{end} = SOC_{ini}$ 时，电量平衡，电池能量处于平衡状态，$E_{bat,dischrg} = 0$，$E_{bat,chrg} = 0$；动力源输出到传动系统的能量包括 E_{ice} 和 $E_{rgb}\eta_{bat,chrg}\eta_{bat,dischrg}$，系统输出能量为 E_{wh}。

③ 当 $SOC_{end} > SOC_{ini}$ 时，动力源到传动系统的输入能量包括 E_{ice} 和 $E_{rgb}\eta_{bat,chrg}\eta_{bat,dischrg}$，动力源到传动系统的输出能量包括 E_{wh}、$E_{bat,chrg}/\eta_{bat,chrg}$ 和 $E_{bat,chrg}/\eta_{tr}$。传动系统的输出能量为 E_{wh} 和 $E_{bat,chrg}/(\eta_{bat,chrg}\eta_{tr})$。

下面将基于混合动力系统平均综合传动效率的概念，针对 HO-EMS 策略开展能耗统计分析，说明策略优化的原理和效果。三种能量管理策略能耗统计结果如表 44-8 所示。DP-EMS 发动机效率最高，可达 43.35%。DP-EMS 的全局优化算法，使混合动力汽车的平均综合传动效率达到 85.34%。因此，DP-EMS 具有最佳的燃油经济性。HO-EMS 的平均综合传动效率、

发动机效率与 DP-EMS 都较为接近，这也合理地说明了两者油耗差异的原因。表 44-8 中，$b_{e,avg}$ 为发动机平均燃油消耗率，η_{ice} 为发动机平均效率。

表 44-8　三种策略能耗统计结果对比

能量管理策略	RB-EMS	DP-EMS	HO-EMS
SOC_{ini}/SOC_{end}	50.00/50.31	50.00/50.02	50.00/49.81
$b_{e,avg}/[g/(kW \cdot h)]$	198.14	195.42	197.64
$\eta_{ice}/\%$	42.75	43.35	42.86
$E_{wh}/(kW \cdot h)$	17.68	17.68	17.68
$E_{rgb}/(kW \cdot h)$	6.43	6.43	6.43
$E_{ice}/(kW \cdot h)$	16.65	14.28	14.64
$\eta_{tr}/\%$	76.6	85.34	83.91

44.5.2　分层优化自适应智能能量管理策略适应性

固定线路行驶工况虽呈现明显规律性，但仍存在随机不确定性。针对工况的不确定因素对策略适应性的影响，随机选取该线路的不同特点的行驶工况进行仿真验证。所介绍的分层优化自适应智能能量管理策略工况跟随性良好，仿真结果如图 44-37 所示。

为评估 HO-EMS 在随机工况下的燃油经济性，同样与 DP-EMS 和 RB-EMS 进行对比讨论分析。三种策略的燃油经济性结果

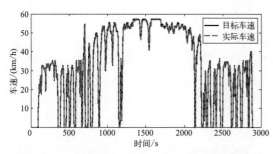

图 44-37　随机工况下 HO-EMS 的工况跟随性

如表 44-9 所示。在 SOC 终止值为 50% 的前提条件下，HO-EMS 相比于 RB-EMS 在合成工况条件下油耗结果降低了 1.67L/100km，节油效果明显，节油率为 10.2%。

HO-EMS 与 DP-EMS 结果较为接近，取得了与 DP-EMS 较为相似的燃油经济性结果，说明 HO-EMS 策略能够适应工况变化，保证良好的燃油经济性。

基于混合动力系统平均综合传动效率的概念，针对 HO-EMS 策略在随机工况条件下进一步开展能耗统计分析，统计结果如表 44-10 所示。DP-EMS 的平均综合传动效率最高，为 84.03%。可见在随机工况条件下，也得到了与合成工况类似的结果。因此，HO-EMS 在随机工况下仍具有良好的燃油经济性，说明 HO-EMS 能适应工况变化，策略的工况适应性良好。

表 44-9　随机工况下三种策略燃油经济性对比

能量管理策略	油耗/(L/100km)	初始 SOC/%	终止 SOC/%
RB-EMS	16.3	50.00	50.05
DP-EMS	13.7	50.00	50.02
HO-EMS	14.63	50.00	50.05

表 44-10　随机工况下三种策略能耗统计结果对比

能量管理策略	RB-EMS	DP-EMS	HO-EMS
SOC_{ini}/SOC_{end}	50.00/50.11	50.00/50.04	50.00/50.05
$b_{e,avg}/[g/(kW \cdot h)]$	198.84	195.17	197.91
$\eta_{ice}/\%$	42.6	43.4	42.8
$E_{wh}/(kW \cdot h)$	17.3	17.3	17.3
$E_{rgb}/(kW \cdot h)$	4.84	4.84	4.84
$E_{ice}/(kW \cdot h)$	18.57	15.74	16.1
$\eta_{tr}/\%$	73.87	84.03	82.62

扫一扫

本章小结

第44章以最优化理论为基础的传统优化方法，从提升能量管理策略对行驶工况信息丰富利用程度出发，介绍了能量管理策略的最优性和适应性问题，所提出的能量管理策略得到了明显效果。近年来随着新型人工智能AI技术和学习型智能算法研究的不断深入，基于学习型的智能算法逐渐被引入混合动力车辆能量管理策略领域，由于学习型智能算法本身具有不断适应环境变化的特点，为解决混合动力车辆能量管理策略在复杂多变的行驶工况环境下的最优性和适应性问题，提供新的思路和解决方案，因此，本章以固定线路城市公交客车为研究对象，基于行驶工况信息的数据挖掘结果，介绍一种基于固定线路全局优化的深度强化学习智能能量管理策略。

45.1　学习型智能能量管理控制策略概述

随着人工智能技术的不断发展，以机器学习等为代表的学习算法逐步成为许多领域解决实际问题的一种普遍有用的技术。与此同时，学习型智能算法在混合动力车辆能量管理策略的应用和探索也得到越来越多的关注，在解决能量管理策略适应性及缩短优化求解过程方面有明显的效果。由于学习型智能算法应用于混合动力系统的能量管理策略是一类新型研究，因此本节首先重点对学习型智能能量管理策略的研究进展以及学习型智能能量管理策略控制问题进行详细分析。

45.1.1　学习型智能能量管理策略研究进展

近年来，以强化学习和深度学习为基础的学习型算法得到广泛关注。越来越多的学者专家围绕相关学习型智能算法在混合动力车辆能量管理策略控制领域开展了一系列的研究工作。总结概括来看主要包括两大类型：一类是应用单一的强化学习算法来解决混合动力系统的能量管理问题；另一类是以强化学习算法为基础，融合多种其他的算法，实现更为复杂的学习型能量管理策略。

基于单一型强化学习算法的能量管理策略，其代表文献研究情况如图45-1所示。北京理工大学电动车辆国家工程研究中心邹渊教授团队基于串联混合动力系统开展了强化学习能量管理策略的设计，仿真结果表明，与DP最优控制策略的结果较为接近。基于Q-learning的能量管理策略已经成功应用在插电式并联混合动力汽车上；基于强化学习的能量管理策略可以提高混合动力汽车的燃油经济性，但该策略并没有与经典的最优控制策略进行比较以证明其最优性。但总体来说，对Q-learning强化学习算法的应用主要集中于串联和并联这两种构型和动力耦合关系相对简单的混合动力车辆控制中，而针对开关混联式和功率分流混联式混合动力车辆开展的研究相对较少。

以强化学习算法为基础融合其他的算法实现更为复杂的学习型能量管理策略，代表文献如图45-2所示。该能量管理策略基于Actor-Critic算法深度强化学习架构，Actor-Critic 使用 Actor 深度神经网络，直接输出连续的控制信号。Critic 深度神经网络对 Actor 网络产生的控制信号进行评价，通过在连续动作空间中的强化学习训练两个神经网络，来解决单一型强化学习算法的能量管理策略离散化误差和维数灾难的问题。基于深度强化学习的能量管理策略，在 AD-VISOR 仿真环境下评估了基于深度强化学习（deep reinforcement learning，DRL）的能量管理策略，比基于规则的能量管理策略提升了燃油经济性。

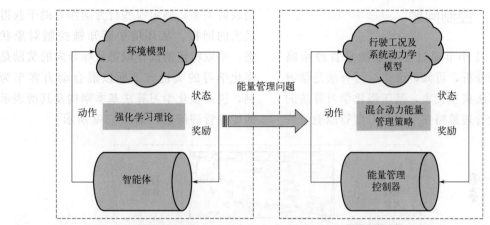

图 45-1　基于单一型强化学习算法的能量管理策略

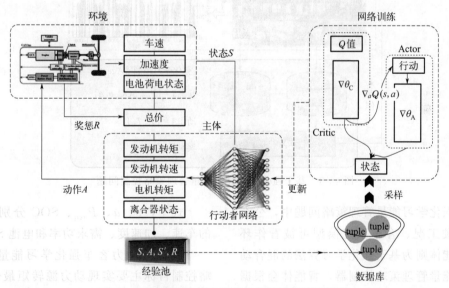

图 45-2　融合其他算法的强化学习能量管理策略

　　总结上述研究文献发现：此类型的智能能量管理策略多集中于学习型智能算法的应用，即寻找先进的智能学习算法进行不同混合动力系统构型的探索，由单一的强化学习算法向多融合的复合型的强化学习算法发展是主要趋势，而行驶工况环境多基于标准工况信息开展。针对固定线路公交客车的行驶特点，进行学习型智能能量管理策略的融合研究相对缺乏，如何将固定线路行驶信息特点与深度强化学习算法融合实现转矩的优化分配是本书探索研究点。基于此，本章提出一种基于固定线路全局优化的学习型智能能量管理策略，结合 44.2 节中针对固定线路行驶工况信息开展近似全局优化得到的控制规则为基础，利用深度强化学习算法实现转矩的优化分配，后续将在 45.2 节中详细介绍。

45.1.2 学习型智能能量管理的控制问题

45.1.1 小节通过学习型能量管理策略研究进展分析，可知，强化学习算法是学习型智能算法典型代表，基于强化学习算法的智能能量管理策略在当前学习型智能能量管

理策略得到广泛研究，其控制问题具有一般性和代表性。因此，本小节基于强化学习算法的能量管理策略控制问题进行详细分析。

强化学习算法是一个在交互环境中不断学习的过程。在强化学习算法中，智能体通过尝试和错误搜索过程学习如何建立从输入状态、优化控制动作和最大化奖励三者之间的映射关系，确定哪些行为动作有助于获得最大的回报。从环境中感知被控对象状态，采取特定的动作取得目标导向的奖励是强化学习的关键。下面以混合动力客车为例，说明强化学习算法基本架构及其所表示的能量管理问题，如图 45-3 所示。

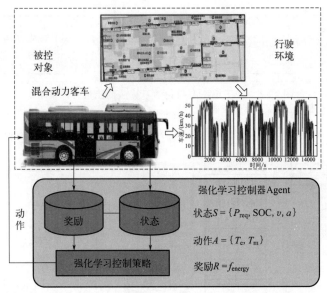

图 45-3　基于强化学习算法能量管理策略控制问题

在强化学习能量管理策略问题中，公交客车行驶工况、客车系统模型可被看作环境，智能体则为基于强化学习算法的混合动力客车能量管理策略控制器，智能体会根据当前系统状态和环境做出最大累计收益的决策，从而得到最优控制动作。强化学习算法能量管理策略控制问题中的关键变量具体如下。

① 混合动力客车强化学习能量管理策略的状态变量 S：

$$S = \{v, a, P_{req}, SOC\} \qquad (45\text{-}1)$$

式中，v、a、P_{req}、SOC 分别是车辆的车速、加速度、需求功率和电池 SOC。

② 混合动力客车强化学习能量管理策略控制目标主要实现动力源转矩最优分配，其中关键在于发动机转矩确定，因此定义强化学习能量管理策略的控制动作 A。

$$A = \{T_e, W_e\} \qquad (45\text{-}2)$$

式中，T_e、W_e 分别为发动机转矩和转速。

③ 混合动力客车强化学习能量管理策略奖励函数为 $R(s_t, a_t)$：

$$R(s_t,a_t)=\beta_1 f_{\text{oil}}+\beta_2(\text{SOC}-\text{SOC}_{\text{tar}})$$

$$(45\text{-}3)$$

式中，f_{oil} 为燃油消耗量；SOC_{tar} 为目标 SOC；β_1、β_2 分别为油耗和 SOC 约束参数。

④ 强化学习能量管理策略优化目标即寻找最优的策略动作使得累计奖励最优。其优化目标函数通常表示为在输入状态 S 下选择动作 A 的动作值函数 Q，定义为：

$$Q^{\pi}(s,a)=\sum_{t}^{\infty}\left\{\tau^t R(s_t,a_t)\,\|\,s_0=s,a_0=a\right\}$$

$$(45\text{-}4)$$

式中，τ^t 为折扣因子，用来计算累计回报。

强化学习是一个动作和回报综合考虑的马尔科夫过程。由此，强化学习的目标即是找到最优的马尔科夫决策过程，寻优过程通常利用贝尔曼优化原理求解得到。

强化学习虽具有较强的决策能力，但是局限于动作和样本空间相对较小，且仅离散情况下适用。然而行星式混合动力公交客车行驶工况相对复杂，其能量管理问题也需要连续状态空间来精确地表示。在此情况下，面对连续及高维状态变量，强化学习的离散化状态网格将会逐渐增大，从而导致计算量的增加和收敛性差。可见，Q 值矩阵的大小随状态数的增加而增大，随离散度的增加而迅速增大。动作值函数的这一性质显然成为 Q 学习在处理复杂问题时的局限性。

为解决这个问题，深度学习算法被引入其中，用深度学习的非线性函数近似表征值函数，将 Q 值矩阵参数化，有效避免了 Q 值矩阵增大带来计算量的增加和收敛性差的问题。深度强化学习结合了深度学习和强化学习的优点，深度学习提供学习机制，强化学习为深度学习提供学习目标，使得深度强化学习具备拟合复杂控制策略的能力，近年来开始被用来解决复杂的控制问题。深度强化学习算法的架构如图 45-4 所示。

综上，强化学习算法和深度学习算法是

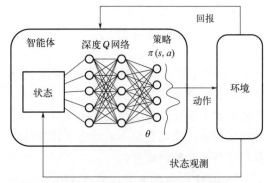

图 45-4　深度强化学习算法的架构

学习型能量管理策略的重要理论基础，本节以基于强化学习算法的智能能量管理策略为例分析了学习型智能能量管理的控制问题。而强化学习算法是一个将强化学习的动作和回报奖励综合考虑的马尔科夫过程，寻优过程通常利用贝尔曼优化原理求解得到。因此，马尔科夫决策过程和贝尔曼优化原理是强化学习算法的重要理论基础。

45.2　基于固定线路全局优化的深度强化学习能量管理策略

45.1 节中通过分析当前学习型智能能量管理策略研究进展，总结了当前学习型智能能量管理策略存在的不足，并介绍深度强化学习算法在解决连续及高维状态变量的复杂控制问题时具有明显优势。基于此，结合固定线路公交客车行驶工况信息的特点，本节提出基于固定线路行驶工况信息的 Deep Q-Learning 算法的能量策略，主要包括以下三个方面内容：首先分析 Deep Q-Learning 深度强化学习算法的原理，然后应用深度强化学习算法建立基于固定线路全局优化的深度强化学习能量管理策略架构，最后给出算法设计的实现流程。

45.2.1 Deep Q-Learning 深度强化学习算法

如前所述，Deep Q-Learning 深度强化学习算法，用深度神经网络逼近 Q 函数，有效解决了强化学习在高维状态变量复杂时的控制问题，使混合动力系统能量管理策略取得了良好的控制效果。

Deep Q-Learning 算法是在 Q-Learning 算法的基础上，为提高算法的收敛性，用深度神经网络逼近 Q 函数，来解决连续型高维状态变量的复杂控制问题。因此，Deep Q-Learning 深度强化学习基于 Q-Learning 算法架构，首先明确强化学习算法中 Q-Learning 理论。

假设智能体的状态空间序列为 $S = \{s_1, s_2, \cdots, s_n\}$，并有对应的状态动作序列为 $A = \{a_1, a_2, \cdots, a_n\}$。基于当前状态 $s(t) \in S$，智能体在当前环境下采取动作 $a(t) \in A$，系统转移到新的状态 $s(t+1) \in S$，根据马尔科夫状态转移概率 $P_{s(t)s(t+1)}(a)$，对应即时回报为 $r[s(t), a(t)]$。

强化学习算法以累计回报为原则，智能体综合考虑即时回报和未来回报。强化学习的目标就是智能体通过不断改进策略 π，找到最优策略 $\pi^*(a|s)$，获得最大的累计回报。策略 π 最优性的评价，是根据累计回报的期望进行，即采用状态值函数和动作值函数评价。寻找最优策略 $\pi^*(a|s)$，即最大化状态值函数和动作值函数。

给出状态值函数的定义，即在状态 s 下的累计折扣回报可以用状态值函数表示：

$$V^\pi(s) = E\left[\sum_{t=0}^{\infty} \tau^t r[s(t), a(t)] \,\Big|\, s(0) = s\right]$$

(45-5)

式中，$\tau \in [0,1]$ 为折扣系数，折扣系数越大则获得的未来回报越大；状态值函数 $V^\pi(s)$ 表示在状态 s 时，采取策略 π 得到的期望回报。

根据马尔科夫性质，即时回报只由当前状态决定，与前一种状态无关，由此状态值函数可以写为：

$$V^\pi(s) = R[s, \pi(s)] + \tau \sum_{s \in S} P_{ss'}[\pi(s)] V^\pi(s')$$

(45-6)

式中，$R[s, \pi(s)]$ 为即时回报 $r[s, \pi(s)]$ 的平均值；$P_{ss'}[a(s)]$ 是执行策略 $\pi(s)$ 时，从状态 s 到状态 s' 的转移概率。

最优动作策略 π^* 遵循 Bellman 准则，最优的状态值函数 $V^{\pi^*}(s)$ 如下。

$$V^{\pi^*}(s) = \max_{a \in A}\Big[R(s,a) + \tau \sum_{s' \in S} P_{ss'}(a) V^{\pi^*}(s')\Big]$$

(45-7)

由式(45-7)可知，在给定回报 R 和转移概率 P 条件下，则可以获取最优的策略。相对应的动作值函数，即动作值函数 $Q^\pi(s,a)$ 的定义如下。

$$Q^\pi(s,a) = R(s,a) + \tau \sum_{s' \in S} P_{ss'}(a) V^\pi(s')$$

(45-8)

式中，$Q^\pi(s,a)$ 表示在状态 s 时执行动作 a 的累计折扣回报。

由此，最优的动作值函数 Q 表示为：

$$Q^{\pi^*}(s,a) = R(s,a) + \tau \sum_{s' \in S} P_{ss'}(a) V^{\pi^*}(s')$$

(45-9)

因此，累计状态值函数可以写成：

$$V^{\pi^*}(s) = \max_{a \in A}\big[Q^{\pi^*}(s,a)\big]$$ (45-10)

基于此，强化学习的目标从寻找最优策略变为确定最优的动作值函数 Q。通常，Q 函数可通过 (s, a, r, s', a') 以递归的方式获得。如当前 t 时刻状态 s，即时回报 r，动作 a；$t+1$ 时刻的状态 s' 和动作 a'。由此 Q 函数可变为：

$$Q_{t+1}(s,a) = Q_t(s,a) + \lambda\{r(s,a) + \tau\big[\max_{a'} Q_t(s',a') - Q_t(s,a)\big]\}$$

(45-11)

式中，λ 是学习率，应用合适的学习率 $Q_t(x,a)$ 绝对收敛到 $Q^*(x,a)$。

动作值函数通常由函数估计得到，常采用非线性估计如深度神经网络，即 $Q_t(x,a,\theta)=Q^*(x,a)$，该神经网络也称为深度 Q 网络。深度 Q 网络的参数 θ 为神经网络的训练权重参数，通过调整权重参数 θ 来降低每次迭代训练时的均方误差。深度 Q 网络的训练通过最小化误差函数来进行迭代更新，动作值误差函数定义如下。

$$L(\theta)=E\{[y_i-Q(s_i,a_i;\theta_i)]^2\}$$

$$(45\text{-}12)$$

式中，y_i 为优化目标值，$y_i=r+$ $\varepsilon\max_{a'}Q(x',a';\theta_i^-)$。

45.2.2 基于固定线路行驶信息的深度强化学习策略架构

基于固定线路行驶信息的 Deep Q-Learning 能量管理策略架构如图 45-5 所示。基于固定线路行驶信息的规划，在此基础开展深度强化能量管理策略，该策略架构具有以下特点。

① 有效利用车联网平台对固定线路行驶的公交客车进行全局规划，得到近似最优的 SOC 轨迹和模式切换规则，优化电能使用。

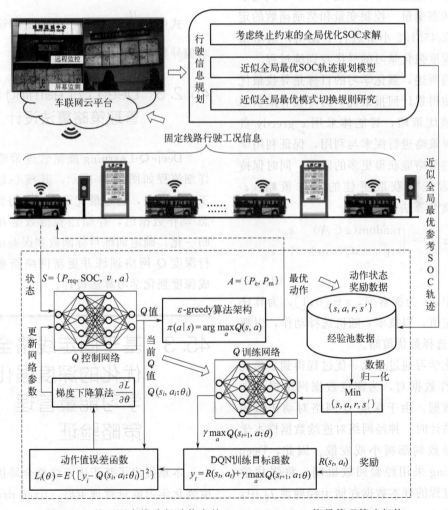

图 45-5 基于固定线路行驶信息的 Deep Q-Learning 能量管理策略架构

② 基于 Deep Q-Learning 实现对动力源转矩的分配，提高算法对高维度状态变量的处理能力，改善其控制效果。

下面详细介绍基于固定线路行驶工况信息的 Deep Q-Learning 能量管理策略的原理和关键参数。

首先，能量管理策略的模式确定，基于 44.3 节介绍的固定线路合成工况近似全局最优控制得到，通过车联网平台对固定线路行驶的公交客车进行全局规划，得到近似最优的 SOC 轨迹和模式切换规则，优化电能使用。

深度强化学习算法主要实现在混合动力模式下，动力源转矩的优化分配。其中，深度强化学习能量策略中强化学习三个关键参数，即状态变量、控制变量和奖励函数的定义已经在 45.1.2 小节进行了说明，这里重点介绍深度强化学习的寻优及训练过程。

如前所述，强化学习的目标是寻找最优策略并使得累计回报最优。为寻找有限状态空间的最优策略，智能体采用 ε-greedy 贪婪算法对策略进行探索与利用，保证利用学习得到的策略能获得更多的回报，同时保持一定探索能力获取更佳的动作策略。ε-greedy 贪婪算法具体如下。

$$\pi(a \mid s) = \begin{cases} \text{random}(a \in A) & \varepsilon \\ \arg\max_a Q(s,a) & 1-\varepsilon \end{cases}$$

$$(45-13)$$

式中，ε 为探索率，$\varepsilon \in [0,1]$，为算法的可标定值，以概率 ε 随机选择动作，以概率 $1-\varepsilon$ 选择最优策略。

强化学习通过迭代寻优过程得到了最优状态-动作数据对，为深度数据网络提供训练样本数据。由于深度 Q 网络对动作值函数进行估计时，神经网络对连续数据样本学习容易导致局部极小或发散。因此，Deep Q-Learning 采用经验回放机制。将强化学习迭代过程的样本数据存储于经验池 D 中，具体如下。

$$e(t) = \{s(t), a(t), r(t), s'\} \quad (45-14)$$
$$D(t) = \{e(1), e(2), \cdots, e(t)\}$$

$$(45-15)$$

式中，$e(t)$ 表示智能体在 t 时刻存储的交互经验数据组。

从经验池 D 中随机抽取样本，归一化处理后，基于训练目标函数和误差函数，通过梯度下降类算法对深度 Q 网络训练，使动作值函数的估计值不断接近目标值。当误差极小时，即认为完成了深度强化学习算法的训练过程。应用梯度下降类算法更新深度 Q 网络参数 θ_i 如下。

$$\frac{\partial L}{\partial \theta_i} = E\left\{[y_i - Q(s,a;\theta_i)]\frac{\partial Q(s,a;\theta_i)}{\partial \theta_i}\right\}$$

$$(45-16)$$

式中，$\frac{\partial L}{\partial \theta_i}$ 表示基于动作值的误差函数求偏导数计算得到。

45.2.3 Deep Q-Learning 能量管理策略算法设计

Deep Q-Learning 能量管理策略算法的详细流程如图 45-6 所示，其核心是在行驶工况范围内，通过最优策略搜索得到最优状态-动作数据组，存储经验池数据并提取及归一化，确定训练目标函数和误差函数，进行深度 Q 网络训练并更新网络新参数，完成深度强化学习算法设计。

45.3 基于固定线路全局优化的深度强化学习能量管理策略验证

本章提出了基于固定线路全局优化的深度强化学习能量管理策略（fixed driving information global optimization Deep Q-

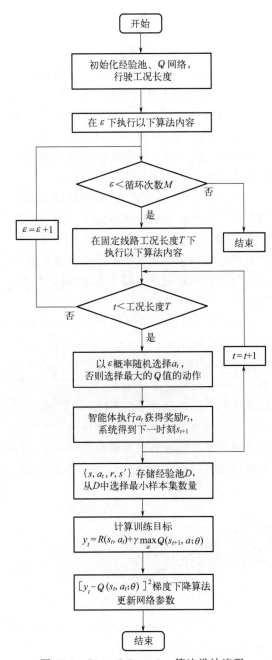

图 45-6 Deep Q-Learning 算法设计流程

Learning energy management strategy，F-DQL-EMS），为验证所建立的 F-DQL-EMS 智能能量管理策略的控制效果，本节将结合固定线路合成工况和随机工况，分别从能量管理策略的最优性和工况适应性两个方面进行验证分析，并与基于动态规划的全局优化能量管理策略（DP-EMS）、基于固定逻辑

规则的能量管理策略（RB-EMS）进行对比分析。

45.3.1 F-DQL-EMS 智能能量管理策略的最优性

在固定线路合成工况条件下，基于固定线路全局优化的深度强化学习能量管理策略，工况跟随性仿真结果如图 45-7 所示，目标车速和实际车速基本完全一致，表明所提出的能量管理策略在合成工况条件下能够满足行驶工况对动力性的需求。

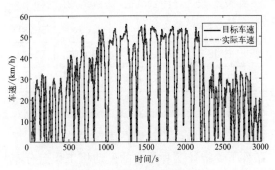

图 45-7　固定线路合成工况下
F-DQL-EMS 的工况跟随性

F-DQL-EMS 与 DP-EMS 策略的电池 SOC 变化对比如图 45-8 所示。终止时刻的电池 SOC 为 49.89%，可见，F-DQL-EMS 策略能有效实现行星式混合动力系统电量平衡。

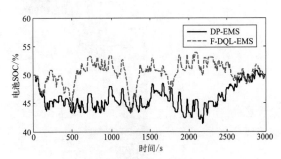

图 45-8　固定线路合成工况下
F-DQL-EMS 的 SOC 变化

F-DQL-EMS 策略的 SOC 轨迹与 DP-EMS 的 SOC 有明显差异，原因在于 F-

DQL-EMS 没有像 HO-EMS 策略那样建立 SOC 跟随控制策略，此外 F-DQL-EMS 的转矩分配规则也不同于 DP-EMS。为了评估 F-DQL-EMS 的燃油经济性，与 DP-EMS 和 RB-EMS 进行对比讨论分析。三种策略的燃油经济性结果如表 45-1 所示。在 SOC 终止值为 50% 的前提条件下，F-DQL-EMS 相比于 RB-EMS 在合成工况条件下油耗结果降低了 1.41L/100km，节油效果有较好的提升，节油率为 8.24%。

表 45-1　三种策略的燃油经济性对比

能量管理策略	油耗/(L/100km)	初始SOC/%	终止SOC/%
RB-EMS	17.12	50.00	50.31
DP-EMS	14.65	50.00	50.02
F-DQL-EMS	15.71	50.00	49.89

为了详细对比 F-DQL-EMS 和 DP-EMS 两种策略的特点，首先在固定线路合成工况条件下，统计两种策略的发动机工作点分布情况，如图 45-9 所示。可见，F-DQL-EMS 策略的发动机工作点分布在中低转速与 DP-EMS 发动机工作点分布有相似特点，但在中高转速区域时则与 DP-EMS 策略分布情况明显不同。

进一步，统计 F-DQL-EMS 的发动机工作点以及时间比例分布如图 45-10 所示。可以看出，F-DQL-EMS 发动机转速的范围通常为 800～1400r/min。发动机负载范围在大多数情况下工作在 60% 以下。相比于 DP-EMS，发动机工作点处在高效区间范围的较少。

基于 44.4.1 小节中介绍的混合动力系统平均综合传动效率的概念，针对 F-DQL-EMS 策略优化计算结果进一步开展能耗统计分析，说明策略优化的原理和效果。三种能量管理策略能耗统计结果如表 45-2 所示。DP-EMS 发动机效率为 43.35%，高于 F-DQL-EMS，这与前面对于发动机工作点分布的分析一致。虽然 F-DQL-EMS 发动机效率低于 RB-EMS，但是平均综合传动效率达到 82.92%，明显高于 RB-EMS。综上，F-DQL-EMS 获得优于 RB-EMS 的燃油经济性，说明所提出的基于固定线路全局优化的深度强化学习能量管理策略相比于当前工程应用的 RB-EMS 有效提升了策略的最优性。

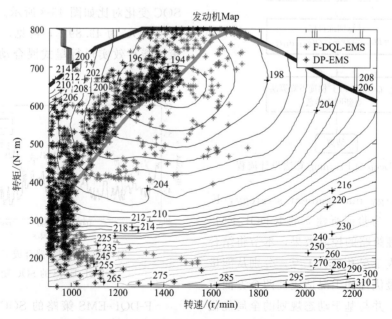

图 45-9　F-DQL-EMS 和 DP-EMS 发动机工作点对比

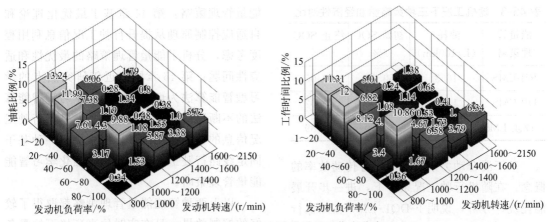

图 45-10　F-DQL-EMS 发动机工作点分布

表 45-2　三种策略能耗统计结果对比

能量管理策略	RB-EMS	DP-EMS	F-DQL-EMS
SOC_{ini}/SOC_{end}	50.00/ 50.31	50.00/ 50.02	50.00/ 49.89
$b_{e,avg}/[g/(kW \cdot h)]$	198.14	195.42	203.62
$\eta_{ice}/\%$	42.75	43.35	41.6
$E_{wh}/(kW \cdot h)$	17.68	17.68	17.68
$E_{rgb}/(kW \cdot h)$	6.43	6.43	6.43
$E_{ice}/(kW \cdot h)$	16.65	14.28	14.89
$\eta_{tr}/\%$	76.6	85.34	82.92

45.3.2　F-DQL-EMS 智能能量管理策略的工况适应性

固定线路行驶工况虽呈现明显规律性，但仍存在随机不确定性。针对工况不确定因素对策略适应性的影响，随机选取该线路的不同特点的行驶工况进行仿真验证。在随机工况条件下，所提出的 F-DQL 智能能量管理策略工况跟随性良好，仿真结果如图 45-11 所示，目标车速和实际车速基本完全一致，能够满足行驶工况对动力性的需求。

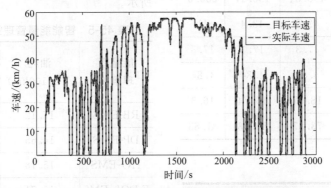

图 45-11　随机工况下 F-DQL-EMS 的工况跟随性

为了评估 F-DQL-EMS 在随机工况下的燃油经济性，与 DP-EMS 和 RB-EMS 进行对比分析。随机工况下三种策略的燃油经济性结果如表 45-3 所示。在 SOC 终止值为 50% 的前提条件下，F-DQL-EMS 相比于 RB-EMS 在随机工况条件下油耗结果降低了 1.27L/100km，节油效果明显，节油率为 7.8%。但 F-DQL-EMS 与理论最优的 DP-EMS 的优化结果还有一定的差距。

表 45-3　随机工况下三种策略燃油经济性对比

能量管理策略	油耗/(L/100km)	初始 SOC/%	终止 SOC/%
RB-EMS	16.3	50.00	50.05
DP-EMS	13.7	50.00	50.02
F-DQL-EMS	15.03	50.00	49.89

基于混合动力系统平均综合传动效率的概念，在随机行驶工况条件下，进一步开展能耗统计分析，说明 F-DQL-EMS 在随机行驶工况条件下的优化的原理和效果。随机工况下三种能量管理策略能耗统计结果如表 45-4 所示。F-DQL-EMS 的平均综合传动效率明显优于 RB-EMS。可见在随机工况条件下，也得到了与合成工况类似的结果。因此，说明 F-DQL-EMS 在随机工况下仍具有良好的燃油经济性，能够适应工况变化，策略的工况适应性良好。

表 45-4　随机工况下三种策略能耗统计结果对比

能量管理策略	RB-EMS	DP-EMS	F-DQL-EMS
SOC_{ini}/SOC_{end}	50.00/50.105	50.00/50.02	50.00/49.89
$b_{e,avg}/[g/(kW \cdot h)]$	198.84	195.17	206.6
$\eta_{ice}/\%$	42.6	43.4	41
$E_{wh}/(kW \cdot h)$	17.3	17.3	17.3
$E_{rgb}/(kW \cdot h)$	4.84	4.84	4.84
$E_{ice}/(kW \cdot h)$	18.57	15.74	16.3
$\eta_{tr}/\%$	73.87	84.03	81.83

45.4　两种智能能量管理策略对比分析

第 44 章和第 45 章分别结合一定的车联网行驶工况信息，从不同角度探索两种智能能量管理策略：第 44 章基于最优化理论和自适应控制原理从提升行驶工况信息利用程度考虑，分析了能量管理策略的最优性和适应性问题；第 45 章则以近年研究热点的学习型智能算法为切入点，结合学习型智能算法的不断适应环境变化的特点，基于行驶工况信息的数据挖掘结果，探索提出一种基于固定线路行驶工况信息的深度强化学习智能能量管理策略。

以上两种智能能量管理策略都取得了较好的控制效果，且在实时仿真环境下均具备良好的实时性。本节结合两种基准策略 RB-EMS 和 DP-EMS，对所提出的两种智能能量管理策略进行策略最优性和工况适应性的对比分析，总结分析两种策略的特点和优势。

45.4.1　智能能量管理策略的最优性

在固定线路合成工况条件下，所提出的 HO-EMS 和 F-DQL-EMS 智能能量管理策略在满足动力性的要求下，与 RB-EMS 和 DP-EMS 的燃油经济性对比结果，如表 45-5 所示。

表 45-5　智能能量管理策略最优性对比

能量管理策略	油耗/(L/100km)	初始 SOC/%	终止 SOC/%
RB-EMS	17.12	50.00	50.31
DP-EMS	14.65	50.00	50.02
HO-EMS	15.18	50.00	49.81
F-DQL-EMS	15.71	50.00	49.89

HO-EMS 相比于 RB-EMS 在合成工况条件下油耗结果降低了 1.94L/100km，节油效果明显，节油率为 11.33%。F-DQL-EMS 相比于 RB-EMS 油耗降低了 1.41L/100km，节油率为 8.24%。可见 HO-EMS

与 DP-EMS 结果较为接近，取得了与 DP-EMS 较为相似的燃油经济性结果。

基于混合动力系统平均综合传动效率的概念，针对上述四种策略进一步开展能耗统计分析。四种能量管理策略能耗统计结果如表 45-6 所示。DP-EMS 发动机效率和平均综合传动效率都明显优于 HO-EMS 和 F-DQL-EMS，HO-EMS 的发动机效率、平均综合传动效率均与 DP-EMS 更为接近，可见 HO-EMS 在最优性方面更加接近 DP-EMS。因此，HO-EMS 相比于 F-DQL-EMS 具有更佳的燃油经济性。

表 45-6　智能能量管理策略能耗统计结果对比

能量管理策略	RB-EMS	DP-EMS	HO-EMS	F-DQL-EMS
SOC_{ini}/SOC_{end}	50.00/50.31	50.00/50.02	50.00/49.81	50.00/49.89
$b_{e,avg}/[g/(kW \cdot h)]$	198.14	195.42	197.64	203.62
$\eta_{ice}/\%$	42.75	43.35	42.86	41.6
$E_{wh}/(kW \cdot h)$	17.68	17.68	17.68	17.68
$E_{rgb}/(kW \cdot h)$	6.43	6.43	6.43	6.43
$E_{ice}/(kW \cdot h)$	16.65	14.28	14.64	14.89
$\eta_{tr}/\%$	76.6	85.34	83.91	82.92

45.4.2 智能能量管理策略的工况适应性

固定线路行驶工况虽呈现明显规律性，但仍存在随机不确定性。针对工况的不确定因素对策略适应性的影响，随机选取该线路不同特点的行驶工况进行仿真验证。在满足随机工况动力性的条件下，燃油经济性对比结果如表 45-7 所示。

表 45-7　随机工况下燃油经济性的对比

能量管理策略	油耗/(L/100km)	初始 SOC/%	终止 SOC/%
RB-EMS	16.3	50.00	50.05
DP-EMS	13.7	50.00	50.02
HO-EMS	14.63	50.00	50.05
F-DQL-EMS	15.03	50.00	49.89

F-DQL-EMS 相比于 RB-EMS 在随机工况下油耗降低了 1.27L/100km，节油率为 7.8%。HO-EMS 相比于 RB-EMS 油耗结果降低了 1.67L/100km，节油率为 10.2%，节油效果明显。对比 HO-EMS 与 DP-EMS 节油率的变化，发现在工况变化的情况下（由合成工况变为随机工况），F-DQL-EMS 节油率的变化幅度相对较小，该工况变化带来的节油率变动为 0.43%，而 HO-EMS 节油率的变化幅度相对较大，变动为 1.1%。

基于混合动力系统平均综合传动效率的概念，针对策略优化计算结果进一步开展统计分析。随机工况下四种能量管理策略能耗统计结果如表 45-8 所示。可见，HO-EMS 发动机效率和平均综合传动效率优于 F-DQL-EMS，说明了两者油耗存在差异。综上，在工况适应性方面，HO-EMS 的节油效果优于 F-DQL-EMS，而 F-DQL-EMS 的优势在于节油率的变化幅度相对较小。

表 45-8　随机工况下能量管理策略的能耗统计结果对比

能量管理策略	RB-EMS	DP-EMS	HO-EMS	F-DQL-EMS
SOC_{ini}/SOC_{end}	50.00/50.05	50.00/50.02	50.00/50.05	50.00/49.89
$b_{e,avg}/[g/(kW \cdot h)]$	198.84	195.17	197.91	206.6
$\eta_{ice}/\%$	42.6	43.4	42.8	41
$E_{wh}/(kW \cdot h)$	17.3	17.3	17.3	17.3
$E_{rgb}/(kW \cdot h)$	4.84	4.84	4.84	4.84
$E_{ice}/(kW \cdot h)$	18.57	15.74	16.1	16.3
$\eta_{tr}/\%$	73.87	84.03	82.62	81.83

表 45-8　随机工况下能量管理策略的能耗统计结果对比

45.4.3　智能能量管理策略的总结分析

基于对所提出的两种智能能量管理策略的对比分析得出：在能量管理策略的最优性方面，所提出的分层优化自适应智能能量管理策略，相比基于固定线路合成工况的深度强化学习能量管理策略取得了更加显著的控制效果；在工况适应性方面，在工况变化的情况下，HO-EMS 的节油效果优于 F-DQL-EMS，而 F-DQL-EMS 的优势在于节油率的变化幅度相对较小。

总结分析原因如下：a. 在策略最优性方面，由于分层优化自适应智能能量管理策略的架构从行驶工况信息的两个维度考虑，包括历史数据的固定线路合成工况信息和未来行驶工况预测的信息，策略架构提升了工况信息的利用程度并从全局规划和实时优化两个方面开展，HO-EMS 最优性优于 F-DQL-EMS；b. 在工况适应性方面，F-DQL-EMS 基于深度强化学习算法不断适应环境变化的特点，受工况变化对燃油经济性的影响较小。因此，可以预见，未来学习型智能能量管理策略会有效融合丰富的行驶工况信息，实现预测环境信息与策略的交互适应性控制，也将在最优性方面取得显著的控制效果。

扫一扫

本章小结

参 考 文 献

[1] 曹正林.汽车安全法规与评价体系发展趋势 [J].汽车文摘,2019(2):1-6.

[2] 李成鑫.我国新能源汽车保有现状及发展趋势分析 [J].汽车实用技术,2024,49(4):8-12.

[3] 王明赫.我国新能源汽车产业政策研究 [D].长春:吉林大学,2023.

[4] 叶光辉,李松烨,谢晟,等.新能源汽车产业开源科技情报多维视角分析 [J].情报科学:1-18.

[5] 王若愚,畅温隆,张攀.新能源汽车法规符合性研究 [J].汽车实用技术,2018(21):24-26.

[6] 李平澜,王玥,何媛.政策补贴对新能源车企财务绩效影响分析——以长安汽车为例 [J].经济研究导刊,2024(2):95-98.

[7] 陈东东,王铁,李国兴,等.P1-P4构型混合动力汽车节油率对比研究 [J].重庆理工大学学报(自然科学),2022,36(8):1-10.

[8] 李改改.48V混动汽车动力系统及控制策略研究 [D].西安:长安大学,2023.

[9] 赵斯力根,王静远,张晓明.混合动力电动汽车构型优化设计方法研究 [J].兰州理工大学学报,2024,50(1):60-67.

[10] 周紫佳.不同驱动构型下纯电动汽车关键性能对比研究 [D].西安:长安大学,2023.

[11] 英康健.燃料电池客车动力参数匹配及整车控制策略研究 [D].淄博:山东理工大学,2023.

[12] 沈振方,马洪彦,雷永超,等.轻型载货汽车功率分流式混合动力构型研究 [J].汽车科技,2022(3):14-20.

[13] 於锋,殷琪皓,佟明昊,等.电动汽车用多相电驱重构型车载充电系统关键技术综述 [J].中国电机工程学报,2024,44(13):1-17.

[14] 胡宽答.插电式混合动力汽车能量管理策略优化研究 [D].秦皇岛:燕山大学,2023.

[15] 王翔浩.串联式混合动力矿用卡车整车控制策略研究 [D].济南:山东交通学院,2024.

[16] 陈聪,刘甲,王帅,等.基于插电式混动汽车的自动泊车控制策略 [J].汽车实用技术,2023,48(10):30-33.

[17] 冉达.基于瞬时最优的混合动力汽车控制策略研究 [D].柳州:广西科技大学,2023.

[18] 代国强,李捷辉,赵国良,等.基于优化模糊控制的混动汽车能量管理策略研究 [J].车用发动机,2022(6):59-64+70.

[19] 何洪文.电动汽车原理与构造 [M].北京:机械工业出版社,2012.

[20] Sun C,Sun F,He H. Investigating adaptive-ECMS with velocity forecast ability for hybrid electric vehi-

cles [J]. Applied energy,2017,185:1644-1653.

[21] Wu J,He H,Peng J,et al. Continuous reinforcement learning of energy management with deep Q network for a power split hybrid electric bus [J]. Applied energy,2018,222:799-811.

[22] 谢长君.基于多模型控制的燃料电池汽车混合动力系统优化研究 [D].武汉:武汉理工大学,2009.

[23] 虞铭.燃料电池汽车动力系统参数匹配及控制策略初步研究 [D].上海:上海交通大学,2012.

[24] 胡萍,余朝宽编.新能源汽车概论 [M].重庆:重庆大学出版社,2021.

[25] 余志生,夏群生.汽车理论.第6版 [M].北京:机械工业出版社,2018.

[26] 来君,雷杰宁,等.新能源汽车.第2版 [M].北京:北京理工大学出版社,2021.

[27] 王庆年,曾小华,等.新能源汽车关键技术 [M].北京:化学工业出版社,2017.

[28] 彭志远,秦大同,段志辉,等.新型混合动力汽车工作模式分析与参数匹配设计 [J].中国机械工程,2012,23(009).

[29] 秦大同,游国平,胡建军.新型功率分流式混合动力传动系统工作模式分析与参数设计 [J].机械工程学报,2009,45(2).

[30] 叶明,舒红,刘永刚.插电式混合动力汽车硬件在环测试 [J].重庆大学学报,2012,3.

[31] 胡建军,赵玉省,秦大同.基于CAN通信的混合动力系统硬件在环仿真实验 [J],中国机械工程,2008,19(3).

[32] 张威.混合动力城市客车正向建模及仿真软件研究 [D].长春:吉林大学,2005.

[33] 童毅,欧阳明高.前向式混合动力汽车模型中传动系建模与仿真 [J].汽车工程,2003.

[34] 张翔,张炳力,赵韩,等.电动汽车仿真软件 [J].PSAT汽车研究与开发,2003(5).

[35] 樊晓松,邵华,邢进进.新能源汽车动力总成测试系统平台 [J].汽车技术,2014,(9):39-43.

[36] 李战龙.混合动力汽车试验台架的研究与开发 [D].长春:吉林大学,2004.

[37] 宽明,CAN总线原理和应用系统设计 [M].北京:北京航空航天大学出版社,1996.10.

[38] 赵宏伟,王镜刚,王庆年,等.混合动力汽车仿真通信系统 [J].吉林大学学报,2003,33(4).

[39] 曾小华,王庆年,王伟华等.MPC5xx芯片在混合动力汽车CAN通信的应用 [J],农业机械学报,2005,36(9).

[40] 朱志富.混合动力汽车传动系统设计及其台架试验 [D].重庆:重庆大学,2012.

[41] 王伟华，金启前，曾小华，等．混合动力汽车动力总成试验台研究［J］．中国公路学报，2005，（2）．

[42] 翟东风，李济禄，张旱年，等．新能源 BMS 控制策略探讨［J］．汽车实用技术，2020，45（24）：6-7，18.

[43] 印凯．基于功能安全的 BMS 设计方法及其可靠性的研究［D］．上海：上海交通大学，2017.

[44] 朱晓庆，王震坡，WANG Hsin，等．锂离子动力电池热失控与安全管理研究综述［J］．机械工程学报，2020，56：91-118.

[45] 李兆平，游志平，刘云飞．电动汽车动力电池及能量管理［M］．成都：电子科技大学出版社，2019.

[46] 黄勇．动力电池及能源管理技术［M］．重庆：重庆大学出版社，2021.

[47] 介石磊，孙玉凤主编．新能源汽车与新技术［M］．成都：电子科技大学出版社，2020.

[48] 张彩萍，张承宁，李军求．动力电池组峰值功率估计算法研究［J］．系统仿真学报，2010，（6）：1524-1527.

[49] 高松伟，李新海，陈荣宛等．电池储能 BMS 系统设计及应用［J］．移动电源与车辆，2023，54（01）：18-21.

[50] 李健平，潘浩，陈标．电动汽车充电技术［M］．北京：北京理工大学出版社，2021.

[51] 郭淑英，李益丰．电动汽车驱动电机系统［M］．北京，科学出版社，2023.

[52] 赵航，史广奎．混合动力电动汽车技术［M］．北京，机械工业出版社，2012.

[53] 余卓平，熊璐，陈辛波，等．分布式电驱动汽车及其动力学控制［M］．上海：同济大学出版社，2021.

[54] 李敬福，王洪佩．新能源汽车关键技术研究［M］．北京：北京理工大学出版社，2017.

[55] 赵宏辑，梁健麟．新能源汽车驱动电机性能研究［J］．汽车测试报告，2023（05）：67-69.

[56] 田晋跃．电动汽车一体化动力传动技术［M］．北京：化学工业出版社，2023.

[57] 丰林波，张磊．基于循环工况的纯电动客车驱动电机匹配研究［J］．客车技术与研究，2017，（12）：7-12.

[58] 符敏利，李益丰，李蓉，等．电动汽车驱动电机额定功率的确定和验证方法［J］．电机与控制应用，2014，（6）：56-59.

[59] 贡俊．电动汽车工程手册：第 5 卷：驱动电机与电力电子［M］．北京：机械工业出版社，2019.

[60] US Drive. Electrical and electronics technical team road-map［I］. Washington D. C.，2017.

[61] 郭淑英，李溢丰．电动汽车驱动电机系统［M］．北京：科学出版社，2023.

[62] 余卓平，熊璐，陈辛波，等．分布式电驱动汽车及其动力学控制［M］．上海：同济大学出版社，2021.

[63] 李敬福，王洪佩．新能源汽车关键技术研究［M］．北京：北京理工大学出版社，2017.

[64] 赵宏辑，梁健麟．新能源汽车驱动电机性能研究［J］．汽车测试报告，2023（05）：67-69.

[65] 田晋跃．电动汽车一体化动力传动技术［M］．北京：化学工业出版社，2023.

[66] 汤云，曹志坡．探究新能源汽车与电机驱动控制技术［J］．电子世界，2020（20）：202-203.

[67] 程汉平．新能源汽车及电机驱动的控制技术分析［J］．时代汽车，2017（11）：45-46.

[68] 吴静波，郭志军，申彦杰．关于对新能源汽车及电机驱动的控制技术的探析［J］．电子技术与软件工程，2015（18）：249.

[69] 王旭东，周永勤，吴晓刚．新能源汽车与电机驱动控制技术［C］.2008 年中国电工技术学会电力电子学会第 11 届学术年会，2008：1-5.

[70] 李宏程．物流车行星混合动力系统能量管理优化与实时应用研究［D］．长春：吉林大学，2019.

[71] 张志鹏．插电式单轴并联混合动力汽车 DCT 换挡控制技术研究［D］．北京：北京理工大学，2017.

[72] 郭木生．基于热泵空调的新型纯电动汽车热管理系统仿真及实验研究［D］．南昌：华东交通大学，2021.

[73] 杨小龙，马会合，杨林，等．基于热泵的纯电动轿车热管理集成开发［J］．中南大学学报（自然科学版），2016，47（08）：2855-2863.

[74] 吴丹丹．增程式混动汽车动力系统及冷却系统控制策略研究［D］．济南：山东大学，2021.

[75] 邓涛，韩海硕，罗俊林．基于动态规划算法的混合动力汽车改进型 ECMS 能量管理控制研究［J］．中国机械工程，2018，29（03）：326-332.

[76] 罗钧夫．基于电池热效应分析的混合动力系统控制策略研究［D］．长春：吉林大学，2019.

[77] Xu X, Zhang T, Wang F, et al. Integrated energy management strategy of powertrain and cooling system for PHEV［J］. International Journal of Green Energy, 2020, 17 (5): 319-331.

[78] 崔皓勇．混联式两挡 AMT 客车模式切换协调控制研究［D］．长春：吉林大学，2019.

[79] 卢鹏宇．整车集成热管理协同控制与优化研究［D］．长春：吉林大学，2020.

[80] 吕良．面向节能的汽车发动机热管理系统建模与优化控制［D］．长春：吉林大学，2020.

[81] 高福旺．基于热泵技术的纯电动汽车集成热管理系统研究［D］．长春：吉林大学，2021.

[82] 武东．混动整车热管理系统的研究与开发［D］．西安：长安大学，2019.

[83] 孙超. 混合动力汽车预测能量管理研究 [D]. 北京：北京理工大学，2016.

[84] 黎金科. 插电式混合动力汽车出行工况预测及自适应控制策略研究 [D]. 长春：吉林大学，2020.

[85] 牛超凡. 基于工况预测的燃料电池汽车能量管理策略研究 [D]. 长春：吉林大学，2021.

[86] 张晓辉，张辉，于红秀. 混合动力电动汽车提高燃油经济性特点分析 [J]. 专用汽车，2007，08：43-45.

[87] 童毅. 并联式混合动力系统动态协调控制问题的研究 [D]. 北京：清华大学，2004.

[88] 周飞鲲. 纯电动汽车动力系统参数匹配及整车控制策略研究 [D]. 长春：吉林大学，2013.

[89] 刘乐. 串联混合动力汽车建模与能源管理系统控制策略研究 [D]. 长春：吉林大学，2011.

[90] 张妍懿. 插电式混合动力汽车控制软件开发 [D]. 北京：清华大学，2013.

[91] 谢峰. 并联式液压混合动力车辆的动力匹配性研究 [D]. 长春：吉林大学，2011.

[92] 李斌花. 纯电动汽车电机驱动系统控制策略研究 [D]. 长沙：湖南大学，2005.

[93] 李刚. 线控四轮独立驱动轮毂电机电动汽车稳定性与节能控制研究 [D]. 长春：吉林大学，2013.

[94] 刘金峰，张学义，扈建龙. 电动汽车驱动电机发展展望 [J]. 农业装备与车辆工程，2012，50（10）：35-37.

[95] 张希明. 纯电动汽车控制系统 [D]. 杭州：浙江大学，2008.

[96] 李春涛. 电动汽车用永磁无刷直流电机调速控制器研究 [D]. 合肥：合肥工业大学，2013.

[97] 李春红. 开关磁阻电机的控制系统及其在电动汽车中的应用研究 [D]. 合肥：合肥工业大学，2008.

[98] 李浩. 基于开关磁阻电机的双轮驱动电动汽车驱动系统研究 [D]. 济南：山东大学，2012.

[99] 付振元. 并联混合动力汽车能量控制策略仿真研究 [D]. 哈尔滨：哈尔滨工业大学，2013.

[100] 胡浩. 混合动力汽车驱动系统控制方法及控制策略研究 [D]. 长沙：湖南大学，2007.

[101] 张凤格. 混合动力汽车驱动系统控制策略的研究 [D]. 武汉：武汉理工大学，2010.

[102] 王岩. 串联混合动力客车控制策略研究 [D]. 长春：吉林大学，2008.

[103] 欧阳瑞璨. 并联混合动力汽车 AMT 无离合器操作换挡过程的研究 [D]. 长春：吉林大学，2006.

[104] 王全. 双行星排式混合动力汽车构型分析及协调控制 [D]. 长春：吉林大学，2013.

[105] 钱立军，赵韩，鲁付俊. 混合动力汽车传动系结构分析 [J]. 合肥工业大学学报：自然科学版，2004，26（6）：1121-1126.

[106] 乔俊林. 插电式并联混合动力汽车模糊控制策略研究 [D]. 重庆：重庆大学，2012.

[107] 白鸽. 四轮驱动插电式混合动力汽车控制策略研究 [D]. 长春：吉林大学，2014.

[108] 王昕，姜继海. 轮边驱动液压混合动力车辆再生制动控制策略 [J]. 吉林大学学报：工学版，2009，39（6）：1544-1549.

[109] 王昕. 静液传动混合动力轮边驱动车辆节能与控制特性研究 [D]. 哈尔滨：哈尔滨工业大学，2010.

[110] Henry K. Ng, Anant D. Vyas and Danilo J. Santini. The Prospects for Hybrid Electric Vehicles, 2005-2020：Results of a Delphi Study [J]，Argonne National Laboratory，SAE1999-01-2942，1999.

[111] 陈清泉. 21 世纪的绿色交通工具——电动车 [M]. 北京：清华大学出版社，2000.

[112] Andersson Tobias, Groot Jens. Alternative Energy Storage System for Hybrid Electric Vehicles [D]. Gothen burg：Department of Electric Power Engineering Chalmers University of Technology. 2003.

[113] Yimin Gao, Khwaja M. Rahman, Mehrdad Ehsani. Parametric Design of the Drive Train of an Electrically Peaking Hybrid（ELPH）Vehicle. SAE paper 970294.

[114] 庄继德. 地面车辆系统分析与设计 [M]. 北京：机械工业出版社，1989：93-94.

[115] 彭涛，陈全世. 并联混合动力电动汽车的模糊能量管理策略 [J]. 中国机械工程，2003，14（9）：797-800.

[116] 中国制造 2025 [EB/OL]. http：//www. miit. gov. cn/n973401/n1234620/index. html.

[117] 中国汽车工程学会. 智能网联汽车信息安全白皮书（2016）[M]. 北京：机械工业出版社，2016.

[118] 李克强，张书玮，罗禹贡，等. 智能环境友好型车辆（i-EFV）的概念及其最新进展 [J]. 汽车安全与节能学报，2013，4（2）：109-120.

[119] Yang D, Jiang K, Zhao D. Intelligent and connected vehicles：Current status and future perspectives [J]. Science China（Technological Sciences），2018，61（10）：1446-1471.

[120] Zhang F, Hu X, Langari R, Cao D. Energy management strategies of connected HEVs and PHEVs：Recent progress and outlook [J]. Progress in Energy & Combustion Science，2019，73：235-256.

[121] 谢伯元，李克强，王建强，等. "三网融合"的车联网概念及其在汽车工业中的应用 [J]. 汽车安全与节能学报，2013，4（4）：348-355.

[122] 李克强，戴一凡，李升波，等. 智能网联汽车

(ICV) 技术的发展现状及趋势 [J]. 汽车安全与节能学报, 2017, 8 (1): 1-14.

[123] Luo Y, Li S, Zhang S, et al. Green light optimal speed advisory for hybrid electric vehicles [J]. Mechanical Systems and Signal Processing, 2017, 87: 30-44.

[124] Cheng B, Zhang W. Driver drowsiness detection based on multisource information [J]. Human Factors and Ergonomics in Manu and Service Indu, 2012, 22 (5): 450-467.

[125] Xu B, Zhang F, Wang J, et al. B&B algorithm-based green light optimal speed advisory applied to contiguous intersections [C] // Conf Int'l Conf Transp Professionals, 2015: 363-375.

[126] Zhang C, Vahidi A. Role of terrain preview in energy management of hybrid electric vehicles [J]. IEEE Transactions on Vehicular Technology, 2010, 59 (3): 1139-1149.

[127] Bouvier H, Colin G, Chamaillard Y. Determination and comparison of optimal eco-driving cycles for hybrid electric vehicles [C] // In: 14th European Control Conference, Austria, 2015: 142-147.

[128] 俞倩雯. 基于车联网的汽车行驶经济车速控制方法 [D]. 北京: 清华大学, 2016.

[129] 海辰. 大金龙"智驱"如何实现高效节油 [J]. 汽车与配件, 2012, (13): 24-26.

[130] "SMART GO" 2011. [2013-09-13]. http: //www. king-long. com. cn/zhiqu/yuanli. html.

[131] Luo Y, Chen T, Li K. Multi-objective decoupling algorithm for active distance control of intelligent hybrid electric vehicle [J]. Mechanical Systems and Signal Processing, 2015, 65: 29-45.

[132] Li S, Li R, Wang J, et al. Stabilizing period control of automated vehicle platoon with minimized fuel consumption [J]. IEEE Transactions on Transportation Electrification, 2017, 99: 1-13.

[133] Zhang F, Xi J, Langari R. Real-Time Energy Management Strategy Based on Velocity Forecasts Using V2V and V2I Communications [J]. IEEE Transactions on Intelligent Transportation Systems, 2017, 18 (2): 416-430.

[134] Yang C, Li L, You S. Cloud computing-based energy optimization control framework forplug-in hybrid electric bus [J]. Energy, 2017, 125: 11-26.

[135] Chen Z, Li L, Yan B. Multimode energy management for plug-in hybrid electric buses based on driving cycles prediction [J]. IEEE Transactions on Intelligent Transportation Systems, 2016, 17 (10): 2811-2821.

[136] 邱利宏, 钱立军, 杜志远. 车联网环境下车辆最优车速闭环快速模型预测控制 [J]. 中国机械工程, 2017, 28 (10): 1245-1253.

[137] Sun C, Moura S, Hu X. Dynamic traffic feedback data enabled energy management in plug-in hybrid electric vehicles [J]. IEEE Transactions on Control Systems Technology, 2018, 23 (3): 1075-1086.

[138] Stockar S, Marano V, Canova M, et al. Energyoptimal control of plug-in hybrid electric vehicles for real-world driving cycles [J]. IEEE Transactions on Vehicular Technology, 2011, 60 (7): 949-962.

[139] 彭剑坤. 插电式混合动力公交车工况构建和变时域预测能量管理 [D]. 北京: 北京理工大学, 2016.

[140] Vojtisek-Lom M, Lambert D C, Wilson P J. Real-world Emissions From 40 Heavy-Duty Diesel Trucks Recruited at Tulare, CA Rest Area [R]. SAE Technical Paper, 2002.

[141] 姜平, 石琴, 陈无畏, 等. 基于小波分析的城市道路行驶工况构建的研究 [J]. 汽车工程, 2011, 51 (1): 70-73.

[142] Clark N, Gautam M, Wayne W S, et al. Creation and evaluation of a medium Heavy-Duty Truck test cycle [J]. SAE transactions, 2003, 112 (4): 2654-2668.

[143] He H, Guo J, Peng J, et al. Real-time global driving cycle construction and the application to economy driving pro system in plug-in hybrid electric vehicles [J]. Energy, 2018, 152: 95-107.

[144] Peng J, Pan D, He H. Study on the driving cycle construction for city hybrid bus [C]. International Conference on Intelligent Systems Research and Mechatronics Engineering, 2015: 3735-3740.

[145] Guo J, Sun C, He H, PENG J. Urban global driving cycle construction method and global optimal energy management in plug-in hybrid electric vehicle [J]. Energy Procedia, 2018, 152: 593-598.

[146] Murpher Y, Chen Z, Kiliaris L, et al. Neural Learning of Driving Environment Prediction for Vehicle Power Management [C] // IEEE International Joint Conference on Neural Networks, 2008: 3755-3761.

[147] Gurkaynak Y, Khaligh a, Emadi A. Neural adaptive control strategy for hybrid electric vehicles with parallel powertrain [C] // Vehicle Power and Propulsion Conference. IEEE, 2010: 1-6.

[148] Langari R, Won J. Intelligent energy management agent for a parallel hybrid vehicle-part i: system architecture and design of the driving situation identification process [J]. IEEE Transactions on Vehicular Technology, 2005, 54 (3): 925- 934.

[149] Jeon S，Park Y，Lee J. Multi-mode driving control of a parallel hybrid electric vehicle using driving pattern recognition [J]. Journal of Dynamic Systems，Measurement，and Control，2002，124 (1)：141-149.

[150] Xie H，Tian G，Du G. A hybrid method combining markov prediction and fuzzy classification for driving condition recognition [J]. IEEE Transactions on Vehicular Technology，2018，67 (11)：10411-10424.

[151] 张岩. 面向混合动力汽车能量管理策略的汽车运行工况多尺度预测方法 [D]. 长春：吉林大学，2013.

[152] Johan J，Fuel optimized predictive following in low speed conditions [D]. Linköping：Linköpings university，2003.

[153] Ichikawa S，Yokoi Y，Doki S，et. al. Novel energy management system for hybrid electric vehicles utilizing car navigation over a commuting route [C] // Proc. IEEE Intelligent Vehicles Symposium. IEEE，2004：161-166.

[154] 杨盼盼. 汽车未来行驶车速预测 [D]. 重庆：重庆大学，2013.

[155] 连静. 一种基于车联网的混合动力客车行驶工况预测方法：102831768 [P]. 2014-10-15.

[156] Ilya K，Irina S，Bob L. Optimization of powertrain operating policy for feasibility assessment and calibration：stochastic dynamic programming approach [C] // The American Control Conference Anchorage，2002：1425-1430.

[157] Lin C，Peng H，Grizzle J. W. A stochastic control strategy for hybrid electric vehicles [C] // American Control Conference，2004：4710-4715.

[158] Chan-Chiao Lin. Modeling and control strategy development for hybrid vehicles [D]. Annarbor：The University of Michigan，Ph. D. Thesis，2004.

[159] 潘登. 混合动力汽车城市循环工况构建及运行工况多尺度预测 [D]. 北京：北京理工大学，2015.

[160] 张昕，王松涛，张欣. 基于马尔科夫链的混合动力汽车行驶工况预测研究 [J]. 汽车工程，2014，10 (36)：1217-1224.

[161] 谢皓. 基于 BP 神经网络及其优化算法的汽车车速预测 [D]. 重庆：重庆大学，2013.

[162] Murphey Y L，Chen Z. Neural learning of driving environment prediction for vehicle power management [C] // IEEE International Joint Conference on Neural Networks，IEEE，2008：3755-3761.

[163] Ma X，Tao Z，Wang Y，et al. Long short-term memory neural network for traffic speed prediction using remote microwave sensor data [J]. Transportation Research Part C：emerging Technologies，2015，54：187-197.

[164] He Y. ehicle-infrastructure Integration enabled plug-in hybrid electric vehicles for energy management [D]. Clemson，SC：Clemson University，2013.

[165] Zhang C，Vahidi A，Pisu P，et al. Role of terrain preview in energy management of hybrid electric vehicles [J]. IEEE Transactions on Vehicular Technology，2010，59 (3)：1139-1147.

[166] Gong Q，Li Y，Peng Z. Optimal power management of plug-in HEV with intelligent transportation system [C] // Advanced intelligent mechatronics，2007：1-6.

[167] Fu L，Ozguner U，Tulpule P，et al. Real-time energy management and sensitivity study for hybrid electric vehicles [C] // 2011 American Control Conference，2011：2113-2118.

[168] Xiong R，Cao J，Yu Q. Reinforcement learning-based real-time power management for hybrid energy storage system in the plug-in hybrid electric vehicle [J]. Apply. Energy，2018，211 (5)：538-548.

[169] Zhang Y，Liu H. Fuzzy multi-objective control strategy for parallel hybrid electric vehicle [J]. Iet Electrical Systems in Transportation，2012，2：39.

[170] Sabri M. F，Danapalasingam K. A，Rahmat M. F，A review on hybrid electric vehicles architecture and energy management strategies [J]. Renewable & Sustainable Energy Reviews，2016，53：1433-1442.

[171] Duan B，Wang Q，Zeng X，et al. Calibration methodology for energy management system of a plug-in hybrid electric vehicle [J]. Energy Conversion & Management，2017，136：240-248.

[172] Zhang P，Yan F，Du C. A comprehensive analysis of energy management strategies for hybrid electric vehicles based on bibliometrics [J]. Renewable & Sustainable Energy Reviews，2015，4 (205)：88-104.

[173] Salmasi F R. Control strategies for hybrid electric vehicles：evolution，classifi-cation，comparison，and future trends [J]. IEEE Transactions On Vehicular Technology，2007，56：2393-2404.

[174] Wirasin S，Emadi A. Classification and review of control strategies for plug-in hybrid electric vehicles [J]. IEEE Transactions on Vehicular Technology，2011，60 (1)：111-122.

[175] Opila D F，Wang X，Mcgee R，et al. An energy management controller to optimally trade off fuel economy and drivability for hybrid vehicles [J].

IEEE Transactions on Control Systems Technology, 2012, 20：1490-1505.

[176] 段本明. 插电式混合动力汽车整车控制器标定方法研究 [D]. 长春：吉林大学, 2017.

[177] Borhan H, Vahidi A, Phillips A M, et al. MPC-based energy management of a power-split hybrid electric vehicle [J]. IEEE Transactions on Control Systems Technology, 2012, 20：593-603.

[178] 杨南南. 基于历史数据的行星混联式客车在线优化控制策略 [D]. 长春：吉林大学, 2018.

[179] Bossio G R, Moitre D. Optimization of power management in a hybrid electric vehicle using dynamic programming [J]. Mathematics & Computers in Simulation, 2006, 73 (1)：244-254.

[180] He H, Guo J, Zhou N, Sun C, et al. Freeway driving cycle construction based on real-time traffic information and global optimal energy management for plug-in hybrid electric vehicles [J]. Energies, 2017, 10 (11)：1796-1815.

[181] Wu J, Zhang C, Cui N. Fuzzy energy management strategy for a hybrid electric vehicle based on driving cycle recognition [J]. International Journal of Automotive Technology, 2012, 13 (7)：1159-1167.

[182] Bossio G R, Moitre D. Optimization of power management in a hybrid electric vehicle using dynamic programming [J]. Mathematics & Computers in Simulation, 2006, 73 (1)：244-254.

[183] Ai-Aawar N, Hijazi T M, Arkadan A A. Particle swarm optimization of coupled electromechanical systems [J]. Magnetics IEEE Transactions on, 2011, 47 (5)：1314-1317.

[184] Montazeri-Gh M, Poursamad A. Application of genetic algorithm for simultaneous optimisation of HEV component sizing and control strategy [J]. International Journal of Alternative Propulsion, 2006, 1 (1)：63-78.

[185] He H, Guo J, Peng J, et al. Real-time global driving cycle construction and the application to economy driving pro system in plug-in hybrid electric vehicles [J]. Energy 2018, 152：95-107.

[186] Guo J, Sun C, He H. Urban global driving cycle construction method and global optimal energy management in plug-in hybrid electric vehicle [J]. Energy Procedia. 2018, 152：593-598.

[187] 张风奇. 车联网环境下并联混合动力客车控制策略优化研究 [D]. 北京：北京理工大学, 2016.

[188] Langari R, Won J S. Intelligent energy management agent for a parallel hybrid vehicle-Part I：System architecture and design of the driving situation identifi-cation process [J]. IEEE Transactions on Vehicular Technology, 2005, 54 (3)：925-934.

[189] Li S, Hu M. Energy management strategy for hybrid electric vehicle based on driving condition identification using kga-means [J]. Energies, 2018, 11 (6)：1531-1547.

[190] Montazerigh M. Near-optimal soc trajectory for traffic-based adaptive phev control strategy [J]. IEEE Transactions on Vehicular Technology, 2017, 66 (11)：9753-9760.

[191] Yuan J, Yang L, Chen Q, Intelligent energy management strategy based on hierarchical approximate global optimization for plug-in fuel cell hybrid electric vehicles [J]. International Journal of Hydrogen Energy, 2018, 43 (16)：8063-8078.

[192] Xie S, Hu X, Xin Z. Time-efficient stochastic model predictive energy management for a plug-in hybrid electric bus with an adaptive reference state-of-charge advisory [J]. IEEE Transactions on Vehicular Technology, 2018, 67 (7)：5671-5682.

[193] Li X, Han L, Liu H, et. al. Real-time optimal energy management strategy for a dual-mode power-split hybrid electric vehicle based on an explicit model predictive control algorithm [J]. Energy, 2019, 172：1161-1178.

[194] Amjad S, Neelakris S, Rudramoorthy R. Review of design considerations and technological challenges for successful development and deployment of plug-in hybrid electric vehicles [J]. Renewable & Sustainable Energy Reviews, 2010, 14 (3)：1104-1110.

[195] Hu Y, Yang L, Yan B, et al. An online rolling optimal control strategy for commuter hybrid electric vehicles based on driving condition learning and prediction [J]. IEEE Transactions on Vehicular Technology, 2016, 65 (6)：4312-4327.

[196] Chen Z, Xiong R, Wang C. An on-line predictive energy management strategy for plug-in hybrid electric vehicles to counter the uncertain predic- tion of the driving cycle [J]. Apply Energy, 2017, 185：1663-1672.

[197] Sun C, Sun F, He H. Investigating adaptive-ECMS with velocity forecast ability for hybrid electric vehicles [J]. Apply Energy, 2017, 185：1644-1653.

[198] Zhou Y, Ravey A, Péra M. Review article A survey on driving prediction techniques for predictive energy management of plug-in hybrid electric vehicles [J]. Journal of Power Sources, 2019, 412：480-495.

[199] Huang Y，Wang H，Khajepor A，Model predie tive control power management strategies for HEVs：a review［J］. Journal of Power Sources，2017，341：91-106.

[200] Borhan H，Vahidi A，Phillips A M，et al. MPC based energy management of a power-split hybrid electric vehicle［J］. IEEE Transactions on Control Systems Technology，2012，20（3）：593-603.

[201] Hu X，Liu T，Qi X，et al. Reinforcement learning for hybrid and plug-in hybrid electric vehicle energy management［J］. IEEE Industrial Electronics Magazine，2019：19：593-598.

[202] Zhang T，Kahn G，Levine S，et al. Learning deep control policies for autonomous aerial vehicles with mpc-guided policy search［C］// in Proc. 2016 IEEE Int. Conf. Robotics and Automation（ICRA），2016：528-535.

[203] Xiang C，Ding F，Wang W，et al. Energy management of a dual-mode power-split hybrid electric vehicle based on velocity prediction and nonlinear model predictive control［J］. Apply Energy，2017，1（189）：640-53.

[204] Khanjary M，Hashemi S. Route guidance systems：review and classification［C］// In：2012 6th Euro American Conference on Telematics and Information Systems，2012：1-7.

[205] 张书玮. 插电式混合动力公交车工况构建和变时域预测能量管理［D］. 北京：清华大学，2017.

[206] 陈征，刘亚辉，杨芳. 基于进化-增强学习方法的插电式混合动力公交车能量管理策略［J］. 机械工程学报，2017（16）：100-107.

[207] 胡悦. 混合动力电动汽车控制系统设计与能量管理策略研究［D］. 北京：中国科学院大学，2018.

[208] Zhang F，Hu X，Langari R，et al. Energy management strategies of connected HEVs and PHEVs：Recent progress and outlook［J］. Progress in Energy and Combustion Science. 2019，73：235-256.

[209] Mahler G，Winckler A，Fayazi S A，et al. Cellular communication of traffic signal state to connected vehicles for arterial eco-driving［C］// In：2017 IEEE 20th International Conference on Intelligent Transportation Systems，IEEE，2017：1-6.

[210] 孙超. 混合动力汽车预测能量管理研究［D］. 北京：北京理工大学，2016.

[211] Ozatay E. Cloud-based velocity profile optimization for everyday driving：A dynamic-programming-based solution［J］. IEEE Transactions on Intelligent Transportation Systems，2014，15（6）：2491-2505.

[212] Hu X，Wang H，Tang X. Cyber-physical control for energy-saving vehicle fol- lowing with connectivity［J］. IEEE Transactions on Industrial Electronics，2017，64（11）：8578-8587.

[213] Apt K. Principles of constraint programming［M］. London：Cambridge University Press，2003.

[214] Dechter R. Constraint Networks［J］. Constraint Processing，2003：25-49.

[215] Brailsford S C，Potts C N，Smith B M. Constraint Satisfaction Problems：Algorithms and Applications［J］. European Journal of Operational Research，1999，119.

[216] Helsgaun K. Backtrack programming with SIMULA［J］. Computer Journal（2）：151-158.

[217] Miguel I，Shen Q. Solution Techniques for Constraint Satisfaction Problems：Foundations［J］. Kluwer Academic Publishers，2001，15（4）：243-267.

[218] Jr R J B，Miranker D P. An optimal backtrack algorithm for tree-structured constraint satisfaction problems［J］. Artificial Intelligence，1994，71（1）：159-181.

[219] Bitner J R，Reingold E M. Backtrack programming techniques［J］. Communications of the Acm，1975.

[220] 仇棣. 算法设计与分析——计算机理论领域中的一本好书［J］. 应用数学，1991（2）：10.

[221] Peng J，He H，Xiong R. Rule based energy management strategy for a series-parallel plug-in hybrid electric bus optimized by dynamic programming［J］. Applied Energy，2017，185：1633-1643.

[222] 王迪迪，李俊卫. 机械优化设计方法［J］. 中文科技期刊数据库（全文版）工程技术：00204-00204.

[223] 雷德明，严新平. 多目标智能优化算法及其应用［M］. 北京：科学出版社，2009.

[224] 赖宇阳，姜欣. Isight 参数优化理论与实例详解［M］. 北京：北京航空航天大学出版社，2012.

[225] 林锉云，董加礼. 多目标优化的方法与理论［M］. 长春：吉林教育出版社，1992.

[226] 金天坤. 多目标最优化方法及应用［D］. 长春：吉林大学，2009.

[227] 郑赟韬，方杰，蔡国飙. 应用于工程设计的多目标优化方法比较［J］. 北京航空航天大学学报，2006，32（007）：860-864.

[228] Deb K，Pratap A，Agarwal S，et al. A fast and elitist multiobjective genetic algorithm：NSGA-II［J］. IEEE Transactions on Evolutionary Computation，2002，6（2）：182-197.

[229] 郑德如. 回归分析和相关分析［M］. 上海：上海

人民出版社，1984.

［230］ 张健南 . 缺失数据下极限学习机改进算法及其应用 ［D］. 北京：清华大学大学，2014.

［231］ Hu Y，Lin Y，Yan B，et al. An online rolling optimal control strategy for commuter hybrid electric vehicles based on driving condition learning and prediction ［J］. IEEE Transactions on Vehicular Technology，2016，65（6）：4312-4327.

［232］ Nyberg P，Frisk E，Nielsen L. Using Real-World Driving Databases to Generate Driving Cycles with Equivalence Properties ［J］. IEEE Transactions on Vehicular Technology，2016，65（6）：4095-4105.

［233］ Shen P，Zhao Z，Zhan X，et al. Optimal energy management strategy for a plug-in hybrid electric commercial vehicle based on velocity prediction ［J］. Energy，2018，155：838-852.

［234］ Mozaffari L，Mozaffari A，Azad N. Vehicle speed prediction via a sliding-window time series analysis and an evolutionary least learning machine：A case study on San Francisco urban roads ［J］. Engineering Science & Technology An International Journal，2015，18（2）：150-162.

［235］ 曾小华，王越，杨南南 . 终止状态约束的行星混动系统全局优化算法 ［J］. 汽车工程，2019，41（3）：4-9.

［236］ Wang Y，Zeng X. Optimal rule design methodology for energy management strategy of a power-split hybrid electric bus ［J］. Energy，2019，185：68-80.

［237］ Montazerigh M. Near-Optimal SOC Trajectory for Traffic-Based Adaptive PHEV Control Strategy ［J］. IEEE Transactions on Vehicular Technology，2017，66（11）：9753-9760.

［238］ Tian H，Li S，Wang X，et al. Data-driven hierarchical control for online energy management of plug-in hybrid electric city bus ［J］. Energy，2018，142：55-67.

［239］ Sun，C Sun F，He H，Investigating adaptive-ECMS with velocity forecast ability for hybrid electric vehicles ［J］. Apply. Energy，2017，vol. 185：1644.

［240］ 曾小华，李广含，宋大凤，等 . 基于能量计算模型的混合动力系统理论油耗分析 ［J］. 汽车工程，2019，41（03）：266-274.

［241］ Hu X，Liu T. Reinforcement learning for hybrid and plug-in hybrid electric vehicle energy management ［J］. IEEE Industrial Electronics Magazine，2019，9：16-25.

［242］ Benford H L，Leising M B. The lever analogy：A new tool in transmission analysis ［R］. SAE Technical Paper，1981.

［243］ Zou Y，Liu T，Liu D，et al. Reinforcement learning-based real-time energy management for a hybrid tracked vehicle ［J］. Apply. Energy，2016，171：372-382.

［244］ Liu T，Zou Y，Liu D，et al. Reinforcement Learning of Adaptive Energy Management with Transition Probability for a Hybrid Electric Tracked Vehicle ［J］. IEEE Transactions on Industrial Electronics，2015，62（12）：7837-7846.

［245］ Lin X，Wang Y，Bogdan P，et al. Reinforcement learning based power management for hybrid electric vehicles ［C］// in Proc. IEEE ICCAD，2014：33-38.

［246］ Tan H，Zhang H，Peng J，et al. Energy management of hybrid electric bus based on deep reinforcement learning in continuous state and action space ［J］. Energy Conversion and Management，2019，195：548-560.

［247］ Hu Y，Li W，Xu K，et al. Energy Management Strategy for a Hybrid Electric Vehicle Based on Deep Reinforcement Learning ［J］. Apply. Science，2018，8（2）：187-200.

［248］ Du G，Zou Y，Zhang X，et al. Intelligent energy management for hybrid electric tracked vehicles using online reinforcement learning ［J］. Apply Energy，2019，251：1133-1148.

名词索引

（按汉语拼音字母顺序排列）

A

AMT 变速器/207

B

BP 神经网络/474
比能耗/465
比能量/261

C

CAN 通信技术/230
超级电容器/305
持续爬坡度/128
传输控制协议/161
串行通信接口协议/161
磁悬浮轴承/304
磁滞损耗系数/403

D

DC/DC 转换器/298
弹夹电池/289
当量磁场交变频率/403
刀片电池/010
等速油耗/186
等效因子/412
底层控制器/086
电解液/012
电解质隔膜/294
电控单元/161
电力电子变换装置/304
动态规划/079
动态控制策略/022
多孔碳基材料/305
多元回归分析/466

F

F-DQL-EMS 智能能量管理策略/517
反应热/403
遗传算法/079
分布式驱动/373
分层控制/132
分层优化/483
分离因子/485

峰值效率/436
负荷效率因数/146
负载模拟/220

G

高压互锁/336
功率分流/013
构型/012
滚动时域控制/086

H

HIL 测试/139
哈密顿函数/499
回归分析/461
混合动力商用车/373

J

机器学习/086
极化热/403
极限附着力/183
集成化热管理系统/394
集电极/306
集电器/294
集中式驱动/373
奖励函数/512
交流慢充/342
聚类分析/460
绝缘介质/306

K

K-means 聚类算法/461
卡尔曼滤波/319
开环霍尔方案/317
空气电极/292
控制参数/067
控制器局域网络/449
快速控制原型/149

L

离散化误差/511
励磁磁极/358
粒子滤波/455
鲁棒性/022

轮边驱动/379
轮毂马达液压驱动系统/195
轮毂驱动/379
轮廓系数评估法/470
逻辑门限值/050

M

马尔科夫方法/088
模糊控制/022
模糊神经网络/335
模块化设计/238
目标函数/022
能量密度/018
能量消耗率/028

N

拟合系数/123

O

欧姆极化/260

P

庞特里亚金极值原理/499

Q

强化学习算法/094
全局最优/050

R

燃油消耗量/051
热泵系统/394

S

SOC跟随策略/505
上层控制器/087
深度强化学习/092
神经网络法/320
实时控制/022
实验台架/220
矢量控制/226
数据挖掘/389
数学仿真/170
数字滤波/455

双向逆变器/304
双行星排式混合动力系统/451
瞬时最优/050

T

贪婪算法/516
特征映射/335
统计分析/129

W

稳态控制策略/021
物理仿真/170

X

系统能效比/394
线性二次型调节器/498
小波滤波/455
循环工况/022

Y

压/频转换器/315
一体化驱动控制/383
硬件在环仿真/024
优化设计/139
预测分析/238
约束条件/082

Z

再生制动/043
整体式驱动系统/037
支持向量机/455
直流快充/342
质子交换/015
智能控制/050
智能能量管理/022
智能网联汽车/010
中央集成桥/381
中值滤波/455
自适应神经模糊推理系统/335
最大爬坡度/036
最优化理论/483

NEV
TECHNICAL MANUAL
FOR
NEW ENERGY VEHICLES

TECHNICAL MANUAL
FOR
NEW ENERGY VEHICLES